Bilingual Dictionary

English-Finnish
Finnish-English
Dictionary

Compiled by
Jessica Maunus

© Publishers
ISBN : 978 1 912826 44 5

All rights reserved with the Publishers. No part of this publication may be reproduced or transmitted in any form or by any means, electronic, mechanical, photocopying, recording or otherwise, without the prior written permission of the Publishers.

This Edition : 2025

Published by
STAR Foreign Language BOOKS
a unit of
Star Books
56, Langland Crescent
Stanmore HA7 1NG, U.K.
info@starbooksuk.com
www.bilingualbooks.co.uk

Printed in India at
Star Print-O-Bind, New Delhi-110 020

About this Dictionary

Developments in science and technology today have narrowed down distances between countries, and have made the world a small place. A person living thousands of miles away can learn and understand the culture and lifestyle of another country with ease and without travelling to that country. Languages play an important role as facilitators of communication in this respect.

To promote such an understanding, **STAR Foreign Language BOOKS** has planned to bring out a series of bilingual dictionaries in which important English words have been translated into other languages, with Roman transliteration in case of languages that have different scripts. This is a humble attempt to bring people of the word closer through the medium of language, thus making communication easy and convenient.

Under this series of *one-to-one dictionaries*, we have published almost 62 languages, the list of which has been given in the opening pages. These have all been compiled and edited by teachers and scholars of the relative languages.

Publishers

Bilingual Dictionaries in this Series

English-Afrikaans / Afrikaans-English	Abraham Venter
English-Albanian / Albanian-English	Theodhora Blushi
English-Amharic / Amharic-English	Girun Asanke
English-Arabic / Arabic-English	Rania-al-Qass
English-Bengali / Bengali-English	Amit Majumdar
English-Bosnian / Bosnian-English	Boris Kazanegra
English-Bulgarian / Bulgarian-English	Vladka Kocheshkova
English-Burmese (Myanmar) / Burmese (Myanmar)-English	Kyaw Swar Aung
English-Cambodian / Cambodian-English	Engly Sok
English-Cantonese / Cantonese-English	Nisa Yang
English-Chinese (Mandarin) / Chinese (Mandarin)-Eng	Y. Shang & R. Yao
English-Croatian / Croatain-English	Vesna Kazanegra
English-Czech / Czech-English	Jindriska Poulova
English-Danish / Danish-English	Rikke Wend Hartung
English-Dari / Dari-English	Amir Khan
English-Dutch / Dutch-English	Lisanne Vogel
English-Estonian / Estonian-English	Lana Haleta
English-Farsi / Farsi-English	Maryam Zaman Khani
English-French / French-English	Aurélie Colin
English-Georgian / Georgina-English	Eka Goderdzishvili
English-Gujarati / Gujarati-English	Sujata Basaria
English-German / German-English	Bicskei Hedwig
English-Greek / Greek-English	Lina Stergiou
English-Hindi / Hindi-English	Sudhakar Chaturvedi
English-Hungarian / Hungarian-English	Lucy Mallows
English-Italian / Italian-English	Eni Lamllari
English-Japanese / Japanese-English	Miruka Arai & Hiroko Nishimura
English-Kinyawanda / Kinyarwanda-English	Irakoze Shammah La Grace
English-Korean / Korean-English	Mihee Song
English-Kurdish / Kurdish-English	Shivan Alhussein
English-Latvian / Latvian-English	Julija Baranovska
English-Levantine Arabic / Levantine Arabic-English	Ayman Khalaf
English-Lithuanian / Lithuanian-English	Regina Kazakeviciute
English-Malay / Malay-English	Azimah Husna
English-Malayalam - Malayalam-English	Anjumol Babu
English-Nepali / Nepali-English	Anil Mandal
English-Norwegian / Norwegian-English	Samuele Narcisi
English-Pashto / Pashto-English	Amir Khan
English-Polish / Polish-English	Magdalena Herok
English-Portuguese / Portuguese-English	Dina Teresa
English-Punjabi / Punjabi-English	Teja Singh Chatwal
English-Romanian / Romanian-English	Georgeta Laura Dutulescu
English-Russian / Russian-English	Katerina Volobuyeva
English-Serbian / Serbian-English	Vesna Kazanegra
English-Shona / Shona-English	Victorious Tshuma
English-Sinhalese / Sinhalese-English	Naseer Salahudeen
English-Slovak / Slovak-English	Zuzana Horvathova
English-Slovenian / Slovenian-English	Tanja Turk
English-Somali / Somali-English	Ali Mohamud Omer
English-Spanish / Spanish-English	Cristina Rodriguez
English-Swahili / Swahili-English	Abdul Rauf Hassan Kinga
English-Swedish / Swedish-English	Madelene Axelsson
English-Tagalog / Tagalog-English	Jefferson Bantayan
English-Tamil / Tamil-English	Sandhya Mahadevan
English-Thai / Thai-English	Suwan Kaewkongpan
English-Tigrigna / Tigrigna-English	Tsegazeab Hailegebriel
English-Turkish / Turkish-English	Nagme Yazgin
English-Twi / Twi-English	Nathaniel Alonsi Apadu
English-Ukrainian / Ukrainian-English	Katerina Volobuyeva
English-Urdu / Urdu-English	S. A. Rahman
English-Vietnamese / Vietnamese-English	Hoa Hoang
English-Yoruba / Yoruba-English	O. A. Temitope

STAR Foreign Language BOOKS

English-Finnish

A

aback *(adv.)* takaisin
abactor *(n.)* karjavaras
abacus *(n.)* helmitaulu
abandon *(v.)* jättää heitteille
abandoned *(adj.)* hylätty
abase *(v.)* nöyryyttää
abashed *(adj.)* nöyryytetty
abate *(v.)* talttua
abatement *(n.)* tyyntyminen
abbey *(n.)* luostarikirkko
abbot *(n.)* apotti
abbreviate *(v.)* lyhentää
abbreviation *(n.)* lyhenne
abdicate *(v.)* abdikoida
abdication *(n.)* luovutus
abdomen *(n.)* vatsa
abdominal *(adj.)* abdominaalinen
abduct *(v.)* siepata
abductee *(n.)* siepattu
abduction *(n.)* sieppaus
abductor *(n.)* sieppaaja
aberrant *(adj.)* poikkeuksellinen
aberration *(n.)* poikkeavuus
abet *(v.)* yllyttää
abettor *(n.)* yllyttäjä
abeyance *(n.)* jäädytys
abhor *(v.)* kauhistua
abhorrent *(adj.)* kauhistuttava
abide *(v.)* pitävä
abiding *(adj.)* pitää
ability *(n.)* kyky
abiotic *(adj.)* abioottinen
abject *(adj.)* halveksittava
abjure *(v.)* perua puheensa
abjurer *(n.)* kiistäjä
ablactate *(v.)* vieroittaa
ablactation *(n.)* vieroitus
ablate *(v.)* irrota
ablation *(n.)* ablaatio
ablative *(adj.)* ablatiivi
ablaze *(adv.)* tulessa
able *(adj.)* kykenevä
abled *(adj.)* kykeneväinen
ablution *(n.)* peseytyminen
ably *(adv.)* taitavasti
abnegate *(v.)* torjua
abnegation *(n.)* torjuminen
abnormal *(adj.)* epäluonnollinen
abnormality *(n.)* luonnottomuus
abnormally *(adv.)* luonnottomasti
aboard *(adv.)* kyydissä
abode *(n.)* asuinsija
abolish *(v.)* lakkauttaa
abolition *(n.)* lakkautus
abominable *(adj.)* inhottava
abominate *(v.)* inhota
abomination *(n.)* inho
aboriginal *(adj.)* aboriginaali
aborigine *(n.)* alkuasukas
abort *(v.)* abortoida
abortion *(n.)* abortti
abortionist *(n.)* abortoija
abortive *(adv.)* abortiivinen
abound *(v. & prep.)* olla tulvillaan
about-turn *(n.)* täyskäännös
above *(prep. & adv.)* yllä
abrasion *(n.)* hiertymä
abrasive *(adj.)* hiertävä
abreast *(adv.)* rinnakkain
abridge *(v.)* lyhennellä
abridgement *(n.)* lyhennelmä
abroad *(adv.)* ulkomailla
abrogate *(v.)* kumota
abrogation *(n.)* abrogaatio
abrupt *(adj.)* keskeytetty
abruptly *(adv.)* yhtäkkiä
abscess *(n.)* paise
abscond *(v.)* piileskellä
abseil *(v.)* laskeutua köydellä
absence *(n.)* poissaolo
absent *(adj.)* poissaoleva
absentee *(n.)* poissaolija
absolute *(adj.)* ehdoton
absolutely *(adv.)* ehdottomasti
absolution *(n.)* synninpäästö
absolutism *(n.)* absolutismi
absolve *(v.)* vapauttaa
absorb *(v.)* imeytyä
absorbable *(adj.)* imeytettävissä oleva
absorbent *(adj.)* imukykyinen
absorption *(n.)* imeyttäminen
abstain *(v.)* pidättäytyä
abstinence *(n.)* pidättyminen

abstract *(adj.)* abstrakti
abstraction *(n.)* abstraktio
abstruse *(adj.)* vaikeaselkoinen
absurd *(adj.)* absurdi
absurdity *(n.)* järjettömyys
absurdly *(adv.)* järjettömästi
abundance *(n.)* yltäkylläisyys
abundant *(adj.)* yltäkylläinen
abundantly *(adv.)* yltäkylläisesti
abuse *(v.)* pahoinpidellä
abusive *(adj.)* pahoinpitelevä
abusively *(adv.)* väkivaltaisesti
abut *(v.)* rajoittua
abyss *(n.)* syvänne
acacia *(n.)* akaasia
academia *(n.)* akateeminen oppilaitos
academic *(adj.)* akateeminen
academically *(adv.)* akateemisesti
academician *(n.)* akateemikko
academy *(n.)* akatemia
acausal *(adj.)* kausaalinen
accede *(v.)* suostua
accelerate *(v.)* kiihtyä
acceleration *(n.)* kiihdytys
accelerator *(n.)* kiihdyttäjä
accend *(v.)* sytyttää
accent *(n.)* sävy
accent *(v.)* sävyttää
accentor *(n.)* sävyttäjä
accentuate *(v.)* korostaa
accept *(v.)* hyväksyä
acceptability *(n.)* hyväksyttävyys
acceptable *(adj.)* hyväksyttävä
acceptant *(adj.)* hyväksyväinen
accepted *(adj.)* hyväksytty
access *(n.)* pääsy
accessibility *(n.)* esteettömyys
accessible *(adj.)* esteetön
accession *(n.)* nousu
accessory *(n.)* lisävaruste
accidence *(n.)* sattuma
accident *(n.)* vahinko
accidental *(adj.)* tahaton
accidentally *(adv.)* vahingossa
acclaim *(v.)* osoittaa suosiotaan
acclamation *(n.)* suosionhuuto
acclimatise *(v.)* sopeutua
accolade *(n.)* kunnianosoitus
accommodate *(v.)* mukautua

accommodating *(adj.)* mukautuva
accommodation *(n.)* sopeutuminen
accompaniment *(n.)* seuralainen
accompanist *(n.)* säestäjä
accompany *(v.)* säestää
accomplice *(n.)* avunantaja
accomplish *(v.)* saavuttaa
accomplished *(adj.)* taitava
accomplishment *(n.)* saavutus
accord *(v.)* olla yhtäpitävä
accord *(n.)* yhteisymmärrys
accordance *(n.)* yhtäpitävyys
according *(adv.)* mukaan
accordingly *(adv.)* mukaisesti
accost *(v.)* puhutella
accouchement *(n.)* synnytys
accoucheur *(n.)* synnytyslääkäri
account *(n.)* tili
accountability *(n.)* vastuullisuus
accountable *(adj.)* vastuullinen
accountancy *(n.)* tilinpito
accountant *(n.)* tilintarkastaja
accounting *(n.)* kirjanpito
accoutre *(v.)* varustaa
accoutrement *(n.)* varustus
accredited *(adj.)* valtuutettu
accrete *(v.)* kasvattaa yhteen
accretion *(n.)* kasvaminen
accrue *(v.)* kasvaa korkoa
accumulate *(v.)* akkumuloitua
accumulation *(n.)* kerääntyminen
accumulator *(n.)* akku
accuracy *(n.)* tarkkuus
accurate *(adj.)* tarkka
accurately *(adv.)* tarkasti
accusal *(n.)* syytös
accusation *(n.)* syyte
accusative *(n.)* akkusatiivi
accuse *(v.)* syyttää
accused *(n.)* syytetty
accuser *(n.)* syyttäjä
accusing *(adj.)* syyttävä
accustom *(v.)* totuttaa
ace *(n.)* ässä
acellular *(adj.)* soluton
acene *(n.)* aseeni
acentric *(adj.)* asentrinen
acer *(n.)* terävä
acerbic *(adj.)* katkeroitunut

acetate *(n.)* asetaatti
acetic *(adj.)* etikka-
acetic acid *(n.)* etikkahappo
acetone *(n.)* asetoni
acetylene *(n.)* asetyleeni
ache *(v.)* särkeä
ache *(n.)* särky
achieve *(v.)* saavuttaa
achievement *(n.)* saavutus
achiever *(n.)* saavuttaja
achromat *(n.)* akromaatti
achromatic *(adj.)* akromaattinen
acid *(n.)* happo
acid rain *(n.)* happosade
acid test *(n.)* happotesti
acidic *(adj.)* hapokas
acknowledge *(v.)* kuitata
acknowledgement *(n.)* kuittaus
acme *(n.)* huipentuma
acne *(n.)* akne
acolyte *(n.)* akolyytti
acorn *(n.)* terho
acoustic *(adj.)* akustinen
acoustics *(n.)* akustiikka
acquaint *(v.)* tutustuttaa
acquaintance *(n.)* tuttava
acquest *(n.)* omistus
acquiesce *(v.)* tyytyä
acquire *(v.)* tehdä hankintoja
acquisition *(n.)* hankkiminen
acquisitive *(adj.)* omistushaluinen
acquit *(v.)* vapauttaa syytteestä
acquittal *(n.)* mitätöinti
acratic *(adj.)* akraattinen
acre *(n.)* eekkeri
acreage *(n.)* pinta-ala
acrid *(adj.)* karvas
acrimonious *(adj.)* katkera
acrimony *(n.)* katkeruus
acritical *(adj.)* epäkriittinen
acrobat *(n.)* akrobaatti
acrobatic *(adj.)* akrobaattinen
acrobatics *(n.)* akrobatia
acronym *(n.)* akronyymi
acrophobia *(n.)* akrofobia
acropolis *(n.)* akropolis
across *(prep.)* halki
acrostic *(n.)* sanaleikki
acrylate *(n.)* akrylaatti

acrylic *(adj.)* akryyli
act *(v.)* toimia
acting *(n.)* näytteleminen
action *(n.)* teko
actionable *(adj.)* toimintakelpoinen
activate *(v.)* aktivoida
activation *(n.)* aktivointi
active *(adj.)* aktiivinen
actively *(adv.)* aktiivisesti
activist *(n.)* aktivisti
activity *(n.)* toiminta
actor *(n.)* näyttelijä
actress *(n.)* näyttelijätär
actual *(adj.)* varsinainen
actually *(adv.)* varsinaisesti
acumen *(n.)* ymmärrys
acupressure *(n.)* akupainanta
acupuncture *(n.)* akupunktio
acupuncturist *(n.)* akupunkturisti
acute *(adj.)* akuuttinen
ad hoc *(adj.)* ad hoc
ad hoc *(adj.)* tilapäinen
adage *(n.)* sanonta
adamant *(adj.)* peräänantamaton
adapt *(v.)* sopeutua
adaptable *(adj.)* sopeutuva
adaptation *(n.)* sopeutuminen
adaptor *(n.)* sovitin
add *(v.)* lisätä
addendum *(n.)* lisäsopimus
adder *(n.)* yhteenlaskin
addict *(n.)* addikti
addict *(v.)* tulla riippuvaiseksi
addicted *(adj.)* riippuvainen
addiction *(n.)* riippuvuus
addictive *(adj.)* addiktoiva
add-in *(n.)* apuohjelma
addition *(n.)* additio
additional *(adj.)* ylimääräinen
additive *(n.)* lisäaine
addled *(adj.)* sekava
address *(n.)* osoite
addressee *(n.)* vastaanottaja
addresser *(n.)* osoittaja
adduce *(v.)* tuoda esiin
adept *(adj.)* asiantunteva
adept *(n.)* asiantuntija
adequacy *(n.)* soveltuvuus
adequate *(adj.)* sopiva

adequately *(adv.)* sopivasti
adhere *(v.)* kiintyä
adherence *(n.)* kiinnittyminen
adherent *(n.)* kannattaja
adhesion *(n.)* vetovoima
adhesive *(n.)* sidosaine
adieu *(exclam.)* hyvästi
adipose *(adj.)* rasvainen
adjacent *(adj.)* viereinen
adjective *(n.)* adjektiivi
adjoin *(v.)* olla vierekkäin
adjourn *(v.)* siirtää myöhemmäksi
adjournment *(n.)* lykkääminen
adjudge *(v.)* tuomita
adjudicate *(v.)* ratkaista
adjunct *(n.)* adjunkti
adjuration *(n.)* valanteko
adjure *(v.)* velvoittaa
adjust *(v.)* säätää
adjustment *(n.)* säätö
administer *(v.)* hallinnoida
administrate *(v.)* hallita
administration *(n.)* administraatio
administrative *(adj.)* hallinnollinen
administrator *(n.)* ylläpitäjä
admirable *(adj.)* ihailtava
admiral *(n.)* amiraali
admiralty *(n.)* amiraliteetti
admiration *(n.)* ihailu
admire *(v.)* ihailla
admissible *(adj.)* kelvollinen
admission *(n.)* sisäänpääsy
admit *(v.)* myöntää
admittance *(n.)* kulkuoikeus
admittedly *(adv.)* kieltämättä
admonish *(v.)* nuhdella
admonition *(n.)* nuhde
ado *(n.)* melu
adobe *(n.)* savitiili
adolescence *(n.)* murrosikä
adolescent *(adj.)* murrosikäinen
adopt *(v.)* adoptoida
adoption *(n.)* adoptio
adoptive *(adj.)* adoptio-
adorable *(adj.)* herttainen
adoration *(n.)* adoraatio
adore *(v.)* palvoa
adorn *(v.)* koristautua
adrenal *(adj.)* lisämunuainen

adrift *(adj.)* tuuliajolla
adroit *(adj.)* taitava
adscititious *(adj.)* täydentävä
adscript *(adj.)* maahan sidottu
adsorb *(n.)* pidättää
adulate *(v.)* mielistellä
adulation *(n.)* mielistely
adult *(n.)* aikuinen
adulterate *(v.)* väärentää
adulteration *(n.)* väärentäminen
adulterer *(n.)* avionrikkoja
adultery *(n.)* uskottomuus
advance *(v.)* edetä
advanced *(adj.)* edistynyt
advantage *(n.)* etu
advantageous *(adj.)* edullinen
advent *(n.)* saapuminen
adventure *(n.)* seikkailu
adventurous *(adj.)* seikkailunhaluinen
adverb *(n.)* adverbi
adverbial *(adj.)* adverbiaalinen
adversary *(n.)* vastustaja
adverse *(adj.)* haitallinen
adversity *(n.)* vastoinkäyminen
advertise *(v.)* mainostaa
advertisement *(n.)* mainos
advice *(n.)* neuvo
advisability *(n.)* suositeltavuus
advisable *(adj.)* suositeltava
advise *(v.)* neuvoa
advisory *(adj.)* neuvoa-antava
advocacy *(n.)* kannattaminen
aegis *(n.)* turva
aeon *(n.)* aioni
aerate *(v.)* ilmastaa
aerial *(n.)* ilma-
aerobatics *(n.)* taitolento
aerobics *(n.)* aerobic
aerodrome *(n.)* lentopaikka
aerodynamics *(n.)* aerodynamiikka
aerofoil *(n)* kantopinta
aeronautics *(n.)* lentotekniikka
aeroplane *(n.)* lentokone
aerosol *(n.)* aerosoli
aerospace *(n.)* ilmatila
aerostatics *(n.)* aerostatiikka
aesthete *(n.)* esteetikko
aesthetic *(adj.)* esteettinen
afar *(adv.)* kaukaa

affable *(adj.)* ystävällinen
affair *(n.)* asia
affect *(v.)* vaikuttaa
affectation *(n.)* teennäisyys
affected *(adj.)* teennäinen
affection *(n.)* kiintymys
affection *(n.)* vaikuttaminen
affectionate *(adj.)* rakastava
affidavit *(n.)* valaehtoinen todistus
affiliate *(v.)* liittoutua
affiliation *(n.)* kytkös
affinity *(n.)* affiniteetti
affirm *(v.)* vahvistaa
affirmation *(n.)* väite
affirmative *(adj.)* myönteinen
affix *(v.)* kiinnittää
afflict *(v.)* vaivata
affliction *(n.)* kärsimys
affluence *(n.)* varakkuus
affluent *(adj.)* varakas
affluential *(n.)* pohatta
afford *(v.)* olla varaa
affordability *(n.)* edullisuus
afforest *(v.)* metsittää
affray *(n.)* yhteenotto
affront *(n.)* loukkaus
afield *(adv.)* etäällä
aflame *(adv.)* liekeissä
afloat *(adv.)* pinnalla
afoot *(adv.)* jalkaisin
afore *(prep.)* edellä
aforementioned *(adj.)* edellä mainittu
afraid *(adj.)* peloissaan
afresh *(adv.)* jälleen
aft *(n.)* perä
after *(prep.)* kuluttua
afterbirth *(n.)* jälkeiset
aftercare *(n.)* jälkihoito
after-effect *(n.)* jälkivaikutus
aftermath *(n.)* jälkipuinti
afternoon *(n.)* iltapäivä
after-party *(n.)* jatkot
aftersales *(adj.)* jälkimarkkinointi
aftershave *(n.)* partavesi
afterthought *(n.)* jälkiharkinta
afterwards *(adv.)* jälkikäteen
again *(adv.)* taas
against *(prep.)* vastaan
agar *(n.)* agar-agar

agate *(n.)* akaatti
agaze *(adj.)* tuijottava
age *(n.)* ikä
aged *(adj.)* ikääntynyt
ageing *(n.)* ikääntyminen
ageism *(n.)* ikäsyrjintä
ageless *(adj.)* iätön
agency *(n.)* virasto
agenda *(n.)* agenda
agent *(n.)* agentti
agglomerate *(n.)* agglomeraatti
agglomerate *(v.)* iskostua
aggradation *(n.)* kasaantuma
aggrandize *(v.)* ylistellä
aggravate *(v.)* vaikeuttaa
aggravation *(n.)* ärsyttäminen
aggregate *(v.)* ryhmittyä
aggression *(n.)* aggressio
aggressive *(adj.)* aggressiivinen
aggressor *(n.)* hyökkääjä
aggrieve *(v.)* murehtia
aghast *(adj.)* kauhistunut
agile *(adj.)* ketterä
agility *(n.)* ketteryys
agitate *(v.)* agitoida
agitation *(n.)* kiihotus
aglare *(adj.)* hohdollinen
aglow *(adv.)* hehkuen
agnostic *(n.)* agnostikko
agnosticsm *(n.)* agnostismi
ago *(adv.)* sitten
agog *(adj.)* innoissaan
agonize *(v.)* tuskailla
agony *(n.)* tuska
agoraphobia *(n.)* agorafobia
agrarian *(adj.)* agraarinen
agree *(v.)* olla samaa mieltä
agreeable *(adj.)* mieleinen
agreement *(n.)* yksimielisyys
agricultural *(adj.)* maatalous-
agriculture *(n.)* maatalous
agriculturist *(n.)* maanviljelijä
agriproduct *(n.)* maataloustuote
agro *(adj.)* agro-
agrochemical *(n.)* maatalouskemikaali
agro-industry *(n.)* maatalousteollisuus
agrology *(n.)* maataloustiede
agronomy *(n.)* agronomia
ague *(n.)* horkka

ahead *(adv.)* edessäpäin
ahoy *(interj.)* ohoi
aid *(n.& v.)* apu, auttaa
aide *(n.)* apulainen
AIDS *(n.)* AIDS
ail *(v.)* sairastaa
ailing *(adj.)* sairaalloinen
ailment *(n.)* sairaus
aim *(v.)* tähdätä
aimless *(adj.)* päämäärätön
air *(n.)* ilma
air conditioning *(n.)* ilmastointi
air freight *(n.)* lentorahti
air freshner *(n.)* ilmanraikastin
air hostess *(n.)* lentoemäntä
airbag *(n.)* turvatyyny
airband *(n.)* taajuus
airbase *(n.)* lentotukikohta
airbed *(n.)* ilmapatja
airborne *(n.)* ilmassa leijuva
airbrake *(n.)* ilmajarru
airbus *(n.)* lentobussi
aircraft *(n.)* ilma-alus
aircrew *(n.)* lentohenkilökunta
airdrop *(n.)* ilmapudotus
airfare *(n.)* lentolipun hinta
airfield *(n.)* lentokenttä
airgun *(n.)* ilma-ase
airlift *(n.)* ilmakuljetus
airy *(adj.)* ilmava
aisle *(n.)* käytävä
ajar *(adv.)* raollaan
akin *(adj.)* sukulainen
akinesia *(n.)* akinesia
alabaster *(n.)* alabasteri
alacrious *(adj.)* ilomielinen
alacrity *(n.)* into
alarm *(n.)* hälytys
alarming *(adj.)* hälyttävä
alarmist *(n.)* hälyttäjä
alas *(interj.)* voi kauhistus
albatross *(n.)* albatrossi
albeit *(conj.)* vaikkakin
albino *(n.)* albiino
album *(n.)* albumi
albumen *(n.)* valkuainen
alchemist *(n.)* alkemisti
alchemy *(n.)* alkemia
alcohol *(n.)* alkoholi

alcoholic *(n.)* alkoholisti
alcoholism *(n.)* alkoholismi
alcove *(n.)* alkovi
alder *(n.)* leppä
ale *(n.)* pintahiivaolut
alegar *(n.)* olutetikka
alert *(adj.)* varuillaan
alertness *(n.)* varuillaanolo
alfa *(n.)* alfa
algae *(n.)* levät
algebra *(n.)* algebra
algorithm *(n.)* algoritmi
alias *(adv.)* alias
alibi *(n.)* alibi
alien *(adj.)* vieras
alienate *(v.)* vieraannuttaa
aliferous *(adj.)* siivekäs
alight *(v.)* laskeutua
align *(v.)* linjata
alignment *(n.)* linjaus
alike *(adj.)* samanlainen
aliment *(n.)* ravinto
alimony *(n.)* elatus
alive *(adj.)* elävä
alkali *(n.)* emäs
alkaline *(adj.)* emäksinen
all *(adj.)* koko
allay *(v.)* lievittää
allegation *(n.)* väite
allege *(v.)* väittää
allegiance *(n.)* uskollisuus
allegory *(n.)* vertauskuva
allergic *(adj.)* allerginen
allergy *(n.)* allergia
alleviate *(v.)* lientyä
alleviation *(n.)* lieventäminen
alley *(n.)* kuja
alliance *(n.)* liittouma
allied *(adj.)* liittoutunut
alligator *(n.)* alligaattori
alliterate *(v.)* käyttää alkusointua
alliteration *(n.)* alkusointu
allocate *(v.)* varata
allocation *(n.)* varaus
allot *(v.)* myöntää
allotment *(n.)* osuus
allow *(v.)* sallia
allowance *(n.)* salliminen
alloy *(n.)* metalliseos

allude *(v.)* vihjata
allure *(v.)* houkuttaa
alluring *(adj.)* houkutteleva
allusion *(n.)* vihjaus
allusive *(adj.)* vihjaileva
ally *(n.)* liittolainen
almanac *(n.)* almanakka
almighty *(adj.)* kaikkivaltias
almirah *(n.)* seinäkaappi
almond *(n.)* manteli
almost *(adv.)* melkein
alms *(n.)* almu
aloe *(n.)* aaloe
aloft *(adv.)* ylhäällä
alone *(adj.)* yksin
along *(prep. &adv.)* mukana
alongside *(prep.)* vieressä
aloof *(adv.)* syrjässä
aloud *(adv.)* ääneen
alp *(n.)* alppi
alpha *(n.)* alfa
alphabet *(n.)* aakkoset
alphabetical *(adj.)* aakkos-
alpine *(adj.)* vuoristo-
already *(adv.)* jo
also *(adv.)* myös
altar *(n.)* alttari
alteration *(n.)* muunnos
altercation *(n.)* jupakka
alternate *(v.)* vuorotteleva
alternative *(adj.)* vaihtoehtoinen
alternatively *(adv.)* vaihtoehtoisesti
although *(conj.)* vaikka
altimeter *(n.)* korkeusmittari
altitude *(n.)* altitudi
alto *(n.)* altto
altogether *(adv.)* kaikkiaan
altruism *(n.)* epäitsekkyys
altruist *(n.)* ihmisystävä
altruistic *(adj.)* pyyteetön
aluminate *(v.)* aluminoida
aluminium *(n.)* alumiini
always *(adv.)* aina
Alzheimer's disease *(n.)* Alzheimerin tauti
am *(abbr.)* ap
amalgam *(n.)* elohopeaseos
amalgamate *(v.)* sulauttaa
amalgamation *(n.)* yhdistyminen

amass *(v.)* kasata
amateur *(n.)* amatööri
amatory *(adj.)* rakkaus-
amaze *(v.)* hämmästyttää
amazement *(n.)* hämmästys
ambassador *(n.)* suurlähettiläs
amber *(n.)* meripihka
amberite *(n.)* ambriitti
ambidexter *(n.)* molempikätinen
ambience *(n.)* ilmapiiri
ambient *(adj.)* ympäröivä
ambiguity *(n.)* monitulkintaisuus
ambiguous *(adj.)* tulkinnanvarainen
ambit *(n.)* ulottuvuus
ambition *(n.)* kunnianhimo
ambitious *(adj.)* kunnianhimoinen
ambivalence *(n.)* ristiriitaisuus
ambivalent *(adj.)* ristiriitainen
amble *(v.)* tasakäynti
ambulance *(n.)* ambulanssi
ambulant *(adj.)* kävelykykyinen
ambush *(n.)* väijytys
ameliorate *(v.)* kohentua
amelioration *(n.)* kohentuminen
amen *(interj.)* aamen
amenable *(adj.)* myöntyvä
amend *(v.)* korjauttaa
amendment *(n.)* muutos
amenity *(n.)* miellyttävyys
amiability *(n.)* rakastettavuus
amiable *(adj.)* rakastettava
amicable *(adj.)* ystävällinen
amid *(prep.)* keskellä
amiss *(adj.)* väärin
amity *(n.)* ystävyys
ammonia *(n.)* ammoniakki
ammunition *(n.)* ammukset
amnesia *(n.)* muistinmenetys
amnesty *(n.)* armahdus
among *(prep.)* joukossa
amongst *(prep.)* keskuudessa
amoral *(adj.)* amoraalinen
amorous *(adj.)* lemmenkipeä
amorphous *(adj.)* amorfinen
amount *(n.)* lukumäärä
amour *(n.)* rakkaussuhde
ampere *(n.)* ampeeri
amphibian *(n.)* sammakkoeläin
amphibious *(adj.)* amfibinen

amphitheatre *(n.)* amfiteatteri
ample *(adj.)* runsas
amplification *(n.)* vahvistus
amplifier *(n.)* vahvistin
amplify *(v.)* vahvistaa
amplitude *(n.)* amplitudi
amputate *(v.)* amputoida
amputation *(n.)* amputaatio
amputee *(n.)* amputoitu
amuck *(adv.)* raivokas
amulet *(n.)* amuletti
amuse *(v.)* huvittaa
amusement *(n.)* huvittuneisuus
anabolic *(n.)* anaboli
anachronism *(n.)* ajoitusvirhe
anaemia *(n.)* anemia
anaesthesia *(n.)* anestesia
anaesthetic *(n.)* puudutusaine
anal *(adj.)* anaalinen
analgestic *(n.)* analgeetti
analogous *(adj.)* analoginen
analogy *(n.)* analogia
analyse *(v.)* analysoida
analysis *(n.)* analyysi
analyst *(n.)* analyytikko
analytical *(adj.)* analyyttinen
anamnesis *(n.)* anamneesi
anamorphosis *(adj.)* anamorfoosi
anarchism *(n.)* anarkismi
anarchist *(n.)* anarkisti
anarchy *(n.)* anarkia
anatomy *(n.)* anatomia
ancestor *(n.)* esivanhempi
ancestral *(adj.)* esi-isien
ancestry *(n.)* syntyperä
anchor *(n.)* ankkuri
anchorage *(n.)* ankkuripaikka
ancient *(adj.)* muinainen
ancillary *(adj.)* avustava
and *(conj.)* ja
android *(n.)* androidi
anecdote *(n.)* anekdootti
anemometer *(n.)* tuulimittari
anew *(adv.)* uudelleen
angel *(n.)* enkeli
anger *(n.)* viha
angina *(n.)* angiina
angiogram *(n.)* angiogrammi
angle *(n.)* kulma

angry *(adj.)* vihainen
angst *(n.)* ahdistustila
anguish *(n.)* tuska
angular *(adj.)* kulmikas
animal *(n.)* eläin
animal husbandry *(n.)* karjanhoito
animate *(v.)* animoida
animation *(n.)* animaatio
animosity *(n.)* vihamielisyys
animus *(n.)* pahantahtoisuus
aniseed *(n.)* anis
ankle *(n.)* nilkka
anklet *(n.)* nilkkakoru
annalist *(n.)* kronikoitsija
annals *(n.pl.)* muistelmat
annex *(v.)* liittää
annexation *(n.)* liitos
annihilate *(v.)* tuhota
annihilation *(n.)* tuhoaminen
anniversary *(n.)* vuosipäivä
annotate *(v.)* kommentoida
announce *(v.)* kuuluttaa
announcement *(n.)* kuulutus
announcer *(n.)* ilmoittaja
annoy *(v.)* pänniä
annoyance *(n.)* suuttumus
annoying *(adj.)* ärsyttävä
annual *(adj.)* vuosittainen
annuity *(n.)* annuiteetti
annul *(v.)* purkaa sopimus
annulment *(n.)* mitätöiminen
anoint *(v.)* voidella
anomalous *(adj.)* poikkeava
anomaly *(n.)* poikkeavuus
anon *(adv.)* pian
anonymity *(n.)* anonymiteetti
anonymosity *(n.)* nimettömyys
anonymous *(adj.)* nimetön
anorak *(n.)* anorakki
anorexia *(n.)* anoreksia
anorexic *(adj.)* anoreksinen
another *(adj.)* muu
answer *(n.)* vastaus
answerable *(adj.)* vastuullinen
answering machine *(n.)* puhelinvastaaja
ant *(n.)* muurahainen
antacid *(adj.)* antasidinen
antagonism *(n.)* antagonismi
antagonist *(n.)* antagonisti

antagonize *(v.)* vastustaa
antarctic *(adj.)* antarktinen
antecardium *(n.)* sydänlihas
antecede *(v.)* edeltää
antecedent *(n.)* ennakkotapaus
antedate *(n.)* edellispäivä
antelope *(n.)* antilooppi
antenatal *(adj.)* synnytystä edeltävä
antenna *(n.)* antenni
anterior *(adj.)* etu-
anthem *(n.)* hymni
anthology *(n.)* antologia
anthrax *(n.)* pernarutto
anthropoid *(adj.)* ihmismäinen
anthropology *(n.)* antropologia
anti *(pref.)* vasta-
anti-ageing *(adj.)* anti-age
anti-aircraft *(adj.)* ilmatorjunta-
antibacterial *(adj.)* antibakteerinen
antibiotic *(n.)* antibiootti
antibody *(n.)* vasta-aine
antic *(n.)* irvikuva
anticipate *(v.)* aavistaa
anticipation *(n.)* ennakointi
anticlimax *(n.)* antikliimaksi
anticlockwise *(adv.)* vastapäivään
antidote *(n.)* vastalääke
antifreeze *(n.)* pakkasneste
antigen *(n.)* antigeeni
antinomy *(n.)* antinomia
antioxidant *(n.)* antioksidantti
antipathy *(n.)* antipatia
antiphony *(n.)* antifonia
antipodes *(n.)* antipodi
antiquarian *(adj.)* antikvaarinen
antiquary *(n.)* antikvaari
antiquated *(adj.)* vanhanaikainen
antique *(adj.)* antiikkinen
antiquity *(n.)* antiikki
antiseptic *(n.)* antisepti
antiseptic *(adj.)* antiseptinen
antisocial *(adj.)* epäsosiaalinen
antithesis *(n.)* antiteesi
antler *(n.)* sarvikruunu
antonym *(n.)* antonyymi
anus *(n.)* peräaukko
anvil *(n.)* alasin(luu)
anxiety *(n.)* ahdistus
anxious *(adj.)* ahdistunut

anxiously *(adv.)* ahdistuneesti
any *(adj.)* kuka/mikä tahansa
anybody *(pron.)* ketään
anyhow *(adv.)* siitä huolimatta
anyone *(pron.)* kukaan
anyplace *(pron.)* missä tahansa
anything *(pron.)* mikään
anytime *(adv.)* milloin vain
anyway *(adv.)* joka tapauksessa
anywhere *(adv.)* mihin tahansa
aorta *(n.)* aortta
apace *(adv.)* ripeästi
apart *(adv.)* erillään
apartheid *(n.)* rotuerottelu
apartment *(n.)* asunto
apathy *(n.)* apatia
ape *(n.)* apina
aperture *(n.)* reikä
apex *(n.)* apeksi
aphasia *(n.)* afasia
aphorism *(n.)* aforismi
apiary *(n.)* mehiläistarha
apiculture *(n.)* mehiläishoito
apiece *(adv.)* kappaleelta
aplenty *(adj.)* runsaasti
aplogetic *(adj.)* anteeksipyytävä
apnoea *(n.)* apnea
apologize *(v.)* pyytää anteeksi
apology *(n.)* anteeksipyyntö
apostle *(n.)* apostoli
apostrophe *(n.)* heittomerkki
apotheosis *(n.)* apoteoosi
app *(n.)* sovellus
appal *(v.)* kammottaa
apparatus *(n.)* laitteisto
apparel *(n.)* vaatetus
apparent *(adj.)* ilmeinen
appeal *(v.)* vedota
appear *(v.)* ilmestyä
appearance *(n.)* ulkomuoto
appease *(v.)* rauhoitella
appellant *(n.)* valittaja
append *(v.)* lisätä loppuun
appendage *(n.)* lisäke
appendicitis *(n.)* umpilisäkkeen tulehdus
appendix *(n.)* umpilisäke
appetite *(n.)* ruokahalu
appetizer *(n.)* alkupala
applaud *(v.)* taputtaa

applause *(n.)* aplodit
apple *(n.)* omena
appliance *(n.)* kodinkone
applicable *(adj.)* sovellettava
applicant *(n.)* hakija
application *(n.)* hakemus
applied *(adj.)* soveltava
apply *(v.)* asettaa
appoint *(v.)* nimittää
appointment *(n.)* tapaaminen
apportion *(v.)* annostella
apposite *(adj.)* sopiva
appraise *(v.)* arvioida
appreciable *(adj.)* huomattava
appreciate *(v.)* antaa arvoa
appreciation *(n.)* arvonkorotus
apprehend *(v.)* pidättää
apprehension *(n.)* pidätys
apprehensive *(adj.)* levoton
apprentice *(n.)* oppipoika
apprise *(v.)* tiedostaa
approach *(v.)* lähestyä
approachable *(adj.)* lähestyttävä
approbation *(n.)* hyväksyminen
appropriate *(adj.)* tarkoituksenmukainen
appropriation *(n.)* määräraha
approval *(n.)* hyväksyntä
approve *(v.)* antaa suostumus
approximate *(adj.)* likiarvoinen
approximately *(adv.)* noin
apricot *(n.)* aprikoosi
April *(n.)* huhtikuu
apron *(n.)* esiliina
apt *(adj.)* omiaan
aptitude *(n.)* soveltuvuus
aptitude test *(n.)* soveltuvuuskoe
aquarium *(n.)* akvaario
aquarius *(n.)* vesimies
aquatic *(adj.)* vesi-
aquatint *(n.)* akvatinta
aqueduct *(n.)* akvedukti
Arab *(n.)* arabi
arable *(adj.)* viljelykelpoinen
arbiter *(n.)* välittäjä
arbitrary *(adj.)* omavaltainen
arbitrate *(v.)* sovitella
arbitration *(n.)* sovittelu
arbitrator *(n.)* sovittelija
arbour *(n.)* lehtimaja

arc *(n.)* kaari
arcade *(n.)* arkadi
arcane *(adj.)* salainen
arch *(n.)* holvikaari
archaeologist *(n.)* arkeologi
archaeology *(n.)* arkeologia
archaic *(adj.)* arkaainen
archbishop *(n.)* arkkipiispa
archer *(n.)* jousiampuja
archery *(n.)* jousiammunta
architect *(n.)* arkkitehti
architecture *(n.)* arkkitehtuuri
archive *(n.)* arkisto
Arctic *(adj.)* arktinen
ardent *(adj.)* palava
ardour *(n.)* kiihko
arduous *(adj.)* vaivalloinen
area *(n.)* aihealue
arena *(n.)* areena
argil *(n.)* savenvalajan savi
arguable *(adj.)* perusteltavissa
argue *(v.)* väitellä
argument *(n.)* väittely
arid *(adj.)* aridi
aries *(n.)* oinas
aright *(adv.)* oikein
arise *(v.)* nousta
aristocracy *(n.)* aristokratia
aristocrat *(n.)* aristokraatti
arithmetic *(n.)* aritmetiikka
ark *(n.)* arkki
arm *(n.)* käsivarsi
armada *(n.)* armada
armament *(n.)* sotajoukko
armature *(n.)* aseistus
armchair *(n.)* nojatuoli
armed *(adj.)* aseistettu
armed forces *(n.)* asevoimat
armhole *(n.)* kädenreikä
armistice *(n.)* aselepo
armlet *(adj.)* käsivarrellinen
armour *(n.)* panssari
armoury *(n.)* asevarasto
armpit *(n.)* kainalo
armrest *(n.)* käsinoja
army *(n.)* armeija
aroma *(n.)* aromi
aromatherapy *(n.)* aromaterapia
around *(adv. &prep.)* ympäri

arouse *(v.)* herätellä
arrabbiata *(adj.)* Arabbiata
arraign *(v.)* asettaa syytteeseen
arrange *(v.)* järjestää
arrangement *(n.)* järjestely
arrant *(adj.)* silkka
array *(n.)* järjestäytyminen
arrears *(n.pl.)* maksurästit
arrest *(v.)* pidättää
arrival *(n.)* saapuminen
arrive *(v.)* saapua
arrogance *(n.)* ylimielisyys
arrogant *(adj.)* ylimielinen
arrow *(n.)* nuoli
arrowroot *(n.)* nuolijuuri
arsenal *(n.)* arsenaali
arsenic *(n.)* arseeni
arson *(n.)* tuhopoltto
art *(n.)* taide
art direction *(n.)* taiteen suunta
art form *(n.)* taiteen muoto
artefact *(n.)* artefakti
artery *(n.)* valtimo
artesian *(adj.)* arteesinen
artful *(adj.)* taitava
arthritis *(n.)* niveltulehdus
artichoke *(n.)* artisokka
article *(n.)* artikkeli
articulate *(adj.)* selvä
artifice *(n.)* metku
artificial *(adj.)* keinotekoinen
artificial intelligence *(n.)* tekoäly
artillery *(n.)* tykistö
artisan *(n.)* artisaani
artist *(n.)* taiteilija
artistic *(adj.)* taiteellinen
artless *(adj.)* koruton
as *(adv.)* kuin
asafoetida *(n.)* hajupihka
asbestos *(n.)* asbesti
ascend *(v.)* nousta
ascendancy *(n.)* valta-asema
ascent *(n.)* nousu
ascertain *(v.)* varmistaa
ascetic *(n.)* askeetti
ascetic *(adj.)* askeettinen
ascribe *(v.)* aiheutua
aseptic *(adj.)* aseptinen
asexual *(adj.)* aseksuaali

ash *(n.)* tuhka
ashamed *(adj.)* häpeissään
ashen *(adj.)* tuhkanharmaa
ashore *(adv.)* maihin
aside *(adv.)* sivuun
asinine *(adj.)* aasimainen
ask *(v.)* kysyä
asleep *(adv.)* unessa
asparagus *(n.)* parsa
aspect *(n.)* näkökohta
aspersion *(n.)* herjaus
asphyxia *(n.)* hapenpuute
asphyxiate *(v.)* tukehduttaa
aspirant *(n.)* pyrkijä
aspiration *(n.)* pyrkimys
aspire *(v.)* pyrkiä
ass *(n.)* perse
assail *(v.)* hyökätä kimppuun
assassin *(n.)* salamurhaaja
assassinate *(v.)* salamurhata
assassination *(n.)* salamurha
assault *(n.)* hyökkäys
assemble *(v.)* koota
assembly *(n.)* kokoonpano
assent *(n.)* suostumus
assert *(v.)* väittää
assertive *(adj.)* määrätietoinen
assess *(v.)* arvioida
assessment *(n.)* arviointi
asset *(n.)* voimavara
assibilate *(v.)* omaksua
assign *(v.)* määrätä
assignee *(n.)* valtuutettu
assignment *(n.)* toimeksianto
assimilate *(v.)* sisäistää
assimilation *(n.)* sisäistäminen
assist *(v.)* avustaa
assistance *(n.)* avustaminen
assistant *(n.)* assistentti
associate *(v.)* yhdistää
association *(n.)* yhdistys
assort *(v.)* lajitella
assorted *(adj.)* sekalainen
assortment *(n.)* valikoima
assuage *(v.)* rauhoittaa
assume *(v.)* olettaa
assumption *(n.)* olettamus
assurance *(n.)* vakuutus
assure *(v.)* vakuuttaa

astatic *(adj.)* astaattinen	**attaint** *(v.)* häpäistä
asterisk *(n.)* tähtimerkki	**attempt** *(v.)* yrittää
asterism *(n.)* tähtikuvio	**attend** *(v.)* osallistua
asteroid *(v.)* asteroidi	**attendance** *(n.)* läsnäolo
asthma *(n.)* astma	**attendant** *(n.)* valvoja
astigmatism *(n.)* hajataitto	**attention** *(n.)* huomio
astonish *(v.)* ihmetyttää	**attentive** *(adj.)* tarkkaavainen
astonishment *(n.)* ihmetyttäminen	**attenuance** *(n.)* vaimennus
astound *(v.)* äimistyttää	**attest** *(v.)* todistaa
astral *(adj.)* tähti-	**attic** *(n.)* ullakko
astray *(adv.)* harhaan	**attire** *(n.)* puku
astride *(prep.& adv.)* molemmin puolin	**attitude** *(n.)* asenne
astringent *(adj.)* supistava	**attorney** *(n.)* asiamies
astrolabe *(n.)* astrolabi	**attract** *(v.)* vetää puoleensa
astrologer *(n.)* astrologi	**attraction** *(n.)* vetovoima
astrology *(n.)* astrologia	**attractive** *(adj.)* puoleensavetävä
astronaut *(n.)* astronautti	**attribute** *(v.)* laskea jonkun ansioksi
astronomer *(n.)* tähtitieteilijä	**atypic** *(adj.)* epätyypillinen
astronomy *(n.)* tähtitiede	**aubergine** *(n.)* munakoiso
astute *(adj.)* neuvokas	**auburn** *(adj.)* kastanjanruskea
asylum *(n.)* turvapaikka	**auction** *(n.)* huutokauppa
asymmetrical *(adj.)* epäsymmetrinen	**audacious** *(adj.)* rohkea
asymmetry *(n.)* epäsymmetria	**audacity** *(n.)* rohkeus
at *(prep.)* luona	**audible** *(adj.)* kuultavissa oleva
atheism *(n.)* ateismi	**audience** *(n.)* yleisö
atheist *(n.)* ateisti	**audio** *(n.)* audio
athirst *(adj.)* janoava	**audiovisual** *(adj.)* audiovisuaalinen
athlete *(n.)* urheilija	**audit** *(n.)* tarkastaa
athletic *(adj.)* urheilullinen	**audition** *(n.)* koe-esiintyminen
athwart *(prep.)* poikittain	**auditive** *(adj.)* auditiivinen
atlas *(n.)* atlas	**auditor** *(n.)* tarkastaja
atmosphere *(n.)* ilmakehä	**auditorium** *(n.)* auditorio
atmospheric *(adj.)* atmosfäärinen	**auger** *(n.)* kaira
atoll *(n.)* atolli	**aught** *(n.)* mitään
atom *(n.)* atomi	**augment** *(v.)* suurentaa
atomic *(adj.)* atominen	**augmentation** *(n.)* suurennus
atone *(v.)* sovittaa	**August** *(n.)* Elokuu
atonement *(n.)* sovitus	**august** *(adj.)* ylevä
atopic *(adj.)* atooppinen	**aunt** *(n.)* täti
atrium *(n.)* atrium	**aura** *(n.)* aura
atrocious *(adj.)* hirmuinen	**auriform** *(adj.)* auriforminen
atrocity *(n.)* hirmuteko	**aurilave** *(n.)* korvapumppu
atrophy *(v.)* surkastua	**aurora** *(n.)* revontulet
attach *(v.)* kytkeytyä	**auspicate** *(v.)* enteillä
attache *(n.)* lähetystöavustaja	**auspice** *(n.)* enne
attachment *(n.)* liite	**auspicious** *(adj.)* lupaileva
attack *(v.)* hyökätä	**austere** *(adj.)* ankara
attain *(v.)* saavuttaa	**authentic** *(adj.)* autenttinen
attainment *(n.)* saavutus	**authenticate** *(v.)* todentaa

authentication *(n.)* todennus
author *(n.)* tekijä
authoritative *(adj.)* arvovaltainen
authority *(n.)* viranomaiset
authorize *(v.)* valtuuttaa
autism *(n.)* autismi
autistic *(adj.)* autistinen
autobiography *(n.)* omaelämäkerta
autocorrect *(n.)* automaattinen korjaus
autocracy *(n.)* yksinvaltius
autocrat *(n.)* autokraatti
autocratic *(adj.)* itsevaltainen
autofocus *(n.)* automaattitarkennus
autograph *(n.)* nimikirjoitus
automate *(v.)* automatisoida
automatic *(adj.)* automaattinen
automatically *(adv.)* automaattisesti
automation *(n.)* automaatio
automobile *(n.)* henkilöauto
autonomous *(adj.)* autonominen
autopilot *(n.)* automaattiohjaus
autopsy *(n.)* ruumiinavaus
autumn *(n.)* syksy
auxiliary *(adj.)* apu-
avail *(v.)* olla hyötyä
available *(adj.)* saatavilla oleva
avalanche *(n.)* vyöry
avarice *(n.)* rahanhimo
avenge *(v.)* tasaantua
avenue *(n.)* puistokatu
average *(n.)* keskiarvo
averse *(adj.)* karsas
aversion *(n.)* vastahakoisuus
avert *(v.)* kääntää sivuun
aviary *(n.)* lintutarha
aviation *(n.)* ilmailu
avid *(adj.)* innokas
avidly *(adv.)* innokkaasti
avocado *(n.)* avokado
avoid *(v.)* välttää
avoidance *(n.)* välttely
avow *(v.)* myöntää avoimesti
avulsion *(n.)* irtirepäisy
await *(v.)* odotella
awake *(v.)* hereillä
awakening *(n.)* herääminen
award *(n.)* palkinto
award *(v.)* palkita
aware *(adj.)* tietoinen

awareness *(n.)* tietoisuus
away *(adv.)* pois
awesome *(adj.)* mahtava
awful *(adj.)* kauhea
awhile *(adv.)* hetken
awkward *(adj.)* kiusallinen
axe *(n.)* kirves
axial *(adj.)* aksiaalinen
axillary *(adj.)* kainalo-
axis *(n.)* aksis
axle *(n.)* akseli
Ayurveda *(n.)* ayurveda
azote *(n.)* tyyppi
azure *(n.)* taivaansininen

babble *(n.)* höpötys
babble *(v.)* jokeltaa
babe *(n.)* rintalapsi
babel *(n.)* sekasorto
baboon *(n.)* paviaani
babtist *(n.)* baptisti
baby *(n.)* vauva
baby bump *(n.)* vauvamaha
baby carriage *(n.)* lastenrattaat
baby corn *(n.)* pikkumaissi
baby food *(n.)* vauvanruoka
babyface *(n.)* lapsenkasvoinen
babyproof *(adj.)* vauvankestävä
babysit *(v.)* olla lapsenvahtina
babysitting *(n.)* lasten vahtiminen
baccalaureate *(n.)* ylioppilaskirjoitukset
bacchanal *(n.)* bakkanaali
bacchanal *(adj.)* bakkanaali
bachelor *(n.)* poikamies
bachelor party *(n.)* polttarit
bachelorette *(n.)* poikamiestyttö
back *(n.)* selkä
backbencher *(n.)* takapenkkiläinen
backbiting *(n.)* selkäänpuukotus
backbone *(n.)* selkäranka
backdate *(v.)* varhentaa
backdrop *(v.)* sijoittaa taustalle
backfire *(v.)* kostautua
background *(n.)* tausta
backhand *(n.)* rystylyönti

backing *(n.)* tuki
backlash *(n.)* takaisku
backlash *(n.)* vastaisku
backlight *(n.)* taustavalo
backlog *(n.)* rästityöt
backpack *(n.)* reppu
backpacker *(n.)* reppumatkaaja
backslide *(v.)* lipsua
backstage *(adv.)* kulissien takana
backstairs *(n.)* takaportaat
backtrack *(v.)* perääntyä
backup *(n.)* vara-
backward *(adj.)* päinvastainen
backward *(adv.)* takaperin
backwash *(n.)* jälkipyykki
bacon *(n.)* pekoni
bacteria *(n.)* bakteerikanta
bad *(adj.)* huono
badge *(n.)* kulkukortti
badger *(n.)* mäyrä
badly *(adv.)* huonosti
badminton *(n.)* sulkapallo
baffle *(v.)* olla ymmällään
bag *(n.)* laukku
bag *(v.)* pussittaa
bagel *(n.)* rinkeli
baggage *(n.)* matkatavarat
bagpiper *(n.)* säkkipillinsoittaja
baguette *(n.)* patonki
bail *(n.)* takaus
bailable *(adj.)* takuukelpoinen
bailey *(n.)* linnan ulkoseinämä
bailiff *(n.)* ulosottomies
bailout *(n.)* pelastus
bait *(n.)* syötti
bake *(v.)* leipoa
baker *(n.)* leipuri
bakery *(n.)* leipomo
balaclava *(n.)* kommandopipo
balafon *(n.)* balafoni
balance *(n.)* tasapaino
balance *(v.)* tasapainottaa
balance sheet *(n.)* tase
balanced *(adj.)* tasapainoinen
balcony *(n.)* parveke
bald *(adj.)* kalju
bale *(n.)* paali
baleen *(n.)* hetula
ball *(n.)* pallo

ball bearing *(n.)* kuulalaakeri
ballad *(n.)* balladi
ballerina *(n.)* ballerina
ballet *(n.)* baletti
ballistics *(n.)* ballistiikka
balloon *(n.)* ilmapallo
ballot *(n.)* äänestäminen
ballot paper *(n.)* äänestyslippu
ballroom *(n.)* tanssisali
balm *(n.)* voide
balsam *(n.)* palsami
bamboo *(n.)* bambu
ban *(v.)* antaa porttikielto
banal *(adj.)* banaali
banana *(n.)* banaani
band *(n.)* bändi
bandage *(n.)* side
Band-Aid *(n.)* laastari
bandana *(n.)* päähuivi
bandit *(n.)* rosvo
bandwagon *(n.)* villitys
bandwidth *(n.)* kaistanleveys
bane *(n.)* riesa
bang *(n.)* pamaus
bangle *(n.)* rannerengas
banish *(v.)* ajaa tiehensä
banishment *(n.)* karkotus
banjo *(n.)* banjo
bank *(v.)* tallettaa
bank holiday *(n.)* kansallinen vapaapäivä
banker *(n.)* pankkiiri
banknote *(n.)* seteli
bankrupt *(adj.)* konkurssissa
bankruptcy *(n.)* konkurssi
banner *(n.)* mainosjuliste
bannister *(n.)* kaide
banquet *(n.)* kestit
bantam *(n.)* kääpiökana
banter *(n.)* pilailu
bantling *(n.)* napero
banyan *(n.)* banianviikuna
baptism *(n.)* baptismi
baptize *(v.)* ristiä
bar *(n.)* palkki
barb *(n.)* väkänen
barbarian *(n.)* barbaari
barbaric *(adj.)* barbaarinen
barbarism *(n.)* raakalaisuus
barbarity *(n.)* barbaarisuus

barbarous *(adj.)* rujo
barbecue *(n.)* grilli
barbed *(adj.)* piikikäs
barbed wire *(n.)* piikkilanka
barber *(n.)* parturi
barcode *(n.)* viivakoodi
bard *(n.)* bardi
bare *(adj.)* paljas
barefoot *(adj.)* paljasjalkainen
barely *(adv.)* niukasti
bargain *(n.)* halpa ostos
barge *(n.)* proomu
baritone *(n.)* baritoni
barium *(n.)* barium
bark *(v.)* haukahdella
bark *(n.)* tuohi
barley *(n.)* ohra
barman *(n.)* baarimikko
barn *(n.)* lato
barnacle *(n.)* merirokko
barometer *(n.)* barometri
baron *(n.)* paroni
baroness *(n.)* paronitar
baroque *(adj.)* barokkityyli
barouche *(n.)* barouche-vankkuri
barrack *(n.)* parakki
barrage *(n.)* pato
barrel *(n.)* tynnyri
barren *(adj.)* maho
barricade *(n.)* barrikadi
barrier *(n.)* muuri
barring *(prep.)* esto
barrister *(n.)* asianajaja
bartender *(n.)* baarityöntekijä
barter *(v.)* tehdä vaihtokauppa
basal *(adj.)* pohja-
base *(n.)* pohja
base camp *(n.)* pääleiri
baseless *(adj.)* perätön
basement *(n.)* kellarikerros
bash *(v.)* tyrmätä
bash *(n.)* tyrmäys
bashful *(adj.)* ujo
basic *(adj.)* perus-
basically *(adv.)* periaatteessa
basil *(n.)* basilika
basin *(n.)* allas
basis *(n.)* perusta
bask *(v.)* paistatella

basket *(n.)* kori
basketball *(n.)* koripallo
bass *(n.)* basso
bastard *(n.)* avioton lapsi
bastion *(n.)* bastioni
bat *(n.)* lepakko
batch *(n.)* tuotantoerä
bath *(n.)* kylpy
bathe *(v.)* kylpeä
bathrobe *(n.)* kylpytakki
baton *(n.)* patukka
batsman *(n.)* lyöjä
battalion *(n.)* pataljoona
batten *(n.)* rima
batter *(n.)* taikina
battery *(n.)* paristo
battle *(n.)* taistelu
battlefield *(n.)* taistelukenttä
battlefront *(n.)* rintama
baulk *(n.)* parru
bawl *(v.)* parkua
bay *(n.)* rautias
bayonet *(n.)* pistin
bayside *(adj.)* rannikko-
bazaar *(n.)* basaari
bazooka *(n.)* sinko
be *(v.)* olla
beach *(n.)* ranta
beach ball *(n.)* rantapallo
beachfront *(adj.)* ranta-
beachside *(adj.)* ranta-
beacon *(n.)* majakka
bead *(n.)* jyvä
beadle *(n.)* suntio
beady *(adj.)* helmimäinen
beak *(n.)* nokka
beaker *(n.)* dekantterilasi
beam *(n.)* palkki
bean *(n.)* papu
bear *(n.)* karhu
bear *(v.)* sietää
beard *(n.)* parta
bearing *(n.)* laakeri
beast *(n.)* peto
beastly *(adj.)* hirviömäinen
beat *(v.)* lyödä
beatific *(adj.)* autuas
beatification *(n.)* julkistaminen siunatuksi
beatitude *(n.)* autuus

beautiful *(adj.)* kaunis
beautify *(v.)* kaunistaa
beauty *(n.)* kauneus
beaver *(n.)* majava
beaverskin *(n.)* majavannahka
becalm *(v.)* tyynnyttää
because *(conj.)* koska
beck *(n.)* puro
beckon *(v.)* viittoa
become *(v.)* tulla joksikin
bed *(n.)* sänky
bed sheet *(n.)* lakana
bedcover *(n.)* päiväpeite
bedding *(n.)* vuodevaatteet
bedevil *(v.)* mutkistaa
bedridden *(adj.)* vuoteenoma
bedrobe *(n.)* vuodevaatekaappi
bedroom *(n.)* makuuhuone
bedsore *(n.)* makuuhaava
bee *(n.)* mehiläinen
beech *(n.)* pyökki
beef *(n.)* naudanliha
beefy *(adj.)* lihaisa
beehive *(n.)* mehiläispesä
beekeeper *(n.)* mehiläishoitaja
beep *(n.)* piippaus
beer *(n.)* olut
beet *(n.)* juurikas
beetle *(n.)* kovakuoriainen
beetroot *(n.)* punajuuri
befall *(v.)* tapahtua
befit *(v.)* sopia jollekin/johonkin
before *(prep. &adv.)* ennen
beforehand *(adv.)* etukäteen
befriend *(v.)* ystävystyä
beg *(v.)* kerjätä
beget *(v.)* siittää
beggar *(n.)* kerjäläinen
begin *(v.)* aloitella
beginner *(n.)* aloittelija
beginning *(n.)* alku
begrudge *(v.)* hangoitella
beguile *(v.)* vehkeillä
behalf *(n.)* jonkun puolesta
behave *(v.)* käyttäytyä
behaviour *(n.)* käytös
behead *(v.)* katkaista kaula
behest *(n.)* käsky
behind *(prep.& adv.)* takana

behold *(v.)* katsella
being *(n.)* oleminen
belabour *(v.)* piestä
belated *(adj.)* myöhästynyt
belch *(v.)* röyhtäistä
beleaguered *(adj.)* vaikeuksissa
belie *(v.)* romuttaa
belief *(n.)* usko
believe *(v.)* uskoa
belittle *(v.)* vähätellä
bell *(n.)* soittokello
bellboy *(n.)* hotellipoika
belle *(n.)* kaunotar
bellhop *(n.)* kantaja
bellicose *(adj.)* sotaisa
belligerent *(adj.)* sodanhaluinen
bellow *(v.)* mylviä
bellowing *(n.)* mylvintä
bellows *(n.)* palkeet
belly *(n.)* vatsa
belong *(v.)* kuulua
belongings *(n.)* tavarat
beloved *(adj.)* rakastettu
belt *(n.)* vyö
belvedere *(n.)* näköalapaikka
bemoan *(v.)* surkutella
bemused *(adj.)* häkeltynyt
bench *(n.)* penkki
bend *(v.)* taivuttaa
beneath *(adv.)* alla
benediction *(n.)* siunaus
benefaction *(n.)* rahalahjoitus
benefactor *(n.)* lahjoittaja
benefic *(adj.)* hyväätekevä
benefice *(n.)* pastoraatti
beneficial *(adj.)* suotuisa
beneficiary *(n.)* edunsaaja
benefit *(v.)* hyötyä
benevolence *(n.)* hyvänsuopaisuus
benevolent *(adj.)* hyvänsuopa
benight *(v.)* jäädä pimentoon
benign *(adj.)* hyvänlaatuinen
bent *(n.)* taipumus
benzene *(n.)* bentseeni
bequeath *(v.)* testamentata
bequest *(n.)* perintö
berate *(v.)* läksyttää
bereaved *(adj.)* kuolemaa sureva
bereavement *(n.)* menetys

bereft *(adj.)* kaipaava
beseech *(v.)* rukoilla
beseeching *(n.)* rukoilu
beserk *(adj.)* raivopäinen
beserker *(n.)* raivopää
beshame *(v.)* hävetä
beside *(prep.)* vieressä
besiege *(v.)* piirittää
beslaver *(v.)* orjuuntua
besmirch *(v.)* tahrata
besotted *(adj.)* hullaantunut
bespeak *(v.)* varata etukäteen
bespectacled *(adj.)* silmälasipäinen
bespoke *(adj.)* tilaustyönä tehty
best *(adj.)* paras
bestial *(adj.)* eläimellinen
bestow *(v.)* suoda
bestride *(v.)* istua hajareisin
bestseller *(n.)* menestystuote
bet *(v.)* veikata
beta *(adj.)* beeta
betide *(v.)* sattua jotakin
betray *(v.)* pettää
betrayal *(n.)* petos
betroth *(v.)* kihlata
betrothal *(n.)* kihlaus
betrothed *(adj.)* kihlattu
better *(adj.)* parempi
betterment *(n.)* parannus
betting *(adj.)* veikkaava
bettor *(n.)* vedonlyöjä
between *(prep.)* välissä
betwixt *(prep.)* välissä
beverage *(n.)* virvoitusjuoma
bevy *(n.)* parvi
bewail *(v.)* surra
beware *(v.)* varoa
bewilder *(v.)* tyrmistyttää
bewilderment *(n.)* tyrmistys
bewind *(v.)* kääntyillä
bewitch *(v.)* lumoutua
beyond *(prep.& adj.)* yli
 tuolla puolen
bi *(adj.)* bi-
biangular *(adj.)* kaksikulmainen
biannual *(adj.)* puolivuosittainen
biannually *(adv.)* puolivuosittain
biantennary *(adj.)* kaksiantenninen
bias *(n.)* ennakkoasenne

biased *(adj.)* puolueellinen
biaxial *(adj.)* kaksiakselinen
bib *(n.)* ruokalappu
bibber *(n.)* lipittäjä
bible *(n.)* raamattu
bibliographer *(n.)* bibliografi
bibliography *(n.)* lähdeluettelo
bibliophile *(n.)* bibliofiili
bicentenary *(adj.)* kaksisataavuotis-
biceps *(n.)* hauis
bicker *(v.)* nahista
bicycle *(n.)* polkupyörä
bid *(n.)* tarjous
bid *(v.)* tehdä tarjous
bidder *(n.)* tarjoaja
bide *(v.)* viipyä
bidet *(n.)* bidee
bidimensional *(adj.)* kaksiulotteinen
biennial *(adj)* kaksivuotinen
bier *(n.)* ruumispaarit
bifacial *(adj.)* kaksinaamainen
biff *(v.)* iskeä nyrkillä
biff *(n.)* nyrkinisku
bifocal *(adj.)* kaksitehoinen
biformity *(n.)* kaksimuotoisuus
bifurcate *(v.)* haarautua
bifurcation *(n.)* kahtiajako
big *(adj.)* suuri
bigamist *(n.)* kaksiavioinen henkilö
bigamous *(adj.)* kaksiavioinen
bigamy *(n.)* kaksiavioisuus
bighead *(n.)* omahyväinen henkilö
bighearted *(adj.)* suurisydäminen
bight *(n.)* poukama
bigot *(n.)* kiihkoilija
bigotry *(n.)* fanaattisuus
bike *(n.)* pyörä
biker *(n.)* moottoripyöräilijä
bikini *(n.)* bikini
bilateral *(adj.)* kahdenvälinen
bile *(n.)* sappi
bilingual *(adj.)* kaksikielinen
bill *(n.)* lasku
billable *(adj.)* laskutettava
billboard *(n.)* mainostaulu
billiard table *(n.)* biljardipöytä
billiards *(n.)* biljardi
billion *(n.)* miljardi
billionaire *(n.)* miljardööri

billow *(v.)* hyökyä
bimonthly *(adj.)* joka toinen kuukausi
bin *(n.)* säiliö
binary *(adj.)* binäärinen
bind *(v.)* solmia
binding *(n.)* nidos
binge *(n.)* ylensyödä/-juoda
bingo *(n.)* bingo
binocular *(adj.)* binokulaarinen
binoculars *(n.)* kiikarit
bioactivity *(n.)* bioaktiivisuus
bioagent *(n.)* bioaine
biochemical *(adj.)* biokemiallinen
biochemistry *(n.)* biokemia
bioclimate *(n.)* bioilmasto
biodegradation *(n.)* biohajoaminen
bioengineering *(n.)* biotekniikka
biofuel *(n.)* biopolttoaine
biogas *(n.)* biokaasu
biographer *(n.)* elämäkerturi
biography *(n.)* elämäkerta
biohazardous *(adj.)* biovaarallinen
biological *(adj.)* biologinen
biologically *(adv.)* biologisesti
biologist *(n.)* biologi
biology *(n.)* biologia
biomass *(n.)* biomassa
biometric *(adj.)* biometrinen
bionic *(adj.)* bioninen
biopic *(n.)* elämäkertaelokuva
biopsy *(n.)* biopsia
biorhythm *(n.)* biorytmi
bioscope *(n.)* bioskooppi
bioscopy *(n.)* bioskopia
bipartisan *(adj.)* kaksipuolueinen
bipolar *(adj.)* kaksisuuntainen
biracial *(adj.)* kaksirotuinen
birch *(n.)* koivu
bird *(n.)* lintu
birdlime *(n.)* lintuliima
birth *(n.)* syntymä
birthdate *(n.)* syntymäpäivä
birthday *(n.)* syntymäpäivä
birthmark *(n.)* syntymämerkki
biscuit *(n.)* keksi
bisect *(v.)* puolittaa
bisexual *(adj.)* biseksuaalinen
bishop *(n.)* piispa
bison *(n.)* biisoni

bisque *(n.)* bisque-keitto
bistro *(n.)* bistro
bit *(n.)* kuolain
bitch *(n.)* narttu
bitcoin *(n.)* bitcoin
bite *(v.)* purra
biting *(adj.)* pureva
bitter *(adj.)* kitkerä
bitterness *(n.)* kitkeryys
bi-weekly *(adj.)* joka toinen viikko
bizarre *(adj.)* outo
blab *(v.)* laverrella
blabber *(n.)* lavertelija
black *(adj.)* musta
blackbird *(n.)* mustarastas
blackboard *(n.)* liitutaulu
blacken *(v.)* mustua
blacklist *(n.)* musta lista
blackmail *(n.)* kiristys
blackmailer *(n.)* kiristäjä
blackout *(n.)* sähkökatko
blacksmith *(n.)* seppä
bladder *(n.)* virtsarakko
blade *(n.)* terä
blame *(v.)* syyttää
blanch *(v.)* ryöpätä
bland *(adj.)* mieto
blank *(adj.)* tyhjä
blanket *(n.)* viltti
blare *(v.)* pauhata
blaspheme *(n.)* jumalanpilkka
blasphemy *(n.)* riena
blast *(n.)* räjähdys
blatant *(adj.)* räikeä
blaze *(n.)* loimu
blazer *(n.)* bleiseri
blazing *(adj.)* leimuava
blazon *(v.)* blasonoida
bleach *(v.)* valkaista
bleak *(adj.)* synkkä
bleary *(adj.)* samea
bleat *(v.)* määkiä
bleb *(n.)* vesikello
bleed *(v.)* vuotaa verta
blemish *(n.)* tahra
blench *(v.)* säikkyä
blend *(v.)* sekoittaa
blender *(n.)* sekoitin
bless *(v.)* siunata

blessed *(adj.)* siunattu
blessing *(n.)* siunaus
blight *(n.)* vitsaus
blind *(adj.)* sokea
blindage *(n.)* sokeus
blindfold *(n.)* silmäside
blindness *(n.)* sokeus
bling *(n.)* bling bling
blink *(v.)* räpäyttää
blip *(n.)* täplä
bliss *(n.)* ihanuus
blister *(n.)* rakkula
blithe *(adj.)* kevytkenkäinen
blitz *(n.)* salamahyökkäys
blizzard *(n.)* salama
bloat *(v.)* paisua
blob *(n.)* möykky
bloc *(n.)* valtioliitto
block *(n.)* lohko
blockage *(n.)* tukkeuma
blockbuster *(n.)* jymymenestys
blockhead *(n.)* pölkkypää
blog *(n.)* blogi
blogger *(n.)* bloggaaja
blogging *(v.)* bloggaus
blood *(n.)* veri
bloodshed *(n.)* verilöyly
bloody *(adj.)* verinen
bloom *(v.)* kukkia
bloomer *(n.)* kukkija
blot *(n.)* väritahra
blotted *(adj.)* tahrattu
blouse *(n.)* pusero
blow *(v.)* puhaltaa
blowout *(n.)* puhjeta
blowsy *(adj.)* räjähdysmäinen
blue *(n.)* sininen
bluetooth *(n.)* bluetooth
bluff *(v.)* bluffata
blunder *(n.)* kömmähdys
blundering *(adj.)* haparoiva
blunt *(adj.)* tylppä
bluntly *(adv.)* suorasukaisesti
blur *(v.)* sumentaa
blurb *(n.)* mainosteksti
blurt *(v.)* möläyttää
blush *(v.)* punastua
blusher *(n.)* poskipuna
bluster *(v.)* mahtailla

boa *(n.)* boakäärme
boar *(n.)* villisika
board *(n.)* lauta
board game *(n.)* lautapeli
boarding *(n.)* laudoitus
boarding school *(n.)* sisäoppilaitos
boast *(v.)* kerskailla
boat *(n.)* vene
boathouse *(n.)* venevaja
boatman *(n.)* veneilijä
bob *(v.)* heilua
bobbin *(n.)* puola
bobble *(n.)* tupsu
bodice *(n.)* miehusta
bodily *(adv.)* kehollinen
body *(n.)* keho
bodyguard *(n.)* henkivartija
bog *(n.)* suo
bogland *(n.)* suomaa
boglet *(n.)* suopläntti
bogus *(adj.)* vale-
bohemian *(adj.)* boheemi
boil *(v.)* kiehuttaa
boiler *(n.)* kattila
boist *(n.)* rasia
boisterous *(adj.)* riehakas
bold *(adj.)* rohkea
boldly *(adv.)* rohkeasti
boldness *(n.)* rohkeus
bolero *(n.)* bolero
bollard *(n.)* pollari
bollocks *(n.)* paskan marjat
bolt *(n.)* pultti
bomb *(n.)* pommi
bombard *(v.)* pommittaa
bombardier *(n.)* tykkimies
bombardment *(n.)* tykistö
bomber *(n.)* pommittaja
bonafide *(adj.)* vilpitön
bonanza *(n.)* emosuoni
bond *(n.)* sidos
bondage *(n.)* sitominen
bonds *(n.pl.)* siteet
bone *(n.)* luu
boneless *(adj.)* luuton
bonfire *(n.)* kokko
bonnet *(n.)* konepelti
bonus *(n.)* bonus
book *(n.)* kirja

book *(v.)* varata
bookie *(n.)* vedonvälittäjä
bookish *(n.)* kirjallinen asia
bookish *(adj.)* lukuintoinen
book-keeper *(n.)* kirjanpitäjä
booklet *(n.)* vihko
bookmaker *(n.)* vedonvälittäjä
bookmark *(n.)* kirjanmerkki
bookseller *(n.)* kirjakauppias
bookshop *(n.)* kirjakauppa
bookstall *(n.)* kirjakioski
bookworm *(n.)* lukutoukka
boom *(n.)* puomi
boon *(n.)* siunaus
boor *(n.)* moukka
boost *(n.)* avitus
boost *(v.)* tehostaa
booster *(n.)* tehostaja
boot *(n.)* saapas
booth *(n.)* myyntikoju
booty *(n.)* saalis
booze *(v.)* juoda viinaa
border *(n.)* raja
bore *(v.)* pitkästyttää
born *(adj.)* syntynyt
borne *(adj.)* kannateltu
borough *(n.)* kauppala
borrow *(v.)* lainailla
bosom *(n.)* rintakehä
boss *(n.)* pomo
bossy *(adj.)* määräilevä
botanical *(adj.)* kasvitieteellinen
botany *(n.)* kasvitiede
botch *(v.)* tunaroida
both *(adj & pron.)* molemmat
bother *(v.)* vaivautua
botheration *(n.)* vaiva
bottle *(n.)* pullo
bottom *(n.)* pohja
bough *(n.)* oksa
boulder *(n.)* lohkare
boulevard *(n.)* bulevardi
bounce *(v.)* pompottaa
bouncer *(n.)* järjestyksenvalvoja
bound *(v.)* reunustaa
boundary *(n.)* raja
bountiful *(adj.)* antoisa
bounty *(n.)* palkkio
bouquet *(n.)* kukkakimppu

bourgeois *(adj.)* keskiluokkainen
bourgeoise *(n.)* keskiluokka
bout *(n.)* ottelu
boutique *(n.)* putiikki
bow *(n.)* rusetti
bowel *(n.)* suoli
bower *(n.)* keula-ankkuri
bowl *(n.)* kulho
bowler *(n.)* keilaaja
box *(n.)* laatikko
boxer *(n)* nyrkkeilijä
boxing *(n.)* nyrkkeily
boy *(n.)* poika
boycott *(v.)* boikotoida
boyhood *(n.)* poikuus
boyish *(adj.)* poikamainen
bra *(n.)* rintaliivit
brace *(n.)* ahdin
bracelet *(n.)* rannekoru
braces *(n.)* hammasraudat
bracing *(adj.)* virkistävä
bracken *(n.)* sananjalka
bracket *(n.)* sulkumerkki
brackish *(adj.)* murto-
brag *(v.)* rehennellä
braggart *(n.)* rehentelijä
braid *(n.)* letti
braille *(n.)* pistekirjoitus
brain *(n.)* aivot
brainchild *(n.)* hengentuote
brainstorm *(n.)* aivoriihi
brainy *(adj.)* fiksu
braise *(v.)* breseerata
brake *(n.)* jarru
brake *(v.)* jarruttaa
bran *(n.)* leseet
branch *(n.)* haarake
brand *(n.)* tavaramerkki
branding *(n.)* brändäys
brandish *(v.)* heiluttaa
brandy *(n.)* brandy
brangle *(v.)* kinastella
brash *(adj.)* röyhkeä
brass *(n.)* messinki
brasserie *(n.)* brasserie
brat *(n.)* kakara
bravado *(n.)* uhmamieli
brave *(adj.)* urhea
bravery *(n.)* uroteko

brawl *(n.)* rähinä
brawn *(n.)* lihakset
bray *(n.)* kiljua
braze *(v.)* juotella
breach *(v.)* murtaa
bread *(n.)* leipä
breadcrumb *(n.)* leivänmuru
breaded *(adj.)* leivitetty
breadth *(n.)* laveus
breadwinner *(n.)* elättäjä
break *(v.)* rikkoa
break point *(n.)* murtumakohta
breakage *(n.)* murtuma
breakdown *(n.)* romahdus
breakfast *(n.)* aamiainen
breakfront *(n.)* eturintama
breaking *(n.)* murros
break-off *(n.)* keskeytys
breakout *(n.)* pako vankilasta
breaktime *(n.)* tauko
breakup *(n.)* ero
breakup *(n.)* rikkoutuminen
breast *(v.)* ponnistella
breast *(n.)* rinta
breastfeed *(v.)* rintaruokkia
breath *(n.)* hengitys
breathe *(v.)* hengittää
breathtaking *(adj.)* hengästyttävä
breech *(n.)* perätila
breed *(v.)* jalostaa
breeze *(n.)* tuulenvire
breviary *(n.)* rukouskirja
brevity *(n.)* lyhytaikaisuus
brew *(v.)* panna olutta
brewery *(n.)* panimo
bribe *(v.)* lahjoa
brick *(n.)* tiili
bridal *(adj.)* morsius-
bride *(n.)* morsian
bridegroom *(n.)* sulhanen
bridesmaid *(n.)* morsiusneito
bridge *(n.)* silta
bridle *(n.)* suitset
brief *(adj.)* suppea
briefcase *(n.)* salkku
briefing *(n.)* tiedotustilaisuus
brigade *(n.)* prikaati
brigadier *(n.)* prikaatikenraali
brigand *(n.)* rosvo

bright *(adj.)* valoisa
brighten *(v.)* kirkastua
brightness *(n.)* kirkkaus
brilliance *(n.)* loisto
brilliant *(adj.)* briljantti
brim *(n.)* reuna
brine *(n.)* suolavesi
bring *(v.)* tuoda
brinjal *(n.)* munakoiso
brink *(n.)* parras
briquet *(n.)* briketti
brisk *(adj.)* reipas
bristle *(n.)* harjas
british *(adj.)* brittiläinen
brittle *(adj.)* hauras
broad *(adj.)* lavea
broadband *(n.)* laajakaista
broadcast *(v.)* lähettää mediaa
broadway *(n.)* broadway
brocade *(n.)* brokadi
broccoli *(n.)* parsakaali
brochure *(n.)* esite
broke *(adj.)* rahaton
broken *(v.)* rikki
broker *(n.)* välittäjä
brokerage *(n.)* kiinteistönvälitys
bromide *(n.)* bromidi
bronchial *(adj.)* keuhkoputki-
bronchitis *(n.)* keuhkoputkentulehdus
bronze *(n.)* pronssi
brooch *(n.)* rintaneula
brood *(n.)* pesue
brook *(n.)* puro
broom *(n.)* luuta
broth *(n.)* liemi
brothel *(n.)* bordelli
brother *(n.)* veli
brotherhood *(n.)* veljeskunta
brouge *(n.)* brogue-kenkä
brow *(n.)* kieleke
brown *(adj.)* ruskea
browse *(v.)* selata
browser *(n.)* selain
bruise *(n.)* mustelma
brunch *(n.)* brunssi
brunette *(n.)* brunetti
brunt *(n.)* pahimmat haittavaikutukset
brush *(n.)* harja
brusque *(adj.)* tyly

brustle *(v.)* murskata
brutal *(adj.)* raaka
brutalize *(v.)* raaistaa
brute *(n.)* raakalainen
brutify *(v.)* tehdä raakuuksia
brutish *(adj.)* raaka
bubble *(n.)* kupla
bubble wrap *(n.)* kuplamuovi
bubblegum *(n.)* purukumi
buck *(n.)* pukki
bucket *(n.)* ämpäri
bucket list *(n.)* tehtävälista
buckle *(n.)* solki
bud *(n.)* nuppu
budding *(adj.)* aloitteleva
buddy *(n.)* kaveri
budge *(v.)* hievahtaa
budget *(n.)* budjetti
buff *(n.)* harrastaja
buffalo *(n.)* puhveli
buffer *(n.)* puskuri
buffer zone *(n.)* puskurivyöhyke
buffet *(n.)* buffetti
buffoon *(n.)* narri
bug *(n.)* ötökkä
buggy *(n.)* ostoskärry
bugle *(n.)* torvi
build *(v.)* rakentaa
builder *(n.)* rakentaja
building *(n.)* rakennus
bulb *(n.)* hehkulamppu
bulbous *(adj.)* kupumainen
bulge *(n.)* pullistuma
bulimia *(n.)* bulimia
bulk *(n.)* bulkki
bulky *(adj.)* tilaavievä
bull *(n.)* sonni
bull's eye *(n.)* napakymppi
bulldog *(n.)* bulldoggi
bulldozer *(n.)* puskutraktori
bullet *(n.)* luoti
bullet train *(n.)* luotisade
bulletin *(n.)* uutiskooste
bulletproof *(adj.)* luodinkestävä
bullion *(n.)* jalometalli
bullish *(adj.)* ylioptimistinen
bullock *(n.)* mulli
bully *(n.)* kiusaaja
bulwark *(n.)* suojamuuri

bumble *(v.)* möhliä
bump *(n.)* kyttyrä
bumper *(n.)* puskuri
bumpkin *(n.)* tomppeli
bun *(n.)* pulla
bunch *(n.)* kimppu
bundle *(n.)* nippu
bungalow *(n.)* bungalow
bungee jumping *(n.)* benjihyppy
bungle *(v.)* hutiloida
bungle *(n.)* tekele
bunk *(n.)* punkka
bunk bed *(n.)* kerrossänky
bunker *(n.)* bunkkeri
buoy *(n.)* poiju
buoyant *(adj.)* kelluva
burble *(v.)* pulputtaa
burden *(n.)* taakka
burdensome *(adj.)* raskas
bureacuracy *(n.)* byrokratia
bureau *(n.)* virasto
bureaucrat *(n.)* byrokraatti
burgeon *(v.)* versoa
burger *(n.)* hampurilainen
burglar *(n.)* murtovaras
burglar alarm *(n.)* varashälytin
burglary *(n.)* murtovarkaus
burial *(n.)* hautaus
burke *(v.)* murhata huomaamattomasti
burlesque *(n.)* burleski
burn *(v.)* polttaa
burner *(n.)* polttaja
burning *(adj.)* polttava
burp *(v.)* röyhtäistä
burrow *(n.)* pesäkolo
bursary *(n.)* apuraha
burst *(v.)* pursuta
bursur *(n.)* rahastonhoitaja
bury *(v.)* haudata
bus *(n.)* bussi
bus shelter *(n.)* bussikatos
bus stop *(n.)* bussipysäkki
bush *(n.)* puska
bushy *(adj.)* tuuhea
business *(n.)* liiketoiminta
business card *(n.)* käyntikortti
business class *(n.)* businessluokka
business plan *(n.)* liiketoimintasuunnitelma

businessman *(n.)* liikemies
bustle *(v.)* vilistä
busy *(adj.)* kiireinen
but *(conj.)* mutta
butcher *(n.)* teurastaja
butler *(n.)* hovimestari
butt *(v.)* puskea
butter *(n.)* voi
butterfly *(n.)* perhonen
butterhead *(n.)* keräsalaatti
buttermilk *(n.)* kirnupiimä
buttock *(n.)* pakara
button *(n.)* nappi
buy *(v.)* ostaa
buyer *(n.)* ostaja
buzz *(n.)* surina
buzzer *(n.)* summeri
by *(prep.)* jonkin kautta
bye *(interj.)* heippa
by-election *(n.)* täydennysvaali
bygone *(adj.)* mennyt
bylaw, bye-law *(n.)* sääntö
bypass *(n.)* ohittaa
by-product *(n.)* sivutuote
byre *(n.)* navetta
byte *(n.)* tavu
byway *(n.)* sivutie
byword *(n.)* tunnuslause

cab *(n.)* taksi
cabana *(n.)* pukukoppi
cabaret *(n.)* kabaree
cabbage *(n.)* kaali
cabby *(n.)* taksikuski
cabin *(n.)* hytti
cabinet *(n.)* komero
cable *(n.)* kaapeli
cable car *(n.)* köysirata
cable television *(n.)* kaapelitelevisio
cabuncle *(n.)* ihonalainen mätäpaise
cache *(n.)* välimuisti
cachet *(n.)* viehätysvoima
cackle *(v.)* kaakattaa
cactus *(n.)* kaktus
cad *(n.)* moukka

cadaver *(n.)* raato
cadaverous *(adj.)* kalmankalpea
cadence *(n.)* kadenssi
cadet *(n.)* kadetti
cadge *(v.)* pummata
cadmium *(n.)* kadmium
cafe *(n.)* kahvila
cafeteria *(n.)* kahvio
caffeine *(n.)* kofeiini
cage *(n.)* häkki
cajole *(v.)* mairitella
cake *(n.)* kakku
cakewalk *(v.)* käydä kuin tanssi
calamity *(n.)* hätä
calamity *(n.)* suuronnettomuus
calcium *(n.)* kalsium
calculate *(v.)* laskelmoida
calculation *(n.)* laskelma
calculator *(n.)* laskin
calendar *(n.)* kalenteri
calf *(n.)* vasikka
calibrate *(v.)* kalibroida
calibration *(n.)* kalibrointi
calibre *(n.)* kaliiperi
call *(v.)* soittaa
call *(n.)* soitto
call centre *(n.)* puhelinpalvelukeskus
caller *(n.)* soittaja
calligraphy *(n.)* kalligrafia
calling *(n.)* elämänkutsumus
callous *(adj.)* tunteeton
callow *(adj.)* höyhenetön
callow *(adj.)* kypsymätön
calm *(adj.)* rauhallinen
calmative *(adj.)* rauhoittava
calmness *(n.)* tyyneys
calorie *(n.)* kalori
calorific *(adj.)* kaloripitoinen
calumniate *(v.)* mustamaalata
calumny *(n.)* vääristely
camel *(n.)* kameli
cameo *(n.)* cameorooli
camera *(n.)* kamera
camlet *(n.)* silkkiasu
camouflage *(n.)* naamiointi
camp *(n.)* leiri
campaign *(n.)* kampanja
camper *(n.)* leiriytyjä
campfire *(n.)* leirinuotio

camphor *(n.)* kamferi
campsite *(n.)* leirintäalue
campus *(n.)* kampus
can *(v.)* voida
can *(n.)* tölkki
canal *(n.)* kanaali
canard *(n.)* uutisankka
canary *(n.)* kanarialintu
canary *(v.)* visertää
cancel *(v.)* peruuttaa
cancellation *(n.)* peruutus
cancer *(n.)* syöpä
candid *(adj.)* vilpitön
candidacy *(n.)* ehdokkuus
candidate *(n.)* kandidaatti
candle *(n.)* kynttilä
candlelight *(n.)* kynttilänvalo
candour *(n.)* vilpittömyys
candy *(n.)* karkki
cane *(n.)* kävelykeppi
canine *(adj.)* koira-
canister *(n.)* kanisteri
cannabis *()* kannabis
cannibal *(n.)* kannibaali
cannibalise *(v.)* kannibalisoida
cannon *(n.)* tykki
cannonade *(v.)* tykittää
canny *(adj.)* ovela
canon *(n.)* kaanon
canonize *(v.)* kanonisoida
canopy *(n.)* katos
canteen *(n.)* ruokala
canter *(n.)* laukka
canton *(n.)* kantoni
cantonment *(n.)* tukikohta
canvas *(n.)* kanvaasi
canvass *(v.)* tarkastella
canyon *(n.)* kanjoni
cap *(v.)* korkittaa
cap *(n.)* lippalakki
capability *(n.)* kykenevyys
capable *(adj.)* kyvykäs
capacious *(adj.)* tilava
capacity *(n.)* tilavuus
cape *(n.)* viitta
capillary *(n.)* kapillaari
capital *(n.)* pääkaupunki
capitalism *(n.)* kapitalismi
capitalist *(n.)* kapitalisti

capitalize *(v.)* kirjoittaa isoin kirjaimin
capitation *(n.)* henkilömäärä
capitulate *(v.)* luovuttaa
cappuccino *(n.)* cappuccino
caprice *(n.)* oikku
capricious *(adj.)* oikukas
capricorn *(n.)* kauris
capsicum *(n.)* paprika
capsize *(v.)* mennä kumoon
capsular *(adj.)* kapselimainen
capsule *(n.)* kapseli
captain *(n.)* kapteeni
captaincy *(n.)* päällikkyys
captcha *(n.)* CAPTCHA
caption *(n.)* kuvateksti
captivate *(v.)* valloittaa
captive *(adj.)* vangittu
captive *(n.)* vanki
captivity *(n.)* vankeus
capture *(n.)* kaappaus
capture *(v.)* kaapata
car *(n.)* auto
carabine *(v.)* karbiini
caracass *(n.)* ruho
caramel *(n.)* kinuski
carat *(n.)* karaatti
caravan *(n.)* asuntovaunu
carbide *(n.)* kovametalli
carbon *(n.)* hiili
carbon copy *(n.)* hiilikopio
carbonate *(n.)* karbonaatti
carbonization *(n.)* hiiltyminen
carbonize *(v.)* hiiltyä
card *(n.)* kortti
card reader *(n.)* kortinlukija
cardamom *(n.)* kardemumma
cardboard *(n.)* kartonki
cardholder *(n.)* korttikotelo
cardiac *(adj.)* sydän-
cardiac arrest *(n.)* sydämenpysähdys
cardigan *(n.)* villatakki
cardinal *(n.)* perusluku
cardiograph *(n.)* kardiografi
cardiology *(n.)* kardiologia
care *(v.)* hoitaa
care *(n.)* hoitotyö
career *(n.)* työura
carefree *(adj.)* huoleton
careful *(adj.)* varovainen

careless *(adj.)* varomaton
carer *(n.)* hoitaja
caress *(v.)* hyväillä
caretaker *(n.)* talonmies
cargo *(n.)* rahti
caricature *(n.)* karikatyyri
carious *(adj.)* mätä
carlock *(n.)* autolukko
carnage *(n.)* verilöyly
carnal *(adj.)* lihallinen
carnival *(n.)* karnevaali
carnivore *(n.)* lihansyöjä
carol *(n.)* joululaulu
carouse *(v.)* elämöidä
carousel *(n.)* karuselli
carp *(n.)* karppi
carpel *(n.)* emi
carpenter *(n.)* puuseppä
carpentry *(n.)* puusepäntyö
carpet *(n.)* matto
carpool *(n.)* kimppakyyti
carrack *(n.)* karakki
carriage *(n.)* hevosvaunut
carrier *(n.)* taudinkantaja
carrot *(n.)* porkkana
carry *(v.)* kantaa
carsick *(adj.)* matkapahoinvoiva
cart *(n.)* kärry
cartage *(n.)* kuljetuspalkka
cartel *(n.)* kartelli
cartilage *(n.)* rusto
cartographer *(n.)* kartanpiirtäjä
carton *(n.)* kartonkipakkaus
cartoon *(n.)* sarjakuva
cartoonist *(n.)* sarjakuvapiirtäjä
cartridge *(n.)* patruuna
carve *(v.)* vuolla
carving *(n.)* vuolu
cascade *(n.)* köngäs
case *(n.)* tapaus
casern *(n.)* kasarmi
cash *(n.)* käteinen
cashback *(n.)* käteisennosto kortilta
cashew *(n.)* cashewpähkinä
cashier *(n.)* kassamyyjä
cashmere *(n.)* kashmirvilla
casing *(n.)* kotelo
casino *(n.)* kasino
cask *(n.)* tynnyri

casket *(n.)* uurna
casserole *(n.)* vuoka
cassette *(n.)* kasetti
cast *(n.)* heite
cast *(v.)* paiskata
caste *(n.)* kasti
castellan *(n.)* linnanherra
caster *(n.)* heitin
castigate *(v.)* kurittaa
casting *(n.)* roolijako
castle *(n.)* linna
castor *(n.)* majavahattu
castor oil *(n.)* castor oil
casual *(adj.)* satunnainen
casualty *(n.)* kuolonuhri
cat *(n.)* kissa
cataclysm *(n.)* luonnonmullistus
catacomb *(n.)* katakombi
catalogue *(n.)* katalogi
catalyse *(v.)* katalysoida
catalyst *(n.)* katalyytti
catalyzer *(n.)* katalysaattori
catapult *(n.)* katapultti
cataract *(n.)* kaihi
catastrophe *(n.)* katastrofi
catastrophic *(adj.)* katastrofinen
catch *(v.)* ehtiä
catching *(adj.)* tarttuva
categorical *(adj.)* kategorinen
categorize *(v.)* kategorioida
category *(n.)* kategoria
cater *(v.)* järjestää ruokatarjoilu
caterer *(n.)* pitopalvelu
caterpillar *(n.)* perhosentoukka
catfight *(n.)* kissatappelu
catfish *(n.)* kissakala
catharsis *(n.)* katarsis
cathedral *(n.)* katedraali
catholic *(adj.)* katolinen
catholicism *(n.)* katolisuus
cattle *(n.)* karja
catwalk *(n.)* muotinäytösten lava
caudal *(adj.)* häntä-
cauldron *(n.)* pata
cauliflower *(n.)* kukkakaali
causal *(adj.)* syyperäinen
causality *(n.)* syy-seuraus
causation *(n.)* syy-seuraussuhde
cause *(v.)* saada aikaan

cause *(n.)* syy
causeway *(n.)* pengertie
caustic *(adj.)* syövyttävä
caution *(n.)* varoitus
cautionary *(adj.)* variottava
cautious *(adj.)* varovainen
cavalry *(n.)* ratsuväki
cave *(n.)* luola
caveat *(n.)* huomautus
cavern *(n.)* luola
caviar *(n.)* kaviaari
cavil *(v.)* nipottaa
cavity *(n.)* onkalo
cavort *(v.)* kirmailla
cavorting *(n.)* kirmailu
caw *(v.)* raakkua
cease *(v.)* lakata
ceasefire *(n.)* tulitauko
ceaseless *(adj.)* rauhoittamaton
cedar *(n.)* setri
cede *(v.)* väistyä
ceiling *(n.)* sisäkatto
celebrate *(v.)* juhlia
celebration *(n.)* juhlinta
celebrity *(n.)* julkisuuden henkilö
celerity *(n.)* ripeys
celery *(n.)* selleri
celestial *(adj.)* taivaallinen
celibacy *(n.)* selibaatti
celibate *(adj.)* pidättyväinen
cell *(n.)* solu
cell phone *(n.)* kännykkä
cellar *(n.)* kellari
cello *(n.)* sello
cellophane *(n.)* kelmu
cellular *(adj.)* solu-
cellulite *(n.)* selluliitti
celluloid *(n.)* selluloidi
Celsius *(adj.)* celsius
cement *(n.)* sementti
cemetery *(n.)* hautausmaa
cense *(v.)* suitsuttaa
censer *(n.)* suitsukeastia
censor *(n.)* sensori
censorious *(adj.)* sensuurinen
censorship *(n.)* sensurointi
censure *(v.)* arvostella ankarasti
census *(n.)* väestönlaskenta
cent *(n.)* sentti

centaur *(n.)* kentauri
centenarian *(n.)* satavuotias
centenary *(n.)* satavuotisjuhla
centennial *(n.)* satavuotisjuhla
center *(n.)* keskus
centigrade *(adj.)* celsiusasteikko
centimetre *(n.)* senttimetri
centipede *(n.)* tuhatjalkainen
central *(adj.)* keskus-
central locking *(n.)* keskuslukitus
centralze *(v.)* keskittää
centre *(n.)* keskusta
centrical *(adj.)* keskinen
centrifugal *(adj.)* keskipakoinen
centuple *(adj.)* satakertainen
century *(n.)* vuosisata
cephaloid *(adj.)* kefaloidi
ceramics *(n.)* keramiikka
cerated *(adj.)* vahattu
cereal *(n.)* murot
cerebellum *(n.)* pikkuaivot
cerebral *(adj.)* aivoperäinen
ceremonial *(adj.)* seremoniallinen
ceremonious *(adj.)* juhla-
ceremony *(n.)* seremonia
certain *(adj.)* varma
certainly *(adv.)* varmasti
certainty *(n.)* varmuus
certificate *(n.)* sertifikaatti
certify *(v.)* sertifioida
certitude *(n.)* varmuus
cerumen *(n.)* vaikku
cervical *(adj.)* kohdunkaula-
cesarean *(adj.)* keisari-
cesarean *(n.)* keisarileikkaus
cessation *(n.)* lakkaaminen
cesspool *(n.)* likakaivo
cetin *(n.)* setiini
cetylic *(adj.)* setyyli
chain *(n.)* ketju
chair *(n.)* tuoli
chairman *(n.)* puheenjohtaja
chaise *(n.)* kiesit
chalet *(n.)* alppimaja
chalice *(n.)* pikari
chalk *(v.)* liiduta
chalk *(n.)* liitu
chalkdust *(n.)* liitupöly
challenge *(n.)* haaste

chamber *(n.)* kammio
chamberlain *(n.)* kamariherra
champagne *(n.)* samppanja
champion *(n.)* maailmanmestari
chance *(n.)* tilaisuus
chancellor *(n.)* kansleri
chancery *(n.)* kanslia
chandelier *(n.)* kattokruunu
change *(n.)* muuttaminen
change *(v.)* muuttaa
channel *(n.)* kanava
chant *(n.)* veisu
chaos *(n.)* kaaos
chaotic *(adv.)* kaoottisesti
chapel *(n.)* kappeli
chaperone *(n.)* kaitsija
chaplain *(n.)* kappalainen
chapter *(n.)* luku
character *(n.)* hahmo
charade *(n.)* teeskentely
charcoal *(n.)* puuhiili
charge *(n.)* veloitus
charge *(v.)* veloittaa
charger *(n.)* laturi
chariot *(n.)* vaunut
charisma *(n.)* karisma
charismatic *(adj.)* karismaattinen
charitable *(adj.)* hyväntekeväisyys-
charity *(n.)* hyväntekeväisyys
charm *(n.)* charmi
charm *(v.)* viehättää
charming *(adj.)* viehättävä
chart *(v.)* laatia kaaviota
chartbuster *(n.)* listaennätys
charter *(n.)* vuokraus
chartered *(adj.)* vuokrattu
chase *(v.)* jahdata
chaser *(n.)* jahtaaja
chasis *(n.)* runko
chaste *(adj.)* siveä
chasten *(v.)* hillitä
chastise *(v.)* nuhdella
chastity *(n.)* siveys
chat *(v.)* chatti
chat room *(n.)* chattihuone
chat show *(n.)* keskusteluohjelma
chateau *(n.)* linna
chatter *(v.)* rupatella
chauffeur *(n.)* autonkuljettaja

chauvinism *(n.)* sovinismi
chauvinist *(adj.& n.)* sovinistinen/sovinisti
cheap *(adj.)* halpa
cheapen *(v.)* alentaa hintaa
cheat *(n.)* fusku
cheat *(v.)* luntata
cheater *(n.)* pettäjä
check *(n.)* tarkistus
check *(v.)* tarkistaa
checker *(n.)* tarkastaja
check-in *(n.)* lähtöselvitys
checklist *(n.)* tarkistuslista
checkmate *(n.)* shakkimatti
checkout *(n.)* kassa
checkpoint *(n.)* tarkistuspiste
cheddar *(n.)* cheddarjuusto
cheek *(n.)* poski
cheep *(v.)* visertää
cheer *(v.)* hurrata
cheerful *(adj.)* hyväntuulinen
cheerleader *(n.)* cheerleader
cheerless *(adj.)* ankea
cheese *(n.)* juusto
cheesecake *(n.)* juustokakku
cheesy *(adj.)* juustoinen
cheetah *(n.)* gebardi
chef *(n.)* kokki
chemical *(n.)* kemikaali
chemical *(adj.)* kemiallinen
chemise *(n.)* yömekko
chemist *(n.)* kemisti
chemistry *(n.)* kemia
chemotherapy *(n.)* kemoterapia
cheque *(n.)* shekki
cherish *(v.)* vaalia
cheroot *(n.)* pikkusikari
cherry *(n.)* kirsikka
chess *(n.)* shakki
chessboard *(n.)* shakkilauta
chest *(n.)* arkku
chestnut *(n.)* kastanja
chew *(v.)* pureskella
chic *(adj.)* tyylikäs
chick *(n.)* linnunpoikanen
chicken *(n.)* kana
chickpea *(n.)* kikherne
chide *(v.)* sättiä
chief *(adj.)* pääasiallinen

chiefly *(adv.)* pääosittain
chieftain *(n.)* päällikkö
child *(n.)* lapsi
childbirth *(n.)* synnytys
childcare *(n.)* lastenhoito
childhood *(n.)* lapsuus
childish *(adj.)* lapsellinen
chill *(n.)* viilentää
chilli *(n.)* chili
chilly *(adj.)* viileä
chime *(n.)* soittokello
chimera *(n.)* khimaira
chimney *(n.)* savupiippu
chimpanzee *(n.)* simpanssi
chin *(n.)* alaleuka
china *(n.)* posliini
chink *(n.)* kilahdus
chip *(n.)* siru
chipping *(n.)* haketus
chirp *(v.)* sirkuttaa
chirpy *(adj.)* pirteä
chisel *(n.)* taltta
chit *(n.)* ravintolalasku
chivalrous *(adj.)* ritarillinen
chivalry *(n.)* ritarillisuus
chlorine *(n.)* kloori
chloroform *(n.)* kloroformi
chocolate *(n.)* suklaa
choice *(n.)* valinta
choir *(n.)* kuoro
choke *(v.)* tukehtua
cholera *(n.)* kolera
choleric *(adj.)* kiivasluonteinen
cholesterol *(n.)* kolesteroli
choose *(v.)* valita
choosy *(adj.)* valikoiva
chop *(v.)* pilkkoa
chopper *(n.)* paloitteluveitsi
chopstick *(n.)* syömäpuikko
chord *(n.)* sointu
choreograph *(v.)* suunnitella koreografia
choreography *(n.)* koreografia
chorus *(n.)* kertosäe
Christ *(n.)* kristus
Christendom *(n.)* kristikunta
Christian *(adj.)* kristitty
Christianity *(n.)* kristinusko
Christmas *(n.)* joulu
chrome *(n.)* kromi

chromosome *(n.)* kromosomi
chronic *(adj.)* krooninen
chronicle *(n.)* kronikka
chronological *(adj.)* kronologinen
chronology *(n.)* kronologia
chrysalis *(n.)* muumiokotelo
chubby *(adj.)* pulska
chuckle *(v.)* hihittää
chum *(n.)* kuoma
chunk *(n.)* kimpale
church *(n.)* kirkko
churchyard *(n.)* kirkkomaa
churlish *(adj.)* moukkamainen
churn *(v.)* kirnuta
cicada *(n.)* kaskas
cider *(n.)* siideri
cigar *(n.)* sikari
cigarette *(n.)* savuke
cinema *(n.)* elokuvateatteri
cinematic *(adj.)* elokuvallinen
cinematography *(n.)* elokuvaus
cineplex *(n.)* cineplex
cinnamon *(n.)* kaneli
cipher(or cypher) *(n.)* salakirjoitus
circle *(n.)* kehä
circuit *(n.)* piiri
circular *(adj.)* pyöreä
circulate *(v.)* kiertää
circulation *(n.)* kiertokulku
circumcise *(v.)* ympärileikata
circumference *(n.)* ympärileikkaus
circumstance *(n.)* olosuhteet
circumstantial *(adj.)* seikkaperäinen
circumvent *(v.)* kiertyä
circus *(n.)* sirkus
cirrhosis *(n.)* kirroosi
cirrus *(n.)* cirruspilvi
cisco *(n.)* siika
cist *(n.)* muinainen arkku
cistern *(n.)* sadevesisäiliö
citadel *(n.)* linnoitus
citation *(n.)* sitaatti
cite *(v.)* siteerata
citizen *(n.)* kansalainen
citizenship *(n.)* kansalaisuus
citric *(adj.)* sitruuna-
citrine *(n.)* sitriini
citrus *(n.)* sitrushedelmä
city *(n.)* suurkaupunki

civic *(adj.)* kansalais-
civics *(n.)* yhteiskuntaoppi
civil *(adj.)* sivistynyt
civilian *(n.)* siviili
civilization *(n.)* sivilisaatio
civilize *(v.)* sivistää
clack *(v.)* kolista
clad *(adj.)* pinnoitettu
cladding *(n.)* pinnoitus
claim *(v.)* lunastaa
claimant *(n.)* vaatija
clam *(n.)* simpukka
clamber *(v.)* kavuta
clammy *(adj.)* kylmänkostea
clamour *(n.)* meteli
clamp *(n.)* puristin
clan *(n.)* klaani
clandestine *(adj.)* salakähmäinen
clap *(v.)* taputtaa
clapper *(n.)* läppä
claque *(n.)* palkatut taputtajat
clarification *(n.)* selvennys
clarify *(v.)* selventää
clarinet *(n.)* klarinetti
clarity *(n.)* selkeys
clash *(v.)* ottaa yhteen
clasp *(v.)* tarrautua
class *(n.)* luokka
classic *(adj.)* klassinen
classical *(adj.)* klassillinen
classification *(n.)* luokittelu
classified *(adj.)* luokiteltu
classify *(v.)* luokitella
classmate *(n.)* luokkakaveri
classroom *(n.)* luokkahuone
clatter *(n.)* kolina
clatter *(v.)* kolistaa
clause *(n.)* lauseke
claustrophobia *(n.)* klaustrofobia
clave *(n.)* rytmikapulat
claw *(n.)* eläimen kynsi
clay *(n.)* savi
clean *(v.)* siivota
clean *(adj.)* puhdas
cleaner *(n.)* siivooja
cleanliness *(n.)* puhtaus
cleanse *(v.)* puhdistaa
clear *(adj.)* kirkas
clearance *(n.)* raivaus

clearly *(adv.)* selvästi
cleat *(n.)* knaapi
cleavage *(n.)* rintavako
cleave *(v.)* halkaista
cleft *(n.)* lovi
clemency *(n.)* lempeys
clement *(adj.)* lempeä
clementine *(n.)* klementiini
clench *(v.)* puristaa
clergy *(n.)* papisto
clerical *(adj.)* papillinen
clerk *(n.)* virkailija
clever *(adj.)* teräväpäinen
clew *(n.)* lankakerä
cliché *(n.)* klisee
click *(n.)* naksahdus
client *(n.)* tilaaja
cliff *(n.)* jyrkänne
climate *(n.)* ilmasto
climate change *(n.)* ilmastonmuutos
climate control *(n.)* ilmastointilaite
climax *(n.)* kohokohta
climb *(v.)* kiivetä
climber *(n.)* kiipeilijä
clinch *(v.)* kotkata
cling *(v.)* takertua
clingy *(adj.)* takertuva
clinic *(n.)* klinikka
clinical *(adj.)* kliininen
clink *(n.)* helistä
clip *(n.)* klemmari
clipper *(n.)* kynsileikkuri
clipping *(n.)* leikkaaminen
clive *(v.)* hivuta
clive *(n.)* takiainen
cloak *(n.)* hartiaviitta
cloakroom *(n.)* narikka
clobber *(n.)* kamppeet
clock *(n.)* seinäkello
clockwise *(adv.)* myötäpäivään
clod *(n.)* paakku
cloister *(n.)* luostari
clone *(n.)* klooni
close *(adj.)* täpärä
close *(n.)* sulkea
closet *(n.)* kaappi
closure *(n.)* sulku
clot *(n.)* hyytymä
cloth *(n.)* vaate

clothe *(v.)* pukeutua
clothes *(n.)* vaatteet
clothing *(n.)* vaatetus
cloud *(n.)* pilvi
cloudburst *(n.)* rankkasade
cloudy *(adj.)* pilvinen
clove *(n.)* neilikka
clown *(n.)* pelle
club *(n.)* kerho
clue *(n.)* johtolanka
clueless *(adj.)* tietämätön
clumsy *(adj.)* kömpelö
cluster *(n.)* rykelmä
clutch *(n.)* kytkin
clutch *(v.)* takertua
clutter *(v.)* sotkea
coach *(n.)* valmentaja
coal *(n.)* kivihiili
coalition *(n.)* kokoomus
coarse *(adj.)* karheapintainen
coasguard *(n.)* rannikkovartiosto
coast *(n.)* rannikko
coastal *(adj.)* rannikko-
coaster *(n.)* lasinalunen
coastline *(n.)* rantaviiva
coat *(n.)* takki
coating *(n.)* päällys
coax *(v.)* vikitellä
coaxial *(n.)* saman suuntainen
cobalt *(n.)* koboltti
cobble *(n.)* mukula
cobbler *(n.)* suutari
cobblestone *(n.)* mukulakivi
cobra *(n.)* kobra
cobweb *(n.)* hämähäkinverkko
cocaine *(n.)* kokaiini
cock *(n.)* kukko
cockade *(n.)* kokardi
cocker *(v.)* lellitellä
cockle *(v.)* poimuttaa
cockpit *(n.)* ohjaamo
cockroach *(n.)* torakka
cocktail *(n.)* cocktail
cocoa *(n.)* kaakao
coconut *(n.)* kookos
cocoon *(n.)* kotelokoppa
cod *(n.)* turska
code *(n.)* koodi
coding *(n.)* koodaus

co-education *(n.)* yhteiskoulutus
coefficient *(n.)* koeffisientti
coerce *(v.)* pakottaa
coexist *(v.)* elää sovussa
coexistence *(n.)* yhteiselo
coffee *(n.)* kahvi
coffee bean *(n.)* kahvipapu
coffee break *(n.)* kahvitauko
coffee maker *(n.)* kahvinkeitin
coffer *(n.)* kassalipas
coffin *(n.)* ruumisarkku
cog *(n.)* hammasratas
cogent *(adj.)* vakuuttava
cognate *(adj.)* sukua
cognition *(n.)* tajunta
cognitive *(adj.)* tietoinen
cognizance *(n.)* tietoisuus
cohabit *(v.)* asua yhdessä
cohere *(v.)* pysyä yhdessä
coherent *(adj.)* yhtenäinen
cohesion *(n.)* yhtenäisyys
cohort *(n.)* kohortti
coiffure *(n.)* kampaus
coil *(n.)* kierukka
coin *(n.)* kolikko
coinage *(n.)* kolikot
coincide *(v.)* osua yhteen
coincidence *(n.)* sattuma
coir *(n.)* kookoskuitu
coke *(v.)* koksata
cold *(adj.)* kylmä
coleslaw *(n.)* kaalisalaatti
colic *(n.)* koliikki
collaborate *(v.)* tehdä yhteistyötä
collaboration *(n.)* yhteistyö
collagen *(n.)* kollageeni
collapse *(v.)* romahtaa
collar *(n.)* kaulapanta
collate *(v.)* lomittaa
collateral *(n.)* pantti
colleague *(n.)* kollega
collect *(v.)* kerätä
collection *(n.)* kokoelma
collective *(adj.)* yhteinen
collector *(n.)* keräilijä
college *(n.)* lukio
collide *(v.)* törmätä
collision *(n.)* törmäys
colloquial *(adj.)* puhekielinen

colloquialism *(n.)* puhekielen ilmaus
collude *(v.)* olla salaliitossa
collusion *(n.)* salaliitto
cologne *(n.)* kölninvesi
colon *(n.)* kaksoispiste
colonel *(n.)* eversti
colonial *(adj.)* siirtomaatyylinen
colony *(n.)* siirtomaa
colossal *(adj.)* jättiläismäinen
colour *(n.)* väri
colour-blind *(adj.)* värisokea
colourful *(adj.)* värikäs
column *(n.)* sarake
columnist *(n.)* kolumnisti
coma *(n.)* kooma
comatose *(adj.)* tiedoton
comb *(n.)* kampa
combat *(n.)* kamppailu
combatant *(n.)* kamppailija
combative *(adj.)* taistelunhaluinen
combination *(n.)* yhdistelmä
combine *(v.)* yhdistää
combust *(v.)* syttyä
combustible *(adj.)* syttyvä
combustion *(n.)* palaminen
come *(v.)* tulla
comedian *(n.)* koomikko
comedy *(n.)* komedia
comely *(adj.)* sievä
comet *(n.)* komeetta
comfit *(n.)* sokeroitu pähkinä
comfort *(n.)* mukavuus
comfortable *(adj.)* mukava
comfy *(adj.)* lokoisa
comic *(n.)* sarjakuva
comic *(adj.)* koominen
comical *(adj.)* huvittava
comma *(n.)* pilkku
command *(v.)* komentaa
commandant *(n.)* komendantti
commander *(n.)* komentaja
commandment *(n.)* käskytys
commando *(n.)* kommando
commemorate *(v.)* muistella
commemoration *(n.)* muistotilaisuus
commence *(v.)* aloittaa
commencement *(n.)* aloitus
commend *(v.)* kiitellä
commendable *(adj.)* kiitettävä

commendation *(n.)* kiitos
comment *(n.)* kommentti
commentary *(n.)* selostus
commentator *(n.)* selostaja
commerce *(n.)* kaupankäynti
commercial *(adj.)* kaupallinen
commiserate *(v.)* ottaa osaa
commission *(n.)* teettää
commissioner *(n.)* edustaja
commissure *(n.)* kannas
commit *(v.)* sitoutua
commitment *(n.)* sitoutumus
committee *(n.)* komitea
commode *(n.)* lipasto
commodity *(n.)* avu
common *(adj.)* yleinen
commoner *(n.)* maallikko
commonplace *(adj.)* tavanomainen
commonwealth *(n.)* kansainyhteisö
commotion *(n.)* hälinä
communal *(adj.)* yhteisöllinen
commune *(n.)* yhteisö
communicate *(v.)* kommunikoida
communication *(n.)* yhteydenpito
communion *(n.)* ehtoollinen
communique *(n.)* kommunikea
communism *(n.)* kommunismi
communist *(n.)* kommunisti
community *(n.)* yhdyskunta
commute *(v.)* matkustaa töihin/töistä
compact *(adj.)* tiivis
companion *(n.)* seuralainen
company *(n.)* seura
comparative *(adj.)* verrannollinen
compare *(v.)* verrata
comparison *(n.)* vertailu
compartment *(n.)* lokero
compass *(n.)* kompassi
compassion *(n.)* myötätunto
compatible *(adj.)* yhteensopiva
compel *(v.)* painostaa
compendious *(adj.)* merkityksellinen
compensate *(v.)* korvata vahinko
compensation *(n.)* korvaus
compete *(v.)* kilpailla
competence *(n.)* pätevyys
competent *(adj.)* pätevä
competition *(n.)* kilpailu
competitive *(adj.)* kilpailuhenkinen

competitor *(n.)* kisailija
compilation *(n.)* kooste
compile *(v.)* koostaa
complacent *(adj.)* itsetyytyväinen
complain *(v.)* valittaa
complaint *(n.)* valitus
complaisance *(n.)* hyväntahtoisuus
complaisant *(adj.)* hyväntahtoinen
complement *(n.)* täydennys
complementary *(adj.)* täydentävä
complete *(adj.)* täydellinen
completion *(n.)* täydellistymä
complex *(adj.)* monimutkainen
complexion *(n.)* ihonväri
compliance *(n.)* myöntyminen
compliant *(adj.)* myöntyväinen
complicate *(v.)* monimutkaistaa
complication *(n.)* monimutkaisuus
complicity *(n.)* osallisuus
compliment *(n.)* kohteliaisuudenosoitus
complimentary *(adj.)* ilmainen
comply *(v.)* myönnellä
component *(adj.)* osallinen
compose *(v.)* säveltää
composite *(adj.)* yhdistetty
composition *(n.)* sävellys
compositor *(n.)* säveltäjä
compost *(n.)* komposti
composure *(n.)* maltti
comprehend *(v.)* käsittää
comprehension *(n.)* käsitys
comprehensive *(adj.)* kattava
compress *(v.)* tiivistää
compressor *(n.)* kompressori
comprise *(v.)* sisältää
compromise *(n.)* kompromissi
compulsion *(n.)* pakko
compulsory *(adj.)* pakollinen
compunction *(n.)* omantunnon tuska
computation *(n.)* laskeminen
compute *(v.)* laskea
computer *(n.)* tietokone
computerize *(v.)* tietokoneistaa
comrade *(n.)* toveri
concave *(adj.)* kovera
conceal *(v.)* salata
concealer *(n.)* peitevoide
concede *(v.)* myönnytellä
conceit *(n.)* itserakkaus

conceive *(v.)* hedelmöittyä
concentrate *(v.)* keskittyä
concentration *(n.)* keskittyminen
concentric *(adj.)* samankeskinen
concept *(n.)* käsite
conception *(n.)* hedelmöitys
concern *(v.)* koskea
concerned *(adj.)* huolestunut
concerning *(prep.)* koskien
concert *(n.)* konsertti
concerted *(adj.)* keskitetty
concession *(n.)* myönnytys
conch *(n.)* simpukankuori
conciliate *(v.)* sovitella
concise *(adj.)* ytimekäs
conclude *(v.)* päätellä
conclusion *(n.)* päätelmä
conclusive *(adj.)* konklusiivinen
concoct *(v.)* keittää kokoon
concoction *(n.)* keitos
concord *(n.)* sopu
concordance *(n.)* sopusointu
concourse *(n.)* väenpaljous
concrete *(n.)* betoni
concubine *(n.)* jalkavaimo
concur *(v.)* olla samaa mieltä
concurrent *(adj.)* samanaikainen
concussion *(n.)* aivotärähdys
condemn *(v.)* tuomita
condemnation *(n.)* tuomio
condensate *(n.)* kondensaatti
condense *(v.)* kondensoida
condition *(n.)* kunto
conditional *(adj.)* ehdollinen
condole *(v.)* lohdutella
condolence *(n.)* surunvalittelut
condonation *(n.)* suvaitsevaisuus
condone *(v.)* suvaita
condor *(n.)* kondorikotka
conduce *(v.)* edistää
conduct *(n.)* johtaminen
conduction *(n.)* johtuminen
conductor *(n.)* johdatin
cone *(n.)* tuutti
confection *(n.)* makeinen
confectionery *(n.)* makeiset
confederation *(n.)* valtioliitto
confer *(v.)* annella
conference *(n.)* konferenssi

confess *(v.)* tunnustaa
confession *(n.)* tunnustus
confidant *(n.)* uskottu
confide *(v.)* uskoutua
confidence *(n.)* itsevarmuus
confident *(adj.)* itsevarma
confidential *(adj.)* luottamuksellinen
configuration *(n.)* konfiguraatio
configure *(v.)* konfiguroida
confine *(v.)* rajoittaa
confinement *(n.)* rajoitus
confirm *(v.)* vahvistaa
confirmation *(n.)* vahvistus
confiscate *(v.)* takavarikoida
confiscation *(n.)* takavarikointi
conflict *(n.)* ristiriita
confluence *(n.)* yhtymäkohta
confluent *(adj.)* yhtyvä
conform *(v.)* mukauttaa
conformist *(n.)* konformisti
conformity *(n.)* yhdenmukaisuus
confound *(v.)* saattaa hämilleen
confront *(v.)* haastaa
confuse *(v.)* sekoittaa
confusion *(n.)* sekaannus
confute *(v.)* kumota
congeal *(v.)* jähmettyä
congenial *(adj.)* mieluinen
congested *(adj.)* ruuhkainen
congestion *(n.)* ruuhka
conglomerate *(n.)* kasauma
congratulate *(v.)* onnitella
congratulation *(n.)* onnittelu
congregate *(v.)* koota yhteen
congregation *(n.)* seurakunta
congress *(n.)* eduskunta
congruent *(adj.)* yhteneväinen
conical *(adj.)* kartiomainen
conjecture *(n. & v.)* otaksuma/otaksua
conjoin *(v.)* liittyä yhteen
conjugal *(adj.)* aviollinen
conjugate *(v.)* taivuttaa
conjunct *(adj.)* yhdessä
conjunction *(n.)* konjunktio
conjunctivitis *(n.)* sidekalvontulehdus
conjure *(v.)* loihtia
connect *(v.)* yhdistää
connection *(n.)* yhteys
connivance *(n.)* sormien läpi katsominen

connive *(v.)* myötävaikuttaa
conniving *(adj.)* juonitteleva
connoisseur *(n.)* tuntija
connote *(v.)* tuoda mieleen
conquer *(v.)* valloittaa
conquerer *(n.)* valloittaja
conquest *(n.)* valloitus
conscience *(n.)* omatunto
conscious *(adj.)* tajuissaan
consecrate *(v.)* pyhittää
consecutive *(adj.)* peräkkäinen
consensual *(adj.)* yksimielinen
consensus *(n.)* yhteisymmärrys
consent *(n.)* suostumus
consequence *(n.)* seuraus
consequent *(adj.)* jonkin seurauksena
conservation *(n.)* säilyttäminen
conservative *(adj.)* konservatiivinen
conservator *(n.)* konservaattori
conservatory *(n.)* konservatorio
conserve *(v.)* säilöä
consider *(v.)* harkita
considerable *(adj.)* melkoinen
considerate *(adj.)* harkitseva
consideration *(n.)* harkinta
considering *(prep.)* huomioon ottaen
consign *(v.)* jättää haltuun
consignment *(n.)* tavaraerä
consist *(v.)* koostua
consistency *(n.)* koostumus
consistent *(adj.)* johdonmukainen
consolation *(n.)* lohdutus
console *(v.)* lohduttaa
consolidate *(v.)* lujittaa
consolidation *(n.)* lujitus
consonance *(n.)* konsonanssi
consonant *(n.)* konsonantti
consort *(n.)* puoliso
conspectus *(n.)* yleiskatsaus
conspicuous *(adj.)* silmiinpistävä
conspiracy *(n.)* salaliitto
conspirator *(n.)* salaliittolainen
conspire *(v.)* juonitella
constable *(n.)* konstaapeli
constant *(adj.)* muuttumaton
constellation *(n.)* tähdistö
consternation *(n.)* tyrmistys
constipation *(n.)* ummetus
constituency *(n.)* vaalipiiri

constituent *(adj.)* olennainen
constitute *(v.)* muodostaa
constitution *(n.)* perustus
constrain *(v.)* rajoittaa
constraint *(n.)* rajoite
constrict *(v.)* kuristua
construct *(v.)* rakentaa
construction *(n.)* rakennustyö
constructive *(adj.)* rakentava
construe *(v.)* tulkita
consul *(n.)* konsuli
consular *(adj.)* konsulin-
consulate *(n.)* konsulaatti
consult *(v.)* konsultoida
consultant *(n.)* konsultti
consultation *(n.)* konsultaatio
consume *(v.)* kuluttaa
consumer *(n.)* kuluttaja
consumption *(n.)* kulutus
contact *(n.)* yhteydenotto
contact *(v.)* ottaa yhteyttä
contact lens *(n.)* piilolinssi
contagion *(n.)* tartunta
contagious *(adj.)* tarttuva
contain *(v.)* sisältää
container *(n.)* säiliö
containment *(n.)* eristäminen
contaminate *(v.)* saastuttaa
contemplate *(v.)* pohdiskella
contemplation *(n.)* pohdinta
contemporary *(adj.)* nykyaikainen
contempt *(n.)* halveksunta
contemptuous *(adj.)* halveksiva
contend *(v.)* kisata
contender *(n.)* ottelija
content *(adj.)* tyytyväinen
contention *(n.)* kanta
contentment *(n.)* tyytyväisyys
contest *(n.)* kisa
contestant *(n.)* kilpailija
context *(n.)* konteksti
contiguous *(adj.)* viereinen
continent *(n.)* maanosa
continental *(adj.)* mannermainen
contingency *(n.)* ennustamattomuus
contingent *(n.)* ehdollisuus
continual *(adj.)* alituinen
continuation *(n.)* jatkuminen
continue *(v.)* jatkua

continuous *(adj.)* yhtäjaksoinen
continuum *(n.)* jatkumo
contour *(n.)* ääriviiva
contra *(pref.)* vasta-
contraband *(n.)* salakuljetus
contraception *(n.)* raskaudenehkäisy
contraceptive *(n.)* ehkäisymenetelmä
contract *(n.)* sopimus
contraction *(n.)* supistus
contractor *(n.)* urakoitsija
contradict *(v.)* olla ristiriidassa
contradiction *(n.)* ristiriita
contrary *(adj.)* vastakkainen
contrast *(n.)* kontrasti
contribute *(v.)* olla osallisena
contribution *(n.)* avustus
contributor *(n.)* avustaja
contrive *(v.)* keksiskellä
control *(n.)* hallinta
controller *(n.)* ohjain
controversial *(adj.)* kiistanalainen
controversy *(n.)* kiista
contuse *(v.)* ruhjoa
contusion *(n.)* ruhje
conundrum *(n.)* kompa
convalesce *(v.)* toipua
convalescence *(n.)* toipilasaika
convalescent *(adj.)* toipuva
convection *(n.)* konvektio
convene *(v.)* kokoontua
convener *(n.)* kokoonkutsuja
convenience *(n.)* kätevyys
convenient *(adj.)* kätevä
convent *(n.)* nunnaluostari
convention *(n.)* kokoontuminen
conventional *(adj.)* tavanomainen
converge *(v.)* lähennellä
convergence *(n.)* lähentyminen
convergent *(adj.)* lähentyvä
conversant *(adj.)* perehtynyt
conversation *(n.)* keskustelu
converse *(v.)* keskustella
conversion *(n.)* muuntaminen
convert *(v.)* muuntaa
convertible *(n.)* avoauto
convertible *(adj.)* muunneltava
convey *(v.)* välittää
conveyance *(n.)* kulkuneuvo
conveyor *(n.)* kuljetin

convict *(v.)* todeta syylliseksi
conviction *(n.)* vakaumus
convince *(v.)* vakuuttaa
convivial *(adj.)* juhlava
convocation *(n.)* kokoonkutsu
convoke *(v.)* kutsua kokoon
convolve *(v.)* kietoutua
convoy *(n.)* saattue
convulse *(v.)* kouristaa
convulsion *(n.)* konvulsio
cook *(v.)* keittää
cook *(n.)* keittäjä
cooker *(n.)* liesi
cookie *(n.)* pikkuleipä
cool *(adj.)* viileä
coolant *(n.)* jäähdytysneste
cooler *(n.)* jäähdytin
cooperate *(v.)* tehdä yhteistyötä
cooperation *(n.)* yhteistyö
cooperative *(adj.)* yhteistyökykyinen
coordinate *(v.)* koordinoida
coordination *(n.)* koordinaatio
coot *(n.)* nokikana
cope *(v.)* selviytyä
copier *(n.)* kopiokone
coping *(n.)* pellitys
copious *(adj.)* runsas
copper *(n.)* kupari
coppice *(n.)* lehto
copulate *(v.)* paritella
copy *(n.)* kopio
copy *(v.)* kopioida
copyright *(n.)* tekijänoikeus
coquette *(n.)* keimailija
coral *(n.)* koralli
corbel *(n.)* olkakivi
cord *(n.)* nuora
cordial *(adj.)* sydämellinen
cordless *(adj.)* johdoton
cordon *(n.)* punos
corduroy *(n.)* vakosametti
core *(n.)* ydin
coriander *(n.)* korianteri
cork *(n.)* korkki
cormorant *(n.)* merimetso
corn *(n.)* maissi
cornea *(n.)* sarveiskalvo
corner *(n.)* nurkka
cornet *(n.)* kornetti

cornicle *(n.)* pikkusarvi
corollary *(n.)* seurauslause
coronation *(n.)* kruunajaiset
coronet *(n.)* aateliskruunu
corporal *(adj.)* ruumiillinen
corporate *(adj.)* järjestäytynyt
corporation *(n.)* yhtiö
corps *(n.)* joukot
corpse *(n.)* ruumis
correct *(adj.)* oikein
correct *(v.)* oikoa
correction *(n.)* korjaaminen
correlate *(v.)* korreloida
correlation *(n.)* korrelaatio
correspond *(v.)* vastata
correspondence *(n.)* kirjeenvaihto
correspondent *(n.)* kirjeenvaihtaja
corridor *(n.)* yhdyskäytävä
corroborate *(v.)* vahvistaa
corroborative *(adj.)* vahvistava
corrosive *(adj.)* syövyttävä
corrugated *(adj.)* poimutettu
corrupt *(adj.)* korruptoitunut
corruption *(n.)* korruptio
cortege *(n.)* kulkue
cortisone *(n.)* kortisoni
cosmetic *(adj.)* kosmeettinen
cosmetic *(n.)* kosmetiikka
cosmic *(adj.)* kosminen
cosmopolitan *(adj.)* kosmopoliittinen
cosmos *(n.)* kosmos
cost *(v.)* maksaa
costal *(adj.)* kylki-
costly *(adj.)* hintava
costume *(n.)* naamiaisasu
cosy *(adj.)* kodikas
cot *(n.)* pinnasänky
cotemporal *(adj.)* samanaikainen
cottage *(n.)* mökki
cotton *(n.)* puuvilla
couch *(n.)* sohva
cough *(v.)* yskiä
could *(v.)* voida
council *(n.)* neuvosto
councillor *(n.)* neuvoja
counsel *(n.)* antaa neuvoja
counsellor *(n.)* neuvonantaja
count *(v.)* laskeskella
countable *(adj.)* laskettava

countdown *(n.)* lähtölaskenta
countenance *(n.)* kasvonpiirteet
counter *(v.)* toimia vastaan
counter *(n.)* työtaso
counteract *(v.)* vastustaa
counter-attack *(n.)* vastaisku
counterfeit *(adj.)* väärennetty
counterfeiter *(n.)* väärentäjä
counterfoil *(n.)* vastakanta
countermand *(v.)* peruuttaa
counterpart *(n.)* vastakappale
countersign *(v.)* varmentaa nimikirjoituksella
countess *(n.)* kreivitär
countless *(adj.)* lukematon
country *(n.)* maaseutu
county *(n.)* maakunta
coup *(n.)* vallankaappaus
couple *(n.)* pari
couple *(v.)* parittaa
couplet *(n.)* säepari
coupon *(n.)* kuponki
courage *(n.)* rohkeus
courageous *(adj.)* rohkea
courier *(n.)* kuriiri
course *(n.)* kurssi
court *(v.)* kosiskella
court *(n.)* tuomioistuin
courteous *(adj.)* hyvätapainen
courtesan *(n.)* kurtisaani
courtesy *(n.)* huomaavaisuus
courtier *(n.)* hoviherra
courtship *(n.)* kosiskelu
courtyard *(n.)* sisäpiha
cousin *(n.)* serkku
couture *(n.)* huippumuoti
cove *(n.)* aukio
covenant *(n.)* liitto
cover *(n.)* peite
cover *(v.)* peittää
coverage *(n.)* kattavuus
coverlet *(n.)* päiväpeite
covert *(adj.)* peitetty
covet *(v.)* himoita
cow *(n.)* lehmä
coward *(n.)* pelkuri
cowardice *(n.)* pelkuruus
cower *(v.)* kyyristyä
co-worker *(n.)* työkaveri

coy *(adj.)* häveliäs
cozy *(adj.)* viihtyisä
crab *(n.)* rapu
crack *(v.)* halkeilla
crack *(n.)* railo
crackdown *(n.)* tehoisku
cracker *(n.)* näkkileipä
crackle *(v.)* rätinä
cradle *(n.)* kehto
craft *(n.)* käsityötaito
craftsman *(n.)* käsityöläinen
crafty *(adj.)* juonikas
cram *(v.)* ahtaa
cramp *(n.)* kramppi
crane *(n.)* nosturi
crankle *(v.)* kammeta
crash *(v.)* murskata
crasis *(n.)* mielen tasapaino
crass *(adj.)* törkeä
crate *(n.)* kuljetuslaatikko
crater *(n.)* kraatteri
crave *(v.)* himottaa
craven *(adj.)* pelkurimainen
craving *(n.)* himotus
craw *(n.)* kupu
crawl *(v.)* ryömiä
crayfish *(n.)* rapu
crayon *(n.)* väriliitu
craze *(n.)* villitys
crazy *(adj.)* hullu
creak *(v.)* narina
cream *(n.)* kerma
crease *(n.)* laskos
create *(v.)* luoda
creation *(n.)* luomus
creative *(adj.)* luova
creator *(n.)* luoja
creature *(n.)* olento
credential *(n.)* valtakirja
credible *(adj.)* uskottava
credit *(n.)* luotto
credit card *(n.)* luottokortti
creditable *(adj.)* ansiollinen
creditor *(n.)* luotonantaja
credulity *(n.)* herkkäuskoisuus
credulous *(adj.)* herkkäuskoinen
creed *(n.)* uskontunnustus
creek *(n.)* puro
creep *(v.)* hiipiä

creeper *(n.)* köynnöskasvi
creepy *(adj.)* karmiva
cremate *(v.)* tuhkata
cremation *(n.)* tuhkaus
crematorium *(n.)* krematorio
creole *(n.)* kreoli
crepe *(n.)* ohukainen
crepitate *(v.)* ritistä
crepitation *(n.)* ritinä
crescent *(n.)* sirppi
crest *(n.)* heltta
cretin *(n.)* älykääpiö
crevet *(n.)* öljykannu
crew *(n.)* miehistö
crib *(n.)* seimi
cricket *(n.)* kriketti
crime *(n.)* rikos
criminal *(n.)* rikollinen
crimp *(n.)* poimu
crimple *(v.)* poimuttaa
crimson *(n.)* karmiininpunainen
cringe *(v.)* säikähtää
crinkle *(v.)* rypistyä
cripple *(n.)* rampa
crisis *(n.)* kriisi
crisp *(adj.)* kirpakka
crispen *(v.)* rapeutua
criterion *(n.)* kriteeri
critic *(n.)* kriitikko
critical *(adj.)* kriittinen
criticism *(n.)* arvostelu
criticize *(v.)* kritisoida
critique *(n.)* kritiikki
croak *(n.)* kurnutus
crochet *(n.)* virkkaus
crockery *(n.)* astiat
crocodile *(n.)* krokotiili
croft *(n.)* torppa
croissant *(n.)* kroissantti
crome *(n.)* talikko
crone *(n.)* akka
crook *(n.)* kelmi
crooked *(adj.)* kiero
croon *(v.)* hyräillä
crop *(n.)* vilja
cross *(n.)* risti
cross *(adj.)* ristikkäinen
cross *(v.)* ristiä
crossbar *(n.)* poikkipuu

crossfire *(n.)* ristituli
crossing *(n.)* risteys
crossroads *(n.)* tienhaara
crotch *(n.)* haara
crotchet *(n.)* neljäsosanuotti
crouch *(v.)* kyykkiä
crow *(n.)* varis
crowbar *(n.)* sorkkarauta
crowd *(n.)* väkijoukko
crowded *(adj.)* täpötäysi
crowfunding *(n.)* joukkorahoitus
crown *(n.)* kruunu
crowned *(adj.)* kruunattu
crucial *(adj.)* ratkaiseva
crucified *(adj.)* ristiinnaulittu
crucifix *(n.)* krusifiksi
crucify *(v.)* ristiinnaulita
crude *(adj.)* hiomaton
cruel *(adj.)* julma
cruelty *(n.)* julmuus
cruise *(v.)* risteillä
cruiser *(n.)* risteilijä
crumb *(n.)* murunen
crumble *(v.)* murentua
crump *(v.)* jysähdys
crumple *(v.)* rutistaa
crunch *(v.)* rouskuttaa
crusade *(n.)* ristiretki
crusader *(n.)* ristiretkeilijä
crush *(v.)* liiskata
crust *(n.)* kuori
crutch *(n.)* kainalosauva
cry *(v.)* itkeä
cryogenics *(n.)* kryogeniikka
cryptic *(adj.)* kryptinen
cryptography *(n.)* kryptografia
crystal *(n.)* kristalli
crystalize *(v.)* kiteyttää
cub *(n.)* pentu
cube *(n.)* kuutio
cubical *(adj.)* kuutiomainen
cubicle *(n.)* koppi
cubit *(n.)* kyynärä
cuckold *(n.)* aisankannattaja
cuckoo *(n.)* käki
cucumber *(n.)* kurkku
cuddle *(v.)* halailla
cudgel *(n.)* nuija
cue *(n.)* vihje

cuff *(n.)* hihansuu
cuisine *(n.)* ruokakulttuuri
culinary *(adj.)* kulinaarinen
cullet *(n.)* lasimurska
culminate *(v.)* kulminoitua
culpable *(adj.)* paheksuttava
culprit *(n.)* syyllinen
cult *(n.)* kultti
cultivate *(v.)* viljellä
cultivation *(n.)* viljely
cultural *(adj.)* kulttuurinen
culture *(n.)* kulttuuri
culvert *(n.)* siltarumpu
cumulative *(adj.)* kumulatiivinen
cunning *(adj.)* viehkeä
cup *(n.)* kuppi
cupboard *(n.)* astiakaappi
cupid *(n.)* cupido
cupidity *(n.)* voitonhimo
cupon *(n.)* kuponki
curable *(adj.)* parannettavissa oleva
curator *(n.)* kuraattori
curb *(v.)* pitää aisoissa
curcumin *(n.)* kurkumiini
curd *(n.)* rahka
curdle *(v.)* juoksettua
cure *(v.)* parantaa
curfew *(n.)* ulkonaliikkumiskielto
curiosity *(n.)* uteliaisuus
curious *(adj.)* utelias
curl *(v.)* kihartaa
curly *(adj.)* kihara
currant *(n.)* herukka
currency *(n.)* valuutta
current *(n.)* virtaus
current *(adj.)* tämänhetkinen
current account *(n.)* käyttötili
curriculum *(n.)* opetussuunnitelma
curse *(n.)* kirous
cursive *(adj.)* kursiivinen
cursor *(n.)* osoitin
cursory *(adj.)* pintapuolinen
curt *(adj.)* lyhytsanainen
curtail *(v.)* supistaa
curtain *(n.)* verho
curvature *(n.)* kaarevuus
curve *(n.)* kurvi
curve *(v.)* kaartaa
cushion *(n.)* pehmuste

cusp *(n.)* kärki
custard *(n.)* maitokiisseli
custodian *(n.)* huoltaja
custody *(n.)* huoltajuus
custom *(n.)* tapa
customary *(adj.)* totunnainen
customer *(n.)* asiakas
cut *(n.)* leikkaus
cute *(adj.)* söpö
cutlery *(n.)* aterimet
cutlet *(n.)* kyljys
cut-off *(n.)* sulkutila
cutter *(n.)* leikkuri
cutting *(n.)* leike
cuvette *(n.)* kyvetti
cyan *(n.)* syaani
cyanide *(n.)* syanidi
cyber *(adj.)* kyber-
cyberbullying *(n.)* nettikiusaaminen
cybercafé *(n.)* Internet-kahvila
cyberchat *(n.)* verkkokeskustelu
cybercrime *(n.)* kyberrikollisuus
cycle *(n.)* sykli
cyclic *(adj.)* syklinen
cyclist *(n.)* polkupyöräilijä
cyclone *(n.)* sykloni
cyclops *(n.)* kyklooppi
cyclostyle *(n.)* syklostyyli
cylinder *(n.)* lieriö
cylindrical *(adj.)* lieriömäinen
cynic *(n.)* kyynikko
cynical *(adj.)* kyyninen
cypher *(n.)* salakirjoitus
cypress *(n.)* sypressi
cyst *(n.)* kysta

D

dabble *(v.)* puuhastella
dacoit *(n.)* aseistettu rosvo
dacoity *(n.)* aseistettu ryöstö
dad (or daddy) *(n.)* isi
daffodil *(n.)* pääsiäislilja
daft *(adj.)* hupsu
dagger *(n.)* tikari
daily *(adj. & adv.)* päivittäinen, päivittäin
dainty *(adj.)* siro

dairy *(n.)* meijeri
dairy product *(n.)* maitotuote
dais *(n.)* koroke
daisy *(n.)* päivänkakkara
dale *(n.)* laakso
dally *(v.)* vetelehtiä
dam *(n.)* pato
damage *(n.)* vahinko
damage control *(n.)* vahingon hallinta
damaging *(adj.)* vahingoittaa
damask *(n.)* damasti
dame *(n.)* daami
damn *(v.)* kirota
damnable *(adj.)* kirottava
damnation *(n.)* kadotus
damned *(adj.)* kirottu
damp *(adj.)* nihkeä
dampen *(v.)* kostuttaa
damsel *(n.)* neitonen
dance *(n.)* tanssi
dancer *(n.)* tanssija
dancing *(adj.)* tanssiva
dandelion *(n.)* voikukka
dandle *(v.)* pitää hyvänä
dandruff *(n.)* hilse
dandy *(n.)* keikaroija
danger *(n.)* vaara
dangerous *(adj.)* vaarallinen
dangle *(v.)* roikottaa
dangling *(adj.)* roikkuva
dank *(adj.)* kostea
dap *(v.)* piipahtaa
dapper *(adj.)* huoliteltu
dapple *(v.)* tehdä täpliä
dare *(v.)* uskaltaa
daredevil *(n.)* huimapää
daring *(adj.)* uskalias
daring *(n.)* uskallus
dark *(n.)* pimento
dark *(adj.)* pimeä
darken *(v.)* tummentaa
darkle *(v.)* pimentää
darkness *(n.)* pimeys
darling *(n.)* rakas
darling *(adj.)* rakas
dart *(n.)* tikka
dartboard *(n.)* tikkataulu
darting *(n.)* tikan heitto
dash *(v.)* rientää

dashboard *(n.)* kojelauta
dashing *(adj.)* upea
data *(n.)* tiedot
databank *(n.)* tietopankki
database *(n.)* tietokanta
date *(n.)* päivämäärä
date *(v.)* tapailla
dated *(adj.)* päivätty
daub *(n.)* töherrys
daughter *(n.)* tytär
daunt *(v.)* pelottaa
daunting *(adj.)* pelottava
dauntless *(adj.)* peloton
dawdle *(v.)* viivytellä
dawdler *(n.)* laiskimus
dawn *(n.)* aamunkoitto
dawn *(v.)* sarastaa
dawnlight *(n.)* aamunkajo
day *(n.)* päivä
daybreak *(n.)* päivänkoitto
daylight *(n.)* päivänvalo
daze *(v.)* pökerryttää
dazed *(adj.)* pökertynyt
daziness *(n.)* huimaus
dazzle *(v.)* sokaista
dazzling *(adj.)* häikäisevä
dazzlingly *(adv.)* häikäisevästi
deacon *(n.)* diakoni
deactivate *(v.)* deaktivoida
deactivation *(n.)* deactivation
deactivator *(n.)* sammuttaja
dead *(n.)* kuolleet
dead *(adj.)* kuollut
deadbolt *(n.)* lukkopultti
deadline *(n.)* aikaraja
deadlock *(n.)* umpikuja
deadly *(adj.)* kuoleman-
deaf *(adj.)* kuuro
deafen *(v.)* kuuroutua
deafening *(adj.)* korviasärkevä
deal *(n.)* diili
deal *(v.)* käydä kauppaa
dealer *(n.)* jälleenmyyjä
dealership *(n.)* edustus
dealings *(n.)* kaupat
dealmaker *(n.)* kaupantekijä
dean *(n.)* dekaani
dear *(adj.)* armas
dearest *(adj.)* rakkain

dearth *(n.)* puute
death *(n.)* kuolema
deathly *(adj.)* kuolon-
debacle *(n.)* laukeaminen
debar *(v.)* sulkea
debase *(v.)* huonontaa
debate *(n.)* väittely
debauch *(n.)* irstailu
debauch *(v.)* turmella
debauchee *(n.)* irstailija
debauchery *(n.)* irstaileminen
debenture *(n.)* velkatodistus
debile *(adj.)* vanhuudenheikko
debilitant *(n.)* heikennys
debilitate *(v.)* heikentää
debilitating *(adj.)* heikentävä
debilitation *(n.)* heikentäminen
debility *(n.)* heikkomielisyys
debit *(n.)* veloitus
debit card *(n.)* pankkikortti
debonaire *(adj.)* hienostunut
debrief *(v.)* pyytää selvitystä
debris *(n.)* pirstaleet
debt *(n.)* velka
debt-free *(adj.)* velaton
debtor *(n.)* velallinen
debuff *(n.)* heikentäjä
debug *(v.)* korjata virheitä
debunk *(v.)* romuttaa
debut *(n.)* debyytti
debutante *(n.)* debytantti
decade *(n.)* vuosikymmen
decadent *(adj.)* laho
decalcification *(n.)* kalkinpoisto
decalcifiy *(v.)* poistaa kalkki
decalibrate *(v.)* dekalibroida
decamp *(v.)* livistää
decapitate *(v.)* mestata
decay *(v.)* rappeutua
decay *(n.)* rappio
decease *(n.)* menehtyminen
deceased *(adj.)* menehtynyt
deceit *(n.)* petos
deceitful *(adj.)* petollinen
deceive *(v.)* harhauttaa
decelerate *(v.)* hidastaa
deceleration *(n.)* hidastaminen
december *(n.)* joulukuu
decency *(n.)* säädyllisyys

decennary *(n.)* kymmenvuotis-
decent *(adj.)* kelpo
decentralize *(v.)* hajauttaa
decentre *(v.)* poistaa keskitys
deception *(n.)* harhautus
deceptive *(adj.)* luihu
decibel *(n.)* desibeli
decide *(v.)* päättää
decided *(adj.)* päättänyt
decidedly *(adv.)* päättäväisesti
decimal *(adj.)* desimaali
decimal point *(n.)* desimaalipilkku
decimate *(v.)* desimoida
decimation *(v.)* suuren väestönosan tuhoaminen
decipher *(v.)* purkaa
decision *(n.)* päätös
decisive *(adj.)* päättävä
deck *(n.)* laivankansi
declaration *(n.)* julistus
declare *(v.)* julistaa
declassify *(v.)* poistaa salaisuusluokitus
decline *(v.)* vastata kieltävästi
declivity *(n.)* rinne
declutter *(v.)* karsia
decoction *(n.)* keittäminen
decode *(v.)* purkaa koodaus
decoder *(n.)* koodinpurkaja
decolonization *(n.)* dekolonisaatio
decolonize *(v.)* dekolonisoida
decommission *(v.)* poistaa käytöstä
decompose *(v.)* maatua
decomposition *(n.)* maatuminen
decompress *(v.)* alentaa painetta
decompression *(n.)* paineenalennus
decongest *(v.)* poistaa tukos
deconstruct *(v.)* purkaa
deconstruction *(n.)* purku
deconstructively *(adv.)* dekonstruktiivisesti
decontrol *(v.)* vapauttaa
decor *(n.)* koristeet
decorate *(v.)* koristella
decoration *(n.)* koristelu
decorative *(adj.)* koriste-
decorum *(n.)* käytöstavat
decoy *(v.)* houkutella ansaan
decoy *(n.)* houkutuslintu
decrease *(v.)* vähentää

decreasingly *(adv.)* vähenevästi
decree *(v.)* antaa asetus
decree *(n.)* asetus
decrement *(n.)* vähennys
decrepitate *(v.)* rappeuttaa
decrepitation *(n.)* rappeutuminen
decriminalization *(n.)* laillistaminen
decriminalize *(v.)* laillistaa
decry *(v.)* saattaa huonoon valoon
decrypt *(v.)* purkaa salaus
decrypt *(n.)* salauksen purku
decryption *(n.)* salauksen purku
dedicate *(v.)* omistautua
dedication *(n.)* omistautuminen
deduce *(v.)* päätellä
deduct *(v.)* vähentää
deduction *(n.)* vähennys
deed *(n.)* teko
deem *(v.)* arvella
deep *(adj.)* syvä
deepen *(v.)* syventää
deeply *(adv.)* syvästi
deer *(n.)* peura
deface *(v.)* muunnella
defamation *(n.)* solvaus
defamatory *(adj.)* solvaava
defame *(v.)* mustata
defame *(v.)* solvata
default *(n.)* oletus
defeat *(v.)* peitota
defecate *(v.)* ulostaa
defect *(n.)* puute
defective *(adj.)* puutteellinen
defence *(n.)* puolustus
defenceless *(adj.)* puolustuskyvytön
defend *(v.)* puolustaa
defendant *(n.)* puolustaja
defensive *(adj.)* puolustava
defer *(v.)* lykkäytyä
deference *(n.)* arvotus
defiance *(n.)* uhma
defiant *(adj.)* uhmakas
deficiency *(n.)* vajaus
deficient *(adj.)* riittämätön
deficit *(n.)* vaje
defile *(n.)* sola
define *(v.)* määritellä
definite *(adj.)* määrätty
definition *(n.)* määritelmä

definitive *(adj.)* definitiivinen
deflate *(v.)* tyhjentyä
deflation *(n.)* deflaatio
deflect *(v.)* poiketa
deflection *(n.)* poikkeama
deflesh *(v.)* lihan leikkaaminen
deflower *(v.)* viedä neitsyys
defoliant *(n.)* vesakkomyrkky
defoliate *(v.)* saada lehdet putoamaan
deforest *(v.)* hävittää metsää
deforestation *(n.)* metsäkato
deforestation *(n.)* metsän hävittäminen
deform *(v.)* vääristyä
deformity *(n.)* vääristymä
defragment *(v.)* eheyttää
defragmentation *(n.)* eheytys
defrost *(v.)* sulattaa
deft *(adj.)* näppärä
defunct *(adj.)* lakkautettu
defuse *(v.)* purkaa
defy *(v.)* uhmata
degenerate *(v.)* rappeutua
deglutination *(n.)* deglutinaatio
degrade *(v.)* hajota
degrading *(adj.)* nöyryyttävä
degree *(n.)* tutkinto
degustation *(n.)* maistelu
dehort *(v.)* käännyttää
dehumidify *(v.)* poistaa kosteutta
dehydrate *(v.)* kuivua
dehydration *(n.)* kuivuminen
deify *(v.)* palvoa
deign *(v.)* suvaita
deism *(n.)* jumalusko
deist *(n.)* deisti
deity *(n.)* jumalolento
deject *(v.)* lannistua
dejection *(n.)* alakuloisuus
delay *(n.)* viive
delay *(v.)* viivästyttää
delectability *(n.)* herkullisuus
delectable *(adj.)* hyvän makuinen
delegacy *(n.)* valtuuskunta
delegalize *(v.)* kieltää laissa
delegate *(n.)* delegaatti
delegate *(v.)* delegoida
delegation *(n.)* valtuusto
delegator *(n.)* valtuutettu
deletable *(adj.)* poistettavissa oleva

delete *(v.)* poistaa
deliberate *(adj.)* tahallinen
deliberation *(n.)* pohdiskelu
delicacy *(n.)* herkku
delicate *(adj.)* herkkä
delicatessen *(n.)* herkkukauppa
delicious *(adj.)* herkullinen
delight *(v.)* riemastuttaa
delightedly *(adv.)* iloisesti
delightful *(adj.)* ihastuttava
delimit *(v.)* rajata
delimitate *(v.)* määritellä rajat
delimitation *(n.)* rajaus
delineate *(v.)* rajata
delinquency *(n.)* rikollisuus
delinquent *(adj.)* rikollinen
delinquent *(n.)* rikollinen
delipidate *(adj.)* ei-rasvoittuva
delipidate *(v.)* poistaa rasva
delipidation *(n.)* rasvanpoisto
deliriant *(n.)* houreaine
delirium *(n.)* houretila
deliver *(v.)* toimittaa
deliverance *(n.)* vapautus
delivery *(n.)* toimitus
delta *(n.)* delta
deltoid *(n.)* hartialihas
delude *(v.)* erehdyttää
deluge *(n.)* tulva
delusion *(n.)* harha
delusional *(adj.)* harhainen
deluxe *(adj.)* luksus-
delve *(v.)* kaivella
demagnetize *(v.)* demagnetoida
demagogue *(n.)* kansankiihottaja
demagogy *(n.)* demagogia
demand *(n.)* vaatimus
demanding *(adj.)* vaativa
demarcate *(v.)* rajoittaa
demarcation *(n.)* rajoitus
demasculinization *(n.)* demaskulinisaatio
dematerialisation *(n.)* dematerialisaatio
dematerialize *(v.)* dematerialisoida
demean *(v.)* halventa
demean *(v.)* halventaa
demeaning *(adj.)* alentava
dement *(v.)* sairastaa dementiaa
demented *(adj.)* dementoitunut
dementia *(n.)* dementia

demerit *(n.)* haitta
demicircle *(n.)* puoliympyrä
demilitarized *(adj.)* demilitarisoitu
demise *(n.)* poismeno
demobilization *(n.)* demobilisaatio
demobilize *(v.)* kotiuttaa
democracy *(n.)* demokratia
democrat *(n.)* demokraatti
democratic *(adj.)* demokraattinen
demographic *(adj.)* väestötieteellinen
demolish *(v.)* tuhota
demolition *(n.)* tuho
demon *(n.)* demoni
demonetize *(v.)* demonetisoida
demonize *(v.)* demonisoida
démonstrate *(v.)* demonstroida
demonstration *(n.)* demonstraatio
demoralize *(v.)* demoralisoida
demote *(v.)* alentaa
demur *(n.)* vastalause
demure *(adj.)* kaino
demurrage *(n.)* seisokki
demystify *(v.)* poistaa salaperäisyys
den *(n.)* pesä
denationalize *(v.)* yksityistää
dengue *(n.)* denguekuume
denial *(n.)* kieltäminen
denominate *(v.)* noteerata
denomination *(n.)* nimitys
denote *(v.)* denotoida
denounce *(v.)* ilmiantaa
dense *(adj.)* tiheä
density *(n.)* tiheys
dentist *(n.)* hammaslääkäri
denude *(v.)* paljastaa
denunciation *(n.)* ilmianto
deny *(v.)* väittää vääräksi
deodorant *(n.)* deodorantti
deodrize *(v.)* poistaa hajua
deontology *(n.)* deontologia
deoxidation *(n.)* hapen poisto
depart *(v.)* poistua
department *(n.)* osasto
departmentalization *(n.)* osastointi
departure *(n.)* lähtö
depauperate *(v.)* köyhtyä
depend *(v.)* riippua
dependant *(n.)* huollettava
dependence *(n.)* riippuvaisuus

dependent *(adj.)* riippuvainen
depict *(v.)* luonnehtia
depiction *(n.)* kuvaus
depilatory *(adj.)* ihokarvoja poistava
deplete *(v.)* kulua loppuun
depleted *(adj.)* ehtynyt
depletion *(n.)* ehtyminen
deplorable *(adj.)* valitettava
deplore *(v.)* valittaa
deploy *(v.)* ottaa käyttöön
depolarize *(v.)* depolarisoida
deponent *(n.)* todistaja
deport *(v.)* karkottaa maasta
depose *(v.)* suistaa vallasta
deposit *(n.)* tallettaa
deposition *(n.)* kerrostuminen
depository *(n.)* säilytyspaikka
depot *(n.)* varikko
depravation *(n.)* tapainturmelus
deprave *(v.)* turmella
deprecate *(v.)* paheksua
depreciate *(v.)* väheksyä
depreciating *(adj.)* arvoa alentava
depreciatory *(adj.)* väheksyvä
depredate *(v.)* autioittaa
depress *(v.)* masentaa
depression *(n.)* masennus
deprive *(v.)* riistää
depth *(n.)* syvyys
deputation *(n.)* edustusto
depute *(v.)* valtuuttaa
deputy *(n.)* sijainen
derail *(v.)* suistua raiteilta
derailment *(n.)* raiteilta suistuminen
deranged *(adj.)* häiriintynyt
deregulate *(v.)* purkaa sääntelyä
deride *(v.)* pilkata
derivative *(adj.)* johdannainen
derive *(v.)* johtua
dermabrasion *(n.)* ihon hionta
dermatology *(n.)* dermatologia
derogatory *(adj.)* halventava
derrick *(n.)* terikkanosturi
desalt *(v.)* poistaa suola
descale *(v.)* suomustaa
descend *(v.)* periytyä
descendant *(n.)* jälkeläinen
descent *(n.)* laskeutuminen
descrete *(adj.)* diskreetti

describe *(v.)* kuvailla
description *(n.)* deskriptio
descriptive *(adj.)* kuvaileva
desert *(n.)* aavikko
desert *(v.)* hyljätä
deserve *(v.)* ansaita
design *(n.)* suunnittelu
designate *(v.)* korvamerkitä
designated *(adj.)* nimetty
designer *(n.)* suunnittelija
designing *(adj.)* suunnitteleva
desirable *(adj.)* toivottava
desire *(n.)* halu
desire *(v.)* mieliä
desirous *(adj.)* kärkäs
desist *(v.)* luopua
desk *(n.)* kirjoituspöytä
desktop *(n.)* työpöytä
desocialization *(n.)* desosialisaatio
desolate *(adj.)* autio
desolvate *(v.)* liuottaa pois
despair *(n.)* epätoivo
desperate *(adj.)* epätoivoinen
despicable *(adj.)* kurja
despise *(v.)* halveksia
despiteful *(adj.)* ylenkatselmallinen
despondent *(adj.)* allapäin
despot *(n.)* itsevaltias
dessert *(n.)* jälkiruoka
destabilization *(n.)* epävakaus
destabilize *(v.)* horjuttaa
destination *(n.)* määränpää
destiny *(n.)* elämänkohtalo
destitute *(adj.)* rahaton
destress *(v.)* kiinnittää vähemmän huomiota
destroy *(v.)* tuhota
destroyer *(n.)* tuhoaja
destruction *(n.)* hävitys
detach *(v.)* irrottaa
detachment *(n.)* irrallisuus
detail *(n.)* yksityiskohta
detain *(v.)* pidättää
detect *(v.)* havaita
detective *(n.)* etsivä
detention *(n.)* pidätys
detergent *(n.)* pesuaine
deteriorate *(v.)* heikentyä
deteriorate *(v.)* ränsistyä

determination *(n.)* päättäväisyys
determine *(v.)* päättää
detest *(v.)* kauhistella
dethrone *(v.)* syöstä vallasta
detonate *(v.)* räjäyttää
detoxication *(n.)* vieroitus
detract *(v.)* poistaa myrkyt
detractor *(n.)* parjaaja
detriment *(n.)* jonkin kustannuksella
deturpation *(n.)* rikkomus
devalue *(v.)* aliarvostaa
devastate *(v.)* musertua
develop *(v.)* kehitellä
developer *(n.)* kehittäjä
development *(n.)* kehittäminen
deviate *(v.)* poiketa
deviation *(n.)* eksymä
device *(n.)* laite
devil *(n.)* piru
devilry *(n.)* pirullisuus
devise *(v.)* laatia
devoid *(adj.)* vailla oleva
devote *(v.)* omistautua
devotee *(n.)* uskovainen
devotion *(n.)* antaumus
devour *(v.)* ahmia
devout *(adj.)* harras
dew *(n.)* kaste
diabetes *(n.)* diabetes
diagnose *(v.)* diagnosoida
diagnosis *(n.)* diagnoosi
diagonal *(adj.)* viisto
diagram *(n.)* diagrammi
dial *(n.)* numerotaulu
dialect *(n.)* murre
dialogue *(n.)* vuoropuhelu
dialysis *(n.)* dialyysi
diameter *(n.)* halkaisija
diamond *(n.)* timantti
diaper *(n.)* vaippa
diarrhea *(n.)* ripuli
diary *(n.)* päiväkirja
diaspora *(n.)* diaspora
dibble *(n.)* istutuspuikko
dibble *(v.)* rei'ittää
dice *(n.)* noppa
dicey *(adj.)* riskialtis
dictate *(v.)* sanella
dictation *(n.)* sanelu

dictator *(n.)* diktaattori
diction *(n.)* sananvalinta
dictionary *(n.)* sanakirja
dictum *(n.)* lausuma
didactic *(adj.)* opettavainen
die *(v.)* kuolla
diehard *(n.)* pesunkestävä
diesel *(n.)* diesel
diet *(v.)* noudattaa ruokavaliota
diet *(n.)* ruokavalio
dietician *(n.)* ravitsemusterapeutti
differ *(v.)* erota jostakin
difference *(n.)* erilaisuus
different *(adj.)* erilainen
difficult *(adj.)* vaikea
difficulty *(n.)* vaikeus
diffident *(adj.)* arka
diffuse *(v.)* hajaantua
dig *(v.)* kaivaa
digest *(v.)* sulattaa
digestion *(n.)* ruoansulatus
digit *(n.)* numero
digital *(adj.)* digitaalinen
digitalize *(v.)* digitalisoida
dignify *(v.)* katsoa arvoiseksi
dignitary *(n.)* arvohenkilö
dignity *(n.)* arvokkuus
digress *(v.)* eksyä
digression *(n.)* syrjähyppy
dilaceration *(n.)* dilaseraatio
dilapidation *(n.)* rappeutuma
dilate *(v.)* laajentua
dilemma *(n.)* dilemma
diligence *(n.)* ahkeruus
diligent *(adj.)* ahkera
dilute *(v.)* laimentaa
dilution *(n.)* laimennus
dim *(adj.)* himmeä
dimension *(n.)* ulottuvuus
diminish *(v.)* pienentyä
diminution *(n.)* pieneneminen
diminutive *(adj.)* pikkuruinen
dimly *(adv.)* hämärästi
dimness *(n.)* hämäryys
din *(n.)* melske
dine *(v.)* ruokailla
diner *(n.)* ruokapaikka
dingy *(adj.)* nuhruinen
dinner *(n.)* päivällinen

diocese *(n.)* hiippakunta
dioxide *(n.)* dioksidi
dip *(v.)* kastaa
diploma *(n.)* tutkintotodistus
diplomacy *(n.)* diplomatia
diplomat *(n.)* diplomaatti
diplomatic *(adj.)* diplomaattinen
dire *(adj.)* hirveä
direct *(adj.)* suora
direction *(n.)* suunta
directive *(n.)* direktiivi
director *(n.)* ohjaaja
directory *(n.)* hakemisto
dirt *(n.)* lika
dirty *(adj.)* likainen
disability *(n.)* vamma
disable *(v.)* vammauttaa
disabled *(adj.)* vammainen
disadvantage *(n.)* haittapuoli
disagree *(v.)* olla eri mieltä
disagreeable *(adj.)* vastenmielinen
disallow *(v.)* evätä
disappear *(v.)* hävitä
disappearance *(n.)* katoaminen
disappoint *(v.)* pettyä
disapprove *(v.)* ei hyväksyä
disarm *(v.)* riisua aseista
disarmament *(n.)* aseistariisunta
disarrange *(v.)* saattaa epäjärjestykseen
disarray *(n.)* epäjärjestys
disaster *(n.)* suuronnettomuus
disastrous *(adj.)* katastrofaalinen
disband *(v.)* hajottaa
disbelief *(n.)* epäusko
disbelieve *(v.)* olla uskomatta
disburse *(v.)* maksella
disc *(n.)* levy
discard *(v.)* heittää pois
discharge *(v.)* erittää
disciple *(n.)* opetuslapsi
discipline *(n.)* kuri
disclaim *(v.)* sanoutua irti
disclose *(v.)* tuoda esille
discolour *(v.)* haaleta
discomfit *(v.)* nolata
discomfort *(n.)* epämukavuus
disconnect *(v.)* katkaista yhteys
discontent *(n.)* tyytymättömyys
discontinue *(v.)* lakkautua

discord *(n.)* eripura
discotheque *(n.)* disko
discount *(n.)* alennus
discourage *(v.)* lamauttaa
discourse *(n.)* keskusteleminen
discourteous *(adj.)* epäkunnioittava
discover *(v.)* saada selville
discovery *(n.)* löydös
discredit *(v.)* horjuttaa uskoa
discreet *(adj.)* hienotunteinen
discrepancy *(n.)* epäjohdonmukaisuus
discretion *(n.)* harkintakyky
discriminate *(v.)* syrjiä
discrimination *(n.)* syrjintä
discuss *(v.)* sanailla
disdain *(v.)* ylenkatsoa
disease *(n.)* tauti
disembody *(v.)* irrottaa ruumiista
disenchant *(v.)* avata silmät
disengage *(v.)* irrottautua
disfigure *(v.)* runnella
disgrace *(n.)* epäsuosio
disgrace *(n.)* häväistys
disgruntled *(adj.)* närkästynyt
disguise *(v.)* naamioitua
disgust *(n.)* vastenmielisyys
dish *(n.)* ruokalaji
dishearten *(v.)* lannistaa
dishonest *(adj.)* epärehellinen
dishonesty *(n.)* epärehellisyys
dishonour *(n.)* kunniattomuus
disillusion *(v.)* päästää lumouksesta
disinclined *(adj.)* vastahakoinen
disinfect *(v.)* desinfioida
disjunction *(n.)* erotus
dislike *(n.)* epätyytyväisyys
dislocate *(v.)* mennä sijoiltaan
dislodge *(v.)* siirtää paikaltaan
disloyal *(adj.)* epälojaali
dismal *(adj.)* synkkä
dismantle *(v.)* purkaa osiin
dismay *(n.)* tyrmistys
dismiss *(v.)* irtisanoa
dismissal *(n.)* irtisanominen
disobey *(v.)* kieltäytyä tottelemasta
disorder *(n.)* häiriö
disorganize *(v.)* sekoittaa
disorient *(v.)* eksyttää
disown *(v.)* katkaista välit

disparate *(adj.)* toisenlainen
disparity *(n.)* eroavaisuus
dispatch *(v.)* lähettää matkaan
dispensary *(n.)* terveysasema
dispense *(v.)* soveltaa
disperse *(v.)* levittäytyä
displace *(v.)* syrjäyttää
display *(n.)* näyttölaite
displease *(v.)* herättää tyytymättömyyttä
displeasure *(n.)* tyytymättömyys
disposal *(n.)* pois heittäminen
dispose *(v.)* asetella
disproportion *(n.)* epäsuhde
disprove *(v.)* kumota
disputation *(n.)* väittely
dispute *(v.)* erimielisyys
disqualification *(n.)* diskvalifiointi
disqualify *(v.)* diskvalifioida
disquiet *(n.)* tehdä levottomaksi
disregard *(v.)* sivuuttaa
disrepute *(n.)* huonomaineisuus
disrespect *(n.)* epäkunnioitus
disrupt *(v.)* häiritä
dissatisfaction *(n.)* tyytymättömyys
dissatisfy *(v.)* aiheuttaa tyytymättömyyttä
dissect *(v.)* leikellä
dissection *(n.)* dissektio
dissimilar *(adj.)* erinäköinen
dissipate *(v.)* kulua
dissolve *(v.)* liueta
dissuade *(v.)* suostutella
distance *(n.)* etäisyys
distant *(adj.)* etäinen
distil *(v.)* tislata
distillery *(n.)* tislaamo
distinct *(adj.)* erottuva
distinction *(n.)* erottelu
distinctive *(adj.)* tunnusomainen
distinguish *(v.)* nähdä ero
distort *(v.)* vääristää
distraction *(n.)* häiriötekijä
distraught *(adj.)* suunniltaan
distress *(n.)* ahdistavuus
distress *(v.)* saattaa ahdinkoon
distribute *(v.)* jaella
distribution *(n.)* jakelu
district *(n.)* kaupunginosa
distrust *(n.)* epäluottamus
distrust *(v.)* olla luottamatta

disturb *(v.)* haitata
ditch *(n.)* oja
ditto *(n.)* edelläsanottu
dive *(v.)* sukeltaa
dive *(n.)* sukellus
diverse *(adj.)* monipuolinen
diversify *(v.)* monipuolistaa
divert *(v.)* kääntää pois
divide *(v.)* jakautua
dividend *(n.)* osinko
divine *(adj.)* taivaallinen
divinity *(n.)* jumalallisuus
division *(n.)* jako
divorce *(n.)* avioero
divorce *(v.)* ottaa avioero
divulge *(v.)* paljastaa
do *(v.)* tehdä
doable *(adj.)* käypä
doating *(v.)* vaalia
dob *(n.)* lyhenne syntymäpäivästä
dob *(v.)* raportoida väärinkäytöstä
doc *(n.)* lyhenne lääkäristä
docent *(n.)* dosentti
docent *(adj.)* dosentti
docile *(adj.)* säyseä
dock *(n.)* telakka
dock *(v.)* telakoida
docket *(n.)* tiivistelmä
dockmaster *(n.)* telakkapäällikkö
dockworker *(n.)* satamatyöläinen
dockyard *(n.)* huoltotelakka
doctor *(n.)* lääkäri
doctor *(v.)* tohtoroida
doctorate *(n.)* tohtorinarvo
doctored *(adj.)* muutettu
doctrine *(n.)* doktriini
document *(n.)* asiakirja
documentary *(adj.)* dokumentaarinen
documentary *(n.)* dokumentti
dodge *(v.)* väistää
dodge *(n.)* väistö
dodo *(n.)* dodo
doe *(n.)* vaadin
doer *(n.)* tekijä
doeskin *(n.)* säämiskä
dog *(n.)* koira
dog *(v.)* seurata kuin koira
dogbreath *(n.)* koiranhengitys
dogfight *(v.)* järjestää koiratappelu

dogfight *(n.)* koiratappelu
doghole *(n.)* koirankolo
doghouse *(n.)* koirankoppi
dogma *(n.)* uskonkappale
dogmatic *(adj.)* ahdasrajainen
dole *(v.)* antaa almuja
dole *(n.)* työttömyyspäiväraha
doll *(n.)* nukke
dollar *(n.)* dollari
dolman *(n.)* husaarintakki
dolmen *(n.)* paasikammio
dolorous *(adj.)* murheellinen
dolphin *(n.)* delfiini
domain *(n.)* verkkotunnus
dome *(n.)* kupoli
domestic *(adj.)* kotimainen
domestic *(n.)* kotitalous
domestical *(adj.)* kotimaan
domesticate *(v.)* kesyyntyä
domesticator *(n.)* kesyttäjä
domicile *(n.)* kotipaikka
domiciled *(adj.)* kotiutettu
domiciliary *(adj.)* koti-
dominant *(adj.)* vallitseva
dominate *(v.)* vallita
domination *(n.)* valta-asema
dominion *(n.)* valta
domino *(n.)* domino
donate *(v.)* lahjoittaa
donation *(n.)* lahjoitus
donkey *(n.)* aasi
donor *(n.)* luovuttaja
doodle *(v.)* piirrellä
doom *(n.)* tuomio
doom *(v.)* tuomita
doomed *(adj.)* tuomittu
doomsday *(adj.)* tuomiopäivä
doomsday *(n.)* tuomiopäivä
door *(n.)* ovi
doorbell *(n.)* ovikello
doorknob *(n.)* ovinuppi
doormat *(n.)* ovimatto
dope *(adj.)* huumaava
dope *(v.)* huumata
dope *(n.)* huume
doped *(adj.)* huumaantunut
dopey *(adj.)* typerä
dorky *(adj.)* dorka
dormant *(adj.)* horroksessa oleva

dormitory *(n.)* asuntola
dorsal *(adj.)* selänpuoleinen
dosage *(n.)* annostus
dose *(n.)* annos
dot *(v.)* pilkuttaa
dot *(n.)* piste
double *(n.)* tupla
double *(adj.)* tupla-
double *(v.)* tuplata
doubt *(n.)* epäilys
doubt *(v.)* epäillä
doubtful *(adj.)* epäileväinen
doubtless *(adj.)* epäilemätön
dough *(n.)* taikina
doughnut *(n.)* donitsi
dour *(adj.)* tyly
douse *(v.)* valella
dove *(n.)* kyyhkynen
dowery *(n.)* myötäjäiset
down *(v.)* kaataa
down *(adv.)* alas
down *(prep.)* alas
down and out *(adj.)* syrjäytynyt
downfall *(n.)* kukistuminen
download *(v.)* ladata
downpour *(n.)* kaatosade
downright *(adj.)* suoranainen
downright *(adv.)* suorastaan
downstairs *(adj.)* alakerta
downward *(adj.)* laskeva
downward *(adv.)* laskevasti
downwards *(adv.)* alaspäin
doze *(v.)* torkkua
doze *(n.)* torkut
dozen *(n.)* tusina
drab *(v.)* ikävystyttää
drab *(adj.)* likaisenruskea
drab *(n.)* lunttu
draconic *(adj.)* drakoninen
draft *(n.)* luonnos
draft *(v.)* luonnostella
draftsman *(adj.)* luonnosteleva
drafty *(adj.)* vetoisa
drag *(n.)* ilmanvastus
drag *(v.)* raahata
dragon *(n.)* lohikäärme
dragonfly *(n.)* sudenkorento
drain *(v.)* valuttaa
drain *(n.)* viemäri

drainage *(n.)* viemäröinti
drainpipe *(n.)* tyhjennysputki
dram *(n.)* snapsi
drama *(n.)* draama
dramatic *(adj.)* dramaattinen
dramatist *(n.)* dramaturgi
drape *(n.)* verho
drape *(v.)* verhota
draper *(n.)* verhokauppias
drapery *(adj.)* drapeeraus
drastic *(n.)* radikaali
draught *(n.)* apaja
draw *(n.)* piirros
draw *(v.)* piirtää
drawback *(n.)* varjopuoli
drawbridge *(n.)* laskusilta
drawer *(n.)* laatikosto
drawing *(n.)* piirustus
drawing-room *(n.)* seurusteluhuone
dread *(n.)* kammo
dread *(v.)* kammota
dread *(adj.)* kammottava
dreadful *(n.)* kammotus
dreadful *(adj.)* kauhistava
dreadfully *(adv.)* kammottavasti
dreadlock *(n.)* rasta
dreadlock *(v.)* rastoittaa
dream *(v.)* uneksia
dream *(n.)* uni
dreamcatcher *(n.)* unensieppaaja
dreamer *(n.)* uneksija
dreamily *(adv.)* uneksivasti
dreamworld *(n.)* unimaailma
dreamy *(adj.)* unenomainen
drench *(v.)* kastella läpimäräksi
dress *(n.)* mekko
dress *(v.)* pukeutua
dressing *(n.)* salaatinkastike
dressing table *(n.)* pukeutumispöytä
dressmaker *(n.)* ompelija
drib *(n.)* tilkka
dribble *(n.)* tippa
dribble *(v.)* tiputtaa
dried *(adj.)* kuivattu
drift *(v.)* ajelehtia
drift *(n.)* ajopuu
drill *(n.)* pora
drill *(v.)* porata
drink *(v.)* juoda

drink *(n.)* juoma
drinking chocolate *(n.)* kaakaojuoma
drinking water *(n.)* juomavesi
drip *(n.)* pisara
drip *(v.)* pisaroida
drive *(n.)* ajo
drive *(v.)* ajaa
driver *(n.)* ajaja
drizzle *(n.)* tihkusade
drizzle *(v.)* tihkuttaa
droid *(n.)* droidi
drone *(n.)* kuhnuri
drool *(n)* kuola
drool *(v.)* kuolata
droop *(v.)* lerpattaa
droop *(n.)* painauma
droopy *(adj.)* veltto
drop *(v.)* pudota
drop *(n.)* pudotus
drop box *(n.)* pudotuslaatikko
drop-in *(adj.)* pistäytyvä
drop-off *(n.)* jättää kyydistä
dropout *(n.)* jättää kesken
dropzone *(n.)* pudotusalue
drought *(n.)* kuivuus
drown *(v.)* hukkua
drug *(n.)* huumausaine
drug addict *(n.)* narkomaani
druggist *(n.)* apteekkari
druid *(n.)* druidi
drum *(v.)* rummuttaa
drum *(n.)* rumpu
drum kit *(n.)* rumpusetti
drumbeat *(n.)* rummutus
drumfish *(n.)* rumpukala
drunk *(adj.)* humalassa
drunkard *(n.)* juoppo
dry *(adj.)* kuiva
dry *(v.)* kuivattaa
dry-clean *(v.)* kuivapestä
dryer *(n.)* kuivaaja
dual *(adj.)* kaksi-
duality *(n.)* kaksinaisuus
dual-purpose *(adj.)* kaksitoiminen
dub *(v.)* dubata
dub *(n.)* dubbaus
dubious *(adj.)* epäilevä
ducat *(n.)* dukaatti
duchess *(n.)* herttuatar

duck *(n.)* ankka
duck *(v.)* kumartua
duct *(n.)* ilmastointiputki
duct *(v.)* läpiviedä
duct tape *(n.)* ilmastointiteippi
dude *(n.)* jätkä
due *(adj.)* erääntyvä
due *(adv.)* suoraan
due *(n.)* tunnustus
duel *(n.)* kaksintaistelu
duel *(v.)* kaksintaistella
duet *(n.)* duetto
duet *(v.)* laulaa kaksin
duffel bag *(n.)* merimiessäkki
duke *(n.)* herttua
dull *(adj.)* tylsä
dull *(v.)* tylsistyttää
duly *(adv.)* asianmukaisesti
dumb *(adj.)* tyhmä
dum-bell *(n.)* kahvakuula
dumbfound *(v.)* lyödä ällikällä
dumbfounded *(adj.)* kuin ällikällä lyöty
dumbo *(n.)* hoopo
dummy *(n.)* mallinukke
dummy *(v.)* toimia mannekiinina
dump *(n.)* kaatopaikka
dump *(v.)* kipata
dumpster *(n.)* roskalava
dunce *(n.)* typerys
dune *(n.)* dyyni
dung *(n.)* lanta
dungeon *(n.)* vankityrmä
dunk *(n.)* donkkaus
dunk *(v.)* upottaa
duo *(n.)* duo
dup *(v.)* availla
dupe *(n.)* halpa kopio
dupe *(v.)* puijata
duplex *(n.)* paritalo
duplicate *(adj.)* duplikaatti
duplicate *(n.)* jäljennös
duplicate *(v.)* jäljentää
duplicity *(n.)* kaksinaamaisuus
durability *(n.)* kestävyys
durable *(adj.)* kestävä
duration *(n.)* kesto
during *(prep.)* jonkin aikana
dusk *(n.)* hämärä
dust *(n.)* pöly
dust *(v.)* pölyttää
duster *(n.)* pölyhuisku
dutiful *(adj.)* velvollisuudentuntoinen
duty *(n.)* velvollisuus
duty-free *(adv.)* tullivapaa
duty-free *(adj.)* veroton
duvet *(n.)* täkki
dwarf *(v.)* kutistaa
dwarf *(n.)* kääpiö
dwarf *(adj.)* kääpiö-
dwell *(v.)* vatvoa
dwelling *(n.)* asumus
dwindle *(v.)* huveta
dye *(n.)* väriaine
dye *(v.)* värjätä
dynamic *(adj.)* dynaaminen
dynamics *(n.)* dynamiikka
dynamite *(n.)* dynamiitti
dynamo *(n.)* tasavirtageneraattori
dynasty *(n.)* dynastia
dysentery *(n.)* punatauti
dystopia *(n.)* dystopia

each *(pron.)* kukin
each *(adj.)* jokainen
each *(adv.)* per kappale
eager *(adj.)* hanakka
eagle *(n.)* kotka
ear *(n.)* korva
earbud *(n.)* korvakuuloke
early *(adj.)* aikainen
early *(adv.)* aikaisin
earn *(v.)* tienata
earnest *(adj.)* totinen
earth *(n.)* maa
earthen *(adj.)* savi-
earthenware *(n.)* savitavara
earthly *(adj.)* maanpäällinen
earthquake *(n.)* maanjäristys
ease *(v.)* helpottaa
ease *(n.)* helppous
east *(adv.)* itään
east *(n.)* itä
east *(adj.)* itä-
easter *(n.)* pääsiäinen

eastern *(adj.)* itäinen
easy *(adj.)* helppo
easy-to-use *(adj.)* helppokäyttöinen
eat *(v.)* syödä
eatable *(n.)* syömäkelpoinen
eatable *(adj.)* syötävä
eave *(n.)* räystäs
eavesdrop *(n.)* räystäänalunen
eavesdrop *(v.)* salakuunnella
ebb *(n.)* laskuvesi
ebb *(v.)* vetäytyä
ebony *(n.)* eeben
e-book *(n.)* e-kirja
ebulliate *(v.)* kiehua yli
ebullience *(n.)* ylitsevuotavuus
ebullient *(adj.)* riemukas
eccentric *(adj.)* eksentrinen
ecclesiast *(n.)* kirkonmies
ecclesiastical *(adj.)* kirkollinen
echinid *(n.)* merisiili
echo *(n.)* kaiku
echo *(v.)* kaikua
echocardiogram *(n.)* kaikukäyrä
eclampsia *(n.)* kouristustauti
eclectic *(n.)* eklektikko
eclectic *(adj.)* eklektinen
eclipse *(n.)* pimennys
eclipse *(v.)* pimentää
eclipsis *(n.)* eklipsi
ecological *(adj.)* ekologinen
ecologist *(n.)* ekologi
ecology *(n.)* ekologia
e-commerce *(n.)* verkkokauppa
economic *(adj.)* taloudellinen
economical *(adj.)* ekonominen
economics *(n.)* taloustiede
economy *(n.)* talous
ecosystem *(n.)* ekosysteemi
ecoterrorism *(n.)* ekoterrorismi
ecstasy *(n.)* hurmostila
ecstatic *(adj.)* hurmioitunut
ectopia *(n.)* siirtymä
ectoplasm *(n.)* ektoplasma
ecumenic *(adj.)* ekumeeninen
ecumenical *(adj.)* yleiskirkollinen
eczema *(n.)* ekseema
edema *(n.)* edeema
edge *(n.)* reuna
edible *(adj.)* syötävä

edict *(n.)* edikti
edificant *(adj.)* rakentava
edification *(n.)* mielenylennys
edifice *(n.)* rakennus
edify *(v.)* ylentää
edit *(v.)* muokata
edition *(n.)* versio
editor *(n.)* toimittaja
editorial *(adj.)* toimituksellinen
editorial *(n.)* pääkirjoitus
educate *(v.)* kouluttaa
education *(n.)* koulutus
eel *(n.)* ankerias
eerie *(adj.)* hyytävä
effable *(adj.)* ilmaistava
effably *(adv.)* ilmaisevalla tavalla
efface *(v.)* pyyhkiä pois
effect *(v.)* saada aikaan
effect *(n.)* vaikutus
effective *(adj.)* vaikuttava
effeminate *(adj.)* naismainen
efficacy *(n.)* tehokkuus
efficiency *(n.)* hyötysuhde
efficient *(adj.)* aikaansaava
effigy *(n.)* nukke
effort *(n.)* vaivannäkö
effortless *(adj.)* vaivaton
effusive *(adj.)* ylenpalttinen
egg *(n.)* muna
ego *(n.)* ego
egocentric *(adj.)* egosentrinen
egotism *(n.)* itsekkyys
eight *(n.)* kahdeksan
eighteen *(n.)* kahdeksantoista
eighty *(n.)* kahdeksankymmentä
either *(pron.)* jompikumpi
either *(adv.)* myöskään
ejaculate *(v.)* ejakuloida
ejaculate *(n.)* siemenneste
ejaculation *(n.)* siemensyöksy
ejaculatory *(adj.)* siemensyöksyyn liittyvä
eject *(v.)* heittää ulos
elaborate *(v.)* täsmentää
elaborate *(adj.)* täsmällinen
elapse *(v.)* vierähtää
elastic *(adj.)* elastinen
elasticity *(n.)* elastisuus
elate *(adj.)* ilahtunut
elate *(v.)* ilostuttaa

elated *(adj.)* riemuisa
elation *(n.)* riemu
elbow *(n.)* kyynärpää
elder *(adj.)* vanhempi
elder *(n.)* vanhempi
elderly *(adj.)* iäkäs
elect *(v.)* valita
election *(n.)* vaalit
electorate *(n.)* äänioikeutetut
electric *(adj.)* sähköinen
electricity *(n.)* sähkö
electrify *(v.)* sähköistää
electrocute *(v.)* teloittaa sähköiskulla
electrocution *(n.)* sähköiskuun kuoleminen
electrolyte *(n.)* elektrolyytti
electron *(n.)* elektroni
electronic *(adj.)* elektroninen
elegance *(n.)* eleganssi
elegant *(adj.)* elegantti
elegy *(n.)* suruvirsi
element *(n.)* elementti
elemental *(adj.)* elementaali
elementary *(adj.)* alkeis-
elephant *(n.)* norsu
elephantine *(adj.)* norsumainen
elevate *(v.)* nostaa
elevation *(n.)* nosto
elevator *(n.)* nostin
eleven *(n.)* yksitoista
elf *(n.)* tonttu
elicitate *(v.)* herätyttää
eligibility *(n.)* kelpoisuus
eligible *(adj.)* kelpoinen
eliminate *(v.)* eliminoida
elimination *(n.)* eliminaatio
eliminator *(n.)* eliminaattori
eliminatory *(adj.)* eliminoiva
elision *(n.)* elisio
elite *(n.)* eliitti
elite *(adj.)* eliitti-
elitism *(n.)* elitismi
elitist *(n.)* elitisti
elixir *(n.)* eliksiiri
elk *(n.)* hirvi
ellipse *(n.)* ellipsi
ellipse *(v.)* soikentaa
elliptic *(adj.)* elliptinen
elocution *(n.)* suullinen esitystaito

elope *(v.)* karata
eloquence *(n.)* kaunopuheisuus
eloquent *(adj.)* kaunopuheinen
else *(adj.)* muu
else *(adv.)* muutoin
elucidate *(v.)* selventää
elude *(v.)* välttää
elusion *(n.)* välttäminen
elusive *(adj.)* välttelevä
emaciate *(v.)* laihduttaa
emaciated *(adj.)* riutunut
email *(n.)* sähköposti
emanate *(v.)* kantautua
emanation *(n.)* emanaatio
emancipate *(v.)* vapauttaa
emancipation *(n.)* vapautuminen
emasculate *(v.)* kuohita
emasculation *(n.)* kuohitseminen
embalm *(v.)* palsamoida
embalming *(n.)* palsamointi
embank *(v.)* pengertää
embankment *(n.)* penger
embargo *(n.)* kauppasaarto
embark *(v.)* ryhtyä
embarrass *(v.)* nolata
embarrassing *(adj.)* nolo
embarrassment *(n.)* nolostuminen
embassy *(n.)* suurlähetystö
embellish *(v.)* somistaa
embitter *(v.)* katkeroittaa
emblem *(n.)* tunnus
embodiment *(n.)* ruumiillistuma
embody *(v.)* olla jonkin ruumiillistuma
embolden *(v.)* rohkaistua
embrace *(v.)* syleillä
embrace *(n.)* syleily
embroidery *(n.)* kirjonta
embryo *(n.)* alkio
embryonic *(adj.)* alkio-
embush *(v.)* piiloutua
emend *(v.)* parannella
emendate *(v.)* korjailla
emerald *(n.)* smaragdi
emerge *(v.)* ilmaantua
emergency *(n.)* hätätilannc
emigrate *(v.)* muuttaa maasta
emigration *(n.)* maastamuutto
eminence *(n.)* etevyys
eminent *(adj.)* etevä

emissary *(n.)* lähettiläs
emission *(n.)* päästö
emit *(v.)* päästää
emittance *(n.)* päästökerroin
emmet *(n.)* muurahainen
emoji *(n.)* emoji
emolument *(n.)* palkka
emote *(v.)* ylinäytellä
emoticon *(n.)* hymiö
emotion *(n.)* tunne
emotional *(adj.)* tunteellinen
emotive *(adj.)* tunteisiin vetoava
empath *(n.)* empaatti
empathic *(adj.)* empaattinen
empathy *(n.)* empatia
emperor *(n.)* keisari
emphasis *(n.)* painotus
emphasize *(v.)* painottaa
emphatic *(adj.)* painokas
empire *(n.)* imperiumi
empirical *(adj.)* empiirinen
empiricism *(n.)* empirismi
empiricist *(n.)* empiristi
employ *(v.)* työllistää
employee *(n.)* työntekijä
employer *(n.)* työnantaja
employment *(n.)* työllisyys
empower *(v.)* voimaannuttaa
empress *(n.)* keisarinna
empty *(v.)* tyhjentää
empty *(adj.)* tyhjä
empty-handed *(adj.)* tyhjin käsin
emulate *(v.)* emuloida
emulation *(n.)* emulointi
emulsifier *(n.)* emulgointiaine
emulsify *(v.)* emulgoida
en route *(adv.)* matkan varrella
enable *(v.)* mahdollistaa
enact *(v.)* säätää laki
enamel *(n.)* emali
enamour *(v.)* saada rakastumaan
enamoured *(adj.)* rakastunut
enamourment *(n.)* rakastuminen
encage *(v.)* lukita häkkiin
encapsulate *(v.)* kapseloida
encase *(v.)* koteloida
enchant *(v.)* tenhota
encircle *(v.)* ympäröidä
enclose *(v.)* sulkea sisäänsä

enclosure *(n.)* aitaus
encompass *(v.)* kattaa
encounter *(v.)* kohdata
encounter *(n.)* kohtaaminen
encourage *(v.)* rohkaista
encouragement *(n.)* kannustus
encroach *(v.)* kajota
encrust *(v.)* kuorruttaa
encrusted *(adj.)* kuortunut
encrypt *(v.)* kryptata
encrypted *(adj.)* kryptattu
encryption *(n.)* kryptaus
encumber *(v.)* kuormittaa
encyclopedia *(n.)* tietosanakirja
end *(n.)* loppu
end *(v.)* loppua
endanger *(v.)* vaarantaa
endangered *(adj.)* vaarantunut
endear *(v.)* tehdä hellyttäväksi
endearment *(n.)* hellyydenosoitus
endeavour *(n.)* pyrkimys
endeavour *(v.)* pyrkiä
endemic *(adj.)* endeeminen
endemic *(n.)* endeeminen sairaus
endemiology *(n.)* endemiologia
endless *(adj.)* loputon
endorse *(v.)* kannattaa
endorsement *(n.)* kannatus
endorser *(n.)* siirtäjä
endoscopic *(adj.)* endoskooppinen
endoscopy *(n.)* endoskopia
endow *(v.)* antaa perintö
endowed *(adj.)* autuaallinen
endowment *(n.)* kantarahasto
endurable *(adj.)* siedettävä
endurance *(n.)* sietokyky
endure *(v.)* sietää
enemy *(n.)* vihollinen
energetic *(adj.)* energinen
energize *(v.)* energisoida
energy *(n.)* energia
enervate *(v.)* veltostua
enervated *(adj.)* veltto
enfeeble *(v.)* heikontaa
enforce *(v.)* toimeenpanna
enfranchise *(v.)* antaa äänioikeus
engage *(v.)* sitoutua
engagement *(n.)* sitoumus
engaging *(adj.)* mukaansatempaava

engine *(n.)* moottori
engineer *(n.)* insinööri
engineering *(n.)* insinöörityö
enginous *(adj.)* moottorillinen
English *(n.)* englannin kieli
englobe *(v.)* ympäröidä
engorge *(v.)* turvottaa
engrave *(v.)* kaivertaa
engross *(v.)* temmata mukaansa
engulf *(v.)* nielaista sisäänsä
enhance *(v.)* kohentaa
enhancement *(n.)* kohennus
enigma *(n.)* arvoitus
enigmatic *(adj.)* arvoituksellinen
enigmatical *(adj.)* enigmaattinen
enigmatically *(adv.)* arvoituksellisesti
enjoy *(v.)* nauttia
enjoyability *(n.)* nautittavuus
enjoyable *(adj.)* nautittava
enjoyment *(n.)* nautinto
enlarge *(v.)* suurentaa
enlighten *(v.)* valaista
enlist *(v.)* värväytyä
enliven *(v.)* elävöittää
enmity *(n.)* vihanpito
ennoble *(v.)* aateloida
enormous *(adj.)* valtava
enough *(adj.)* riittävä
enough *(adv.)* riittävästi
enquiry *(n.)* tiedustelu
enrage *(v.)* raivostuttaa
enrapture *(v.)* hurmata
enrich *(v.)* rikastaa
enrichment *(n.)* rikastus
enrol *(v.)* rekisteröidä
ensemble *(n.)* yhtye
enshrine *(v.)* pyhittää
enslave *(v.)* orjuuttaa
ensue *(v.)* olla seurauksena
ensure *(v.)* taata
entangle *(v.)* sotkeutua
enter *(v.)* astua sisään
enterprise *(n.)* yritys
entertain *(v.)* viihdyttää
entertainment *(n.)* viihde
enthral *(v.)* lumota
enthrone *(v.)* nostaa valtaistuimelle
enthusiasm *(n.)* entusiasmi
enthusiastic *(adj.)* innostunut

entice *(v.)* viekoitella
enticement *(n.)* kiusaus
enticer *(n.)* viekoittelija
enticing *(adj.)* viekoitteleva
entire *(adj.)* kokonainen
entirely *(adv.)* kokonaan
entitle *(v.)* oikeuttaa
entity *(n.)* entiteetti
entomb *(v.)* laskea hautaan
entomology *(n.)* hyönteistiede
entrails *(n.)* sisälmykset
entrance *(n.)* sisäänkäynti
entrap *(v.)* ansoittaa
entrapment *(n.)* ansoitus
entreat *(v.)* vedota
entreaty *(n.)* vetoomus
entrench *(v.)* vallittaa
entrenchment *(n.)* vallitus
entrepreneur *(n.)* yrittäjä
entropic *(adj.)* entrooppinen
entropy *(n.)* entropia
entrust *(v.)* uskoa haltuun
entry *(n.)* sisääntulo
entry form *(n.)* ilmoittautumislomake
entry-level *(adj.)* lähtötaso
enumerable *(adj.)* lueteltava
enumerate *(v.)* luetella
enumerative *(adj.)* luetteloiva
enunciate *(v.)* lausua
enunciation *(n.)* lausunta
enunciatory *(adj.)* lausuva
envelop *(v.)* sulkea sisäänsä
envelope *(n.)* kirjekuori
envelopment *(n.)* sisään sulkeminen
enviable *(adj.)* kadehdittava
envious *(adj.)* kateellinen
environment *(n.)* ympäristö
environmental *(adj.)* ympäristö-
environmentalism *(n.)* ympäristönsuojelu
environmentalist *(n.)* ympäristönsuojelija
envisage *(v.)* nähdä mielessään
envision *(v.)* visioida
envoy *(n.)* lähetti
envy *(v.)* kadehtia
enzyme *(n.)* entsyymi
enzymic *(adj.)* entsyymi-
eon *(n.)* eoni
ephemera *(n.)* ohimenevä ilmiö
ephemeral *(adj.)* päivän kestävä

ephemeric *(adj.)* ohikiitävä
epic *(n.)* eepos
epical *(adj.)* eeppinen
epicene *(adj.)* sukupuolineutraali
epicentre *(n.)* episentrumi
epicure *(n.)* kulinaristi
epicurean *(adj.)* loistelias
epicurean *(n.)* loisto-
epidemic *(n.)* epidemia
epidural *(n.)* epiduraalipuudutus
epiglottis *(n.)* kurkunkansi
epigram *(n.)* epigrammi
epilate *(v.)* epiloida
epilepsy *(n.)* epilepsia
epileptic *(n.)* epileptikko
epileptic *(adj.)* epileptinen
epilogue *(n.)* epilogi
epiphany *(n.)* loppiainen
episode *(n.)* episodi
epitaph *(n.)* hautakirjoitus
epitome *(n.)* malliesimerkki
epoch *(n.)* aikakausi
epoxy *(n.)* epoksi
equal *(n.)* vertainen
equal *(adj.)* tasa-arvoinen
equal *(v.)* olla tasa-arvoinen
equality *(n.)* tasa-arvo
equalize *(v.)* tasoittaa
equate *(v.)* rinnastaa
equation *(n.)* yhtälö
equator *(n.)* päiväntasaaja
equilateral *(adj.)* tasasivuinen
equinox *(n.)* päiväntasaus
equip *(v.)* varustaa
equipment *(n.)* varustus
equitable *(adj.)* oikeudenmukainen
equivalent *(adj.)* vastaava
equivocal *(adj.)* moniselitteinen
era *(n.)* maailmankausi
eradicate *(v.)* vetää juurineen
eradication *(n.)* hävittäminen
eradicator *(n.)* hävittäjä
erase *(v.)* pyyhkiä
eraser *(n.)* pyyhekumi
erect *(adj.)* pystyasennossa
erect *(v.)* pystyttää
erectile *(adj.)* jäykistyvä
erection *(n.)* erektio
erode *(v.)* kalvaa

erosion *(n.)* eroosio
erosive *(adj.)* eroosiota aiheuttava
erotic *(adj.)* eroottinen
erotica *(n.)* eroottinen kirjallisuus
eroticism *(n.)* erotiikka
eroticize *(v.)* eroottiistaa
err *(v.)* tehdä virhe
errand *(n.)* sanoma
erroneous *(adj.)* virheellinen
error *(n.)* virhe
erupt *(v.)* purkautua
eruption *(n.)* purkaus
escalate *(v.)* eskaloitua
escalator *(n.)* liukuportaat
escapability *(n.)* pakenemiskyky
escapable *(adj.)* pakeneva
escape *(v.)* paeta
escape *(n.)* pako
escapee *(n.)* pakenija
escapism *(n.)* eskapismi
escapist *(n.)* eskapisti
escapology *(n.)* eskapologia
escargot *(n.)* etana
eschew *(v.)* karttaa
eschewment *(n.)* karttaminen
escort *(v.)* saattaa
escort *(n.)* saattaja
escorted *(adj.)* saattava
escrow *(n.)* kolmannen osapuolen haltuun uskottu asiakirja
escrow *(v.)* uskoa kolmannen osapuolen haltuun
esophageal *(adj.)* ruokatorveen liittyvä
esoteric *(adj.)* esoteerinen
esoterism *(n.)* esoteerisuus
espace *(n.)* välitila
especial *(adj.)* erityinen
especially *(adv.)* erityisesti
espouse *(v.)* naida
essay *(n.)* essee
essay *(v.)* koetella
essayist *(n.)* esseisti
essence *(n.)* olemus
essential *(adj.)* oleellinen
establish *(v.)* perustaa
establishment *(n.)* perustaminen
estate *(n.)* kiinteistö
estate agent *(n.)* vuokranvälittäjä
esteem *(n.)* arvonanto

esteem *(v.)* arvostaa
estimate *(n.)* arvio
estimate *(v.)* määrittää
estimation *(n.)* estimaatio
estimative *(adj.)* arvioitava
estragon *(n.)* rakuuna
estrange *(v.)* vieraannuttaa
estranged *(adj.)* vieraantunut
estrogen *(n.)* estrogeeni
estuary *(n.)* murtovesi
etcetera *(adv.)* ja niin edelleen
etch *(v.)* etsata
etched *(adj.)* etsattu
etching *(adj.)* etsaus
eternal *(adj.)* ikuinen
eternalize *(v.)* iänikuistaa
eternally *(adv.)* iankaikkisesti
eternity *(n.)* ikuisuus
ether *(n.)* eetteri
ethical *(adj.)* eettinen
ethics *(n.)* etiikka
ethnic *(adj.)* etninen
ethnicity *(n.)* etnisyys
ethos *(n.)* eetos
etiquette *(n.)* etiketti
etymology *(n.)* etymologia
eucalypt *(n.)* eukalyptus
eunuch *(n.)* ruuna
euphemistic *(adj.)* kaunisteleva
euphoria *(n.)* euforia
eureka *(int.)* heureka
euthanize *(v.)* lopettaa (eutanasialla)
evacuate *(v.)* evakuoida
evacuation *(n.)* evakuointi
evade *(v.)* väistää
evaluate *(v.)* evaluoida
evangel *(n.)* evankeliumi
evangelic *(adj.)* evankelinen
evaporate *(v.)* haihtua
evasion *(n.)* välttely
evasive *(adj.)* vältteleva
even *(adv.)* jopa
even *(adj.)* tasainen
even *(v.)* tasata
evening *(n.)* ilta
evenly *(adv.)* tasaisesti
event *(n.)* tapahtuma
eventually *(adv.)* lopulta
ever *(adv.)* koskaan

everglade *(n.)* rämesuo
evergreen *(n.)* ainavihanta kasvi
evergreen *(adj.)* ikivihreä
everlasting *(adj.)* iankaikkinen
ever-ready *(adj.)* aina valmis
evert *(v.)* kääntää nurin
every *(adj.)* joka-
everybody *(pron.)* joka ainoa
everyday *(adj.)* jokapäiväinen
everyone *(pron.)* joka ikinen
everything *(pron.)* kaikki
everywhere *(pron.)* kaikkialla
eve-teasing *(n.)* naisten seksuaalinen ahdistelu
evict *(v.)* häätää
eviction *(n.)* häätö
evictor *(n.)* häätäjä
evidence *(n.)* todiste
evident *(adj.)* evidentti
evil *(adj.)* paha
evil *(n.)* pahuus
evince *(v.)* osoittaa
eviscerate *(v.)* suolistaa
evisceration *(n.)* suolistus
evitability *(n.)* vältettävyys
evocate *(v.)* herättää mieleen
evocation *(n.)* esiin herättäminen
evocative *(adj.)* mielikuvia herättävä
evoke *(v.)* herättää
evolution *(n.)* evoluutio
evolutionary *(adv.)* evolutiivinen
evolve *(v.)* kehittyä
ewe *(n.)* uuhi
exact *(adj.)* täsmällinen
exactly *(adv.)* täsmälleen
exaggerate *(v.)* suurennella
exaggeration *(n.)* suurentelu
exalt *(v.)* ylentää
examination *(n.)* tutkimus
examine *(v.)* tutkia
examinee *(n.)* tutkittava
examiner *(n.)* tutkija
example *(n.)* esimerkki
excavate *(v.)* kaivaa ylös
excavation *(n.)* kaivaus
exceed *(v.)* ylittää
excel *(v.)* olla parempi
excellence *(n.)* erinomaisuus
excellency *(n.)* ylhäisyys

excellent *(adj.)* erinomainen
except *(prep.)* paitsi
except *(v.)* tehdä poikkeus
exception *(n.)* poikkeus
exceptional *(adj.)* poikkeuksellinen
excerpt *(n.)* katkelma
excess *(n.)* ylijäämä
excess *(adj.)* ylimäärä
excess baggage *(n.)* ylimääräiset matkatavarat
excessive *(adj.)* eksessiivinen
exchange *(v.)* vaihtaa
exchange *(n.)* vaihto
exchange rate *(n.)* valuuttakurssi
excise *(n.)* valmistevero
excite *(v.)* kiihottaa
exclaim *(v.)* huudahtaa
exclamation *(n.)* huudahdus
exclude *(v.)* sulkea pois
exclusive *(adj.)* eksklusiivinen
excommunicate *(v.)* erottaa ehtoollisyhteydestä
excursion *(n.)* ekskursio
excuse *(v.)* suoda anteeksi
excuse *(n.)* tekosyy
execute *(v.)* teloittaa
execution *(n.)* teloitus
executioner *(n.)* teloittaja
executive *(adj.)* toimeenpaneva
executive *(n.)* toimitusjohtaja
exemplar *(n.)* esikuva
exempt *(adj.)* vapautettu
exempt *(v.)* vapauttaa velvollisuudesta
exercise *(v.)* harjoittaa
exercise *(n.)* harjoittelu
exfoliate *(v.)* kuoria
exhaust *(v.)* uuvuttaa
exhibit *(v.)* asettaa näytteille
exhibit *(n.)* näyttelyesine
exhibition *(n.)* näyttely
exile *(v.)* ajaa maanpakoon
exile *(n.)* maanpako
exist *(v.)* olla olemassa
existence *(n.)* olemassaolo
existential *(adj.)* eksistentiaalinen
existentialism *(n.)* eksistentialismi
exit *(v.)* poistua
exit *(n.)* uloskäynti
exotic *(adj.)* eksoottinen

expand *(v.)* laajentaa
expansion *(n.)* laajennus
ex-parte *(adj.)* ex parte
ex-parte *(adv.)* puolelta
expect *(v.)* odottaa
expectation *(n.)* odotus
expedient *(adj.)* odotuksenmukainen
expedite *(v.)* jouduttaa
expedition *(n.)* tutkimusretki
expel *(v.)* karkottaa
expend *(v.)* käyttää rahaa
expenditure *(n.)* menot
expense *(n.)* kustannus
expensive *(adj.)* kallis
experience *(v.)* kokea
experience *(n.)* kokemus
experiment *(n.)* kokeilu
expert *(adj.)* ekspertti
expert *(n.)* erityisosaaja
expire *(v.)* erääntyä
expiry *(n.)* erääntyminen
explain *(v.)* selittää
explanation *(n.)* selitys
explicit *(adj.)* eksplisiittinen
explode *(v.)* räjähtää
exploit *(v.)* käyttää hyväkseen
exploit *(n.)* urotyö
exploration *(n.)* tutkimusmatkailu
explore *(v.)* tutkailla
explosion *(n.)* räjähdys
explosive *(n.)* räjähde
explosive *(adj.)* räjähtävä
exponent *(n.)* eksponentti
export *(v.)* viedä maasta
export *(n.)* vientituote
expose *(v.)* paljastua
express *(v.)* ilmaista
express *(adj.)* pika-
express *(n.)* pikakuljetus
expression *(n.)* ilmaisu
expressive *(adj.)* ilmaiseva
expulsion *(n.)* maastakarkotus
exquisite *(adj.)* ainutlaatuinen
exquisitive *(adj.)* tiedonhaluinen
extend *(v.)* ulottua
extent *(n.)* laajuus
external *(adj.)* ulkopuolinen
extinct *(adj.)* sukupuuttoon kuollut
extinguish *(v.)* sammuttaa

extol *(v.)* ylistää
extortion *(n.)* kiskonta
extra *(adv.)* erityisen
extra *(adj.)* lisä-
extract *(n.)* uute
extract *(v.)* uuttaa
extrajudicial *(adj.)* lain ulkopuolella
extramarital *(adj.)* avioton
extranet *(n.)* ekstranet
extraordinary *(adj.)* erikoinen
extrapolate *(v.)* ekstrapoloida
extrapolation *(n.)* ekstrapolaatio
extraspecial *(adj.)* super-erityinen
extraterrestrial *(adj.)* avaruus-
extraterrestrial *(n.)* avaruusolento
extravagance *(n.)* tuhlaus
extravagant *(adj.)* tuhlaavainen
extreme *(n.)* extreme
extreme *(adj.)* extreme-
extremist *(n.)* ekstremisti
extremity *(n.)* ääripää
extricate *(v.)* setviytyä
extrinsic *(adj.)* ulkoinen
extrinsically *(adv.)* ulkoisesti
extrovert *(n.)* ekstrovertti
exude *(v.)* tihkua
exult *(v.)* riemuita
exultant *(adj.)* voitonriemuinen
eye *(n.)* silmä
eyeball *(n.)* silmämuna
eyebrow *(n.)* kulmakarva
eyecatcher *(n.)* katseenvangitsija
eye-catching *(adj.)* katseenvangitseva
eyeglass *(n.)* silmälasi
eyelash *(n.)* ripsi
eyelet *(n.)* rengasniitti
eyelid *(n.)* silmäluomi
eyeliner *(n.)* rajausväri
eye-opener *(n.)* katseen avaaja
eyespot *(n.)* silmätäplä
eyewash *(n.)* silmähuuhde

fable *(n.)* taru
fabric *(n.)* kangas
fabricate *(v.)* valmistaa

fabrication *(n.)* valmistus
fabulous *(adj.)* satumainen
facade *(n.)* julkisivu
face *(v.)* kohdata kasvokkain
face *(n.)* naama
Face cream *(n.)* kasvovoide
face mask *(n.)* kasvonaamio
facelift *(n.)* kasvojenkohotus
facelift *(v.)* tehdä kasvojenkohotus
facet *(n.)* fasetti
facet *(v.)* hioa
facial *(adj.)* kasvo-
facile *(adj.)* kevytmielinen
facilitate *(v.)* fasilitoida
facilitation *(n.)* helpottaminen
facility *(n.)* laitos
facsimile *(n.)* faksi
fact *(n.)* fakta
faction *(n.)* suuntaus
factious *(adj.)* ryhmäkuntainen
factor *(n.)* kerroin
factory *(n.)* tehdas
faculty *(n.)* tiedekunta
fad *(n.)* muotivillitys
fade *(v.)* haalistua
faggot *(n.)* risukimppu
Fahrenheit *(adj.)* Fahrenheit
fail *(v.)* epäonnistua
fail *(n.)* epäonnistuminen
failure *(n.)* vika
faint *(adj.)* heiveröinen
faint *(v.)* pyörtyä
fair *(n.)* markkinat
fair *(adj.)* reilu
fair game *(n.)* reilu peli
fair trade *(n.)* reilu kauppa
fairground *(n.)* tivolialue
fairly *(adv.)* reilusti
fairy *(n.)* keiju
faith *(n.)* usko
faithful *(adj.)* uskollinen
fake *(adj.)* väärennetty
fake *(n.)* väärennös
fake *(v.)* väärentää
falcon *(n.)* jalohaukka
fall *(v.)* kaatua
fall *(n.)* syksy
fallacy *(n.)* virhepäätelmä
fallen *(n.)* kaatunut

fallen *(adj.)* langennut
fallout *(n.)* laskeuma
fallow *(v.)* kesannoida
fallow *(n.)* kesanto
falls *(n.)* vesiputous
false *(adj.)* epätosi
falsehood *(n.)* epätotuus
falsetto *(n.)* falsetti
falsification *(n.)* väärentäminen
falsify *(v.)* vääristellä
falter *(v.)* kompastella
fame *(n.)* kuuluisuus
familiar *(adj.)* tuttu
family *(n.)* perhe
famine *(n.)* nälänhätä
famous *(adj.)* kuuluisa
fan *(n.)* tuuletin
fanatic *(n.)* fanaatikko
fanatic *(adj.)* fanaattinen
fanciful *(adj.)* kuvitteellinen
fancy *(adj.)* koristeellinen
fancy *(n.)* mieltymys
fancy *(v.)* tehdä mieli
fantastic *(adj.)* fantastinen
fantasy *(n.)* fantasia
far *(adv.)* kaukana
far *(adj.)* kaukana oleva
faraway *(adj.)* kaukainen
farce *(n.)* farssi
fare *(n.)* kuljetusmaksu
farewell *(n.)* hyvästely
farewell *(interj.)* hyvää matkaa
farm *(n.)* maatila
farmaceutical *(adj.)* lääke-
farmer *(n.)* farmari
farmhouse *(n.)* maatalo
fascinate *(v.)* kiehtoa
fascination *(n.)* viehätys
fashion *(n.)* muoti-ilmiö
fashionable *(adj.)* muodikas
fast *(adj.)* nopea
fast *(adv.)* nopeasti
fast *(n.)* paasto
fast *(v.)* paastota
fast food *(n.)* pikaruoka
fasten *(v.)* kiinnittyä
fat *(adj.)* lihava
fat *(n.)* rasva
fatal *(adj.)* kohtalokas

fatalism *(n.)* kohtalousko
fatality *(n.)* kuolemantapaus
fate *(n.)* kohtalo
fate *(v.)* kohtalon määräämä
father *(n.)* isä
father *(v.)* siittää
fathom *(n.)* syli
fathom *(v.)* mitata syvyys
fatigue *(v.)* uupua
fatigue *(n.)* uupumus
faucet *(n.)* hana
fault *(n.)* vika
faulty *(adj.)* viallinen
fauna *(n.)* eläimistö
favour *(n.)* suosio
favour *(v.)* suosia
favourable *(adj.)* suosiollinen
favourite *(n.)* suosikki
favourite *(adj.)* suosikki-
fax *(v.)* faksata
fax *(n.)* faksi
fealty *(n.)* vasallin uskollisuus
fear *(n.)* pelko
fear *(v.)* pelätä
fearful *(adj.)* pelokas
feasible *(adj.)* toteuttamiskelpoinen
feast *(v.)* herkutella
feast *(n.)* juhla-ateria
feat *(n.)* saavutus
feather *(n.)* höyhen
feature *(v.)* olla mukana
feature *(n.)* ominaisuus
febrile *(adj.)* febriili
February *(n.)* helmikuu
fecal *(adj.)* uloste-
feces *(n.)* uloste
fecund *(adj.)* tuottelias
fecundation *(n.)* hedelmällisyys
federal *(adj.)* liittovaltiollinen
federation *(n.)* liittovaltio
fee *(n.)* maksu
feeble *(adj.)* voimaton
feed *(n.)* rehu
feed *(v.)* ruokkia
feel *(v.)* tuntea
feeling *(n.)* tunne
feign *(v.)* teeskennellä
felicitate *(v.)* onnitella
felicitations *(int.)* onnittelut

felicity *(n.)* onnellisuus
feline *(adj.)* kissamainen
felinity *(n.)* kissamaisuus
fell *(v.)* hakata
fellatio *(n.)* fellaatio
fellow *(n.)* toveri
fellowship *(n.)* toveruus
felony *(n.)* törkeä rikos
female *(n.)* naaras
female *(adj.)* naaraspuolinen
feminine *(adj.)* feminiininen
feminism *(n.)* feminismi
feminist *(n.)* feministi
feminist *(adj.)* feministinen
femur *(n.)* reisiluu
fence *(v.)* aidata
fence *(n.)* aita
fencer *(n.)* miekkailija
fencing *(n.)* miekkailu
fend *(v.)* pärjätä
fengshui *(n.)* fengshui
fennel *(n.)* fenkoli
ferment *(v.)* käydä
ferment *(n.)* käyminen
fermentation *(n.)* käymistila
fern *(n.)* saniainen
ferocious *(adj.)* petomainen
ferret *(n.)* fretti
ferret *(v.)* vaellella
ferry *(v.)* kuljettaa lautalla
ferry *(n.)* lautta
ferryboat *(n.)* autolautta
fertile *(adj.)* fertiili
fertility *(n.)* syntyvyys
fertilize *(v.)* hedelmöittää
fertilizer *(n.)* lannoite
fervent *(adj.)* kiihkeä
fervour *(n.)* kiihkeys
fester *(v.)* märkiä
festival *(n.)* festivaali
festive *(adj.)* juhlallinen
festivity *(n.)* juhlallisuus
festoon *(n.)* koristeköynnös
fetal *(adj.)* sikiö-
fetch *(v.)* noutaa
fetish *(n.)* fetissi
fetishism *(n.)* fetisismi
fetter *(n.)* kahle
fetter *(v.)* kahlita

feud *(v.)* olla riidoissa
feud *(n.)* vihanpito
feudal *(adj.)* feodaalinen
feudalism *(n.)* feodalismi
fever *(n.)* kuume
feverish *(adj.)* kuumeinen
few *(adj.)* muutama
fiancé *(n.)* sulhanen
fiasco *(n.)* fiasko
fibre *(n.)* kuitu
fibreglass *(n.)* lasikuitu
fibre-optic *(adj.)* kuituoptinen
fibrillate *(v.)* väristä
fibroid *(adj.)* fibroidi
fibromuscular *(adj.)* fibromuskulaarinen
fibrosis *(n.)* fibroosi
fibrosity *(n.)* fibrositeetti
fibrous *(adj.)* kuitumainen
fickle *(adj.)* häilyvä
fiction *(n.)* fiktio
fictional *(adj.)* fiktiivinen
fictitious *(adj.)* tekaistu
fiddle *(v.)* soittaa viulua
fiddle *(n.)* viulu
fidelity *(n.)* toistotarkkuus
fidget *(v.)* sätkiä
fidget *(n.)* sätkyttelijä
fie *(interj.)* hyi
field *(n.)* pelto
fiend *(n.)* riiviö
fierce *(adj.)* raivokas
fiery *(adj.)* tulinen
fifteen *(n.)* viisitoista
fifty *(n.)* viisikymmentä
fig *(n.)* viikuna
fight *(v.)* tapella
fight *(n.)* tappelu
figment *(n.)* keksintö
figurative *(adj.)* kuvaannollinen
figure *(n.)* figuuri
figure *(v.)* kuvata
filament *(n.)* säie
filamentation *(n.)* filamentointi
filamented *(adj.)* filamentoitu
file *(n.)* tiedosto
file *(v.)* viilata
fillet *(n.)* filee
fillet *(v.)* fileerata
film *(n.)* filmi

film *(v.)* kuvata elokuvaa
filmmaker *(n.)* elokuvantekijä
filter *(n.)* suodatin
filter *(v.)* suodattaa
filth *(n.)* saasta
filthy *(adj.)* saastainen
fin *(n.)* evä
final *(adj.)* finaali-
finale *(n.)* finaali
finance *(v.)* rahoittaa
finance *(n.)* rahoitus
financial *(adj.)* rahallinen
financier *(n.)* rahoittaja
find *(v.)* löytää
fine *(adj.)* hienojakoinen
fine *(v.)* hienontua
fine *(n.)* sakko
finger *(v.)* sormeilla
finger *(n.)* sormi
fingernail *(n.)* kynsi
fingerpaint *(n.)* sormimaalaus
fingerprint *(n.)* sormenjälki
fingerstick *(n.)* lansetti
finish *(n.)* viimeistely
finish *(v.)* viimeistellä
finite *(adj.)* äärellinen
fir *(n.)* kuusi
fire *(n.)* tuli
fire *(v.)* tulittaa
fire engine *(n.)* paloauto
fire exit *(n.)* Hätäpoistumistie
fire extinguisher *(n.)* palosammutin
fire station *(n.)* paloasema
fireball *(n.)* tulipallo
firefight *(n.)* tulitaistelu
firefighter *(n.)* palomies
firehose *(n.)* paloletku
firehouse *(n.)* paloasema
firepit *(n.)* tulipesä
fireproof *(v.)* tehdä tulenkestäväksi
fireproof *(adj.)* tulenkestävä
fire-resistant *(adj.)* palonkestävä
firesuit *(n.)* palopuku
firetruck *(n.)* paloauto
fireworks *(n.)* ilotulitukset
firm *(n.)* firma
firm *(adj.)* tukeva
firmament *(n.)* taivaankansi
firmness *(n.)* tukevuus

first *(adj.)* ensimmäinen
first *(adv.)* ensin
first *(n.)* ykkönen
first aid *(n.)* ensiapu
fiscal *(adj.)* fiskaalinen
fish *(n.)* kala
fish *(v.)* kalastaa
fisherman *(n.)* kalastaja
fissure *(n.)* halkeama
fist *(v.)* nyrkkeillä
fist *(n.)* nyrkki
fistula *(n.)* fisteli
fit *(adj.)* hyväkuntoinen
fit *(n.)* istuvuus
fit *(v.)* sovittaa
fitful *(adj.)* puuskittainen
fitness test *(n.)* kuntotesti
fitness tracker *(n.)* kuntomittari
fitness training *(n.)* kuntoharjoittelu
fitter *(n.)* asentaja
fitting room *(n.)* sovitushuone
five *(n.)* viisi
fix *(v.)* fiksata
fix *(n.)* fiksaus
fixer-upper *(n.)* remonttikohde
fixture *(n.)* kiinnitin
fizz *(n.)* pore
fizz *(v.)* poreilla
fizzy *(adj.)* poreileva
flabbergast *(n.)* ällistys
flabbergast *(v.)* ällistyttää
flabbergasted *(adj.)* ällistynyt
flabby *(adj.)* vetelä
flag *(n.)* lippu
flagrant *(adj.)* räikeä
flake *(v.)* hilseillä
flake *(n.)* hiutale
flaking *(adj.)* hilseilevä
flambé *(v.)* flambeerata
flambé *(adj.)* flambeerattu
flambé *(n.)* flambeeraus
flamboyance *(n.)* prameus
flamboyant *(n.)* liekkipuu
flamboyant *(adj.)* mahtipontinen
flame *(v.)* liekehtiä
flame *(n.)* liekki
flamenco *(n.)* flamenco
flank *(v.)* hyökätä sivustaan
flank *(n.)* kuve

flank *(adj.)* sivu-
flannel *(n.)* flanelli
flap *(n.)* kaistale
flap *(v.)* läpsytellä
flapper *(n.)* sulkuverkko
flapping *(v.)* räpytellä
flapping *(adj.)* räpyttelevä
flapping *(n.)* räpyttely
flare *(n.)* roihu
flare *(v.)* roihuta
flash *(n.)* välähdys
flash *(v.)* välähtää
flashback *(n.)* takauma
flashbulb *(n.)* salamavalolamppu
flashcard *(n.)* opettelukortti
flasher *(n.)* vilkku
flashing *(n.)* pellitys
flashlight *(n.)* taskulamppu
flask *(n.)* taskumatti
flat *(n.)* huoneisto
flat *(adj.)* litteä
flat screen *(n.)* tasoseula
flatbed *(n.)* kuljetusalusta
flatbed *(adj.)* taso-
flatbread *(n.)* rieska
flatfoot *(n.)* lättäjalka
flatland *(n.)* tasamaa
flatter *(v.)* imarrella
flattery *(n.)* imartelu
flatulence *(n.)* ilmavaivat
flatulent *(adj.)* ilmavaivainen
flaunt *(v.)* pöyhkeillä
flaunter *(n.)* pöyhkeilijä
flavour *(n.)* maku
flaw *(n.)* valuvika
flawless *(adj.)* virheetön
flea *(n.)* kirppu
flea market *(n.)* kirpputori
flee *(v.)* paeta
fleece *(n.)* fleece
fleece *(v.)* keritä
fleet *(n.)* laivasto
flesh *(n.)* pehmytkudos
flexible *(adj.)* notkea
flicker *(n.)* kultatikka
flicker *(v.)* välkkyä
flight *(n.)* lento
flimsy *(adj.)* hatara
fling *(v.)* singota

flip *(v.)* kääntää ympäri
flip *(adj.)* lipevä
flip *(n.)* voltti
flippancy *(n.)* kevytmielisyys
flirt *(v.)* flirttailla
flirt *(n.)* flirtti
float *(v.)* kellua
flock *(v.)* kerääntyä
flock *(n.)* lintuparvi
flog *(v.)* ruoskia
flood *(n.)* tulva
flood *(v.)* tulvia
flood gate *(n.)* tulvaportti
floodlight *(v.)* valaista valonheittimellä
floodlight *(n.)* valonheitin
floor *(n.)* lattia
floor *(v.)* tyrmätä
flop *(v.)* läsähtää
flora *(n.)* kasvisto
florist *(n.)* floristi
floss *(v.)* langata
flour *(n.)* jauho
flourish *(v.)* kukoistaa
flow *(v.)* virrata
flow *(n.)* virtaus
flow chart *(n.)* kulkukaavio
flower *(n.)* kukka
flowery *(adj.)* kukikas
fluctuate *(v.)* heilahdella
fluent *(adj.)* sujuva
fluid *(n.)* fluidi
fluid *(adj.)* nestemäinen
fluorescent *(adj.)* uv-valossa hohtava
flush *(v.)* huuhtaista
flush *(n.)* huuhtelu
flute *(n.)* huilu
flute *(v.)* soittaa huilua
flutter *(n.)* lepatus
flutter *(v.)* lepattaa
fly *(n.)* kärpänen
fly *(v.)* lentää
flyer *(n.)* lentolehtinen
foal *(n.)* varsa
foal *(v.)* varsoa
foam *(n.)* vaahto
foam *(v.)* vaahdota
foamy *(adj.)* vaahtoinen
focal *(adj.)* polttopiste-
focalization *(n.)* fokalisointi

focalize (v.) fokalisoida
focus (n.) fokus
focus (v.) fokusoida
focused (adj.) keskittynyt
focusing (adj.) keskittyvä
fodder (n.) rehu
foe (n.) vihollinen
foetus (n.) sikiö
fog (n.) sumu
fogbank (n.) sumuseinämä
foggy (adj.) sumuinen
foil (v.) estää
fold (n.) taite
fold (v.) taitella
folder (n.) kansio
folding (adj.) taitettava
folding (n.) taitos
foldup (adj.) kokoontaitettava
foliage (n.) lehvistö
foliate (v.) koristella lehdillä
foliate (adj.) lehtimäinen
foliation (n.) foliaatio
folic (adj.) fooli-
folio (n.) folio
folk (n.) kansa
folk (adj.) kansan-
folklore (n.) kansanperinne
folkloric (adj.) folkloristinen
follies (n.) hömpötykset
follow (v.) seurata
follower (n.) seuraaja
follow-up (n.) seuranta
folly (n.) hömpötys
foment (v.) yllytellä
fond (adj.) ihastunut
fondant (n.) sokerimassa
fondle (v.) hellitellä
fondler (n.) ihailija
fondling (n.) hyväily
font (n.) fontti
food (n.) ruoka
fool (v.) narrata
fool (n.) typerys
foolish (adj.) typerä
foolscap (n.) asiakirjapaperi
foot (n.) jalkaterä
foot (v.) kenkäistä
footage (n.) kuvamateriaali
football (n.) jalkapallo

foothold (n.) jalansija
footloose (adj.) vailla siteitä
footman (n.) hännystelijä
footmark (n.) jalanjälki
footnote (n.) alaviite
footnote (v.) varustaa alaviittein
footpath (n.) kävelytie
footprint (n.) jalanjälki
footsore (adj.) kipeäjalkainen
footwear (n.) jalkine
footwork (n.) jalkatyö
for (conj.) sillä
for (prep.) varten
forage (v.) etsiä ruokaa
forage (n.) rehu
forager (n.) ruoanetsijä
foraging (n.) ruoan etsiminen
foray (v.) ryöstää
foray (n.) yllätyshyökkäys
forbear (v.) estyä
forbearance (n.) pitkämielisyys
forbid (v.) kieltää
forbidden (adj.) kielletty
force (v.) pakottaa
force (n.) voima
forceful (adj.) voimakas
forceps (n.) pihdit
forcible (adj.) väkivaltainen
forearm (v.) aseistaa ennakolta
forearm (n.) kyynärvarsi
forecast (v.) ennustaa
forecast (n.) ennuste
forecourt (n.) etupiha
forefather (n.) esi-isä
forefinger (n.) etusormi
forehead (n.) otsa
foreign (adj.) ulkomainen
foreigner (n.) ulkomaalainen
foreknowledge (n.) ennakkotieto
foreleg (n.) etujalka
forelock (n.) otsaharja
foreman (n.) puheenjohtaja
foremost (adj.) keulimmainen
forenoon (n.) aamupäivä
forensic (n.) oikeuslääketiede
forensic (adj.) oikeuslääketieteellinen
forerunner (n.) edelläkävijä
foresee (v.) ennakoida
foresight (n.) harkitsevuus

forest *(n.)* metsä
forestall *(v.)* ennättää
forester *(n.)* metsäläinen
forestry *(n.)* metsänhoito
foretell *(v.)* povata
forethought *(n.)* kauaskatseisuus
forever *(adv.)* ikuisesti
forewarn *(v.)* ennakkovaroittaa
foreword *(n.)* alkusanat
forfeit *(v.)* menettää
forfeit *(n.)* tappio
forfeiture *(n.)* takavarikko
forge *(v.)* takoa
forge *(n.)* takomo
forgery *(n.)* taonta
forget *(v.)* unohtaa
forgetful *(adj.)* unohtavainen
forgive *(v.)* antaa anteeksi
forgo *(v.)* olla ilman
forlorn *(adj.)* surkea
form *(n.)* lomake
form *(v.)* muodostua
formal *(adj.)* formaalinen
formality *(n.)* muodollisuus
format *(n.)* muotoilu
formation *(n.)* muodostelma
former *(adj.)* edeltävä
former *(pron.)* entinen
formerly *(adv.)* aiemmin
formidable *(adj.)* hirmu-
formula *(n.)* kaava
formulate *(v.)* kaavoittaa
forsake *(v.)* hylätä
forswear *(v.)* vannoa väärä vala
fort *(n.)* linnoitus
forte *(n.)* vahvuus
forth *(adv.)* esille
forthcoming *(adj.)* lähestyvä
forthwith *(adv.)* viipymättä
fortify *(v.)* linnoittaa
fortitude *(n.)* mielenlujuus
fortnight *(n.)* kaksi viikkoa
fortress *(n.)* linnake
fortunate *(adj.)* onnekas
fortune *(n.)* onni
forty *(n.)* neljäkymmentä
forum *(n.)* foorumi
forward *(adv.)* eteenpäin
forward *(adj.)* etummainen

forward *(v.)* toimittaa eteenpäin
fossil *(n.)* fossiili
foster *(v.)* hoivata
foster care *(n.)* sijaishoito
foul *(v.)* juuttua
foul *(n.)* rike
foul *(adj.)* törkyinen
foul play *(n.)* vilunkipeli
found *(v.)* perustaa
foundation *(n.)* perusta
founder *(n.)* perustaja
foundry *(n.)* valimo
fountain *(n.)* suihkulähde
four *(n.)* neljä
fourteen *(n.)* neljätoista
fowl *(n.)* siipikarja
fowler *(n.)* linnustaja
fox *(n.)* kettu
fraction *(n.)* murto-osa
fracture *(v.)* murtua
fracture *(n.)* murtuma
fragile *(adj.)* särkyvä
fragment *(n.)* sirpale
fragrance *(n.)* hajuvesi
fragrant *(adj.)* tuoksuva
frail *(adj.)* hairahtuvainen
frame *(n.)* kehys
frame *(v.)* kehystää
framework *(n.)* kehikko
franchise *(n.)* toimilupa
frank *(adj.)* suorasukainen
frankly *(adv.)* suoraan sanoen
frantic *(adj.)* vimmattu
fraternal *(adj.)* veljellinen
fraternity *(n.)* veljeys
fratricide *(n.)* veljenmurha
fraud *(n.)* petos
fraudulent *(adj.)* petollinen
fraught *(adj.)* tukala
fray *(n.)* riita
freak *(adj.)* kummallinen
freak *(n.)* luonnonoikku
freak *(v.)* säikähtää
freak-out *(n.)* menettää järkensä
free *(adj.)* vapaa
free *(v.)* vapauttaa
freedom *(n.)* vapaus
freelancer *(n.)* vapaatoimija
freewheel *(v.)* ajaa vaihde vapaalla

freeze *(v.)* jäätyä
freight *(n.)* rahti
French *(adj.)* ranskalainen
French *(n.)* ranskan kieli
frenzy *(n.)* vimma
frequency *(n.)* taajuus
frequent *(n.)* toistuva
fresh *(adj.)* tuore
fret *(v.)* nakertaa
fret *(n.)* otenauha
friction *(n.)* kitka
Friday *(n.)* perjantai
fridge *(n.)* jääkaappi
friend *(n.)* ystävä
fright *(n.)* pelko
frighten *(v.)* pelotella
frigid *(adj.)* hyinen
frill *(n.)* röyhelö
fringe *(n.)* hapsu
fringe *(v.)* hapsuttaa
frivolous *(adj.)* jonninjoutava
frock *(n.)* leninki
frog *(n.)* sammakko
frolic *(n.)* temmellys
frolic *(v.)* temmeltää
from *(prep.)* alkaen
front *(adj.)* edessä
front *(n.)* etupuoli
front *(v.)* maksaa ennakkoon
front page *(n.)* etusivu
frontier *(n.)* rajaseutu
frontside *(adj.)* etuosa
frost *(n.)* kuura
frosting *(n.)* kuorrute
frown *(v.)* kurtistaa
frown *(n.)* kurtistus
frozen *(adj.)* jäätynyt
frugal *(adj.)* säästeliäs
fruit *(n.)* hedelmä
fruitful *(adj.)* hedelmällinen
frustrate *(v.)* turhauttaa
frustration *(n.)* turhautuminen
fry *(n.)* käristys
fry *(v.)* käristää
fuel *(n.)* polttoaine
fugitive *(adj.)* karannut
fugitive *(n.)* karkulainen
fulfil *(v.)* täyttää
fulfilment *(n.)* täyttymys

full *(adv.)* täynnä
full *(adj.)* täysi
full moon *(n.)* täysikuu
full name *(n.)* koko nimi
full stop *(n.)* piste
fullness *(n.)* täyteläisyys
fully *(adv.)* täysin
fumble *(v.)* hamuilla
fun *(n.)* huvi
function *(v.)* toimia
function *(n.)* toiminto
functionary *(n.)* virkailija
fund *(n.)* rahasto
fundamental *(adj.)* perustavanlaatuinen
fundraise *(v.)* kerätä rahaa
funeral *(n.)* hautajaiset
fungus *(n.)* sieni
funny *(n.)* vitsi
fur *(n.)* turkki
furious *(adj.)* raivoisa
furl *(v.)* kääriytyä
furlong *(n.)* vakomitta
furnace *(n.)* sulatusuuni
furnish *(v.)* kalustaa
furniture *(n.)* huonekalu
furrow *(n.)* vako
further *(v.)* edesauttaa
further *(adv.)* kauemmas
further *(adj.)* kauempi
fury *(n.)* raivo
fuse *(n.)* sulake
fuse *(v.)* sulauttaa
fusion *(n.)* sulatus
fuss *(v.)* hössöttää
fuss *(n.)* hössötys
futile *(adj.)* turha
futility *(n.)* turhuus
future *(adj.)* tuleva
future *(n.)* tulevaisuus
futuristic *(adj.)* futuristinen
futurology *(n.)* tulevaisuudentutkimus
fuzz *(n.)* nukka
fuzz *(v.)* pörröttää
fuzzy *(adj.)* pörröinen

gabble *(v.)* pälpättää
gadfly *(n.)* paarma
gadget *(n.)* vehje
gaffe *(n.)* möhläys
gag *(n.)* suukapula
gag *(v.)* yökätä
gaiety *(n.)* hilpeys
gain *(n.)* hyöty
gain *(v.)* saavuttaa
gainful *(adj.)* ansaitseva
gainly *(adj.)* hyödyllisesti
gainsay *(v.)* kiistää
gait *(n.)* käynti
gala *(n.)* gaala
gala *(adj.)* gaalamainen
galactic *(adj.)* galaktinen
galaxy *(n.)* galaksi
gale *(n.)* puhuri
gallant *(n.)* keikari
gallant *(adj.)* uljas
gallantry *(n.)* uljuus
gallery *(n.)* galleria
gallon *(n.)* gallona
gallop *(n.)* kiitolaukka
gallop *(v.)* laukata
gallows *(n.)* hirsipuu
galore *(adv.)* yllin kyllin
galvanize *(v.)* galvanoida
galvanometer *(n.)* galvanometri
galvanoscope *(n.)* galvanoskooppi
gambit *(n.)* pelinavaus
gamble *(v.)* uhkapelata
gamble *(n.)* uhkapeli
gambler *(n.)* uhkapelaaja
game *(v.)* pelata
game *(n.)* peli
game changer *(n.)* pelin vaihtaja
game point *(n.)* pelipiste
gamemaster *(v.)* ohjata peliä
gamepad *(n.)* peliohjain
gameplayer *(n.)* pelinpelaaja
gamespace *(n.)* pelitila
gamma *(n.)* gamma
gander *(n.)* uroshanhi
gang *(n.)* jengi
gangrene *(n.)* kuolio
gangster *(n.)* gangsteri
gap *(v.)* aueta
gap *(n.)* aukko
gape *(v.)* ammottaa
garage *(n.)* autotalli
garb *(v.)* pukeutua
garb *(n.)* puku
garbage *(n.)* roskat
garden *(n.)* puutarha
gardener *(n.)* puutarhuri
gargle *(v.)* kurluttaa
garisson *(v.)* sijoittaa joukkoja
garisson *(n.)* varuskunta
garland *(n.)* seppele
garland *(v.)* seppelöidä
garlic *(n.)* valkosipuli
garlicky *(adj.)* valkosipulinen
garment *(n.)* vaatekappale
garnish *(v.)* koristaa
garnish *(n.)* koriste
garnishment *(n.)* somistus
garrotte *(v.)* kuristaa
garrotte *(n.)* kuristuslanka
garrotter *(n.)* kuristaja
garter *(n.)* sukkanauha
gas *(n.)* kaasu
gasesous *(adj.)* kaasumainen
gash *(n.)* viilto
gash *(v.)* viiltää
gashing *(adj.)* viiltävä
gasification *(n.)* kaasutus
gasified *(adj.)* kaasutettu
gasify *(v.)* kaasuunnuttaa
gasket *(n.)* tiiviste
gasmask *(n.)* kaasunaamari
gasoline *(n.)* bensa
gasp *(v.)* haukkoa henkeään
gasp *(n.)* henkäisy
gassy *(adj.)* kaasupitoinen
gastric *(adj.)* vatsa-
gastronomy *(n.)* gastronomia
gate *(n.)* portti
gatehouse *(n.)* portin koppi
gatekeeper *(n.)* portinvartija
gatepost *(n.)* pieli
gateway *(n.)* porttikäytävä
gather *(v.)* haalia

gaudy *(adj.)* räikeä
gauge *(n.)* mittain
gaunt *(adj.)* luiseva
gauntlet *(n.)* taisteluhansikas
gawk *(n.)* tumpelo
gawk *(v.)* töllistellä
gawky *(adj.)* kompura
gay *(n.)* homoseksuaali
gay *(adj.)* homoseksuaalinen
gaze *(v.)* tuijottaa
gaze *(n.)* tuijotus
gazelle *(n.)* gaselli
gazette *(n.)* sanomalehti
gazillion *(n.)* ziljoona
gear *(n.)* ratas
gearbox *(n.)* vaihdelaatikko
gearset *(n.)* vaihteisto
gearwheel *(n.)* hammaspyörä
geek *(v.)* nörtteillä
geek *(n.)* nörtti
geeksville *(n.)* nörttimäinen paikka
geekwear *(n.)* nörttimäiset varusteet
geeky *(adj.)* nörttimäinen
geisha *(n.)* geisha
gel *(n.)* geeli
gel *(v.)* levittää geeliä
gelatin *(n.)* hyytelö
gelatinize *(v.)* hyytelöityä
gelatinous *(adj.)* hyytelömäinen
geld *(v.)* kastroida
gelded *(adj.)* kastroitu
gelding *(n.)* ruuna
gem *(n.)* jalokivi
geminal *(adj.)* kaksinnettu
geminate *(adj.)* kahdennettu
geminate *(v.)* kahdentaa
Gemini *(n.)* kaksoset
gemmology *(n.)* gemologia
gender *(n.)* sukupuoli
gene *(n.)* geeni
genealogical *(adj.)* genealoginen
genealogy *(n.)* genealogia
generable *(adj.)* generoitavissa
general *(adj.)* yleinen
generally *(adv.)* yleisesti
generate *(v.)* generoida
generation *(n.)* sukupolvi
generator *(n.)* generaattori
generosity *(n.)* anteliaisuus

generous *(adj.)* antelias
genetic *(adj.)* geneettinen
geneticist *(n.)* geneetikko
genial *(adj.)* leuto
geniality *(n.)* leutous
genie *(n.)* henkiolento
genital *(adj.)* genitaalinen
genitalia *(n.)* sukuelimet
genius *(n.)* nero
genocide *(n.)* kansanmurha
genome *(n.)* perimä
genre *(n.)* lajityyppi
genteel *(adj.)* herraskainen
gentility *(n.)* herraskaisuus
gentle *(adj.)* hellä
gentleman *(n.)* herrasmies
gentry *(n.)* herrasväki
genuine *(adj.)* ehta
geographer *(n.)* maantieteilijä
geographical *(adj.)* maantieteellinen
geography *(n.)* maantiede
geological *(adj.)* geologinen
geologist *(n.)* geologi
geologist *(n.)* geologi
geology *(n.)* geologia
geometrical *(adj.)* geometrinen
geometry *(n.)* geometria
geopolitical *(adj.)* geopoliittinen
geothermal *(adj.)* geoterminen
geranium *(n.)* kurjenpolvi
germ *(n.)* basilli
germicide *(n.)* germisidi
germin *(n.)* itiö
germinate *(v.)* idätellä
germination *(n.)* idätys
gerund *(n.)* gerundi
gesture *(n.)* ele
get *(v.)* saada
geyser *(n.)* geysir
ghastly *(adj.)* karmea
ghetto *(n.)* ghetto
ghost *(n.)* aave
ghost town *(n.)* aavekaupunki
ghostwriter *(n.)* haamukirjoittaja
ghoul *(n.)* ghouli
ghoulish *(adj.)* kummitteleva
giant *(n.)* jättiläinen
giantess *(n.)* naisjättiläinen
gib *(v.)* kiilailla

gib *(n.)* ovikiila
gibber *(v.)* papattaa
gibber *(n.)* papattaja
gibberish *(adj.)* pötyä
gibberish *(n.)* siansaksa
gibbon *(n.)* gibboni
gibe *(v.)* ivata
gibe *(n.)* pisteliäs huomautus
giddy *(adj.)* huimaava
gift *(v.)* antaa lahja
gift *(n.)* lahja
gifted *(adj.)* lahjakas
giftwrap *(v.)* pakata lahja
gig *(n.)* keikka
gig *(v.)* keikkailla
gigabit *(n.)* gigabitti
gigabyte *(n.)* gigatavu
gigantic *(adj.)* giganttinen
giggle *(v.)* kikattaa
gild *(v.)* kullata
gilt *(adj.)* kullattu
gimmick *(n.)* kikka
gimmick *(v.)* kikkailla
gimmickry *(n.)* kikkailu
gimp *(v.)* ontua
gimp *(adj.)* ontuva
gimp *(n.)* punos
gin *(n.)* gini
ginger *(n.)* inkivääri
ginger *(adj.)* punatukkainen
ginger ale *(n.)* inkivääriolut
gingerbread *(n.)* piparkakku
giraffe *(n.)* kirahvi
gird *(v.)* vyöttää
girder *(n.)* hirsi
girdle *(v.)* kaulata
girdle *(n.)* vyö
girl *(n.)* tyttö
girlish *(adj.)* tyttömäinen
gist *(n.)* sija
give *(v.)* antaa
gizmo *(n.)* vempain
glacier *(n.)* jäätikkö
glad *(adj.)* iloinen
gladden *(v.)* ilahduttaa
glade *(n.)* lumikenttä
gladiator *(n.)* gladiaattori
gladiatorial *(adj.)* gladiaattorien
gladly *(adv.)* mielellään

glam *(n.)* hohdokkuus
glam *(adj.)* loistokas
glamour *(n.)* glamour
glance *(v.)* vilkailla
glance *(n.)* vilkaisu
gland *(n.)* rauhanen
glare *(n.)* häikäisevä valo
glare *(v.)* häikäistä
glass *(n.)* lasi
glasses *(n.)* silmälasit
glasshouse *(n.)* lasitalo
glassify *(v.)* lasittaa
glassmaker *(n.)* lasintekijä
glaucoma *(n.)* glaukooma
glaze *(n.)* lasite
glaze *(v.)* lasittua
glazier *(n.)* lasittaja
gleam *(n.)* kimallus
gleam *(v.)* kimaltaa
gleaming *(adj.)* kimaltava
glee *(n.)* riemu
gleeful *(adj.)* riemuitseva
gleefully *(adv.)* riemuisasti
glide *(n.)* liuku
glide *(v.)* liukua
glider *(n.)* purjelentokone
glimmer *(n.)* tuike
glimmer *(v.)* tuikkia
glimpse *(n.)* vilahdus
glitch *(n.)* häikkä
glitch *(v.)* häikätä
glitter *(n.)* glitteri
glitter *(v.)* kimmeltää
gloat *(n.)* hekuma
gloat *(v.)* hekumoida
gloatingly *(adv.)* hekumoiden
global *(adj.)* globaali
global warming *(n.)* ilmaston lämpeneminen
globally *(adv.)* globaalisti
globe *(n.)* karttapallo
globetrotter *(n.)* maailmanmatkaaja
gloom *(n.)* hämy
gloomy *(adj.)* hämyinen
glorification *(n.)* kaunistelu
glorify *(v.)* kaunistella
glorious *(adj.)* kunniakas
glory *(n.)* kunnia
gloss *(n.)* kiiltely

glossary *(n.)* asiasanasto
glossy *(adj.)* kiiltävä
glove *(n.)* hanska
glovebox *(n.)* hansikaslokero
glow *(v.)* hohtaa
glow *(n.)* hohde
glucose *(n.)* glukoosi
glue *(n.)* liima
glue *(v.)* liimata
glue stick *(n.)* liimapuikko
glut *(v.)* tukkia
glut *(n.)* ylitarjonta
gluten-free *(adj.)* gluteeniton
glutton *(n.)* ahmatti
gluttony *(n.)* ylensyönti
glycerine *(n.)* glyseriini
gnarl *(n.)* murina
gnarl *(v.)* murista
gnaw *(v.)* jäytää
gnome *(n.)* tonttu
go *(v.)* mennä
goad *(n.)* kiihoke
goal *(n.)* maali
goalkeeper *(n.)* maalivahti
goalpost *(n.)* maalitolppa
goalscoring *(n.)* maalinteko
goanna *(n.)* Australian varaanit
goat *(n.)* vuohi
gobble *(n.)* kaakatus
goblet *(n.)* malja
god *(n.)* jumala
goddess *(n.)* jumalatar
godfather *(n.)* kummisetä
godhead *(n.)* jumaluus
godly *(adj.)* jumalallinen
godown *(n.)* varastorakennus
godsend *(n.)* taivaan lahja
goggles *(n.)* suojalasit
gold *(n.)* kulta
golden *(adj.)* kultainen
goldsmith *(n.)* kultaseppä
golf *(n.)* golf
golf cart *(n.)* golfauto
golf course *(n.)* golfkenttä
gonads *(n.)* sukupuolirauhaset
gondola *(n.)* gondoli
gong *(n.)* gongi
goo *(n.)* tahma
goo *(v.)* tahmata

good *(adj.)* hyvä
good *(n.)* hyödyke
good-bye *(interj.)* näkemiin
goodness *(n.)* hyvyys
goodwill *(n.)* liikearvo
goof *(n.)* hölmö
goof *(v.)* hölmöillä
goofy *(adj.)* höpsö
google *(v.)* googlata
gooney *(n.)* toope
goose *(n.)* hanhi
gooseberry *(n.)* karviainen
gore *(n.)* hurme
gore *(v.)* pistää sarvilla
gorge *(v.)* hotkia
gorge *(n.)* rotko
gorge *(adj.)* rotkoinen
gorgeous *(adj.)* upea
gorilla *(n.)* gorilla
gospel *(n.)* gospel
gossip *(n.)* juoru
gossip *(v.)* juoruta
gothic *(n.)* gootti
gothic *(adj.)* goottinen
gouda *(n.)* goudajuusto
gourd *(n.)* pullokurpitsa
gout *(n.)* kihti
govern *(v.)* säädellä
governance *(n.)* hallinto
governess *(n.)* kotiopettajatar
government *(n.)* hallitus
governor *(n.)* kuvernööri
gown *(n.)* iltapuku
grab *(v.)* tarrata
grace *(v.)* komistaa
grace *(n.)* ylväys
graceful *(adj.)* ylväs
gracious *(adj.)* suopea
gradation *(n.)* asteikko
grade *(v.)* arvostella
grade *(n.)* aste
gradual *(adj.)* asteittainen
graduate *(v.)* valmistua yliopistosta
graduate *(n.)* ylioppilas
graduation ceremony *(n.)* valmistujaiset
graffiti *(v.)* tehdä graffiti
graft *(n.)* graffiti
graft *(v.)* varttaa
grain *(n.)* varte

grammar *(n.)* kielioppi
grammarian *(n.)* kieliopintekijä
gramme *(n.)* gramma
gramophone *(n.)* gramofoni
granary *(n.)* aitta
grand *(adj.)* suur-
grand finale *(n.)* loppunäytös
grandeur *(n.)* loisteliaisuus
grant *(v.)* myöntyä
grant *(n.)* stipendi
grape *(n.)* viinirypäle
graph *(n.)* kaavio
graphic *(adj.)* graafinen
grapple *(n.)* koura
grapple *(v.)* pyydystää
grasp *(v.)* kouraista
grasp *(n.)* ote
grass *(n.)* nurmi
grassland *(n.)* ruohotasanko
grate *(v.)* raastaa
grate *(n.)* raaste
grateful *(adj.)* kiitollinen
grater *(n.)* raastin
gratification *(n.)* tyydyttäminen
gratis *(adv.)* maksuton
gratitude *(n.)* kiitollisuus
gratuity *(n.)* palvelumaksu
grave *(adj.)* haudanvakava
grave *(n.)* hauta
gravitate *(v.)* suuntautua
gravitation *(n.)* gravitaatio
gravity *(n.)* painovoima
graze *(v.)* naarmuttaa
graze *(n.)* naarmuttaminen
grease *(n.)* eläinrasva
grease *(v.)* rasvoittua
greasy *(adj.)* rasvainen
great *(adj.)* mainio
greed *(n.)* ahneus
greedy *(adj.)* ahne
Greek *(n.)* kreikan kieli
Greek *(adj.)* kreikkalainen
green *(adj.)* vihreä
green *(n.)* viheriö
greenery *(n.)* vihreys
greenhouse *(n.)* kasvihuone
greet *(v.)* tervehtiä
grenade *(n.)* kranaatti
grey *(adj.)* harmaa

grey market *(n.)* harmaat markkinat
greyhound *(n.)* vinttikoira
grief *(n.)* suru
grievance *(n.)* epäkohta
grieve *(v.)* surra
grievous *(adj.)* tuskallinen
grim *(adj.)* synkeä
grind *(v.)* jauhaa
grinder *(n.)* jauhin
grip *(n.)* kahva
grip *(v.)* tarttua
groan *(v.)* vaikeroida
groan *(n.)* vaikerrus
grocer *(n.)* ruokakauppias
grocery *(n.)* elintarvike
groom *(v.)* sukia
groom *(n.)* sulhanen
groove *(n.)* ura
groove *(v.)* urittaa
grope *(v.)* kopeloida
gross *(n.)* brutto
gross *(adj.)* iljettävä
grotesque *(adj.)* groteski
ground *(n.)* maa
ground *(v.)* maadoittaa
ground attack *(n.)* maahyökkäys
ground clearance *(n.)* maavara
group *(v.)* ryhmittää
group *(n.)* ryhmä
grow *(v.)* kasvaa
grower *(n.)* kasvattaja
growl *(n.)* murahdus
growl *(v.)* murahtaa
growth *(n.)* kasvu
grudge *(v.)* kantaa kaunaa
grudge *(n.)* kauna
grumble *(v.)* karjaista
grunt *(n.)* röhkäisy
grunt *(v.)* röhkiä
guarantee *(v.)* taata
guarantee *(n.)* takuu
guard *(n.)* vartija
guard *(v.)* vartioida
guardian *(n.)* suojelija
guava *(n.)* guava
guerilla *(n.)* sissi
guess *(v.)* arvata
guess *(n.)* arvaus
guest *(n.)* vieras

guest list *(n.)* vieraslista
guest room *(n.)* vierashuone
guidance *(n.)* opastus
guide *(v.)* opastaa
guide *(n.)* opas
guideline *(n.)* suuntaviiva
guild *(n.)* kilta
guile *(n.)* vilppi
guilt *(n.)* syyllisyydentunne
guilt-free *(adj.)* syytön
guilty *(adj.)* syyllinen
guise *(n.)* valepuku
guitar *(n.)* kitara
gulf *(n.)* lahti
gull *(n.)* lokki
gull *(v.)* puijata
gulp *(v.)* kulautella
gulp *(n.)* kulautus
gum *(n.)* ikenet
gumboot *(n.)* kumisaapas
gun *(n.)* pistooli
gunpoint *(n.)* aseen piippu
gust *(n.)* puuska
gutter *(n.)* ränni
guttural *(adj.)* kurkku-
gymnasium *(n.)* liikuntasali
gymnast *(n.)* voimistelija
gymnastic *(adj.)* voimistelu-
gymnastics *(n.)* voimistelu

habeas corpus *(n.)* habeas corpus
habit *(n.)* tapa
habitable *(adj.)* asuttava
habitat *(n.)* elinympäristö
habitation *(n.)* asuminen
habituate *(v.)* totuttaa
hack *(v.)* hakkeroida
hacker *(n.)* hakkeri
haemoglobin *(n.)* hemoglobiini
hag *(n.)* noita-akka
haggard *(adj.)* kalvakka
haggle *(v.)* tinkiä
hail *(n.)* rae
hail *(v.)* sataa rakeita
hailstorm *(n.)* raemyrsky

hair *(n.)* hius
hairbrush *(n.)* hiusharja
hairdryer *(n.)* hiustenkuivaaja
hale *(adj.)* hyvinvoiva
half *(adj.)* puoli-
half *(n.)* puolikas
half-day *(n.)* puolipäivä
half-hearted *(adj.)* puolisydäminen
hall *(n.)* eteinen
hallmark *(n.)* tarkastusleima
hallow *(v.)* pyhittää
hallucination *(n.)* hallusinaatio
halt *(v.)* seisahtua
halt *(n.)* seisaus
halve *(v.)* puolittaa
hamlet *(n.)* pikkukylä
hammer *(n.)* vasara
hammer *(v.)* vasaroida
hand *(n.)* kämmen
hand *(v.)* ojentaa
hand baggage *(n.)* käsimatkatavarat
hand lotion *(n.)* käsivoide
hand luggage *(n.)* käsimatkatavara
handbill *(n.)* käsiohjelma
handbook *(n.)* käsikirja
handbrake *(n.)* käsijarru
handcuff *(n.)* käsiraudat
handcuff *(v.)* käsiraudoittaa
handful *(n.)* kourallinen
handicap *(n.)* vamma
handicap *(v.)* vammautua
handicraft *(n.)* käsiteollisuus
handiwork *(n.)* käsityö
handkerchief *(n.)* nenäliina
handle *(n.)* kädensija
handle *(v.)* käsitellä
handsome *(adj.)* komea
handy *(adj.)* kätevä käsistään
hang *(v.)* ripustaa
hanker *(v.)* hinkua
haphazard *(adj.)* umpimähkäinen
happen *(v.)* tapahtua
happening *(n.)* tapahtuma
happiness *(n.)* onnellisuus
happy *(adj.)* onnellinen
harass *(v.)* ahdistella
harassment *(n.)* ahdistelu
harbour *(v.)* elätellä
harbour *(n.)* satama

hard *(adj.)* kova
hard *(adv.)* kovasti
harden *(v.)* kovettua
hardihood *(n.)* uskallus
hardly *(adv.)* tuskin
hardship *(n.)* vastoinkäyminen
hardware *(n.)* rautatavara
hard-working *(adj.)* työteliäs
hardy *(adj.)* kylmänkestävä
hare *(n.)* jänis
harm *(n.)* harmi
harm *(v.)* vahingoittaa
harmful *(adj.)* vahingollinen
harmless *(adj.)* harmiton
harmonious *(adj.)* harmoninen
harmonium *(n.)* harmoni
harmony *(n.)* harmonia
harness *(n.)* valjaat
harness *(v.)* valjastaa
harp *(n.)* harppu
harsh *(adj.)* karkea
harvest *(v.)* korjata satoa
harvest *(n.)* sato
harvester *(n.)* elonkorjuukone
haste *(n.)* ripeys
hasten *(v.)* kiirehtää
hasty *(adj.)* ripeä
hat *(n.)* hattu
hatch *(n.)* huoltoluukku
hatch *(v.)* kuoriutua
hatchet *(n.)* kirves
hate *(n.)* viha
hate *(v.)* vihata
hat-trick *(n.)* hattutemppu
haughty *(adj.)* koppava
haunt *(n.)* kantapaikka
haunt *(v.)* kummitella
have *(v.)* omistaa
haven *(n.)* turvasatama
havoc *(n.)* sekasorto
hawk *(n.)* haukka
hawker *(n.)* kaupustelija
hawthorn *(n.)* orapihlaja
hay *(n.)* heinä
hazard *(n.)* uhka
hazard *(v.)* vaarantaa
haze *(n.)* utu
hazy *(adj.)* utuinen
he *(pron.)* hän (miespuolisesta)

head *(n.)* pää
head *(v.)* suunnata
headache *(n.)* päänsärky
headband *(n.)* pääpanta
heading *(n.)* otsikko
headlight *(n.)* ajovalo
headline *(n.)* uutisotsikko
headlong *(adv.)* pää edellä
headquarter *(v.)* pitää päämajaa
headstrong *(adj.)* sisukas
heal *(v.)* parantaa
health *(n.)* terveys
healthy *(adj.)* terveellinen
heap *(n.)* pino
heap *(v.)* pinota
hear *(v.)* kuulla
hearsay *(n.)* kuulopuhe
heart *(n.)* sydän
heartbeat *(n.)* sydämenlyönti
heartbreak *(n.)* sydänsuru
hearth *(n.)* takka
heartily *(adv.)* sydämellisesti
heat *(v.)* kuumentaa
heat *(n.)* kuumuus
heat-resistant *(adj.)* lämmönkestävä
heatstroke *(n.)* lämpöhalvaus
heave *(v.)* hiivata
heaven *(n.)* taivas
heavenly *(adj.)* taivaallinen
heavily *(adv.)* raskaasti
heavy *(adj.)* painava
hedge *(v.)* aidoittaa
hedge *(n.)* pensasaita
heed *(n.)* huomioiminen
heed *(v.)* kiinnittää huomiota
heel *(n.)* kantapää
hefty *(adj.)* tuhti
height *(n.)* korkeus
heighten *(v.)* korottaa
heinous *(adj.)* katala
heir *(n.)* perijä
heiress *(n.)* perijätär
hell *(n.)* helvetti
helm *(n.)* ruori
helmet *(n.)* kypärä
help *(v.)* autella
help *(n.)* auttaminen
helpful *(adj.)* avulias
helpless *(adj.)* avuton

helpmate *(n.)* apuri
hemisphere *(n.)* pallonpuolisko
hemp *(n.)* hamppu
hen *(n.)* naaraslintu
hence *(adv.)* sen vuoksi
henceforth *(adv.)* vastedes
henceforward *(adv.)* tästä lähin
henchman *(n.)* kätyri
henpeck *(v.)* mäkättää
her *(pron.)* hänelle (naispuolisesta)
her *(adj.)* hänen (naispuolisesta)
herald *(v.)* ilmoittaa
herald *(n.)* sanansaattaja
herb *(n.)* yrtti
herculean *(adj.)* suunnaton
herd *(n.)* lauma
herdsman *(n.)* paimen
here *(adv.)* tänne
hereabouts *(adv.)* näillä main
hereafter *(adv.)* jälkeenpäin
hereafter *(n.)* tuonpuoleinen
hereditary *(adj.)* perinnöllinen
heredity *(n.)* perinnöllisyys
heritable *(adj.)* periytyvä
heritage *(n.)* perintö
hermit *(n.)* erakkokolibri
hermitage *(n.)* erakkomaja
hernia *(n.)* tyrä
hero *(n.)* sankari
heroic *(adj.)* sankarillinen
heroine *(n.)* sankaritar
heroism *(n.)* sankaruus
herring *(n.)* silakka
hesitant *(adj.)* empivä
hesitate *(v.)* epäröidä
hesitation *(n.)* epäröinti
hew *(v.)* nikkaroida
heyday *(n.)* kukoistuskausi
hibernation *(n.)* horros
hiccup *(n.)* hikka
hide *(n.)* piilo
hide *(v.)* piilottaa
hideous *(adj.)* kaamea
hierarchy *(n.)* hierarkia
high *(adj.)* korkea
higher education *(n.)* korkeakoulutus
highlight *(n.)* korostus
highly *(adv.)* erittäin
Highness *(n.)* ylhäisyys

highway *(n.)* valtatie
hilarious *(adj.)* hulvaton
hilarity *(n.)* hilpeys
hill *(n.)* mäki
hillock *(n.)* kumpu
him *(pron.)* hänelle (miespuolisesta)
hinder *(v.)* viivytellä
hindrance *(n.)* tenä
hint *(v.)* vihjata
hint *(n.)* vihje
hip *(n.)* lanne
hire *(v.)* palkata
hire *(n.)* vuokraus
hireling *(n.)* renki
his *(pron.)* hänen (miespuolisesta)
hiss *(n.)* sihinä
hiss *(v.)* sihistä
historian *(n.)* historioitsija
historic *(adj.)* historiallisesti merkittävä
historical *(adj.)* historiallinen
history *(n.)* historia
hit *(n.)* osuma
hit *(v.)* osua
hitch *(n.)* sorkka
hither *(adv.)* tähän
hitherto *(adv.)* tähän mennessä
hive *(n.)* mehiläispesä
hoarse *(adj.)* karhea
hoax *(v.)* huijata
hoax *(n.)* huijaus
hobby *(n.)* harrastus
hobbyhorse *(n.)* keppihevonen
hobnob *(v.)* veljeillä
hockey *(n.)* jääkiekko
hoist *(v.)* nostaa
hold *(n.)* ote
hold *(v.)* pidellä
holdback *(n.)* pidättely
hole *(n.)* kolo
hole *(v.)* läpäistä
holiday *(n.)* juhlapyhä
hollow *(v.)* kovertaa
hollow *(n.)* notkelma
hollow *(adj.)* ontto
holocaust *(n.)* holokausti
holograph *(n.)* hologrammi
holy *(adj.)* pyhä
homage *(n.)* uskollisuudenvala
home *(n.)* koti

home-made *(adj.)* kotitekoinen
homeopath *(n.)* homeopaatti
homeopathy *(n.)* homeopatia
homesick *(adj.)* koti-ikävä
homicide *(n.)* murha
homogeneous *(adj.)* homogeeninen
honest *(adj.)* rehellinen
honesty *(n.)* rehellisyys
honey *(n.)* hunaja
honeycomb *(n.)* hunajakenno
honeymoon *(n.)* häämatka
honorarium *(n.)* palkkio
honorary *(adj.)* kunnia-
honour *(n.)* kunnia
honour *(v.)* kunnioittaa
honourable *(adj.)* kunniallinen
hood *(n.)* huppu
hoodwink *(v.)* hämätä
hoof *(n.)* kavio
hook *(n.)* koukku
hooligan *(n.)* huligaani
hoot *(v.)* buuata
hoot *(n.)* buuaus
hop *(v.)* hyppiä
hop *(n.)* pomppu
hope *(n.)* toive
hope *(v.)* toivoa
hopeful *(adj.)* toiveikas
hopeless *(adj.)* toivoton
horde *(n.)* ihmislauma
horizon *(n.)* horisontti
horn *(n.)* sarvi
hornet *(n.)* herhiläinen
horrible *(adj.)* pöyristyttävä
horrify *(v.)* hirvittää
horror *(n.)* kauhu
horse *(n.)* hevonen
horseshoe *(n.)* hevosenkenkä
horticulture *(n.)* puutarhanhoito
hose *(n.)* letku
hosiery *(n.)* sukkahousut
hospitable *(adj.)* vieraanvarainen
hospital *(n.)* sairaala
hospitality *(n.)* vieraanvaraisuus
host *(n.)* isäntä/emäntä
hostage *(n.)* panttivanki
hostel *(n.)* hostelli
hostile *(adj.)* vihamielinen
hostility *(n.)* vihamielisyys

hot *(adj.)* kuuma
hotchpotch *(n.)* sekamelska
hotel *(n.)* hotelli
hound *(n.)* ajokoira
hour *(n.)* tunti
house *(v.)* majoittaa
house *(n.)* talo
household *(n.)* talous
how *(adv.)* kuinka
however *(adv.)* kuinka tahansa
however *(conj.)* miten tahansa
howl *(v.)* ulvoa
howl *(n.)* ulvonta
hub *(n.)* keskitin
hubbub *(n.)* mekkala
huge *(adj.)* valtava
hum *(n.)* humina
hum *(v.)* hymistä
human *(adj.)* ihmis-
humane *(adj.)* humaani
humanitarian *(adj.)* humanitaarinen
humanity *(n.)* inhimillisyys
humanize *(v.)* inhimillistää
humble *(adj.)* nöyrä
humdrum *(adj.)* tapahtumaköyhä
humid *(adj.)* humidi
humidity *(n.)* ilmankosteus
humiliate *(v.)* nöyryyttää
humiliation *(n.)* nöyryytys
humility *(n.)* nöyryys
humorist *(n.)* humoristi
humorous *(adj.)* humoristinen
humour *(n.)* huumori
hunch *(n.)* aavistus
hundred *(n.)* sata
hunger *(n.)* nälkä
hungry *(adj.)* nälkäinen
hunt *(n.)* metsästys
hunt *(v.)* metsästää
hunter *(n.)* metsästäjä
huntsman *(n.)* jahtimies
hurdle *(n.)* aitaeste
hurdle *(v.)* esteratsastaa
hurl *(v.)* viskata
hurrah *(interj.)* hurraa
hurricane *(n.)* hurrikaani
hurry *(n.)* kiire
hurry *(v.)* kiirehtiä
hurt *(n.)* kipuilu

hurt *(v.)* sattua
husband *(n.)* aviomies
husbandry *(n.)* maanviljely
hush *(v.)* hyssytellä
hush *(n.)* hyssytys
husk *(n.)* akana
husky *(adj.)* vankka
hustle *(v.)* hoppuilla
hut *(n.)* maja
hyaena, hyena *(n.)* hyeena
hybrid *(n.)* hybridi
hybrid *(adj.)* hybridi-
hydrogen *(n.)* vety
hygiene *(n.)* hygienia
hygienic *(adj.)* hygieeninen
hymn *(n.)* virsi
hyperbole *(n.)* hyperbola
hypnotism *(n.)* hypnotismi
hypnotize *(v.)* hypnotisoida
hypocrisy *(n.)* tekopyhyys
hypocrite *(n.)* tekopyhä henkilö
hypocritical *(adj.)* tekopyhä
hypothesis *(n.)* hypoteesi
hypothetical *(adj.)* hypoteettinen
hysteria *(n.)* hysteria
hysterical *(adj.)* hysteerinen

I *(pron.)* minä
iambic *(adj.)* jambinen
ice *(v.)* jäähdyttää
ice *(n.)* jää
ice bucket *(n.)* jää-ämpäri
ice cream *(n.)* jäätelö
iceberg *(n.)* jäävuori
iceblock *(n.)* jäälohkare
icebreaker *(n.)* jäänmurtaja
icecap *(n.)* jääpeite
ice-cold *(adj.)* jääkylmä
iced *(adj.)* jäinen
icicle *(n.)* jääpuikko
icon *(n.)* ikoni
iconic *(adj.)* ikoninen
iconoclastic *(adj.)* ikonoklastinen
icy *(adj.)* jäätävä
idea *(n.)* idea

ideal *(n.)* ideaali
ideal *(adj.)* ideaalinen
idealism *(n.)* idealismi
idealist *(n.)* idealisti
idealistic *(adj.)* idealistinen
idealize *(v.)* idealisoida
ideate *(v.)* ideoida
identical *(adj.)* identtinen
identification *(n.)* identifiointi
identify *(v.)* todentaa henkilöllisyys
identity *(n.)* identiteetti
identity card *(n.)* henkilöllisyystodistus
idiocy *(n.)* älyttömyys
idiom *(n.)* idiomi
idiomatic *(adj.)* idiomaattinen
idiot *(n.)* idiootti
idiotic *(adj.)* idioottimainen
idle *(adj.)* joutilas
idleness *(n.)* joutilaisuus
idler *(n.)* joutomies
idol *(n.)* idoli
idolater *(n.)* idolisoija
if *(conj.)* jos
igloo *(n.)* iglu
ignite *(v.)* sytyttää
ignition *(n.)* syttyminen
ignoble *(adj.)* alhaissyntyinen
ignorance *(n.)* tietämättömyys
ignorant *(adj.)* tietämätön
ignore *(v.)* sivuuttaa
ill *(adj.)* sairas
ill *(n.)* sairas
ill *(adv.)* sairastava
illegal *(adj.)* laiton
illegibility *(n.)* vaikeaselkoisuus
illegible *(adj.)* lukukelvoton
illegitimate *(adj.)* säännönvastainen
illicit *(adj.)* luvaton
illiteracy *(n.)* lukutaidottomuus
illiterate *(adj.)* lukutaidoton
illness *(n.)* sairaus
illogical *(adj.)* epälooginen
ill-treat *(v.)* kohdella huonosti
illuminate *(v.)* valottaa
illumination *(n.)* valaisu
illusion *(n.)* illuusio
illustrate *(v.)* havainnollistaa
illustration *(n.)* kuvituskuva
image *(n.)* kuva

imagery *(n.)* kuvasto
imaginary *(adj.)* kuviteltu
imagination *(n.)* mielikuvitus
imaginative *(adj.)* mielikuvituksellinen
imagine *(v.)* kuvitella
imbalance *(n.)* epätasapaino
imitate *(v.)* imitoida
imitation *(n.)* imitaatio
imitator *(n.)* imitaattori
immaterial *(adj.)* immateriaalinen
immature *(adj.)* epäkypsä
immaturity *(n.)* kypsymättömyys
immeasurable *(adj.)* mittaamaton
immediate *(adj.)* välitön
immemorial *(adj.)* ikimuistoinen
immense *(adj.)* suunnaton
immensity *(n.)* suunnattomuus
immerse *(v.)* uppoutua
immersion *(n.)* upotus
immigrant *(n.)* maahanmuuttaja
immigrate *(v.)* muuttaa maahan
immigration *(n.)* maahanmuutto
imminent *(adj.)* vääjäämätön
immodest *(adj.)* julkea
immodesty *(n.)* julkeus
immoral *(adj.)* moraaliton
immorality *(n.)* moraalittomuus
immortal *(adj.)* kuolematon
immortality *(n.)* kuolemattomuus
immortalize *(v.)* ikuistaa
immovable *(adj.)* järkähtämätön
immune *(adj.)* immuuni
immunity *(n.)* immuniteetti
immunize *(v.)* immunisoida
impact *(n.)* vaikutus
impart *(v.)* kertoilla
impartial *(adj.)* puolueeton
impartiality *(n.)* puolueettomuus
impassable *(adj.)* kulkukelvoton
impasse *(n.)* umpikuja
impatience *(n.)* kärsimättömyys
impatient *(adj.)* kärsimätön
impeach *(v.)* syyttää virkarikoksesta
impeachment *(n.)* virkasyyte
impeccable *(adj.)* moitteeton
impede *(v.)* hidastuttaa
impediment *(n.)* ruumiinvamma
impenetrable *(adj.)* läpitunkematon
imperative *(adj.)* pakottava

imperfect *(adj.)* epätäydellinen
imperfection *(n.)* epätäydellisyys
imperial *(adj.)* keisarillinen
imperialism *(n.)* imperialismi
imperil *(v.)* vaarantaa
imperishable *(adj.)* häviämätön
impermissible *(adj.)* sallimaton
impersonal *(adj.)* persoonaton
impersonate *(v.)* matkia
impersonation *(n.)* esittää jotakuta
impertinence *(n.)* hävyttömyys
impertinent *(adj.)* hävytön
impetuosity *(n.)* kiivaus
impetuous *(adj.)* kiivas
implement *(n.)* apuväline
implement *(v.)* panna täytäntöön
implicate *(v.)* vihjata
implication *(n.)* vihjaus
implicit *(adj.)* epäsuora
implore *(v.)* vedota
imply *(v.)* vihjailla
impolite *(adj.)* epäkohtelias
import *(v.)* importoida
import *(n.)* tuontitavara
importance *(n.)* tärkeys
important *(adj.)* tärkeä
impose *(v.)* langettaa
imposing *(adj.)* kunnioitusta herättävä
imposition *(n.)* määräys
impossibility *(n.)* mahdottomuus
impossible *(adj.)* mahdoton
impostor *(n.)* petkuttaja
imposture *(n.)* petkutus
impotence *(n.)* impotenssi
impotent *(adj.)* impotentti
impoverish *(v.)* köyhdyttää
impracticability *(n.)* epäkäytönnöllisyys
impracticable *(adj.)* epäkäytännöllinen
impress *(v.)* tehdä vaikutus
impression *(n.)* vaikutelma
impressive *(adj.)* vaikuttava
imprint *(v.)* painaa
imprint *(n.)* painauma
imprison *(v.)* vangita
improper *(adj.)* epäsopiva
impropriety *(n.)* epäsopivuus
improve *(v.)* kehittää
improvement *(n.)* kehitys
imprudence *(n.)* harkitsemattomuus

imprudent *(adj.)* harkitsematon
impulse *(n.)* impulssi
impulsive *(adj.)* impulsiivinen
impunity *(n.)* rankaisemattomuus
impure *(adj.)* epäpuhdas
impurity *(n.)* epäpuhtaus
impute *(v.)* lukea syyksi
in *(prep.)* "-ssa, -ssä"
inability *(n.)* kykenemättömyys
inaccurate *(adj.)* epätarkka
inaction *(n.)* toimettomuus
inactive *(adj.)* epäaktiivinen
inadequate *(adj.)* puutteellinen
inadmissible *(adj.)* kelpaamaton
inanimate *(adj.)* eloton
inapplicable *(adj.)* soveltumaton
inattentive *(adj.)* tarkkaamaton
inaudible *(adj.)* kuulumaton
inaugural *(adj.)* avajais-
inauguration *(n.)* avajaiset
inauspicious *(adj.)* pahaenteinen
inborn *(adj.)* synnynnäinen
inbound *(adj.)* saapuva
inbox *(n.)* postilaatikko
incalculable *(adj.)* arvaamaton
incapable *(adj.)* kykenemätön
incapacity *(n.)* kyvyttömyys
incarnate *(v.)* ruumiillistaa
incarnate *(adj.)* ruumiillistunut
incarnation *(n.)* ruumiillistuma
incense *(v.)* raivostuttaa
incense *(n.)* suitsuke
incentive *(n.)* kannustin
inception *(n.)* alusta
inch *(n.)* tuuma
incharge *(n.)* johdossa
incharge *(adj.)* johtava
incident *(n.)* tapaus
incidental *(adj.)* oheis-
incite *(v.)* henkevöidä
inclination *(n.)* kallistus
incline *(v.)* kallistella
include *(v.)* sisältää
inclusion *(n.)* sisältäminen
inclusive *(adj.)* kaikenkattava
incoherent *(adj.)* epäjohdonmukainen
income *(n.)* ansio
incomparable *(adj.)* verraton
incompetent *(adj.)* epäpätevä

incomplete *(adj.)* keskeneräinen
inconsiderate *(adj.)* ajattelematon
inconvenient *(adj.)* sopimaton
incorporate *(adj.)* sisällytettävä
incorporate *(v.)* sisällyttää
incorporation *(n.)* sisällyttäminen
incorrect *(adj.)* virheellinen
incorrigible *(adj.)* auttamaton
incorruptible *(adj.)* lahjomaton
increase *(n.)* korotus
increase *(v.)* lisääntyä
incredible *(adj.)* uskomaton
increment *(n.)* lisäys
incriminate *(v.)* syyllistää
incubate *(v.)* hautoa
inculcate *(v.)* teroittaa
incumbent *(adj.)* velvollisuutena oleva
incumbent *(n.)* viranhaltija
incur *(v.)* koitua
incurable *(adj.)* parantumaton
indebted *(adj.)* velkaantunut
indecency *(n.)* säädyttömyys
indecent *(adj.)* säädytön
indecision *(n.)* päättämättömyys
indeed *(adv.)* tosiaan
indefensible *(adj.)* puolustamaton
indefinite *(adj.)* määrittelemätön
indemnity *(n.)* vahingonkorvaus
independence *(n.)* itsenäisyys
independent *(adj.)* itsenäinen
indescribable *(adj.)* sanoinkuvaamaton
index *(n.)* indeksi
Indian *(adj.)* intialainen
indicate *(v.)* osoittaa
indication *(n.)* osoitus
indicative *(adj.)* osoittava
indicator *(n.)* osoitin
indict *(v.)* asettaa syytteeseen
indictment *(n.)* syyte
indifference *(n.)* välinpitämättömyys
indifferent *(adj.)* välinpitämätön
indigenous *(adj.)* alkuperäinen
indigestible *(adj.)* sulamaton
indigestion *(n.)* ruoansulatushäiriö
indignant *(adj.)* tuohtunut
indignation *(n.)* tuohtumus
indigo *(n.)* indigonsininen
indirect *(adj.)* välillinen
indiscipline *(n.)* kurittomuus

indiscreet *(adj.)* tahditon
indiscretion *(n.)* tahdittomuus
indiscriminate *(adj.)* umpimähkäinen
indispensable *(adj.)* ei korvattavissa
indisposed *(adj.)* huonovointinen
indisputable *(adj.)* kiistaton
indistinct *(adj.)* monitulkintainen
individual *(adj.)* yksilöllinen
individualism *(n.)* individualismi
individuality *(n.)* yksilöllisyys
indivisible *(adj.)* jakamaton
indolent *(adj.)* saamaton
indomitable *(adj.)* lannistumaton
indoor *(adj.)* sisä-
indoors *(adv.)* sisätiloissa
induce *(v.)* indusoida
inducement *(n.)* vaikutin
induct *(v.)* asettaa virkaan
induction *(n.)* induktio
indulge *(v.)* armahtaa
indulgence *(n.)* hemmottelu
indulgent *(adj.)* avokätinen
industrial *(adj.)* teollinen
industrious *(adj.)* uuttera
industry *(n.)* teollisuus
ineffective *(adj.)* tehoton
inert *(adj.)* liikuntakyvytön
inertia *(n.)* inertia
inevitable *(adj.)* väistämätön
inexact *(adj.)* tarpeeton
inexorable *(adj.)* heltymätön
inexpensive *(adj.)* huokea
inexperience *(n.)* kokemattomuus
inexplicable *(adj.)* selittämätön
infallible *(adj.)* erehtymätön
infamous *(adj.)* pahamaineinen
infamy *(n.)* pahamaineisuus
infancy *(n.)* varhaislapsuus
infant *(n.)* pikkulapsi
infanticide *(n.)* lapsenmurha
infantile *(adj.)* lapsuusajan
infantry *(n.)* jalkaväki
infatuate *(v.)* hullaantua
infatuation *(n.)* hullaantuminen
infect *(v.)* tartuttaa
infection *(n.)* tartunta
infectious *(adj.)* tarttuva
infer *(v.)* tehdä johtopäätös
inference *(n.)* päätelmä

inferior *(adj.)* ala-arvoinen
inferiority *(n.)* alempiarvoisuus
infernal *(adj.)* helvetillinen
infertile *(adj.)* hedelmätön
infest *(v.)* olla kiusana
infinite *(adj.)* ääretön
infinity *(n.)* äärettömyys
infirm *(adj.)* raihnainen
infirmity *(n.)* raihnaisuus
inflame *(v.)* tulehduttaa
inflammable *(adj.)* tulenarka
inflammation *(n.)* tulehdus
inflammatory *(adj.)* tulehduksellinen
inflation *(n.)* inflaatio
inflexible *(adj.)* joustamaton
inflict *(v.)* aiheuttaa
influence *(v.)* vaikuttaa
influence *(n.)* vaikutusvalta
influential *(adj.)* vaikutusvaltainen
influenza *(n.)* influenssa
influx *(n.)* sisäänvirtaus
inform *(v.)* tiedottaa
informal *(adj.)* epämuodollinen
information *(n.)* tieto
informative *(adj.)* informatiivinen
informer *(n.)* tiedottaja
infringe *(v.)* loukata
infringement *(n.)* rikkominen
infuriate *(v.)* raivostuttaa
infuse *(v.)* valaa
infusion *(n.)* infuusio
ingrained *(adj.)* pinttynyt
ingratitude *(n.)* kiittämättömyys
ingredient *(n.)* ainesosa
inhabit *(v.)* elellä
inhabitable *(adj.)* asuinkelpoinen
inhabitant *(n.)* asuja
inhale *(v.)* hengittää sisään
inherent *(adj.)* luontainen
inherit *(v.)* periä
inheritance *(n.)* perimä
inhibit *(v.)* inhiboida
inhibition *(n.)* hillintä
inhospitable *(adj.)* kolkko
inhuman *(adj.)* epäinhimillinen
inimical *(adj.)* vihamielinen
inimitable *(adj.)* jäljittelemätön
initial *(n.)* nimikirjain
initial *(adj.)* varhainen

initial *(v.)* varustaa nimikirjaimilla
initiate *(v.)* tehdä aloite
initiative *(n.)* aloite
inject *(v.)* injektoida
injection *(n.)* injektio
injudicious *(adj.)* arvostelukyvyttömyys
injunction *(n.)* määrääminen
injure *(v.)* vaurioittaa
injurious *(adj.)* vahingollinen
injury *(n.)* vaurio
injustice *(n.)* epäoikeudenmukaisuus
ink *(n.)* muste
inkling *(n.)* vihi
inland *(adv.)* sisämaa-
inland *(adj.)* sisämaa
in-laws *(n.)* appivanhemmat
inmate *(n.)* vanki
inmost *(adj.)* sisin
inn *(n.)* majatalo
innate *(adj.)* myötäsyntyinen
inner *(adj.)* sisäinen
innermost *(adj.)* sisimmäinen
innings *(n.)* toimintakausi
innocence *(n.)* syyttömyys
innocent *(adj.)* syytön
innovate *(v.)* innovoida
innovation *(n.)* innovaatio
innovator *(n.)* innovaattori
innumerable *(adj.)* numeroitumaton
inoculate *(v.)* rokottaa
inoculation *(n.)* rokottaminen
inoperative *(adj.)* epäkunnossa
inopportune *(adj.)* huonosti ajoitettu
input *(n.)* syöttää
inquest *(n.)* tutkinta
inquire *(v.)* tiedustella
inquiry *(n.)* tiedustelu
inquisition *(n.)* inkvisitio
inquisitive *(adj.)* tiedonhaluinen
insane *(adj.)* mielisairas
insanity *(n.)* hulluus
insatiable *(adj.)* kyltymätön
inscribe *(v.)* kaivertaa kirjoitusta
inscription *(n.)* kaiverrus
insect *(n.)* hyönteinen
insecticide *(n.)* hyönteismyrkky
insecure *(adj.)* turvaton
insecurity *(n.)* epävarmuus
insensibility *(n.)* tunteettomuus

insensible *(adj.)* tunteeton
insensitive *(adj.)* tunnoton
inseparable *(adj.)* erottamaton
insert *(v.)* sijoittaa
insertion *(n.)* insertio
inside *(prep.)* sisällä
inside *(adv.)* sisäpuolella
inside *(adj.)* sisäpuolinen
inside *(n.)* sisäpuoli
insight *(n.)* oivallus
insignificance *(n.)* merkityksettömyys
insignificant *(adj.)* epämerkitsevä
insincere *(adj.)* vilpillinen
insincerity *(n.)* vilpillisyys
insinuate *(v.)* vihjata
insinuation *(n.)* vihjaus
insipid *(adj.)* lattea
insipidity *(n.)* latteus
insist *(v.)* vaatia
insistence *(n.)* vaatimus
insistent *(adj.)* itsepintainen
insolence *(n.)* röyhkeys
insolent *(adj.)* röyhkeä
insoluble *(n.)* liukenematon
insolvency *(n.)* maksukyvyttömyys
insolvent *(adj.)* maksukyvytön
inspect *(v.)* tarkastaa
inspection *(n.)* tarkastus
inspector *(n.)* tarkastaja
inspiration *(n.)* inspiraatio
inspire *(v.)* inspiroida
instability *(n.)* epävakaisuus
install *(v.)* asentaa
installation *(n.)* asennus
instalment *(n.)* maksuerä
instance *(n.)* instanssi
instant *(n.)* hetkellinen
instant *(adj.)* välitön
instantaneous *(adj.)* äkillinen
instantly *(adv.)* välittömästi
instigate *(v.)* lietsoa
instigation *(n.)* lietsonta
instil *(v.)* iskostaa
instinct *(n.)* vaisto
instinctive *(adj.)* vaistomainen
institute *(n.)* instituutti
institution *(n.)* instituutio
instruct *(v.)* ohjeistaa
instruction *(n.)* ohjaaminen

instructor *(n.)* kouluttaja
instrument *(n.)* soitin
instrumental *(adj.)* instrumentaalinen
instrumentalist *(n.)* instrumentalisti
insubordinate *(adj.)* uppiniskainen
insubordination *(n.)* niskoittelu
insufficient *(adj.)* riittämätön
insular *(adj.)* eristynyt
insularity *(n.)* saaristoasema
insulate *(v.)* eristää
insulation *(n.)* eristys
insulator *(n.)* eriste
insult *(v.)* solvata
insult *(n.)* solvaus
insupportable *(adj.)* sietämätön
insurance *(n.)* vakuutus
insure *(v.)* vakuuttaa
insurgent *(n.)* kapinallinen
insurgent *(adj.)* kapinallinen
insurmountable *(adj.)* ylitsepääsemätön
insurrection *(n.)* kapinaan nousu
intact *(adj.)* ehjä
intangible *(adj.)* aineeton
integral *(adj.)* integraali-
integrate *(v.)* integroida
integrity *(n.)* eheys
intellect *(n.)* äly
intellectual *(adj.)* älyllinen
intellectual *(n.)* intellektuelli
intelligence *(n.)* älykkyys
intelligent *(adj.)* älykäs
intelligentsia *(n.)* älymystö
intelligible *(adj.)* ymmärrettävä
intend *(v.)* aikoa
intense *(adj.)* tehokas
intensify *(v.)* voimistua
intensity *(n.)* intensiteetti
intensive *(adj.)* intensiivinen
intent *(n.)* aie
intent *(adj.)* määrätietoinen
intention *(n.)* aikomus
intentional *(adj.)* tarkoituksellinen
interactive *(adj.)* interaktiivinen
intercept *(v.)* katkaista
interception *(n.)* katkaisu
interchange *(n.)* eritasoliittymä
interchange *(v.)* vaihtaa
intercourse *(n.)* kanssakäyminen
interdependence *(n.)* keskinäinen
riippuvuus
interdependent *(adj.)* keskenään
riippuvaiset
interest *(n.)* mielenkiinto
interested *(adj.)* kiinnostunut
interesting *(adj.)* kiinnostava
interfere *(v.)* sekaantua
interference *(n.)* väliintulo
interim *(n.)* väliaikainen
interior *(n.)* sisustus
interior *(adj.)* sisä-
interjection *(n.)* välihuomautus
interlock *(v.)* lomittua
interlude *(n.)* välinäytös
intermediary *(n.)* välikäsi
intermediate *(adj.)* väli-
interminable *(adj.)* keskeytymätön
intermingle *(v.)* sekoittua
intern *(n.)* työharjoittelija
internal *(adj.)* sisäinen
international *(adj.)* kansainvälinen
internet *(n.)* internet
interplay *(n.)* vuorovaikutus
interpret *(v.)* tulkata
interpreter *(n.)* tulkki
interrogate *(v.)* kuulustella
interrogation *(n.)* kuulustelu
interrogative *(n.)* kysymyssana
interrogative *(adj.)* kysyvä
interrupt *(v.)* keskeyttää
interruption *(n.)* keskeytys
intersect *(v.)* ristetä
intersection *(n.)* risteys
interval *(n.)* intervalli
intervene *(v.)* tulla väliin
intervention *(n.)* interventio
interview *(v.)* haastatella
interview *(n.)* haastattelu
intestinal *(adj.)* suolisto-
intestine *(n.)* suolisto
intimacy *(n.)* intiimiys
intimate *(adj.)* intiimi
intimate *(v.)* vihjata
intimation *(n.)* vihjaus
intimidate *(v.)* pelotella
intimidation *(n.)* pelottelu
into *(prep.)* kertaa
intolerable *(adj.)* suvaitsematon
intolerance *(n.)* suvaitsemattomuus

intolerant *(adj.)* suvaitsematon
intoxicant *(n.)* päihde
intoxicate *(v.)* päihdyttää
intoxication *(n.)* päihtymys
intransitive *(adj. (verb))* intransitiivinen
intrepid *(adj.)* peloton
intrepidity *(n.)* pelottomuus
intricate *(adj.)* konstikas
intrigue *(v.)* punoa juonia
intrigue *(n.)* salajuoni
intrinsic *(adj.)* sisäsyntyinen
introduce *(v.)* esitellä
introduction *(n.)* esittely
introductory *(adj.)* alustava
introspect *(v.)* itsetutkiskella
introspection *(n.)* itsetutkiskelu
introvert *(n.)* introvertti
intrude *(v.)* tunkeilla
intrusion *(n.)* tunkeutuminen
intuition *(n.)* intuitio
intuitive *(adj.)* intuitiivinen
invade *(v.)* tunkeutua
invalid *(adj.)* epäkelpo
invalid *(n.)* invalidi
invalidate *(v.)* mitätöidä
invaluable *(adj.)* arvaamattoman kallis
invasion *(n.)* invaasio
invective *(n.)* herjaukset
invent *(v.)* keksiä
invention *(n.)* keksiminen
inventive *(adj.)* kekseliäs
inventor *(n.)* keksijä
invert *(v.)* käännellä
invest *(v.)* investoida
investigate *(v.)* selvittää
investigation *(n.)* selvitys
investment *(n.)* investointi
invigilate *(v.)* valvoa
invigilation *(n.)* valvonta
invigilator *(n.)* valvoja
invincible *(adj.)* voittamaton
inviolable *(adj.)* loukkaamaton
invisible *(adj.)* näkymätön
invitation *(n.)* kutsuminen
invite *(v.)* kutsua
invocation *(n.)* manaus
invoice *(n.)* kauppalasku
invoke *(v.)* turvautua
involve *(v.)* sisältää

inward *(adj.)* sisäänpäin suuntautunut
inwards *(adv.)* sisäänpäin
irate *(adj.)* raivostunut
ire *(n.)* vihastuttaa
Irish *(n.)* irlannin kieli
Irish *(adj.)* irlantilainen
irk *(v.)* harmittaa
irksome *(adj.)* harmillinen
iron *(n.)* rauta
iron *(v.)* silittää
ironic *(adj.)* ironinen
ironical *(adj.)* ivallinen
irony *(n.)* ironia
irradiate *(v.)* säteilyttää
irrational *(adj.)* irrationaalinen
irreconcilable *(adj.)* sovittamaton
irrecoverable *(adj.)* peruuttamaton
irrefutable *(adj.)* kiistämätön
irregular *(adj.)* epäsäännöllinen
irregularity *(n.)* epäsäännöllisyys
irrelevant *(adj.)* epäoleellinen
irresistible *(adj.)* vastustamaton
irrespective *(adj.)* piittaamaton
irresponsible *(adj.)* edesvastuuton
irrigate *(v.)* kastella
irrigation *(n.)* kastelu
irritable *(adj.)* ärtyisä
irritant *(n.)* ärsyke
irritant *(adj.)* ärtynyt
irritate *(v.)* ärsyttää
irritation *(n.)* ärsytys
irruption *(n.)* puhkeaminen
island *(n.)* saari
isle *(n.)* saari
isobar *(n.)* ilmanpainekäyrä
isolate *(v.)* isoloida
isolation *(n.)* isolaatio
issue *(v.)* laskea liikkeelle
issue *(n.)* ongelma
it *(pron.)* se
Italian *(adj.)* italialainen
Italian *(n.)* italian kieli
italic *(adj.)* kursiivi
italics *(n.)* kursivointi
itch *(n.)* kutina
itch *(v.)* kutista
item *(n.)* esine
itinerary *(n.)* kulkureitti
ivory *(n.)* norsunluu

ivy *(n.)* muratti

J

jab *(v.)* tökätä
jabber *(v.)* jaaritella
jack *(v.)* nostaa tunkilla
jack *(n.)* tunkki
jackal *(n.)* sakaali
jacket *(n.)* pikkutakki
jackpot *(n.)* jättipotti
jade *(n.)* jade
jail *(v.)* vangita
jail *(n.)* vankila
jailer *(n.)* vanginvartija
jam *(n.)* hillo
jam *(v.)* jumiutua
jam-packed *(adj.)* täpötäysi
janitor *(n.)* talonmies
January *(n.)* tammikuu
jar *(n.)* purkki
jargon *(n.)* jargon
jasmine, jessamine *(n.)* jasmiini
jaundice *(n.)* keltatauti
jaundice *(v.)* mennä vihreäksi kateudesta
javelin *(n.)* keihäänheitto
jaw *(n.)* leuka
jay *(n.)* närhi
jealous *(adj.)* mustasukkainen
jealousy *(n.)* kateellisuus
jean *(n.)* farkku
jeer *(v.)* ilkkua
jelly *(n.)* hyydyke
jeopardize *(v.)* saattaa vaaraan
jeopardy *(n.)* vaara
jerk *(n.)* nykäisy
jerkin *(n.)* nahkanuttu
jerky *(adj.)* nykivä
jersey *(n.)* trikoo
jest *(v.)* laskea leikkiä
jest *(n.)* leikinlasku
jet *(n.)* suihkukone
jet engine *(n.)* suihkumoottori
jew *(n.)* juutalainen
jewel *(v.)* koristella jalokivin
jewel *(n.)* korukivi
jeweller *(n.)* koruseppä
jewellery *(n.)* kalleudet
jiggle *(v.)* hytkyttää
jigsaw *(n.)* kuviosaha
jingle *(n.)* kilinä
jingle *(v.)* kilistä
job *(n.)* työ
jobber *(n.)* tukkukauppias
jobbery *(n.)* korruptoituminen
jobless *(adj.)* työtön
jockey *(n.)* jockey-ratsastaja
jocular *(adj.)* vitsikäs
jog *(v.)* lenkkeillä
join *(v.)* liittyä
joiner *(n.)* liitin
joint *(n.)* nivel
joint *(adj.)* yhteis-
joint effort *(n.)* yhteinen ponnistus
jointly *(adv.)* yhteisvoimin
joke *(v.)* vitsailla
joke *(n.)* vitsi
joker *(n.)* jokeri
jollity *(n.)* ilonpito
jolly *(adj.)* hilpeä
jolt *(v.)* täristää
jolt *(n.)* tärähdys
jostle *(n.)* tuuppaus
jostle *(v.)* tuuppia
jot *(n.)* hitunen
jot *(v.)* sutaista
journal *(n.)* päivyri
journalism *(n.)* journalismi
journalist *(n.)* journalisti
journey *(n.)* taival
journey *(v.)* taivaltaa
jovial *(adj.)* lupsakka
joviality *(n.)* lupsakkuus
joy *(n.)* ilo
joyful *(adj.)* ilahduttava
joyous *(n.)* ilopilleri
jubilant *(adj.)* riemukas
jubilation *(n.)* riemu
jubilee *(n.)* riemunjuhla
judge *(n.)* tuomari
judge *(v.)* tuomaroida
judgement *(n.)* arvostelma
judicature *(n.)* tuomiovalta
judicial *(adj.)* oikeudellinen
judiciary *(n.)* oikeuslaitos
judicious *(adj.)* järkevä

jug *(n.)* kannu
juggle *(v.)* jongleerata
juggler *(n.)* jonglööri
juice *(n.)* mehu
juicy *(adj.)* mehukas
jukebox *(n.)* jukeboksi
jumble *(n.)* sekamelska
jumble *(v.)* sotkea
jump *(n.)* hyppy
jump *(v.)* hypätä
junction *(n.)* tieliittymä
juncture *(n.)* juotos
jungle *(n.)* viidakko
junior *(n.)* juniori
junior *(adj.)* nuorempi
junk *(n.)* romu
jupiter *(n.)* jupiter
jurisdiction *(n.)* lainkäyttövalta
jurisprudence *(n.)* juridiikka
jurist *(n.)* juristi
juror *(n.)* lautamies
jury *(n.)* valamiehistö
juryman *(n.)* valamies
just *(adj.)* oikeamielinen
justice *(n.)* oikeudenmukaisuus
justifiable *(adj.)* perusteltu
justification *(n.)* oikeutus
justified *(adj.)* oikeutettu
justify *(v.)* aiheellistaa
justly *(adv.)* oikeutetusti
jute *(n.)* juutti
juvenile *(adj.)* nuorten-
juxtapose *(v.)* asettaa vastakkain
juxtaposed *(adj.)* vastakkaistettu
juxtaposition *(n.)* vastakkainasettelu

kaffir *(n.)* kafferi
kaki *(n.)* kaki
kaleidoscope *(n.)* kaleidoskooppi
kamikaze *(n.)* kamikaze
kangaroo *(n.)* kenguru
karat *(n.)* karaatti
keen *(adj.)* terävä-älyinen
keenness *(n.)* innokkuus
keep *(v.)* pitää

keeper *(n.)* pitäjä
keepsake *(n.)* muistoesine
kennel *(n.)* kennel
kerchief *(n.)* huivi
kernel *(n.)* kerneli
kerosene *(n.)* kerosiini
ketchup *(n.)* ketsuppi
kettle *(n.)* vedenkeitin
key *(n.)* avain
key *(adj.)* avain-
key *(v.)* virittää
keyboard *(n.)* näppäimistö
keyhole *(n.)* avainreikä
keypad *(n.)* puhelimen näppäimistö
keysmith *(n.)* avainseppä
keystone *(n.)* lakikivi
keyword *(n.)* avainsana
kick *(v.)* potkia
kick *(n.)* potku
kick-start *(v.)* polkaista käyntiin
kid *(n.)* lapsi
kidnap *(v.)* kidnapata
kidney *(n.)* munuainen
kill *(v.)* tappaa
kill *(n.)* tappo
kiln *(n.)* polttouuni
kilo *(n.)* kilo
kilogram *(n.)* kilogramma
kilt *(v.)* kietaista
kilt *(n.)* kilttihame
kin *(n.)* suku
kind *(adj.)* kiltti
kind *(n.)* sortti
kindergarten *(n.)* päiväkoti
kind-hearted *(adj.)* hyväsydäminen
kindle *(v.)* sytyttää
kindly *(adv.)* ystävällisesti
kindness *(n.)* kiltteys
kinetic *(adj.)* kineettinen
king *(n.)* kuningas
kingdom *(n.)* kuningaskunta
kinship *(n.)* sukulaisuussuhde
kiosk *(n.)* kioski
kiss *(v.)* suudella
kiss *(n.)* suudelma
kit *(n.)* pakkaus
kitchen *(n.)* keittiö
kite *(n.)* leija
kith *(n.)* tutut

kitten (n.) kissanpentu
knave (n.) lurjus
knavery (n.) lurjustelu
knead (v.) alustaa taikinaa
knee (n.) polvi
kneel (v.) polvistua
knife (n.) veitsi
knight (v.) lyödä ritariksi
knight (n.) ritari
knit (v.) neuloa
knock (v.) koputtaa
knockout (n.) tyrmäys
knot (n.) solmu
knot (v.) solmia
know (v.) tietää
knowledge (n.) tietämys
knowledgeable (adj.) tietäväinen
knuckle (v.) hieroa rystysillä
knuckle (n.) rystynen
koala (n.) koala
koi (n.) koristekarppi
krill (n.) krilli

label (n.) lappu
label (v.) laputtaa
labial (adj.) huuli-
laboratory (n.) laboratorio
laborious (adj.) työläs
labour (v.) urakoida
labour (n.) työvoima
laboured (adj.) väkinäinen
labourer (n.) työläinen
labyrinth (n.) labyrintti
lac, lakh (n.) satatuhatta
lace (v.) pauloittaa
lace (n.) pitsi
lacerate (v.) raadella
lachrymose (adj.) kyynelehtivä
lack (v.) olla vailla
lack (n.) vaje
lackey (n.) lakeija
lacklustre (adj.) samea
laconic (adj.) lakoninen
lactate (v.) erittää maitoa
lactic (adj.) maito-

lactometer (n.) maitomittari
lactose (n.) laktoosi
lacuna (n.) syvennys
lacy (adj.) pitsinen
lad (n.) nuorukainen
ladder (n.) tikapuut
lade (v.) lastata
ladle (n.) kauha
ladle (v.) kauhoa
lady (n.) leidi
lag (v.) viivytys
laggard (n.) vitkastelija
lagoon (n.) laguuni
laid-back (adj.) letkeä
lair (n.) piilopaikka
lake (n.) järvi
lakefront (n.) järvenranta
lama (n.) laama
lamb (n.) lampaanliha
lambaste (v.) ojennella
lambkin (n.) karitsa
lame (adj.) rampa
lame (v.) rampauttaa
lament (n.) vaikerrus
lament (v.) vaikertaa
lamentable (adj.) valitettava
lamentation (n.) valitusvirsi
laminate (v.) laminoida
lamp (n.) lamppu
lampoon (v.) pilkata
lampoon (n.) pilkkakirjoitus
lance (v.) keihästää
lance (n.) peitsi
lancer (n.) peitsimies
lancet (adj.) keihäsmäinen
land (n.) maa-alue
land (v.) nousta maihin
landing (n.) maihinnousu
landline (n.) lankalinja
landlord (n.) vuokranantaja
landmark (n.) maamerkki
landscape (n.) maisema
lane (n.) kaista
language (n.) kieli
languish (v.) kitua
languor (n.) kaiho
lank (adj.) hintelä
lantern (n.) lyhty
lanugo (n.) utukarvoitus

lap *(n.)* kierros
lapse *(n.)* lapsus
lapse *(v.)* rientää
laptop *(n.)* kannettava tietokone
lard *(n.)* laardi
large *(adj.)* iso
largesse *(n.)* runsaskätisyys
lark *(n.)* kiuru
lascivious *(adj.)* irstas
lash *(n.)* ripsi
lash *(v.)* suomia
lass *(n.)* neiti
last *(adj.)* viimeinen
last *(adv.)* viimeisenä
last *(n.)* lesti
last *(v.)* säilyä
lasting *(adj.)* pysyvä
lastly *(adv.)* viimeiseksi
latch *(n.)* salpa
late *(adj.)* myöhäinen
late *(adv.)* myöhään
lately *(adv.)* viime aikoina
latent *(adj.)* piilevä
lath *(n.)* riuku
lathe *(n.)* sorvi
lather *(n.)* saippuavaahto
latitude *(n.)* leveysaste
latrine *(n.)* ulkokäymälä
latter *(adj.)* jälkimmäinen
lattice *(n.)* ristikko
laud *(n.)* ylistys
laud *(v.)* ylistää
laudable *(adj.)* kiiteltävä
laugh *(v.)* nauraa
laugh *(n.)* naurahdus
laughable *(adj.)* naurattava
laughter *(n.)* nauru
launch *(v.)* lanseerata
launch *(n.)* laukaisu
launder *(v.)* pyykätä
laundress *(n.)* pyykkäri
laundry *(n.)* pyykki
laureate *(n.)* palkinnon saaja
laureate *(adj.)* palkinnon saava
laurel *(n.)* laakeripuu
lava *(n.)* laava
lavatory *(n.)* käymälä
lavender *(n.)* laventeli
lavish *(adj.)* hulppea

lavish *(v.)* syytää
law *(n.)* laki
lawful *(adj.)* lainmukainen
lawless *(adj.)* lainvastainen
lawn *(n.)* nurmikko
lawyer *(n.)* lakimies
lax *(adj.)* väljä
laxative *(n.)* laksatiivi
laxative *(adj.)* laksatiivinen
laxity *(n.)* väljyys
lay *(n.)* asettelu
lay *(v.)* laitella
lay *(adj.)* maallikko-
layer *(n.)* kerros
layman *(n.)* harrastelija
lay-off *(n.)* pakkoloma
layout *(n.)* asetelma
laze *(v.)* laiskotella
laziness *(n.)* laiskuus
lazy *(adj.)* laiska
lea *(n.)* keto
leach *(v.)* huuhtoa
lead *(n.)* lyijy
lead *(v.)* johdattaa
leaden *(adj.)* synkänharmaa
leader *(n.)* johtaja
leadership *(n.)* johtajuus
leaf *(n.)* lehti
leaflet *(n.)* mainoslehtinen
leafy *(adj.)* lehtevä
league *(n.)* liiga
leak *(v.)* vuotaa
leak *(n.)* vuoto
leakage *(n.)* vuoto
lean *(v.)* nojautua
lean *(n.)* salskea
leap *(v.)* loikata
leap *(n.)* loikka
learn *(v.)* oppia
learned *(adj.)* opittu
learner *(n.)* oppija
learning *(n.)* oppiminen
lease *(n.)* vuokra
lease *(v.)* vuokrata
least *(adv.)* vähiten
least *(adj.)* vähäisin
leather *(n.)* nahka
leave *(v.)* jättää
leave *(n.)* loma

lecture *(n.)* luento
lecture *(v.)* luennoida
lecturer *(n.)* luennoitsija
ledger *(n.)* tilikirja
lee *(n.)* suojanpuoli
leech *(n.)* iilimato
leek *(n.)* purjo
left *(adj.)* vasen
left *(n.)* vasen
leftist *(n.)* vasemmistolainen
leftover *(n.)* tähteet
leg *(n.)* jalka
legacy *(n.)* perintö
legal *(adj.)* laillinen
legal action *(n.)* oikeustoimet
legality *(n.)* laillisuus
legalize *(v.)* legalisoida
legend *(n.)* legenda
legendary *(adj.)* legendaarinen
leghorn *(n.)* olkihattu
legible *(adj.)* lukukelpoinen
legibly *(adv.)* luettavasti
legion *(n.)* legioona
legionary *(n.)* legioonalainen
legislate *(v.)* säätää laki
legislation *(n.)* lainsäädäntö
legislative *(adj.)* lainsäädännöllinen
legislator *(n.)* lainsäätäjä
legislature *(n.)* lainsäädäntöelin
legitimacy *(n.)* legitimiteetti
legitimate *(adj.)* legitiimi
leisure *(n.)* joutoaika
leisurely *(adj.)* verkkainen
leisurely *(adv.)* verkkaisesti
lemon *(n.)* sitruuna
lemonade *(n.)* limonadi
lend *(v.)* lainata
length *(n.)* pituus
lengthen *(v.)* pidentää
lengthy *(adj.)* pitkäkestoinen
lenience *(n.)* sallivuus
leniency *(n.)* armeliaisuus
lenient *(adj.)* armelias
lens *(n.)* linssi
lentil *(n.)* linssi
Leo *(n.)* leijona
leonine *(adj.)* leijonamainen
leopard *(n.)* leopardi
leper *(n.)* spitaali

leprosy *(n.)* lepra
leprous *(adj.)* spitaalinen
less *(prep.)* pois lukien
less *(adv.)* vähemmän
less *(n.)* vähäinen
less *(adj.)* vähäisempi
lessee *(n.)* vuokralainen
lessen *(v.)* vähentää
lesser *(adj.)* vähempi
lesson *(n.)* oppitunti
lest *(conj.)* jottei
let *(v.)* sallia
lethal *(adj.)* tappava
lethargic *(adj.)* unelias
lethargy *(n.)* uneliaisuus
let-out *(n.)* ulospääsy
letter *(n.)* kirjain
letterhead *(n.)* yläotsake
level *(n.)* taso
level *(v.)* tasoittaa
level *(adj.)* vaakasuora
lever *(n.)* vipu
lever *(v.)* vivuta
leverage *(n.)* vipuvoima
levity *(n.)* keveys
levy *(v.)* ulosottaa
levy *(n.)* ulosotto
lewd *(adj.)* rivo
lexicography *(n.)* leksikografia
lexicon *(n.)* sanasto
liability *(n.)* velvollisuus
liable *(adj.)* velvollinen
liaison *(n.)* yhteyshenkilö
liar *(n.)* valehtelija
libel *(n.)* kunnianloukkaus
libel *(v.)* loukata kunniaa
liberal *(adj.)* vapaamielinen
liberalism *(n.)* vapaamielisyys
liberality *(n.)* ennakkoluulottomuus
liberate *(v.)* vapahtaa
liberation *(n.)* vapauttaminen
liberator *(n.)* vapauttaja
libertine *(n.)* libertiini
liberty *(n.)* vapaus
librarian *(n.)* kirjastonhoitaja
library *(n.)* kirjasto
licence *(n.)* lisenssi
license *(v.)* lisensoida
licensee *(n.)* lisenssinhaltija

licentious *(adj.)* epäsiveellinen
lick *(v.)* nuolla
lick *(n.)* nuolaisu
lid *(n.)* kansi
lie *(n.)* vale
lie *(v.)* valehdella
lien *(n.)* panttioikeus
lieu *(n.)* sija
lieutenant *(n.)* luutnantti
life *(n.)* elämä
life jacket *(n.)* pelastusliivi
life support *(n.)* tehohoito
lifeless *(adj.)* hengetön
lifelong *(adj.)* elinikäinen
lifestyle *(n.)* elämäntapa
lift *(n.)* hissi
lift *(v.)* nostella
ligament *(n.)* nivelside
light *(adj.)* kevyt
light *(v.)* valaista
light *(n.)* valo
lighten *(v.)* keventää
lightening *(n.)* kevennys
lighter *(n.)* sytytin
lightly *(adv.)* kevyesti
lignite *(n.)* ruskohiili
like *(v.)* tykätä
like *(adj.)* kaltainen
like *(prep.)* niin kuin
like *(n.)* tykkäys
likelihood *(n.)* todennäköisyys
likely *(adj.)* todennäköinen
liken *(v.)* verrata
likeness *(n.)* yhdennäköisyys
likewise *(adv.)* samoin
liking *(n.)* mieltymys
lilac *(n.)* liila
lily *(n.)* lilja
limb *(n.)* raaja
limber *(n.)* rattaat
limber *(v.)* verrytellä
limber *(adj.)* vetreä
lime *(v.)* kalkita
lime *(n.)* lime
limelight *(n.)* parrasvalo
limit *(n.)* raja-arvo
limit *(v.)* rajoittaa
limitation *(n.)* rajoitus
limited *(adj.)* rajoitettu

limitless *(adj.)* rajaton
line *(n.)* linja
line *(v.)* viivoittaa
lineage *(n.)* sukujuuret
linen *(n.)* pellava
linger *(v.)* viipyillä
lingo *(n.)* ammattikieli
lingual *(adj.)* kielellinen
linguist *(n.)* kielitieteilijä
linguistic *(adj.)* kielitieteellinen
linguistics *(n.)* kielitiede
lining *(n.)* vuoraus
link *(n.)* linkki
link *(v.)* linkittää
linseed *(n.)* pellavansiemen
lintel *(n.)* kamana
lion *(n.)* leijona
lioness *(n.)* naarasleijona
lip *(n.)* huuli
liquefy *(v.)* nesteytyä
liquid *(n.)* neste
liquid *(adj.)* neste-
liquidate *(v.)* likvidoida
liquidation *(n.)* likvidointi
liquor *(n.)* viina
lisp *(n.)* sammallus
lisp *(v.)* sammaltaa
list *(n.)* lista
list *(v.)* listata
listen *(v.)* kuunnella
listener *(n.)* kuuntelija
listless *(adj.)* haluton
literacy *(n.)* lukutaito
literal *(adj.)* kirjaimellinen
literary *(adj.)* kirjallisuus-
literate *(adj.)* lukutaitoinen
literature *(n.)* kirjallisuus
litigant *(n.)* asianosainen
litigate *(v.)* käräjöidä
litigation *(n.)* käräjöinti
litre *(n.)* litra
litter *(v.)* poikia
litter *(n.)* poikue
litterateur *(n.)* kirjailija
little *(n.)* vähä
little *(adj.)* pieni
little *(adv.)* vähän
littoral *(adj.)* rannikkomainen
liturgical *(adj.)* liturginen

live *(v.)* elää
live *(adj.)* live-
live *(adv.)* livenä
livelihood *(n.)* elinkeino
lively *(adj.)* eläväinen
liver *(n.)* maksa
livery *(n.)* virka-asu
living *(adj.)* elollinen
living *(n.)* eläminen
lizard *(n.)* lisko
load *(n.)* kuorma
load *(v.)* kuormata
loadstar *(n.)* pohjantähti
loadstone *(n.)* luonnonmagneetti
loaf *(n.)* limppu
loaf *(v.)* vetelehtiä
loafer *(n.)* mokkasiini
loan *(n.)* laina
loan *(v.)* lainoittaa
loath *(adj.)* vastahakoinen
loathe *(v.)* kammoksua
loathsome *(adj.)* kammoksuttava
lobby *(n.)* aula
lobe *(n.)* aivolohko
lobster *(n.)* hummeri
local *(adj.)* paikallinen
locale *(n.)* tapahtumapaikka
locality *(n.)* seutu
localize *(v.)* lokalisoida
locate *(v.)* paikantaa
location *(n.)* sijainti
lock *(v.)* lukita
lock *(n.)* lukko
locker *(n.)* lukkokaappi
locket *(n.)* medaljonki
locomotive *(n.)* veturi
locus *(n.)* lokus
locust *(n.)* heinäsirkka
locution *(n.)* puheenparsi
lodge *(n.)* metsästysmaja
lodge *(v.)* majoittaa
lodging *(n.)* majapaikka
loft *(n.)* ullakko
lofty *(adj.)* ylevä
log *(v.)* kirjata
log *(n.)* lokikirja
logarithm *(n.)* logaritmi
loggerhead *(n.)* pölkkypää
logic *(n.)* logiikka

logical *(adj.)* looginen
logician *(n.)* loogikko
logout *(n.)* uloskirjaus
loin *(n.)* lanteet
loiter *(v.)* munia
loll *(v.)* loikoilla
lollipop *(n.)* tikkari
lone *(adj.)* ainoa
loneliness *(n.)* yksinäisyys
lonely *(adj.)* syrjäinen
lonesome *(adj.)* yksinäinen
long *(v.)* kaihota
long *(adv.)* pitkä
long *(adj.)* pitkään
longevity *(n.)* pitkäikäisyys
longing *(n.)* kaipuu
longitude *(n.)* pituusaste
long-term *(adj.)* pitkäaikainen
look *(n.)* katse
look *(v.)* katsoa
loom *(v.)* häämöttää
loom *(n.)* kangaspuut
loop *(n.)* silmukka
loop-hole *(n.)* porsaanreikä
loose *(adj.)* irrallinen
loose end *(n.)* rästi
loosen *(v.)* löysätä
loot *(v.)* ryöstellä
loot *(n.)* ryöstösaalis
lop *(v.)* lerputtaa
lop *(n.)* riippuoksa
lord *(n.)* lordi
lordly *(adj.)* aristokraattinen
lordship *(n.)* lordius
lore *(n.)* perimätieto
lorry *(n.)* kuorma-auto
lose *(v.)* kadottaa
loss *(n.)* häviö
lost *(v.)* hukkaantua
lot *(n.)* tontti
lotion *(n.)* kosteusvoide
lottery *(n.)* arpajaiset
lotus *(n.)* lootus
loud *(adj.)* äänekäs
lounge *(n.)* odotushuone
lounge *(v.)* oleilla
louse *(n.)* täi
lovable *(adj.)* rakastettava
love *(v.)* rakastaa

love *(n.)* rakkaus
lovely *(adj.)* ihana
lover *(n.)* rakastaja
loving *(adj.)* rakastava
low *(adv.)* matalalle
low *(v.)* ammua
low *(adj.)* matala
low *(n.)* matalapaine
lower *(v.)* madaltaa
low-fat *(adj.)* vähärasvainen
lowliness *(n.)* alhaisuus
lowly *(adj.)* alhainen
loyal *(adj.)* lojaali
loyalist *(n.)* lojalisti
loyalty *(n.)* lojaalisuus
lubricant *(n.)* voiteluaine
lubricate *(v.)* voidella
lubrication *(n.)* voitelu
lucent *(adj.)* hehkuva
lucerne *(n.)* sinimailanen
lucid *(adj.)* selväjärkinen
lucidity *(n.)* selväjärkisyys
luck *(n.)* tuuri
luckily *(adv.)* onneksi
luckless *(adj.)* huono-onninen
lucky *(adj.)* hyväonninen
lucrative *(adj.)* tuottoisa
lucre *(n.)* taksa
luggage *(n.)* matkatavara
lukewarm *(adj.)* haalea
lull *(v.)* tuudittaa
lull *(n.)* tuuditus
lullaby *(n.)* tuutulaulu
luminary *(n.)* valonlähde
luminous *(adj.)* valovoimainen
lump *(v.)* niputtaa yhteen
lump *(n.)* patti
lump sum *(n.)* könttäsumma
lunacy *(n.)* kuuhulluus
lunar *(adj.)* kuu-
lunatic *(n.)* mielipuoli
lunatic *(adj.)* mielipuolinen
lunch *(v.)* lounastaa
lunch *(n.)* lounas
lung *(n.)* keuhko
lunge *(v.)* syöksyä
lurch *(n.)* horjahdus
lurch *(v.)* horjahtaa
lure *(v.)* houkutella

lure *(n.)* houkutin
lurk *(v.)* väijyä
luscious *(adj.)* rehevä
lush *(adj.)* mehevä
lust *(n.)* himo
lustful *(adj.)* himokas
lustre *(n.)* kiilto
lustrous *(adj.)* kiiltävä
lusty *(adj.)* himoittava
lute *(n.)* luuttu
luxuriance *(n.)* rehevyys
luxuriant *(adj.)* vehmas
luxurious *(adj.)* tasokas
luxury *(n.)* luksus
lynch *(v.)* lynkata
lyre *(n.)* lyyra
lyric *(n.)* lyriikka
lyric *(adj.)* lyyrinen
lyrical *(adj.)* lyyrillinen
lyricist *(n.)* lyyrikko

macadamia *(n.)* makadamia
macaroon *(n.)* macaron-leivos
mace *(n.)* kaasusumutin
mace *(v.)* suihkuttaa kaasusumuttimella
machinate *(v.)* masinoida
machination *(n.)* masinointi
machine *(n.)* kone
machine-made *(adj.)* koneellinen
machinery *(n.)* koneisto
machinist *(n.)* koneistaja
mack *(n.)* sadetakki
mack *(v.)* vietellä
macro *(n.)* makro
macro *(adj.)* makro-
macrobiotic *(adj.)* makrobioottinen
macrocephaly *(n.)* makrokefalia
macrofibre *(n.)* makrokuitu
macrosphere *(n.)* makrosfääri
maculate *(adj.)* tahrainen
maculate *(v.)* tahrata
mad *(adv.)* raivoissaan
mad *(adj.)* sekopäinen
madam *(n.)* rouva
madden *(v.)* tehdä hulluksi

maddening *(adj.)* raivostuttava
madhouse *(n.)* hullujenhuone
madness *(n.)* mielipuolisuus
mafia *(n.)* mafia
magazine *(n.)* aikakauslehti
mage *(n.)* velho
maggot *(n.)* toukka
magic *(n.)* taika
magical *(adj.)* taianomainen
magician *(n.)* taikuri
magisterial *(adj.)* maisterillinen
magistracy *(n.)* tuomari
magistrate *(n.)* maistraatti
magistrature *(n.)* tuomaristo
magma *(n.)* magma
magnanimity *(n.)* jalomielisyys
magnanimous *(adj.)* jalomielinen
magnate *(n.)* porho
magnet *(n.)* magneetti
magnetic *(adj.)* magneettinen
magnetism *(n.)* magnetismi
magnificent *(adj.)* suurenmoinen
magnify *(v.)* suurentaa
magnitude *(n.)* magnitudi
magpie *(n.)* harakka
mahogany *(n.)* mahonki
mahout *(n.)* norsunratsastaja
maid *(n.)* sisäkkö
maiden *(n.)* neito
maiden *(adj.)* neitsyt-
mail *(n.)* posti
mail *(v.)* postittaa
main *(adj.)* pää-
main *(n.)* pääjohto
mainly *(adv.)* pääosin
mainstay *(n.)* tukipilari
maintain *(v.)* ylläpitää
maintenance *(n.)* kunnossapito
maize *(n.)* maissi
majestic *(adj.)* majesteettinen
majesty *(n.)* majesteetti
major *(n.)* majuri
major *(adj.)* tähdellinen
majority *(n.)* enemmistö
make *(v.)* tuottaa
make *(n.)* valmiste
makeover *(n.)* muodonmuutos
maker *(n.)* tuottaja
make-up *(n.)* meikki

maladjustment *(n.)* sopeutumattomuus
maladministration *(n.)* hallinnollinen epäkohta
maladroit *(adj.)* taitamaton
malady *(n.)* huonovointisuus
malaise *(n.)* pahanolontunne
malaria *(n.)* malaria
malcontent *(adj.)* tyytymätön
malcontent *(n.)* tyytymätön henkilö
male *(adj.)* koiras
male *(n.)* miespuolinen
malediction *(n.)* pahoinpitely
malefactor *(n.)* pahantekijä
maleficent *(adj.)* pahansuopa
malfunction *(v.)* reistailla
malice *(n.)* ilkeys
malicious *(adj.)* vahingoniloinen
malign *(adj.)* pahanlaatuinen
malign *(v.)* parjata
malignancy *(n.)* pahanlaatuisuus
malignant *(adj.)* pahantahtoinen
malignity *(n.)* maligniteetti
malleable *(adj.)* taottava
malmsey *(n.)* malvasia
malnourished *(adj.)* aliravittu
malnutrition *(n.)* aliravitsemus
malpractice *(n.)* hoitovirhe
malt *(n.)* mallas
mal-treatment *(n.)* huono kohtelu
mamma *(n.)* maitorauhanen
mammal *(n.)* nisäkäs
mammary *(adj.)* nisä-
mammon *(n.)* mammona
mammoth *(n.)* mammutti
mammoth *(adj.)* mammuttimainen
man *(v.)* miehittää
man *(n.)* mies
manage *(v.)* onnistua
manageable *(adj.)* hallittava
management *(n.)* johto
manager *(n.)* esimies
managerial *(adj.)* johto-
mandate *(n.)* mandaatti
mandatory *(adj.)* pakollinen
mane *(n.)* hevosenharja
manes *(n.)* harjat
manful *(adj.)* miehinen
manganese *(n.)* mangaani
manger *(n.)* seimi

mangle *(v.)* murjoa
mango *(n.)* mango
manhandle *(v.)* mukiloida
manhole *(n.)* kulkuaukko
manhood *(n.)* miehisyys
mania *(n.)* mania
maniac *(n.)* maanikko
manicure *(n.)* manikyyri
manifest *(adj.)* ilmentymä
manifest *(v.)* tuoda ilmi
manifestation *(n.)* mielenilmaus
manifesto *(n.)* manifesti
manifold *(adj.)* monenlainen
manipulate *(v.)* manipuloida
manipulation *(n.)* manipulaatio
mankind *(n.)* ihmiskunta
manlike *(adj.)* miesmäinen
manliness *(n.)* miehekkyys
manly *(adj.)* miehekäs
manna *(n.)* manna
mannequin *(n.)* mannekiini
manner *(n.)* käytöstapa
mannerism *(n.)* maneeri
mannerly *(adj.)* hyväkäytöksinen
manoeuvre *(v.)* manöveroida
manoeuvre *(n.)* manööveri
manor *(n.)* kartano
manorial *(adj.)* kartanollinen
mansion *(n.)* ökytalo
mantel *(n.)* takanreunus
mantle *(n.)* aivokuori
mantle *(v.)* peittää
manual *(adj.)* manuaalinen
manual *(n.)* ohjekirja
manufacture *(v.)* valmistaa
manufacture *(n.)* valmistus
manufacturer *(n.)* valmistaja
manumission *(n.)* manumissio
manumit *(v.)* vapauttaa
manure *(v.)* lannoittaa
manure *(n.)* lanta
manuscript *(n.)* käsikirjoitus
many *(adj.)* moni
map *(v.)* kartoittaa
map *(n.)* kartta
mar *(v.)* tärvellä
marathon *(n.)* maratoni
maraud *(v.)* ryöstellä
marauder *(n.)* ryöstelijä

marble *(n.)* marmori
March *(n.)* maaliskuu
march *(n.)* marssi
march *(v.)* marssia
mare *(n.)* tamma
margarine *(n.)* margariini
margin *(n.)* marginaali
marginal *(adj.)* marginaalinen
marigold *(n.)* kehäkukka
marine *(adj.)* meri-
mariner *(n.)* merenkävijä
marionette *(n.)* marionetti
marital *(adj.)* avio-
maritime *(adj.)* merenkulku-
mark *(v.)* merkata
mark *(n.)* merkintä
marker *(n.)* tussi
market *(n.)* markkina
market *(v.)* markkinoida
market research *(n.)* markkinatutkimus
market share *(n.)* markkinaosuus
marketable *(adj.)* kaupaksikäyvä
marksman *(n.)* tarkka-ampuja
marl *(n.)* merkeli
marmalade *(n.)* marmelaadi
maroon *(v.)* jättää oman onnensa nojaan
maroon *(adj.)* punaruskea
maroon *(n.)* punaruskea
marriage *(n.)* avioituminen
marriageable *(adj.)* avioliittokelpoinen
marrow *(n.)* luuydin
marry *(v.)* mennä naimisiin
Mars *(n.)* Mars
marsh *(n.)* marski
marshal *(n.)* marsalkka
marshal *(v.)* jäsentää
marshy *(adj.)* soinen
marsupial *(n.)* pussieläin
mart *(n.)* kauppapaikka
marten *(n.)* näätä
martial *(adj.)* sota-
martinet *(n.)* kova kurinpitäjä
martyr *(n.)* marttyyri
martyrdom *(n.)* marttyyrius
marvel *(v.)* ihmetellä
marvel *(n.)* ihmetys
marvellous *(adj.)* hämmästyttävä
mascot *(n.)* maskotti
masculine *(adj.)* maskuliininen

mash (v.) muusata
mash (n.) muusi
mask (n.) naamio
mask (v.) naamioida
mason (n.) muurari
masonry (n.) muuraus
masquerade (n.) naamiaiset
mass (n.) messu
mass (v.) tehdä massa
massacre (n.) joukkomurha
massacre (v.) joukkomurhata
massage (v.) hieroa
massage (n.) hieronta
masseur (n.) hieroja
massive (adj.) massiivinen
massy (adj.) massamainen
mast (n.) masto
master (n.) mestari
master (v.) mestaroida
master class (n.) mestariluokka
master copy (n.) pääkopio
masterly (adj.) mestarillinen
masterpiece (n.) mestariteos
mastery (n.) mestaruus
masticate (v.) soseuttaa
masturbate (v.) masturboida
mat (n.) takku
matador (n.) matadori
match (v.) sopia yhteen
match (n.) matsi
matchless (adj.) verraton
matchmaker (n.) naittaja
mate (n.) kumppani
mate (v.) paritella
material (n.) materiaali
material (adj.) materiaalinen
materialism (n.) materialismi
materialize (v.) materialisoida
maternal (adj.) äidin-
maternity (n.) äitiys-
mathematical (adj.) matemaattinen
mathematician (n.) matemaatikko
mathematics (n.) matematiikka
matinee (n.) päivänäytäntö
matriarch (n.) matriarkka
matricidal (adj.) matrisidaalinen
matricide (n.) äidinmurha
matriculate (v.) kirjoittautua
matriculation (n.) kirjoittautuminen

matrimonial (adj.) vihki-
matrimony (n.) vihkiminen
matrix (n.) matriisi
matron (n.) kodinhoitaja
matter (n.) aineisto
matter (v.) olla merkitystä
mattock (n.) kuokka
mattress (n.) patja
mature (v.) aikuistua
mature (adj.) täysikasvuinen
maturity (n.) kypsyys
maudlin (adj.) tunteileva
maul (n.) moukari
maul (v.) moukaroida
maulstick (n.) maalarinkeppi
maunder (v.) puhua sekavia
mausoleum (n.) mausoleumi
mawkish (adj.) äitelä
maxilla (n.) yläleuka
maxim (n.) maksiimi
maximize (v.) maksimoida
maximum (n.) maksimi
maximum (adj.) maksimi-
may (v.) taitaa
May (n.) toukokuu
mayor (n.) pormestari
maze (n.) sokkelo
me (pron.) minua
mead (n.) sima
meadow (n.) niitty
meagre (adj.) niukka
meal (n.) ateria
mealy (adj.) jauhoinen
mean (n.) keino
mean (v.) tarkoittaa
mean (adj.) ilkeä
meander (v.) meanderoida
meaning (n.) tarkoitus
meaningful (adj.) merkitsevä
meaningless (adj.) merkityksetön
meanness (n.) ärhäkkyys
means (n.) apukeino
meanwhile (adv.) sillä välin
measles (n.) rokko
measurable (adj.) mitallinen
measure (v.) mitata
measure (n.) mitta
measureless (adj.) mitaton
measurement (n.) mittaus

meat *(n.)* liha
mechanic *(n.)* mekaanikko
mechanic *(adj.)* mekaaninen
mechanical *(adj.)* kone-
mechanics *(n.)* mekaniikka
mechanism *(n.)* mekanismi
medal *(n.)* mitali
medallist *(n.)* mitalisti
meddle *(v.)* sotkeentua
median *(adj.)* mediaani-
mediate *(v.)* sovitella
mediation *(n.)* sovittelu
mediator *(n.)* sovittelija
medic *(n.)* lääkintämies
medical *(adj.)* lääketieteellinen
medicament *(n.)* lääkeaine
medicinal *(adj.)* lääkinnällinen
medicine *(n.)* lääke
medieval *(adj.)* keskiaikainen
mediocre *(adj.)* keskiverto
mediocrity *(n.)* keskinkertaisuus
meditate *(v.)* meditoida
meditation *(n.)* meditaatio
meditative *(adj.)* meditatiivinen
medium *(adj.)* keskikokoinen
medium *(n.)* väliaine
meek *(adj.)* sävyisä
meet *(n.)* tapaaminen
meet *(v.)* tavata
meeting *(n.)* kokous
megalith *(n.)* kivipaasi
megalithic *(adj.)* megaliitti-
megaphone *(n.)* megafoni
megastore *(n.)* tavaratalo
melancholia *(n.)* melankolia
melancholic *(adj.)* melankolinen
melancholy *(n.)* alakulo
melancholy *(adj.)* alakuloinen
melee *(n.)* käsikähmä
meliorate *(v.)* parantaa
mellow *(adj.)* täyteläinen
melodious *(adj.)* melodinen
melodrama *(n.)* melodraama
melodramatic *(adj.)* melodramaattinen
melody *(n.)* melodia
melon *(n.)* meloni
melt *(v.)* sulaa
member *(n.)* jäsen
membership *(n.)* jäsenyys

membrane *(n.)* kalvo
memento *(n.)* muisto
memoir *(n.)* muistelmateos
memorable *(adj.)* muistettava
memorandum *(n.)* muistio
memorial *(adj.)* muisto-
memorial *(n.)* muistomerkki
memory *(n.)* muisti
menace *(v.)* uhata
menace *(n.)* uhka
mend *(v.)* paikata
mendacious *(adj.)* valheellinen
menial *(n.)* palvelija
menial *(adj.)* vähäpätöinen
meningitis *(n.)* aivokalvontulehdus
menopause *(n.)* menopaussi
menses *(n.)* kuukautisvuoto
menstrual *(adj.)* kuukautis-
menstruation *(n.)* kuukautiset
mental *(adj.)* mentaalinen
mentality *(n.)* mentaliteetti
mention *(n.)* maininta
mention *(v.)* mainita
mentor *(n.)* mentori
menu *(n.)* menu
mercantile *(adj.)* kauppa-
mercenary *(adj.)* rahanahne
mercerise *(v.)* merseroida
merchandise *(n.)* kauppatavarat
merchant *(n.)* kauppias
merciful *(adj.)* armollinen
merciless *(adj.)* armoton
mercurial *(adj.)* elohopeapitoinen
mercury *(n.)* elohopea
mercy *(n.)* armo
mere *(adj.)* pelkkä
merge *(v.)* sulauttaa
merger *(n.)* sulautuminen
meridian *(n.)* meridiaani
merit *(v.)* ansioitua
merit *(n.)* meriitti
meritorious *(adj.)* ansiokas
mermaid *(n.)* merenneito
merman *(n.)* vetehinen
merriment *(n.)* hauskuus
merry *(adj.)* hauska
mesh *(v.)* hammastua
mesh *(n.)* verkko
mesmerism *(n.)* hypnoosi

mesmerize *(v.)* hypnotisoida
mess *(v.)* sotkea
mess *(n.)* sotku
message *(n.)* viesti
messenger *(n.)* viestinviejä
messiah *(n.)* messias
Messrs *(n.)* herrat
metabolism *(n.)* aineenvaihdunta
metal *(n.)* metalli
metallic *(adj.)* metallinen
metallurgy *(n.)* metallurgia
metamorphosis *(n.)* metamorfoosi
metaphor *(n.)* metafora
metaphysical *(adj.)* metafyysinen
metaphysics *(n.)* metafysiikka
mete *(v.)* mittailla
meteor *(n.)* meteori
meteoric *(adj.)* meteorinen
meteorologist *(n.)* meteorologi
meteorology *(n.)* meteorologia
meter *(n.)* metri
method *(n.)* metodi
methodical *(adj.)* metodinen
meticulous *(adj.)* huolellinen
metre *(n.)* mittari
metric *(adj.)* metrinen
metrical *(adj.)* metri-
metro *(n.)* metro
metropolis *(n.)* metropoli
metropolitan *(adj.)* metropoli-
metropolitan *(n.)* metropoliitta
mettle *(n.)* luonteenlujuus
mettlesome *(adj.)* lujahermoinen
mew *(n.)* naukuminen
mew *(v.)* naukua
mezzanine *(n.)* välikerros
mica *(n.)* kiille
microbrewery *(n.)* mikropanimo
microfilm *(n.)* mikrofilmi
micrology *(n.)* mikrologia
micrometer *(n.)* mikrometri
microphone *(n.)* mikrofoni
microprint *(n.)* mikroprintti
microprocessor *(n.)* mikroprosessori
microscope *(n.)* mikroskooppi
microscopic *(adj.)* mikroskooppinen
microwave *(n.)* mikroaalto
mid *(adj.)* keski-
midday *(n.)* keskipäivä
middle *(n.)* keskikohta
middle *(adj.)* keskeinen
middleman *(n.)* välimies
middling *(adj.)* keskimääräinen
midget *(n.)* kääpiö
midland *(n.)* keskimaa
midnight *(n.)* keskiyö
mid-off *(n.)* puoliväli
mid-on *(n.)* puoliväli
midriff *(n.)* pallea
midst *(n.)* keskialue
midsummer *(n.)* keskikesä
midwife *(n.)* kätilö
miffed *(adj.)* ärsyyntynyt
might *(n.)* mahti
mighty *(adj.)* mahdikas
migraine *(n.)* migreeni
migrant *(n.)* siirtolainen
migrate *(v.)* siirtää
migration *(n.)* migraatio
milch *(adj.)* lypsy-
mild *(adj.)* vieno
mildew *(n.)* home
mile *(n.)* maili
mileage *(n.)* mailimäärä
milestone *(n.)* virstanpylväs
milieu *(n.)* miljöö
militant *(n.)* militantti
militant *(adj.)* militantti-
military *(n.)* puolustusvoimat
military *(adj.)* sotilaallinen
militate *(v.)* olla haitaksi
militia *(n.)* miliisi
milk *(v.)* lypsää
milk *(n.)* maito
milk powder *(n.)* maitojauhe
milky *(adj.)* maitoinen
mill *(v.)* jauhattaa
mill *(n.)* mylly
millennium *(n.)* vuosituhat
miller *(n.)* mylläri
millet *(n.)* hirssi
milliner *(n.)* modisti
millinery *(n.)* hattukauppa
million *(n.)* miljoona
millionaire *(n.)* miljonääri
millipede *(n.)* tuhatjalkainen
mime *(v.)* esittää pantomiimia
mime *(n.)* pantomiimi

mimesis *(n.)* mimesis
mimic *(v.)* jäljitellä
mimic *(adj.)* jäljittelevä
mimic *(n.)* miimikko
mimicry *(n.)* mimiikka
minaret *(n.)* minareetti
mince *(v.)* hienontaa
mind *(v.)* huomioida
mind *(n.)* mieli
mind-blowing *(adj.)* tajunnanräjäyttävä
mindful *(adj.)* huomaavainen
mindless *(adj.)* mieletön
mindset *(n.)* mielenlaatu
mine *(n.)* kaivos
mine *(pron.)* minun
miner *(n.)* kaivostyöläinen
mineral *(adj.)* mineraalinen
mineral *(n.)* mineraali
mineralogist *(n.)* mineralogi
mineralogy *(n.)* mineralogia
mingle *(v.)* seurustella
miniature *(adj.)* miniatyyri-
miniature *(n.)* miniatyyri
minim *(n.)* puolinuotti
minimal *(adj.)* minimaalinen
minimize *(v.)* minimoida
minimum *(adj.)* minimi-
minimum *(n.)* minimi
minion *(n.)* käskyläinen
minister *(v.)* toimia pappina
minister *(n.)* ministeri
ministrant *(adj.)* auttava
ministry *(n.)* ministeriö
mink *(n.)* minkki
minor *(n.)* sivuaine
minor *(adj.)* alaikäinen
minority *(n.)* vähemmistö
minster *(n.)* tuomiokirkko
mint *(v.)* lyödä rahaa
mint *(n.)* minttu
minus *(n.)* miinus
minus *(adj.)* miinus-
minus *(prep.)* miinus
minuscule *(adj.)* minikokoinen
minute *(n.)* minuutti
minute *(adj.)* pienenpieni
minutely *(adv.)* yksityiskohtaisesti
minx *(n.)* liehittelijä
miracle *(n.)* miraakkeli
miraculous *(adj.)* ihmeenomainen
mirage *(n.)* kangastus
mire *(v.)* loata
mire *(n.)* lieju
mirror *(v.)* peilata
mirror *(n.)* peili
mirror image *(n.)* peilikuva
mirth *(n.)* ilonaihe
mirthful *(adj.)* surkuhupaisa
misadventure *(n.)* epäonni
misalliance *(n.)* epäsäätyinen avioliitto
misanthrope *(n.)* misantrooppi
misapplication *(n.)* väärin soveltaminen
misapprehend *(v.)* käsittää väärin
misapprehension *(n.)* väärinkäsitys
misappropriate *(v.)* kavaltaa
misappropriation *(n.)* kavallus
misbehave *(v.)* käyttäytyä huonosti
misbehaviour *(n.)* huono käytös
misbelief *(n.)* harhakäsitys
miscalculate *(v.)* laskea väärin
miscalculation *(n.)* laskuvirhe
miscall *(v.)* kutsua väärin
miscarriage *(n.)* keskenmeno
miscarry *(v.)* saada keskenmeno
miscellaneous *(adj.)* sekalainen
miscellany *(n.)* sekalainen kokoelma
mischance *(n.)* onnettomuus
mischief *(n.)* ilkivalta
mischievous *(adj.)* ilkikurinen
misconceive *(v.)* luulla väärin
misconception *(n.)* harhaluulo
misconduct *(n.)* virkavirhe
misconstrue *(v.)* tulkita väärin
miscreant *(n.)* vääräuskoinen
misdeed *(n.)* tihutyö
misdemeanour *(n.)* lievä rikos
misdiagnose *(v.)* diagnosoida väärin
misdirect *(v.)* ohjata harhaan
misdirection *(n.)* harhaan johtaminen
miser *(n.)* saituri
miserable *(adj.)* vaivainen
miserly *(adj.)* saita
misery *(n.)* kurjuus
misfire *(v.)* osua harhaan
misfit *(n.)* huonosti sopiva
misfortune *(n.)* vastoinkäyminen
misgive *(v.)* aavistaa pahaa
misgiving *(n.)* epäluuloinen

misguide *(v.)* johtaa harhaan
mishap *(n.)* kommellus
misjudge *(v.)* tuomita väärin
mislead *(v.)* vedättää
mismanagement *(n.)* huono hoito
mismatch *(v.)* yhdistää sopimattomasti
misnomer *(n.)* harhaanjohtava käsite
misperception *(n.)* väärä käsitys
misplace *(v.)* hukata
misprint *(n.)* painovirhe
misprint *(v.)* tehdä painovirhe
misrepresent *(v.)* esittää väärin
misrepsentation *(n.)* hämäys
misrule *(n.)* huono hallinto
miss *(v.)* menettää
miss *(n.)* ohilyönti
missile *(n.)* ohjus
missing *(adj.)* kateissa
mission *(n.)* missio
missionary *(n.)* lähetyssaarnaaja
missis, missus *(n.)* rouva
missive *(n.)* kirje
mist *(n.)* usva
mistake *(v.)* erehtyä
mistake *(n.)* erehdys
mister *(n.)* herra
mistletoe *(n.)* misteli
mistreat *(v.)* kohdella kaltoin
mistress *(n.)* rakastajatar
mistrust *(v.)* epäluottaa
mistrust *(n.)* epäluulo
misty *(adj.)* usvainen
misunderstand *(v.)* ymmärtää väärin
misunderstanding *(n.)* väärinymmärrys
misuse *(v.)* käyttää väärin
misuse *(n.)* väärinkäyttö
mite *(n.)* punkki
mithridate *(n.)* mithridaatti
mitigate *(v.)* lieventää
mitigation *(n.)* lievennys
mitre *(n.)* hiippa
mitten *(n.)* kinnas
mix *(v.)* sekoittaa
mixture *(n.)* sekoitus
mnemonic *(n.)* muistisääntö
mnemonic *(adj.)* muistitekninen
mnemonization *(n.)* muistiteknisyys
moan *(v.)* voihkia
moan *(n.)* voihkinta
moat *(v.)* tehdä vallihauta
moat *(n.)* vallihauta
mob *(v.)* tungeksia
mob *(n.)* väkijoukko
mobile *(adj.)* mobiili-
mobility *(n.)* mobiliteetti
mobilize *(v.)* mobilisoida
mock *(v.)* ivailla
mock *(adj.)* teko-
mockery *(n.)* iva
mocktail *(n.)* mocktail
modality *(n.)* modaliteetti
mode *(n.)* tila
model *(v.)* mallintaa
model *(n.)* malli
moderate *(adj.)* kohtuullinen
moderate *(v.)* kohtuullistaa
moderation *(n.)* kohtuus
modern *(adj.)* moderni
modernity *(n.)* modernius
modernization *(n.)* modernisaatio
modernize *(v.)* modernisoida
modest *(adj.)* vaatimaton
modesty *(n.)* vaatimattomuus
modicum *(n.)* mitätön määrä
modification *(n.)* modifikaatio
modify *(v.)* modifioida
modular *(adj.)* modulaarinen
modulate *(v.)* moduloida
module *(n.)* moduuli
moil *(v.)* uurastaa
moist *(adj.)* kostea
moisten *(v.)* kosteuttaa
moisture *(n.)* kosteus
molar *(adj.)* molaarinen
molar *(n.)* poskihammas
molasses *(n.)* melassi
mole *(n.)* luomi
molecular *(adj.)* molekulaarinen
molecule *(n.)* molekyyli
molest *(v.)* hyväksikäyttää
molestation *(n.)* seksuaalinen hyväksikäyttö
mollusc *(n.)* nilviäinen
molluscous *(adj.)* nilviäis-
molten *(adj.)* sula
moment *(n.)* hetkinen
momentary *(adj.)* hetkittäinen
momentous *(adj.)* käänteentekevä

momentum *(n.)* liikemäärä
monarch *(n.)* monarkki
monarchy *(n.)* monarkia
monastery *(n.)* munkkiluostari
monasticism *(n.)* luostarilaitos
Monday *(n.)* maanantai
monetary *(adj.)* raha-
money *(n.)* raha
money laundering *(n.)* rahanpesu
monger *(n.)* kaupittelija
mongoose *(n.)* mungo
mongrel *(n.)* sekarotuinen
monitor *(n.)* monitori
monitor *(v.)* monitoroida
monitory *(adj.)* varoitus-
monk *(n.)* munkki
monkey *(n.)* apina
monochromatic *(adj.)* monokromaattinen
monocle *(n.)* monokkeli
monocular *(adj.)* monokulaarinen
monody *(n.)* monodia
monoestrous *(adj.)* yksikiimainen
monogamy *(n.)* monogamia
monogram *(n.)* monogrammi
monograph *(n.)* monografi
monogynous *(adj.)* monogyyninen
monolatry *(n.)* yhden jumalan palvonta
monolith *(n.)* monoliitti
monologue *(n.)* monologi
monopolist *(n.)* monopolisti
monopolize *(v.)* monopolisoida
monopoly *(n.)* monopoli
monorail *(n.)* yksiraiteinen
monosyllabic *(adj.)* yksitavuinen
monosyllable *(n.)* yksitavuinen sana
monotheism *(n.)* monoteismi
monotheist *(n.)* monoteisti
monotonous *(adj.)* monotoninen
monotony *(n.)* monotonia
monsoon *(n.)* monsuuni
monster *(n.)* hirviö
monstrous *(adj.)* hirvittävä
month *(n.)* kuukausi
monthly *(n.)* kuukausijulkaisu
monthly *(adv.)* kuukausittain
monthly *(adj.)* kuukausittainen
monument *(n.)* monumentti
monumental *(adj.)* monumentaalinen
moo *(v.)* ammua

mood *(n.)* tunnelma
moody *(adj.)* ailahteleva
moon *(n.)* kuu
moonlight *(n.)* kuunvalo
moor *(v.)* ankkuroida
moor *(n.)* nummi
moorings *(n.)* kiinnitysköydet
moot *(n.)* harjoitusoikeudenkäynti
mop *(v.)* mopata
mop *(n.)* moppi
mope *(v.)* mököttää
moral *(n.)* moraali
moral *(adj.)* moraalinen
morale *(n.)* taistelutahto
moralist *(n.)* moralisti
morality *(n.)* moraalisuus
moralize *(v.)* moralisoida
morbid *(adj.)* sairaalloinen
morbidity *(n.)* sairaalloisuus
more *(adv.)* "-mpi"
more *(adj.)* enempi
moreover *(adv.)* sen lisäksi
morganatic *(adj.)* epäsäätyinen
morgue *(n.)* ruumishuone
moribund *(adj.)* kuoleva
morning *(n.)* aamu
moron *(n.)* ääliö
morose *(adj.)* äreä
morph *(n.)* morfi
morph *(v.)* muuttaa muotoaan
morphia *(n.)* morfia
morphine *(n.)* morfiini
morphology *(n.)* morfologia
morrow *(n.)* huomen
morse *(n.)* salpahaka
morsel *(n.)* muru
mortal *(n.)* kuolevainen
mortal *(adj.)* kuolettava
mortality *(n.)* kuolevaisuus
mortar *(v.)* laastita
mortgage *(v.)* ottaa asuntolaina
mortgage *(n.)* asuntolaina
mortgagee *(n.)* asuntolainan ottaja
mortgagor *(n.)* asuntolainan myöntäjä
mortify *(v.)* kuoleutua
mortuary *(n.)* ruumishuone
mosaic *(n.)* mosaiikki
mosque *(n.)* moskeija
mosquito *(n.)* hyttynen

moss *(n.)* sammal
most *(adj.)* enin
most *(adv.)* eniten
most *(n.)* suurin osa
mostly *(adv.)* enimmäkseen
mote *(n.)* hiukkanen
motel *(n.)* motelli
moth *(n.)* koiperhonen
mother *(v.)* tulla äidiksi
mother *(n.)* äiti
motherhood *(n.)* äitiys
motherlike *(adj.)* äidin kaltainen
motherly *(adj.)* äidillinen
motif *(n.)* aihelma
motion *(v.)* viittoa
motion *(n.)* liikehdintä
motionless *(adj.)* liikkumaton
motivate *(v.)* motivoida
motivation *(n.)* motivaatio
motive *(n.)* motiivi
motley *(adj.)* kirjava
motor *(v.)* ajella
motor *(n.)* moottori
motorist *(n.)* motoristi
mottle *(n.)* täpläkuviointi
motto *(n.)* motto
mould *(v.)* muovailla
mould *(n.)* muotti
mouldy *(adj.)* homeinen
moult *(v.)* luoda nahkaa
mound *(n.)* penkka
mount *(v.)* nousta hevosen selkään
mount *(n.)* ratsuväensotilas
mountain *(n.)* vuori
mountaineer *(n.)* vuorikiipeilijä
mountainous *(adj.)* vuoristoinen
mourn *(v.)* surra kuolemaa
mourner *(n.)* surija
mournful *(adj.)* surkea
mourning *(n.)* sureminen
mouse *(n.)* hiiri
moustache *(n.)* viiksi
mouth *(v.)* puhua äänettömästi
mouth *(n.)* suu
mouthful *(n.)* suupala
movable *(adj.)* liikuteltava
movables *(n.)* irtaimisto
move *(n.)* liikahdus
move *(v.)* liikkua

movement *(n.)* liike
mover *(n.)* muuttaja
movies *(n.)* elokuva
mow *(v.)* leikata ruohoa
much *(adv.)* paljon
much *(adj.)* paljon
mucilage *(n.)* liimaliuos
muck *(n.)* sonta
mucous *(adj.)* lima-
mucus *(n.)* lima
mud *(n.)* muta
muddle *(v.)* sotkea
muddle *(n.)* sotku
muffle *(v.)* vaimentaa
muffler *(n.)* vaimennin
mug *(n.)* muki
muggy *(adj.)* kuumankostea
mulatto *(n.)* mulatti
mulberry *(n.)* mulperi
mule *(n.)* muuli
mulish *(adj.)* härkäpäinen
mull *(n.)* harsokangas
mull *(v.)* mietiskellä
mullah *(n.)* mullah
mullion *(n.)* jakokarmi
multidisciplinary *(adj.)* monitieteinen
multifarious *(adj.)* lukuisa
multiform *(n.)* monimuotoisuus
multilateral *(adj.)* monitahoinen
multilingual *(adj.)* monikielinen
multiparous *(adj.)* moniparinen
multiped *(n.)* moninkertainen
multiple *(n.)* monikerta
multiple *(adj.)* monilukuinen
multiplex *(adj.)* limitetty
multiplicand *(n.)* kerrottava
multiplication *(n.)* kertolasku
multiplicity *(n.)* monilukuisuus
multiply *(v.)* moninkertaistaa
multitude *(n.)* väenpaljous
mum *(n.)* mamma
mum *(adj.)* mykkä
mumble *(v.)* mumista
mummer *(n.)* miimikko
mummy *(n.)* muumio
mumps *(n.)* sikotauti
munch *(v.)* rouskuttaa
mundane *(adj.)* maallinen
municipal *(adj.)* kunnallis-

municipality *(n.)* kunta
munificent *(adj.)* runsaskätinen
munitions *(n.)* sotatarvike
mural *(n.)* muraali
mural *(adj.)* seinä-
murder *(n.)* murha
murder *(v.)* murhata
murderer *(n.)* murhaaja
murderous *(adj.)* murhaava
murmur *(v.)* supista
murmur *(n.)* sivuääni
muscle *(n.)* lihas
muscovite *(n.)* moskoviitti
muscular *(adj.)* lihaksikas
muse *(n.)* muusa
muse *(v.)* tuumia
museum *(n.)* museo
mush *(n.)* sohjo
mushroom *(n.)* sieni
music *(n.)* musiikki
musical *(adj.)* musikaalinen
musician *(n.)* muusikko
musk *(n.)* myski
musket *(n.)* musketti
musketeer *(n.)* musketööri
muslim *(adj.)* muslimi
muslin *(n.)* musliini
must *(n.)* pakko
must *(v.)* täytyä
mustache *(n.)* viikset
mustang *(n.)* mustangi
mustard *(n.)* sinappi
muster *(n.)* katselmus
muster *(v.)* karttua
musty *(adj.)* tunkkainen
mutation *(n.)* mutaatio
mutative *(adj.)* mutatiivinen
mute *(adj.)* puhumaton
mute *(n.)* vaientaa
mutilate *(v.)* silpoa
mutilation *(n.)* silpominen
mutinous *(adj.)* kapina-
mutiny *(v.)* kapinoida
mutiny *(n.)* kapina
mutter *(v.)* mutista
mutton *(n.)* mutina
mutual *(adj.)* molemminpuolinen
muzzle *(v.)* laittaa kuonokoppa
muzzle *(n.)* kuonokoppa

my *(adj.)* minun
myalgia *(n.)* lihassärky
myopia *(n.)* likinäköisyys
myopic *(adj.)* likinäköinen
myosis *(n.)* myoosi
myriad *(adj.)* myriadi
myriad *(n.)* lukematon määrä
myrrh *(n.)* mirha
myrtle *(n.)* myrtti
myself *(pron.)* itseäni
mysterious *(adj.)* mysteerinen
mystery *(n.)* mysteeri
mystic *(n.)* mystikko
mystic *(adj.)* mystinen
mysticism *(n.)* mystisismi
mystify *(v.)* mystifioida
mystique *(n.)* mystiikka
myth *(n.)* myytti
mythical *(adj.)* myyttinen
mythological *(adj.)* mytologinen
mythology *(n.)* mytologia

N

nab *(v.)* saada kiinni
nabob *(n.)* pohatta
nacho *(n.)* nacho
nack *(v.)* nakuttaa
nacre *(n.)* helmiäinen
nadger *(n.)* epämääräinen vaiva
nadir *(n.)* nadiiri
nag *(v.)* nalkuttaa
nag *(n.)* nalkutus
nagging *(n.)* nalkuttaja
nagging *(adj.)* nalkuttava
nail *(v.)* naula
nail *(n.)* naulata
naive *(adj.)* naiivi
naivete *(n.)* naiivius
naivety *(n.)* naivius
naked *(adj.)* alaston
name *(v.)* nimetä
name *(n.)* nimi
namely *(adv.)* nimittäin
nameplate *(n.)* nimikyltti
namesake *(n.)* kaima
nanism *(n.)* kääpiökasvu

nanite *(n.)* naniitti
nanny *(n.)* lastenhoitaja
nano *(n.)* nano
nanobiology *(n.)* nanobiologia
nanobot *(n.)* nanobotti
nanochip *(n.)* nanosiru
nanocircuitry *(n.)* nanopiirit
nanocomponent *(n.)* nanokomponentti
nanocomputer *(n.)* nanotietokone
nanoengineer *(n.)* nanoinsinööri
nanohertz *(n.)* nanohertsi
nanomechanics *(n.)* nanomekaniikka
nanoparticle *(n.)* nanopartikkeli
nanoplasma *(n.)* nanoplasma
nanotransistor *(n.)* nanotransistori
nap *(n.)* päiväunet
nap *(v.)* torkkua
nape *(n.)* niska
naphthalene *(n.)* naftaleeni
napkin *(n.)* lautasliina
narcissism *(n.)* narsismi
narcissus *(n.)* narsissi
narcosis *(n.)* nukutus
narcotic *(n.)* unilääke
narrate *(v.)* tarinoida
narration *(n.)* kertomus
narrative *(adj.)* narratiivinen
narrative *(n.)* narratiivi
narrator *(n.)* kertoja
narrow *(v.)* kaventaa
narrow *(adj.)* kapea
nasal *(n.)* nasaali
nasal *(adj.)* nenä-
nascent *(adj.)* orastava
nasty *(adj.)* häijy
natal *(adj.)* syntymä-
natant *(adj.)* uiskenteleva
nation *(n.)* kansakunta
national *(adj.)* kansallinen
nationalism *(n.)* nationalismi
nationalist *(n.)* nationalisti
nationality *(n.)* kansallisuus
nationalization *(n.)* kansallistaminen
nationalize *(v.)* kansallistaa
native *(n.)* alkuperäisasukas
native *(adj.)* natiivi
nativity *(n.)* syntymä
natural *(adj.)* luonnollinen
naturalist *(n.)* luonnontutkija
naturalize *(v.)* luonnollistaa
naturally *(adv.)* luonnollisesti
nature *(n.)* luonto
naughty *(adj.)* tuhma
nausea *(n.)* pahoinvointi
nautic(al) *(adj.)* merenkulullinen
naval *(adj.)* laivasto-
nave *(n.)* päälaiva
navigable *(adj.)* merikelpoinen
navigate *(v.)* navigoida
navigation *(n.)* navigointi
navigator *(n.)* navigaattori
navy *(n.)* merivoimat
nay *(adv.)* ei
neap *(adj.)* vajaa-
near *(adv.)* lähelle
near *(prep.)* lähellä
near *(v.)* lähentyä
near *(adj.)* läheinen
nearly *(adv.)* lähes
neat *(adj.)* siisti
nebula *(n.)* tähtisumu
necessary *(adj.)* välttämätön
necessary *(n.)* tarpeellisuus
necessitate *(v.)* edellyttää
necessity *(n.)* välttämättömyys
neck *(n.)* kaula
necklace *(n.)* kaulakoru
necklet *(n.)* kaulus
necromancer *(n.)* nekromantikko
necropolis *(n.)* nekropolis
nectar *(n.)* nektari
need *(v.)* tarvita
need *(n.)* tarve
needful *(adj.)* tarpeellinen
needle *(n.)* neula
needless *(adj.)* tarpeeton
needs *(adv.)* välttämättä
needy *(adj.)* tarvitseva
nefarious *(adj.)* pahaenteinen
negate *(v.)* negatoida
negation *(n.)* negaatio
negative *(n.)* negatiivi
negative *(v.)* olla negatiivinen
negative *(adj.)* negatiivinen
neglect *(v.)* laiminlyödä
neglect *(n.)* laiminlyönti
negligence *(n.)* heitteillejättö
negligent *(adj.)* piittaamaton

negligible *(adj.)* olematon
negotiable *(adj.)* neuvoteltava
negotiate *(v.)* neuvotella
negotiation *(n.)* neuvottelu
negotiator *(n.)* neuvottelija
negress *(n.)* tummaihoinen nainen
negro *(n.)* tummaihoinen mies
neigh *(n.)* hirnahdus
neigh *(v.)* hirnua
neighbour *(n.)* naapuri
neighbourhood *(n.)* naapurusto
neighbourly *(adj.)* naapurimainen
neither *(conj.)* eikä
nemesis *(n.)* arkkivihollinen
neolithic *(adj.)* neoliittinen
neon *(n.)* neon
nephew *(n.)* veljen-/sisarenpoika
nepotism *(n.)* nepotismi
Neptune *(n.)* Neptunus
nerve *(n.)* hermo
nerveless *(adj.)* hervoton
nervous *(adj.)* hermostunut
nescience *(n.)* tietämättömyys
nest *(v.)* pesiä
nest *(n.)* pesä
nestle *(v.)* käpertyä
nestling *(n.)* untuvikko
net *(v.)* netota
net *(adj.)* netto-
net *(n.)* verkko
nether *(adj.)* ala-
netizen *(n.)* nettikansalainen
nettle *(n.)* nokkonen
nettle *(v.)* piikitellä
network *(n.)* verkosto
neurologist *(n.)* neurologi
neurology *(n.)* neurologia
neurosis *(n.)* neuroosi
neuter *(n.)* neutri
neuter *(adj.)* sukupuoleton
neutral *(adj.)* neutraali
neutralize *(v.)* neutraloida
neutron *(n.)* neutroni
never *(adv.)* ikinä
never-ending *(adj.)* iänikuinen
nevertheless *(conj.)* kumminkin
new *(adj.)* uusi
newborn *(adj.)* vastasyntynyt
news *(n.)* uutiset

newspaper *(n.)* sanomalehti
next *(adv.)* seuraavaksi
next *(adj.)* seuraava
nib *(n.)* nokka
nibble *(n.)* näykkäisy
nibble *(v.)* näykkiä
nice *(adj.)* kiva
nicely *(adv.)* kivasti
nicety *(n.)* vivahdus
niche *(n.)* rako
nick *(n.)* nirhama
nickel *(n.)* nikkeli
nickname *(v.)* antaa lempinimi
nickname *(n.)* lempinimi
nicotine *(n.)* nikotiini
niece *(n.)* veljen-/sisarentytär
niggard *(n.)* kitsas
niggardly *(adj.)* nuuka
nigger *(n.)* neekeri
nigh *(prep.)* likellä
nigh *(adv.)* liki
night *(n.)* yö
night shelter *(n.)* yökoti
nightie *(n.)* yöpuku
nightingale *(n.)* satakieli
nightly *(adv.)* yöllinen
nightmare *(n.)* painajainen
nihilism *(n.)* nihilismi
nil *(n.)* nolla
nimble *(adj.)* ketterä
nimbus *(n.)* sädekehä
nine *(n.)* yhdeksän
nineteen *(n.)* yhdeksäntoista
nineteenth *(adj.)* yhdeksästoista
ninetieth *(adj.)* yhdeksäskymmenes
ninety *(n.)* yhdeksänkymmentä
ninth *(adj.)* yhdeksäs
nip *(v.)* huikata
nipple *(n.)* nänni
nitrogen *(n.)* typpi
no *(n.)* ei
no *(adj.)* ei mikään
no *(adv.)* ei yhtään
nobility *(n.)* aatelisto
noble *(n.)* aateli
noble *(adj.)* aatelinen
nobleman *(n.)* aatelismies
nobly *(adv.)* ylhäisesti
nobody *(pron.)* ei kukaan

nocturnal *(adj.)* yö-
nod *(n.)* nyökkäys
nod *(v.)* nyökätä
noddle *(v)* nuokkua
node *(n.)* nystyrä
noise *(n.)* elämöinti
noiseless *(adj.)* meluton
noisy *(adj.)* meluisa
nomad *(n.)* paimentolainen
nomadic *(adj.)* paimentolais-
nomenclature *(n.)* termistö
nominal *(adj.)* nimellis-
nominate *(v.)* asettaa ehdolle
nomination *(n.)* nimeäminen
nominee *(n.)* ehdokas
non-alcoholic *(adj.)* alkoholiton
non-alignment *(n.)* kohdistamattomuus
nonchalance *(n.)* yliolkaisuus
nonchalant *(adj.)* yliolkainen
non-disclosure *(n.)* salassapito
none *(adv.)* lainkaan
none *(pron.)* ei lainkaan
nonentity *(n.)* olemattomuus
nonetheless *(adv.)* silti
nonpareil *(n.)* nonparelli
nonpareil *(adj.)* ylivertainen
nonplus *(v.)* saattaa ymmälle
non-profit *(adj.)* yleishyödyllinen
nonsense *(n.)* hölynpöly
nonsensical *(adj.)* järjetön
non-stick *(adj.)* tarttumaton
non-stop *(adj.)* tauoton
noodle *(n.)* nuudeli
nook *(n.)* soppi
noon *(n.)* keskipäivä
noose *(n.)* juoksusilmukka
noose *(v.)* tehdä juoksusilmukka
nor *(conj.)* liioin
Nordic *(adj.)* pohjoismainen
norm *(n.)* normi
normal *(adj.)* normaali
normalcy *(n.)* normaalius
normalization *(n.)* normalisointi
normalize *(v.)* normalisoida
north *(adj.)* pohjoinen
north *(adv.)* pohjoiseen
north *(n.)* pohjoispuoli
northerly *(adv.)* pohjois
northerly *(adj.)* pohjoisenpuoleinen

northern *(adj.)* pohjois-
nose *(v.)* nuuskia
nose *(n.)* nenä
nosegay *(n.)* kukkakimppu
nosey *(adj.)* kyyläävä
nostalgia *(n.)* nostalgia
nostril *(n.)* sierain
nostrum *(n.)* patenttilääke
nosy *(adj.)* uteleva
not *(adv.)* ei
notability *(n.)* merkkihenkilö
notable *(adj.)* huomionarvoinen
notary *(n.)* notaari
notation *(n.)* notaatio
notch *(n.)* pykälä
note *(v.)* panna merkille
note *(n.)* muistiinpano
noteworthy *(adj.)* varteenotettava
nothing *(adv.)* mitään
nothing *(n.)* tyhjyys
notice *(v.)* huomata
notice *(n.)* tiedonanto
notification *(n.)* ilmoitus
notify *(v.)* huomauttaa
notion *(n.)* näkemys
notional *(adj.)* viite-
notoriety *(n.)* pahamaineisuus
notorious *(adj.)* pahamaineinen
notwithstanding *(adv.)* huolimatta
notwithstanding *(prep.)* siitä huolimatta
notwithstanding *(conj.)* vaikka
nought *(n.)* nolla
noun *(n.)* substantiivi
nourish *(v.)* ravita
nourishment *(n.)* ravitseminen
novel *(adj.)* ennen näkemätön
novel *(n.)* romaani
novelette *(n.)* pienoisromaani
novelist *(n.)* romaanikirjailija
novelty *(n.)* uutuudenviehätys
November *(n.)* marraskuu
novice *(n.)* noviisi
now *(conj.)* nyt
now *(adv.)* tällöin
nowhere *(adv.)* ei missään
noxious *(adj.)* turmiollinen
nozzle *(n.)* suutin
nuance *(n.)* nyanssi
nubile *(adj.)* naimakelpoinen

nuclear *(adj.)* ydin-
nuclear family *(n.)* ydinperhe
nucleus *(n.)* tumake
nude *(n.)* alastonkuva
nude *(adj.)* paljas
nudge *(v.)* tuuppia
nudity *(n.)* alastomuus
nugget *(n.)* nugetti
nuisance *(n.)* kiusa
null *(adj.)* tyhjä
nullification *(n.)* nullifikaatio
nullify *(v.)* mitätöityä
numb *(adj.)* puutunut
number *(v.)* numeroida
number *(n.)* numero
numberless *(adj.)* numeroton
numeral *(n.)* numeraali
numerator *(n.)* laskija
numerical *(adj.)* numeerinen
numerous *(adj.)* runsaslukuinen
nun *(n.)* nunna
nunnery *(n.)* nunnaluostari
nuptial *(adj.)* avioliitto-
nuptials *(n.)* häät
nurse *(v.)* helliä
nurse *(n.)* sairaanhoitaja
nursery *(n.)* lastenhuone
nurture *(v.)* kasvattaa
nurture *(n.)* kasvatus
nut *(v.)* kerätä pähkinöitä
nut *(n.)* pähkinä
nutcase *(n.)* sekopää
nuthouse *(n.)* hourula
nutmeg *(n.)* muskottipähkinä
nutrient *(n.)* ravintoaine
nutrition *(n.)* ravitsemus
nutritious *(adj.)* ravitseva
nutritive *(adj.)* nutritiivinen
nutty *(adj.)* pähkinäinen
nuzzle *(v.)* hieroa nenällään
nylon *(n.)* nailon
nymph *(n.)* nymfi
nymphet *(n.)* nymfetti
nymphomaniac *(n.)* nymfomaani
nymphomaniac *(adj.)* nymfomaaninen

oaf *(n.)* köntys
oafish *(adj.)* ääliömäinen
oak *(n.)* tammi
oaktree *(n.)* tammi
oar *(n.)* airo
oarsman *(n.)* soutaja
oasis *(n.)* keidas
oat *(n.)* kaura
oath *(n.)* vala
oathbreaker *(n.)* valanrikkoja
oathbreaking *(adj.)* valan rikkova
oatmeal *(n.)* kaurapuuro
oatmeal *(adj.)* kaurapuuro-
obduct *(v.)* peittää
obduction *(n.)* peitos
obduracy *(n.)* taipumattomuus
obdurate *(adj.)* paatunut
obedience *(n.)* kuuliaisuus
obedient *(adj.)* kuuliainen
obeisance *(n.)* kumarrus
obese *(adj.)* ylipainoinen
obesity *(n.)* ylipaino
obey *(v.)* totella
obituary *(adj.)* kuolin-
object *(n.)* päämäärä
object *(v.)* vastustaa
objection *(n.)* vastalause
objectionable *(adj.)* moitittava
objective *(n.)* objektiivi
objective *(adj.)* objektiivinen
oblation *(n.)* uhraus
obligation *(n.)* velvoite
obligatory *(adj.)* velvoittava
oblige *(v.)* velvoittaa
oblique *(adj.)* kalteva
obliterate *(v.)* hävittää
obliteration *(n.)* täystuho
oblivion *(n.)* huonomuistisuus
oblivious *(adj.)* huonomuistinen
oblong *(n.)* pitkula
oblong *(adj.)* pitkänmallinen
obnoxious *(adj.)* vastenmielinen
obscene *(adj.)* rivo
obscenity *(n.)* rivous

obscure *(v.)* hämärtää
obscure *(adj.)* epämääräinen
obscurity *(n.)* epämääräisyys
observance *(n.)* tarkkailu
observant *(adj.)* tarkkaavainen
observation *(n.)* havainnointi
observatory *(n.)* observatorio
observe *(v.)* tarkkailla
obsess *(v.)* olla koukussa
obsession *(n.)* pakkomielle
obsessive *(adj.)* pakkomielteinen
obsolete *(adj.)* vanhentunut
obstacle *(n.)* este
obstetric *(adj.)* obstetrinen
obstetrician *(n.)* synnytyslääkäri
obstinacy *(n.)* jääräpäisyys
obstinate *(adj.)* jääräpäinen
obstruct *(v.)* estellä
obstruction *(n.)* obstruktio
obstructive *(adj.)* obstruktiivinen
obtain *(v.)* pitää hallussaan
obtainable *(adj.)* saatavilla oleva
obtuse *(adj.)* tylppä
obvious *(adj.)* itsestään selvä
obviously *(adv.)* selvästi
occasion *(v.)* saada aikaan
occasion *(n.)* tilaisuus
occasional *(adj.)* ajoittainen
occasionally *(adv.)* ajoittain
occident *(n.)* länsi
occidental *(adj.)* länsimainen
occipital *(adj.)* oksipitaalinen
occipital *(n.)* takaraivo
occlude *(v.)* tukkia
occlusive *(adj.)* klusiili
occult *(n.)* okkultismi
occult *(adj.)* okkultistinen
occult *(v.)* varjostaa
occupancy *(n.)* hallussapito
occupant *(n.)* haltija
occupation *(n.)* ammatti
occupied *(adj.)* varattu
occupier *(n.)* miehittäjä
occupy *(v.)* viedä tilaa
occur *(v.)* juolahtaa
occurrence *(n.)* esiintymä
ocean *(n.)* valtameri
oceanfront *(n.)* merenranta
oceanfront *(adj.)* merenranta-
oceanic *(adj.)* merellinen
oceanographer *(n.)* valtameritutkija
oceanographic *(adj.)* meritieteellinen
oceanologist *(n.)* oseanologi
oceanology *(n.)* meritiede
octagon *(n.)* kahdeksankulmio
octane *(n.)* oktaani
octangular *(adj.)* kahdeksankulmainen
octave *(n.)* oktaavi
October *(n.)* lokakuu
octogenarian *(adj.)* kahdeksankymppinen
octogenarian *(n.)* kahdeksankymmenvuotias
octonionics *(n.)* oktonioniikka
octopede *(n.)* kahdeksanjalkainen
octopus *(n.)* mustekala
octopussy *(n.)* mustekala
octuple *(adj.)* kahdeksankertainen
octuple *(n.)* kahdeksankertainen
octuple *(v.)* kahdeksankertaistaa
octuplicate *(n.)* kahdeksankappaleinen
octyne *(n.)* oktyyni
ocular *(adj.)* okulaari
oculist *(n.)* silmälääkäri
odd *(adj.)* merkillinen
oddity *(n.)* kummallisuus
odds *(n.)* todennäköisyys
ode *(n.)* oodi
odious *(adj.)* vihattava
odium *(n.)* paheksunta
odometer *(n.)* matkamittari
odontologist *(n.)* odontologi
odontology *(n.)* hammaslääketiede
odorous *(adj.)* tuoksuva
odour *(n.)* tuoksu
of *(prep.)* vaille
off *(prep.)* "-sta, -lta"
off balance *(adj.)* epätasapainoinen
offbeat *(adj.)* epätavallinen
offence *(n.)* rikkomus
offend *(v.)* loukkaantua
offender *(n.)* rikoksentekijä
offensive *(n.)* offensiivi
offensive *(adj.)* loukkaava
offer *(n.)* tarjous
offer *(v.)* tarjota
offering *(n.)* tarjonta
office *(n.)* toimisto
officer *(n.)* virkamies

official *(n.)* viranomainen
official *(adj.)* virallinen
officially *(adv.)* virallisesti
officiate *(v.)* toimittaa
officious *(adj.)* virkaintoinen
offing *(n.)* ulappa
offline *(adj.)* offline-
off-road *(adv.)* maastoon
offset *(n.)* kompensaatio
offset *(v.)* kompensoida
offshoot *(n.)* vesa
offspring *(n.)* jälkikasvu
oft *(adv.)* monesti
often *(adv.)* usein
ogle *(v.)* tuijottaa
ogle *(n.)* tuijotus
oil *(n.)* öljy
oil *(v.)* öljytä
oil paint *(n.)* öljyväri
oil rig *(n.)* öljynporauslautta
oily *(adj.)* öljyinen
oink *(v.)* röhkiä
oink *(n.)* röhkäisy
oinker *(n.)* röhkijä
ointment *(n.)* salva
okay *(n.)* okei
okay *(adj.)* okei
okay *(adv.)* okei
okay *(int.)* okei
okay *(v.)* olla OK
okayish *(adj.)* ihan okei
okra *(n.)* okra
old *(adj.)* vanha
old *(n.)* vanhus
old age *(n.)* vanhuus
oleaceous *(adj.)* öljy-
oleaginous *(adj.)* öljyinen
oleochemical *(n.)* öljykemiallinen
olfactic *(adj.)* haju-
olfactics *(n.)* hajuaineet
olfactory *(adj.)* hajuaisti-
olfaltive *(adj.)* hajuaine
oligarch *(n.)* oligarkki
oligarchal *(adj.)* oligarkkinen
oligarchy *(n.)* oligarkia
olive *(n.)* oliivi
olympiad *(n.)* olympiadi
omega *(n.)* omega
omelette *(n.)* munakas

omen *(n.)* ennusmerkki
ominous *(adj.)* enteellinen
omission *(n.)* poisjättö
omit *(v.)* jättää pois
omittance *(n.)* poissaolo
omitter *(n.)* poisjättäjä
omnibenevolence *(n.)* kaikkivoipa
omnibenevolent *(adj.)* kaikkivoipainen
omnibus *(n.)* kokoomateos
omnicompetence *(n.)* kaikkivaltaisuus
omnicompetent *(adj.)* kaikkivaltainen
omnidirectional *(adj.)* kaikkisuuntainen
omnidirectionality *(n.)* kaikkisuuntaisuus
omniform *(adj.)* kaikkinainen
omniformity *(n.)* kaikkinaisuus
omnilingual *(adj.)* kaikkikielinen
omnilingual *(n.)* kaikkikielisyys
omnipotence *(n.)* omnipotenssi
omnipotent *(adj.)* omnipotenssinen
omnipresence *(n.)* omnipresenssi
omnipresent *(adj.)* omnipresentti
omniscience *(n.)* kaikkitietävyys
omniscient *(adj.)* kaikkitietävä
omnivore *(n.)* omnivori
omnivorous *(adj.)* kaikkiruokainen
omophagia *(n.)* omofagia
on *(prep.)* "-lla, -llä"
on *(adv.)* päälle
on *(adj.)* päällä
once *(adv.)* kerran
oncogene *(n.)* onkogeeni
oncogenic *(adj.)* onkogeeninen
oncologist *(n.)* onkologi
oncology *(n.)* onkologia
one *(pron.)* eräs
one *(adj.)* yksi
oneness *(n.)* ykseys
onerous *(adj.)* rasittava
one-sided *(adj.)* yksipuolinen
one-way *(adj.)* yksisuuntainen
ongoing *(adj.)* jatkuva
onion *(n.)* sipuli
online *(adj.)* online-
on-looker *(n.)* sivustakatsoja
only *(conj.)* paitsi että
only *(adv.)* vain
only *(adj.)* ainut
onology *(n.)* onologia
onomancy *(n.)* nimestä ennustaminen

onomast *(n)* nimitutkija
onomastic *(adj.)* onomastinen
onomatologist *(n.)* onomatologi
onomatology *(n.)* onomatologia
onomatope *(n.)* onomatooppi
onomatopoeia *(n.)* onomatopoeesi
on-road *(adj.)* tiellä
onrush *(n.)* ryntäys
on-screen *(adj.)* näytöllä
onset *(n.)* aluke
onslaught *(n.)* päällekarkaus
ontogenic *(adj.)* ontogeeninen
ontogeny *(n.)* yksilönkehitys
ontologic *(adj.)* ontologinen
ontological *(adj.)* ontologinen
ontologism *(n.)* ontologismi
ontologist *(n.)* ontologi
ontology *(n.)* ontologia
onus *(n.)* todistustaakka
onward *(adj.)* etinen
onwards *(adv.)* edelleen
ooze *(v.)* tihkua
ooze *(n.)* mömmö
opacity *(n.)* läpinäkymättömyys
opal *(n.)* opaali
opaque *(adj.)* läpinäkymätön
open *(v.)* avata
open *(adj.)* auki
opening *(n.)* avautuminen
openly *(adv.)* avoimesti
opera *(n.)* ooppera
operability *(n.)* toimivuus
operable *(adj.)* leikkauskelpoinen
operate *(v.)* operoida
operation *(n.)* operaatio
operative *(adj.)* toimiva
operator *(n.)* operaattori
operetta *(n.)* operetti
ophtalmic *(adj.)* oftalminen
ophtalmologic *(adj.)* oftalmologinen
ophtalmologist *(n.)* oftalmologi
ophtalmology *(n.)* oftalmologia
ophtalmoscope *(n.)* oftalmoskooppi
opiate *(v.)* huumaantua
opiate *(n.)* opiaatti
opiate *(adj.)* opiaattinen
opinator *(n.)* besserwissser
opine *(v.)* esittää mielipiteenään
opinion *(n.)* mielipide

opinionate *(v.)* antaa mielipide
opinionated *(adj.)* omapäinen
opinionless *(adj.)* mielipiteetön
opinionnaire *(n.)* mielipidelomake
opium *(n.)* oopiumi
opponent *(n.)* vastaehdokas
opportune *(adj.)* otollinen
opportunism *(n.)* opportunismi
opportunity *(n.)* tilaisuus
oppose *(v.)* vastustaa
opposite *(adj.)* vastakohta
opposition *(n.)* vastarinta
oppress *(v.)* sortaa
oppression *(n.)* sorto
oppressive *(adj.)* painostava
oppressor *(n.)* sortaja
opt *(v.)* valita
optic *(adj.)* optinen
optician *(n.)* optikko
optimism *(n.)* optimismi
optimist *(n.)* optimisti
optimistic *(adj.)* optimistinen
optimum *(adj.)* optimaalinen
optimum *(n.)* optimi
option *(n.)* vaihtoehto
optional *(adj.)* valinnainen
opulence *(n.)* vauraus
opulent *(adj.)* vauras
oracle *(n.)* oraakkeli
oracular *(adj.)* oraakkelimainen
oral *(adj.)* oraalinen
oral *(n.)* suu-
orally *(adv.)* suullisesti
orange *(adj.)* oranssi
orange *(n.)* appelsiini
oration *(n.)* juhlapuhe
orator *(n.)* puhuja
oratorical *(adj.)* oratorinen
oratory *(n.)* puhetaito
orb *(n.)* pallo
orbit *(n.)* kiertorata
orbital *(adj.)* kiertorata-
orbital *(n.)* orbitaali
orbituary *(n.)* kiertävä kappale
orca *(n.)* miekkavalas
orchard *(n.)* hedelmätarha
orchestra *(n.)* orkesteri
orchestral *(adj.)* orkestraalinen
ordain *(v.)* vihkiä

ordained *(adj.)* vihitty
ordeal *(n.)* koettelemus
order *(v.)* tilata
order *(n.)* järjestys
orderly *(n.)* sotilaspalvelija
orderly *(adj.)* järjestynyt
ordinance *(n.)* määräys
ordinarily *(adv.)* tavallisesti
ordinary *(adj.)* tavallinen
ordnance *(n.)* sotatarvike
ore *(n.)* malmi
organ *(n.)* elin
organic *(adj.)* orgaaninen
organism *(n.)* organismi
organization *(n.)* organisaatio
organize *(v.)* organisoida
organography *(n.)* organografia
organza *(n.)* organza
orgasm *(n.)* orgasmi
orgasmic *(adj.)* orgasminen
orgy *(n.)* orgia
orient *(v.)* orientoitua
orient *(n.)* itämaat
oriental *(n.)* itämaalainen
oriental *(adj.)* itämainen
orientate *(v.)* orientoida
orientational *(adj.)* orientoituva
oriented *(adj.)* orientoitunut
orifice *(n.)* ruumiinaukko
orificial *(adj.)* aukollinen
origami *(n.)* origami
origin *(n.)* alkuperä
original *(n.)* alkuperäiskappale
original *(adj.)* originaalinen
originality *(n.)* alkuperäisyys
originate *(v.)* olla peräisin
originator *(n.)* perustaja
orl *(n.)* korva-nenä-kurkku
orn *(v.)* orneerata
ornament *(n.)* koriste-esine
ornament *(v.)* ornamentoida
ornamental *(adj.)* ornamentaalinen
ornamentation *(n.)* ornamentiikka
ornithologist *(n.)* lintutieteilijä
ornithology *(n.)* lintutiede
ornithoscopy *(n.)* ornitoskopia
orogen *(n.)* orogeeni
orogenic *(adj.)* orogeeninen
orologist *(n.)* orologi

orphan *(v.)* jäädä orvoksi
orphan *(n.)* orpo
orphanage *(n.)* orpokoti
orthodox *(adj.)* ortodoksinen
orthodoxy *(n.)* ortodoksisuus
orthograph *(n.)* ortografia
orthographer *(n.)* ortografi
orthographic *(adj.)* ortografinen
orthopaedia *(n.)* ortopedia
orthopaedical *(adj.)* ortopedinen
orthopaedics *(n.)* ortopedia
oscillate *(v.)* värähdellä
oscillation *(n.)* värähtely
oscillograph *(n.)* oskillografi
oscillometric *(adj.)* oskillometrinen
oscilloscope *(n.)* oskilloskooppi
osculant *(adj.)* oskulantti
oscular *(adj.)* oskulaarinen
osculate *(v.)* oskuloida
osmobiosis *(n.)* osmobioosi
osmobiotic *(adj.)* osmobioottinen
osmose *(v.)* tapahtua osmoosi
osmosis *(n.)* osmoosi
ossify *(v.)* luutua
ostensibility *(n.)* näennäisyys
ostensible *(adj.)* näennäinen
ostensibly *(adv.)* näennäisesti
ostension *(n.)* näytteillepano
ostentation *(n.)* näytelmä
ostentatious *(adj.)* ylitsevuotava
ostracize *(v.)* vieroa
ostrich *(n.)* strutsi
other *(pron.)* muu
other *(adj.)* toinen
otherwise *(conj.)* muuten
otherwise *(adv.)* toisin
otherworld *(n.)* toinen maailma
otherworldliness *(n.)* suuruudenhulluus
otoscope *(n.)* otoskooppi
otoscopis *(adj.)* otoskooppinen
otoscopy *(n.)* otoskopia
otter *(n.)* saukko
ottoman *(n.)* ottomaani
ouch *(int.)* auts
ouch *(n.)* pipi
ought *(v.)* pitäisi
ounce *(n.)* unssi
our *(pron.)* meidän
oust *(v.)* syrjäyttää

out *(adj.)* ulkona
out *(prep.)* ulkopuolella
out *(adv.)* ulos
outage *(n.)* katkos
outback *(n.)* takamaa
out-balance *(v.)* horjauttaa
outbid *(v.)* tarjota enemmän
outbound *(adj.)* lähtevä
outbreak *(n.)* puhkeaminen
outburst *(n.)* purskahdus
outcast *(adj.)* hyljeksitty
outcast *(n.)* hylkiö
outcome *(n.)* lopputulema
outcry *(adj.)* parkuva
outdated *(adj.)* vanhentunut
outdo *(v.)* päihittää
outdoor *(adj.)* ulkoilma-
outer *(adj.)* ulompi
outfit *(n.)* asu
outfit *(v.)* varustaa
outgrow *(v.)* kasvaa ulos
outhouse *(n.)* ulkorakennus
outing *(n.)* huviretki
outlandish *(adj.)* omituinen
outlaw *(v.)* julistaa laittomaksi
outlaw *(n.)* lainsuojaton
outlet *(n.)* pistorasia
outline *(v.)* hahmotella
outline *(n.)* pääpiirteet
outlive *(v.)* elää kauemmin
outlook *(n.)* elämänkatsomus
outmoded *(adj.)* vanhanaikainen
outnumber *(v.)* hävitä määrässä
outpatient *(n.)* avohoitopotilas
outpost *(n.)* etuvartio
output *(n.)* anto
outrage *(v.)* kauhistaa
outrage *(n.)* raakuus
outright *(adj.)* selvä
outright *(adv.)* suoraan
outrun *(v.)* olla nopeampi
outset *(n.)* alku
outshine *(v.)* jättää jälkeensä
outside *(adv.)* ulkona
outside *(prep.)* ulkopuolella
outside *(n.)* ulkopuoli
outside *(adj.)* ulkoinen
outsider *(n.)* ulkopuolinen
outsize *(adj.)* ylikokoinen

outskirts *(n.)* laitakaupunki
outspoken *(adj.)* suorapuheinen
outstanding *(adj.)* silmäänpistävä
outward *(adv.)* ulospäin
outward *(adj.)* ulospäin suuntautuva
outwardly *(adv.)* ulkoisesti
outwards *(adv.)* ulospäin
outweigh *(v.)* olla painavempi
outwit *(v.)* älyttää
outworld *(n.)* ulkomaailma
ouzo *(n.)* ouzo
oval *(n.)* soikio
oval *(adj.)* soikea
ovary *(n.)* munasarja
ovation *(n.)* suosionosoitukset
oven *(n.)* uuni
over *(adv.)* päältä
over *(n.)* ylijäämäinen
over *(prep.)* yli
overact *(v.)* ylinäytellä
overall *(adj.)* kokonaisvaltainen
overall *(n.)* haalarit
overawe *(v.)* pelotella
overboard *(adv.)* yli laidan
overburden *(v.)* ylikuormittaa
overcast *(adj.)* pilvinen
overcharge *(v.)* kiskoa yli
overcharge *(n.)* ylihinta
overcoat *(n.)* päällystakki
overcome *(v.)* selviytyä
overcrowd *(v.)* ylikansoittaa
overdo *(v.)* liioitella
overdose *(v.)* yliannostella
overdose *(n.)* yliannostus
overdraft *(n.)* tilinylitys
overdraw *(v.)* ylittää tili
overdue *(adj.)* erääntynyt
overhaul *(n.)* kunnostus
overhaul *(v.)* kunnostaa
overhear *(v.)* kuulla vahingossa
overjoyed *(adj.)* ikionnellinen
overlap *(n.)* päällekkäisyys
overlap *(v.)* limittyä
overleaf *(adv.)* kääntöpuolella
overload *(n.)* ylikuorma
overload *(v.)* ylikuormata
overlook *(v.)* katsoa läpi sormien
overnight *(adj.)* yön läpi kestävä
overnight *(adv.)* yön yli

overpower (v.) voittaa helposti
overrate (v.) yliarvostaa
overrule (v.) kumota
overrun (v.) ylittää raja
oversee (v.) valvoa
overseer (n.) valvoja
overshadow (v.) jättää varjoonsa
oversight (n.) valvonta
oversleep (v.) nukkua pommiin
overt (adj.) peittelemätön
overtake (v.) tavoittaa
overthrow (n.) kukistaminen
overthrow (v.) kukistaa
overtime (n.) ylityö
overtime (adv.) yliajalla
overture (n.) alkusoitto
overweight (adj.) ylipainoinen
overwhelm (v.) häkellyttää
overwork (v.) tehdä ylitöitä
overwork (n.) ylirasitus
oviferous (adj.) munasoluinen
ovular (adj.) ovulaarinen
ovulate (v.) ovuloida
ovum (n.) munasolu
owe (v.) olla velkaa
owl (n.) pöllö
owlery (n.) pöllötarha
owly (adj.) pöllömäinen
own (v.) omia
own (adj.) oma
owner (n.) omistaja
ownership (n.) omistajuus
ox (n.) härkä
oxbird (n.) härkälintu
oxcart (n.) härkävankkurit
oxidant (n.) oksidantti
oxidate (n.) hapete
oxidate (v.) hapettua
oxidation (n.) hapettaminen
oxide (n.) oksidi
oxidization (n.) hapetus
oxyacid (n.) happihappo
oxygen (n.) happi
oxygenate (v.) hapettaa
oxygenated (adj.) hapetettu
oxygenation (n.) hapettuminen
oyster (v.) kerätä ostereita
oyster (n.) osteri
oyster (adj.) osteri-

oysterling (n.) nuori osteri
oysterman (n.) osterinkerääjä
ozonate (n.) otsonaatti
ozonate (v.) otsonoida
ozonation (n.) otsonointi
ozone (n.) otsoni
ozone layer (n.) otsonikerros

pace (v.) astella
pace (n.) askellaji
pacemaker (n.) vetäjä
pachidermatous (adj.) paksunahkainen
pachyderm (n.) paksunahka
pacific (adj.) rauhanomainen
pacifier (n.) tutti
pacifism (n.) pasifismi
pacifist (n.) pasifisti
pacify (v.) rauhoitella
pack (n.) kantamus
pack (v.) pakata
package (n.) pakkaus
packet (n.) paketti
packing (n.) pakkaaminen
pact (n.) pakti
pad (v.) pehmustaa
pad (n.) pehmuste
padding (n.) pehmustus
paddle (n.) mela
paddle (v.) meloa
paddy (n.) riisipelto
paediatric (adj.) pediatrinen
paedologist (n.) pedologi
paedology (n.) pedologia
paedophile (n.) pedofiili
paedophilia (n.) pedofilia
paedophiliac (adj.) pedofiilinen
paedophiliac (n.) pedofiilisuus
pagan (n.) pakana
pagan (adj.) pakana-
paganism (n.) pakanuus
paganistic (adj.) pakanallinen
page (v.) selata
page (n.) sivu
pageant (n.) kauneuskilpailu
pageantry (n.) pramea esitys

pagoda *(n.)* pagodi
pail *(n.)* sanko
pain *(v.)* satuttaa
pain *(n.)* kipu
pain relief *(n.)* kipulääke
painful *(adj.)* kivulias
painstaking *(adj.)* vaivalloinen
paint *(v.)* maalata
paint *(n.)* maali
paintbrush *(n.)* pensseli
painter *(n.)* maalari
painting *(n.)* maalaus
pair *(n.)* pari
pair *(v.)* parittaa
pal *(n.)* kamu
palace *(n.)* palatsi
palanquin *(n.)* palankiini
palatable *(adj.)* maittava
palatal *(adj.)* maku-
palate *(n.)* kitalaki
palatial *(adj.)* palatsimainen
pale *(adj.)* kalpea
pale *(v.)* kalveta
pale *(n.)* paalu
paleness *(n.)* kalpeus
paleobiological *(adj.)* palebiologinen
paleobiologist *(n.)* palebiologi
paleobiology *(n.)* palebiologia
paleoecologist *(n.)* paleoekologi
paleoecology *(n.)* paleoekologia
paleolithic *(adj.)* paleoliittinen
paleolithic *(n.)* paleoliittinen kausi
paleontologist *(n.)* paleontologi
paleontology *(n.)* paleontologia
palette *(n.)* paletti
palm *(n.)* palmu
palm *(v.)* pitää kämmenellä
palmist *(n.)* kädestäennustaja
palmistry *(n.)* kädestäennustaminen
palpable *(adj.)* käsinkosketeltava
palpitate *(v.)* tykyttää
palpitation *(n.)* tykytys
palsy *(n.)* halvaus
paltry *(adj.)* mitätön
pamper *(v.)* hemmotella
pamphlet *(n.)* pamfletti
pamphleteer *(n.)* pamfletisti
panacea *(n.)* ihmelääke
pandemonium *(n.)* mekastus

pane *(n.)* ikkunaruutu
panegyric *(n.)* ylistyspuhe
panel *(v.)* paneloida
panel *(n.)* paneeli
pang *(n.)* pistos
panic *(n.)* paniikki
panic *(v.)* panikoida
panorama *(n.)* panoraama
pant *(n.)* puuskutus
pant *(v.)* puuskuttaa
pantaloon *(n.)* pussihousut
pantheism *(n.)* panteismi
pantheist *(n.)* panteisti
panther *(n.)* pantteri
panting *(adj.)* puuskuttava
pantomime *(n.)* pantomiimi
pantry *(n.)* ruokakomero
papacy *(n.)* paavius
papal *(adj.)* paavillinen
paper *(n.)* paperi
paper bag *(n.)* paperipussi
par *(n.)* nimellisarvo
parable *(n.)* vertauskuva
parachute *(n.)* laskuvarjo
parachutist *(n.)* laskuvarjohyppääjä
parade *(v.)* pöyhistellä
parade *(n.)* paraati
paradise *(n.)* paratiisi
paradox *(n.)* paradoksi
paradoxical *(adj.)* paradoksinen
paraffin *(n.)* parafiini
paragon *(n.)* perikuva
paragraph *(n.)* kappale
parallel *(v.)* rinnastaa
parallel *(adj.)* rinnakkainen
parallelism *(n.)* parallelismi
parallelogram *(n.)* suunnikas
paralyse *(v.)* halvaannuttaa
paralysis *(n.)* halvaus
paralytic *(adj.)* halvaantunut
paramount *(adj.)* tärkein
paramour *(n.)* rakastaja
paraphernalia *(n. pl)* tarvikkeet
paraphrase *(v.)* kertoa omin sanoin
paraphrase *(n.)* kiertoilmaus
parasite *(n.)* parasiitti
parcel *(v.)* paketoida
parcel *(n.)* paketti
parch *(v.)* korventua

pardon *(n.)* anteeksianto
pardon *(v.)* antaa anteeksi
pardonable *(adj.)* armahdettava
parent *(n.)* vanhempi
parentage *(n.)* vanhemmuus
parental *(adj.)* vanhempain-
parenthesis *(n.)* sulkeet
parish *(n.)* pitäjä
parity *(n.)* pariteetti
park *(n.)* puisto
park *(v.)* pysäköidä
parking ticket *(n.)* pysäköintisakko
parlance *(n.)* puhetapa
parley *(v.)* hieroa sovintoa
parley *(n.)* sovinnonhieronta
parliament *(n.)* parlamentti
parliamentarian *(n.)* parlamentaarikko
parliamentary *(adj.)* parlamentaarinen
parlour *(n.)* oleskeluhuone
parody *(v.)* parodioida
parody *(n.)* parodia
parole *(v.)* päästä ehdonalaiseen
parole *(n.)* ehdonalainen vapaus
parricide *(n.)* vanhempien murha
parrot *(n.)* papukaija
parry *(n.)* torjunta
parry *(v.)* torjua
parsley *(n.)* persilja
parson *(n.)* pastori
part *(v.)* erota
part *(n.)* osa
partake *(v.)* ottaa osaa
partial *(adj.)* osittainen
partiality *(n.)* puolueellisuus
participant *(n.)* osallistuja
participate *(v.)* osallistua
participation *(n.)* osallistuminen
particle *(n.)* partikkeli
particular *(n.)* yksilöolio
particular *(adj.)* erinäinen
particularly *(adv.)* varsinkin
partisan *(adj.)* partisaani-
partisan *(n.)* partisaani
partition *(v.)* osittaa
partition *(n.)* ositus
partner *(n.)* puoliso
partnership *(n.)* osakkuus
party *(n.)* juhla
pass *(n.)* väylä

pass *(v.)* ojentaa
passage *(n.)* etappi
passenger *(n.)* matkustaja
passion *(n.)* intohimo
passionate *(adj.)* intohimoinen
passive *(adj.)* passiivinen
passport *(n.)* passi
past *(n.)* menneisyys
past *(prep.)* ohi
past *(adj.)* viime
paste *(v.)* liisteröidä
paste *(n.)* tahna
pastel *(n.)* pastelli
pastel *(adj.)* pastellinen
pastime *(n.)* ajankuluke
pastoral *(adj.)* pastoraalinen
pastry *(n.)* leivos
pasture *(v.)* laiduntaa
pasture *(n.)* laidun
pat *(adv.)* sopivasti
pat *(n.)* taputus
pat *(v.)* taputella
patch *(n.)* tilkku
patch *(v.)* paikkailla
patch test *(n.)* lappukoe
patent *(v.)* patentoida
patent *(n.)* patentti
patent *(adj.)* ilmiselvä
paternal *(adj.)* isänpuoleinen
path *(n.)* polku
pathetic *(adj.)* säälittävä
pathology *(n.)* patologia
pathos *(n.)* paatos
patience *(n.)* kärsivällisyys
patient *(n.)* potilas
patient *(adj.)* kärsivällinen
patricide *(n.)* isänmurha
patrimony *(n.)* isänperintö
patriot *(n.)* patriootti
patriotic *(adj.)* patrioottinen
patriotism *(n.)* patriotismi
patrol *(n.)* partio
patrol *(v.)* partioida
patron *(n.)* kanta-asiakas
patronage *(n.)* asiakaskunta
patronize *(v.)* holhota
pattern *(n.)* kuvio
paucity *(n.)* niukkuus
pauper *(n.)* rutiköyhä

pause *(v.)* tauota
pause *(n.)* tauotus
pave *(v.)* päällystää
pavement *(n.)* katukäytävä
pavilion *(n.)* paviljonki
paw *(v.)* tassu
paw *(n.)* käpälöidä
pay *(n.)* työpalkka
pay *(v.)* maksaa
payable *(adj.)* maksettava
payee *(n.)* maksunsaaja
payment *(n.)* maksusuoritus
payout *(n.)* osinkosumma
pea *(n.)* herne
peace *(n.)* rauha
peaceable *(adj.)* rauhaarakastava
peaceful *(adj.)* rauhallinen
peach *(n.)* persikka
peacock *(n.)* riikinkukko
peahen *(n.)* riikinkukkonaaras
peak *(n.)* huippu
pear *(n.)* päärynä
pearl *(n.)* helmi
peasant *(n.)* talonpoika
peasantry *(n.)* talonpojat
pebble *(n.)* pikkukivi
peck *(v.)* nokkia
peck *(n.)* poskipusu
peculiar *(adj.)* omankaltainen
peculiarity *(n.)* eriskummallisuus
pecuniary *(adj.)* rahallinen
pedagogue *(n.)* pedagogi
pedagogy *(n.)* pedagogiikka
pedal *(n.)* poljin
pedal *(v.)* polkea
pedant *(n.)* saivartelija
pedantic *(adj.)* pikkutarkka
pedantry *(n.)* pikkutarkkuus
pedestal *(n.)* antura
pedestrian *(n.)* jalankulkija
pedigree *(n.)* sukutaulu
peel *(n.)* kuori
peel *(v.)* kuoria
peep *(n.)* piipitys
peep *(v.)* piipittää
peer *(n.)* vertainen
peerless *(adj.)* verraton
peg *(v.)* tapittaa
peg *(n.)* tappi

pelf *(n.)* fyrkka
pell-mell *(adv.)* mullinmallin
pen *(v.)* karsinoida
pen *(n.)* täytekynä
penal *(adj.)* rangaistuksellinen
penalize *(v.)* rangaista
penalty *(n.)* rangaistus
pencil *(v.)* käydä toteen
pencil *(n.)* lyijykynä
pending *(prep.)* siihen asti
pending *(adj.)* vireillä
pendulum *(n.)* heiluri
penetrate *(v.)* työntyä
penetration *(n.)* työntyminen
penis *(n.)* penis
penniless *(adj.)* pennitön
penny *(n.)* penni
pension *(v.)* siirtää eläkkeelle
pension *(n.)* eläke
pensioner *(n.)* eläkeläinen
pensive *(adj.)* mietteliäs
pentagon *(n.)* viisikulmio
pentatonic *(adj.)* viisikulmainen
penthouse *(n.)* kattohuoneisto
peon *(n.)* peoni
people *(v.)* asuttaa
people *(n.)* ihmiset
pepper *(v.)* maustaa pippurilla
pepper *(n.)* pippuri
pepper-and-salt *(adj.)* mustan ja valkoisen kirjava
per *(prep.)* per
per annum *(adv.)* vuosittain
per cent *(adv.)* prosentti
perambulator *(n.)* lastenvaunut
perceive *(v.)* oivaltaa
percentage *(n.)* prosenttiosuus
perceptible *(adj.)* havaittava
perception *(n.)* havaintokyky
perceptive *(adj.)* havaintokykyinen
perch *(v.)* istua orrella
perch *(n.)* ahven
percussion *(n.)* perkussio
perennial *(n.)* perenna
perennial *(adj.)* monivuotinen
perfect *(adj.)* täydellinen
perfect *(v.)* viimeistellä
perfection *(n.)* täydellisyys
perfidy *(n.)* petollisuus

perforate *(v.)* rei'ittää
perforce *(adv.)* pakosta
perform *(v.)* esiintyä
performance *(n.)* esitys
performer *(n.)* esiintyjä
perfume *(v.)* hajustaa
perfume *(n.)* parfyymi
perhaps *(adv.)* kenties
peril *(v.)* vaarantaa
peril *(n.)* vaaratilanne
perilous *(adj.)* hengenvaarallinen
period *(n.)* kausi
periodical *(adj.)* kausittainen
periodical *(n.)* kausijulkaisu
periphery *(n.)* syrjäseutu
perish *(v.)* saada surmansa
perishable *(adj.)* pilaantuva
perjure *(v.)* lausua väärä vala
perjury *(n.)* väärä vala
perk *(v.)* piristyä
permanence *(n.)* pysyvyys
permanent *(adj.)* pysyvä
permissible *(adj.)* sallittu
permission *(n.)* suostumus
permit *(n.)* lupa
permit *(v.)* sallia
permutation *(n.)* permutaatio
pernicious *(adj.)* tuhoisa
perpendicular *(adj.)* kohtisuora
perpendicular *(n.)* pystysuora
perpetual *(adj.)* ainainen
perpetuate *(v.)* jatkaa ikuisuuksiin
perplex *(v.)* hämmentää
perplexity *(n.)* hämmennys
persecute *(v.)* vainota
persecution *(n.)* vaino
perseverance *(n.)* peräänantamattomuus
persevere *(v.)* sinnitellä
persist *(v.)* jatkaa sinnikkäästi
persistence *(n.)* sinnikkyys
persistent *(adj.)* sinnikäs
person *(n.)* henkilö
personage *(n.)* henkilöhahmo
personal *(adj.)* henkilökohtainen
personality *(n.)* persoonallisuus
personification *(n.)* personointi
personify *(v.)* personoida
personnel *(n.)* henkilökunta
perspective *(n.)* perspektiivi

perspiration *(n.)* hikoileminen
perspire *(v.)* hikoilla
persuade *(v.)* suostutella
persuasion *(n.)* suostuttelu
pertain *(v.)* kuulua johonkin
pertinent *(adj.)* osuva
perturb *(v.)* aiheuttaa häiriötä
perusal *(n.)* huolellinen lukeminen
peruse *(v.)* lukea huolellisesti
pervade *(v.)* levitä
perverse *(adj.)* perverssi
perversion *(n.)* perversio
perversity *(n.)* perversiteetti
pervert *(v.)* vääristellä
pessimism *(n.)* pessimismi
pessimist *(n.)* pessimisti
pessimistic *(adj.)* pessimistinen
pest *(n.)* tuholainen
pesticide *(n.)* tuholaismyrkky
pestilence *(n.)* kulkutauti
pet *(v.)* silittää
pet *(n.)* lemmikki
petal *(n.)* terälehti
petite *(adj.)* siro
petition *(v.)* anoa
petition *(n.)* anomus
petitioner *(n.)* anoja
petrify *(v.)* kivettyä
petrol *(n.)* bensiini
petroleum *(n.)* petroli
petticoat *(n.)* alushame
petty *(adj.)* pikkumainen
petulance *(n.)* kiukuttelu
petulant *(adj.)* kiukutteleva
phagic *(adj.)* faginen
phalange *(n.)* falangi
phalanx *(n.)* varvasluu
phallic *(adj.)* fallinen
phallocentric *(adj.)* fallosentrinen
phallus *(n.)* fallos
phantasmagoria *(n.)* fantasmagoria
phantasmal *(adj.)* aavemainen
phantom *(n.)* fantomi
pharmaceutic *(adj.)* lääkkeellinen
pharmaceutical *(adj.)* farmaseuttinen
pharmaceutical *(n.)* lääkeala
pharmaceutist *(n.)* farmaseutti
pharmacist *(n.)* proviisori
pharmacy *(n.)* apteekki

phase *(n.)* vaihe
phenomenal *(adj.)* ilmiömäinen
phenomenon *(n.)* ilmiö
phial *(n.)* pikkupullo
philalethist *(n.)* filaletisti
philander *(v.)* elostella
philander *(n.)* philanderinvillapussirotta
philanderer *(n.)* elostelija
philandry *(n.)* elostelu
philanthropy *(n.)* filantropia
philological *(adj.)* filologinen
philologist *(n.)* filologi
philology *(n.)* filologia
philosopher *(n.)* filosofi
philosophical *(adj.)* filosofinen
philosophy *(n.)* filosofia
phone *(n.)* puhelin
phonetic *(adj.)* foneettinen
phonetics *(n.)* fonetiikka
phosphate *(n.)* fosfaatti
phosphorus *(n.)* fosfori
photo *(n.)* otos
photocopy *(n.)* valokopio
photogenic *(adj.)* valokuvauksellinen
photograph *(n.)* valokuva
photograph *(v.)* valokuvata
photographer *(n.)* valokuvaaja
photographic *(adj.)* valokuvamainen
photography *(n.)* valokuvaus
phrase *(v.)* fraseerata
phrase *(n.)* ilmaus
phraseology *(n.)* fraseologia
physic *(v.)* parantaa
physic *(n.)* lääketiede
physical *(adj.)* fyysinen
physician *(n.)* lääkäri
physicist *(n.)* fyysikko
physics *(n.)* fysiikka
physiognomy *(n.)* fysionomia
physique *(n.)* ruumiinrakenne
pianist *(n.)* pianisti
piano *(n.)* piano
pick *(n.)* hakku
pick *(v.)* poimia
picket *(v.)* olla lakkovahtina
picket *(n.)* mielenosoitus
pickle *(v.)* säilöä etikkaliemessä
pickle *(n.)* maustekurkku
picnic *(v.)* käydä piknikillä
picnic *(n.)* piknikki
pictorial *(adj.)* maalauksellinen
picture *(v.)* kuvittaa
picture *(n.)* kuva
picturesque *(adj.)* kuvankaunis
piece *(n.)* pala
piece *(v.)* paloitella
pier *(n.)* laituri
pierce *(v.)* lävistää
piercing *(n.)* lävistys
piercing *(adj.)* lävistävä
piety *(n.)* hurskaus
pig *(n.)* sika
pigeon *(n.)* kyyhky
piggy bank *(n.)* säästöpossu
pigment *(n.)* pigmentti
pigmy *(n.)* kääpiö
pile *(v.)* kasautua
pile *(n.)* kasa
piles *(n.)* peräpukamat
pilfer *(v.)* näpistellä
pilgrim *(n.)* pyhiinvaeltaja
pilgrimage *(n.)* pyhiinvaellus
pill *(n.)* pilleri
pillar *(n.)* pilari
pillow *(v.)* lepuutella
pillow *(n.)* tyyny
pilot *(v.)* luotsata
pilot *(n.)* pilotti
pimple *(n.)* finni
pin *(v.)* kiinnittää neulalla
pin *(n.)* nasta
pinch *(n.)* nipistys
pinch *(v.)* nipistää
pine *(v.)* nuukahtaa
pine *(n.)* mänty
pineapple *(n.)* ananas
pink *(adj.)* vaaleanpunainen
pink *(n.)* vaaleanpunainen väri
pinkish *(adj.)* vaaleanpunertava
pinnacle *(n.)* huippukohta
pioneer *(v.)* raivata
pioneer *(n.)* pioneeri
pious *(adj.)* hurskas
pipe *(n.)* putki
pipe *(v.)* putkittaa
piquant *(adj.)* pikantti
piracy *(n.)* merirosvous
pirate *(v.)* piratoida

pirate *(n.)* merirosvo
pistol *(n.)* pistooli
piston *(n.)* mäntä
pit *(v.)* panna vastakkain
pit *(n.)* kuoppa
pitch *(v.)* syöttää
pitch *(n.)* syöttö
pitcher *(n.)* syöttäjä
piteous *(adj.)* surkea
pitfall *(n.)* sudenkuoppa
pitiable *(adj.)* säälivä
pitiful *(adj.)* säälittävä
pitiless *(adj.)* säälimätön
pitman *(n.)* kaivosmies
pittance *(n.)* pikkuraha
pity *(v.)* sääliä
pity *(n.)* sääli
pivot *(v.)* kääntyä
pivot *(n.)* tappi
pixel *(n.)* pikseli
pixelate *(v.)* pikselöidä
pizza *(n.)* pizza
pizzeria *(n.)* pizzeria
placable *(adj.)* lauhkea
placard *(n.)* juliste
placate *(v.)* lepyttää
placative *(adj.)* tyynnyttävä
placatory *(adj.)* sovitteleva
place *(v.)* laittaa
place *(n.)* paikka
placebic *(adj.)* plasebinen
placebo *(n.)* plasebo
placement *(n.)* sijoitus
placenta *(n.)* istukka
placid *(adj.)* leppoisa
plague *(v.)* vaivata
plague *(adj.)* rutto
plain *(adj.)* pelkistetty
plain *(n.)* tasanko
plaintiff *(n.)* asianomistaja
plan *(v.)* suunnitella
plan *(n.)* suunnitelma
plane *(v.)* plaanata
plane *(adj.)* tasainen
plane *(n.)* lentokone
planet *(n.)* planeetta
planetary *(adj.)* planetaarinen
plank *(v.)* lankuttaa
plank *(n.)* lankku

plant *(v.)* istuttaa
plant *(n.)* kasvi
plantain *(n.)* ratamo
plantation *(n.)* plantaasi
plaster *(v.)* kipsata
plaster *(n.)* kipsi
plastic *(n.)* muovi
plastic *(adj.)* muovinen
plate *(n.)* lautanen
plate *(v.)* päällystää
plateau *(n.)* ylätasankko
platform *(n.)* lava
platinum *(n.)* platina
platinum *(adj.)* platina-
platonic *(adj.)* platoninen
platoon *(n.)* joukkue
play *(v.)* pelata
play *(n.)* leikki
playback *(n.)* toisto
playcard *(n.)* pelikortti
playdate *(n.)* leikkikaveri
player *(n.)* pelaaja
playfield *(n.)* pelikenttä
playful *(adj.)* leikkisä
playground *(n.)* leikkikenttä
playhouse *(n.)* leikkimökki
plea *(n.)* vetoomus
plead *(v.)* vedota
pleader *(n.)* vetoomuksen esittäjä
pleasant *(adj.)* miellyttävä
pleasantry *(n.)* hassutus
please *(v.)* miellyttää
please *(adv.)* mieluusti
pleasure *(n.)* mielihyvä
plebiscite *(n.)* kansanäänestys
pledge *(v.)* pantata
pledge *(n.)* pantti
plenty *(n.)* runsaus
plight *(n.)* ahdinkotila
plod *(v.)* raahustaa
plot *(v.)* juonia
plot *(n.)* palsta
plough *(v.)* aurata
plough *(n.)* kyntöaura
ploughman *(n.)* auraaja
pluck *(n.)* nyhjäisy
pluck *(v.)* nyhtää
plug *(v.)* tulpata
plug *(n.)* tulppa

plum *(n.)* luumu
plumber *(n.)* putkiasentaja
plunder *(n.)* ryöstösaalis
plunder *(v.)* ryövätä
plunge *(n.)* sukellus
plunge *(v.)* syöstä
plural *(adj.)* monikko-
plurality *(n.)* monikollisuus
plus *(adj.)* plus
plus *(n.)* plussa
plush *(n.)* plyysi
plush *(adj.)* ylellinen
plutocrat *(adj.)* plutokraattinen
plutonic *(adj.)* plutoninen
plutonium *(n.)* plutonium
pluvial *(adj.)* sade-
pluvial *(n.)* sateen aiheuttama asia
pluviometer *(n.)* sademittari
ply *(n.)* viilu
ply *(v.)* tyrkyttää
plyer *(n.)* ammatinharjoittaja
plywood *(n.)* vaneri
pneudraulics *(n.)* pneudrauliikka
pneuma *(n.)* pneuma
pneumatic *(n.)* paineilma
pneumatic *(adj.)* pneumaattinen
pneumatological *(adj.)* pneumatologinen
pneumatology *(n.)* pneumatologia
pneumogastric *(adj.)* pneumogastrinen
pneumology *(n.)* pneumologia
pneumonia *(n.)* keuhkokuume
pneumoniac *(n.)* keuhkokuumepotilas
pneumonic *(adj.)* keuhkokuumeinen
pneumotherapy *(n.)* pneumoterapia
poach *(v.)* salametsästää
poached *(adj.)* salametsästetty
poacher *(n.)* salametsästäjä
pocket *(v.)* laittaa taskuun
pocket *(n.)* tasku
pod *(n.)* palko
pod *(v.)* silpiä
podcast *(n.)* podcast
podcast *(v.)* podcastata
podcaster *(n.)* podcastaaja
podge *(n.)* pullukka
podgy *(adj.)* pullea
podiatric *(adj.)* podiatrinen
podiatrist *(n.)* podologi
podium *(v.)* esiintyä korokkeella
podium *(n.)* puhujakoroke
poem *(n.)* runo
poesy *(n.)* runollisuus
poet *(n.)* runoilija
poetaster *(n.)* runonikkari
poetess *(n.)* runoilijatar
poetic *(adj.)* runollinen
poetics *(n.)* runousoppi
poetry *(n.)* runous
poignacy *(n.)* pikanttius
poignant *(adj.)* kärkevä
point *(n.)* kohta
point *(v.)* osoitella
point blank *(adv.)* kursailematon
pointed *(adj.)* teroitettu
pointedly *(adv.)* terävästi
pointedness *(n)* terävyys
pointerless *(adj.)* osoittamaton
pointful *(adj.)* osoituksellinen
pointillism *(n.)* pointillismi
pointillist *(n.)* pointillisti
pointless *(adj.)* tarkoitukseton
pointwork *(n.)* pistetyö
poise *(n.)* tasapaino
poise *(v.)* tasapainoilla
poison *(v.)* myrkyttää
poison *(n.)* myrkky
poisonous *(adj.)* myrkyllinen
poke *(n.)* säkki
poke *(v.)* tökkiä
poker *(n.)* pokeri
polar *(adj.)* polaarinen
polarazing *(adj.)* polarisoiva
polarity *(n.)* polaarisuus
polarize *(v.)* polarisoida
polaroid *(n.)* polaroidi
polary *(adj.)* napainen
pole *(v.)* sauvoa
pole *(n.)* tanko
pole dancer *(n.)* tankotanssija
polearm *(n.)* pitkävartinen lyömäase
polecat *(n.)* hilleri
polemic *(adj.)* poleeminen
polemic *(n.)* polemiikki
polenta *(n.)* polenta
police *(n.)* poliisi
police *(v.)* valvoa
police beat *(n.)* putka
policeboat *(n.)* poliisivene

policeless *(adj.)* poliisiton
policeman *(n.)* poliisimies
policy *(n.)* käytäntö
polish *(n.)* kiillotus
polish *(v.)* kiillottaa
polite *(adj.)* kohtelias
politeness *(n.)* kohteliaisuus
politic *(adj.)* konflikteja välttävä
political *(adj.)* poliittinen
politician *(n.)* poliitikko
politics *(n.)* politiikka
polity *(n.)* valtiomuoto
poll *(v.)* suorittaa mielipidekysely
poll *(n.)* mielipidekysely
pollen *(n.)* siitepöly
pollute *(v.)* saastuttaa
pollution *(n.)* saaste
polo *(n.)* poolo
polyacetylene *(n.)* polyasetyleeni
polyander *(n.)* polyandria
polyandrianism *(n.)* polyandrianismi
polyandry *(n.)* monimiehisyys
polybutene *(n.)* polybuteeni
polybutylene *(n.)* polybutyleeni
polycarbonate *(n.)* polykarbonaatti
polycentric *(adj.)* monikeskinen
polycentrism *(n.)* monikeskisyys
polychrome *(adj.)* monivärinen
polycracy *(n.)* monikratia
polyene *(n.)* polyeeni
polyform *(n.)* polyformi
polygamous *(adj.)* polygaaminen
polygamy *(n.)* polygamia
polyglot *(adj.)* monikielinen
polyglot *(n.)* polyglootti
polyloquent *(adj.)* monipuheinen
polymath *(n.)* yleisnero
polymer *(n.)* polymeeri
polymerize *(v.)* polymeroida
polymetallic *(adj.)* monimetallinen
polymethine *(n.)* polymetiini
polymethylene *(n.)* polymetyleeni
polymicrobial *(adj.)* polymikrobinen
polymiotic *(adj.)* polymioottinen
polymolecular *(adj.)* polymolekyylinen
polymorph *(n.)* polymorfi
polymorphic *(adj.)* polymorfinen
polymorphism *(n.)* polymorfismi
polymorphosis *(n.)* polymorfoosi

polynucleate *(adj.)* polynukleaatti
polypharmacal *(adj.)* polyfarmakaalinen
polypropylene *(n.)* polypropeeni
polyprotein *(n.)* polyproteiini
polysemia *(n.)* polysemia
polytechnic *(n.)* ammattikorkeakoulu
polytechnic *(adj.)* politekninen
polytheism *(n.)* polyteismi
polytheist *(n.)* polyteisti
polytheistic *(adj.)* polyteistinen
pomp *(n.)* mahti
pomposity *(n.)* mahtipontisuus
pompous *(adj.)* mahtipontinen
pond *(n.)* lampi
ponder *(v.)* pohtia
pony *(n.)* poni
poor *(adj.)* köyhä
pop *(n.)* poksahdus
pop *(v.)* poksahtaa
pope *(n.)* paavi
poplar *(n.)* poppeli
poplin *(n.)* popliini
populace *(n.)* tavallinen kansa
popular *(adj.)* suosittu
popularity *(n.)* suosio
popularize *(v.)* yleistajuistaa
populate *(v.)* kansoittaa
population *(n.)* väestö
populous *(adj.)* väkirikas
porcelain *(n.)* posliini
porch *(n.)* veranta
pore *(n.)* huokonen
pork *(n.)* sianliha
porridge *(n.)* puuro
port *(n.)* satama
portable *(adj.)* kannettava
portage *(n.)* rahtimaksu
portal *(n.)* portaali
portend *(v.)* ounastaa
porter *(n.)* portteri
portfolio *(n.)* portfolio
portico *(n.)* portiikki
portion *(v.)* jakaa osuuksiin
portion *(n.)* osuus
portrait *(n.)* muotokuva
portraiture *(n.)* muotokuvamaalaus
portray *(v.)* kuvastaa
portrayal *(n.)* kuvaaminen
pose *(v.)* poseerata

pose *(n.)* poseeraus
position *(v.)* asemapaikka
position *(n.)* asento
positive *(adj.)* positiivinen
possess *(v.)* ottaa haltuunsa
possession *(n.)* omaisuus
possibility *(n.)* mahdollisuus
possible *(adj.)* mahdollinen
post *(adv.)* jälkeen
post *(n.)* posti
post *(v.)* postittaa
postage *(n.)* postimaksu
postal *(adj.)* posti-
post-date *(v.)* myöhentää
poster *(n.)* mainosjuliste
posterity *(n.)* jälkipolvet
postgraduate *(adj.)* jatko-opinto-
posthumous *(adj.)* postuumi
postman *(n.)* postinkantaja
postmaster *(n.)* postitoimiston johtaja
post-mortem *(adj.)* kuolemanjälkeinen
post-mortem *(n.)* ruumiinavaus
post-office *(n.)* postitoimisto
postpone *(v.)* lykätä
postponement *(n.)* lykkäys
postscript *(n.)* jälkikirjoitus
posture *(n.)* ryhti
pot *(v.)* purkittaa
pot *(n.)* ruukku
potash *(n.)* kaliumkarbonaatti
potassium *(n.)* kalium
potato *(n.)* peruna
potency *(n.)* potenssi
potent *(adj.)* lisääntymiskykyinen
potential *(n.)* potentiaali
potential *(adj.)* potentiaalinen
potentiality *(n.)* potentiaalisuus
potter *(n.)* savenvalaja
pottery *(n.)* savityö
pouch *(n.)* pussukka
poultry *(n.)* siipikarja
pounce *(n.)* loikkaus
pounce *(v.)* syöksyä kimppuun
pound *(n.)* punta
pound *(v.)* jyskyttää
pour *(v.)* vuodattaa
poverty *(n.)* köyhyys
powder *(v.)* puuteroida
powder *(n.)* puuteri

power *(n.)* voima
powerful *(adj.)* voimakas
practicability *(n.)* käyttökelpoisuus
practicable *(adj.)* kulkukelpoinen
practical *(adj.)* käytännöllinen
practically *(adv.)* käytännöllisesti
practice *(n.)* harjoitus
practise *(v.)* harjoitella
practitioner *(n.)* harjoittaja
pragmatic *(adj.)* käytännönläheinen
pragmatism *(n.)* pragmatismi
praise *(n.)* kehu
praise *(v.)* kehua
praiseworthy *(adj.)* kehuttava
pram *(n.)* vaunut
prank *(n.)* pila
prattle *(v.)* pälättää
prattle *(n.)* pälätys
pray *(v.)* rukoilla
prayer *(n.)* rukoilija
preach *(v.)* saarnata
preacher *(n.)* saarnaaja
preamble *(n.)* esipuhe
precaution *(n.)* varotoimi
precautionary *(adj.)* ennaltaehkäisevä
precede *(v.)* kulkea edellä
precedence *(n.)* arvojärjestys
precedent *(n.)* ennakkopäätös
precept *(n.)* ohjenuora
preceptor *(n.)* lehtori
precious *(adj.)* kallisarvoinen
precis *(n.)* tiivistelmä
precise *(adj.)* täsmällinen
precision *(n.)* täsmällisyys
preclude *(v.)* tehdä mahdottomaksi
precursor *(n.)* esiaste
predator *(n.)* saalistaja
predecessor *(n.)* edeltäjä
predestination *(n.)* ennaltamääräys
predetermine *(v.)* määrätä ennalta
predicament *(n.)* ahdinko
predicate *(n.)* predikaatti
predict *(v.)* ennustella
prediction *(n.)* ennustus
predominance *(n.)* ylivalta
predominant *(adj.)* dominoiva
predominate *(v.)* dominoida
pre-eminence *(n.)* ylivoimaisuus
pre-eminent *(adj.)* ylivoimainen

preemptive *(adj.)* ennalta ehkäisevä
preen *(n.)* rintakoru
preen *(v.)* sukia
preexistence *(n.)* aiempi olemassaolo
preface *(v.)* aloittaa esipuheella
preface *(n.)* johdanto
prefect *(n.)* tukioppilas
prefer *(v.)* suosia
preference *(n.)* preferenssi
preferential *(adj.)* suosiva
prefix *(n.)* etuliite
prefix *(v.)* liittää eteen
pregnancy *(n.)* raskaus
pregnant *(adj.)* raskaana oleva
prehistoric *(adj.)* esihistoriallinen
prejudice *(n.)* ennakkoluulo
prelate *(n.)* prelaatti
preliminary *(n.)* karsinta
preliminary *(adj.)* preliminaarinen
prelude *(v.)* esittää alkusoitto
prelude *(n.)* preludi
premarital *(adj.)* esiaviollinen
premature *(adj.)* ennenaikainen
premeditate *(v.)* harkita etukäteen
premeditation *(n.)* ennalta harkinta
premier *(n.)* pääministeri
premier *(adj.)* tärkein
premiere *(n.)* ensi-ilta
premium *(n.)* lisähinta
premonition *(n.)* enneuni
preoccupation *(n.)* päähänpinttymä
preoccupy *(v.)* askarruttaa
preparation *(n.)* valmistelu
preparatory *(adj.)* valmisteleva
prepare *(v.)* valmistella
preponderance *(n.)* enemmyys
preponderate *(v.)* olla ylivoimainen
preposition *(n.)* prepositio
prerequisite *(adj.)* edellyttävä
prerequisite *(n.)* ennakkoehto
prerogative *(n.)* valtaoikeus
prescience *(n.)* etukäteistieto
prescribe *(v.)* kirjoittaa resepti
prescription *(n.)* resepti
presence *(n.)* paikallaolo
present *(v.)* juontaa
present *(n.)* nykyhetki
present *(adj.)* nykyinen
presentation *(n.)* esitelmä
presently *(adv.)* parhaillaan
preservation *(n.)* säilöntä
preservative *(n.)* säilöntäaine
preservative *(adj.)* säilöttävä
preserve *(n.)* säilyke
preserve *(v.)* taltioida
preside *(v.)* olla puheenjohtajana
president *(n.)* presidentti
presidential *(adj.)* presidentillinen
press *(n.)* lehdistö
press *(v.)* painaa
pressure *(n.)* paine
pressurize *(v.)* paineistaa
prestige *(n.)* vaikutusvalta
prestigious *(adj.)* vaikutusvaltainen
presume *(v.)* otaksua
presumption *(n.)* otaksuminen
presuppose *(v.)* oletella
presupposition *(n.)* oletus
pretence *(n.)* teeskentely
pretend *(v.)* teeskennellä
pretension *(n.)* suuriluuloisuus
pretentious *(adj.)* suurellinen
pretext *(n.)* veruke
prettiness *(n.)* viehättävyys
pretty *(adv.)* melko
pretty *(adj.)* nätti
prevail *(v.)* vallita
prevalence *(n.)* vallitsevuus
prevalent *(adj.)* vallitseva
prevent *(v.)* ehkäistä
prevention *(n.)* ehkäisy
preventive *(adj.)* ehkäisevä
preview *(v.)* esikatsella
previous *(adj.)* edellinen
prey *(n.)* saalis
prey *(v.)* saalistaa
price *(v.)* hinnoitella
price *(n.)* hinta
price list *(n.)* hinnasto
priceless *(adj.)* korvaamaton
prick *(v.)* tuikata
prick *(n.)* mulkero
pride *(v.)* ylpeillä
pride *(n.)* ylpeys
priest *(n.)* pappi
priestess *(n.)* papitar
priesthood *(n.)* papisto
prima facie *(adv.)* ensinäkemältä

primarily *(adv.)* ensisijaisesti
primary *(adj.)* ensisijainen
prime *(adj.)* ensiluokkainen
prime *(n.)* kukoistus
prime *(v.)* virittää
primer *(n.)* pohjustaja
primeval *(adj.)* alku-
primitive *(adj.)* alkukantainen
prince *(n.)* prinssi
princely *(adj.)* ruhtinaallinen
princess *(n.)* prinsessa
principal *(n.)* pääoma
principal *(adj.)* pääoma-
principle *(n.)* periaate
print *(v.)* tulostaa
print *(n.)* tuloste
printer *(n.)* tulostin
printout *(n.)* tulostus
prior *(n.)* priori
prior *(adj.)* varhaisempi
prioress *(n.)* prioritar
priority *(n.)* prioriteetti
prison *(n.)* vankila
prisoner *(n.)* vanki
privacy *(n.)* yksityisyys
private *(adj.)* yksityinen
privation *(n.)* kieltämys
privilege *(n.)* etuoikeus
prize *(v.)* kangeta
prize *(n.)* palkinto
prize money *(n.)* palkintoraha
pro forma *(adj.)* muodollinen
probability *(n.)* todennäköisyys
probable *(adj.)* todennäköinen
probably *(adv.)* todennäköisesti
probation *(n.)* koeaika
probationer *(n.)* kokelas
probe *(v.)* luodata
probe *(n.)* luotain
problem *(n.)* ongelma
problematic *(adj.)* ongelmallinen
procedure *(n.)* menettelytapa
proceed *(v.)* jatkaa
proceeding *(n.)* kanne
proceeds *(n.)* tulot
process *(n.)* prosessi
procession *(n.)* eteneminen
processor *(n.)* prosessori
proclaim *(v.)* julistautua

proclamation *(n.)* julkilausuma
proclivity *(n.)* taipumus
procrastinate *(v.)* vitkastella
procrastination *(n.)* vitkastelu
proctor *(n.)* järjestyksenvalvoja
proctor *(v.)* valvoa järjestystä
procure *(v.)* hankkia
procurement *(n.)* hankinta
prodigal *(adj.)* tuhlaavainen
prodigality *(n.)* tuhlaavaisuus
prodigy *(n.)* ihmelapsi
produce *(v.)* tuottaa
produce *(n.)* tuotteet
product *(n.)* tuote
production *(n.)* tuotanto
productive *(adj.)* tuottava
productivity *(n.)* tuottavuus
profane *(v.)* profanoida
profane *(adj.)* häpäisevä
profess *(v.)* väittää
profession *(n.)* ammattikunta
professional *(adj.)* ammattimainen
professor *(n.)* professori
proficiency *(n.)* asiantuntemus
proficient *(adj.)* ammattitaitoinen
profile *(n.)* profiili
profile *(v.)* profiloida
profit *(v.)* hyödyttää
profit *(n.)* liikevoitto
profitable *(adj.)* tuottoisa
profiteer *(v.)* keplotella
profiteer *(n.)* kiskuri
profligacy *(n.)* tuhlaavaisuus
profligate *(adj.)* tuhlaavainen
profound *(adj.)* perusteellinen
profundity *(n.)* perusteellisuus
profuse *(adj.)* ylenpalttinen
profusion *(n.)* ylenpalttisuus
progeny *(n.)* aikaansaannos
programme *(n.)* ohjelma
programme *(v.)* ohjelmoida
progress *(n.)* edistys
progress *(v.)* edistyä
progressive *(adj.)* edityksellinen
prohibit *(v.)* asettaa kieltolaki
prohibition *(n.)* kieltolaki
prohibitive *(adj.)* kieltävä
prohibitory *(adj.)* lannistava
project *(n.)* projekti

project *(v.)* projisoida
projectile *(n.)* ammus
projectile *(adj.)* heitettävä
projection *(n.)* projektio
projector *(n.)* projektori
proliferate *(v.)* lisääntyä nopeasti
proliferation *(n.)* lisääntyminen
prolific *(adj.)* satoisa
prologue *(n.)* prologi
prolong *(v.)* pitkittää
prolongation *(n.)* jatke
prominence *(n.)* prominenssi
prominent *(adj.)* silmiinpistävä
promise *(v.)* luvata
promise *(n.)* lupaus
promising *(adj.)* lupaava
promissory *(adj.)* lupauksellinen
promote *(v.)* promotoida
promotion *(n.)* promootio
prompt *(v.)* kehottaa
prompt *(adj.)* ripeä
prompter *(n.)* kuiskaaja
prone *(adj.)* taipuvainen
pronoun *(n.)* pronomini
pronounce *(v.)* ääntää
pronunciation *(n.)* ääntäminen
proof *(adj.)* pitävä
proof *(n.)* todiste
prop *(v.)* pönkittää
prop *(n.)* rekvisiitta
propaganda *(n.)* propaganda
propagandist *(n.)* propagandisti
propagate *(v.)* propagoida
propagation *(n.)* levittyminen
propel *(v.)* liikuttaa
proper *(adj.)* kunnollinen
properly *(adv.)* kunnolla
property *(n.)* omistusoikeus
prophecy *(n.)* profetia
prophesy *(v.)* profetoida
prophet *(n.)* profeetta
prophetic *(adj.)* profeetallinen
proportion *(n.)* mittasuhde
proportion *(v.)* suhteuttaa
proportional *(adj.)* suhteutettu
proportionate *(adj.)* suhteellinen
proposal *(n.)* kosinta
propose *(v.)* ehdotella
proposition *(n.)* propositio

propound *(v.)* esittää
proprietary *(adj.)* omistus-
proprietor *(n.)* liikkeenomistaja
propriety *(n.)* soveliaisuus
prorogue *(v.)* lykkäyttää
prosaic *(adj.)* proosa-
prose *(n.)* proosa
prosecute *(v.)* nostaa syyte
prosecution *(n.)* syytteeseenpano
prosecutor *(n.)* syyttäjä
prosody *(n.)* prosodia
prospect *(n.)* tulevaisuudennäkymä
prospective *(adj.)* tuleva
prospectus *(n.)* prospekti
prosper *(v.)* elpyä
prosperity *(n.)* korkeasuhdanne
prosperous *(adj.)* vauras
prosthetic *(adj.)* teko-
prostitute *(v.)* myydä itseään
prostitute *(n.)* prostituoitu
prostitution *(n.)* prostituutio
prostrate *(v.)* heittäytyä
prostrate *(adj.)* nujerrettu
prostration *(n.)* lamaannus
protagonist *(n.)* päähenkilö
protect *(v.)* suojella
protection *(n.)* suojelu
protective *(adj.)* suojeleva
protector *(n.)* suojelija
protein *(n.)* proteiini
protest *(n.)* protesti
protest *(v.)* protestoida
protestation *(n.)* vastalause
protocol *(n.)* protokolla
prototype *(n.)* prototyyppi
proud *(adj.)* ylpeä
prove *(v.)* todistaa
proverb *(n.)* sananlasku
proverbial *(adj.)* sananlaskumainen
provide *(v.)* tarjota
providence *(n.)* kaukokatseisuus
provident *(adj.)* kaukokatseinen
providential *(adj.)* kaitselmuksen suoma
province *(n.)* provinssi
provincial *(adj.)* maakunnallinen
provincialism *(n.)* maakuntaisuus
provision *(n.)* sopimusehto
provisional *(adj.)* tilapäinen
proviso *(n.)* varauma

provocation *(n.)* provosointi
provocative *(adj.)* provosoiva
provoke *(v.)* provosoida
prowess *(n.)* kyvykkyys
proximate *(adj.)* lähi-
proximity *(n.)* lähistö
proxy *(n.)* välityspalvelin
prude *(n.)* sievistelijä
prudence *(n.)* harkitsevaisuus
prudent *(adj.)* harkitsevainen
prudential *(adj.)* vakavarainen
prune *(v.)* oksia
pry *(v.)* urkkia
psalm *(n.)* psalmi
pseudonym *(n.)* pseudonyymi
psyche *(n.)* psyyke
psychiatrist *(n.)* psykiatri
psychiatry *(n.)* psykiatria
psychic *(adj.)* psyykkinen
psychological *(adj.)* psykologinen
psychologist *(n.)* psykologi
psychology *(n.)* psykologia
psychopath *(n.)* psykopaatti
psychosis *(n.)* psykoosi
psychotherapy *(n.)* psykoterapia
puberty *(n.)* murrosikä
public *(adj.)* julkinen
public *(n.)* yleisö
public transport *(n.)* julkinen liikenne
publication *(n.)* julkaisu
publicity *(n.)* julkisuus
publicize *(v.)* julkistaa
publish *(v.)* julkaista
publisher *(n.)* julkaisija
pudding *(n.)* vanukas
puddle *(v.)* läiskyttää
puddle *(n.)* lätäkkö
puerile *(adj.)* lapsekas
puff *(n.)* puhahdus
puff *(v.)* puhkua
pull *(n.)* veto
pull *(v.)* vetää
pulley *(n.)* väkipyörä
pullover *(n.)* pusero
pulp *(v.)* jauhautua massaksi
pulp *(n.)* massa
pulpit *(adj.)* saarnaava
pulpy *(adj.)* möyheä
pulsate *(v.)* tykyttää

pulsation *(n.)* pulsaatio
pulse *(n.)* syke
pulse *(v.)* sykkiä
pump *(v.)* pumpata
pump *(n.)* pumppu
pumpkin *(n.)* kurpitsa
pun *(n.)* sanaleikki
pun *(v.)* sutkautella
punch *(v.)* lyödä nyrkillä
punch *(n.)* lyönti
punctual *(adj.)* säntillinen
punctuality *(n.)* säntillisyys
punctuate *(v.)* välimerkittää
punctuation *(n.)* välimerkit
puncture *(v.)* punktoida
puncture *(n.)* rengasrikko
pungency *(n.)* pistävyys
pungent *(adj.)* pisteliäs
punish *(v.)* rangaista
punishment *(n.)* rangaistus
punitive *(adj.)* rankaiseva
puny *(adj.)* vähäpätöinen
pupil *(n.)* pupilli
puppet *(n.)* käsinukke
puppy *(n.)* pentu
purblind *(n.)* huononäköinen
purchase *(v.)* ostaa
purchase *(n.)* ostos
pure *(adj.)* puhdas
purgation *(n.)* puhdistaminen
purgative *(adj.)* puhdistava
purgative *(n.)* puhdistusaine
purgatory *(n.)* kiirastuli
purge *(v.)* tyhjentää suoli
purification *(n.)* puhdistus
purify *(v.)* puhdistaa
purist *(n.)* puristi
puritan *(n.)* puritaani
puritanical *(adj.)* puritaaninen
purity *(n.)* puhtaus
purple *(adj./n.)* violetti
purport *(v.)* meinata
purport *(n.)* tarkoitusperä
purpose *(v.)* tarkoittaa
purpose *(n.)* tarkoitus
purposely *(adv.)* tarkoituksellisesti
purr *(v.)* kehrätä
purr *(n.)* kehräys
purse *(v.)* mutristaa

purse *(n.)* kukkaro
pursuance *(n.)* toteuttaminen
pursue *(v.)* tavoitella
pursuit *(n.)* tavoittelu
purview *(n.)* soveltamisala
pus *(n.)* mätä
push *(v.)* työntää
push *(n.)* työntö
put *(v.)* panna
put *(n.)* töytäisy
puzzle *(v.)* kummastuttaa
puzzle *(n.)* pulmapeli
pygmy *(n.)* pygmi
pyorrhoea *(n.)* märkävuoto
pyramid *(n.)* pyramidi
pyre *(n.)* rovio
pyromantic *(n.)* pyromantti
pyromantic *(adj.)* pyromanttinen
python *(n.)* pyton

quack *(n.)* vaakku
quack *(v.)* vaakkua
quackery *(n.)* puoskarointi
quadrangle *(n.)* nelikulma
quadrangular *(adj.)* nelikulmainen
quadrilateral *(n.)* nelikulmio
quadrilateral *(adj.)* nelikulmio-
quadruped *(n.)* nelijalkainen
quadruple *(adj.)* nelinkertainen
quadruple *(v.)* nelinkertaistaa
quail *(n.)* viiriäinen
quaint *(adj.)* idyllinen
quake *(n.)* järistys
quake *(v.)* järistä
qualification *(n.)* pätevyys
qualify *(v.)* pätevöityä
qualitative *(adj.)* laadullinen
quality *(n.)* laatu
quandary *(n.)* pulma
quantitative *(adj.)* määrällinen
quantity *(n.)* määrä
quantum *(n.)* kvantti
quarrel *(v.)* kinata
quarrel *(n.)* kina
quarrelsome *(adj.)* kinaava

quarry *(v.)* louhia
quarry *(n.)* louhos
quarter *(v.)* jakaa neljään osaan
quarter *(n.)* neljäsosa
quarterly *(adj.)* neljännesvuosittain
queen *(n.)* kuningatar
queer *(n.)* homo
queer *(v.)* panna hankalaan tilanteeseen
queer *(adj.)* pervo
quell *(v.)* tukahduttaa
quench *(v.)* karkaista
query *(v.)* kysellä
query *(n.)* kysely
quest *(n.)* etsintä
quest *(v.)* etsiä
question *(v.)* kyseenalaistaa
question *(n.)* kysymys
questionable *(adj.)* kyseenalainen
questionnaire *(n.)* kyselylomake
queue *(n.)* jono
queue *(v.)* jonottaa
quibble *(v.)* marista
quibble *(n.)* marina
quick *(n.)* kynsipatja
quick *(adj.)* nopea
quick fix *(n.)* hätäratkaisu
quickly *(adv.)* nopeasti
quicksand *(n.)* juoksuhiekka
quicksilver *(n.)* elohopea
quiet *(adj.)* hiljainen
quiet *(n.)* hiljaisuus
quiet *(v.)* hiljentyä
quilt *(n.)* täkki
quinine *(n.)* kiniini
quintessence *(n.)* perikuva
quintessential *(adj.)* pohjimmainen
quirky *(adj.)* outo
quit *(v.)* lopettaa
quite *(adv.)* aika
quiver *(v.)* vavista
quiver *(n.)* nuoliviini
quixotic *(adj.)* haihatteleva
quiz *(v.)* arvuutella
quiz *(n.)* tietokilpailu
quorum *(n.)* päätösvalta
quota *(n.)* kiintiö
quotation *(n.)* sitaatti
quote *(v.)* siteerata
quotient *(n.)* osamäärä

R

rabbi *(n.)* rabbi
rabbit *(n.)* kaniini
rabble *(n.)* alhaiso
rabies *(n.)* vesikauhu
race *(v.)* ajaa rallia
race *(n.)* kilpa-ajo
racial *(adj.)* rodullinen
racialism *(n.)* rotuviha
racism *(n.)* rasismi
racist *(adj.)* rasistinen
rack *(n.)* teline
rack *(v.)* järjestää telineeseen
racket *(n.)* maila
radiance *(n.)* säteilevyys
radiant *(adj.)* säteilevä
radiate *(v.)* säteillä
radiation *(n.)* säteily
radical *(adj.)* radikaalinen
radio *(n.)* radio
radio *(v.)* radioida
radioactive *(adj.)* radioaktiivinen
radiogram *(n.)* radiosanoma
radiography *(n.)* röntgenkuvaus
radiolocation *(n.)* radiopaikannin
radiology *(n.)* radiologia
radiomercury *(n.)* radioelohopea
radioimmunology *(n.)* radioimmunologia
radion *(n.)* radioni
radiophone *(n.)* radiopuhelin
radioscan *(n.)* radioskannaus
radiotelegraphy *(n.)* radiosähke
radious *(adj.)* säteilyllinen
radish *(n.)* retiisi
radium *(n.)* radium
radius *(n.)* toimintasäde
rag *(v.)* naljailla
rag *(n.)* riepu
rage *(v.)* räyhätä
rage *(n.)* räyhääminen
raid *(v.)* ratsata
raid *(n.)* ratsia
rail *(v.)* haukkua
rail *(n.)* raide
railing *(n.)* suojakaide

raillery *(n.)* härnääminen
railway *(n.)* rautatie
rain *(n.)* sade
rain *(v.)* sataa
rainbow *(n.)* sateenkaari
rainy *(adj.)* sateinen
raise *(v.)* kohota
raisin *(n.)* rusina
rally *(n.)* ralli
rally *(v.)* toipua
ram *(v.)* iskeytyä
ram *(n.)* pässi
ramble *(n.)* kävelylenkki
ramble *(v.)* käydä kävelylenkillä
rampage *(n.)* riehuminen
rampage *(v.)* riehua
rampant *(adj.)* reheväkasvuinen
rampart *(n.)* suojavalli
ranch *(n.)* maatila
ranch *(v.)* tarhata
rancid *(adj.)* härskiintynyt
rancidify *(v.)* härskiintyä
rancour *(n.)* katkeroituminen
random *(adj.)* sattumanvarainen
randomise *(v.)* satunnaistaa
range *(n.)* kantama
range *(v.)* vaihdella
ranger *(n.)* metsänvartija
rank *(adj.)* lemuava
rank *(v.)* sijoittua
rank *(n.)* sijoitus
ransack *(v.)* penkoa
ransom *(v.)* maksaa lunnaat
ransom *(n.)* lunnaat
rape *(v.)* raiskata
rape *(n.)* raiskaus
rapid *(adj.)* ripeä
rapidity *(n.)* lennokkuus
rapier *(n.)* pistomiekka
rapport *(n.)* hyvät välit
rapt *(adj.)* hurmaantunut
rapture *(n.)* hurmio
rare *(adj.)* harvinainen
rarefy *(v.)* harventaa
rarely *(adv.)* harvoin
rareness *(n.)* harvinaisuus
rarity *(n.)* ohuus
rascal *(n.)* vintiö
rash *(adj.)* hätäinen

rash *(n.)* ihottuma
rasp *(v.)* raspata
rasp *(n.)* riivinrauta
raspberry *(n.)* vadelma
raspberry *(adj.)* vadelmanpunainen
raspy *(adj.)* käheä
rasta *(n.)* rasta
rasure *(n.)* naarmu
rat *(v.)* antaa ilmi
rat *(n.)* rotta
rate *(n.)* arvosana
rate *(v.)* antaa arvosana
rather *(adv.)* pikemminkin
ratify *(v.)* ratifioida
ratio *(n.)* suhdeluku
ration *(n.)* säännöstellä
rational *(adj.)* rationaalinen
rationale *(n.)* perustelu
rationality *(n.)* rationaliteetti
rationalize *(v.)* ranionaalistaa
rattle *(n.)* helistin
rattle *(v.)* kalistella
raucous *(adj.)* remuisa
ravage *(v.)* runnoa
ravage *(n.)* runtelu
rave *(v.)* houria
raven *(n.)* korppi
ravine *(n.)* raviini
raw *(adj.)* raaka
ray *(n.)* rausku
raze *(v.)* hävittää maan tasalle
razor *(n.)* partahöylä
reabsorb *(v.)* imeytyä takaisin
reabsorption *(n.)* imeytyminen
reaccept *(v.)* uudelleenhyväksyä
reach *(n.)* ulottuvuus
reach *(v.)* ylettyä
reachable *(adj.)* tavoitettavissa oleva
react *(v.)* reagoida
reaction *(n.)* reaktio
reactionary *(adj.)* taantumuksellinen
reactionist *(n.)* reaktionisti
reactivate *(v.)* reaktivoida
reactivation *(n.)* uudelleenaktivointi
reactive *(adj.)* reaktiivinen
reactor *(n.)* reaktori
read *(v.)* lukea
reader *(n.)* lukija
readily *(adv.)* auliisti

readiness *(n.)* valmius
readjust *(v.)* säätää uudelleen
ready *(adj.)* valmis
ready-made *(adj.)* valmis-
reak *(n.)* kuje
real *(adj.)* aito
realism *(n.)* realismi
realist *(n.)* realisti
realistic *(adj.)* realistinen
reality *(n.)* todellisuus
realization *(n.)* tajuaminen
realize *(v.)* tajuta
reallocate *(v.)* kohdistaa uudelleen
reallocation *(n.)* uudelleenkohdistaminen
really *(adv.)* oikeasti
really *(int.)* todellakin
realm *(n.)* valtakunta
realtor *(n.)* kiinteistönvälittäjä
realty *(n.)* kiinteä omaisuus
ream *(v.)* survoa
ream *(n.)* tukku
reamer *(n.)* aarpora
reamplify *(v.)* vahvistaa uudelleen
reamputation *(n.)* reamputaatio
reanimate *(adj.)* elävöitetty
reanimate *(v.)* herättää henkiin
reanimation *(n.)* elvytys
reannex *(v.)* liittää uudelleen
reannexation *(n.)* uudelleenliitos
reap *(v.)* niittää
reap *(n.)* niitäminen
reaper *(n.)* elonkorjaaja
reappear *(v.)* ilmestyä uudelleen
reappearance *(n.)* uudelleenilmestyminen
reapplication *(n.)* uusintahakemus
reapply *(v.)* hakea uudelleen
reappoint *(v.)* nimittää uudelleen
reappraisal *(n.)* uudelleenarviointi
reappraise *(v.)* arvioida uudelleen
reapproach *(v.)* lähestyä uudelleen
reappropriate *(v.)* sovittaa uudelleen
reapproval *(n.)* uudelleenhyväksyntä
rear *(v.)* roikkua kannoilla
rear *(adv.)* takaperin
rear *(n.)* peräpää
rear *(adj.)* taka-
rearrange *(v.)* järjestää uudelleen
rearticulate *(v.)* jäsentää uudelleen
rearview *(adj.)* tausta-

reason *(v.)* järkeillä
reason *(n.)* syy
reasonable *(adj.)* järkeenkäypä
reassign *(v.)* määrätä uudelleen
reassume *(v.)* jatkaa uudelleen
reassure *(v.)* vakuutella
reattach *(v.)* kiinnittää uudelleen
rebate *(n.)* hinnanalennus
rebel *(v.)* niskuroida
rebel *(n.)* niskoittelija
rebellion *(n.)* vastarinta
rebellious *(adj.)* kapinoiva
rebirth *(n.)* jälleensyntyminen
rebound *(v.)* kimmota
rebound *(n.)* kimpoaminen
rebuff *(v.)* torjua tylysti
rebuff *(n.)* torjunta
rebuild *(v.)* jälleenrakentaa
rebuke *(n.)* nuhtelu
rebuke *(v.)* moittia
recall *(n.)* palauttaminen mieleen
recall *(v.)* palauttaa mieleen
recede *(v.)* vetäytyä
receipt *(n.)* kuitti
receive *(v.)* vastaanottaa
receiver *(n.)* vastaanotin
recent *(adj.)* viimeaikainen
recently *(adv.)* äskettäin
reception *(n.)* vastaanotto
receptive *(adj.)* vastaanottavainen
recess *(n.)* syvennys
recession *(n.)* taantuma
recipe *(n.)* ruokaresepti
recipient *(n.)* vastaanottaja
reciprocal *(adj.)* päinvastainen
reciprocate *(v.)* antaa vastalahja
recital *(n.)* resitaali
recitation *(n.)* resitaatio
recite *(v.)* resitoida
reckless *(adj.)* uhkarohkea
reckon *(v.)* luulla
reclaim *(v.)* vaatia takaisin
reclamation *(n.)* reklamaatio
recluse *(n.)* erakko
recognition *(n.)* tunnustus
recognize *(v.)* tunnistaa
recoil *(v.)* hätkähtää
recoil *(n.)* takaisku
recollect *(v.)* palauttaa mieleensä

recollection *(n.)* muistelu
recommend *(v.)* suositella
recommendation *(n.)* suositteleminen
recompense *(n.)* uudelleenkompensointi
recompense *(v.)* kompensoida uudelleen
reconcile *(v.)* sovittaa yhteen
reconciliation *(n.)* sovinnonteko
recondensation *(n.)* jälkilauhdutus
recondense *(v.)* tiivistää uudelleen
recondition *(v.)* kunnostautua
reconductor *(n.)* johdin
reconfigurate *(v.)* konfiguroida uudelleen
reconfiguration *(n.)* uuskokoonpano
reconquer *(v.)* valloittaa takaisin
reconsider *(v.)* harkita uudelleen
reconsolidate *(v.)* lujittaa uudelleen
record *(n.)* ennätys
record *(v.)* nauhoittaa
recorder *(n.)* nauhuri
recount *(v.)* laskea uudelleen
recoup *(v.)* saada takaisin
recourse *(n.)* takautuminen
recover *(v.)* palautua
recovery *(n.)* palautuminen
recreation *(n.)* virkistys
recreational *(adj.)* virkistys-
recreative *(adj.)* virkistävä
recriminate *(v.)* esittää vastasyytös
recrimination *(n.)* vastasyytös
recrudency *(n.)* toistuvuus
recruit *(v.)* rekrytoida
recruit *(n.)* alokas
rectangle *(n.)* suorakulmio
rectangular *(adj.)* suorakulmainen
rectification *(n.)* oikaisu
rectify *(v.)* oikaista
rectum *(n.)* peräsuoli
recuperate *(v.)* toipua
recur *(v.)* uusiutua
recurrence *(n.)* uusiutuminen
recurrent *(adj.)* uusiutuva
recycle *(v.)* kierrättää
red *(n.)* puna
red *(adj.)* punainen
redden *(v.)* punertua
reddish *(adj.)* punertava
redeem *(v.)* ostaa takaisin
redemption *(n.)* lunastus
redouble *(v.)* vastakahdentaa

redress *(n.)* hyvitys
redress *(v.)* hyvittää
reduce *(v.)* vähentää
reduction *(n.)* vähennys
redundance *(n.)* redundanssi
redundant *(adj.)* tarpeeton
reel *(n.)* kela
reel *(v.)* kelata
refer *(v.)* viitata
referee *(n.)* suosittelija
reference *(n.)* lähdeviite
referendum *(n.)* kansanäänestys
refine *(v.)* jalostua
refinement *(n.)* jalostaminen
refinery *(n.)* jalostamo
reflect *(v.)* heijastaa
reflection *(n.)* heijastus
reflective *(adj.)* heijastava
reflector *(n.)* heijastin
reflex *(adj.)* heijastuva
reflex *(n.)* refleksi
reflexive *(adj.)* refleksiivinen
reform *(n.)* uudistus
reform *(v.)* uudistua
reformation *(n.)* reformaatio
reformatory *(n.)* koulukoti
reformatory *(adj.)* uudistuksellinen
reformer *(n.)* uudistaja
refrain *(n.)* hokema
refrain *(v.)* pidättyä
refresh *(v.)* virvoittaa
refreshment *(n.)* virvoke
refrigerate *(v.)* laittaa jääkaappiin
refrigeration *(n.)* kylmäsäilytys
refrigerator *(n.)* jääkaappi
refuel *(v.)* tankata
refuge *(n.)* turvapaikka
refugee *(n.)* turvapaikan hakija
refulgence *(n.)* hohto
refulgent *(adj.)* hohtava
refund *(v.)* palauttaa raha
refund *(n.)* rahanpalautus
refurbish *(v.)* remontoida
refusal *(n.)* kieltäytyminen
refuse *(n.)* jäte
refuse *(v.)* kieltäytyä
refutation *(n.)* vääräksi osoittaminen
refute *(v.)* osoittaa vääräksi
regal *(adj.)* ruhtinaallinen

regard *(n.)* huomiointi
regard *(v.)* ottaa huomioon
regenerate *(v.)* regeneroida
regeneration *(n.)* regenerointi
regicide *(n.)* kuninkaanmurha
regime *(n.)* hallintojärjestelmä
regiment *(n.)* rykmentti
regiment *(v.)* pitää kurissa
region *(n.)* alue
regional *(adj.)* alueittainen
register *(n.)* rekisteri
register *(v.)* rekisteröidä
registrar *(n.)* rekisteriviranomainen
registration *(n.)* rekisteröinti
registry *(n.)* rekisteröityminen
regret *(n.)* katuminen
regret *(v.)* katua
regular *(adj.)* säännöllinen
regularity *(n.)* säännöllisyys
regulate *(v.)* säännellä
regulation *(n.)* säännöstely
regulator *(n.)* säädin
rehabilitate *(v.)* kuntouttaa
rehabilitation *(n.)* kuntoutus
rehearsal *(n.)* kertaus
rehearse *(v.)* kertailla
reign *(n.)* hallintokausi
reign *(v.)* olla vallassa
reimburse *(v.)* korvata kustannukset
reimbursement *(n.)* hinnanpalautus
rein *(v.)* suitsia
rein *(n.)* suitset
reinforce *(v.)* vahvistaa
reinforcement *(n.)* vahvistukset
reinstate *(v.)* palauttaa virkaan
reinstatement *(n.)* viranpalautus
reiterate *(v.)* hokea
reiteration *(n.)* hokeminen
reject *(v.)* hylkiä
rejection *(n.)* hylkäys
rejoice *(v.)* riemuita
rejoin *(v.)* liittää yhteen
rejoinder *(n.)* vastaus
rejuvenate *(v.)* nuorentaa
rejuvenation *(n.)* nuorentuminen
relapse *(n.)* toisinto
relapse *(v.)* kokea takaisku
relate *(v.)* liittyä johonkin
relation *(n.)* suhde

relative *(n.)* sukulainen
relative *(adj.)* suhteellinen
relax *(v.)* rentoutua
relaxation *(n.)* rentoutuminen
relay *(v.)* kertoa eteenpäin
relay *(n.)* rele
release *(n.)* vapautuminen
release *(v.)* vapautus
relent *(v.)* heltyä
relentless *(adj.)* leppymätön
relevance *(n.)* asiaankuuluvuus
relevant *(adj.)* asiaankuuluva
reliable *(adj.)* varma
reliance *(n.)* riippuvaisuus
relic *(n.)* jäännökset
relief *(n.)* helpotus
relieve *(v.)* lieventyä
religion *(n.)* uskonto
religious *(adj.)* uskonnollinen
relinquish *(v.)* päästää irti
relish *(n.)* makunautinto
relish *(v.)* nautiskella
reluctance *(n.)* vastahakoisuus
reluctant *(adj.)* vastahakoinen
rely *(v.)* turvautua johonkin
remain *(v.)* jäädä jäljelle
remainder *(n.)* jäännöserä
remains *(n.)* jäänteet
remand *(n.)* tutkintavankeus
remand *(v.)* vangita
remark *(v.)* panna merkille
remark *(n.)* havainto
remarkable *(adj.)* merkittävä
remedial *(adj.)* korjaava
remedy *(n.)* parannuskeino
remedy *(v.)* parantaa
remember *(v.)* muistaa
remembrance *(n.)* muistaminen
remind *(v.)* muistuttaa
reminder *(n.)* muistutus
reminiscence *(n.)* muistikuva
reminiscent *(adj.)* muistuttava
remission *(n.)* synninpäästö
remit *(v.)* lähettää rahaa
remit *(n.)* vastuualue
remittance *(n.)* rahalähetys
remorse *(n.)* katumus
remote *(adj.)* etä-
remould *(v.)* valaa muottiin

removable *(adj.)* poistettava
removal *(n.)* poisto
remove *(v.)* poistaa
remunerate *(v.)* palkita
remuneration *(n.)* palkkio
remunerative *(adj.)* kannattava
renaissance *(n.)* renesanssi
render *(v.)* renderöidä
rendezvous *(n.)* sovittu tapaaminen
renew *(v.)* uusia
renewal *(n.)* uusiminen
renounce *(v.)* antaa periksi
renovate *(v.)* remontoida
renovation *(n.)* remontti
renown *(n.)* maineikkuus
renowned *(adj.)* maineikas
rent *(v.)* vuokrata
rent *(n.)* vuokra
renunciation *(n.)* luopuminen
repair *(n.)* korjaus
repair *(v.)* korjata
repairable *(adj.)* korjattavissa oleva
repartee *(n.)* nokkela sanailu
repatriate *(n.)* kotimaahan palannut
repatriate *(v.)* palauttaa kotimaahan
repatriation *(n.)* kotiutus
repay *(v.)* maksaa takaisin
repayment *(n.)* takaisinmaksu
repeal *(n.)* kumoaminen
repeal *(v.)* kumoutua
repeat *(v.)* toistaa
repel *(v.)* hylkiä toisiaan
repellent *(n.)* karkote
repellent *(adj.)* kuvottava
repent *(v.)* kaduttaa
repentance *(n.)* tunnontuska
repentant *(adj.)* katuva
repercussion *(n.)* jälkiseuraus
repertoire *(n.)* repertuaari
repetition *(n.)* toisto
replace *(v.)* korvata
replacement *(n.)* varaosa
replay *(v.)* toistaa uudelleen
replenish *(v.)* täydentää
replete *(adj.)* kylläinen
replica *(n.)* replika
reply *(v.)* vastata
reply *(n.)* vastaus
report *(n.)* raportti

report *(v.)* raportoida
reporter *(n.)* uutistoimittaja
repose *(v.)* lepuuttaa
repose *(n.)* lepotila
repository *(n.)* säilytyspaikka
represent *(v.)* edustaa
representation *(n.)* representaatio
representative *(adj.)* edustuksellinen
representative *(n.)* kansanedustaja
repress *(v.)* tukahduttaa
repression *(n.)* tukahduttaminen
reprimand *(v.)* torua
reprimand *(n.)* torut
reprint *(v.)* painaa uusiksi
reprint *(n.)* uusintapainos
reproach *(n.)* soimaus
reproach *(v.)* soimata
reproduce *(v.)* jäljentyä
reproduction *(n.)* jäljennys
reproductive *(adj.)* lisääntymis-
reproof *(n.)* moite
reptile *(n.)* matelija
republic *(n.)* tasavalta
republican *(n.)* republikaani
republican *(adj.)* tasavaltainen
repudiate *(v.)* kieltäytyä maksamasta
repudiation *(n.)* kiistäminen
repugnance *(n.)* inhotus
repugnant *(adj.)* etova
repulse *(n.)* iljetys
repulse *(v.)* inhottaa
repulsion *(n.)* repulsio
repulsive *(adj.)* luotaantyöntävä
reputation *(n.)* maine
repute *(n.)* hyvä maine
repute *(v.)* säilyttää maine
request *(n.)* pyyntö
request *(v.)* pyytää
requiem *(n.)* sielunmessu
require *(v.)* kaivata
requirement *(n.)* edellytys
requisite *(n.)* ehto
requisite *(adj.)* tarvittava
requisition *(n.)* takavarikko
requisition *(v.)* takavarikoida
requite *(v.)* palautella
reschedule *(v.)* ajoittaa uudelleen
rescue *(v.)* pelastaa
rescue *(n.)* pelastus

research *(v.)* tehdä tutkimusta
research *(n.)* tutkimustyö
resemblance *(n.)* yhdennäköisyys
resemble *(v.)* muistuttaa jotakin
resent *(v.)* pahastua
resentment *(n.)* mielipaha
reservation *(n.)* varaus
reserve *(v.)* varata
reservoir *(n.)* tekojärvi
reside *(v.)* asua
residence *(n.)* asuinpaikka
resident *(n.)* asukas
resident *(adj.)* vakinaisesti asuva
residual *(adj.)* jäännös-
residue *(n.)* jäännös
resign *(v.)* irtisanoutua
resignation *(n.)* irtisanoutuminen
resist *(v.)* vastustaa
resistance *(n.)* vastustus
resistant *(adj.)* vastustuskykyinen
resolute *(adj.)* päättäväinen
resolution *(n.)* ratkaisu
resolve *(v.)* ratkaista
resonance *(n.)* resonointi
resonant *(adj.)* resonoiva
resort *(n.)* lomakohde
resort *(v.)* uudelleenjärjestää
resound *(v.)* raikua
resource *(n.)* resurssi
resourceful *(adj.)* neuvokas
respect *(v.)* kunnioittaa
respect *(n.)* kunnioitus
respectful *(adj.)* kunnioittava
respective *(adj.)* kyseinen
respiration *(n.)* soluhengitys
respire *(v.)* soluhengittää
resplendent *(adj.)* loistava
respond *(v.)* vastata
respondent *(n.)* vastaaja
response *(n.)* vastaus
responsibility *(n.)* vastuu
responsible *(adj.)* vastuullinen
rest *(v.)* levätä
rest *(n.)* loput
restaurant *(n.)* ravintola
restive *(adj.)* vikuri
restoration *(n.)* palautus
restore *(v.)* palauttaa
restrain *(v.)* pidätellä

restrict *(v.)* rajoittaa
restriction *(n.)* rajoitus
restrictive *(adj.)* rajoittava
result *(v.)* olla seurauksena
result *(n.)* tulos
resume *(n.)* ansioluettelo
resume *(v.)* ryhtyä uudelleen
resumption *(n.)* jatkaminen
resurgence *(n.)* elpyminen
resurgent *(adj.)* elpynyt
retail *(v.)* harjoittaa vähittäiskauppaa
retail *(adv.)* vähittäin
retail *(adj.)* vähittäis-
retail *(n.)* vähittäiskauppa
retailer *(n.)* vähittäiskauppias
retain *(v.)* säilyttää
retaliate *(v.)* vastata samalla mitalla
retaliation *(n.)* kostotoimi
retard *(v.)* jäädä jälkeen
retardation *(n.)* kehitysvammaisuus
retention *(n.)* säilyttäminen
retentive *(adj.)* hyvämuistinen
reticence *(n.)* pidättyväisyys
reticent *(adj.)* pidättyväinen
retina *(n.)* verkkokalvo
retinue *(n.)* seurue
retire *(v.)* eläköityä
retirement *(n.)* eläköityminen
retort *(v.)* sivaltaa
retort *(n.)* tislausastia
retouch *(v.)* retusoida
retrace *(v.)* jäljittää
retread *(v.)* kuvioida uudelleen
retread *(n.)* uusiorengas
retreat *(v.)* perääntyä
retrench *(v.)* supistaa
retrenchment *(n.)* supistus
retrieve *(v.)* noutaa
retrospect *(n.)* jälkikäteistarkastelu
retrospection *(n.)* menneiden muistelu
retrospective *(adj.)* taaksepäin suuntautuva
return *(n.)* paluu
return *(v.)* tulla takaisin
reuse *(v.)* käyttää uudelleen
revaluation *(n.)* revalvaatio
revamp *(v.)* parannella
reveal *(v.)* ilmituoda
revel *(n.)* rellestäminen
revel *(v.)* rellestää
revelation *(n.)* paljastus
reveller *(n.)* rellestelijä
revelry *(n.)* rellestys
revenge *(v.)* kostaa
revenge *(n.)* kostoisku
revengeful *(adj.)* kostonhimoinen
revenue *(n.)* liikevaihto
revere *(v.)* ihannoida
reverence *(n.)* arvostaminen
reverend *(adj.)* kunnianarvoinen
reverent *(adj.)* kunnioitettava
reverential *(adj.)* kunnioittava
reverie *(n.)* haaveilu
reversal *(n.)* täyskäännös
reverse *(adj.)* käänteinen
reverse *(n.)* kääntöpuoli
reverse *(v.)* peruuttaa
reversible *(adj.)* käännettävä
revert *(v.)* kääntyä takaisin
review *(n.)* katsaus
review *(v.)* käydä läpi
revise *(v.)* kerrata
revision *(n.)* revisio
revisit *(v.)* käydä uudelleen
revival *(n.)* virkoaminen
revive *(v.)* virota
revocable *(adj.)* peruutettavissa oleva
revocation *(n.)* peruutus
revoke *(v.)* purkaa
revolt *(n.)* mellakka
revolt *(v.)* mellakoida
revolution *(n.)* vallankumous
revolutionary *(n.)* vallankumouksellinen
revolutionary *(adj.)* vallankumous-
revolve *(v.)* pyöriä
revolver *(n.)* revolveri
reward *(n.)* palkinto
reward *(v.)* palkita
rewrite *(v.)* kirjoittaa uudelleen
rhetoric *(n.)* retoriikka
rhetorical *(adj.)* retorinen
rheumatic *(adj.)* reuma-
rheumatism *(n.)* reuma
rhinoceros *(n.)* sarvikuono
rhyme *(n.)* riimi
rhyme *(v.)* riimitellä
rhymester *(n.)* riiminikkari
rhythm *(n.)* rytmi

rhythmic *(adj.)* rytminen
rib *(n.)* kylkiluu
ribbon *(n.)* nauha
rice *(n.)* riisi
rich *(adj.)* rikas
riches *(n.)* rikkaudet
richness *(adj.)* rikkaus
rick *(n.)* venähdys
rickets *(n.)* riisitauti
rickety *(adj.)* rähjäinen
rickshaw *(n.)* riksa
rid *(v.)* päästä eroon
riddle *(n.)* siivilä
riddle *(v.)* siivilöidä
ride *(n.)* kyyti
ride *(v.)* ratsastaa
rider *(n.)* ratsastaja
ridge *(n.)* harjanne
ridicule *(v.)* naurunalaistaa
ridicule *(n.)* pilkanteko
ridiculous *(adj.)* naurettava
rifle *(n.)* kivääri
rifle *(v.)* rihlata
rift *(n.)* kuilu
right *(v.)* oieta
right *(n.)* oikea
right *(adv.)* oikealle
right *(adj.)* oikeanpuoleinen
righteous *(adj.)* vanhurskas
rigid *(adj.)* jäykkä
rigorous *(adj.)* tiukkapipoinen
rigour *(n.)* ankaruus
rim *(n.)* reunus
ring *(v.)* soida
ring *(n.)* sormus
ringlet *(n.)* hiuskiehkura
ringworm *(n.)* silsa
rinse *(v.)* huuhdella
riot *(n.)* rähinä
riot *(v.)* rähinöidä
rip *(v.)* repiä
ripe *(adj.)* kypsä
ripen *(v.)* kypsyä
ripple *(n.)* väre
ripple *(v.)* väreillä
rise *(v.)* kohottautua
rise *(n.)* ylämäki
risk *(v.)* riskeerata
risk *(n.)* riski

risky *(adj.)* riskialtis
rite *(n.)* riitti
ritual *(n.)* rituaali
ritual *(adj.)* rituaali-
rival *(n.)* kilpakosija
rival *(v.)* mitellä
rivalry *(n.)* mittelö
river *(n.)* joki
rivet *(v.)* niitata
rivet *(n.)* niitti
rivulet *(n.)* puro
roach *(n.)* särki
road *(n.)* tie
road race *(n.)* maantieajo
road rage *(n.)* rattiraivo
roadblock *(v.)* sulkea tie
roadblock *(n.)* teisulku
roadhouse *(n.)* krouvi
roadkill *(n.)* auton alle jäänyt eläin
roadrunner *(n.)* juoksukäki
roadshow *(n.)* kiertävä show
roadster *(n.)* urheiluauto
roam *(v.)* harhailla
roar *(n.)* karjaisu
roar *(v.)* karjua
roast *(adj.)* paahdettu
roast *(v.)* paahtaa
roast *(n.)* paisti
rob *(v.)* ryöstää
robber *(n.)* ryöstäjä
robbery *(n.)* ryöstö
robe *(n.)* kaapu
robe *(v.)* pukeutua kaapuun
robot *(n.)* robotti
robust *(adj.)* jykevä
rock *(n.)* kallio
rock *(v.)* keinuttaa
rock climber *(n.)* kalliokiipeilijä
rock-bottom *(v.)* tehdä pohjanoteeraus
rocker *(n.)* keinutuoli
rocket *(n.)* raketti
rocket scientist *(n.)* rakettitieteilijä
rocketeer *(n.)* raketinkuljettaja
rocketman *(n.)* rakettimies
rockfall *(n.)* kivivyöry
rockfish *(n.)* kivikala
rocking *(adj.)* keinuva
rod *(n.)* vapa
rodent *(n.)* jyrsijä

roe *(n.)* mäti
rogue *(n.)* konna
roguery *(n.)* konnuus
roguish *(adj.)* veitikkamainen
role *(n.)* rooli
role model *(n.)* roolimalli
roll *(v.)* rullata
roll *(n.)* sämpylä
roll-call *(n.)* nimenhuuto
roller *(n.)* rulla
rollicking *(adj.)* railakas
romance *(n.)* romantiikka
romantic *(adj.)* romanttinen
romp *(n.)* peuhaaminen
romp *(v.)* peuhata
rood *(n.)* ristiinnaulitunkuva
roof *(n.)* katto
roof *(v.)* varustaa katolla
rooftop *(n.)* ulkokatto
rook *(n.)* torni
rook *(v.)* kiskoa ylihintaa
room *(n.)* huone
room-mate *(n.)* kämppäkaveri
roomy *(adj.)* tilava
roost *(n.)* nukkumapaikka
roost *(v.)* palata kotiin
root *(n.)* juuri
root *(v.)* juurtua
rope *(n.)* köysi
rope *(v.)* köyttää
rosary *(n.)* rukousnauha
rose *(n.)* ruusu
roseate *(adj.)* ruusunpunainen
rostrum *(n.)* kärsä
rosy *(adj.)* ruusuinen
rot *(v.)* mädäntyä
rot *(n.)* mätäneminen
rotary *(adj.)* pyörivä
rotate *(v.)* pyöriä
rotation *(n.)* pyörähdys
rote *(n.)* ulkoluku
rotten *(adj.)* mädäntynyt
rouble *(n.)* rupla
rough *(adj.)* kovakourainen
round *(adj.)* pyöreä
round *(adv.)* pyöreästi
round *(n.)* ympyrä
round *(v.)* ympyröidä
rouse *(v.)* nostattaa
rout *(v.)* löylyttää
rout *(n.)* murskatappio
route *(n.)* reitti
routine *(n.)* rutiini
routine *(adj.)* rutiininomainen
rove *(v.)* kuljeskella
rover *(n.)* mönkijä
row *(n.)* rivi
row *(v.)* soutaa
rowdy *(adj.)* öykkärimäinen
royal *(adj.)* kuninkaallinen
royalist *(n.)* rojalisti
royalty *(n.)* kuninkaallisuus
rub *(v.)* hangata
rubber *(n.)* pyyhekumi
rubber bullet *(n.)* kumiluoti
rubber duck *(n.)* kumiankaa
rubber tree *(n.)* kumipuu
rubberneck *(n.)* kumikaula
rubberneck *(v.)* kurkottaa kaulaansa
rubbing *(n.)* hiertäminen
rubbish *(n.)* roskat
rubble *(n.)* kivimurska
rubblework *(n.)* rauniotyöt
rubeola *(n.)* vihurirokko
rubian *(n.)* rubiini
rubican *(adj.)* rubikaaninen
rubicon *(n.)* rubikoni
rubify *(v.)* punertaa
rubric *(n.)* rubriikki
rubricate *(v.)* merkitä punaisella
ruby *(n.)* rubiininpunainen
ruck *(v.)* rypistyä
ruck *(n.)* ryppy
rucksack *(n.)* selkäreppu
ruckus *(n.)* käsirysy
rudder *(n.)* peräsin
rudderpost *(n.)* peräsinpylväs
ruddy *(adj.)* punakka
rude *(adj.)* töykeä
rudiment *(n.)* perusajatus
rudimentary *(adj.)* perus-
rue *(v.)* pahoitella
rue *(n.)* ruuta
rueful *(adj.)* katuvainen
ruffian *(n.)* öykkäri
ruffle *(n.)* röyhelö
ruffle *(v.)* röyhelöittää
rug *(n.)* matto

rugged *(adj.)* rosoinen
ruin *(v.)* pilata
ruin *(n.)* raunio
rule *(v.)* johtaa
rule *(n.)* sääntö
rulebook *(n.)* sääntökirja
rulebound *(adj.)* sääntöön sidottu
rulebreaker *(n.)* säännönrikkoja
rulebreaking *(n.)* säännön rikkominen
ruler *(n.)* viivoitin
ruling *(n.)* käsky
rum *(n.)* rommi
rum *(adj.)* rommi-
rumble *(n.)* jyrinä
rumble *(v.)* jyristä
ruminant *(n.)* märehtijä
ruminant *(adj.)* märehtivä
ruminate *(v.)* märehtiä
rumination *(n.)* märehdintä
rummage *(n.)* mylläkkä
rummage *(v.)* myllätä
rummy *(n.)* rommi
rumour *(n.)* huhu
rumour *(v.)* huhuta
run *(n.)* juoksu
run *(v.)* juosta
runabout *(n.)* juoksentelu
runaway *(n.)* karkuri
runback *(n.)* kotiinjuoksu
runcation *(n.)* juokseminen
rundown *(n.)* huonokuntoinen
rune *(n.)* riimu
rung *(n.)* poikkipuu
runner *(n.)* juoksija
runs *(n.)* juoksut
rupee *(n.)* rupia
rupture *(v.)* revetä
rupture *(n.)* revähdys
rural *(adj.)* maalaismainen
ruse *(n.)* juoni
rush *(v.)* rynnätä
rush *(n.)* ryntäys
rust *(n.)* ruoste
rust *(v.)* ruostua
rustic *(n.)* rustiikki
rustic *(adj.)* rustiikkinen
rusticate *(v.)* erottaa määräajaksi
rustication *(n.)* rustiikka
rusticity *(n.)* rustiikkisuus

rustle *(v.)* kahina
rusty *(adj.)* ruosteinen
rut *(n.)* uurre
rut *(adj.)* uurteinen
ruthless *(adj.)* häikäilemätön
rye *(n.)* ruis

sabbath *(n.)* sapatti
sabbatical *(adj.)* sapatti-
sabbatical *(n.)* sapattivuosi
sabotage *(n.)* sabotaasi
sabotage *(v.)* sabotointi
sabre *(n.)* sapeli
sabre *(v.)* sapeloida
saccharin *(n.)* sakkariini
saccharine *(adj.)* sakariini
sachet *(n.)* pussi
sack *(v.)* säkittää
sack *(n.)* säkki
sacrament *(n.)* sakramentti
sacred *(adj.)* pyhä
sacrifice *(n.)* uhraus
sacrifice *(v.)* uhrautua
sacrificial *(adj.)* uhrautuva
sacrilege *(n.)* pyhäinhäväistys
sacrilegious *(adj.)* pyhää häpäisevä
sacrosanct *(adj.)* koskematon pyhä
sad *(adj.)* surullinen
sadden *(v.)* masentua
saddle *(n.)* satula
saddle *(v.)* satuloida
sadism *(n.)* sadismi
sadist *(n.)* sadisti
sadness *(n.)* surullisuus
safari *(n.)* safari
safe *(n.)* kassakaappi
safe *(adj.)* turvallinen
safe harbour *(n.)* turvasatama
safebox *(n.)* turvasäilö
safebraker *(n.)* hätäjarru
safe-conduct *(n.)* kulkulupa
safecracker *(n.)* kassakaappimurtaja
safe-deposit *(n.)* tallelokero
safeguard *(n.)* suoja
safeguard *(v.)* suojata

safehouse *(n.)* turvatalo
safekeeping *(n.)* turvasäilytys
safely *(adv.)* turvallisesti
safety *(n.)* turvallisuus
saffron *(n.)* sahrami
saffron *(adj.)* sahraminkeltainen
sag *(n.)* notko
sag *(v.)* notkua
saga *(n.)* saaga
sagacious *(adj.)* terävänäköinen
sagacity *(n.)* viisaus
sage *(n.)* salvia
sage *(adj.)* viisas
sagebrush *(n.)* maruna
sage-green *(n.)* salvianvihreä
sageness *(n.)* tarkkanäköisyys
saggy *(adj.)* notkuva
sagittary *(n.)* jousiampuminen
sahib *(n.)* herra (Intiassa)
sail *(v.)* purjehtia
sail *(n.)* purje
sailboard *(n.)* purjelauta
sailboard *(v.)* purjelautailla
sailboarder *(n.)* purjelautailija
sailboat *(n.)* purjevene
sailboater *(n.)* purjeveneilijä
sailboating *(n.)* purjeveneily
sailcraft *(n.)* purjealus
sailing *(n.)* purjehdus
sailing *(adj.)* purjehtiva
sailor *(n.)* merimies
saint *(n.)* pyhimys
saintly *(adj.)* pyhästi
sake *(n.)* sake
salable *(adj.)* kaupaksi menevä
salad *(n.)* salaatti
salamander *(v.)* käyttää lämmityslaitetta
salamander *(n.)* salamanteri
salary *(n.)* kuukausipalkka
sale *(n.)* alennusmyynti
salebrosity *(n.)* epätasaisuus
salesforce *(n.)* myyntivoima
salesman *(n.)* myyntimies
salient *(adj.)* hyppäävä
saline *(adj.)* suola-
salinity *(n.)* suolaisuus
saliva *(n.)* sylki
sally *(n.)* rynnäkkö
sally *(v.)* rynnäköidä

Salon *(n.)* salonki
saloon *(n.)* saluuna
salt *(n.)* suola
salt *(v.)* suolata
salty *(adj.)* suolainen
salutary *(adj.)* suotuinen
salutation *(n.)* tervehtiminen
salute *(n.)* tervehdys
salute *(v.)* tervehtiä
salvage *(v.)* ottaa talteen
salvage *(n.)* pelastaminen
salvation *(n.)* pelastus
samaritan *(n.)* samarialainen
samba *(n.)* samba
samba *(v.)* sambata
sambuca *(n.)* sambuca
same *(adj.)* sama
samely *(adv.)* samoin
samite *(n.)* samiitti
samovar *(n.)* samovaari
sample *(n.)* näyte
sample *(v.)* ottaa näyte
sampler *(n.)* näytteenotin
sampling *(n.)* näytteenotto
samsonite *(n.)* samsoniitti
samurai *(n.)* samurai
sanability *(n.)* parannettavuus
sanatorium *(n.)* parantola
sanctification *(n.)* pyhitys
sanctify *(v.)* pyhittää
sanction *(n.)* sanktio
sanction *(v.)* sanktioida
sanctity *(n.)* pyhyys
sanctuary *(n.)* pyhäkkö
sand *(adj.)* hiekanvärinen
sand *(n.)* hiekka
sand *(v.)* hiekoittaa
sandal *(n.)* sandaali
sandalwood *(n.)* santelipuu
sandbank *(n.)* hiekkasärkkä
sandboard *(n.)* hiekkalauta
sandboard *(v.)* hiekkalautailla
sandbox *(n.)* hiekkalaatikko
sandcastle *(n.)* hiekkalinna
sandfish *(n.)* hiekkaskinkki
sandglass *(n.)* tiimalasi
sandhill *(n.)* hiekkadyyni
sandpaper *(n.)* hiekkapaperi
sandpaper *(v.)* hioa hiekkapaperilla

sandpit *(n.)* hiekkakuoppa
sandscape *(n.)* hiekkamaisema
sandstone *(n.)* hiekkakivi
sandstorm *(n.)* hiekkamyrsky
sandwich *(v.)* kerrostaa
sandwich *(n.)* voileipä
sandy *(adj.)* hiekkainen
sane *(adj.)* täysijärkinen
sanely *(adv.)* järkevästi
sanguine *(adj.)* verenpunainen
sanitary *(adj.)* saniteetti-
sanity *(n.)* järki
sap *(n.)* mahla
sap *(v.)* uuvuttaa
sapidity *(n.)* maukkuus
sapience *(n.)* ihmisviisaus
sapiens *(n.)* sapiens
sapient *(adj.)* ihmisviisas
sapling *(n.)* taimi
sapphire *(n.)* safiiri
sarcasm *(n.)* sarkasmi
sarcastic *(adj.)* sarkastinen
sardonic *(adj.)* sardoninen
satan *(n.)* saatana
satanic *(adj.)* saatanallinen
satanically *(adv.)* saatanallisesti
satchel *(n.)* olkalaukku
satellite *(n.)* satelliitti
satiable *(adj.)* tyydytettävä
satiate *(v.)* kyllästää
satiety *(n.)* kylläisyys
satin *(n.)* satiini
satin *(adj.)* satiininen
satire *(n.)* satiiri
satirical *(adj.)* satiirinen
satirist *(n.)* satiirikko
satirize *(v.)* satirisoida
satisfaction *(n.)* tyydytys
satisfactory *(adj.)* tyydyttävä
satisfy *(v.)* tyydyttää
saturate *(v.)* saturoida
saturation *(n.)* värikylläisyys
Saturday *(n.)* lauantai
sauce *(n.)* kastike
sauce *(v.)* maustaa kastikkeella
saucer *(n.)* asetti
saucy *(adj.)* topakka
sauna *(n.)* sauna
sauna *(v.)* saunoa

saunter *(v.)* käyskennellä
saunter *(n.)* käyskentely
saunterer *(n.)* kulkija
sausage *(n.)* makkara
saute *(v.)* kuullottaa
savable *(adj.)* pelastettavissa oleva
savage *(v.)* raadella
savage *(n.)* raakalainen
savage *(adj.)* raakalaismainen
savagely *(adv.)* raa'asti
savagery *(n.)* raakalaisuus
savant *(n.)* oppinut
save *(v.)* pelastaa
save *(prep.)* poislukien
saviour *(n.)* vapahtaja
savour *(n.)* ruokanautinto
savour *(v.)* vapahtaa
savoury *(adj.)* maukas
saw *(n.)* saha
saw *(v.)* sahata
saw pit *(n.)* sahakuoppa
sawbench *(n.)* sahapenkki
sawbill *(n.)* koskelo
sawbones *(n.)* kirurgi
sawbuck *(n.)* sahapukki
sawdust *(n.)* sahanpuru
sawfish *(n.)* saharauskukala
sawgrass *(n.)* taarnat
sawhorse *(n.)* sahapukki
sawmill *(n.)* sahalaitos
sawtooth *(n.)* sahalaita
sawyer *(n.)* sahaaja
saxophone *(n.)* saksofoni
saxophonist *(n.)* saksofonisti
say *(adv.)* oletettavasti
say *(n.)* sananvalta
say *(v.)* sanoa
scab *(v.)* arvettua
scab *(n.)* rupi
scabbard *(n.)* tuppi
scabies *(n.)* syyhy
scaffold *(n.)* rakennusteline
scale *(v.)* skaalata
scale *(n.)* vaaka
scalp *(n.)* päänahka
scambling *(n.)* kyhäelmä
scamper *(v.)* pinkaista
scamper *(n.)* pinkaisu
scan *(v.)* skannata

scan *(n.)* skannaus
scandal *(n.)* skandaali
scandalize *(v.)* skandalisoida
scandalous *(adj.)* skandaalimainen
scandalously *(adv.)* skandaalisesti
scanner *(n.)* skanneri
scant *(adj.)* pihi
scant *(n.)* pihistäminen
scant *(v.)* pihistää
scanty *(adj.)* niukka
scape *(n.)* vana
scape *(v.)* vanata
scapegoat *(n.)* syntipukki
scapegoat *(v.)* vierittää syy
scapeless *(adj.)* pakenematon
scapula *(n.)* lapaluu
scapular *(adj.)* lapaluu-
scapular *(n.)* lapaluun
scar *(v.)* arpeutua
scar *(n.)* arpi
scarab *(n.)* pillerinpyörittäjä
scarce *(adj.)* vähä
scarcely *(adv.)* hädin tuskin
scarcity *(n.)* vähyys
scare *(n.)* säikähdys
scare *(v.)* säikäyttää
scarf *(n.)* kaulaliina
scary *(adj.)* pelottava
scatter *(v.)* ripotella
scatterbrain *(n.)* sähläri
scatterbrained *(adj.)* hajamielinen
scattered *(adj.)* hajanainen
scattergun *(n.)* hajontapistooli
scatteringly *(adv.)* hajallaan
scattery *(adj.)* hajaantunut
scatty *(adj.)* hömppä
scavenge *(v.)* tonkia
scavenger *(n.)* haaskaeläin
scenario *(n.)* skenaario
scenarist *(n.)* käsikirjoittaja
scene *(n.)* kohtaus
scene *(v.)* tehdä kohtausta
scenery *(n.)* kulissit
scenic *(adj.)* luonnonkaunis
scent *(n.)* tuoksu
scent *(v.)* vainuta
sceptic *(n.)* skeptikko
sceptical *(adj.)* skeptinen
scepticism *(n.)* skeptismi

sceptre *(n.)* valtikka
schedule *(n.)* aikataulu
schedule *(v.)* aikatauluttaa
schematic *(adj.)* kaavamainen
schematic *(n.)* kytkentäkaavio
schematically *(adv.)* kaavamaisesti
schematist *(n.)* skemaatti
scheme *(n.)* hanke
scheme *(v.)* kieroilla
schemer *(n.)* kieroilija
schism *(n.)* skisma
schizophrenia *(n.)* skitsofrenia
schizophreniac *(n.)* skitsofreenikko
schizophreniac *(adj.)* skitsofreeninen
scholar *(n.)* stipendiaatti
scholarly *(adj.)* teoreettinen
scholarship *(n.)* stipendi
scholastic *(adj.)* skolastinen
school *(n.)* koulu
school *(v.)* kouluttautua
schoolfellow *(n.)* koulutoveri
schoolhouse *(n.)* koulutalo
schoolmaster *(n.)* rehtori
schoolmate *(n.)* koulukaveri
schoolteacher *(n.)* kouluopettaja
schoolyard *(n.)* koulupiha
schooner *(n.)* kuunari
sciatic *(adj.)* iskias-
sciatica *(n.)* iskias
science *(n.)* tiede
scientific *(adj.)* tieteellinen
scientist *(n.)* tieteilijä
scintillate *(v.)* säkenöidä
scintillation *(n.)* säkenöinti
scissors *(n.)* sakset
scoff *(v.)* pilkata
scoff *(n.)* pilkka
scold *(v.)* läksyttää
scooter *(n.)* skootteri
scope *(n.)* ala
scorch *(n.)* kärventymä
scorch *(v.)* kärventää
score *(n.)* pistemäärä
score *(v.)* tehdä maali
scoreboard *(n.)* tulostaulu
scorebook *(n.)* tuloskirja
scorebox *(n.)* tuomariboksi
scorecard *(n.)* pistelaskutaulukko
scorekeeper *(n.)* tulosten kirjaaja

scorekeeping *(n.)* tulosten kirjaus
scorepad *(n.)* pistetaulu
scorer *(n.)* maalintekijä
scorn *(n.)* ylenkatse
scorn *(v.)* ylenkatsoa
scorpion *(n.)* skorpioni
scot *(n.)* skotlantilainen
Scot *(n.)* skotti
scotch *(adj.)* skotti-
scotch *(n.)* viski
scot-free *(adj.)* veroton
scoundrel *(n.)* heittiö
scourge *(v.)* piestä
scourge *(n.)* vitsaus
scout *(v.)* partioida
scout *(n.)* partiolainen
scowl *(n.)* nyrpistys
scowl *(v.)* nyrpistää
scragged *(adj.)* ruhjuinen
scraggy *(adj.)* raihnainen
scramble *(v.)* rynnätä
scramble *(n.)* ryntäys
scrambled *(adj.)* sotkettu
scrap *(v.)* romutella
scrap *(n.)* tähteet
scrapbook *(n.)* leikekirja
scrape *(v.)* kaapia
scrape *(n.)* tukala tilanne
scraper *(n.)* kaavin
scratch *(n.)* raapaisu
scratch *(v.)* raapia
scratch *(adj.)* raapustettu
scratchboard *(n.)* raaputustaulu
scratchbush *(n.)* risupuska
scratched *(adj.)* naarmuuntunut
scratchpad *(n.)* pikamuistio
scratchy *(adj.)* naarmuinen
scrawl *(n.)* harakanvarpaat
scrawl *(v.)* raapustella
scream *(n.)* kiljaisu
scream *(v.)* kirkua
screen *(v.)* seuloa
screen *(n.)* näyttö
screen name *(n.)* nimimerkki
screenable *(adj.)* seulottava
screencast *(n.)* digitallenne
screendoor *(n.)* verkko-ovi
screenprint *(n.)* rasterikopio
screensaver *(n.)* näytönsäästäjä

screenshot *(n.)* kuvakaappaus
screenwork *(n.)* TV-työ
screw *(v.)* ruuvata
screw *(n.)* ruuvi
scribble *(n.)* raapustus
scribble *(v.)* raapustaa
script *(n.)* skripti
scripture *(n.)* kirjoitus
scroll *(n.)* käärö
scrooge *(n.)* kitupiikki
scrotum *(n.)* kivespussi
scrub *(v.)* jynssätä
scrub *(n.)* jynssäys
scrub *(adj.)* kitulias
scrubby *(adj.)* kitukasvuinen
scruff *(v.)* tarttua niskasta
scruff *(n.)* törkimys
scruffiness *(n.)* röyhkeys
scrumble *(n.)* tilkku
scrump *(v.)* kahmaista
scrumptious *(adj.)* suussasulava
scruple *(n.)* empiminen
scruple *(v.)* empiä
scrupleless *(adj.)* empimätön
scrupulous *(adj.)* tunnollinen
scrupulously *(adv.)* tunnollisesti
scrutinize *(v.)* tutkia tarkoin
scrutiny *(n.)* tarkastelu
scuffle *(v.)* nujakoida
scuffle *(n.)* nujakka
sculpt *(v.)* veistää
sculptor *(n.)* veistäjä
sculptural *(adj.)* veistoksellinen
sculpture *(n.)* veistos
sculpturist *(n.)* kuvanveistäjä
scum *(n.)* kuona
scum *(v.)* liettää
scumbag *(n.)* mäntti
scurry *(v.)* kipittää
scuttle *(n.)* sanko
scuttle *(v.)* upottaa
scuttlebutt *(n.)* huhupuhe
scythe *(v.)* niittää viikatteella
scythe *(n.)* viikate
sea *(n.)* meri
sea bass *(n.)* meriahven
sea boat *(n.)* merivene
sea dog *(n.)* merikarhu
seabeach *(n.)* merenranta

seabird *(n.)* merilintu
seaborne *(adj.)* meritse kulkeva
seacliff *(n.)* rantakallio
seafarer *(n.)* merenkävijä
seafloor *(n.)* merenpohja
seafoam *(n.)* merivaahto
seafood *(n.)* merenelävät
seagull *(n.)* merilokki
seahorse *(n.)* merihevonen
seajack *(v.)* kaapata laiva
seajack *(n.)* laivankaappaus
seajacker *(n.)* laivankaappaaja
seajacking *(n.)* merikaappaus
seak *(n.)* merisaippua
seakeeping *(n.)* merihuolto
seal *(v.)* sinetöidä
seal *(n.)* hylje
sealab *(n.)* vedenalainen laboratorio
sealability *(n.)* sinetöitävyys
sealant *(n.)* tiivistysaine
sealed *(adj.)* sinetöity
sealion *(n.)* merileijona
sealskin *(n.)* hylkeennahka
seam *(v.)* saumata
seam *(n.)* sauma
seamless *(adj.)* saumaton
seamy *(adj.)* epämiellyttävä
sear *(v.)* korventaa
sear *(n.)* paloarpi
search *(v.)* hakea
search *(n.)* haku
search warrant *(n.)* etsintälupa
searching *(n.)* hakeminen
searching *(adj.)* syvällinen
searchlight *(n.)* valokeila
seared *(adj.)* polttomerkitty
seashore *(n.)* rannikko
season *(v.)* höystää
season *(n.)* vuodenaika
seasonable *(adj.)* vuodenaikaan sopiva
seasonal *(adj.)* kausiluonteinen
seat *(v.)* istuutua
seat *(n.)* istuin
seaweed *(n.)* levä
secede *(v.)* irtautua
secession *(n.)* irtautuminen
secessionist *(n.)* separatisti
seclude *(v.)* eristäytyä
secluded *(adj.)* eristäytynyt
seclusion *(n.)* eristäytyminen
second *(v.)* puoltaa
second *(n.)* sekunti
second *(adj.)* toinen
secondary *(adj.)* toisarvoinen
seconder *(n.)* puoltaja
second-hand *(adj.)* käytetty
secondly *(adv.)* toiseksi
secrecy *(n.)* salaperäisyys
secret *(n.)* salaisuus
secret *(adj.)* salainen
secretariat *(n.)* sihteeristö
secretary *(n.)* sihteeri
secrete *(v.)* kätkeä
secretion *(n.)* piilottelu
secretive *(adj.)* salaperäinen
sect *(n.)* lahko
sectarian *(adj.)* lahkolainen
section *(n.)* sektio
sector *(n.)* sektori
secularism *(n.)* sekularismi
secure *(adj.)* varma
secure *(v.)* varmistaa
security *(n.)* turvallisuus
sedan *(n.)* porrasperä
sedate *(v.)* antaa rauhoittavia
sedate *(adj.)* tyyni
sedative *(n.)* rauhoituslääke
sedative *(adj.)* rauhoittava
sedentary *(adj.)* istuma-
sediment *(n.)* sedimentti
sedition *(n.)* eriseura
seditious *(adj.)* lietsova
seduce *(v.)* vietellä
seduction *(n.)* viettely
seductive *(adj.)* viettelevä
see *(v.)* nähdä
seed *(n.)* siemen
seed *(v.)* siementää
seek *(v.)* etsiskellä
seem *(v.)* näyttää joltain
seemly *(adj.)* sovelias
seep *(v.)* tihkua
seer *(n.)* näkijä
seethe *(v.)* kiehua
segment *(v.)* segmentoida
segment *(n.)* segmentti
segregate *(v.)* segregoida
segregation *(n.)* segregaatio

seismic *(adj.)* seisminen
seismicity *(n.)* seismisyys
seismogram *(n.)* seismogrammi
seismograph *(n.)* seismografi
seismography *(n.)* seismografia
seismologist *(n.)* seismologi
seismology *(n.)* seismologia
seismoscope *(n.)* seismoskooppi
seize *(v.)* ottaa kiinni
seizure *(n.)* sairaskohtaus
seldom *(adv.)* harvakseltaan
select *(adj.)* valikoitu
select *(v.)* valikoida
selection *(n.)* valikoima
selective *(adj.)* valikoiva
self *(n.)* itse
self-abuse *(n.)* itsensä hyväksikäyttö
self-appointed *(adj.)* omatekoinen
self-awareness *(n.)* itsetietoisuus
self-centered *(adj.)* itsekeskeinen
self-confident *(adj.)* itseensä luottava
self-conscious *(adj.)* itsetietoinen
self-control *(n.)* itsekontrolli
self-destruct *(v.)* tuhota itsensä
self-doubt *(n.)* huono itseluottamus
self-employed *(adj.)* itsensä työllistävä
self-esteem *(n.)* itsetunto
selfie *(n.)* selfie
self-imposed *(adj.)* oma-aloitteinen
selfish *(adj.)* itsekäs
selfless *(adj.)* epäitsekäs
self-proclaimed *(adj.)* itsejulistettu
self-service *(adj.)* itsepalvelu-
sell *(v.)* myydä
seller *(n.)* myyjä
sell-out *(n.)* loppuunmyynti
semblance *(n.)* ulkonäkö
semen *(n.)* sperma
semester *(n.)* lukukausi
semi-amusing *(adj.)* semi-huvittava
semi-finalist *(n.)* semifinalisti
semi-formal *(adj.)* puolivirallinen
seminal *(adj.)* siemen-
seminar *(n.)* seminaari
senate *(n.)* senaatti
senator *(n.)* senaattori
senatorial *(adj.)* senaatin-
send *(v.)* lähettää
senile *(adj.)* seniili

senility *(n.)* seniiliys
senior *(n.)* seniori
senior *(adj.)* vanhempi
seniority *(n.)* vanhemmuus
sensation *(n.)* aistimus
sensational *(adj.)* sensaatiomainen
sense *(v.)* aistia
sense *(n.)* aisti
senseless *(adj.)* tajuton
sensibility *(n.)* herkkyys
sensible *(adj.)* aistein havaittava
sensitive *(adj.)* sensitiivinen
sensitivity *(n.)* tunteellisuus
sensual *(adj.)* aistillinen
sensualist *(n.)* nautiskelija
sensuality *(n.)* aistillisuus
sensuous *(adj.)* sensuaalinen
sentence *(v.)* tuomita
sentence *(n.)* virke
sentience *(n.)* tuntokyky
sentient *(adj.)* tunteva
sentiment *(n.)* tunne
sentimental *(adj.)* tunteellinen
sentinel *(n.)* vartija
sentry *(n.)* vartiomies
separable *(adj.)* erotettavissa oleva
separate *(adj.)* erillinen
separate *(v.)* erotella
separation *(n.)* erottaminen
sepsis *(n.)* verenmyrkytys
September *(n.)* syyskuu
septic *(adj.)* septinen
sepulchre *(n.)* hautakammio
sepulture *(n.)* hautuumaa
sequel *(n.)* jatko-osa
sequence *(n.)* sekvenssi
sequester *(v.)* erottaa
serendipitous *(adj.)* onnekas
serendipity *(n.)* onnekas sattuma
serene *(adj.)* seesteinen
serenity *(n.)* seesteisyys
serf *(n.)* maatyöläinen
serge *(n.)* serssi
sergeant *(n.)* kersantti
serial *(n.)* jatkokertomus
serial *(adj.)* sarja-
series *(n.)* sarja
serious *(adj.)* vakava
sermon *(n.)* saarna

sermonize *(v.)* saarnata
serpent *(n.)* serpentti
serpentine *(n.)* serpentiini
servant *(n.)* palvelija
serve *(n.)* syöttö
serve *(v.)* palvella
service *(v.)* huoltaa
service *(n.)* palvelu
serviceable *(adj.)* huoltoystävällinen
servile *(adj.)* orja-
servility *(n.)* orjamaisuus
servitude *(n.)* orjuus
sesame *(n.)* seesami
sesamin *(n.)* seesamiini
session *(n.)* istunto
sessional *(n.)* istunnollinen
sessional *(adj.)* istunto-
sessionless *(adj.)* istunnoton
set *(adj.)* asetettu
set *(n.)* setti
set *(v.)* asettua
setback *(n.)* takaisku
setlist *(n.)* soittolista
settee *(n.)* sohva
settle *(v.)* sopia
settlement *(n.)* sopimus
settler *(n.)* uudisasukas
seven *(adj.)* seitsemän
seven *(n.)* seitsemän
seventeen *(n.)* seitsemäntoista
seventeenth *(adj.)* seitsemästoista
seventh *(adj.)* seitsemäs
seventieth *(adj.)* seitsemäskymmenes
seventy *(n.)* seitsemänkymmentä
sever *(v.)* eriyttää
several *(adj.)* usea
severance *(n.)* välirikko
severe *(adj.)* vaikea
severity *(n.)* vakavuus
sew *(v.)* ommella
sewage *(n.)* jätevesi
sewer *(n.)* viemäri
sewerage *(n.)* viemäröinti
sex *(v.)* määrittää sukupuoli
sex *(n.)* sukupuoli
sexily *(adv.)* seksikkäästi
sexual *(adj.)* seksuaalinen
sexuality *(n.)* seksuaalisuus
sexy *(adj.)* seksikäs
shabby *(adj.)* nuhjuinen
shack *(n.)* hökkeli
shack *(v.)* punkata
shackle *(v.)* kahlehtia
shackle *(n.)* kahleet
shade *(v.)* varjostaa
shade *(n.)* varjostin
shadow *(v.)* varjostaa
shadow *(n.)* varjo
shadowy *(adj.)* varjoisa
shaft *(n.)* kanki
shake *(n.)* ravistus
shake *(v.)* ravistaa
shaky *(adj.)* epävakaa
shallow *(adj.)* pinnallinen
sham *(adj.)* huijaus-
sham *(n.)* huiputus
sham *(v.)* huiputtaa
shaman *(n.)* poppamies
shamble *(v.)* laahustaa
shambles *(n.)* sekamelska
shambolic *(adj.)* kaoottinen
shame *(v.)* saattaa häpeään
shame *(n.)* häpeä
shameful *(adj.)* häpeällinen
shameless *(adj.)* häpeämätön
shampoo *(v.)* pestä shampoolla
shampoo *(n.)* shampoo
shanty *(adj.)* hökkelimäinen
shape *(v.)* muotoilla
shape *(n.)* muoto
shape up *(v.)* ryhdistäytyä
shapeless *(adj.)* muodoton
shapely *(adj.)* kaunismuotoinen
shapeshift *(v.)* muuttaa muotoa
shard *(n)* sirpale
shard *(v.)* sirpaloitua
share *(n.)* osake
share *(v.)* olla yhteistä
share market *(n.)* osakemarkkina
sharebeam *(n.)* jakopuomi
sharecrop *(n.)* osakesato
shareholder *(n.)* osakkeenomistaja
shareholding *(n.)* osakkeenomistajuus
shareholding *(adj.)* osakkeenomistava
shark *(n.)* hai
sharp *(adv.)* terävästi
sharp *(adj.)* terävä
sharpen *(v.)* teroittaa

sharpener *(n.)* teroitin
sharper *(n.)* huijari
shatter *(v.)* pirstoutua
shave *(n.)* höylä
shave *(v.)* ajaa parta
shaven *(adj.)* ajeltu
shaving *(n.)* parranajo
shavings *(n.)* lastut
shawarma *(n.)* shawarma
shawl *(n.)* hartiahuivi
she *(pron.)* hän (naisesta)
sheading *(n.)* Mansaaren hallintoalueet
sheaf *(n.)* lyhde
shear *(v.)* viiltää
shears *(n.)* pensassakset
shearwall *(n.)* leikkausseinä
sheat *(n.)* monni
sheath *(v.)* laittaa tuppeen
sheath *(n.)* puukontuppi
sheathe *(v.)* verhota
shed *(n.)* liiteri
shed *(v.)* karistaa
sheep *(n.)* lammas
sheepish *(adj.)* lammasmainen
sheer *(adj.)* harsomainen
sheet *(v.)* sataa kaatamalla
sheet *(n.)* paperiarkki
shelf *(n.)* hylly
shell *(v.)* pommittaa
shell *(n.)* kilpi
shelter *(v.)* suojautua
shelter *(n.)* suojapaikka
shelve *(v.)* hyllyttää
shepherd *(n.)* paimen
shide *(n.)* pilkkeet
shield *(v.)* suojata
shield *(n.)* suojakilpi
shift *(n.)* työvuoro
shift *(v.)* vaihtua
shifty *(adj.)* vaihteleva
shilly-shally *(v.)* soutaa ja huovata
shilly-shally *(n.)* jahkailu
shin *(n.)* sääri
shine *(n.)* loiste
shine *(v.)* loistaa
shiny *(adj.)* loistava
ship *(v.)* toimittaa
ship *(n.)* laiva
shipboard *(n.)* laivankylki
shipboard *(adj.)* laivankylki-
shipborne *(adj.)* alus-
shipbuilder *(n.)* laivanrakentaja
shiplap *(n.)* puoliponttilauta
shipload *(n.)* laivalasti
shipmaster *(n.)* laivapäällikkö
shipmate *(n.)* merimiestoveri
shipment *(n.)* toimitus
shipowner *(n.)* laivanvarustaja
shipped *(adj.)* lähetetty
shipping *(n.)* toimitus
shipshape *(adj.)* laivan muotoinen
shipwreck *(v.)* haaksirikkoutua
shipwreck *(n.)* laivan hylky
shipyard *(n.)* telakka
shire *(n.)* kreivikunta
shirk *(v.)* pinnata
shirker *(n.)* pinnari
shirt *(n.)* paita
shive *(n.)* lastu
shiver *(v.)* vapista
shoal *(n.)* matalikko
shock *(v.)* järkyttää
shock *(n.)* järkytys
shoe *(v.)* kengittää
shoe *(n.)* kenkä
shoot *(n.)* kuvaukset
shoot *(v.)* ampua
shooting *(n.)* ammuskelu
shop *(v.)* shoppailla
shop *(n.)* kauppa
shopaholic *(n.)* himoshoppailija
shopaholism *(n.)* shopaholismi
shopbook *(n.)* kauppakirja
shopfloor *(n.)* työntekijäpuoli
shopfront *(n.)* kaupan julkisivu
shopkeep *(n.)* myyntiliike
shopkeeper *(n.)* kaupanpitäjä
shoplift *(v.)* näpistää
shoplifter *(n.)* myymälävaras
shopowner *(n.)* kaupan omistaja
shopping *(n.)* shoppailu
shopping cart *(n.)* ostoskori
shopping centre *(n.)* ostoskeskus
shopping list *(n.)* ostoslista
shore *(n.)* ranta
shore *(v.)* tukea
shorefront *(n.)* rantanäkymä
shoreline *(n.)* rantaviiva

shoreward *(adv.)* rantaan päin
shoreward *(adj.)* rantaan suuntautuva
shoreweed *(n.)* raani
short *(adv.)* lyhyesti
short *(adj.)* lyhyt
short *(n.)* puute
shortbread *(n.)* murokeksi
shortcake *(n.)* murokakku
shortcoming *(n.)* vajaus
shortcut *(n.)* oikotie
shorten *(v.)* lyhentyä
shortening *(n.)* lyhennys
shortfall *(n.)* vaje
shorthand *(n.)* pikakirjoitus
shortish *(adj.)* lyhyehkö
shortlist *(v.)* karsia listaa
shortlisted *(adj.)* karsittu
shortly *(adv.)* pian
shorts *(n. pl.)* shortsit
short-term *(adj.)* lyhytaikainen
shot *(n.)* laukaus
shot *(adj.)* puhki
shot *(int.)* shotti
shotgun *(n.)* haulikko
shotproof *(adj.)* ammunkestävä
shottie *(n.)* haulikko
should *(v.)* pitäisi
shoulder *(v.)* ottaa harteilleen
shoulder *(n.)* olkapää
shout *(v.)* huudahdella
shout *(n.)* huutaminen
shove *(n.)* tönäisy
shove *(v.)* tönäistä
shovel *(v.)* lapioida
shovel *(n.)* lapio
show *(n.)* näytös
show *(v.)* näyttää
showcase *(n.)* vitriini
showdown *(n.)* välienselvittely
shower *(v.)* suihkuta
shower *(n.)* suihku
showerhead *(n.)* suihkupää
showerless *(adj.)* suihkuton
showerproof *(adj.)* suihkunkestävä
showery *(adj.)* kuuroittainen
showpiece *(n.)* näyttelykappale
showroom *(n.)* näyttelytila
showstopper *(n.)* katseenpysäyttävä
showup *(n.)* näyttäytyminen

shrapnel *(n.)* kranaatinsirpale
shred *(v.)* silputa
shred *(n.)* suikale
shredder *(n.)* silppuri
shrew *(n.)* päästäinen
shrewd *(adj.)* nokkela
shriek *(v.)* kirkaista
shriek *(n.)* kirkaisu
shrill *(adj.)* kimeä
shrine *(n.)* pyhättö
shrink *(v.)* kutistua
shrinkage *(n.)* kutistuminen
shroud *(v.)* kääriä liinaan
shroud *(n.)* käärinliina
shrub *(n.)* varpu
shrug *(n.)* olankohautus
shrug *(v.)* kohauttaa olkia
shudder *(n.)* puistatus
shudder *(v.)* puistattaa
shuffle *(n.)* satunnaistoisto
shuffle *(v.)* sekoittaa järjestystä
shun *(v.)* vieroksua
shunt *(v.)* vaihtaa raidetta
shut *(v.)* sulkea
shutter *(n.)* suljin
shuttle *(v.)* sukkuloida
shuttle *(n.)* sukkula
shuttlecock *(n.)* sulkapallo
shy *(v.)* ujostella
shy *(n.)* ujo
siamese *(adj.)* siamilainen
sibilant *(adj.)* sihisevä
sibilate *(v.)* sihistä
sibilating *(n.)* sihiseminen
sibling *(n.)* sisarus
sich *(n.)* sich
sick *(adj.)* sairas
sickbag *(n.)* oksennuspussi
sickbay *(n.)* sairasosasto
sickbed *(n.)* sairasvuode
sicken *(v.)* kuvottaa
sickened *(adj.)* sairastunut
sickle *(n.)* sirppi
sickly *(adj.)* sairaalloinen
sickness *(n.)* sairaus
side *(v.)* pitää puolta
side *(n.)* puoli
sidearm *(v.)* heittää kierteellä
sidearm *(adj.)* kierteinen

sidearm *(n.)* sivuvarsi
sideband *(n.)* sivukaista
sidebar *(n.)* sivupalkki
sideboard *(n.)* senkki
sidebox *(n.)* sivuruutu
sideburn *(n.)* poskiparta
sideburns *(n.)* pulisongit
sidecar *(n.)* sivuvaunu
sideline *(v.)* määrätä sivuun
sideline *(n.)* reunaviiva
sidereal *(adj.)* sideerinen
side-saddle *(n.)* naistensatula
side-saddle *(adv.)* naistensatulassa
sideshow *(n.)* sivutapahtuma
side-stream *(n.)* sivuvirta
sidestroke *(n.)* kylkiuinti
sidetrack *(v.)* mennä sivuraiteille
sidetrack *(n.)* sivuraide
sidewalk *(n.)* jalkakäytävä
sidewall *(n.)* sivuseinä
sideway *(n.)* sivutie
sideway *(adv.)* sivuttain
sideway *(adj.)* sivuttainen
sidewind *(n.)* sivutuuli
siege *(v.)* piirittää
siege *(n.)* piiritys
siesta *(n.)* siesta
sieve *(v.)* siivilöidä
sieve *(n.)* siivilä
sift *(v.)* seuloa
sigh *(v.)* huokaista
sigh *(n.)* huokaisu
sight *(v.)* saada näkyviinsä
sight *(n.)* näkökenttä
sightly *(adj.)* näyttävä
sign *(v.)* allekirjoittaa
sign *(n.)* merkki
signal *(v.)* antaa merkki
signal *(adj.)* merkki-
signal *(n.)* signaali
signatory *(n.)* allekirjoittaja
signature *(n.)* allekirjoitus
significance *(n.)* merkittävyys
significant *(adj.)* merkityksekäs
signification *(n.)* merkitys
signify *(v.)* merkitä
signing *(n.)* allekirjoittaminen
silence *(v.)* vaientaa
silence *(n.)* äänettömyys

silencer *(n.)* äänenvaimennin
silent *(adj.)* äänetön
silently *(adv.)* ääneti
silhouette *(n.)* siluetti
silica *(n.)* piidioksidi
silicene *(n.)* silikeeni
silicon *(n.)* silikoni
silk *(n.)* silkki
silken *(adj.)* silkkinen
silky *(adj.)* silkinpehmeä
silly *(adj.)* hassu
silt *(v.)* liettyä
silt *(n.)* liete
silver *(n.)* hopea
silver *(adj.)* hopeinen
silver *(v.)* hopeoida
similar *(adj.)* samankaltainen
similarity *(n.)* samankaltaisuus
simile *(n.)* vertaus
similitude *(n.)* vertauksellisuus
simmer *(v.)* hautua
simple *(adj.)* yksinkertainen
simpleton *(n.)* tyhmyri
simplicity *(n.)* yksinkertaisuus
simplification *(n.)* pelkistys
simplify *(v.)* yksinkertaistaa
simultaneous *(adj.)* samanaikainen
sin *(v.)* tehdä syntiä
sin *(n.)* synti
since *(adv.)* sen jälkeen
since *(conj.)* siitä lähtien
since *(prep.)* lähtien
sincere *(adj.)* vilpitön
sincerity *(n.)* vilpittömyys
sinful *(adj.)* syntinen
sing *(v.)* laulaa
singe *(n.)* ruskistus
singe *(v.)* ruskistaa
singer *(n.)* laulaja
single *(v.)* poimia
single *(n.)* sinkku
single *(adj.)* kerta-
single-handedly *(adv.)* yhdellä kädellä
singular *(adj.)* yksittäinen
singularity *(n.)* singulariteetti
singularly *(adv.)* yksittäin
sinister *(adj.)* paha
sink *(n.)* lavuaari
sink *(v.)* vajota

sinner *(n.)* synnintekijä
sinuous *(adj.)* kiemurteleva
sip *(n.)* siemaus
sip *(v.)* siemailla
sir *(n.)* herra
siren *(n.)* sireeni
sister *(n.)* sisko
sisterhood *(n.)* sisaruskunta
sisterly *(adj.)* sisarellinen
sit *(v.)* istua
site *(n.)* sijaintipaikka
situation *(n.)* tilanne
six *(n.)* kuusi
sixteen *(n., adj.)* kuusitoista
sixteenth *(adj.)* kuudestoista
sixth *(adj.)* kuudes
sixtieth *(adj.)* kuudeskymmenes
sixty *(n., adj.)* kuusikymmentä
sizable *(adj.)* kookas
size *(v.)* arvioida koko
size *(n.)* koko
sizzle *(n.)* hellepäivä
sizzle *(v.)* tirinä
skate *(v.)* luistella
skate *(n.)* luistin
skater *(n.)* luistelija
skein *(n.)* vyyhti
skeleton *(n.)* luuranko
sketch *(v.)* luonnostaa
sketch *(n.)* hahmotelma
sketchy *(adj.)* summittainen
skid *(n.)* liirto
skid *(v.)* liirata
skilful *(adj.)* taidokas
skill *(n.)* taito
skin *(v.)* nylkeä
skin *(n.)* iho
skip *(n.)* roskalava
skip *(v.)* jättää väliin
skipper *(n.)* kippari
skirmish *(v.)* kahakoida
skirmish *(n.)* kahakka
skirt *(v.)* reunustaa
skirt *(n.)* hame
skit *(n.)* sketsi
skull *(n.)* pääkallo
sky *(v.)* lyödä korkealle
sky *(n.)* taivas
skyscraper *(n.)* pilvenpiirtäjä

slab *(n.)* laatta
slack *(adj.)* löysä
slacken *(v.)* löystyä
slacks *(n.)* pöksyt
slake *(v.)* sammuttaa
slam *(n.)* läimäys
slam *(v.)* läimäistä
slander *(v.)* panetella
slander *(n.)* panettelu
slanderous *(adj.)* panetteleva
slang *(n.)* slangi
slant *(n.)* kaltevuus
slant *(v.)* olla kalteva
slap *(v.)* läpsäyttää
slap *(n.)* läpsäytys
slash *(n.)* sivallus
slash *(v.)* sivaltaa
slate *(n.)* liuskekivi
slather *(v.)* lotrata
slattern *(n.)* homssu
slatternly *(adj.)* homssuinen
slaughter *(v.)* teurastaa
slaughter *(n.)* teurastus
slave *(v.)* raataa
slave *(n.)* orja
slavery *(n.)* orjuus
slavish *(adj.)* orjallinen
slay *(v.)* surmata
sleek *(adj.)* sileä
sleep *(n.)* uni
sleep *(v.)* nukkua
sleeper *(n.)* nukkuja
sleepy *(adj.)* uninen
sleeve *(n.)* hiha
sleight *(n.)* näppäryys
slender *(adj.)* solakka
slice *(v.)* viipaloida
slice *(n.)* viipale
slick *(adj.)* lipevä
slide *(n.)* liukumäki
slide *(v.)* luisua
slight *(n.)* väheksyntä
slight *(v.)* vähätellä
slight *(adj.)* vähäinen
slim *(v.)* laihtua
slim *(adj.)* hoikka
slime *(n.)* lima
slimy *(adj.)* limainen
sling *(n.)* linko

slip *(n.)* liukastuminen
slip *(v.)* lipsahtaa
slip road *(n.)* ramppi
slipper *(n.)* tohveli
slippery *(adj.)* liukas
slipshod *(adj.)* puolihuolimaton
slit *(v.)* viiltää
slit *(n.)* viilto
slogan *(n.)* iskulause
slope *(v.)* kallistua
slope *(n.)* rinne
slot *(n.)* hahlo
slot *(v.)* loveta
sloth *(n.)* laiskiainen
slothful *(n.)* veltto
slough *(v.)* kesiä
slough *(n.)* kuollut iho
slovenly *(adj.)* hoitamaton
slow *(v.)* hidastua
slow *(adj.)* hidas
slow motion *(n.)* hidastus
slowly *(adv.)* hitaasti
slowness *(n.)* hitaus
sluggard *(n.)* laiskuri
sluggish *(adj.)* hidasälyinen
sluice *(n.)* laskukanava
slum *(n.)* slummi
slumber *(n.)* torkkuminen
slumber *(v.)* torkkua
slump *(v.)* lysähtää
slump *(n.)* lama
slur *(n.)* soperrus
slush *(n.)* sohjo
slushy *(adj.)* sohjoinen
slut *(n.)* lutka
sly *(adj.)* viekas
smack *(v.)* mäiskäyttää
smack *(n.)* mäiskäys
small *(n.)* pikku-
small *(adj.)* pieni
smallness *(adv.)* pienuus
smallpox *(n.)* isorokko
smart *(v.)* kirveltää
smart *(n.)* kirvely
smart *(adj.)* äly-
smartly *(adv.)* fiksusti
smash *(n.)* rysähdys
smash *(v.)* rysäyttää
smear *(n.)* töhry

smear *(v.)* töhriä
smell *(v.)* haista
smell *(n.)* haju
smelt *(v.)* sulattaaa yhteen
smile *(v.)* hymyillä
smile *(n.)* hymy
smith *(n.)* seppä
smock *(n.)* työtakki
smog *(n.)* savusumu
smoke *(v.)* tupakoida
smoke *(n.)* savu
smoking *(n.)* tupakointi
smoky *(adj.)* savuinen
smooth *(v.)* siletä
smooth *(adj.)* sileä
smoothie *(n.)* smoothie
smother *(v.)* tukeduttaa
smoulder *(v.)* kyteä
smug *(adj.)* omahyväinen
smuggle *(v.)* salakuljettaa
smuggler *(n.)* salakuljettaja
snack *(n.)* välipala
snag *(n.)* oksantynkä
snail *(n.)* kotilo
snake *(v.)* kiemurrella
snake *(n.)* käärme
snap *(adj.)* hätiköity
snap *(n.)* napsahdus
snap *(v.)* katketa
snapshot *(n.)* tilannekatsaus
snare *(v.)* pyydystää
snare *(n.)* ansalanka
snarl *(v.)* äristä
snarl *(n.)* ärinä
snatch *(n.)* tempaus
snatch *(v.)* napata
sneak *(n.)* hiippari
sneak *(v.)* hiippailla
sneer *(n.)* irvistys
sneer *(v.)* irvistää
sneeze *(n.)* aivastus
sneeze *(v.)* aivastaa
sniff *(n.)* nuuhkaisu
sniff *(v.)* nuuhkaista
sniper *(n.)* tarkka-ampuja
snob *(n.)* snobi
snobbery *(n.)* snobbailu
snobbish *(v.)* snobbailla
snoop *(v.)* urkkia

snoot *(n.)* klyyvari
snooze *(v.)* torkuttaa
snore *(n.)* kuorsaus
snore *(v.)* kuorsata
snort *(n.)* tuhahdus
snort *(v.)* tuhahtaa
snout *(n.)* kuono
snow *(v.)* sataa lunta
snow *(n.)* lumi
snow boot *(n.)* talvisaapas
snowfall *(n.)* lumisade
snowy *(adj.)* luminen
snub *(n.)* töykeys
snub *(adj.)* töykeä
snub *(v.)* kohdella töykeästi
snuff *(n.)* nuuska
snug *(n.)* tyköistuva
so *(conj.)* eli
so *(adv.)* niin
soak *(n.)* liotus
soak *(v.)* liottaa
soap *(v.)* saippuoida
soap *(n.)* saippua
soapy *(adj.)* saippuainen
soar *(v.)* liidellä
sob *(n.)* nyyhkytys
sob *(v.)* nyyhkyttää
sober *(adj.)* raitis
sobriety *(n.)* raittius
sociability *(n.)* sosiaalisuus
sociable *(adj.)* sosiaalinen
social *(n.)* tutustumistilaisuus
socialism *(n.)* sosialismi
socialist *(n.)* sosialisti
socialite *(n.)* seurapiirihenkilö
society *(n.)* yhteiskunta
sociology *(n.)* sosiologia
sock *(n.)* sukka
socket *(n.)* pistorasia
sod *(n.)* juurikerros
sodomite *(n.)* sodomiitti
sodomy *(n.)* sodomia
sofa *(n.)* sohva
soft *(adj.)* pehmeä
soft copy *(n.)* digitaalikopio
soften *(v.)* pehmentää
softener *(n.)* pehmitin
soggy *(adj.)* litimärkä
soil *(v.)* kurata

soil *(n.)* multa
sojourn *(n.)* oleskelu
sojourn *(v.)* oleskella
solace *(v.)* lohduttaa
solace *(n.)* lohtu
solar *(adj.)* aurinko-
solar panel *(n.)* aurinkopaneeli
solder *(v.)* juottaa
solder *(n.)* juote
soldier *(v.)* toimia sotilaana
soldier *(n.)* sotilas
sole *(v.)* anturoida
sole *(adj.)* yksinomainen
sole *(n.)* jalkapohja
solemn *(adj.)* surumielinen
solemnity *(n.)* juhlavuus
solemnize *(v.)* juhlistaa
solicit *(v.)* pyytää
solicitation *(n.)* pyyntö
solicitor *(n.)* oikeudenkäyntiasiamies
solicitous *(adj.)* huolehtivainen
solicitude *(n.)* huolenpito
solid *(n.)* kiinteä aine
solid *(adj.)* kiinteä
solidarity *(n.)* solidaarisuus
solidify *(v.)* kiinteyttää
soliloquy *(n.)* yksinpuhelu
solitaire *(n.)* pasianssi
solitary *(adj.)* yksinäinen
solitude *(n.)* eristyneisyys
solo *(adj.)* soolo-
solo *(adv.)* yksin
solo *(n.)* soolo
soloist *(n.)* solisti
solubility *(n.)* liukoisuus
soluble *(adj.)* liukeneva
solution *(n.)* ratkaisu
solve *(v.)* ratkaista
solvency *(n.)* maksukyky
solvent *(n.)* liuotin
solvent *(adj.)* maksukykinen
sombre *(adj.)* synkkä
some *(pron.)* muutamat
some *(adj.)* jokunen
somebody *(n.)* joku
somebody *(pron.)* joku
somehow *(adv.)* jotenkin
someone *(pron.)* joku
somersault *(v.)* tehdä kuperkeikka

somersault *(n.)* kuperkeikka
something *(adv.)* jotakin
something *(pron.)* jokin
sometime *(adv.)* joskus
sometimes *(adv.)* silloin tällöin
somewhat *(adv.)* jonkin verran
somewhere *(adv.)* jossakin
somnambulism *(n.)* unissakävely
somnambulist *(n.)* unissakävelijä
somnolence *(n.)* uneliaisuus
somnolent *(adj.)* unelias
son *(n.)* poika
song *(n.)* laulu
songster *(n.)* laululintu
sonic *(adj.)* sooninen
sonnet *(n.)* sonetti
sonography *(n.)* sonografia
sonority *(n.)* sointuvuus
soon *(adv.)* pian
soot *(v.)* noeta
soot *(n.)* noki
soothe *(v.)* tyynnyttää
sophism *(n.)* sofistia
sophist *(n.)* sofisti
sophisticate *(n.)* sivistys
sophisticated *(adj.)* sivistynyt
sophistication *(n.)* sivistyneisyys
sorcerer *(n.)* velho
sorcery *(n.)* noituus
sordid *(adj.)* halpamainen
sore *(n.)* ruhje
sore *(adj.)* kipeä
sorrow *(v.)* murehtia
sorrow *(n.)* murhe
sorry *(adj.)* pahoitteleva
sort *(v.)* järjestellä
sort *(n.)* sortti
soul *(n.)* sielu
sound *(n.)* ääni
sound *(v.)* äännähtää
sound *(adj.)* kondiksessa
sound system *(n.)* äänentoistojärjestelmä
soundproof *(adj.)* äänieristetty
soundtrack *(n.)* ääniraita
soup *(n.)* keitto
sour *(v.)* hapantua
sour *(adj.)* hapan
source *(n.)* lähde
south *(n.)* etelä

south *(adj.)* etelä-
south *(adv.)* etelään
southerly *(adj.)* eteläinen
southern *(adj.)* etelämaalainen
souvenir *(n.)* matkamuisto
sovereign *(adj.)* suvereeni
sovereign *(n.)* yksinvaltias
sovereignty *(n.)* suvereenisuus
sow *(n.)* emakko
sow *(v.)* kylvää
space *(v.)* avaruus
space *(n.)* avartaa
spacecraft *(n.)* avaruusalus
spacious *(adj.)* avara
spade *(v.)* kuokkia
spade *(n.)* pata
span *(v.)* ylittää
span *(n.)* vaaksa
Spaniard *(n.)* espanjalainen
spaniel *(n.)* spanieli
Spanish *(n.)* espanjan kieli
Spanish *(adj.)* espanjalainen
spanner *(n.)* kiintoavain
spare *(n.)* paikko
spare *(adj.)* vara-
spare *(v.)* säästää
spark *(v.)* kipinöidä
spark *(n.)* kipinä
sparkle *(n.)* säihke
sparkle *(v.)* säkenöidä
sparrow *(n.)* varpunen
sparse *(adj.)* harva
spasm *(n.)* spasmi
spasmodic *(adj.)* puuskittainen
spate *(n.)* ryöppy
spatial *(adj.)* spatiaalinen
spawn *(v.)* kutea
spawn *(n.)* kutu
speak *(v.)* puhua
speaker *(n.)* puhuja
spear *(v.)* varrastaa
spear *(n.)* keihäs
spearhead *(v.)* olla kärjessä
spearhead *(n.)* keihäänkärki
special *(adj.)* erikois-
specialist *(n.)* erikoisasiantuntija
speciality *(n.)* erikoisala
specialization *(n.)* erikoistuminen
specialize *(v.)* erikoistua

species *(n.)* laji
specific *(adj.)* tietty
specification *(n.)* eritelmä
specify *(v.)* eritellä
specimen *(n.)* koekappale
speck *(n.)* tuhru
speckle *(n.)* pilkku
spectacle *(n.)* spektaakkeli
spectacular *(adj.)* vaikuttava
spectator *(n.)* sivustakatsoja
spectre *(n.)* kummitus
spectrum *(n.)* spektri
speculate *(v.)* spekukoida
speculation *(n.)* spekulaatio
speech *(n.)* puhe
speed *(v.)* kiitää
speed *(n.)* nopeus
speedily *(adv.)* vauhdikkaasti
speedy *(adj.)* vauhdikas
spell *(v.)* selventää
spell *(n.)* loitsu
spelling *(n.)* oikeinkirjoitus
spend *(v.)* viettää
spendthrift *(n.)* tuhlari
sperm *(n.)* sperma
sphere *(n.)* sfääri
spherical *(adj.)* pallomainen
spice *(v.)* maustaa
spice *(n.)* mauste
spicy *(adj.)* mausteinen
spider *(n.)* hämähäkki
spike *(v.)* terästää
spike *(n.)* piikki
spill *(n.)* läikkyminen
spill *(v.)* läikyttää
spin *(n.)* syöksykierre
spin *(v.)* pyöriä
spinach *(n.)* pinaatti
spinal *(adj.)* selkäranka-
spindle *(n.)* värttinä
spine *(n.)* selkäranka
spinner *(n.)* kehrääjä
spinster *(n.)* vanhapiika
spiral *(adj.)* spiraalimainen
spiral *(n.)* spiraali
spirit *(n.)* henki
spirited *(adj.)* henkevä
spiritual *(adj.)* hengellinen
spiritualism *(n.)* spiritualismi

spiritualist *(n.)* spiritisti
spirituality *(n.)* hengellisyys
spit *(n.)* sylki
spit *(v.)* sylkeä
spite *(n.)* pahansuopuus
spittle *(n.)* sylki
spittoon *(n.)* sylkykuppi
splash *(n.)* loiskahdus
splash *(v.)* loiskia
spleen *(n.)* perna
splendid *(adj.)* mainio
splendour *(n.)* loistokkuus
splinter *(v.)* pirstaloida
splinter *(n.)* pirstale
split *(n.)* spagaatti
split *(v.)* haljeta
spoil *(v.)* lelliä
spoil *(n.)* saalis
spoke *(n.)* pinna
spokesman *(n.)* tiedottaja
sponge *(v.)* puhdistaa sienellä
sponge *(n.)* pesusieni
sponsor *(v.)* sponsoroida
sponsor *(n.)* sponsori
spontaneity *(n.)* spontaanisuus
spontaneous *(adj.)* spontaani
spoon *(n.)* lusikka
spoon *(v.)* lusikoida
spoonful *(n.)* lusikallinen
sporadic *(adj.)* satunnainen
sport *(v.)* kisailla
sport *(n.)* urheilu
sportive *(adj.)* urheilullinen
sportsman *(n.)* urheilija
spot *(v.)* hoksata
spot *(n.)* näppy
spotless *(adj.)* näpytön
spotlight *(n.)* kohdevalo
spousal *(adj.)* aviollinen
spouse *(n.)* puoliso
spout *(v.)* syöstä
spout *(n.)* vesipatsas
sprain *(n.)* nyrjähdys
sprain *(v.)* nyrjähtää
spray *(v.)* suihkuttaa
spray *(n.)* suihke
spread *(n.)* levitys
spread *(v.)* levittää
spree *(n.)* puuska

sprig (n.) lehvä
sprightly (adj.) vilkas
spring (n.) kevät
spring (v.) ponnahtaa
sprinkle (v.) ripotella
sprint (n.) pikajuoksu
sprint (v.) pinkaista
sprout (n.) itu
sprout (v.) itää
spur (v.) kannustaa
spur (n.) kannus
spurious (adj.) harhaanjohtava
spurn (v.) hyljeksiä
spurt (n.) purskahdus
spurt (v.) purskauttaa
sputnik (n.) sputnik
sputum (n.) yskös
spy (v.) vakoilla
spy (n.) vakooja
squad (n.) joukko
squadron (n.) laivue
squalid (adj.) surkea
squalor (n.) surkeus
squander (v.) haaskata
square (adj.) neliömäinen
square (v.) suoristaa
square (n.) neliö
squash (n.) kurpitsa
squash (v.) soseuttaa
squat (v.) kyykistyä
squeak (n.) vingahdus
squeak (v.) vinkua
squeeze (v.) puristaa
squint (n.) siristys
squint (v.) siristää
squire (n.) aseenkantaja
squirrel (n.) orava
stab (n.) pistohaava
stab (v.) puukottaa
stability (n.) vakaus
stabilization (n.) vakautus
stabilize (v.) vakiintua
stable (n.) talli
stable (v.) viedä talliin
stable (adj.) vakaa
stadium (n.) stadion
staff (v.) miehittää
staff (n.) henkilökunta
stag (n.) uroshirvi

stage (v.) lavastaa
stage (n.) näyttämö
stagger (n.) hoipertelu
stagger (v.) hoiperrella
stagnant (adj.) seisova
stagnate (v.) seisahtua
stagnation (n.) pysähtyneisyys
staid (adj.) vanhoillinen
stain (v.) tahriintua
stain (n.) tahra
stainless (adj.) tahraton
stair (n.) porras
staircase (n.) portaikko
stake (v.) seivästää
stake (n.) seiväs
stale (v.) lorottaa
stale (adj.) väljähtänyt
stalemate (n.) pattitilanne
stalk (v.) stalkata
stalk (n.) ruoko
stall (v.) viivyttää
stall (n.) karsina
stallion (n.) ori
stalwart (adj.) roteva
stalwart (n.) uskollinen kannattaja
stamina (n.) stamina
stammer (v.) takellella
stammer (n.) takeltelu
stamp (v.) leimata
stamp (n.) leima
stampede (v.) rynnätä pakoon
stampede (n.) pakokauhu
stand (n.) koju
stand (v.) seistä
standard (adj.) vakio-
standard (n.) standardi
standardization (n.) standardisointi
standardize (v.) standardisoida
standing (n.) seisonta
standpoint (n.) näkökanta
standstill (n.) pysähdys
stanza (n.) säkeistö
staple (v.) nitoa
staple (adj.) perus-
staple (n.) nitomanasta
star (v.) tähdittää
star (n.) tähti
starch (v.) kovettaa
starch (n.) tärkkelys

stardom *(n.)* tähteys
stare *(n.)* tuijotus
stare *(v.)* tuijottaa
stark *(adj.)* karu
stark *(adv.)* karusti
starry *(adj.)* tähdikäs
start *(n.)* alkaminen
start *(v.)* alkaa
startle *(v.)* kavahtaa
starvation *(n.)* nääntyminen
starve *(v.)* nääntyä
state *(v.)* todeta
state *(n.)* osavaltio
stateliness *(n.)* ryhdikkyys
stately *(adj.)* kunnianarvoisa
statement *(n.)* toteamus
statesman *(n.)* valtionmies
statewide *(adj.)* osavaltion laajuinen
static *(n.)* kohina
static *(adj.)* staattinen
statics *(n.)* statistiikka
station *(n.)* asema
station *(v.)* sijoittaa
stationary *(adj.)* paikallaan oleva
stationer *(n.)* paperikauppias
stationery *(n.)* kirjoitustarvikkeet
statistical *(adj.)* tilastollinen
statistician *(n.)* tilastotieteilijä
statistics *(n.)* tilastotiede
statue *(n.)* patsas
stature *(n.)* arvostus
status *(n.)* tilanne
statute *(n.)* säännös
statutory *(adj.)* lakisääteinen
staunch *(adj.)* vankkumaton
stay *(n.)* oleilu
stay *(v.)* pysyä
steadfast *(adj.)* järkkymätön
steadiness *(n.)* vankkuus
steady *(v.)* tukea
steady *(adj.)* vankka
steal *(v.)* varastaa
stealthily *(adv.)* varkain
steam *(v.)* höyrytä
steam *(n.)* vesihöyry
steamer *(n.)* painekattila
steed *(n.)* ratsu
steel *(n.)* teräs
steep *(v.)* hauduttaa

steep *(adj.)* jyrkkä
steeple *(n.)* kellotapuli
steer *(v.)* ohjata
stellar *(adj.)* tähti-
stem *(v.)* polveutua
stem *(n.)* sukujuuri
stench *(n.)* lemu
stencil *(v.)* piirtää sapluunalla
stencil *(n.)* sapluuna
stenographer *(n.)* pikakirjoittaja
stenography *(n.)* pikakirjoitus
step *(v.)* astua
step *(n.)* askel
steppe *(n.)* aro
stereotype *(v.)* stereotypioida
stereotype *(n.)* stereotypia
stereotyped *(adj.)* stereotyyppinen
sterile *(adj.)* steriili
sterility *(n.)* steriiliys
sterilization *(n.)* sterilointi
sterilize *(v.)* steriloida
sterling *(n.)* punta
sterling *(adj.)* laadukas
stern *(n.)* perä
stern *(adj.)* karski
steroid *(n.)* steroidi
stethoscope *(n.)* stetoskooppi
stew *(v.)* muhentaa
stew *(n.)* pataruoka
steward *(n.)* stuertti
stick *(v.)* tarttua
stick *(n.)* keppi
sticker *(n.)* tarra
stickler *(n.)* tarrailija
sticky *(n.)* tahmea
stiff *(n.)* raato
stiffen *(v.)* jäykistää
stifle *(v.)* keskeytyä
stigma *(n.)* stigma
still *(v.)* hiljentää
still *(n.)* tyyni jakso
still *(adv.)* vielä
still *(adj.)* tyyni
stillness *(n.)* tyyneys
stilt *(n.)* puujalka
stimulant *(n.)* stimulantti
stimulate *(v.)* stimuloida
stimulus *(n.)* stimulus
sting *(n.)* pistos

sting *(v.)* pistää
stingy *(adj.)* itara
stink *(n.)* löyhkä
stink *(v.)* löyhkätä
stipend *(n.)* stipendi
stipulate *(v.)* panna ehdoksi
stipulation *(n.)* sopimusehto
stir *(v.)* hämmennellä
stirrup *(n.)* jalustin
stitch *(v.)* tikata
stitch *(n.)* tikki
stock *(adj.)* varasto-
stock *(v.)* varastoida
stock *(n.)* osakekanta
stocking *(n.)* sukka
stoic *(n.)* stoalainen
stoke *(v.)* lämmittää
stoker *(n.)* lämmittäjä
stomach *(v.)* sietää
stomach *(n.)* vatsa
stone *(v.)* kivittää
stone *(n.)* kivi
stony *(adj.)* kivinen
stool *(n.)* jakkara
stoop *(n.)* kumara
stoop *(v.)* taantua
stop *(n.)* pysäytys
stop *(v.)* pysäyttää
stoppage *(n.)* seisokki
storage *(n.)* varasto
store *(v.)* säilyttää
store *(n.)* myymälä
storey *(n.)* kerrostuma
stork *(n.)* kattohaikara
storm *(v.)* myrskytä
storm *(n.)* myrsky
stormy *(adj.)* myrskyinen
story *(n.)* tarina
stout *(adj.)* tanakka
stove *(n.)* hella
stow *(v.)* ahdata
straggle *(v.)* kuljeksia
straggler *(n.)* harhailija
straight *(adv.)* suoraan
straight *(adj.)* suora
straighten *(v.)* suoristaa
straightforward *(adj.)* suorasukainen
straightway *(adv.)* heti
strain *(n.)* rasitus

strain *(v.)* rasittaa
strait *(n.)* salmi
straiten *(v.)* joutua ahtaalle
strand *(n.)* säie
strand *(v.)* ajaa karille
strange *(adj.)* kumma
stranger *(n.)* tuntematon
strangle *(v.)* kuristautua
strangulation *(n.)* kuristuminen
strap *(v.)* kiinnittää hihnalla
strap *(n.)* hihna
stratagem *(n.)* sotajuoni
strategic *(adj.)* strateginen
strategist *(n.)* strategi
strategy *(n.)* strategia
stratum *(n.)* maakerros
straw *(n.)* pilli
strawberry *(n.)* mansikka
stray *(adj.)* kulku-
stray *(n.)* kulkukoira/-kissa
stray *(v.)* kulkea harhaan
stream *(v.)* virrata
stream *(n.)* virta
streamer *(n.)* viiri
streamlet *(n.)* puro
street *(n.)* katu
strength *(n.)* voimakkuus
strengthen *(v.)* vahvistaa
strenuous *(adj.)* rasittava
stress *(v.)* stressata
stress *(n.)* stressi
stretch *(n.)* venytys
stretch *(v.)* venyttää
stretcher *(n.)* paarit
strew *(v.)* sirotella
strict *(adj.)* tiukka
stricture *(n.)* ahtauma
stride *(n.)* harppaus
stride *(v.)* harppoa
strident *(adj.)* vihlova
strife *(n.)* selkkaus
strike *(n.)* lakko
strike *(v.)* lakkoilla
striker *(n.)* lakkoilija
string *(v.)* pujottaa
string *(n.)* naru
stringency *(n.)* kireys
stringent *(adj.)* kireä
strip *(v.)* riisua

strip *(n.)* liuska
stripe *(v.)* raidoittaa
stripe *(n.)* raita
strive *(v.)* pyrkiä
stroke *(v.)* sivellä
stroke *(n.)* halvauskohtaus
stroll *(n.)* kävelyretki
stroll *(v.)* käveleskellä
strong *(adj.)* vahva
stronghold *(n.)* linnake
structural *(adj.)* rakenteellinen
structure *(n.)* rakenne
struggle *(n.)* rimpuilu
struggle *(v.)* rimpuilla
strumpet *(n.)* lumppu
strut *(n.)* tuki
strut *(v.)* saapastella
stub *(n.)* tynkä
stubble *(n.)* sänki
stubborn *(adj.)* itsepäinen
stud *(v.)* nastoittaa
stud *(n.)* siitoseläin
student *(n.)* opiskelija
studio *(n.)* studio
studious *(adj.)* opinhaluinen
study *(n.)* opiskelu
study *(v.)* opiskella
stuff *(v.)* sulloa
stuff *(n.)* tavara
stuffy *(adj.)* tukkoinen
stumble *(n.)* kompastus
stumble *(v.)* kompuroida
stump *(v.)* kampanjoida
stump *(n.)* kanto
stun *(v.)* tyrmätä
stunt *(n.)* stuntti
stunt *(v.)* tyrehdyttää
stupefy *(v.)* turruttaa
stupendous *(adj.)* ällistyttävä
stupid *(adj.)* tyhmä
stupidity *(n.)* tyhmyys
sturdy *(adj.)* tukeva
sty *(n.)* läävä
stye *(n.)* näärännäppy
style *(n.)* tyyli
stylish *(adj.)* tyylikäs
subculture *(n.)* alakulttuuri
subdivide *(v.)* jakaa alaostastoihin
subdue *(v.)* nujertaa

subject *(adj.)* altistuva
subject *(v.)* alistua
subject *(n.)* oppiaine
subjection *(n.)* alistaminen
subjective *(adj.)* subjektiivinen
subjudice *(adj.)* käsiteltävänä oleva
subjugate *(v.)* alistaa valtaansa
subjugation *(n.)* alistus
sublet *(v.)* alivuokrata
sublimate *(v.)* sublimoitua
sublime *(n.)* sublimointi
sublime *(adj.)* ylevä
sublimity *(n.)* ylevyys
submarine *(adj.)* vedenalainen
submarine *(n.)* sukellusvene
submerge *(v.)* upota
submission *(n.)* alistuminen
submissive *(adj.)* alistuva
submit *(v.)* taipua
subordinate *(adj.)* alempiarvoinen
subordinate *(n.)* käskynalainen
subordinate *(v.)* alistaa
subordination *(n.)* käskynalaisuus
subscribe *(v.)* ennakkotilata
subscription *(n.)* ennakkotilaus
subsequent *(adj.)* myöhempi
subservience *(n.)* nyörtyminen
subservient *(adj.)* nöyristelevä
subside *(v.)* laantua
subsidiary *(adj.)* toissijainen
subsidize *(v.)* subventoida
subsidy *(n.)* tukiainen
subsist *(v.)* tulla toimeen
subsistence *(n.)* toimeentulo
substance *(n.)* aine
substantial *(adj.)* tuntuva
substantially *(adv.)* tuntuvasti
substantiate *(v.)* osoittaa todeksi
substantiation *(n.)* perustelut
substitute *(v.)* sijaistaa
substitute *(n.)* sijainen
substitution *(n.)* sijaisuus
subterranean *(adj.)* maanalainen
subtle *(adj.)* hienovarainen
subtlety *(n.)* hienovaraisuus
subtract *(v.)* vähentää
subtraction *(n.)* vähennys
suburb *(n.)* esikaupunkialue
suburban *(adj.)* esikaupunki-

subversion *(n.)* kumous
subversive *(adj.)* kumouksellinen
subvert *(v.)* kukistua
succeed *(v.)* menestyä
success *(n.)* menestys
successful *(adj.)* menestynyt
succession *(n.)* vallanperimys
successive *(adj.)* peräkkäinen
successor *(n.)* vallanperijä
succour *(v.)* auttaa
succour *(n.)* avunanto
succumb *(v.)* menehtyä
such *(pron.)* kuten
such *(adj.)* sellainen
suck *(n.)* imu
suck *(v.)* imeä
suckle *(v.)* imettää
suckling *(n.)* imeväinen
sudden *(n.)* äkki-
suddenly *(adv.)* yhtäkkiä
sue *(v.)* haastaa oikeuteen
suffer *(v.)* kärsiä
suffice *(v.)* riittää
sufficiency *(n.)* riittävyys
sufficient *(adj.)* riittävä
suffix *(v.)* liittää perään
suffix *(n.)* pääte
suffocate *(v.)* tukehtua
suffocation *(n.)* tukehtuminen
suffrage *(n.)* äänioikeus
sugar *(v.)* sokeroida
sugar *(n.)* sokeri
suggest *(v.)* ehdottaa
suggestion *(n.)* ehdotus
suggestive *(adj.)* vihjaileva
suicidal *(adj.)* itsetuhoinen
suicide *(n.)* itsemurha
suit *(v.)* sopia
suit *(n.)* puku
suitability *(n.)* soveltuvuus
suitable *(adj.)* sovelias
suite *(n.)* sviitti
suitor *(n.)* kosiskelija
sullen *(adj.)* yrmeä
sulphur *(n.)* rikki
sulphuric *(adj.)* rikkinen
sultry *(adj.)* hekumallinen
sum *(v.)* summata
sum *(n.)* summa

summarily *(adv.)* summittaisesti
summarize *(v.)* referoida
summary *(adj.)* tiivistetty
summary *(n.)* tiivistelmä
summer *(n.)* kesä
summit *(n.)* huippukokous
summon *(v.)* kutsua koolle
summons *(n.)* kutsu
sumptuous *(adj.)* tyyris
sun *(v.)* ottaa aurinkoa
sun *(n.)* aurinko
sunburn *(n.)* päivetys
sundae *(n.)* sundae-jäätelö
Sunday *(n.)* sunnuntai
sunder *(v.)* jakaa
sundry *(adj.)* aurinkokuivatut
sunlight *(n.)* auringonvalo
sunny *(adj.)* aurinkoinen
sunrise *(n.)* auringonnousu
sunset *(n.)* auringonlasku
sup *(n.)* kulaus
sup *(v.)* kulauttaa
superabundance *(n.)* yltäkylläisyys
superabundant *(adj.)* yltäkylläinen
superb *(adj.)* mahtava
superficial *(adj.)* pinnallinen
superficiality *(n.)* pinnallisuus
superfine *(adj.)* huippuhieno
superfluity *(n.)* liiallisuus
superfluous *(adj.)* liiallinen
superhuman *(adj.)* yli-inhimillinen
superintend *(v.)* valvoa
superintendence *(n.)* valvominen
superintendent *(n.)* ylitarkastaja
superior *(adj.)* ylempiarvoinen
superiority *(n.)* ylempiarvoisuus
superlative *(n.)* superlatiivi
superlative *(adj.)* superlatiivinen
superman *(n.)* teräsmies
supernatural *(adj.)* yliluonnollinen
supersede *(v.)* syrjäyttää
supersonic *(adj.)* yliääni-
superstition *(n.)* taikausko
superstitious *(adj.)* taikauskoinen
supertax *(n.)* lisävero
supervise *(v.)* pitää silmällä
supervision *(n.)* silmälläpito
supervisor *(n.)* työnjohtaja
supper *(n.)* illallinen

supple *(adj.)* taipuisa
supplement *(n.)* lisäravinne
supplement *(v.)* täydentää
supplementary *(adj.)* lisä-
supplier *(n.)* tavarantoimittaja
supply *(n.)* tarvikkeet
supply *(v.)* varustaa
support *(n.)* tuki
support *(v.)* tukea
suppose *(v.)* olettaa
supposition *(n.)* olettaminen
suppress *(v.)* tukahtua
suppression *(n.)* tukahtuminen
supremacy *(n.)* ylivalta
supreme *(adj.)* ylivertainen
surcharge *(v.)* periä lisämaksu
surcharge *(n.)* lisämaksu
sure *(adj.)* varma
surely *(adv.)* varmasti
surety *(n.)* varmuus
surf *(v.)* surffata
surf *(n.)* surffaus
surface *(v.)* nousta pintaan
surface *(n.)* pinta
surfeit *(n.)* ylensyönti
surge *(v.)* hyrskytä
surge *(n.)* aallokko
surgeon *(n.)* kirurgi
surgery *(n.)* kirurgia
surmise *(v.)* otaksua
surmise *(n.)* otaksuma
surmount *(v.)* päästä yli
surname *(n.)* sukunimi
surpass *(v.)* lyödä laudalta
surplus *(n.)* ylijäämä-
surprise *(v.)* yllättää
surprise *(n.)* yllätys
surrender *(n.)* antautuminen
surrender *(v.)* antautua
surround *(v.)* saartaa
surroundings *(n.)* ympäristö
surtax *(n.)* veronlisäys
surveillance *(n.)* tarkkailu
survey *(v.)* tehdä kyselyä
survey *(n.)* yleiskatsaus
survival *(n.)* selviytyminen
survive *(v.)* selviytyä
suspect *(n.)* epäilty
suspect *(adj.)* epäiltävä

suspect *(v.)* uumoilla
suspend *(v.)* pidättää virasta
suspense *(n.)* jännitys
suspension *(n.)* jousitus
suspicion *(n.)* epäily
suspicious *(adj.)* epäilyttävä
sustain *(v.)* kestää
sustenance *(n.)* ylläpito
swab *(n.)* vanupuikko
swagger *(n.)* rehvastelu
swagger *(v.)* rehvastella
swallow *(n.)* pääskynen
swallow *(v.)* nielaista
swamp *(v.)* räme
swamp *(n.)* uppoutua
swan *(n.)* joutsen
swarm *(v.)* parveilla
swarm *(n.)* parvi
swarthy *(adj.)* tumma
sway *(n.)* huojunta
sway *(v.)* huojahdella
swear *(v.)* vannoa
sweat *(v.)* hiota
sweat *(n.)* hiki
sweater *(n.)* neulepusero
sweep *(n.)* lakaisu
sweep *(v.)* lakaista
sweeper *(n.)* lakaisija
sweet *(n.)* makeinen
sweet *(adj.)* makea
sweeten *(v.)* makeuttaa
sweetmeat *(n.)* makea herkku
sweetness *(n.)* makeus
swell *(n.)* maininki
swell *(v.)* turvota
swift *(adj.)* vikkelä
swim *(n.)* uinti
swim *(v.)* uida
swimmer *(n.)* uimari
swindle *(n.)* petkutus
swindle *(v.)* petkuttaa
swindler *(n.)* petkuttaja
swine *(n.)* sika
swing *(n.)* keinu
swing *(v.)* keinua
swipe *(v.)* pyyhkäistä
swirl *(v.)* pyörteillä
Swiss *(adj.)* sveitsiläinen
Swiss *(n.)* sveitsiläinen

switch *(v.)* kytkeä
switch *(n.)* katkaisin
swoon *(v.)* pyörtyä
swoon *(n.)* pyörtyminen
swoop *(n.)* syöksy
swoop *(v.)* syöksyä
sword *(n.)* miekka
sycamore *(n.)* plataani
sycophancy *(n.)* sykofanssi
sycophant *(n.)* imartelija
syllabic *(adj.)* syllabinen
syllable *(n.)* tavu
syllabus *(n.)* opetusohjelma
sylph *(n.)* sylfidi
sylviculturist *(n.)* metsänhoitaja
symbiosis *(n.)* symbioosi
symbiote *(n.)* symbiootti
symbol *(n.)* symboli
symbolic *(adj.)* symbolinen
symbolism *(n.)* symbolismi
symbolize *(v.)* symbolisoida
symmetrical *(adj.)* symmetrinen
symmetry *(n.)* symmetria
sympathetic *(adj.)* sympaattinen
sympathize *(v.)* sympatisoida
sympathy *(n.)* sympatia
symphony *(n.)* sinfonia
symposium *(n.)* symposiumi
symptom *(n.)* oire
symptomatic *(adj.)* oireellinen
synergy *(n.)* synergia
synonym *(n.)* synonyymi
synonymous *(adj.)* synonyyminen
synopsis *(n.)* synopsis
syntax *(n.)* syntaksi
synthesis *(n.)* synteesi
synthetic *(n.)* synteettisyys
synthetic *(adj.)* synteettinen
syringe *(v.)* ruiskuttaa
syringe *(n.)* ruisku
syrup *(n.)* siirappi
system *(n.)* järjestelmä
systematic *(adj.)* järjestelmällinen
systematize *(v.)* järjestelmällistää

T

table *(v.)* laittaa pöydälle
table *(n.)* pöytä
tableau *(n.)* kuvaelma
tablet *(v.)* tabletoida
tablet *(n.)* tabletti
tabloid *(n.)* iltapäivälehti
taboo *(v.)* julistaa tabuksi
taboo *(adj.)* tabu
taboo *(n.)* tabu
tabular *(adj.)* taulukkomainen
tabulate *(v.)* taulukoida
tabulation *(n.)* taulukointi
tabulator *(n.)* sarkain
tacit *(adj.)* vaiti
taciturn *(adj.)* vähäpuheinen
tack *(v.)* kursia
tack *(n.)* nuppineula
tackle *(v.)* taklata
tackle *(n.)* taklaus
tact *(n.)* tahdikkuus
tactful *(adj.)* tahdikas
tactician *(n.)* taktikko
tactics *(n.)* taktiikka
tactile *(adj.)* taktiilinen
tag *(v.)* merkitä
tag *(n.)* tunniste
tail *(n.)* häntä
tail *(v.)* seurata
tailor *(v.)* räätälöidä
tailor *(n.)* räätäli
taint *(v.)* pilata
taint *(n.)* pilaantuma
take *(v.)* ottaa
takeable *(adj.)* otettavissa
takeaway *(adj.)* nouto-
takeaway *(n.)* noutoruoka
taken *(adj.)* varattu
take-off *(n.)* ilmaan nousu
takeout *(adj.)* nouto-
takeout *(n)* noutoruoka
takeover *(n.)* vallankaappaus
taker *(n.)* ottaja
tala *(n.)* Samoan tala
talbot *(n.)* talbot

talc *(n.)* talkki
tale *(n.)* taru
talebear *(v.)* taruilla
talebearer *(n.)* tarunkertoja
talebearing *(n.)* taruilu
talebook *(n.)* satukirja
talent *(n.)* lahjakkuus
talisman *(n.)* talismaani
talk *(n.)* juttelu
talk *(v.)* jutella
talkative *(adj.)* puhelias
talkatively *(adv.)* suuna päänä
talkativeness *(n.)* puheliaisuus
talkback *(n.)* talkback
talkboard *(n.)* keskustelupalsta
tall *(adj.)* pitkä
tallow *(n.)* tali
tally *(adj.)* laskeskeleva
tally *(v.)* pitää lukua
tally *(n.)* pulkka
talon *(n.)* tarttumakynsi
taloned *(adj.)* kynnellinen
tamarind *(n.)* tamarindi
tame *(v.)* kesyttää
tame *(adj.)* kesy
tamper *(v.)* peukaloida
tamper *(n.)* peukalointi
tamperproof *(adj.)* suojattu
tampon *(n.)* tamponi
tampon *(v.)* tukkia tamponilla
tan *(adj.)* ruskettunut
tan *(v.)* ruskettua
tan *(n.)* rusketus
tanbark *(n.)* tanniinikuori
tandem *(adv.)* kaksin
tandem *(n.)* tandem
tandem *(adj.)* tandem-
tandoor *(n.)* tandooriuuni
tang *(v.)* kirpeytyä
tang *(n.)* sivumaku
tanged *(adj.)* sivumaullinen
tangent *(n.)* tangentti
tangible *(adj.)* aineellinen
tangle *(v.)* sotkeutua
tangle *(n.)* vyyhti
tango *(n.)* tango
tango *(v.)* tanssia tangoa
tank *(n.)* tankki
tankard *(n.)* kolpakko

tanker *(n.)* tankkeri
tanner *(n.)* nahkuri
tannery *(n.)* nahkatehdas
tantalize *(v.)* härnätä
tantamount *(v.)* merkitä samaa
tantamount *(adj.)* sama kuin
tantra *(n.)* tantra
tantric *(adj.)* tantrinen
tap *(v.)* naputtaa
tap *(n.)* vesihana
tape *(v.)* teipata
tape *(n.)* teippi
tape player *(n.)* nauhasoitin
tapeless *(adj.)* nauhaton
tapeline *(n.)* mittanauha
taper *(n.)* kartio
taper *(v.)* kaventua
tapestry *(n.)* seinävaate
tar *(v.)* tervata
tar *(n.)* terva
taramite *(n.)* taramiitti
tarantism *(n.)* tarantismi
tardiness *(n.)* myöhässä olo
tardy *(adj.)* verkkainen
target *(n.)* kohde
tariff *(n.)* tullimaksu
tarnish *(v.)* tummua
task *(v.)* antaa tehtäväksi
task *(n.)* tehtävä
taste *(v.)* maistaa
taste *(n.)* makuaisti
taste bud *(n.)* makunystyrä
tasteful *(adj.)* aistikas
tasty *(adj.)* maukas
tatter *(v.)* repiä
tatter *(n.)* riepu
tattoo *(v.)* tatuoida
tattoo *(n.)* tatuointi
taunt *(n.)* piikittely
taunt *(v.)* piikitellä
taunter *(n.)* piikittelijä
taunting *(adj.)* piikittelevä
tauntingly *(adv.)* piikittelevästi
tauromachy *(n.)* härkätaistelu
taut *(adj.)* kiristetty
tautly *(adv.)* kireäksi
tavern *(n.)* kapakka
taverner *(n.)* kapakan omistaja
tavernkeeper *(n.)* kapakanpitäjä

taw *(v.)* parkita
taw *(n.)* parkitseminen
tawer *(n.)* parkitsija
tax *(v.)* verottaa
tax *(n.)* vero
tax return *(n.)* veronpalautus
taxable *(adj.)* verotettava
taxation *(n.)* verotus
tax-free *(adj.)* verovapaa
taxi *(v.)* ajaa taksilla
taxi *(n.)* taksi
taxibus *(n.)* tilataksi
taxicab *(n.)* taksi
taxidermal *(adj.)* taksidermaalinen
taxidermic *(adj.)* taksiderminen
taxidermist *(n.)* eläinten täyttäjä
taxidermy *(n.)* eläinten täyttäminen
taxpayer *(n.)* veronmaksaja
T-bone *(n.)* T-luupihvi
T-bone *(v.)* törmätä kylkeen
tchick *(v.)* naksauttaa
tchick *(n.)* naksautus
tea *(v.)* juoda teetä
tea *(n.)* tee
tea maker *(n.)* vedenkeitin
teabag *(n.)* teepussi
teabox *(n.)* teelaatikko
teacake *(n.)* teeleipä
teach *(v.)* opettaa
teacheable *(adj.)* opetettavissa
teacher *(n.)* opettaja
teacher centric *(adj.)* opettajakeskeinen
teaching *(n.)* opetus
teacup *(n.)* teekuppi
teagle *(n.)* nostolaite
teahouse *(n.)* teehuone
teak *(n.)* tiikki
team *(v.)* lyöttäytyä yhteen
team *(n.)* tiimi
team building *(n.)* ryhmänmuodostus
teamed *(adj.)* tiimiin kuuluva
teammate *(n.)* tiimitoveri
teamwise *(adv.)* tiimeittäin
teamwork *(n.)* tiimityö
teapot *(n.)* teekannu
tear *(n.)* repeämä
tear *(n.)* kyynel
tear *(v.)* repäistä
tear gas *(n.)* kyynelkaasu

teardrop *(n.)* kyynelpisara
tearful *(adj.)* kyyneleinen
tease *(v.)* kiusoitella
tease *(n.)* kiusoittelija
teaser *(n.)* mainospala
teasing *(n.)* kiusoittelu
teasingly *(adv.)* kiusoittelevasti
teat *(n.)* nisä
technical *(adj.)* tekninen
technicality *(n.)* teknisyys
technician *(n.)* teknikko
technique *(n.)* tekniikka
technological *(adj.)* teknologinen
technologist *(n.)* teknologi
technology *(n.)* teknologia
technomad *(n.)* teknomadi
technomania *(n.)* teknomania
technomusic *(n.)* teknomusiikki
technophile *(n.)* teknofiili
technophobe *(n.)* teknofobi
techy *(n.)* tekniikkanörtti
tect *(adj.)* katettu
tect *(n.)* peittokatto
tectonic *(adj.)* tektoninen
tedious *(adj.)* pitkäveteinen
tedium *(n.)* pitkäveteisyys
teem *(v.)* kuhista
teenager *(n.)* teini-ikäinen
teens *(n. pl.)* teini-ikä
teethe *(v.)* saada hampaita
teetotal *(adj.)* raivoraitis
teetotaller *(n.)* absolutisti
telebanking *(n.)* verkkopankki
telecast *(v.)* televisioida
telecast *(n.)* televisiointi
telecommunications *(n.)* televiestintä
telecomputing *(n.)* telelaskenta
teleconference *(n.)* telekonferenssi
telecopier *(n.)* telekopiokone
telecourse *(n.)* telekurssi
telefax *(n.)* telekopio
telegram *(n.)* sähke
telegraph *(v.)* sähköttää
telegraph *(n.)* lennätin
telegraphic *(adj.)* sähke-
telegraphist *(n.)* sähköttäjä
telegraphy *(n.)* lennätys
teleguide *(n.)* teleopas
telejournalism *(n.)* telejournalismi

telekinesis *(n.)* telekineesi
telekinetic *(adj.)* telekineettinen
telemark *(v.)* kääntyä suksilla
telemarket *(v.)* myydä puhelimitse
telemarketing *(n.)* puhelinmyynti
telematic *(adj.)* telemaattinen
telemetry *(n.)* kaukomittaus
teleologic *(adj.)* teleologinen
teleologist *(n.)* teleologi
teleology *(n.)* teleologia
teleoperator *(n.)* teleoperaattori
telepathic *(adj.)* telepaattinen
telepathist *(n.)* telepaatti
telepathy *(n.)* telepatia
telephone *(n.)* puhelin
telephone *(v.)* soittaa puhelimella
teleport *(v.)* teleportata
teleport *(n.)* teleporttaus
teleportation *(n.)* teleportaatio
teleprint *(v.)* teleprintata
teleprinter *(n.)* teleprintteri
teleprompter *(n.)* teleprompteri
telescope *(n.)* teleskooppi
telescopic *(adj.)* teleskooppinen
telescopy *(n.)* teleskopia
teleshopper *(n.)* teleshoppaaja
teleshopping *(n.)* teleshoppaaminen
teletext *(n.)* teksti-TV
televise *(v.)* lähettää TV-lähetystä
television *(n.)* televisio
tell *(v.)* kertoa
teller *(n.)* tarinankertoja
telling *(n.)* kertominen
telling *(adj.)* kertova
telling-off *(n.)* ryöpyttää
telltale *(adj.)* juoruileva
telltale *(n.)* juorukello
tellural *(adj.)* telluraalinen
telluric *(adj.)* telluuri-
temeritous *(adj.)* tyhmänrohkea
temerity *(n.)* tyhmänrohkeus
temper *(v.)* lämpökäsitellä
temper *(n.)* luonne
temperament *(n.)* temperamentti
temperamental *(adj.)* temperamenttinen
temperance *(n.)* itsehillintä
temperate *(adj.)* lauha
temperate *(v.)* lauhduttaa
temperature *(n.)* lämpötila

tempest *(n.)* rajuilma
tempestuous *(adj.)* myrskyisä
templar *(n.)* temppeli-
template *(v.)* käyttää templaattia
template *(n.)* templaatti
temple *(n.)* temppeli
temporal *(adj.)* aika-
temporary *(adj.)* väliaikainen
tempt *(v.)* vietellä
temptation *(n.)* viettelys
tempter *(n.)* viettelijä
ten *(n.)* kymmenen
tenable *(adj.)* paikkansapitävä
tenacious *(adj.)* sitkeä
tenacity *(n.)* sinnikkyys
tenancy *(n.)* vuokrasuhde
tenant *(n.)* vuokralainen
tend *(v.)* olla taipumus
tendency *(n.)* taipumus
tender *(v.)* kilpailuttaa
tender *(adj.)* murea
tender *(n.)* tarjouskilpailu
tenderfoot *(n.)* vasta-alkaja
tender-hearted *(adj.)* helläsydäminen
tenderize *(v.)* mureuttaa
tenderizer *(n.)* marinadi
tenderly *(adv.)* hellästi
tenderness *(n.)* hellyys
tendinitis *(n.)* jännetulehdus
tendon *(n.)* jänne
tendril *(n.)* kärhi
tenebrose *(adj.)* takapajuinen
tenebrosity *(n.)* takapajuisuus
tenebrous *(adj.)* hämyisä
tenent *(n.)* dogmi
tenet *(n.)* opinkappale
tenfold *(adj.)* kymmenkertainen
tenfold *(adv.)* kymmenkertaisesti
tennis *(n.)* tennis
tenor *(n.)* tenori
tenor *(adj.)* tenori-
tense *(v.)* jännittyä
tense *(n.)* aikamuoto
tense *(adj.)* jännittynyt
tensely *(adv.)* jännittyneesti
tensible *(adj.)* jännittyneinen
tensile *(adj.)* veto-
tensility *(adj.)* vetoluja
tension *(n.)* jännittyneisyys

tension *(v.)* jännittää
tensioned *(adj.)* jännitetty
tensor *(adj.)* jännittäjä-
tensor *(n.)* tensori
tensor *(v.)* tensoroida
tent *(n.)* teltta
tentative *(n.)* alustaminen
tentative *(adj.)* kokeellinen
tentativeness *(n.)* alustavuus
tenth *(adj.)* kymmenes
tentmaker *(n.)* teltantekijä
tentpole *(n.)* telttakeppi
tenue *(n.)* hallintaoikeus
tenuous *(adj.)* kehno
tenuously *(adv.)* hatarasti
tenure *(v.)* olla virassa
tenure *(n.)* virassaoloaika
tepid *(adj.)* haalea
tepidity *(n.)* haaleus
tepidly *(adv.)* haaleasti
tequila *(n.)* tequila
terabase *(n.)* teraemäs
terabit *(n.)* terabitti
terabyte *(n.)* teratavu
terajoule *(n.)* terajoule
term *(v.)* määritellä termi
term *(n.)* termi
terminable *(adj.)* päätettävissä
terminal *(n.)* terminaali
terminal *(adj.)* terminaalinen
terminate *(v.)* terminoida
termination *(n.)* terminaatio
terminological *(adj.)* terminologinen
terminology *(n.)* terminologia
terminus *(n.)* päätepiste
termite *(n.)* termiitti
termiticide *(n.)* termisidi
terp *(v.)* estää suojakummulla
terp *(n.)* keinokumpu
terrace *(v.)* pengertää
terrace *(n.)* terassi
terracotta *(adj.)* terrakotanvärinen
terracotta *(n.)* terrakotta
terraforming *(n.)* terraformointi
terrain *(n.)* maasto
terrestrial *(n.)* maaperä
terrestrial *(adj.)* maaperäinen
terrible *(adj.)* kamala
terrier *(n.)* terrieri
terrific *(adj.)* hurja
terrify *(v.)* kauhistuttaa
territorial *(adj.)* alueellinen
territory *(n.)* reviiri
terror *(n.)* terrori
terrorism *(n.)* terrorismi
terrorist *(n.)* terroristi
terrorize *(v.)* terrorisoida
terse *(adj.)* töksähtävä
tersely *(adv.)* töksäyttelevästi
tertian *(n.)* vuoropäivä
tertian *(adj.)* vuoropäiväinen
tertiary *(n.)* kolmas
tertiary *(adj.)* tertiäärinen
tesseract *(n.)* tesserakti
test *(n.)* testi
test *(v.)* testata
testament *(n.)* testamentti
testicle *(n.)* kives
testify *(v.)* todistaa
testimonial *(n.)* todistajanlausunto
testimony *(n.)* todistus
testosterone *(n.)* testosteroni
tete-a-tete *(n.)* kahden kesken
tether *(v.)* panna liekaan
tether *(n.)* lieka
tetra *(n.)* tetra
text *(n.)* teksti
textbook *(n.)* oppikirja
textbook *(adj.)* oppikirja-
textbookish *(adj.)* oppikirjamainen
textile *(n.)* tekstiili
textile *(adj.)* tekstiilinen
textual *(adj.)* tekstimuotoinen
texture *(n.)* tekstuuri
thank *(v.)* kiittää
thankful *(adj.)* kiitollinen
thankless *(adj.)* epäkiitollinen
thanks *(n.)* kiitokset
that *(conj.)* että
that *(dem. pron.)* se
that *(rel. pron.)* se, tuo
that *(adv.)* siinä määrin
thatch *(v.)* peittää oljilla
thatch *(n.)* olki
thaw *(v.)* sulaa
thaw *(n.)* suojasää
theatre *(n.)* teatteri
theatrical *(adj.)* teatraalinen

theft *(n.)* anastus
their *(adj.)* "-nsa"
theirs *(pron.)* heidän
theism *(n.)* teismi
theist *(n.)* teisti
them *(pron.)* heitä
thematic *(adj.)* temaattinen
theme *(n.)* teema
then *(adj.)* silloinen
then *(adv.)* sitten
thence *(adv.)* siitä
theocracy *(n.)* pappisvalta
theologian *(n.)* teologi
theological *(adj.)* teologinen
theology *(n.)* teologia
theorem *(n.)* teoreema
theoretical *(adj.)* teoreettinen
theorist *(n.)* teoreetikko
theorize *(v.)* teoretisoida
theory *(n.)* teoria
therapist *(n.)* terapeutti
therapy *(n.)* terapia
there *(adv.)* sinne
thereabouts *(adv.)* niillä main
thereafter *(adv.)* sen koommin
thereby *(adv.)* siten
therefore *(adv.)* siksi
thermal *(adj.)* lämpö-
thermometer *(n.)* lämpömittari
thermos (flask) *(n.)* termospullo
thesis *(n.)* opinnäytetyö
thick *(n.)* kaarna
thick *(adj.)* paksu
thick *(adv.)* paksusti
thicken *(v.)* paksuntaa
thicket *(n.)* tiheikkö
thief *(n.)* varas
thigh *(n.)* reisi
thimble *(n.)* sormustin
thin *(v.)* ohentaa
thin *(adj.)* ohut
thing *(n.)* juttu
think *(v.)* ajatella
thinker *(n.)* ajattelija
third *(n.)* kolmannes
third *(adj.)* kolmas
thirdly *(adv.)* kolmanneksi
thirst *(v.)* janota
thirst *(n.)* jano
thirsty *(adj.)* janoinen
thirteen *(n.)* kolmetoista
thirteenth *(n.)* kolmastoista
thirteenth *(adj.)* kolmastoista
thirtieth *(n.)* kolmaskymmenes
thirtieth *(adj.)* kolmaskymmenes
thirty *(n.)* kolmekymmentä
thistle *(n.)* ohdake
thither *(adv.)* tuonne
thorax *(n.)* rintakehä
thorn *(n.)* oka
thorny *(adj.)* okainen
thorough *(adj.)* läpikotainen
thoroughfare *(n.)* päätie
though *(adv.)* kuitenkin
though *(conj.)* vaikka
thought *(n.)* ajatus
thoughtful *(adj.)* ajatteleva
thousand *(n.)* tuhat
thousandth *(adj.)* tuhannes
thrall *(n.)* maaorja
thralldom *(n.)* maaorjuus
thrash *(v.)* piestä
thread *(v.)* pujottaa
thread *(n.)* lanka
threadbare *(adj.)* nukkavieru
threat *(n.)* uhkaus
threaten *(v.)* uhkailla
three *(n.)* kolme
thresh *(v.)* puida
thresher *(n.)* puimuri
threshold *(n.)* raja-arvo
thrice *(adv.)* kolmesti
thrift *(n.)* säästäväisyys
thrifty *(adj.)* säästäväinen
thrill *(v.)* sävähdyttää
thrill *(n.)* sävähdys
thriller *(n.)* trilleri
thrive *(v.)* rehottaa
throat *(n.)* kurkku
throaty *(adj.)* möreä
throb *(n.)* tykytys
throb *(v.)* tykyttää
throe *(n.)* kouristus
throne *(v.)* olla valtaistuimella
throne *(n.)* valtaistuin
throng *(v.)* tungeksia
throng *(n.)* tungos
throttle *(v.)* kaasuttaa

throttle *(n.)* kaasupoljin
through *(adj.)* läpi-
through *(adv.)* lävitse
through *(prep.)* läpi
throughout *(prep.)* kauttaaltaan
throughout *(adv.)* läpikotaisin
throw *(n.)* heitto
throw *(v.)* heittää
thrust *(n.)* työntövoima
thrust *(v.)* sysätä
thud *(v.)* tömähtää
thud *(n.)* tömähdys
thug *(n.)* kovanaama
thumb *(v.)* liftata
thumb *(n.)* peukalo
thumbprint *(n.)* peukalonjälki
thump *(v.)* jysäyttää
thump *(n.)* jysäytys
thunder *(v.)* ukkostaa
thunder *(n.)* ukkonen
thunderous *(adj.)* jyrisevä
thunderstorm *(n.)* ukkosmyrsky
Thursday *(n.)* torstai
thus *(adv.)* täten
thwart *(v.)* taltuttaa
tiara *(n.)* tiara
tick *(v.)* tikittää
tick *(n.)* tikitys
ticket *(n.)* tiketti
tickle *(v.)* kutittaa
ticklish *(adj.)* kutiava
tidal *(adj.)* vuorovesi-
tide *(n.)* vuorovesi
tidiness *(n.)* siisteys
tidings *(n. pl.)* uutiset
tidy *(v.)* siistiä
tidy *(adj.)* siisti
tie *(v.)* sitoa
tie *(n.)* solmio
tier *(n.)* taso
tiger *(n.)* tiikeri
tight *(adj.)* tiukka
tighten *(v.)* tiukentaa
tigress *(n.)* naarastiikeri
tile *(v.)* laatoittaa
tile *(n.)* kaakeli
till *(n.)* kassakone
till *(conj.)* kunnes
till *(v.)* kyntää

till *(prep.)* saakka
tilt *(v.)* kallistaa
tilt *(n.)* kallistuma
timber *(n.)* puutavara
time *(v.)* ajoittaa
time *(n.)* aika
time limit *(n.)* aikarajoitus
timeline *(n.)* aikajana
timely *(adj.)* oikea-aikainen
timid *(adj.)* säikky
timidity *(n.)* säikkyminen
timorous *(adj.)* pelokas
tin *(v.)* tinata
tin *(n.)* tina
tincture *(v.)* sävyttää
tincture *(n.)* sävy
tinge *(v.)* vivahtaa
tinge *(n.)* vivahdus
tinker *(n.)* tinuri
tinsel *(n.)* pintakiilto
tint *(v.)* värjätä
tint *(n.)* värisävy
tiny *(adj.)* pikkuinen
tip *(v.)* vinkata
tip *(n.)* vinkki
tip-off *(v.)* antaa vihje
tipsy *(adj.)* huppelissa
tirade *(n.)* vuodatus
tire *(n.)* rengas
tire *(v.)* väsyä
tired *(adj.)* väsynyt
tiresome *(adj.)* väsyttävä
tissue *(n.)* kudos
titanic *(adj.)* jättikokoinen
tithe *(n.)* kirkollisvero
title *(n.)* otsikko
title *(v.)* otsikoida
titular *(adj.)* nimellinen
toad *(n.)* rupikonna
toast *(v.)* paahtua
toast *(n.)* maljapuhe
tobacco *(n.)* tupakka
today *(n.)* tämä päivä
today *(adv.)* tänään
toe *(v.)* hipaista
toe *(n.)* varvas
toffee *(n.)* toffee
toga *(n.)* tooga
together *(adv.)* yhdessä

toil *(v.)* raataa
toil *(n.)* raataminen
toilet *(n.)* vessa
toils *(n. pl.)* paulat
token *(n.)* poletti
tolerable *(adj.)* siedettävä
tolerance *(n.)* sietokyky
tolerant *(adj.)* sietävä
tolerate *(v.)* sietää
toleration *(n.)* sietäminen
toll *(v.)* rahastaa
toll *(n.)* tietulli
tomato *(n.)* tomaatti
tomb *(n.)* hautaholvi
tomboy *(n.)* poikatyttö
tomcat *(n.)* kolli
tome *(n.)* nide
tomorrow *(adv.)* huomenna
tomorrow *(n.)* huominen
ton *(n.)* rekisteritonni
tone *(v.)* kiinteytyä
tone *(n.)* äänensävy
toned *(adj.)* sävytetty
tongs *(n. pl.)* pihdit
tongue *(n.)* kieli
tonic *(n.)* virkiste
tonic *(adj.)* virkistävä
tonight *(adv.)* tänä yönä
tonight *(n.)* tämä yö
tonne *(n.)* tonni
tonsil *(n.)* nielurisa
tonsure *(n.)* tonsuuri
too *(adv.)* myöskin
tool *(n.)* työkalu
toolkit *(n.)* työkalupakki
tooth *(n.)* hammas
toothache *(n.)* hammassärky
toothsome *(adj.)* makoisa
top *(v.)* peittää
top *(n.)* toppi
topaz *(n.)* topaasi
topic *(n.)* puheenaihe
topical *(adj.)* ajankohtainen
topographer *(n.)* topografi
topographical *(adj.)* topografinen
topography *(n.)* topografia
topper *(n.)* silinteri
topple *(v.)* kaataa kumoon
topsy turvy *(adv.)* nurin perin

topsy turvy *(adj.)* nurinkurinen
torch *(n.)* soihtu
torment *(n.)* piina
torment *(v.)* piinata
tornado *(n.)* tornado
torpedo *(v.)* torpedoida
torpedo *(n.)* torpedo
torrent *(n.)* vyöry
torrential *(adj.)* rankka
torrid *(adj.)* paahtava
tortoise *(n.)* maakilpikonna
tortuous *(adj.)* kiemurainen
torture *(v.)* kiduttaa
torture *(n.)* kidutus
toss *(n.)* kolikonheitto
toss *(v.)* viskata
total *(v.)* laskea yhteen
total *(n.)* loppusumma
total *(adj.)* totaalinen
totalitarian *(adj.)* totalitaarinen
totality *(n.)* totaalisuus
touch *(n.)* kosketus
touch *(v.)* koskettaa
touchy *(adj.)* herkkähipiäinen
tough *(adj.)* luja
toughen *(v.)* lujittua
tour *(v.)* kierrellä
tour *(n.)* kiertue
tourism *(n.)* turismi
tourist *(n.)* turisti
tournament *(n.)* turnaus
tout *(v.)* mainostaa
tow *(v.)* hinata
tow *(n.)* hinaus
towards *(prep.)* kohti
towboat *(n.)* hinausvene
towel *(v.)* kuivata pyyhkeellä
towel *(n.)* pyyhe
tower *(v.)* kohota korkealle
tower *(n.)* torni
town *(n.)* kaupunki
township *(n.)* kunta
toxaemia *(n.)* toksemia
toxic *(adj.)* toksinen
toxicity *(n.)* toksisuus
toxicologist *(n.)* toksikologi
toxicology *(n.)* toksikologia
toxification *(n.)* myrkyttäminen
toxin *(n.)* toksiini

toy *(v.)* leikkiä ajatuksella
toy *(n.)* lelu
toyhouse *(n.)* lelutalo
toymaker *(n.)* leluvalmistaja
toyseller *(n.)* lelumyyjä
toystore *(n.)* lelukauppa
trace *(v.)* seurata jälkiä
trace *(n.)* jälki
traceable *(adj.)* jäljitettävä
trachea *(n.)* henkitorvi
tracheal *(adj.)* trakea-
tracheole *(n.)* ilmatie
tracheoscopy *(n.)* trakeoskopia
tracing *(n.)* jäljittäminen
track *(v.)* seurata
track *(n.)* rata
trackable *(adj.)* jäljitettävissä
trackback *(n.)* lähdeseuranta
trackball *(n.)* pallohiiri
tracker *(n.)* jäljitin
tracklist *(n.)* seurantalista
tracksuit *(n.)* verryttelypuku
tract *(n.)* traktaatti
traction *(n.)* veto
tractor *(n.)* traktori
trade *(v.)* käydä vaihtokauppaa
trade *(n.)* vaihtokauppa
trademark *(n.)* tavaramerkki
trader *(n.)* liikkeenharjoittaja
tradesman *(n.)* kauppamies
tradition *(n.)* perinne
traditional *(adj.)* perinteinen
traffic *(v.)* käydä laitonta kauppaa
traffic *(n.)* liikenne
traffic sign *(n.)* liikennemerkki
tragedian *(n.)* traagikko
tragedy *(n.)* tragedia
tragic *(adj.)* traaginen
trail *(v.)* jättää jälkiä
trail *(n.)* polku
trailer *(n.)* peräkärry
train *(v.)* treenata
train *(n.)* juna
trainee *(n.)* harjoittelija
training *(n.)* treeni
trait *(n.)* piirre
traitor *(n.)* petturi
tram *(n.)* raitiovaunu
trample *(v.)* talloa

trance *(n.)* transsi
tranquil *(adj.)* seesteinen
tranquility *(n.)* seesteisyys
tranquillize *(v.)* antaa rauhoittavia lääkkeitä
tranquillizer *(n.)* rauhoittava lääke
transact *(v.)* siirtää rahaa
transaction *(n.)* rahansiirto
transborder *(adj.)* maarajat ylittävä
transboundary *(adj.)* rajat ylittävä
transceive *(v.)* lähettää ja vastaanottaa
transceiver *(n.)* lähetin-vastaanotin
transcend *(v.)* vallita kaikkialla
transcendent *(adj.)* transsendenttinen
transcendental *(adj.)* tuonpuoleinen
transcendentalize *(v.)* transsendentalisoida
transcendentally *(adv.)* transsendenttisesti
transcendingly *(adv.)* ylivoimaisesti
transcribe *(v.)* kirjoittaa puhtaaksi
transcriber *(n.)* puhtaaksikirjoittaja
transcription *(n.)* transkriptio
transfer *(v.)* siirtää
transfer *(n.)* siirto
transferable *(adj.)* siirrettävä
transfiguration *(n.)* kirkastuminen
transfigure *(v.)* kirkastaa
transform *(v.)* muuntautua
transformation *(n.)* transformaatio
transgress *(v.)* rikkoa rajat
transgression *(n.)* rikkomus
transit *(n.)* kauttakulku
transit *(v.)* kulkea jonkin kautta
transition *(n.)* siirymä
transitive *(adj.)* transitiivinen
transitory *(adj.)* ohimenevä
translate *(v.)* kääntää kieltä
translation *(n.)* käännös
transmigration *(n.)* muuttoliike
transmission *(n.)* lähetys
transmit *(v.)* lähettä
transmitter *(n.)* lähetin
transparent *(adj.)* läpinäkyvä
transplant *(n.)* siirrännäinen
transplant *(v.)* siirtoistuttaa
transplantation *(n.)* siirtoistutus
transplantee *(n.)* elinsiirron saaja
transport *(n.)* kuljetus

transport *(v.)* kuljettaa
transportation *(n.)* kuljettaminen
trap *(v.)* ansastaa
trap *(n.)* ansa
trapdoor *(n.)* luukku
trapeze *(v.)* taiteilla trapetsilla
trapeze *(n.)* trapetsi
trapezist *(n.)* trapetsitaiteilija
trapezoid *(n.)* puolisuunnikas
trapline *(n.)* ansasarja
trash *(n.)* heittää roskiin
trashed *(adj.)* roskattu
trauma *(n.)* trauma
traumatic *(adj.)* traumaattinen
traumatism *(n.)* traumatismi
traumatology *(n.)* traumatologia
traunch *(v.)* jakaa sarjoihin
traunch *(n.)* sarjaerä
traunch *(adj.)* sarjoitettu
travel *(v.)* matkustaa
travel *(n.)* matkustaminen
traveller *(n.)* matkailija
travelogue *(n.)* matkakertomus
traveltime *(n.)* matka-aika
traversable *(adj.)* läpikäytävä
traverse *(v.)* kulkea läpi
traverse *(n.)* siirtolava
trawl *(v.)* troolata
trawl *(n.)* trooli
trawlboat *(n.)* troolilaiva
tray *(v.)* laittaa tarjottimelle
tray *(n.)* tarjotin
treacherous *(adj.)* kavala
treachery *(n.)* kavaluus
tread *(n.)* telaketju
tread *(v.)* tallata
treader *(n.)* polkija
treadmill *(n.)* juoksumatto
treadplate *(n.)* kulutuspinta
treadwheel *(n.)* juoksupyörä
treason *(n.)* maanpetos
treasure *(v.)* vaalia
treasure *(n.)* aarre
treasurer *(n.)* rahastonhoitaja
treasury *(n.)* aarrearkku
treat *(v.)* kohdella
treat *(n.)* makupala
treatise *(n.)* tutkielma
treatment *(n.)* hoito

treaty *(n.)* sopimus
tree *(n.)* puu
trek *(n.)* patikkaretki
trek *(v.)* patikoida
tremble *(v.)* vapista
tremendous *(adj.)* valtaisa
tremor *(n.)* vapina
trench *(v.)* ojittaa
trench *(n.)* trenssi
trend *(n.)* trendi
trespass *(n.)* tunkeutuminen
trespass *(v.)* kulkea luvatta
trial *(n.)* oikeudenkäynti
triangle *(n.)* kolmio
triangular *(adj.)* kolmikulmainen
tribal *(adj.)* tribaali
tribe *(n.)* heimo
tribulation *(n.)* koetteleminen
tribunal *(n.)* tribunaali
tributary *(n.)* sivujoki
tributary *(adj.)* verovelvollinen
tribute *(n.)* suojeluraha
trick *(v.)* jekuttaa
trick *(n.)* temppu
trickery *(n.)* vippaskonsti
trickle *(n.)* noro
trickle *(v.)* norua
trickster *(n.)* temppuilija
tricky *(adj.)* hankala
tricolour *(n.)* trikolori
tricolour *(adj.)* kolmivärinen
tricycle *(n.)* kolmipyörä
trifle *(v.)* väheksyä
trifle *(n.)* pikkujuttu
trigger *(n.)* laukaisin
trigger *(v.)* laukaista
trim *(v.)* trimmata
trim *(n.)* trimmaus
trim *(adj.)* trimmattu
trimester *(n.)* kolmannes
trinity *(n.)* kolminaisuus
trio *(n.)* kolmikko
trip *(n.)* reissu
trip *(v.)* kompastua
tripartite *(adj.)* kolmiosainen
triple *(adj.)* kolminkertainen
triple *(v.)* kolminkertaistua
triplicate *(v.)* kolminkertaistaa
triplicate *(n.)* kolminkertaistaminen

triplicate *(adj.)* kolminkertaistettu
triplication *(n.)* kolminkertaistus
tripod *(n.)* kolmijalka
triumph *(v.)* juhlia voittoa
triumph *(n.)* voitonjula
triumphal *(adj.)* riemu-
triumphant *(adj.)* voitonriemuinen
trivial *(adj.)* triviaali
troop *(v.)* marssia joukkona
troop *(n.)* komppania
trooper *(n.)* sotamies
trophy *(n.)* pokaali
tropic *(n.)* tropiikki
tropical *(adj.)* trooppinen
trot *(n.)* ravi
trot *(v.)* ravata
trouble *(v.)* vaivata
trouble *(n.)* vaikeus
troublesome *(adj.)* vaivalloinen
troupe *(n.)* seurue
trousers *(n. pl.)* housut
trowel *(n.)* lapata
truce *(n.)* välirauha
truck *(n.)* rekka
true *(adj.)* totta
trump *(v.)* ruffata
trump *(n.)* valtti
trumpet *(v.)* toitottaa
trumpet *(n.)* trumpetti
trunk *(n.)* takakontti
trust *(v.)* luottaa
trust *(n.)* luottamus
trustee *(n.)* toimitsija
trustful *(adj.)* luottavainen
trustworthy *(adj.)* luottamuksen arvoinen
trusty *(adj.)* luotettava
truth *(n.)* totuus
truthful *(adj.)* totuudenmukainen
try *(n.)* yritys
try *(v.)* yrittää
trying *(adj.)* rasittava
tryst *(n.)* tärskyt
tub *(n.)* amme
tube *(n.)* putkilo
tuberculosis *(n.)* tuberkuloosi
tubular *(adj.)* putkimainen
tug *(v.)* raahata
tuition *(n.)* lukukausimaksu
tumble *(n.)* kupsahdus

tumble *(v.)* heittää kuperkeikka
tumbler *(n.)* juomalasi
tumour *(n.)* syöpäkasvain
tumult *(n.)* hulina
tumultuous *(adj.)* kovaääninen
tune *(v.)* virittää
tune *(n.)* vire
tunnel *(v.)* tunneloida
tunnel *(n.)* tunneli
turban *(n.)* turbaani
turbine *(n.)* turbiini
turbulence *(n.)* turbulenssi
turbulent *(adj.)* turbulentti
turf *(n.)* tekonurmikko
turkey *(n.)* kalkkuna
turmeric *(n.)* kurkuma
turmoil *(n.)* myllerrys
turn *(n.)* vuoro
turn *(v.)* kääntää
turner *(n.)* paistinlasta
turnip *(n.)* nauris
turn-off *(n.)* etova asia
turnout *(n.)* äänestysprosentti
turpentine *(n.)* tärpätti
turtle *(n.)* kilpikonna
tusk *(n.)* torahammas
tussle *(v.)* nahistella
tussle *(n.)* tupsu
tutor *(n.)* tuutori
tutorial *(n.)* opetusohjelma
tutorial *(adj.)* opetus-
twelfth *(n.)* kahdestoistaosa
twelfth *(adj.)* kahdestoista
twelve *(n.)* kaksitoista
twentieth *(n.)* kahdeskymmenes
twentieth *(adj.)* kahdeskymmenes
twenty *(n.)* kaksikymmentä
twice *(adv.)* kahdesti
twig *(n.)* varpu
twilight *(n.)* iltahämärä
twin *(adj.)* kaksois-
twin *(n.)* kaksonen
twinkle *(n.)* tuike
twinkle *(v.)* tuikkia
twist *(n.)* vääntö
twist *(v.)* vääntää
twitter *(v.)* visertää
twitter *(n.)* viserrys
two *(n.)* kaksi

twofold *(adj.)* kaksinkertainen
type *(v.)* kirjoittaa koneella
type *(n.)* tyyppi
typhoid *(n.)* lavantauti
typhoon *(n.)* taifuuni
typhus *(n.)* pilkkukuume
typical *(adj.)* tyypillinen
typify *(v.)* ilmentää
typist *(n.)* konekirjoittaja
tyranny *(n.)* tyrannia
tyrant *(n.)* tyranni
tyre *(n.)* rengas

uber *(adj.)* super-
uber *(adv.)* superisti
ubergeek *(n.)* supernörtti
uberous *(adj.)* runsas
ubersexual *(n.)* uberseksuaali
ubersexual *(adj.)* uberseksuaalinen
ubicity *(n.)* olinpaikka
ubiquitous *(adj.)* kaikkialla läsnäoleva
ubiquity *(n.)* kaikkialla läsnäolo
udder *(n.)* utare
ufo *(n.)* ufo
ufologist *(n.)* ufotutkija
ufology *(n.)* ufotutkimus
uglify *(v.)* rumentaa
ugliness *(n.)* rumuus
ugly *(adj.)* ruma
ukelele *(n.)* ukulele
ukeleleist *(n.)* ukulelen soittaja
ulcer *(n.)* haavauma
ulcerous *(adj.)* haavautunut
ulterior *(adj.)* tuntematon
ultimate *(adj.)* lopullinen
ultimately *(adv.)* lopuksi
ultimatum *(n.)* uhkavaatimus
ultra *(n.)* ultra
ultracasual *(adj.)* superrento
ultracompact *(adj.)* ultrakompakti
ultraconservative *(n.)* äärikonservatiivi
ultraconservative *(adj.)* äärikonservatiivinen
ultrasecure *(adj.)* superturvallinen
ultrasonic *(adj.)* ultraääninen

ultrasonics *(n.)* ultraäänet
ultrasound *(n.)* ultraääni
ultraviolet *(adj.)* ultravioletti
ultraviolet *(n.)* ultraviolettisäteily
ululate *(v.)* ulista
ululation *(n.)* ulina
umbrella *(n.)* sateenvarjo
umpire *(n.)* erotuomari
umpire *(v.)* erotuomaroida
unabashed *(adj.)* häpeilemätön
unabashedly *(adv.)* häpeilemättä
unable *(adj.)* kyvytön
unabridged *(adj.)* lyhentämätön
unacceptable *(adj.)* hyväksymiskelvoton
unaccessible *(adj.)* luoksepääsemätön
unaccommodating *(adj.)* mukautumaton
unaccountable *(adj.)* käsittämätön
unaccurate *(adj.)* epätarkka
unachievable *(adj.)* saavuttamaton
unacquainted *(adj.)* perehtymätön
unadapted *(adj.)* sopeutumaton
unadjusted *(adj.)* säätämätön
unaffected *(adj.)* teeskentelemätön
unaffectionate *(adj.)* kiintymätön
unaided *(adj.)* ilman apua
unambiguous *(adj.)* yksiselitteinen
unambivalence *(n.)* yksiselitteisyys
unamused *(adj.)* huvittumaton
unanimity *(n.)* yksimielisyys
unanimous *(adj.)* yksimielinen
unannounced *(adj.)* odottamaton
unappealing *(adj.)* ei houkutteleva
unapproved *(adj.)* hyväksymätön
unarmed *(adj.)* aseeton
unauthorized *(adj.)* luvaton
unavoidable *(adj.)* väistämätön
unaware *(adj.)* tietämätön
unawares *(adv.)* yllättäen
unbearable *(adj.)* sietämätön
unbeaten *(adj.)* lyömätön
unbelievable *(adj.)* uskomaton
unburden *(v.)* purkaa
uncanny *(adj.)* käsittämätön
uncertain *(adj.)* epävarma
uncivilized *(adj.)* sivistymätön
uncle *(n.)* eno/setä
unclear *(adj.)* epäselvä
uncomfortable *(adj.)* epämukava
uncouth *(adj.)* hienostumaton

undecided *(adj.)* päättämätön	**university** *(n.)* yliopisto
undefeated *(adj.)* voittamaton	**unjust** *(adj.)* epäoikeudenmukainen
under *(adj.)* alainen	**unknown** *(adj.)* tuntematon
under *(prep.)* alempana	**unless** *(conj.)* ellei
under *(adv.)* alle	**unlike** *(adj.)* eri
undercurrent *(n.)* pohjavirta	**unlike** *(prep.)* erilainen kuin
underdog *(n.)* altavastaaja	**unlikely** *(adj.)* epätodennäköinen
undergo *(v.)* läpikäydä	**unmanned** *(adj.)* miehittämätön
undergraduate *(n.)* ylioppilas	**unmannerly** *(adj.)* huonotapainen
underhand *(adj.)* salakähmäinen	**unnecessary** *(adj.)* tarpeeton
underline *(v.)* alleviivata	**unofficial** *(adj.)* epävirallinen
undermine *(v.)* kaivaa alta	**unplanned** *(adj.)* suunnittelematon
underneath *(adv.)* alapuolella	**unprincipled** *(adj.)* periaatteeton
underneath *(adj.)* alempi	**unquote** *(adj.)* lainausmerkeissä
underneath *(prep.)* alta	**unread** *(adj.)* lukematon
underpriviledged *(adj.)* vähäosainen	**unreliable** *(adj.)* epäluotettava
understand *(v.)* ymmärtää	**unrest** *(n.)* levottomuus
undertake *(v.)* ryhtyä	**unruly** *(adj.)* kuriton
undertone *(n.)* pohjavire	**unsalted** *(adj.)* suolaamaton
underwear *(n.)* alusvaate	**unsettle** *(v.)* huolestuttaa
underworld *(n.)* alamaailma	**unsheathe** *(v.)* vetää tupesta
undo *(v.)* kumota	**unsold** *(adj.)* myymätön
undue *(adj.)* kohtuuton	**until** *(prep.)* asti
undulate *(v.)* aaltoilla	**until** *(conj.)* ennen kuin
undulation *(n.)* aaltoilu	**untoward** *(adj.)* epäsuotuisa
unearth *(v.)* kaivaa esiin	**unwanted** *(adj.)* ei-toivottu
uneasy *(adj.)* rauhaton	**unwell** *(adj.)* pahoinvoipa
uneducated *(adj.)* oppimaton	**unwittingly** *(adv.)* tietämättään
uneven *(adj.)* epätasainen	**up** *(adv.)* ylhäällä
unfair *(adj.)* epäreilu	**up** *(prep.)* ylös
unfold *(v.)* avautua	**upbraid** *(v.)* toruilla
unfortunate *(adj.)* epäonninen	**upgrade** *(v.)* päivittää
ungainly *(adj.)* tökerö	**upheaval** *(n.)* mullistus
unhappy *(adj.)* onneton	**uphold** *(v.)* pitää yllä
unhealthy *(adj.)* epäterveellinen	**upkeep** *(n.)* huolto
unification *(n.)* yhtenäistäminen	**uplift** *(n.)* kohoaminen
uninspired *(adj.)* mitäänsanomaton	**uplift** *(v.)* kohottaa
uninstall *(adj.)* asentamaton	**upload** *(v.)* ladata
uninterrupted *(adj.)* katkeamaton	**upon** *(prep.)* yllä
union *(n.)* unioni	**upper** *(adj.)* ylempi
unionist *(n.)* unionisti	**upright** *(adj.)* pystysuora
unique *(adj.)* uniikki	**uprising** *(n.)* kansannousu
unison *(n.)* sopusointu	**uproar** *(n.)* rieha
unit *(n.)* yksikkö	**uproarious** *(adj.)* riehakas
unite *(v.)* liittää yhteen	**uproot** *(v.)* juuria
unity *(n.)* yhtenäisyys	**upset** *(v.)* saada pois tolaltaan
universal *(adj.)* universaali	**upshot** *(n.)* lopputulos
universality *(n.)* universaalisuus	**upstart** *(n.)* nousukas
universe *(n.)* universumi	**up-to-date** *(adj.)* ajan tasalla

upward *(adj.)* nouseva
upwards *(adv.)* ylöspäin
urban *(adj.)* kaupunkimainen
urbane *(adj.)* urbaani
urbanity *(n.)* kaupunkilaisuus
urchin *(n.)* katulapsi
urge *(n.)* hinku
urge *(v.)* patistaa
urgency *(n.)* kiireellisyys
urgent *(adj.)* kiireellinen
urinal *(n.)* urinaali
urinary *(adj.)* virtsa-
urinate *(v.)* virtsata
urination *(n.)* virtsaaminen
urine *(n.)* virtsa
urn *(n.)* uurna
usable *(adj.)* käyttökelpoinen
usage *(n.)* käyttö
use *(n.)* käyttäminen
use *(v.)* käyttää
used *(adj.)* käytetty
useful *(adj.)* hyödyllinen
usher *(v.)* opastaa
usher *(n.)* vahtimestari
usual *(adj.)* tavallinen
usually *(adv.)* tavallisesti
usurer *(n.)* koronkiskuri
usurp *(v.)* anastaa
usurpation *(n.)* anastaminen
usury *(n.)* koronkiskonta
utensil *(n.)* keittiöväline
uterus *(n.)* kohtu
utilitarian *(adj.)* utilitaristinen
utility *(n.)* etuisuus
utilization *(n.)* hyötykäyttö
utilize *(v.)* hyödyntää
utmost *(adj.)* äärimmäinen
utmost *(n.)* äärimmäisyys
utopia *(n.)* utopia
utopian *(adj.)* utopistinen
utter *(v.)* inahtaa
utter *(adj.)* kertakaikkinen
utterance *(n.)* lausunto
utterly *(adv.)* kertakaikkisen

V

vacancy *(n.)* avoin virka
vacant *(adj.)* vapaa
vacate *(v.)* jättää virka
vacation *(n.)* lomamatka
vaccinate *(v.)* rokottaa
vaccination *(n.)* rokotus
vaccinator *(n.)* rokottaja
vaccine *(n.)* rokote
vacillate *(v.)* horjua
vacuum *(v.)* imuroida
vacuum *(n.)* tyhjiö
vagabond *(adj.)* kuljeskeleva
vagabond *(n.)* kulkuri
vagary *(n.)* päähänpisto
vagina *(n.)* emätin
vague *(adj.)* ympäripyöreä
vagueness *(n.)* ympäripyöreys
vain *(adj.)* turha
vainglorious *(adj.)* turhamainen
vainglory *(n.)* turhamaisuus
vainly *(adv.)* turhaan
vale *(n.)* alho
valet *(n.)* miespalvelija
valiant *(adj.)* urhoollinen
valid *(adj.)* voimassa oleva
validate *(v.)* validoida
validity *(n.)* voimassaolo
valley *(n.)* vajoama
valour *(n.)* urhoollisuus
valuable *(adj.)* arvokas
valuation *(n.)* arvon määrääminen
value *(v.)* pitää arvossa
value *(n.)* painoarvo
valve *(n.)* venttiili
van *(n.)* pakettiauto
vandalize *(v.)* vandalisoida
vanish *(v.)* kadota
vanity *(n.)* turhuus
vanquish *(v.)* kukistaa
vaporize *(v.)* höyrystää
vaporous *(adj.)* höyryinen
vapour *(n.)* höyry
variable *(adj.)* vaihteleva
variance *(n.)* varianssi

variation *(n.)* vaihtelu
varied *(adj.)* monimuotoinen
variety *(n.)* moninaisuus
various *(adj.)* moninainen
varnish *(v.)* lakata
varnish *(n.)* lakka
vary *(v.)* vaihdella
vase *(n.)* maljakko
vasectomy *(n.)* vasektomia
vaseline *(n.)* vaseliini
vast *(adj.)* aava
vault *(v.)* holvata
vault *(n.)* holvi
vector *(v.)* asettaa kurssi
vector *(n.)* vektori
vectorial *(adj.)* vektori-
vegan *(n.)* vegaani
vegan *(adj.)* vegaaninen
vegetable *(adj.)* kasvis-
vegetable *(n.)* vihannes
vegetarian *(n.)* kasvissyöjä
vegetarian *(adj.)* vegetaarinen
vegetation *(n.)* kasvillisuus
vehemence *(n.)* kiihkoilu
vehement *(adj.)* kiihkoileva
vehicle *(n.)* ajoneuvo
vehicular *(adj.)* ajoneuvo-
veil *(v.)* hunnuttaa
veil *(n.)* huntu
vein *(n.)* suoni
vein *(v.)* suonittua
velocity *(n.)* kiertonopeus
velvet *(n.)* sametti
velvety *(adj.)* samettinen
venal *(adj.)* korruptoituva
venality *(n.)* korruptoituneisuus
vendor *(n.)* tavarantoimittaja
venerable *(adj.)* kunnioitettava
venerate *(v.)* pitää kunniassa
veneration *(n.)* kunnioittaminen
vengeance *(n.)* kosto
venial *(adj.)* anteeksiannettava
venom *(n.)* myrkky
venomous *(adj.)* myrkyllinen
vent *(n.)* tuuletusaukko
ventilate *(v.)* tuulettaa
ventilation *(n.)* ilmanvaihto
ventilator *(n.)* tuuletin
ventriloquism *(n.)* vatsastapuhuminen
ventriloquist *(n.)* vatsastapuhuja
ventriloquistic *(adj.)* vatsastapuhuva
ventriloquize *(v.)* puhua vatsasta
venture *(v.)* uskaltautua
venture *(n.)* liiketoimi
venturesome *(adj.)* seikkaileva
venturous *(adj.)* aloitekykyinen
venue *(n.)* tapahtumapaikka
veracity *(n.)* todenmukaisuus
veranda *(n.)* veranta
verb *(n.)* verbi
verbal *(adj.)* verbaalinen
verbally *(adv.)* verbaalisesti
verbatim *(adj.)* sanatarkka
verbose *(adj.)* monisanainen
verbosity *(n.)* monisanaisuus
verdant *(adj.)* vehreä
verdict *(n.)* oikeudenpäätös
verge *(n.)* ääriraja
verification *(n.)* todennus
verify *(v.)* todentaa
verisimilitude *(n.)* todennäköisyys
veritable *(adj.)* todellinen
vermillion *(adj.)* tulipunainen
vermillion *(n.)* sinooperipunainen
vernacular *(adj.)* kansankielinen
vernacular *(n.)* kansankieli
vernal *(adj.)* keväinen
versatile *(adj.)* muuttuvainen
versatility *(n.)* monipuolisuus
verse *(n.)* säkeistö
versed *(adj.)* perehtynyt
versification *(n.)* runomitta
versify *(v.)* kirjoittaa runomittaan
version *(n.)* versio
versus *(prep.)* verrattuna
vertical *(adj.)* vertikaalinen
verve *(n.)* innostus
very *(adj.)* tosi
vessel *(n.)* alus
vest *(v.)* määrätä
vest *(n.)* liivi
vested *(adj.)* omavastuullinen
vestige *(n.)* jäänne
vestment *(n.)* papinkaapu
veteran *(adj.)* veteraani-
veteran *(n.)* veteraani
veterinary *(adj.)* eläinlääketieteellinen
veto *(v.)* käyttää veto-oikeutta

veto *(n.)* veto-oikeus
vex *(v.)* ärtyä
vexation *(n.)* ärtymys
via *(prep.)* kautta
viable *(adj.)* elinkelpoinen
vial *(n.)* lääkepullo
vibrate *(v.)* väristä
vibration *(n.)* värinä
vicar *(n.)* kirkkoherra
vicarious *(adj.)* sijais-
vice *(n.)* pahe
viceroy *(n.)* varakuningas
vice-versa *(adv.)* päinvastoin
vicinity *(n.)* läheisyys
vicious *(adj.)* paheellinen
vicissitude *(n.)* vaihtelu
victim *(n.)* uhri
victimize *(v.)* valita uhrikseen
victor *(n.)* voittaja
victorious *(adj.)* voittoisa
victory *(n.)* voitto
victuals *(n. pl)* elintarvikkeet
video *(n.)* video
video *(v.)* videoida
videoblogger *(n.)* videobloggari
videobook *(n.)* videokirja
videocassette *(n.)* videokasetti
videogaming *(n.)* videopeli
videotape *(v.)* nauhoittaa videolle
videotape *(n.)* videonauha
videotelephone *(n.)* videopuhelin
vie *(v.)* kärkkyä
view *(n.)* näkymä
view *(v.)* vilkaista
vigil *(n.)* yövartio
vigilance *(n.)* valppaus
vigilant *(adj.)* valpas
vigorous *(adj.)* ponteva
vile *(adj.)* viheliäinen
vilify *(v.)* parjata
villa *(n.)* huvila
village *(n.)* kylä
villager *(n.)* kyläläinen
villain *(n.)* pahis
vindicate *(v.)* näyttää toteen
vindication *(n.)* toteen näyttäminen
vine *(n.)* köynnös
vinegar *(n.)* etikka
vintage *(n.)* vuosikerta

violate *(v.)* häväistä
violation *(n.)* loukkaaminen
violence *(n.)* väkivalta
violent *(adj.)* väkivaltainen
violet *(n.)* orvokki
violin *(n.)* viulu
violinist *(n.)* viulisti
viral *(adj.)* virusperäinen
virgin *(adj.)* neitseellinen
virgin *(n.)* neitsyt
virginity *(n.)* neitsyys
virile *(adj.)* viriili
virility *(n.)* viriiliys
virtual *(adj.)* virtuaalinen
virtue *(n.)* hyve
virtuous *(adj.)* hyveellinen
virulence *(n.)* virulenssi
virulent *(adj.)* virulentti
virus *(n.)* virus
visage *(n.)* kasvot
visibility *(n.)* näkyvyys
visible *(adj.)* näkyvä
vision *(n.)* näkökyky
visionary *(n.)* visionääri
visionary *(adj.)* visionäärinen
visit *(v.)* vierailla
visit *(n.)* vierailu
visitor *(n.)* vierailija
vista *(n.)* näköala
visual *(adj.)* visuaalinen
visualize *(v.)* visualisoida
vital *(adj.)* elintärkeä
vitality *(n.)* elinvoimaisuus
vitalize *(v.)* piristää
vitamin *(n.)* vitamiini
vitiate *(v.)* turmeltua
viva voce *(adj.)* suullinen
viva voce *(n.)* suullinen tentti
viva voce *(adv.)* suullisesti
vivacious *(adj.)* eloisa
vivacity *(n.)* eloisuus
vivid *(adj.)* pirteä
vixen *(n.)* naaraskettu
vocabulary *(n.)* sanasto
vocal *(adj.)* vokaalinen
vocalist *(n.)* solisti
vocation *(n.)* kutsumus
vogue *(n.)* muoti
voice *(v.)* äännellä

voice *(n.)* puheääni
void *(v.)* tyhjentää
void *(n.)* tyhjyys
void *(adj.)* mitätöity
volcanic *(adj.)* vulkaaninen
volcano *(n.)* tulivuori
volition *(n.)* tahto
volley *(v.)* lyödä ilmasta
volley *(n.)* ilmalento
volt *(n.)* voltti
voltage *(n.)* jännite
volume *(n.)* volyymi
voluminous *(adj.)* runsas
voluntarily *(adv.)* vapaaehtoisesti
voluntary *(adj.)* vapaaehtoinen
volunteer *(v.)* ilmoittautua vapaaehtoiseksi
volunteer *(n.)* vapaaehtoistyöntekijä
voluptuary *(n.)* nauttija
voluptuous *(adj.)* nautinnollinen
vomit *(n.)* oksennus
vomit *(v.)* oksentaa
voracious *(adj.)* ahnas
vortex *(n.)* pyörre
votary *(n.)* palvoja
vote *(v.)* äänestää
vote *(n.)* äänestys
voter *(n.)* äänestäjä
vouch *(v.)* taata
voucher *(n.)* etuseteli
vouchsafe *(v.)* suoda
vow *(v.)* vannoa
vow *(n.)* vala
vowel *(n.)* vokaali
voyage *(v.)* matkata
voyage *(n.)* matka
voyager *(n.)* matkaaja
voyeur *(n.)* tirkistelijä
voyeurism *(n.)* tirkistely
vulgar *(adj.)* rivo
vulgarity *(n.)* rivous
vulnerable *(adj.)* haavoittuvainen
vulture *(n.)* korppikotka

wabble *(v.)* vaappua
wabbly *(adj.)* vaappuva
wack *(adj.)* kummajainen
wack *(n.)* outolintu
wacko *(adj.)* kahjo
wacko *(n.)* kahjo
waddle *(v.)* taapertaa
wade *(v.)* kahlata
waft *(n.)* tuoksahdus
waft *(v.)* tuoksahtaa
wag *(n.)* veitikka
wag *(v.)* huiskuttaa
wage *(n.)* ansiotulo
wage *(v.)* ryhtyä
wager *(v.)* lyödä vetoa
wager *(n.)* vedonlyönti
wagon *(n.)* vaunu
wail *(n.)* ulvonta
wail *(v.)* ulvoa
wain *(n.)* vankkurit
waist *(n.)* vyötärö
waistband *(n.)* vyötärönauha
waistcoat *(n.)* liivit
wait *(n.)* odottaminen
wait *(v.)* odottaa
waiter *(n.)* tarjoilija
waitress *(n.)* tarjoilijatar
waive *(v.)* luopua
waiver *(n.)* vastuuvapauslauseke
wake *(n.)* vanavesi
wake *(v.)* herätä
wakeful *(adj.)* hereillä oleva
walk *(n.)* kävely
walk *(v.)* kävellä
wall *(v.)* muurata
wall *(n.)* seinä
wallet *(n.)* lompakko
wallop *(v.)* kumauttaa
wallow *(v.)* rypeä
walnut *(n.)* saksanpähkinä
walrus *(n.)* mursu
wan *(adj.)* kalmea
wand *(n.)* sauva
wander *(v.)* vaellella

wane *(n.)* hiipuminen
wane *(v.)* hiipua
want *(n.)* mieliteko
want *(v.)* haluta
wanton *(adj.)* mielivaltainen
war *(v.)* sotia
war *(n.)* sota
warble *(n.)* liverrys
warble *(v.)* livertää
warbler *(n.)* kerttu
ward *(v.)* suojella
ward *(n.)* sairaalaosasto
warden *(n.)* vankilanjohtaja
warder *(n.)* vanginvartija
wardrobe *(n.)* vaatekomero
wardship *(n.)* seurakunta
ware *(n.)* kauppatavara
warehouse *(n.)* varastorakennus
warfare *(n.)* sodankäynti
warlike *(adj.)* sotaisa
warm *(v.)* lämmetä
warm *(adj.)* lämmin
warmth *(n.)* lämpö
warn *(v.)* varoittaa
warning *(n.)* varoitus
warrant *(v.)* taata
warrant *(n.)* takaus
warrantee *(n.)* takauksen saaja
warrantor *(n.)* takaaja
warranty *(n.)* takuu
warren *(n.)* kaniiniyhdyskunta
warrior *(n.)* soturi
wart *(n.)* syylä
wary *(adj.)* varovainen
wash *(n.)* pesu
wash *(v.)* pestä
washable *(adj.)* pesunkestävä
washer *(n.)* pesukone
wasp *(n.)* ampiainen
waspish *(adj.)* äkäinen
wassail *(n.)* glögi
wastage *(n.)* hävikki
waste *(n.)* jätös
waste *(v.)* tuhlata
waste *(adj.)* jouto-
wasteful *(adj.)* tuhlaava
watch *(n.)* rannekello
watch *(v.)* tähyillä
watchful *(adj.)* tarkkaavainen

watchword *(n.)* iskusana
water *(v.)* vesittää
water *(n.)* vesi
waterfall *(n.)* vesiputous
water-melon *(n.)* vesimeloni
waterproof *(n.)* vedenkestävyys
waterproof *(v.)* vesitiivistää
waterproof *(adj.)* vedenkestävä
watertight *(adj.)* vesitiivis
watery *(adj.)* vetinen
watt *(n.)* watti
wave *(v.)* lainehtia
wave *(n.)* laine
waver *(v.)* liehua
wavy *(adj.)* laineikas
wax *(v.)* vahata
wax *(n.)* vaha
way *(n.)* tie
wayfarer *(n.)* matkalainen
waylay *(v.)* väijyä
wayward *(adj.)* oikutteleva
weak *(adj.)* heikko
weaken *(v.)* heiketä
weakling *(n.)* rääpäle
weakness *(n.)* heikkous
weal *(n.)* hyvinvointi
wealth *(n.)* varallisuus
wealthy *(adj.)* vauras
wean *(v.)* vieroittua
weapon *(n.)* ase
wear *(v.)* olla yllään
weary *(v.)* uupua
weary *(adj.)* uupunut
weather *(v.)* rapautua
weather *(n.)* sää
weave *(v.)* kutoa
weaver *(n.)* kutoja
web *(n.)* verkko
web page *(n.)* verkkosivu
web store *(n.)* verkkokauppa
webby *(adj.)* verkkomainen
webcam *(n.)* webkamera
webcasting *(n.)* verkkolähetys
webinar *(n.)* webinaari
webisode *(n.)* webisodi
webmaster *(n.)* webmaster
wed *(v.)* avioitua
wedding *(n.)* hääjuhla
wedge *(v.)* kiilata

wedge *(n.)* kiila
wedlock *(n.)* avioliitto
Wednesday *(n.)* keskiviikko
weed *(v.)* kitkeä
weed *(n.)* ruoho
week *(n.)* viikko
weekly *(n.)* viikkojulkaisu
weekly *(adv.)* viikoittain
weekly *(adj.)* viikoittainen
weep *(v.)* kyynelehtiä
weevil *(n.)* kärsäkäs
weigh *(v.)* punnita
weight *(n.)* paino
weightage *(n.)* punnitus
weighty *(adj.)* painava
weir *(n.)* pato
weird *(adj.)* omituinen
welcome *(n.)* tervetulotoivotus
welcome *(v.)* toivottaa tervetulleeksi
welcome *(adj.)* tervetullut
weld *(n.)* hitsaus
weld *(v.)* hitsata
welfare *(n.)* sosiaalituki
well *(adv.)* hyvin
well *(n.)* kaivo
well *(v.)* pulputa
well *(adj.)* terve
well off *(adj.)* hyväosainen
wellington *(n.)* saapas
well-known *(adj.)* tunnettu
wellness *(n.)* hyvinvointisuus
well-read *(adj.)* hyvin oppinut
well-timed *(adj.)* hyvin ajoitettu
well-to-do *(adj.)* hyvin toimeentuleva
welt *(n.)* resori
welter *(n.)* sekamelska
wen *(n.)* rakkula
wench *(n.)* piika
west *(adv.)* länteen
west *(adj.)* läntinen
west *(n.)* länsi
westerly *(adv.)* läntisesti
westerly *(adj.)* länsi-
western *(adj.)* lännen-
wet *(v.)* kastua
wet *(adj.)* märkä
wetness *(n.)* märkyys
whack *(v.)* mäjäyttää
whale *(n.)* valas

wharfage *(n.)* laiturimaksu
what *(pron.)* mikä
what *(adj.)* minkälainen
what *(interj.)* mitä
whatever *(pron.)* mikä tahansa
wheat *(n.)* vehnä
wheedle *(v.)* lirkutella
wheel *(v.)* kaarrella
wheel *(n.)* pyörä
whelm *(v.)* vallata
whelp *(n.)* penikka
when *(conj.)* milloin
when *(adv.)* koska
whence *(adv.)* mistä
whenever *(conj.)* aina kun
whenever *(adv.)* milloin tahansa
where *(conj.)* missä
where *(adv.)* minne
whereabout *(adv.)* missä suunnilleen
whereabout *(n.)* olinpaikka
whereas *(conj.)* kun taas
whereat *(conj.)* joten
wherein *(adv.)* jossa
whereupon *(conj.)* jolloin
wherever *(adv.)* minne tahansa
whet *(v.)* teroitella
whether *(conj.)* "-ko/-kö"
which *(adj.)* joka
which *(pron.)* kumpi
whichever *(pron.)* kumpi tahansa
whiff *(n.)* tuulahdus
while *(v.)* kuluttaa aikaa
while *(conj.)* sillä aikaa
while *(n.)* hetki
whim *(n.)* päähänpisto
whimper *(v.)* vikistä
whimsical *(adj.)* eriskummallinen
whine *(n.)* vingunta
whine *(v.)* vinkua
whip *(n.)* ruoska
whip *(v.)* ruoskia
whipcord *(n.)* piiskanaru
whir *(n.)* hurina
whirl *(n.)* pyörre
whirl *(v.)* pyöriä
whirligig *(n.)* hyrrä
whirlpool *(n.)* vesipyörre
whirlwind *(n.)* tuulenpyörre
whisk *(n.)* vispilä

whisk *(v.)* vatkata
whisker *(n.)* viiksikarva
whisky *(n.)* viski
whisper *(n.)* kuiskaus
whisper *(v.)* kuiskata
whistle *(n.)* vihellys
whistle *(v.)* viheltää
white *(n.)* valkoinen
white *(adj.)* valkoinen
whiten *(v.)* valkaista
whitewash *(v.)* valkopestä
whitewash *(n.)* valkopesu
whither *(adv.)* jonne
whitish *(adj.)* valkeahko
whittle *(v.)* veistellä
whiz *(v.)* suhahtaa
who *(pron.)* kuka
whoever *(pron.)* kuka tahansa
whole *(n.)* kokonaisuus
whole *(adj.)* eheä
whole-hearted *(adj.)* täysi
wholesale *(adj.)* tukku-
wholesale *(adv.)* tukuttain
wholesale *(n.)* tukkukauppa
wholesaler *(n.)* tukkukauppias
wholesome *(adj.)* terveellinen
wholly *(adv.)* täysin
whom *(pron.)* kenet
whore *(n.)* huora
whose *(pron.)* jonka
why *(adv.)* miksi
wick *(n.)* sydänlanka
wicked *(adj.)* pahanilkinen
wicker *(n.)* vitsa
wicket *(n.)* veräjä
wide *(adv.)* laajasti
wide *(adj.)* leveä
widen *(v.)* leventää
widespread *(adj.)* laajalle levinnyt
widow *(v.)* leskiytyä
widow *(n.)* leski (nainen)
widower *(n.)* leski (mies)
width *(n.)* leveys
wield *(v.)* käytellä
wife *(n.)* vaimo
wig *(n.)* peruukki
wigwam *(n.)* wigwam
wild *(adj.)* villi
wilderness *(n.)* erämaa
wildfire *(n.)* maastopalo
wile *(n.)* konsti
will *(v.)* tahtoa
will *(n.)* testamentti
willing *(adj.)* halukas
willingness *(n.)* halukkuus
willow *(n.)* paju
wily *(adj.)* kieroileva
wimble *(n.)* käsipora
win *(n.)* voitto
win *(v.)* voittaa
wince *(v.)* säpsähtää
winch *(n.)* vinssi
wind *(v.)* keriä
wind *(n.)* tuuli
windbag *(n.)* hölösuu
winder *(n.)* kelauskone
windlass *(n.)* vintturi
windmill *(n.)* tuulimylly
window *(n.)* ikkuna
windscreen *(n.)* tuulilasi
windy *(adj.)* tuulinen
wine *(n.)* viini
wing *(n.)* siipi
wink *(v.)* iskeä silmää
wink *(n.)* silmänisku
winner *(n.)* voittaja
winnow *(v.)* tuultaa
winsome *(adj.)* valloittava
winter *(v.)* talvehtia
winter *(n.)* talvi
wintry *(adj.)* talvinen
wipe *(n.)* rätti
wipe *(v.)* pyyhkiä
wire *(v.)* johdottaa
wire *(n.)* sähköjohto
wireless *(n.)* radioviestintä
wireless *(adj.)* langaton
wiring *(n.)* johdotus
wisdom *(n.)* viisaus
wisdom-tooth *(n.)* viisaudenhammas
wise *(adj.)* viisas
wish *(v.)* toivoa
wish *(n.)* toive
wishful *(adj.)* toiveikas
wisp *(n.)* hattara
wistful *(adj.)* haikea
wit *(n.)* nokkeluus
witch *(n.)* noita

witchcraft *(n.)* taikuus
witchery *(n.)* noituus
with *(prep.)* kanssa
withal *(adv.)* kera
withdraw *(v.)* vetää takaisin
withdrawal *(n.)* poisvetäminen
withe *(n.)* varpu
wither *(v.)* kuihtua
withhold *(v.)* pantata
within *(adv.)* sisälle
within *(prep.)* sisällä
without *(adv.)* ilman
without *(prep.)* vailla
withstand *(v.)* kestää
witless *(adj.)* älytön
witness *(v.)* todistaa
witness *(n.)* todistaja
witticism *(n.)* sukkeluus
witty *(adj.)* nokkela
wizard *(n.)* velho
wobble *(v.)* huojua
woe *(n.)* murhe
woebegone *(adj.)* murheen murtama
woeful *(n.)* murheellisuus
wolf *(n.)* susi
woman *(n.)* nainen
womanhood *(n.)* naiseus
womanise *(v.)* käydä naisissa
womaniser *(n.)* naistenmies
womanish *(adj.)* naisellinen
womb *(n.)* kohtu
wonder *(v.)* tuumailla
wonder *(n.)* ihme
wonderful *(adj.)* hurmaava
wondrous *(adj.)* ihmeellinen
wont *(n.)* tapa
wont *(adj.)* tapana
wonted *(adj.)* tavanomainen
woo *(v.)* vokotella
wood *(n.)* polttopuu
wooden *(adj.)* puinen
woodland *(n.)* metsämaa
woods *(n.)* metsä
woof *(n.)* haukahtaa
wool *(n.)* villa
woollen *(n.)* villa-
woollen *(adj.)* villainen
word *(v.)* valita sanamuoto
word *(n.)* sana

wordy *(adj.)* sanainen
work *(v.)* työskennellä
work *(n.)* työ
workable *(adj.)* toimiva
workaday *(adj.)* arkinen
worker *(n.)* työntekijä
workman *(n.)* työmies
workmanship *(n.)* ammattitaito
workshop *(n.)* työpaja
world *(n.)* maailma
worldling *(n.)* maailmankansalainen
worldly *(adj.)* maailmallinen
worm *(n.)* mato
wormwood *(n.)* koiruoho
worn *(adj.)* kulunut
worry *(v.)* huolehtia
worry *(n.)* huoli
worsen *(v.)* huonontua
worship *(v.)* jumaloida
worship *(n.)* jumalanpalvelus
worshipper *(n.)* kirkkokansa
worst *(adj.)* huonoin
worst *(v.)* olla huonoin
worst *(n.)* pohjanoteeraus
worsted *(n.)* kampalanka
worth *(adj.)* arvoinen
worth *(n.)* arvo
worthless *(adj.)* arvoton
worthy *(adj.)* arvollinen
would-be *(adj.)* olisi
wound *(v.)* haavoittua
wound *(n.)* haava
wrack *(n.)* merilevä
wraith *(n.)* haamu
wrangle *(n.)* kiistely
wrangle *(v.)* kiistellä
wrap *(n.)* kääre
wrap *(v.)* kääriä
wrapper *(n.)* käärepaperi
wrath *(n.)* viha
wreath *(n.)* seppele
wreathe *(v.)* seppelöidä
wreck *(v.)* romuttaa
wreck *(n.)* hylky
wreckage *(n.)* romu
wrecker *(n.)* romuttaja
wren *(n.)* peukaloinen
wrench *(v.)* vääntää
wrench *(n.)* jakoavain

wrest (v.) riuhtoa
wrestle (v.) painia
wrestler (n.) painija
wretch (n.) raukka
wretched (adj.) pahainen
wrick (n.) nyrjäyttää
wriggle (n.) kiemurtelu
wriggle (v.) kiemurteluttaa
wring (v.) väännellä
wrinkle (v.) rypistää
wrinkle (n.) ryppy
wrist (n.) ranne
writ (n.) kirjelmä
write (v.) kirjoittaa
writer (n.) kirjoittaja
writhe (v.) vääntelehtiä
wrong (v.) tehdä väärin
wrong (adv.) väärin
wrong (adj.) väärä
wrongful (adj.) vääryydellinen
wry (adj.) vääntynyt

xenobiology (n.) ksenobiologia
xenogenesis (n.) ksenogeneesi
xenomania (n.) muukalaisviha
xenomorph (n.) ksenomorfi
xenophile (n.) ksenofiili
xenophobe (n.) muukalaisvihamielinen
xenophobia (n.) muukalaispelko
xerox (n.) valokopio
xerox (v.) valokopioida
Xmas (n.) joulu
x-ray (v.) röntgenkuvata
x-ray (n.) röntgensäteily
xylophilous (adj.) ksylofiilinen
xylophone (n.) ksylofoni

yacht (n.) jahti
yacht (v.) purjehtia
yak (n.) jakki
yak (v.) lörpötellä

yap (n.) räksytys
yap (v.) räksyttää
yard (n.) jaardi
yarn (n.) lanka
yawn (v.) haukotella
yawn (n.) haukotus
year (n.) vuosi
yearly (adv.) vuosittain
yearly (adj.) vuosittainen
yearn (v.) haikailla
yearning (n.) haikailu
yeast (n.) hiiva
yell (v.) huutaa
yell (n.) huuto
yellow (v.) kellertää
yellow (n.) kelta
yellow (adj.) keltainen
yellowish (adj.) kellertävä
yen (v.) hinguta
Yen (n.) jeni
yes (adv.) kyllä
yesterday (adv.) eilen
yesterday (n.) eilinen
yet (conj.) kuitenkaan
yet (adv.) vielä
yield (n.) sato
yield (v.) tuottaa
yodel (v.) jodlata
yodel (n.) jodlaus
yoga (n.) jooda
yoghurt (n.) jogurtti
yogi (n.) joogi
yoke (n.) ies
yoke (v.) iestää
yolk (n.) munankeltuainen
yonder (n.) tuo
yonder (adv.) tuolla
yonder (adj.) tuonnimmainen
You Tube (v.) tubettaa
young (adj.) nuori
young (n.) nuoriso
youngster (n.) nuorukainen
yourself (pr.) itseäsi
youth (n.) nuoruus
youthful (adj.) nuorekas

Z

zany *(adj.)* hullunkurinen
zany *(n.)* hullunkurisuus
zeal *(n.)* intomielisyys
zealot *(n.)* intoilija
zealous *(adj.)* intomielinen
zeb *(v.)* nyysiä
zebra *(n.)* seepra
zebra crossing *(n.)* suojatie
zenith *(n.)* zeniitti
zephyr *(n.)* tuulenhenkäys
zero *(n.)* nolla
zest *(v.)* ryydittää
zest *(n.)* sitrushedelmän kuori
zesty *(adj)* kirpeä
zig *(v.)* tehdä äkkikäännös

zig *(n.)* äkkikäännös
zigzag *(v.)* mutkitella
zigzag *(adv.)* mutkittelevasti
zigzag *(n.)* siksak
zigzag *(adj.)* siksak-
zinc *(n.)* sinkki
zip *(v.)* sulkea vetoketjulla
zip *(n.)* viuhahdus
ziplock *(adj.)* vetoketjullinen
zipper *(n.)* vetoketju
zodiac *(n.)* horoskooppimerkki
zonal *(adj.)* vyöhyke-
zone *(n.)* vyöhyke
zoo *(n.)* eläintarha
zoological *(adj.)* eläintieteellinen
zoologist *(n.)* eläintieteilijä
zoology *(n.)* eläintiede
zoom *(v.)* zoomata
zoom *(n.)* zoomaus
Zorb *(n.)* zoomaus

Finnish-English

A

aakkos- *(adj.)* alphabetical
aakkoset *(n.)* alphabet
aallokko *(n.)* surge
aaloe *(n.)* aloe
aaltoilla *(v.)* undulate
aaltoilu *(n.)* undulation
aamen *(interj.)* amen
aamiainen *(n.)* breakfast
aamu *(n.)* morning
aamunkajo *(n.)* dawnlight
aamunkoitto *(n.)* dawn
aamupäivä *(n.)* forenoon
aarpora *(n.)* reamer
aarre *(n.)* treasure
aarrearkku *(n.)* treasury
aasi *(n.)* donkey
aasimainen *(adj.)* asinine
aateli *(n.)* noble
aatelinen *(adj.)* noble
aateliskruunu *(n.)* coronet
aatelismies *(n.)* nobleman
aatelisto *(n.)* nobility
aateloida *(v.)* ennoble
aava *(adj.)* vast
aave *(n.)* ghost
aavekaupunki *(n.)* ghost town
aavemainen *(adj.)* phantasmal
aavikko *(n.)* desert
aavistaa *(v.)* anticipate
aavistaa pahaa *(v.)* misgive
aavistus *(n.)* hunch
abdikoida *(v.)* abdicate
abdominaalinen *(adj.)* abdominal
abioottinen *(adj.)* abiotic
ablaatio *(n.)* ablation
ablatiivi *(adj.)* ablative
aboriginaali *(adj.)* aboriginal
abortiivinen *(adv.)* abortive
abortoida *(v.)* abort
abortoija *(n.)* abortionist
abortti *(n.)* abortion
abrogaatio *(n.)* abrogation
absolutismi *(n.)* absolutism
absolutisti *(n.)* teetotaller
abstrakti *(adj.)* abstract
abstraktio *(n.)* abstraction
absurdi *(adj.)* absurd
ad hoc *(adj.)* ad hoc
addikti *(n.)* addict
addiktoiva *(adj.)* addictive
additio *(n.)* addition
adjektiivi *(n.)* adjective
adjunkti *(n.)* adjunct
administraatio *(n.)* administration
adoptio *(n.)* adoption
adoptio- *(adj.)* adoptive
adoptoida *(v.)* adopt
adoraatio *(n.)* adoration
adverbi *(n.)* adverb
adverbiaalinen *(adj.)* adverbial
aerobic *(n.)* aerobics
aerodynamiikka *(n.)* aerodynamics
aerosoli *(n.)* aerosol
aerostatiikka *(n.)* aerostatics
afasia *(n.)* aphasia
affiniteetti *(n.)* affinity
aforismi *(n.)* aphorism
agar-agar *(n.)* agar
agenda *(n.)* agenda
agentti *(n.)* agent
agglomeraatti *(n.)* agglomerate
aggressiivinen *(adj.)* aggressive
aggressio *(n.)* aggression
agitoida *(v.)* agitate
agnostikko *(n.)* agnostic
agnostismi *(n.)* agnosticsm
agorafobia *(n.)* agoraphobia
agraarinen *(adj.)* agrarian
agro- *(adj.)* agro
agronomia *(n.)* agronomy
ahdasrajainen *(adj.)* dogmatic
ahdata *(v.)* stow
ahdin *(n.)* brace
ahdinko *(n.)* predicament
ahdinkotila *(n.)* plight
ahdistavuus *(n.)* distress
ahdistella *(v.)* harass
ahdistelu *(n.)* harassment
ahdistuneesti *(adv.)* anxiously
ahdistunut *(adj.)* anxious
ahdistus *(n.)* anxiety

ahdistustila *(n.)* angst
ahkera *(adj.)* diligent
ahkeruus *(n.)* diligence
ahmatti *(n.)* glutton
ahmia *(v.)* devour
ahnas *(adj.)* voracious
ahne *(adj.)* greedy
ahneus *(n.)* greed
ahtaa *(v.)* cram
ahtauma *(n.)* stricture
ahven *(n.)* perch
aidata *(v.)* fence
aidoittaa *(v.)* hedge
AIDS *(n.)* AIDS
aie *(n.)* intent
aiemmin *(adv.)* formerly
aiempi olemassaolo *(n.)* preexistence
aihealue *(n.)* area
aiheellistaa *(v.)* justify
aihelma *(n.)* motif
aiheuttaa *(v.)* inflict
aiheuttaa häiriötä *(v.)* perturb
aiheuttaa tyytymättömyyttä *(v.)* dissatisfy
aiheutua *(v.)* ascribe
aika *(adv.)* quite
aika *(n.)* time
aika- *(adj.)* temporal
aikaansaannos *(n.)* progeny
aikaansaava *(adj.)* efficient
aikainen *(adj.)* early
aikaisin *(adv.)* early
aikajana *(n.)* timeline
aikakausi *(n.)* epoch
aikakauslehti *(n.)* magazine
aikamuoto *(n.)* tense
aikaraja *(n.)* deadline
aikarajoitus *(n.)* time limit
aikataulu *(n.)* schedule
aikatauluttaa *(v.)* schedule
aikoa *(v.)* intend
aikomus *(n.)* intention
aikuinen *(n.)* adult
aikuistua *(v.)* mature
ailahteleva *(adj.)* moody
aina *(adv.)* always
aina kun *(conj.)* whenever
aina valmis *(adj.)* ever-ready

ainainen *(adj.)* perpetual
ainavihanta kasvi *(n.)* evergreen
aine *(n.)* substance
aineellinen *(adj.)* tangible
aineenvaihdunta *(n.)* metabolism
aineeton *(adj.)* intangible
aineisto *(n.)* matter
ainesosa *(n.)* ingredient
ainoa *(adj.)* lone
ainut *(adj.)* only
ainutlaatuinen *(adj.)* exquisite
aioni *(n.)* aeon
airo *(n.)* oar
aisankannattaja *(n.)* cuckold
aistein havaittava *(adj.)* sensible
aisti *(n.)* sense
aistia *(v.)* sense
aistikas *(adj.)* tasteful
aistillinen *(adj.)* sensual
aistillisuus *(n.)* sensuality
aistimus *(n.)* sensation
aita *(n.)* fence
aitaeste *(n.)* hurdle
aitaus *(n.)* enclosure
aito *(adj.)* real
aitta *(n.)* granary
aivastaa *(v.)* sneeze
aivastus *(n.)* sneeze
aivokalvontulehdus *(n.)* meningitis
aivokuori *(n.)* mantle
aivolohko *(n.)* lobe
aivoperäinen *(adj.)* cerebral
aivoriihi *(n.)* brainstorm
aivot *(n.)* brain
aivotärähdys *(n.)* concussion
ajaa *(v.)* drive
ajaa karille *(v.)* strand
ajaa maanpakoon *(v.)* exile
ajaa parta *(v.)* shave
ajaa rallia *(v.)* race
ajaa taksilla *(v.)* taxi
ajaa tiehensä *(v.)* banish
ajaa vaihde vapaalla *(v.)* freewheel
ajaja *(n.)* driver
ajan tasalla *(adj.)* up-to-date
ajankohtainen *(adj.)* topical
ajankuluke *(n.)* pastime
ajatella *(v.)* think

ajattelematon *(adj.)* inconsiderate
ajatteleva *(adj.)* thoughtful
ajattelija *(n.)* thinker
ajatus *(n.)* thought
ajelehtia *(v.)* drift
ajella *(v.)* motor
ajeltu *(adj.)* shaven
ajo *(n.)* drive
ajoittaa *(v.)* time
ajoittaa uudelleen *(v.)* reschedule
ajoittain *(adv.)* occasionally
ajoittainen *(adj.)* occasional
ajoitusvirhe *(n.)* anachronism
ajokoira *(n.)* hound
ajoneuvo *(n.)* vehicle
ajoneuvo- *(adj.)* vehicular
ajopuu *(n.)* drift
ajovalo *(n.)* headlight
akaasia *(n.)* acacia
akaatti *(n.)* agate
akana *(n.)* husk
akateemikko *(n.)* academician
akateeminen *(adj.)* academic
akateeminen oppilaitos *(n.)* academia
akateemisesti *(adv.)* academically
akatemia *(n.)* academy
akinesia *(n.)* akinesia
akka *(n.)* crone
akku *(n.)* accumulator
akkumuloitua *(v.)* accumulate
akkusatiivi *(n.)* accusative
akne *(n.)* acne
akolyytti *(n.)* acolyte
akraattinen *(adj.)* acratic
akrobaatti *(n.)* acrobat
akrobaattinen *(adj.)* acrobatic
akrobatia *(n.)* acrobatics
akrofobia *(n.)* acrophobia
akromaatti *(n.)* achromat
akromaattinen *(adj.)* achromatic
akronyymi *(n.)* acronym
akropolis *(n.)* acropolis
akrylaatti *(n.)* acrylate
akryyli *(adj.)* acrylic
akseli *(n.)* axle
aksiaalinen *(adj.)* axial
aksis *(n.)* axis
aktiivinen *(adj.)* active

aktiivisesti *(adv.)* actively
aktivisti *(n.)* activist
aktivoida *(v.)* activate
aktivointi *(n.)* activation
akupainanta *(n.)* acupressure
akupunktio *(n.)* acupuncture
akupunkturisti *(n.)* acupuncturist
akustiikka *(n.)* acoustics
akustinen *(adj.)* acoustic
akuuttinen *(adj.)* acute
akvaario *(n.)* aquarium
akvatinta *(n.)* aquatint
akvedukti *(n.)* aqueduct
ala *(n.)* scope
ala- *(adj.)* nether
ala-arvoinen *(adj.)* inferior
alabasteri *(n.)* alabaster
alaikäinen *(adj.)* minor
alainen *(adj.)* under
alakerta *(adj.)* downstairs
alakulo *(n.)* melancholy
alakuloinen *(adj.)* melancholy
alakuloisuus *(n.)* dejection
alakulttuuri *(n.)* subculture
alaleuka *(n.)* chin
alamaailma *(n.)* underworld
alapuolella *(adv.)* underneath
alas *(adv.)* down
alas *(prep.)* down
alasin(luu) *(n.)* anvil
alaspäin *(adv.)* downwards
alastomuus *(n.)* nudity
alaston *(adj.)* naked
alastonkuva *(n.)* nude
alaviite *(n.)* footnote
albatrossi *(n.)* albatross
albiino *(n.)* albino
albumi *(n.)* album
alempana *(prep.)* under
alempi *(adj.)* underneath
alempiarvoinen *(adj.)* subordinate
alempiarvoisuus *(n.)* inferiority
alennus *(n.)* discount
alennusmyynti *(n.)* sale
alentaa *(v.)* demote
alentaa hintaa *(v.)* cheapen
alentaa painetta *(v.)* decompress
alentava *(adj.)* demeaning

alfa *(n.)* alfa
alfa *(n.)* alpha
algebra *(n.)* algebra
algoritmi *(n.)* algorithm
alhainen *(adj.)* lowly
alhaiso *(n.)* rabble
alhaissyntyinen *(adj.)* ignoble
alhaisuus *(n.)* lowliness
alho *(n.)* vale
aliarvostaa *(v.)* devalue
alias *(adv.)* alias
alibi *(n.)* alibi
aliravitsemus *(n.)* malnutrition
aliravittu *(adj.)* malnourished
alistaa *(v.)* subordinate
alistaa valtaansa *(v.)* subjugate
alistaminen *(n.)* subjection
alistua *(v.)* subject
alistuminen *(n.)* submission
alistus *(n.)* subjugation
alistuva *(adj.)* submissive
alituinen *(adj.)* continual
alivuokrata *(v.)* sublet
alkaa *(v.)* start
alkaen *(prep.)* from
alkaminen *(n.)* start
alkeis- *(adj.)* elementary
alkemia *(n.)* alchemy
alkemisti *(n.)* alchemist
alkio *(n.)* embryo
alkio- *(adj.)* embryonic
alkoholi *(n.)* alcohol
alkoholismi *(n.)* alcoholism
alkoholisti *(n.)* alcoholic
alkoholiton *(adj.)* non-alcoholic
alkovi *(n.)* alcove
alku *(n.)* beginning
alku *(n.)* outset
alku- *(adj.)* primeval
alkuasukas *(n.)* aborigine
alkukantainen *(adj.)* primitive
alkupala *(n.)* appetizer
alkuperä *(n.)* origin
alkuperäinen *(adj.)* indigenous
alkuperäisasukas *(n.)* native
alkuperäiskappale *(n.)* original
alkuperäisyys *(n.)* originality
alkusanat *(n.)* foreword

alkusointu *(n.)* alliteration
alkusoitto *(n.)* overture
alla *(adv.)* beneath
allapäin *(adj.)* despondent
allas *(n.)* basin
alle *(adv.)* under
allekirjoittaa *(v.)* sign
allekirjoittaja *(n.)* signatory
allekirjoittaminen *(n.)* signing
allekirjoitus *(n.)* signature
allergia *(n.)* allergy
allerginen *(adj.)* allergic
alleviivata *(v.)* underline
alligaattori *(n.)* alligator
almanakka *(n.)* almanac
almu *(n.)* alms
aloite *(n.)* initiative
aloitekykyinen *(adj.)* venturous
aloitella *(v.)* begin
aloittaa *(v.)* commence
aloittaa esipuheella *(v.)* preface
aloitteleva *(adj.)* budding
aloittelija *(n.)* beginner
aloitus *(n.)* commencement
alokas *(n.)* recruit
alppi *(n.)* alp
alppimaja *(n.)* chalet
alta *(prep.)* underneath
altavastaaja *(n.)* underdog
altistuva *(adj.)* subject
altitudi *(n.)* altitude
alttari *(n.)* altar
altto *(n.)* alto
alue *(n.)* region
alueellinen *(adj.)* territorial
alueittainen *(adj.)* regional
aluke *(n.)* onset
alumiini *(n.)* aluminium
aluminoida *(v.)* aluminate
alus *(n.)* vessel
alus- *(adj.)* shipborne
alushame *(n.)* petticoat
alusta *(n.)* inception
alustaa taikinaa *(v.)* knead
alustaminen *(n.)* tentative
alustava *(adj.)* introductory
alustavuus *(n.)* tentativeness
alusvaate *(n.)* underwear

Alzheimerin tauti *(n.)* Alzheimer's disease
amatööri *(n.)* amateur
ambriitti *(n.)* amberite
ambulanssi *(n.)* ambulance
amfibinen *(adj.)* amphibious
amfiteatteri *(n.)* amphitheatre
amiraali *(n.)* admiral
amiraliteetti *(n.)* admiralty
ammatinharjoittaja *(n.)* plyer
ammatti *(n.)* occupation
ammattikieli *(n.)* lingo
ammattikorkeakoulu *(n.)* polytechnic
ammattikunta *(n.)* profession
ammattimainen *(adj.)* professional
ammattitaito *(n.)* workmanship
ammattitaitoinen *(adj.)* proficient
amme *(n.)* tub
ammoniakki *(n.)* ammonia
ammottaa *(v.)* gape
ammua *(v.)* low
ammua *(v.)* moo
ammukset *(n.)* ammunition
ammunkestävä *(adj.)* shotproof
ammus *(n.)* projectile
ammuskelu *(n.)* shooting
amoraalinen *(adj.)* amoral
amorfinen *(adj.)* amorphous
ampeeri *(n.)* ampere
ampiainen *(n.)* wasp
amplitudi *(n.)* amplitude
ampua *(v.)* shoot
amputaatio *(n.)* amputation
amputoida *(v.)* amputate
amputoitu *(n.)* amputee
amuletti *(n.)* amulet
anaalinen *(adj.)* anal
anaboli *(n.)* anabolic
analgeetti *(n.)* analgestic
analogia *(n.)* analogy
analoginen *(adj.)* analogous
analysoida *(v.)* analyse
analyysi *(n.)* analysis
analyytikko *(n.)* analyst
analyyttinen *(adj.)* analytical
anamneesi *(n.)* anamnesis
anamorfoosi *(adj.)* anamorphosis
ananas *(n.)* pineapple

anarkia *(n.)* anarchy
anarkismi *(n.)* anarchism
anarkisti *(n.)* anarchist
anastaa *(v.)* usurp
anastaminen *(n.)* usurpation
anastus *(n.)* theft
anatomia *(n.)* anatomy
androidi *(n.)* android
anekdootti *(n.)* anecdote
anemia *(n.)* anaemia
anestesia *(n.)* anaesthesia
angiina *(n.)* angina
angiogrammi *(n.)* angiogram
animaatio *(n.)* animation
animoida *(v.)* animate
anis *(n.)* aniseed
ankara *(adj.)* austere
ankaruus *(n.)* rigour
ankea *(adj.)* cheerless
ankerias *(n.)* eel
ankka *(n.)* duck
ankkuri *(n.)* anchor
ankkuripaikka *(n.)* anchorage
ankkuroida *(v.)* moor
annella *(v.)* confer
annos *(n.)* dose
annostella *(v.)* apportion
annostus *(n.)* dosage
annuiteetti *(n.)* annuity
anoa *(v.)* petition
anoja *(n.)* petitioner
anomus *(n.)* petition
anonymiteetti *(n.)* anonymity
anorakki *(n.)* anorak
anoreksia *(n.)* anorexia
anoreksinen *(adj.)* anorexic
ansa *(n.)* trap
ansaita *(v.)* deserve
ansaitseva *(adj.)* gainful
ansalanka *(n.)* snare
ansasarja *(n.)* trapline
ansastaa *(v.)* trap
ansio *(n.)* income
ansioitua *(v.)* merit
ansiokas *(adj.)* meritorious
ansiollinen *(adj.)* creditable
ansioluettelo *(n.)* resume
ansiotulo *(n.)* wage

ansoittaa *(v.)* entrap
ansoitus *(n.)* entrapment
antaa *(v.)* give
antaa almuja *(v.)* dole
antaa anteeksi *(v.)* forgive
antaa anteeksi *(v.)* pardon
antaa arvoa *(v.)* appreciate
antaa arvosana *(v.)* rate
antaa asetus *(v.)* decree
antaa ilmi *(v.)* rat
antaa lahja *(v.)* gift
antaa lempinimi *(v.)* nickname
antaa merkki *(v.)* signal
antaa mielipide *(v.)* opinionate
antaa neuvoja *(n.)* counsel
antaa periksi *(v.)* renounce
antaa perintö *(v.)* endow
antaa porttikielto *(v.)* ban
antaa rauhoittavia *(v.)* sedate
antaa rauhoittavia lääkkeitä *(v.)* tranquillize
antaa suostumus *(v.)* approve
antaa tehtäväksi *(v.)* task
antaa vastalahja *(v.)* reciprocate
antaa vihje *(v.)* tip-off
antaa äänioikeus *(v.)* enfranchise
antagonismi *(n.)* antagonism
antagonisti *(n.)* antagonist
antarktinen *(adj.)* antarctic
antasidinen *(adj.)* antacid
antaumus *(n.)* devotion
antautua *(v.)* surrender
antautuminen *(n.)* surrender
anteeksiannettava *(adj.)* venial
anteeksianto *(n.)* pardon
anteeksipyyntö *(n.)* apology
anteeksipyytävä *(adj.)* aplogetic
anteliaisuus *(n.)* generosity
antelias *(adj.)* generous
antenni *(n.)* antenna
anti-age *(adj.)* anti-ageing
antibakteerinen *(adj.)* antibacterial
antibiootti *(n.)* antibiotic
antifonia *(n.)* antiphony
antigeeni *(n.)* antigen
antiikki *(n.)* antiquity
antiikkinen *(adj.)* antique
antikliimaksi *(n.)* anticlimax

antikvaari *(n.)* antiquary
antikvaarinen *(adj.)* antiquarian
antilooppi *(n.)* antelope
antinomia *(n.)* antinomy
antioksidantti *(n.)* antioxidant
antipatia *(n.)* antipathy
antipodi *(n.)* antipodes
antisepti *(n.)* antiseptic
antiseptinen *(adj.)* antiseptic
antiteesi *(n.)* antithesis
anto *(n.)* output
antoisa *(adj.)* bountiful
antologia *(n.)* anthology
antonyymi *(n.)* antonym
antropologia *(n.)* anthropology
antura *(n.)* pedestal
anturoida *(v.)* sole
aortta *(n.)* aorta
ap *(abbr.)* am
apaja *(n.)* draught
apatia *(n.)* apathy
apeksi *(n.)* apex
apina *(n.)* ape
apina *(n.)* monkey
aplodit *(n.)* applause
apnea *(n.)* apnoea
apostoli *(n.)* apostle
apoteoosi *(n.)* apotheosis
apotti *(n.)* abbot
appelsiini *(n.)* orange
appivanhemmat *(n.)* in-laws
aprikoosi *(n.)* apricot
apteekkari *(n.)* druggist
apteekki *(n.)* pharmacy
apu- *(adj.)* auxiliary
apu, auttaa *(n.& v.)* aid
apukeino *(n.)* means
apulainen *(n.)* aide
apuohjelma *(n.)* add-in
apuraha *(n.)* bursary
apuri *(n.)* helpmate
apuväline *(n.)* implement
Arabbiata *(adj.)* arrabbiata
arabi *(n.)* Arab
areena *(n.)* arena
aridi *(adj.)* arid
aristokraatti *(n.)* aristocrat
aristokraattinen *(adj.)* lordly

aristokratia *(n.)* aristocracy
aritmetiikka *(n.)* arithmetic
arka *(adj.)* diffident
arkaainen *(adj.)* archaic
arkadi *(n.)* arcade
arkeologi *(n.)* archaeologist
arkeologia *(n.)* archaeology
arkinen *(adj.)* workaday
arkisto *(n.)* archive
arkki *(n.)* ark
arkkipiispa *(n.)* archbishop
arkkitehti *(n.)* architect
arkkitehtuuri *(n.)* architecture
arkkivihollinen *(n.)* nemesis
arkku *(n.)* chest
arktinen *(adj.)* Arctic
armada *(n.)* armada
armahdettava *(adj.)* pardonable
armahdus *(n.)* amnesty
armahtaa *(v.)* indulge
armas *(adj.)* dear
armeija *(n.)* army
armeliaisuus *(n.)* leniency
armelias *(adj.)* lenient
armo *(n.)* mercy
armollinen *(adj.)* merciful
armoton *(adj.)* merciless
aro *(n.)* steppe
aromaterapia *(n.)* aromatherapy
aromi *(n.)* aroma
arpajaiset *(n.)* lottery
arpeutua *(v.)* scar
arpi *(n.)* scar
arseeni *(n.)* arsenic
arsenaali *(n.)* arsenal
arteesinen *(adj.)* artesian
artefakti *(n.)* artefact
artikkeli *(n.)* article
artisaani *(n.)* artisan
artisokka *(n.)* artichoke
arvaamaton *(adj.)* incalculable
arvaamattoman kallis *(adj.)* invaluable
arvata *(v.)* guess
arvaus *(n.)* guess
arvella *(v.)* deem
arvettua *(v.)* scab
arvio *(n.)* estimate
arvioida *(v.)* appraise
arvioida *(v.)* assess
arvioida koko *(v.)* size
arvioida uudelleen *(v.)* reappraise
arviointi *(n.)* assessment
arvioitava *(adj.)* estimative
arvo *(n.)* worth
arvoa alentava *(adj.)* depreciating
arvohenkilö *(n.)* dignitary
arvoinen *(adj.)* worth
arvoituksellinen *(adj.)* enigmatic
arvoituksellisesti *(adv.)* enigmatically
arvoitus *(n.)* enigma
arvojärjestys *(n.)* precedence
arvokas *(adj.)* valuable
arvokkuus *(n.)* dignity
arvollinen *(adj.)* worthy
arvon määrääminen *(n.)* valuation
arvonanto *(n.)* esteem
arvonkorotus *(n.)* appreciation
arvosana *(n.)* rate
arvostaa *(v.)* esteem
arvostaminen *(n.)* reverence
arvostella *(v.)* grade
arvostella ankarasti *(v.)* censure
arvostelma *(n.)* judgement
arvostelu *(n.)* criticism
arvostelukyvyttömyys *(adj.)* injudicious
arvostus *(n.)* stature
arvoton *(adj.)* worthless
arvotus *(n.)* deference
arvovaltainen *(adj.)* authoritative
arvuutella *(v.)* quiz
asbesti *(n.)* asbestos
ase *(n.)* weapon
aseen piippu *(n.)* gunpoint
aseeni *(n.)* acene
aseenkantaja *(n.)* squire
aseeton *(adj.)* unarmed
aseistaa ennakolta *(v.)* forearm
aseistariisunta *(n.)* disarmament
aseistettu *(adj.)* armed
aseistettu rosvo *(n.)* dacoit
aseistettu ryöstö *(n.)* dacoity
aseistus *(n.)* armature
aseksuaali *(adj.)* asexual
aselepo *(n.)* armistice

asema *(n.)* station
asemapaikka *(v.)* position
asenne *(n.)* attitude
asennus *(n.)* installation
asentaa *(v.)* install
asentaja *(n.)* fitter
asentamaton *(adj.)* uninstall
asento *(n.)* position
asentrinen *(adj.)* acentric
aseptinen *(adj.)* aseptic
asetaatti *(n.)* acetate
asetella *(v.)* dispose
asetelma *(n.)* layout
asetettu *(adj.)* set
asetoni *(n.)* acetone
asettaa *(v.)* apply
asettaa ehdolle *(v.)* nominate
asettaa kieltolaki *(v.)* prohibit
asettaa kurssi *(v.)* vector
asettaa näytteille *(v.)* exhibit
asettaa syytteeseen *(v.)* arraign
asettaa syytteeseen *(v.)* indict
asettaa vastakkain *(v.)* juxtapose
asettaa virkaan *(v.)* induct
asettelu *(n.)* lay
asetti *(n.)* saucer
asettua *(v.)* set
asetus *(n.)* decree
asetyleeni *(n.)* acetylene
asevarasto *(n.)* armoury
asevoimat *(n.)* armed forces
asia *(n.)* affair
asiaankuuluva *(adj.)* relevant
asiaankuuluvuus *(n.)* relevance
asiakas *(n.)* customer
asiakaskunta *(n.)* patronage
asiakirja *(n.)* document
asiakirjapaperi *(n.)* foolscap
asiamies *(n.)* attorney
asianajaja *(n.)* barrister
asianmukaisesti *(adv.)* duly
asianomistaja *(n.)* plaintiff
asianosainen *(n.)* litigant
asiantuntemus *(n.)* proficiency
asiantunteva *(adj.)* adept
asiantuntija *(n.)* adept
asiasanasto *(n.)* glossary
askarruttaa *(v.)* preoccupy

askeetti *(n.)* ascetic
askeettinen *(adj.)* ascetic
askel *(n.)* step
askellaji *(n.)* pace
assistentti *(n.)* assistant
astaattinen *(adj.)* astatic
aste *(n.)* grade
asteikko *(n.)* gradation
asteittainen *(adj.)* gradual
astella *(v.)* pace
asteroidi *(v.)* asteroid
asti *(prep.)* until
astiakaappi *(n.)* cupboard
astiat *(n.)* crockery
astma *(n.)* asthma
astrolabi *(n.)* astrolabe
astrologi *(n.)* astrologer
astrologia *(n.)* astrology
astronautti *(n.)* astronaut
astua *(v.)* step
astua sisään *(v.)* enter
asu *(n.)* outfit
asua *(v.)* reside
asua yhdessä *(v.)* cohabit
asuinkelpoinen *(adj.)* inhabitable
asuinpaikka *(n.)* residence
asuinsija *(n.)* abode
asuja *(n.)* inhabitant
asukas *(n.)* resident
asuminen *(n.)* habitation
asumus *(n.)* dwelling
asunto *(n.)* apartment
asuntola *(n.)* dormitory
asuntolaina *(n.)* mortgage
asuntolainan myöntäjä *(n.)* mortgagor
asuntolainan ottaja *(n.)* mortgagee
asuntovaunu *(n.)* caravan
asuttaa *(v.)* people
asuttava *(adj.)* habitable
ateismi *(n.)* atheism
ateisti *(n.)* atheist
ateria *(n.)* meal
aterimet *(n.)* cutlery
atlas *(n.)* atlas
atmosfäärinen *(adj.)* atmospheric
atolli *(n.)* atoll
atomi *(n.)* atom
atominen *(adj.)* atomic

atooppinen *(adj.)* atopic
atrium *(n.)* atrium
audio *(n.)* audio
audiovisuaalinen *(adj.)* audiovisual
auditiivinen *(adj.)* auditive
auditorio *(n.)* auditorium
aueta *(v.)* gap
auki *(adj.)* open
aukio *(n.)* cove
aukko *(n.)* gap
aukollinen *(adj.)* orificial
aula *(n.)* lobby
auliisti *(adv.)* readily
aura *(n.)* aura
auraaja *(n.)* ploughman
aurata *(v.)* plough
auriforminen *(adj.)* auriform
auringonlasku *(n.)* sunset
auringonnousu *(n.)* sunrise
auringonvalo *(n.)* sunlight
aurinko *(n.)* sun
aurinko- *(adj.)* solar
aurinkoinen *(adj.)* sunny
aurinkokuivatut *(adj.)* sundry
aurinkopaneeli *(n.)* solar panel
Australian varaanit *(n.)* goanna
autella *(v.)* help
autenttinen *(adj.)* authentic
autio *(adj.)* desolate
autioittaa *(v.)* depredate
autismi *(n.)* autism
autistinen *(adj.)* autistic
auto *(n.)* car
autokraatti *(n.)* autocrat
autolautta *(n.)* ferryboat
autolukko *(n.)* carlock
automaatio *(n.)* automation
automaattinen *(adj.)* automatic
automaattinen korjaus *(n.)* autocorrect
automaattiohjaus *(n.)* autopilot
automaattisesti *(adv.)* automatically
automaattitarkennus *(n.)* autofocus
automatisoida *(v.)* automate
auton alle jäänyt eläin *(n.)* roadkill
autonkuljettaja *(n.)* chauffeur
autonominen *(adj.)* autonomous
autotalli *(n.)* garage

auts *(int.)* ouch
auttaa *(v.)* succour
auttamaton *(adj.)* incorrigible
auttaminen *(n.)* help
auttava *(adj.)* ministrant
autuaallinen *(adj.)* endowed
autuas *(adj.)* beatific
autuus *(n.)* beatitude
availla *(v.)* dup
avain *(n.)* key
avain- *(adj.)* key
avainreikä *(n.)* keyhole
avainsana *(n.)* keyword
avainseppä *(n.)* keysmith
avajais- *(adj.)* inaugural
avajaiset *(n.)* inauguration
avara *(adj.)* spacious
avartaa *(n.)* space
avaruus *(v.)* space
avaruus- *(adj.)* extraterrestrial
avaruusalus *(n.)* spacecraft
avaruusolento *(n.)* extraterrestrial
avata *(v.)* open
avata silmät *(v.)* disenchant
avautua *(v.)* unfold
avautuminen *(n.)* opening
avio- *(adj.)* marital
avioero *(n.)* divorce
avioitua *(v.)* wed
avioituminen *(n.)* marriage
avioliitto *(n.)* wedlock
avioliitto- *(adj.)* nuptial
avioliittokelpoinen *(adj.)* marriageable
aviollinen *(adj.)* conjugal
aviollinen *(adj.)* spousal
aviomies *(n.)* husband
avionrikkoja *(n.)* adulterer
avioton *(adj.)* extramarital
avioton lapsi *(n.)* bastard
avitus *(n.)* boost
avoauto *(n.)* convertible
avohoitopotilas *(n.)* outpatient
avoimesti *(adv.)* openly
avoin virka *(n.)* vacancy
avokado *(n.)* avocado
avokätinen *(adj.)* indulgent
avu *(n.)* commodity

avulias *(adj.)* helpful
avunantaja *(n.)* accomplice
avunanto *(n.)* succour
avustaa *(v.)* assist
avustaja *(n.)* contributor
avustaminen *(n.)* assistance
avustava *(adj.)* ancillary
avustus *(n.)* contribution
avuton *(adj.)* helpless
ayurveda *(n.)* Ayurveda

baarimikko *(n.)* barman
baarityöntekijä *(n.)* bartender
bakkanaali *(n.)* bacchanal
bakkanaali *(adj.)* bacchanal
bakteerikanta *(n.)* bacteria
balafoni *(n.)* balafon
baletti *(n.)* ballet
balladi *(n.)* ballad
ballerina *(n.)* ballerina
ballistiikka *(n.)* ballistics
bambu *(n.)* bamboo
banaali *(adj.)* banal
banaani *(n.)* banana
banianviikuna *(n.)* banyan
banjo *(n.)* banjo
baptismi *(n.)* baptism
baptisti *(n.)* babtist
barbaari *(n.)* barbarian
barbaarinen *(adj.)* barbaric
barbaarisuus *(n.)* barbarity
bardi *(n.)* bard
baritoni *(n.)* baritone
barium *(n.)* barium
barokkityyli *(adj.)* baroque
barometri *(n.)* barometer
barouche-vankkuri *(n.)* barouche
barrikadi *(n.)* barricade
basaari *(n.)* bazaar
basilika *(n.)* basil
basilli *(n.)* germ
basso *(n.)* bass
bastioni *(n.)* bastion
beeta *(adj.)* beta

benjihyppy *(n.)* bungee jumping
bensa *(n.)* gasoline
bensiini *(n.)* petrol
bentseeni *(n.)* benzene
besserwissser *(n.)* opinator
betoni *(n.)* concrete
bi- *(adj.)* bi
bibliofiili *(n.)* bibliophile
bibliografi *(n.)* bibliographer
bidee *(n.)* bidet
biisoni *(n.)* bison
bikini *(n.)* bikini
biljardi *(n.)* billiards
biljardipöytä *(n.)* billiard table
bingo *(n.)* bingo
binokulaarinen *(adj.)* binocular
binäärinen *(adj.)* binary
bioaine *(n.)* bioagent
bioaktiivisuus *(n.)* bioactivity
biohajoaminen *(n.)* biodegradation
bioilmasto *(n.)* bioclimate
biokaasu *(n.)* biogas
biokemia *(n.)* biochemistry
biokemiallinen *(adj.)* biochemical
biologi *(n.)* biologist
biologia *(n.)* biology
biologinen *(adj.)* biological
biologisesti *(adv.)* biologically
biomassa *(n.)* biomass
biometrinen *(adj.)* biometric
bioninen *(adj.)* bionic
biopolttoaine *(n.)* biofuel
biopsia *(n.)* biopsy
biorytmi *(n.)* biorhythm
bioskooppi *(n.)* bioscope
bioskopia *(n.)* bioscopy
biotekniikka *(n.)* bioengineering
biovaarallinen *(adj.)* biohazardous
biseksuaalinen *(adj.)* bisexual
bisque-keitto *(n.)* bisque
bistro *(n.)* bistro
bitcoin *(n.)* bitcoin
blasonoida *(v.)* blazon
bleiseri *(n.)* blazer
bling bling *(n.)* bling
bloggaaja *(n.)* blogger
bloggaus *(v.)* blogging
blogi *(n.)* blog

bluetooth *(n.)* bluetooth
bluffata *(v.)* bluff
boakäärme *(n.)* boa
boheemi *(adj.)* bohemian
boikotoida *(v.)* boycott
bolero *(n.)* bolero
bonus *(n.)* bonus
bordelli *(n.)* brothel
brandy *(n.)* brandy
brasserie *(n.)* brasserie
breseerata *(v.)* braise
briketti *(n.)* briquet
briljantti *(adj.)* brilliant
brittiläinen *(adj.)* british
broadway *(n.)* broadway
brogue-kenkä *(n.)* brouge
brokadi *(n.)* brocade
bromidi *(n.)* bromide
brunetti *(n.)* brunette
brunssi *(n.)* brunch
brutto *(n.)* gross
brändäys *(n.)* branding
budjetti *(n.)* budget
buffetti *(n.)* buffet
bulevardi *(n.)* boulevard
bulimia *(n.)* bulimia
bulkki *(n.)* bulk
bulldoggi *(n.)* bulldog
bungalow *(n.)* bungalow
bunkkeri *(n.)* bunker
burleski *(n.)* burlesque
businessluokka *(n.)* business class
bussi *(n.)* bus
bussikatos *(n.)* bus shelter
bussipysäkki *(n.)* bus stop
buuata *(v.)* hoot
buuaus *(n.)* hoot
byrokraatti *(n.)* bureaucrat
byrokratia *(n.)* bureacuracy
bändi *(n.)* band

cameorooli *(n.)* cameo
cappuccino *(n.)* cappuccino
CAPTCHA *(n.)* captcha

cashewpähkinä *(n.)* cashew
castor oil *(n.)* castor oil
celsius *(adj.)* Celsius
celsiusasteikko *(adj.)* centigrade
charmi *(n.)* charm
chatti *(v.)* chat
chattihuone *(n.)* chat room
cheddarjuusto *(n.)* cheddar
cheerleader *(n.)* cheerleader
chili *(n.)* chilli
cineplex *(n.)* cineplex
cirruspilvi *(n.)* cirrus
cocktail *(n.)* cocktail
cupido *(n.)* cupid

daami *(n.)* dame
damasti *(n.)* damask
deactivation *(n.)* deactivation
deaktivoida *(v.)* deactivate
debytantti *(n.)* debutante
debyytti *(n.)* debut
definitiivinen *(adj.)* definitive
deflaatio *(n.)* deflation
deglutinaatio *(n.)* deglutination
deisti *(n.)* deist
dekaani *(n.)* dean
dekalibroida *(v.)* decalibrate
dekantterilasi *(n.)* beaker
dekolonisaatio *(n.)* decolonization
dekolonisoida *(v.)* decolonize
dekonstruktiivisesti *(adv.)* deconstructively
delegaatti *(n.)* delegate
delegoida *(v.)* delegate
delfiini *(n.)* dolphin
delta *(n.)* delta
demagnetoida *(v.)* demagnetize
demagogia *(n.)* demagogy
demaskulinisaatio *(n.)* demasculinization
dematerialisaatio *(n.)* dematerialisation
dematerialisoida *(v.)* dematerialize
dementia *(n.)* dementia

dementoitunut *(adj.)* demented
demilitarisoitu *(adj.)* demilitarized
demobilisaatio *(n.)* demobilization
demokraatti *(n.)* democrat
demokraattinen *(adj.)* democratic
demokratia *(n.)* democracy
demonetisoida *(v.)* demonetize
demoni *(n.)* demon
demonisoida *(v.)* demonize
demonstraatio *(n.)* demonstration
demonstroida *(v.)* demonstrate
demoralisoida *(v.)* demoralize
denguekuume *(n.)* dengue
denotoida *(v.)* denote
deodorantti *(n.)* deodorant
deontologia *(n.)* deontology
depolarisoida *(v.)* depolarize
dermatologia *(n.)* dermatology
desibeli *(n.)* decibel
desimaali *(adj.)* decimal
desimaalipilkku *(n.)* decimal point
desimoida *(v.)* decimate
desinfioida *(v.)* disinfect
deskriptio *(n.)* description
desosialisaatio *(n.)* desocialization
diabetes *(n.)* diabetes
diagnoosi *(n.)* diagnosis
diagnosoida *(v.)* diagnose
diagnosoida väärin *(v.)* misdiagnose
diagrammi *(n.)* diagram
diakoni *(n.)* deacon
dialyysi *(n.)* dialysis
diaspora *(n.)* diaspora
diesel *(n.)* diesel
digitaalikopio *(n.)* soft copy
digitaalinen *(adj.)* digital
digitalisoida *(v.)* digitalize
digitallenne *(n.)* screencast
diili *(n.)* deal
diktaattori *(n.)* dictator
dilaseraatio *(n.)* dilaceration
dilemma *(n.)* dilemma
dioksidi *(n.)* dioxide
diplomaatti *(n.)* diplomat
diplomaattinen *(adj.)* diplomatic
diplomatia *(n.)* diplomacy
direktiivi *(n.)* directive
disko *(n.)* discotheque

diskreetti *(adj.)* descrete
diskvalifioida *(v.)* disqualify
diskvalifiointi *(n.)* disqualification
dissektio *(n.)* dissection
dodo *(n.)* dodo
dogmi *(n.)* tenent
doktriini *(n.)* doctrine
dokumentaarinen *(adj.)* documentary
dokumentti *(n.)* documentary
dollari *(n.)* dollar
domino *(n.)* domino
dominoida *(v.)* predominate
dominoiva *(adj.)* predominant
donitsi *(n.)* doughnut
donkkaus *(n.)* dunk
dorka *(adj.)* dorky
dosentti *(n.)* docent
dosentti *(adj.)* docent
draama *(n.)* drama
drakoninen *(adj.)* draconic
dramaattinen *(adj.)* dramatic
dramaturgi *(n.)* dramatist
drapeeraus *(adj.)* drapery
droidi *(n.)* droid
druidi *(n.)* druid
dubata *(v.)* dub
dubbaus *(n.)* dub
duetto *(n.)* duet
dukaatti *(n.)* ducat
duo *(n.)* duo
duplikaatti *(adj.)* duplicate
dynaaminen *(adj.)* dynamic
dynamiikka *(n.)* dynamics
dynamiitti *(n.)* dynamite
dynastia *(n.)* dynasty
dystopia *(n.)* dystopia
dyyni *(n.)* dune

edeema *(n.)* edema
edelleen *(adv.)* onwards
edellinen *(adj.)* previous
edellispäivä *(n.)* antedate
edellyttävä *(adj.)* prerequisite
edellyttää *(v.)* necessitate

edellytys *(n.)* requirement
edellä *(prep.)* afore
edellä mainittu *(adj.)* aforementioned
edelläkävijä *(n.)* forerunner
edelläsanottu *(n.)* ditto
edeltäjä *(n.)* predecessor
edeltävä *(adj.)* former
edeltää *(v.)* antecede
edesauttaa *(v.)* further
edessä *(adj.)* front
edessäpäin *(adv.)* ahead
edesvastuuton *(adj.)* irresponsible
edetä *(v.)* advance
edikti *(n.)* edict
edistyksellinen *(adj.)* progressive
edistynyt *(adj.)* advanced
edistys *(n.)* progress
edistyä *(v.)* progress
edistää *(v.)* conduce
edullinen *(adj.)* advantageous
edullisuus *(n.)* affordability
edunsaaja *(n.)* beneficiary
eduskunta *(n.)* congress
edustaa *(v.)* represent
edustaja *(n.)* commissioner
edustuksellinen *(adj.)* representative
edustus *(n.)* dealership
edustusto *(n.)* deputation
eeben *(n.)* ebony
eekkeri *(n.)* acre
eepos *(n.)* epic
eeppinen *(adj.)* epical
eetos *(n.)* ethos
eetteri *(n.)* ether
eettinen *(adj.)* ethical
ego *(n.)* ego
egosentrinen *(adj.)* egocentric
ehdokas *(n.)* nominee
ehdokkuus *(n.)* candidacy
ehdollinen *(adj.)* conditional
ehdollisuus *(n.)* contingent
ehdonalainen vapaus *(n.)* parole
ehdotella *(v.)* propose
ehdoton *(adj.)* absolute
ehdottaa *(v.)* suggest
ehdottomasti *(adv.)* absolutely
ehdotus *(n.)* suggestion
eheys *(n.)* integrity

eheyttää *(v.)* defragment
eheytys *(n.)* defragmentation
eheä *(adj.)* whole
ehjä *(adj.)* intact
ehkäisevä *(adj.)* preventive
ehkäistä *(v.)* prevent
ehkäisy *(n.)* prevention
ehkäisymenetelmä *(n.)* contraceptive
ehta *(adj.)* genuine
ehtiä *(v.)* catch
ehto *(n.)* requisite
ehtoollinen *(n.)* communion
ehtyminen *(n.)* depletion
ehtynyt *(adj.)* depleted
ei *(adv.)* nay
ei *(n.)* no
ei *(adv.)* not
ei houkutteleva *(adj.)* unappealing
ei hyväksyä *(v.)* disapprove
ei korvattavissa *(adj.)* indispensable
ei kukaan *(pron.)* nobody
ei lainkaan *(pron.)* none
ei mikään *(adj.)* no
ei missään *(adv.)* nowhere
ei yhtään *(adv.)* no
eikä *(conj.)* neither
eilen *(adv.)* yesterday
eilinen *(n.)* yesterday
ei-rasvoittuva *(adj.)* delipidate
ei-toivottu *(adj.)* unwanted
ejakuloida *(v.)* ejaculate
e-kirja *(n.)* e-book
eklektikko *(n.)* eclectic
eklektinen *(adj.)* eclectic
eklipsi *(n.)* eclipsis
ekologi *(n.)* ecologist
ekologia *(n.)* ecology
ekologinen *(adj.)* ecological
ekonominen *(adj.)* economical
ekosysteemi *(n.)* ecosystem
ekoterrorismi *(n.)* ecoterrorism
ekseema *(n.)* eczema
eksentrinen *(adj.)* eccentric
eksessiivinen *(adj.)* excessive
eksistentiaalinen *(adj.)* existential
eksistentialismi *(n.)* existentialism
eksklusiivinen *(adj.)* exclusive
ekskursio *(n.)* excursion

eksoottinen *(adj.)* exotic
ekspertti *(adj.)* expert
eksplisiittinen *(adj.)* explicit
eksponentti *(n.)* exponent
ekstranet *(n.)* extranet
ekstrapolaatio *(n.)* extrapolation
ekstrapoloida *(v.)* extrapolate
ekstremisti *(n.)* extremist
ekstrovertti *(n.)* extrovert
eksymä *(n.)* deviation
eksyttää *(v.)* disorient
eksyä *(v.)* digress
ektoplasma *(n.)* ectoplasm
ekumeeninen *(adj.)* ecumenic
elastinen *(adj.)* elastic
elastisuus *(n.)* elasticity
elatus *(n.)* alimony
ele *(n.)* gesture
eleganssi *(n.)* elegance
elegantti *(adj.)* elegant
elektrolyytti *(n.)* electrolyte
elektroni *(n.)* electron
elektroninen *(adj.)* electronic
elellä *(v.)* inhabit
elementaali *(adj.)* elemental
elementti *(n.)* element
eli *(conj.)* so
eliitti *(n.)* elite
eliitti- *(adj.)* elite
eliksiiri *(n.)* elixir
eliminaatio *(n.)* elimination
eliminaattori *(n.)* eliminator
eliminoida *(v.)* eliminate
eliminoiva *(adj.)* eliminatory
elin *(n.)* organ
elinikäinen *(adj.)* lifelong
elinkeino *(n.)* livelihood
elinkelpoinen *(adj.)* viable
elinsiirron saaja *(n.)* transplantee
elintarvike *(n.)* grocery
elintarvikkeet *(n. pl)* victuals
elintärkeä *(adj.)* vital
elinvoimaisuus *(n.)* vitality
elinympäristö *(n.)* habitat
elisio *(n.)* elision
elitismi *(n.)* elitism
elitisti *(n.)* elitist
ellei *(conj.)* unless

ellipsi *(n.)* ellipse
elliptinen *(adj.)* elliptic
elohopea *(n.)* mercury
elohopea *(n.)* quicksilver
elohopeapitoinen *(adj.)* mercurial
elohopeaseos *(n.)* amalgam
eloisa *(adj.)* vivacious
eloisuus *(n.)* vivacity
Elokuu *(n.)* August
elokuva *(n.)* movies
elokuvallinen *(adj.)* cinematic
elokuvantekijä *(n.)* filmmaker
elokuvateatteri *(n.)* cinema
elokuvaus *(n.)* cinematography
elollinen *(adj.)* living
elonkorjaaja *(n.)* reaper
elonkorjuukone *(n.)* harvester
elostelija *(n.)* philanderer
elostella *(v.)* philander
elostelu *(n.)* philandry
eloton *(adj.)* inanimate
elpyminen *(n.)* resurgence
elpynyt *(adj.)* resurgent
elpyä *(v.)* prosper
elvytys *(n.)* reanimation
eläimellinen *(adj.)* bestial
eläimen kynsi *(n.)* claw
eläimistö *(n.)* fauna
eläin *(n.)* animal
eläinlääketieteellinen *(adj.)* veterinary
eläinrasva *(n.)* grease
eläintarha *(n.)* zoo
eläinten täyttäjä *(n.)* taxidermist
eläinten täyttäminen *(n.)* taxidermy
eläintiede *(n.)* zoology
eläintieteellinen *(adj.)* zoological
eläintieteilijä *(n.)* zoologist
eläke *(n.)* pension
eläkeläinen *(n.)* pensioner
eläköityminen *(n.)* retirement
eläköityä *(v.)* retire
eläminen *(n.)* living
elämä *(n.)* life
elämäkerta *(n.)* biography
elämäkertaelokuva *(n.)* biopic
elämäkerturi *(n.)* biographer
elämänkatsomus *(n.)* outlook

elämänkohtalo *(n.)* destiny
elämänkutsumus *(n.)* calling
elämäntapa *(n.)* lifestyle
elämöidä *(v.)* carouse
elämöinti *(n.)* noise
elätellä *(v.)* harbour
elättäjä *(n.)* breadwinner
elävä *(adj.)* alive
eläväinen *(adj.)* lively
elävöitetty *(adj.)* reanimate
elävöittää *(v.)* enliven
elää *(v.)* live
elää kauemmin *(v.)* outlive
elää sovussa *(v.)* coexist
emakko *(n.)* sow
emali *(n.)* enamel
emanaatio *(n.)* emanation
emi *(n.)* carpel
emoji *(n.)* emoji
emosuoni *(n.)* bonanza
empaatti *(n.)* empath
empaattinen *(adj.)* empathic
empatia *(n.)* empathy
empiirinen *(adj.)* empirical
empiminen *(n.)* scruple
empimätön *(adj.)* scrupleless
empirismi *(n.)* empiricism
empiristi *(n.)* empiricist
empivä *(adj.)* hesitant
empiä *(v.)* scruple
emulgoida *(v.)* emulsify
emulgointiaine *(n.)* emulsifier
emuloida *(v.)* emulate
emulointi *(n.)* emulation
emäksinen *(adj.)* alkaline
emäs *(n.)* alkali
emätin *(n.)* vagina
endeeminen *(adj.)* endemic
endeeminen sairaus *(n.)* endemic
endemiologia *(n.)* endemiology
endoskooppinen *(adj.)* endoscopic
endoskopia *(n.)* endoscopy
enemmistö *(n.)* majority
enemmyys *(n.)* preponderance
enempi *(adj.)* more
energia *(n.)* energy
energinen *(adj.)* energetic
energisoida *(v.)* energize

englannin kieli *(n.)* English
enigmaattinen *(adj.)* enigmatical
enimmäkseen *(adv.)* mostly
enin *(adj.)* most
eniten *(adv.)* most
enkeli *(n.)* angel
ennakkoasenne *(n.)* bias
ennakkoehto *(n.)* prerequisite
ennakkoluulo *(n.)* prejudice
ennakkoluulottomuus *(n.)* liberality
ennakkopäätös *(n.)* precedent
ennakkotapaus *(n.)* antecedent
ennakkotieto *(n.)* foreknowledge
ennakkotilata *(v.)* subscribe
ennakkotilaus *(n.)* subscription
ennakkovaroittaa *(v.)* forewarn
ennakoida *(v.)* foresee
ennakointi *(n.)* anticipation
ennalta ehkäisevä *(adj.)* preemptive
ennalta harkinta *(n.)* premeditation
ennaltaehkäisevä *(adj.)* precautionary
ennaltamääräys *(n.)* predestination
enne *(n.)* auspice
ennen *(prep. &adv.)* before
ennen kuin *(conj.)* until
ennen näkemätön *(adj.)* novel
ennenaikainen *(adj.)* premature
enneuni *(n.)* premonition
ennusmerkki *(n.)* omen
ennustaa *(v.)* forecast
ennustamattomuus *(n.)* contingency
ennuste *(n.)* forecast
ennustella *(v.)* predict
ennustus *(n.)* prediction
ennättää *(v.)* forestall
ennätys *(n.)* record
eno/setä *(n.)* uncle
ensiapu *(n.)* first aid
ensi-ilta *(n.)* premiere
ensiluokkainen *(adj.)* prime
ensimmäinen *(adj.)* first
ensin *(adv.)* first
ensinäkemältä *(adv.)* prima facie
ensisijainen *(adj.)* primary
ensisijaisesti *(adv.)* primarily
enteellinen *(adj.)* ominous
enteillä *(v.)* auspicate
entinen *(pron.)* former

entiteetti *(n.)* entity
entrooppinen *(adj.)* entropic
entropia *(n.)* entropy
entsyymi *(n.)* enzyme
entsyymi- *(adj.)* enzymic
entusiasmi *(n.)* enthusiasm
eoni *(n.)* eon
epidemia *(n.)* epidemic
epiduraalipuudutus *(n.)* epidural
epigrammi *(n.)* epigram
epilepsia *(n.)* epilepsy
epileptikko *(n.)* epileptic
epileptinen *(adj.)* epileptic
epilogi *(n.)* epilogue
epiloida *(v.)* epilate
episentrumi *(n.)* epicentre
episodi *(n.)* episode
epoksi *(n.)* epoxy
epäaktiivinen *(adj.)* inactive
epäilemätön *(adj.)* doubtless
epäilevä *(adj.)* dubious
epäileväinen *(adj.)* doubtful
epäillä *(v.)* doubt
epäilty *(n.)* suspect
epäiltävä *(adj.)* suspect
epäily *(n.)* suspicion
epäilys *(n.)* doubt
epäilyttävä *(adj.)* suspicious
epäinhimillinen *(adj.)* inhuman
epäitsekkyys *(n.)* altruism
epäitsekäs *(adj.)* selfless
epäjohdonmukainen *(adj.)* incoherent
epäjohdonmukaisuus *(n.)* discrepancy
epäjärjestys *(n.)* disarray
epäkelpo *(adj.)* invalid
epäkiitollinen *(adj.)* thankless
epäkohta *(n.)* grievance
epäkohtelias *(adj.)* impolite
epäkriittinen *(adj.)* acritical
epäkunnioittava *(adj.)* discourteous
epäkunnioitus *(n.)* disrespect
epäkunnossa *(adj.)* inoperative
epäkypsä *(adj.)* immature
epäkäytännöllinen *(adj.)* impracticable
epäkäytönnöllisyys *(n.)* impracticability
epälojaali *(adj.)* disloyal

epälooginen *(adj.)* illogical
epäluonnollinen *(adj.)* abnormal
epäluotettava *(adj.)* unreliable
epäluottaa *(v.)* mistrust
epäluottamus *(n.)* distrust
epäluulo *(n.)* mistrust
epäluuloinen *(n.)* misgiving
epämerkitsevä *(adj.)* insignificant
epämiellyttävä *(adj.)* seamy
epämukava *(adj.)* uncomfortable
epämukavuus *(n.)* discomfort
epämuodollinen *(adj.)* informal
epämääräinen *(adj.)* obscure
epämääräinen vaiva *(n.)* nadger
epämääräisyys *(n.)* obscurity
epäoikeudenmukainen *(adj.)* unjust
epäoikeudenmukaisuus *(n.)* injustice
epäoleellinen *(adj.)* irrelevant
epäonni *(n.)* misadventure
epäonninen *(adj.)* unfortunate
epäonnistua *(v.)* fail
epäonnistuminen *(n.)* fail
epäpuhdas *(adj.)* impure
epäpuhtaus *(n.)* impurity
epäpätevä *(adj.)* incompetent
epärehellinen *(adj.)* dishonest
epärehellisyys *(n.)* dishonesty
epäreilu *(adj.)* unfair
epäröidä *(v.)* hesitate
epäröinti *(n.)* hesitation
epäselvä *(adj.)* unclear
epäsiveellinen *(adj.)* licentious
epäsopiva *(adj.)* improper
epäsopivuus *(n.)* impropriety
epäsosiaalinen *(adj.)* antisocial
epäsuhde *(n.)* disproportion
epäsuora *(adj.)* implicit
epäsuosio *(n.)* disgrace
epäsuotuisa *(adj.)* untoward
epäsymmetria *(n.)* asymmetry
epäsymmetrinen *(adj.)* asymmetrical
epäsäännöllinen *(adj.)* irregular
epäsäännöllisyys *(n.)* irregularity
epäsäätyinen *(adj.)* morganatic
epäsäätyinen avioliitto *(n.)* misalliance
epätarkka *(adj.)* inaccurate
epätarkka *(adj.)* unaccurate

epätasainen *(adj.)* uneven
epätasaisuus *(n.)* salebrosity
epätasapaino *(n.)* imbalance
epätasapainoinen *(adj.)* off balance
epätavallinen *(adj.)* offbeat
epäterveellinen *(adj.)* unhealthy
epätodennäköinen *(adj.)* unlikely
epätoivo *(n.)* despair
epätoivoinen *(adj.)* desperate
epätosi *(adj.)* false
epätotuus *(n.)* falsehood
epätyypillinen *(adj.)* atypic
epätyytyväisyys *(n.)* dislike
epätäydellinen *(adj.)* imperfect
epätäydellisyys *(n.)* imperfection
epäusko *(n.)* disbelief
epävakaa *(adj.)* shaky
epävakaisuus *(n.)* instability
epävakaus *(n.)* destabilization
epävarma *(adj.)* uncertain
epävarmuus *(n.)* insecurity
epävirallinen *(adj.)* unofficial
erakko *(n.)* recluse
erakkokolibri *(n.)* hermit
erakkomaja *(n.)* hermitage
erehdys *(n.)* mistake
erehdyttää *(v.)* delude
erehtymätön *(adj.)* infallible
erehtyä *(v.)* mistake
erektio *(n.)* erection
eri *(adj.)* unlike
erikoinen *(adj.)* extraordinary
erikois- *(adj.)* special
erikoisala *(n.)* speciality
erikoisasiantuntija *(n.)* specialist
erikoistua *(v.)* specialize
erikoistuminen *(n.)* specialization
erilainen *(adj.)* different
erilainen kuin *(prep.)* unlike
erilaisuus *(n.)* difference
erillinen *(adj.)* separate
erillään *(adv.)* apart
erimielisyys *(v.)* dispute
erinomainen *(adj.)* excellent
erinomaisuus *(n.)* excellence
erinäinen *(adj.)* particular
erinäköinen *(adj.)* dissimilar
eripura *(n.)* discord
eriseura *(n.)* sedition
eriskummallinen *(adj.)* whimsical
eriskummallisuus *(n.)* peculiarity
eriste *(n.)* insulator
eristyneisyys *(n.)* solitude
eristynyt *(adj.)* insular
eristys *(n.)* insulation
eristäminen *(n.)* containment
eristäytyminen *(n.)* seclusion
eristäytynyt *(adj.)* secluded
eristäytyä *(v.)* seclude
eristää *(v.)* insulate
eritasoliittymä *(n.)* interchange
eritellä *(v.)* specify
eritelmä *(n.)* specification
erittäin *(adv.)* highly
erittää *(v.)* discharge
erittää maitoa *(v.)* lactate
erityinen *(adj.)* especial
erityisen *(adv.)* extra
erityisesti *(adv.)* especially
erityisosaaja *(n.)* expert
eriyttää *(v.)* sever
ero *(n.)* breakup
eroavaisuus *(n.)* disparity
eroosio *(n.)* erosion
eroosiota aiheuttava *(adj.)* erosive
eroottiistaa *(v.)* eroticize
eroottinen *(adj.)* erotic
eroottinen kirjallisuus *(n.)* erotica
erota *(v.)* part
erota jostakin *(v.)* differ
erotella *(v.)* separate
erotettavissa oleva *(adj.)* separable
erotiikka *(n.)* eroticism
erottaa *(v.)* sequester
erottaa ehtoollisyhteydestä *(v.)*
   excommunicate
erottaa määräajaksi *(v.)* rusticate
erottamaton *(adj.)* inseparable
erottaminen *(n.)* separation
erottelu *(n.)* distinction
erottuva *(adj.)* distinct
erotuomari *(n.)* umpire
erotuomaroida *(v.)* umpire
erotus *(n.)* disjunction
erämaa *(n.)* wilderness
eräs *(pron.)* one

erääntyminen *(n.)* expiry
erääntynyt *(adj.)* overdue
erääntyvä *(adj.)* due
erääntyä *(v.)* expire
esiaste *(n.)* precursor
esiaviollinen *(adj.)* premarital
esihistoriallinen *(adj.)* prehistoric
esiin herättäminen *(n.)* evocation
esiintyjä *(n.)* performer
esiintymä *(n.)* occurrence
esiintyä *(v.)* perform
esiintyä korokkeella *(v.)* podium
esi-isien *(adj.)* ancestral
esi-isä *(n.)* forefather
esikatsella *(v.)* preview
esikaupunki- *(adj.)* suburban
esikaupunkialue *(n.)* suburb
esikuva *(n.)* exemplar
esiliina *(n.)* apron
esille *(adv.)* forth
esimerkki *(n.)* example
esimies *(n.)* manager
esine *(n.)* item
esipuhe *(n.)* preamble
esite *(n.)* brochure
esitellä *(v.)* introduce
esitelmä *(n.)* presentation
esittely *(n.)* introduction
esittää *(v.)* propound
esittää alkusoitto *(v.)* prelude
esittää jotakuta *(n.)* impersonation
esittää mielipiteenään *(v.)* opine
esittää pantomiimiä *(v.)* mime
esittää vastasyytös *(v.)* recriminate
esittää väärin *(v.)* misrepresent
esitys *(n.)* performance
esivanhempi *(n.)* ancestor
eskaloitua *(v.)* escalate
eskapismi *(n.)* escapism
eskapisti *(n.)* escapist
eskapologia *(n.)* escapology
esoteerinen *(adj.)* esoteric
esoteerisuus *(n.)* esoterism
espanjalainen *(n.)* Spaniard
espanjalainen *(adj.)* Spanish
espanjan kieli *(n.)* Spanish
essee *(n.)* essay
esseisti *(n.)* essayist
este *(n.)* obstacle
esteetikko *(n.)* aesthete
esteettinen *(adj.)* aesthetic
esteettömyys *(n.)* accessibility
esteetön *(adj.)* accessible
estellä *(v.)* obstruct
esteratsastaa *(v.)* hurdle
estimaatio *(n.)* estimation
esto *(prep.)* barring
estrogeeni *(n.)* estrogen
estyä *(v.)* forbear
estää *(v.)* foil
estää suojakummulla *(v.)* terp
etana *(n.)* escargot
etappi *(n.)* passage
eteenpäin *(adv.)* forward
eteinen *(n.)* hall
etelä *(n.)* south
etelä- *(adj.)* south
eteläinen *(adj.)* southerly
etelämaalainen *(adj.)* southern
etelään *(adv.)* south
eteneminen *(n.)* procession
etevyys *(n.)* eminence
etevä *(adj.)* eminent
etiikka *(n.)* ethics
etiketti *(n.)* etiquette
etikka *(n.)* vinegar
etikka- *(adj.)* acetic
etikkahappo *(n.)* acetic acid
etinen *(adj.)* onward
etninen *(adj.)* ethnic
etnisyys *(n.)* ethnicity
etova *(adj.)* repugnant
etova asia *(n.)* turn-off
etsata *(v.)* etch
etsattu *(adj.)* etched
etsaus *(adj.)* etching
etsintä *(n.)* quest
etsintälupa *(n.)* search warrant
etsiskellä *(v.)* seek
etsivä *(n.)* detective
etsiä *(v.)* quest
etsiä ruokaa *(v.)* forage
että *(conj.)* that
etu *(n.)* advantage
etu- *(adj.)* anterior
etuisuus *(n.)* utility

etujalka *(n.)* foreleg
etukäteen *(adv.)* beforehand
etukäteistieto *(n.)* prescience
etuliite *(n.)* prefix
etummainen *(adj.)* forward
etuoikeus *(n.)* privilege
etuosa *(adj.)* frontside
etupiha *(n.)* forecourt
etupuoli *(n.)* front
eturintama *(n.)* breakfront
etuseteli *(n.)* voucher
etusivu *(n.)* front page
etusormi *(n.)* forefinger
etuvartio *(n.)* outpost
etymologia *(n.)* etymology
etä- *(adj.)* remote
etäinen *(adj.)* distant
etäisyys *(n.)* distance
etäällä *(adv.)* afield
euforia *(n.)* euphoria
eukalyptus *(n.)* eucalypt
evakuoida *(v.)* evacuate
evakuointi *(n.)* evacuation
evaluoida *(v.)* evaluate
evankelinen *(adj.)* evangelic
evankeliumi *(n.)* evangel
eversti *(n.)* colonel
evidentti *(adj.)* evident
evolutiivinen *(adv.)* evolutionary
evoluutio *(n.)* evolution
evä *(n.)* fin
evätä *(v.)* disallow
ex parte *(adj.)* ex-parte
extreme *(n.)* extreme
extreme- *(adj.)* extreme

faginen *(adj.)* phagic
Fahrenheit *(adj.)* Fahrenheit
faksata *(v.)* fax
faksi *(n.)* facsimile
faksi *(n.)* fax
fakta *(n.)* fact
falangi *(n.)* phalange
fallinen *(adj.)* phallic

fallos *(n.)* phallus
fallosentrinen *(adj.)* phallocentric
falsetti *(n.)* falsetto
fanaatikko *(n.)* fanatic
fanaattinen *(adj.)* fanatic
fanaattisuus *(n.)* bigotry
fantasia *(n.)* fantasy
fantasmagoria *(n.)* phantasmagoria
fantastinen *(adj.)* fantastic
fantomi *(n.)* phantom
farkku *(n.)* jean
farmari *(n.)* farmer
farmaseutti *(n.)* pharmaceutist
farmaseuttinen *(adj.)* pharmaceutical
farssi *(n.)* farce
fasetti *(n.)* facet
fasilitoida *(v.)* facilitate
febriili *(adj.)* febrile
fellaatio *(n.)* fellatio
feminiininen *(adj.)* feminine
feminismi *(n.)* feminism
feministi *(n.)* feminist
feministinen *(adj.)* feminist
fengshui *(n.)* fengshui
fenkoli *(n.)* fennel
feodaalinen *(adj.)* feudal
feodalismi *(n.)* feudalism
fertiili *(adj.)* fertile
festivaali *(n.)* festival
fetisismi *(n.)* fetishism
fetissi *(n.)* fetish
fiasko *(n.)* fiasco
fibroidi *(adj.)* fibroid
fibromuskulaarinen *(adj.)* fibromuscular
fibroosi *(n.)* fibrosis
fibrositeetti *(n.)* fibrosity
figuuri *(n.)* figure
fiksata *(v.)* fix
fiksaus *(n.)* fix
fiksu *(adj.)* brainy
fiksusti *(adv.)* smartly
fiktiivinen *(adj.)* fictional
fiktio *(n.)* fiction
filaletisti *(n.)* philalethist
filamentointi *(n.)* filamentation
filamentoitu *(adj.)* filamented
filantropia *(n.)* philanthropy

filee *(n.)* fillet
fileerata *(v.)* fillet
filmi *(n.)* film
filologi *(n.)* philologist
filologia *(n.)* philology
filologinen *(adj.)* philological
filosofi *(n.)* philosopher
filosofia *(n.)* philosophy
filosofinen *(adj.)* philosophical
finaali *(n.)* finale
finaali- *(adj.)* final
finni *(n.)* pimple
firma *(n.)* firm
fiskaalinen *(adj.)* fiscal
fisteli *(n.)* fistula
flambeerata *(v.)* flambé
flambeerattu *(adj.)* flambé
flambeeraus *(n.)* flambé
flamenco *(n.)* flamenco
flanelli *(n.)* flannel
fleece *(n.)* fleece
flirttailla *(v.)* flirt
flirtti *(n.)* flirt
floristi *(n.)* florist
fluidi *(n.)* fluid
fokalisoida *(v.)* focalize
fokalisointi *(n.)* focalization
fokus *(n.)* focus
fokusoida *(v.)* focus
foliaatio *(n.)* foliation
folio *(n.)* folio
folkloristinen *(adj.)* folkloric
foneettinen *(adj.)* phonetic
fonetiikka *(n.)* phonetics
fontti *(n.)* font
fooli- *(adj.)* folic
foorumi *(n.)* forum
formaalinen *(adj.)* formal
fosfaatti *(n.)* phosphate
fosfori *(n.)* phosphorus
fossiili *(n.)* fossil
fraseerata *(v.)* phrase
fraseologia *(n.)* phraseology
fretti *(n.)* ferret
fusku *(n.)* cheat
futuristinen *(adj.)* futuristic
fyrkka *(n.)* pelf
fysiikka *(n.)* physics

fysionomia *(n.)* physiognomy
fyysikko *(n.)* physicist
fyysinen *(adj.)* physical

gaala *(n.)* gala
gaalamainen *(adj.)* gala
galaksi *(n.)* galaxy
galaktinen *(adj.)* galactic
galleria *(n.)* gallery
gallona *(n.)* gallon
galvanoida *(v.)* galvanize
galvanometri *(n.)* galvanometer
galvanoskooppi *(n.)* galvanoscope
gamma *(n.)* gamma
gangsteri *(n.)* gangster
gaselli *(n.)* gazelle
gastronomia *(n.)* gastronomy
gebardi *(n.)* cheetah
geeli *(n.)* gel
geeni *(n.)* gene
geisha *(n.)* geisha
gemologia *(n.)* gemmology
genealogia *(n.)* genealogy
genealoginen *(adj.)* genealogical
geneetikko *(n.)* geneticist
geneettinen *(adj.)* genetic
generaattori *(n.)* generator
generoida *(v.)* generate
generoitavissa *(adj.)* generable
genitaalinen *(adj.)* genital
geologi *(n.)* geologist
geologi *(n.)* geologist
geologia *(n.)* geology
geologinen *(adj.)* geological
geometria *(n.)* geometry
geometrinen *(adj.)* geometrical
geopoliittinen *(adj.)* geopolitical
geoterminen *(adj.)* geothermal
germisidi *(n.)* germicide
gerundi *(n.)* gerund
geysir *(n.)* geyser
ghetto *(n.)* ghetto
ghouli *(n.)* ghoul
gibboni *(n.)* gibbon

gigabitti *(n.)* gigabit
giganttinen *(adj.)* gigantic
gigatavu *(n.)* gigabyte
gini *(n.)* gin
gladiaattori *(n.)* gladiator
gladiaattorien *(adj.)* gladiatorial
glamour *(n.)* glamour
glaukooma *(n.)* glaucoma
glitteri *(n.)* glitter
globaali *(adj.)* global
globaalisti *(adv.)* globally
glukoosi *(n.)* glucose
gluteeniton *(adj.)* gluten-free
glyseriini *(n.)* glycerine
glögi *(n.)* wassail
golf *(n.)* golf
golfauto *(n.)* golf cart
golfkenttä *(n.)* golf course
gondoli *(n.)* gondola
gongi *(n.)* gong
googlata *(v.)* google
gootti *(n.)* gothic
goottinen *(adj.)* gothic
gorilla *(n.)* gorilla
gospel *(n.)* gospel
goudajuusto *(n.)* gouda
graafinen *(adj.)* graphic
graffiti *(n.)* graft
gramma *(n.)* gramme
gramofoni *(n.)* gramophone
gravitaatio *(n.)* gravitation
grilli *(n.)* barbecue
groteski *(adj.)* grotesque
guava *(n.)* guava

H

haaksirikkoutua *(v.)* shipwreck
haalarit *(n.)* overall
haalea *(adj.)* lukewarm
haalea *(adj.)* tepid
haaleasti *(adv.)* tepidly
haaleta *(v.)* discolour
haaleus *(n.)* tepidity
haalia *(v.)* gather
haalistua *(v.)* fade

haamu *(n.)* wraith
haamukirjoittaja *(n.)* ghostwriter
haara *(n.)* crotch
haarake *(n.)* branch
haarautua *(v.)* bifurcate
haaskaeläin *(n.)* scavenger
haaskata *(v.)* squander
haastaa *(v.)* confront
haastaa oikeuteen *(v.)* sue
haastatella *(v.)* interview
haastattelu *(n.)* interview
haaste *(n.)* challenge
haava *(n.)* wound
haavauma *(n.)* ulcer
haavautunut *(adj.)* ulcerous
haaveilu *(n.)* reverie
haavoittua *(v.)* wound
haavoittuvainen *(adj.)* vulnerable
habeas corpus *(n.)* habeas corpus
hahlo *(n.)* slot
hahmo *(n.)* character
hahmotella *(v.)* outline
hahmotelma *(n.)* sketch
hai *(n.)* shark
haihatteleva *(adj.)* quixotic
haihtua *(v.)* evaporate
haikailla *(v.)* yearn
haikailu *(n.)* yearning
haikea *(adj.)* wistful
hairahtuvainen *(adj.)* frail
haista *(v.)* smell
haitallinen *(adj.)* adverse
haitata *(v.)* disturb
haitta *(n.)* demerit
haittapuoli *(n.)* disadvantage
hajaantua *(v.)* diffuse
hajaantunut *(adj.)* scattery
hajallaan *(adv.)* scatteringly
hajamielinen *(adj.)* scatterbrained
hajanainen *(adj.)* scattered
hajataitto *(n.)* astigmatism
hajauttaa *(v.)* decentralize
hajontapistooli *(n.)* scattergun
hajota *(v.)* degrade
hajottaa *(v.)* disband
haju *(n.)* smell
haju- *(adj.)* olfactic
hajuaine *(adj.)* olfaltive

hajuaineet *(n.)* olfactics
hajuaisti- *(adj.)* olfactory
hajupihka *(n.)* asafoetida
hajustaa *(v.)* perfume
hajuvesi *(n.)* fragrance
hakata *(v.)* fell
hakea *(v.)* search
hakea uudelleen *(v.)* reapply
hakeminen *(n.)* searching
hakemisto *(n.)* directory
hakemus *(n.)* application
haketus *(n.)* chipping
hakija *(n.)* applicant
hakkeri *(n.)* hacker
hakkeroida *(v.)* hack
hakku *(n.)* pick
haku *(n.)* search
halailla *(v.)* cuddle
haljeta *(v.)* split
halkaisija *(n.)* diameter
halkaista *(v.)* cleave
halkeama *(n.)* fissure
halkeilla *(v.)* crack
halki *(prep.)* across
hallinnoida *(v.)* administer
hallinnollinen *(adj.)* administrative
hallinnollinen epäkohta *(n.)* maladministration
hallinta *(n.)* control
hallintaoikeus *(n.)* tenue
hallinto *(n.)* governance
hallintojärjestelmä *(n.)* regime
hallintokausi *(n.)* reign
hallita *(v.)* administrate
hallittava *(adj.)* manageable
hallitus *(n.)* government
hallusinaatio *(n.)* hallucination
hallussapito *(n.)* occupancy
halpa *(adj.)* cheap
halpa kopio *(n.)* dupe
halpa ostos *(n.)* bargain
halpamainen *(adj.)* sordid
haltija *(n.)* occupant
halu *(n.)* desire
halukas *(adj.)* willing
halukkuus *(n.)* willingness
haluta *(v.)* want
haluton *(adj.)* listless

halvaannuttaa *(v.)* paralyse
halvaantunut *(adj.)* paralytic
halvaus *(n.)* palsy
halvaus *(n.)* paralysis
halvauskohtaus *(n.)* stroke
halveksia *(v.)* despise
halveksittava *(adj.)* abject
halveksiva *(adj.)* contemptuous
halveksunta *(n.)* contempt
halventa *(v.)* demean
halventaa *(v.)* demean
halventava *(adj.)* derogatory
hame *(n.)* skirt
hammas *(n.)* tooth
hammaslääketiede *(n.)* odontology
hammaslääkäri *(n.)* dentist
hammaspyörä *(n.)* gearwheel
hammasratas *(n.)* cog
hammasraudat *(n.)* braces
hammassärky *(n.)* toothache
hammastua *(v.)* mesh
hamppu *(n.)* hemp
hampurilainen *(n.)* burger
hamuilla *(v.)* fumble
hana *(n.)* faucet
hanakka *(adj.)* eager
hangata *(v.)* rub
hangoitella *(v.)* begrudge
hanhi *(n.)* goose
hankala *(adj.)* tricky
hanke *(n.)* scheme
hankinta *(n.)* procurement
hankkia *(v.)* procure
hankkiminen *(n.)* acquisition
hansikaslokero *(n.)* glovebox
hanska *(n.)* glove
hapan *(adj.)* sour
hapantua *(v.)* sour
haparoiva *(adj.)* blundering
hapen poisto *(n.)* deoxidation
hapenpuute *(n.)* asphyxia
hapete *(n.)* oxidate
hapetettu *(adj.)* oxygenated
hapettaa *(v.)* oxygenate
hapettaminen *(n.)* oxidation
hapettua *(v.)* oxidate
hapettuminen *(n.)* oxygenation
hapetus *(n.)* oxidization

hapokas *(adj.)* acidic
happi *(n.)* oxygen
happihappo *(n.)* oxyacid
happo *(n.)* acid
happosade *(n.)* acid rain
happotesti *(n.)* acid test
hapsu *(n.)* fringe
hapsuttaa *(v.)* fringe
harakanvarpaat *(n.)* scrawl
harakka *(n.)* magpie
harha *(n.)* delusion
harhaan *(adv.)* astray
harhaan johtaminen *(n.)* misdirection
harhaanjohtava *(adj.)* spurious
harhaanjohtava käsite *(n.)* misnomer
harhailija *(n.)* straggler
harhailla *(v.)* roam
harhainen *(adj.)* delusional
harhakäsitys *(n.)* misbelief
harhaluulo *(n.)* misconception
harhauttaa *(v.)* deceive
harhautus *(n.)* deception
harja *(n.)* brush
harjanne *(n.)* ridge
harjas *(n.)* bristle
harjat *(n.)* manes
harjoitella *(v.)* practise
harjoittaa *(v.)* exercise
harjoittaa vähittäiskauppaa *(v.)* retail
harjoittaja *(n.)* practitioner
harjoittelija *(n.)* trainee
harjoittelu *(n.)* exercise
harjoitus *(n.)* practice
harjoitusoikeudenkäynti *(n.)* moot
harkinta *(n.)* consideration
harkintakyky *(n.)* discretion
harkita *(v.)* consider
harkita etukäteen *(v.)* premeditate
harkita uudelleen *(v.)* reconsider
harkitsematon *(adj.)* imprudent
harkitsemattomuus *(n.)* imprudence
harkitseva *(adj.)* considerate
harkitsevainen *(adj.)* prudent
harkitsevaisuus *(n.)* prudence
harkitsevuus *(n.)* foresight
harmaa *(adj.)* grey
harmaat markkinat *(n.)* grey market
harmi *(n.)* harm

harmillinen *(adj.)* irksome
harmiton *(adj.)* harmless
harmittaa *(v.)* irk
harmoni *(n.)* harmonium
harmonia *(n.)* harmony
harmoninen *(adj.)* harmonious
harppaus *(n.)* stride
harppoa *(v.)* stride
harppu *(n.)* harp
harras *(adj.)* devout
harrastaja *(n.)* buff
harrastelija *(n.)* layman
harrastus *(n.)* hobby
harsokangas *(n.)* mull
harsomainen *(adj.)* sheer
hartiahuivi *(n.)* shawl
hartialihas *(n.)* deltoid
hartiaviitta *(n.)* cloak
harva *(adj.)* sparse
harvakseltaan *(adv.)* seldom
harventaa *(v.)* rarefy
harvinainen *(adj.)* rare
harvinaisuus *(n.)* rareness
harvoin *(adv.)* rarely
hassu *(adj.)* silly
hassutus *(n.)* pleasantry
hatara *(adj.)* flimsy
hatarasti *(adv.)* tenuously
hattara *(n.)* wisp
hattu *(n.)* hat
hattukauppa *(n.)* millinery
hattutemppu *(n.)* hat-trick
haudanvakava *(adj.)* grave
haudata *(v.)* bury
hauduttaa *(v.)* steep
hauis *(n.)* biceps
haukahdella *(v.)* bark
haukahtaa *(n.)* woof
haukka *(n.)* hawk
haukkoa henkeään *(v.)* gasp
haukkua *(v.)* rail
haukotella *(v.)* yawn
haukotus *(n.)* yawn
haulikko *(n.)* shotgun
haulikko *(n.)* shottie
hauras *(adj.)* brittle
hauska *(adj.)* merry
hauskuus *(n.)* merriment

hauta *(n.)* grave
hautaholvi *(n.)* tomb
hautajaiset *(n.)* funeral
hautakammio *(n.)* sepulchre
hautakirjoitus *(n.)* epitaph
hautaus *(n.)* burial
hautausmaa *(n.)* cemetery
hautoa *(v.)* incubate
hautua *(v.)* simmer
hautuumaa *(n.)* sepulture
havainnointi *(n.)* observation
havainnollistaa *(v.)* illustrate
havainto *(n.)* remark
havaintokyky *(n.)* perception
havaintokykyinen *(adj.)* perceptive
havaita *(v.)* detect
havaittava *(adj.)* perceptible
hedelmä *(n.)* fruit
hedelmällinen *(adj.)* fruitful
hedelmällisyys *(n.)* fecundation
hedelmätarha *(n.)* orchard
hedelmätön *(adj.)* infertile
hedelmöittyä *(v.)* conceive
hedelmöittää *(v.)* fertilize
hedelmöitys *(n.)* conception
hehkuen *(adv.)* aglow
hehkulamppu *(n.)* bulb
hehkuva *(adj.)* lucent
heidän *(pron.)* theirs
heijastaa *(v.)* reflect
heijastava *(adj.)* reflective
heijastin *(n.)* reflector
heijastus *(n.)* reflection
heijastuva *(adj.)* reflex
heikennys *(n.)* debilitant
heikentyä *(v.)* deteriorate
heikentäjä *(n.)* debuff
heikentäminen *(n.)* debilitation
heikentävä *(adj.)* debilitating
heikentää *(v.)* debilitate
heiketä *(v.)* weaken
heikko *(adj.)* weak
heikkomielisyys *(n.)* debility
heikkous *(n.)* weakness
heikontaa *(v.)* enfeeble
heilahdella *(v.)* fluctuate
heilua *(v.)* bob
heiluri *(n.)* pendulum

heiluttaa *(v.)* brandish
heimo *(n.)* tribe
heinä *(n.)* hay
heinäsirkka *(n.)* locust
heippa *(interj.)* bye
heite *(n.)* cast
heitettävä *(adj.)* projectile
heitin *(n.)* caster
heitteillejättö *(n.)* negligence
heittiö *(n.)* scoundrel
heitto *(n.)* throw
heittomerkki *(n.)* apostrophe
heittäytyä *(v.)* prostrate
heittää *(v.)* throw
heittää kierteellä *(v.)* sidearm
heittää kuperkeikka *(v.)* tumble
heittää pois *(v.)* discard
heittää roskiin *(n.)* trash
heittää ulos *(v.)* eject
heitä *(pron.)* them
heiveröinen *(adj.)* faint
hekuma *(n.)* gloat
hekumallinen *(adj.)* sultry
hekumoida *(v.)* gloat
hekumoiden *(adv.)* gloatingly
helistin *(n.)* rattle
helistä *(n.)* clink
hella *(n.)* stove
hellepäivä *(n.)* sizzle
hellitellä *(v.)* fondle
helliä *(v.)* nurse
hellyydenosoitus *(n.)* endearment
hellyys *(n.)* tenderness
hellä *(adj.)* gentle
hellästi *(adv.)* tenderly
helläsydäminen *(adj.)* tender-hearted
helmi *(n.)* pearl
helmikuu *(n.)* February
helmimäinen *(adj.)* beady
helmitaulu *(n.)* abacus
helmiäinen *(n.)* nacre
helpottaa *(v.)* ease
helpottaminen *(n.)* facilitation
helpotus *(n.)* relief
helppo *(adj.)* easy
helppokäyttöinen *(adj.)* easy-to-use
helppous *(n.)* ease
heltta *(n.)* crest

heltymätön *(adj.)* inexorable
heltyä *(v.)* relent
helvetillinen *(adj.)* infernal
helvetti *(n.)* hell
hemmotella *(v.)* pamper
hemmottelu *(n.)* indulgence
hemoglobiini *(n.)* haemoglobin
hengellinen *(adj.)* spiritual
hengellisyys *(n.)* spirituality
hengentuote *(n.)* brainchild
hengenvaarallinen *(adj.)* perilous
hengetön *(adj.)* lifeless
hengittää *(v.)* breathe
hengittää sisään *(v.)* inhale
hengitys *(n.)* breath
hengästyttävä *(adj.)* breathtaking
henkevä *(adj.)* spirited
henkevöidä *(v.)* incite
henki *(n.)* spirit
henkilö *(n.)* person
henkilöauto *(n.)* automobile
henkilöhahmo *(n.)* personage
henkilökohtainen *(adj.)* personal
henkilökunta *(n.)* personnel
henkilökunta *(n.)* staff
henkilöllisyystodistus *(n.)* identity card
henkilömäärä *(n.)* capitation
henkiolento *(n.)* genie
henkitorvi *(n.)* trachea
henkivartija *(n.)* bodyguard
henkäisy *(n.)* gasp
hereillä *(v.)* awake
hereillä oleva *(adj.)* wakeful
herhiläinen *(n.)* hornet
herjaukset *(n.)* invective
herjaus *(n.)* aspersion
herkku *(n.)* delicacy
herkkukauppa *(n.)* delicatessen
herkkyys *(n.)* sensibility
herkkä *(adj.)* delicate
herkkähipiäinen *(adj.)* touchy
herkkäuskoinen *(adj.)* credulous
herkkäuskoisuus *(n.)* credulity
herkullinen *(adj.)* delicious
herkullisuus *(n.)* delectability
herkutella *(v.)* feast
hermo *(n.)* nerve

hermostunut *(adj.)* nervous
herne *(n.)* pea
herra *(n.)* mister
herra *(n.)* sir
herra (Intiassa) *(n.)* sahib
herraskainen *(adj.)* genteel
herraskaisuus *(n.)* gentility
herrasmies *(n.)* gentleman
herrasväki *(n.)* gentry
herrat *(n.)* Messrs
herttainen *(adj.)* adorable
herttua *(n.)* duke
herttuatar *(n.)* duchess
herukka *(n.)* currant
hervoton *(adj.)* nerveless
herätellä *(v.)* arouse
herättää *(v.)* evoke
herättää henkiin *(v.)* reanimate
herättää mieleen *(v.)* evocate
herättää tyytymättömyyttä *(v.)* displease
herätyttää *(v.)* elicitate
herätä *(v.)* wake
herääminen *(n.)* awakening
heti *(adv.)* straightway
hetkellinen *(n.)* instant
hetken *(adv.)* awhile
hetki *(n.)* while
hetkinen *(n.)* moment
hetkittäinen *(adj.)* momentary
hetula *(n.)* baleen
heureka *(int.)* eureka
hevonen *(n.)* horse
hevosenharja *(n.)* mane
hevosenkenkä *(n.)* horseshoe
hevosvaunut *(n.)* carriage
hidas *(adj.)* slow
hidastaa *(v.)* decelerate
hidastaminen *(n.)* deceleration
hidastua *(v.)* slow
hidastus *(n.)* slow motion
hidastuttaa *(v.)* impede
hidasälyinen *(adj.)* sluggish
hiekanvärinen *(adj.)* sand
hiekka *(n.)* sand
hiekkadyyni *(n.)* sandhill
hiekkainen *(adj.)* sandy
hiekkakivi *(n.)* sandstone

hiekkakuoppa *(n.)* sandpit
hiekkalaatikko *(n.)* sandbox
hiekkalauta *(n.)* sandboard
hiekkalautailla *(v.)* sandboard
hiekkalinna *(n.)* sandcastle
hiekkamaisema *(n.)* sandscape
hiekkamyrsky *(n.)* sandstorm
hiekkapaperi *(n.)* sandpaper
hiekkaskinkki *(n.)* sandfish
hiekkasärkkä *(n.)* sandbank
hiekoittaa *(v.)* sand
hienojakoinen *(adj.)* fine
hienontaa *(v.)* mince
hienontua *(v.)* fine
hienostumaton *(adj.)* uncouth
hienostunut *(adj.)* debonaire
hienotunteinen *(adj.)* discreet
hienovarainen *(adj.)* subtle
hienovaraisuus *(n.)* subtlety
hierarkia *(n.)* hierarchy
hieroa *(v.)* massage
hieroa nenällään *(v.)* nuzzle
hieroa rystysillä *(v.)* knuckle
hieroa sovintoa *(v.)* parley
hieroja *(n.)* masseur
hieronta *(n.)* massage
hiertymä *(n.)* abrasion
hiertäminen *(n.)* rubbing
hiertävä *(adj.)* abrasive
hievahtaa *(v.)* budge
hiha *(n.)* sleeve
hihansuu *(n.)* cuff
hihittää *(v.)* chuckle
hihna *(n.)* strap
hiili *(n.)* carbon
hiilikopio *(n.)* carbon copy
hiiltyminen *(n.)* carbonization
hiiltyä *(v.)* carbonize
hiipiä *(v.)* creep
hiippa *(n.)* mitre
hiippailla *(v.)* sneak
hiippakunta *(n.)* diocese
hiippari *(n.)* sneak
hiipua *(v.)* wane
hiipuminen *(n.)* wane
hiiri *(n.)* mouse
hiiva *(n.)* yeast
hiivata *(v.)* heave

hiki *(n.)* sweat
hikka *(n.)* hiccup
hikoileminen *(n.)* perspiration
hikoilla *(v.)* perspire
hiljainen *(adj.)* quiet
hiljaisuus *(n.)* quiet
hiljentyä *(v.)* quiet
hiljentää *(v.)* still
hilleri *(n.)* polecat
hillintä *(n.)* inhibition
hillitä *(v.)* chasten
hillo *(n.)* jam
hilpeys *(n.)* gaiety
hilpeys *(n.)* hilarity
hilpeä *(adj.)* jolly
hilse *(n.)* dandruff
hilseilevä *(adj.)* flaking
hilseillä *(v.)* flake
himmeä *(adj.)* dim
himo *(n.)* lust
himoita *(v.)* covet
himoittava *(adj.)* lusty
himokas *(adj.)* lustful
himoshoppailija *(n.)* shopaholic
himottaa *(v.)* crave
himotus *(n.)* craving
hinata *(v.)* tow
hinaus *(n.)* tow
hinausvene *(n.)* towboat
hinguta *(v.)* yen
hinku *(n.)* urge
hinkua *(v.)* hanker
hinnanalennus *(n.)* rebate
hinnanpalautus *(n.)* reimbursement
hinnasto *(n.)* price list
hinnoitella *(v.)* price
hinta *(n.)* price
hintava *(adj.)* costly
hintelä *(adj.)* lank
hioa *(v.)* facet
hioa hiekkapaperilla *(v.)* sandpaper
hiomaton *(adj.)* crude
hiota *(v.)* sweat
hipaista *(v.)* toe
hirmu- *(adj.)* formidable
hirmuinen *(adj.)* atrocious
hirmuteko *(n.)* atrocity
hirnahdus *(n.)* neigh

hirnua *(v.)* neigh
hirsi *(n.)* girder
hirsipuu *(n.)* gallows
hirssi *(n.)* millet
hirveä *(adj.)* dire
hirvi *(n.)* elk
hirvittävä *(adj.)* monstrous
hirvittää *(v.)* horrify
hirviö *(n.)* monster
hirviömäinen *(adj.)* beastly
hissi *(n.)* lift
historia *(n.)* history
historiallinen *(adj.)* historical
historiallisesti merkittävä *(adj.)* historic
historioitsija *(n.)* historian
hitaasti *(adv.)* slowly
hitaus *(n.)* slowness
hitsata *(v.)* weld
hitsaus *(n.)* weld
hitunen *(n.)* jot
hiukkanen *(n.)* mote
hius *(n.)* hair
hiusharja *(n.)* hairbrush
hiuskiehkura *(n.)* ringlet
hiustenkuivaaja *(n.)* hairdryer
hiutale *(n.)* flake
hivuta *(v.)* clive
hohde *(n.)* glow
hohdokkuus *(n.)* glam
hohdollinen *(adj.)* aglare
hohtaa *(v.)* glow
hohtava *(adj.)* refulgent
hohto *(n.)* refulgence
hoikka *(adj.)* slim
hoiperrella *(v.)* stagger
hoipertelu *(n.)* stagger
hoitaa *(v.)* care
hoitaja *(n.)* carer
hoitamaton *(adj.)* slovenly
hoito *(n.)* treatment
hoitotyö *(n.)* care
hoitovirhe *(n.)* malpractice
hoivata *(v.)* foster
hokea *(v.)* reiterate
hokema *(n.)* refrain
hokeminen *(n.)* reiteration
hoksata *(v.)* spot

holhota *(v.)* patronize
hologrammi *(n.)* holograph
holokausti *(n.)* holocaust
holvata *(v.)* vault
holvi *(n.)* vault
holvikaari *(n.)* arch
home *(n.)* mildew
homeinen *(adj.)* mouldy
homeopaatti *(n.)* homeopath
homeopatia *(n.)* homeopathy
homo *(n.)* queer
homogeeninen *(adj.)* homogeneous
homoseksuaali *(n.)* gay
homoseksuaalinen *(adj.)* gay
homssu *(n.)* slattern
homssuinen *(adj.)* slatternly
hoopo *(n.)* dumbo
hopea *(n.)* silver
hopeinen *(adj.)* silver
hopeoida *(v.)* silver
hoppuilla *(v.)* hustle
horisontti *(n.)* horizon
horjahdus *(n.)* lurch
horjahtaa *(v.)* lurch
horjauttaa *(v.)* out-balance
horjua *(v.)* vacillate
horjuttaa *(v.)* destabilize
horjuttaa uskoa *(v.)* discredit
horkka *(n.)* ague
horoskooppimerkki *(n.)* zodiac
horroksessa oleva *(adj.)* dormant
horros *(n.)* hibernation
hostelli *(n.)* hostel
hotelli *(n.)* hotel
hotellipoika *(n.)* bellboy
hotkia *(v.)* gorge
houkutella *(v.)* lure
houkutella ansaan *(v.)* decoy
houkutin *(n.)* lure
houkuttaa *(v.)* allure
houkutteleva *(adj.)* alluring
houkutuslintu *(n.)* decoy
houreaine *(n.)* deliriant
houretila *(n.)* delirium
houria *(v.)* rave
hourula *(n.)* nuthouse
housut *(n. pl.)* trousers
hoviherra *(n.)* courtier

hovimestari *(n.)* butler
huhtikuu *(n.)* April
huhu *(n.)* rumour
huhupuhe *(n.)* scuttlebutt
huhuta *(v.)* rumour
huijari *(n.)* sharper
huijata *(v.)* hoax
huijaus *(n.)* hoax
huijaus- *(adj.)* sham
huikata *(v.)* nip
huilu *(n.)* flute
huimaava *(adj.)* giddy
huimapää *(n.)* daredevil
huimaus *(n.)* daziness
huipentuma *(n.)* acme
huippu *(n.)* peak
huippuhieno *(adj.)* superfine
huippukohta *(n.)* pinnacle
huippukokous *(n.)* summit
huippumuoti *(n.)* couture
huiputtaa *(v.)* sham
huiputus *(n.)* sham
huiskuttaa *(v.)* wag
huivi *(n.)* kerchief
hukata *(v.)* misplace
hukkaantua *(v.)* lost
hukkua *(v.)* drown
huligaani *(n.)* hooligan
hulina *(n.)* tumult
hullaantua *(v.)* infatuate
hullaantuminen *(n.)* infatuation
hullaantunut *(adj.)* besotted
hullu *(adj.)* crazy
hullujenhuone *(n.)* madhouse
hullunkurinen *(adj.)* zany
hullunkurisuus *(n.)* zany
hulluus *(n.)* insanity
hulppea *(adj.)* lavish
hulvaton *(adj.)* hilarious
humaani *(adj.)* humane
humalassa *(adj.)* drunk
humanitaarinen *(adj.)* humanitarian
humidi *(adj.)* humid
humina *(n.)* hum
hummeri *(n.)* lobster
humoristi *(n.)* humorist
humoristinen *(adj.)* humorous
hunaja *(n.)* honey

hunajakenno *(n.)* honeycomb
hunnuttaa *(v.)* veil
huntu *(n.)* veil
huojahdella *(v.)* sway
huojua *(v.)* wobble
huojunta *(n.)* sway
huokaista *(v.)* sigh
huokaisu *(n.)* sigh
huokea *(adj.)* inexpensive
huokonen *(n.)* pore
huolehtia *(v.)* worry
huolehtivainen *(adj.)* solicitous
huolellinen *(adj.)* meticulous
huolellinen lukeminen *(n.)* perusal
huolenpito *(n.)* solicitude
huolestunut *(adj.)* concerned
huolestuttaa *(v.)* unsettle
huoleton *(adj.)* carefree
huoli *(n.)* worry
huolimatta *(adv.)* notwithstanding
huoliteltu *(adj.)* dapper
huollettava *(n.)* dependant
huoltaa *(v.)* service
huoltaja *(n.)* custodian
huoltajuus *(n.)* custody
huolto *(n.)* upkeep
huoltoluukku *(n.)* hatch
huoltotelakka *(n.)* dockyard
huoltoystävällinen *(adj.)* serviceable
huomaavainen *(adj.)* mindful
huomaavaisuus *(n.)* courtesy
huomata *(v.)* notice
huomattava *(adj.)* appreciable
huomauttaa *(v.)* notify
huomautus *(n.)* caveat
huomen *(n.)* morrow
huomenna *(adv.)* tomorrow
huominen *(n.)* tomorrow
huomio *(n.)* attention
huomioida *(v.)* mind
huomioiminen *(n.)* heed
huomiointi *(n.)* regard
huomionarvoinen *(adj.)* notable
huomioon ottaen *(prep.)* considering
huone *(n.)* room
huoneisto *(n.)* flat
huonekalu *(n.)* furniture
huono *(adj.)* bad

huono hallinto *(n.)* misrule
huono hoito *(n.)* mismanagement
huono itseluottamus *(n.)* self-doubt
huono kohtelu *(n.)* mal-treatment
huono käytös *(n.)* misbehaviour
huonoin *(adj.)* worst
huonokuntoinen *(n.)* rundown
huonomaineisuus *(n.)* disrepute
huonomuistinen *(adj.)* oblivious
huonomuistisuus *(n.)* oblivion
huonontaa *(v.)* debase
huonontua *(v.)* worsen
huononäköinen *(n.)* purblind
huono-onninen *(adj.)* luckless
huonosti *(adv.)* badly
huonosti ajoitettu *(adj.)* inopportune
huonosti sopiva *(n.)* misfit
huonotapainen *(adj.)* unmannerly
huonovointinen *(adj.)* indisposed
huonovointisuus *(n.)* malady
huora *(n.)* whore
huppelissa *(adj.)* tipsy
huppu *(n.)* hood
hupsu *(adj.)* daft
hurina *(n.)* whir
hurja *(adj.)* terrific
hurmaantunut *(adj.)* rapt
hurmaava *(adj.)* wonderful
hurmata *(v.)* enrapture
hurme *(n.)* gore
hurmio *(n.)* rapture
hurmioitunut *(adj.)* ecstatic
hurmostila *(n.)* ecstasy
hurraa *(interj.)* hurrah
hurrata *(v.)* cheer
hurrikaani *(n.)* hurricane
hurskas *(adj.)* pious
hurskaus *(n.)* piety
husaarintakki *(n.)* dolman
hutiloida *(v.)* bungle
huudahdella *(v.)* shout
huudahdus *(n.)* exclamation
huudahtaa *(v.)* exclaim
huuhdella *(v.)* rinse
huuhtaista *(v.)* flush
huuhtelu *(n.)* flush
huuhtoa *(v.)* leach
huuli *(n.)* lip

huuli- *(adj.)* labial
huumaantua *(v.)* opiate
huumaantunut *(adj.)* doped
huumaava *(adj.)* dope
huumata *(v.)* dope
huumausaine *(n.)* drug
huume *(n.)* dope
huumori *(n.)* humour
huutaa *(v.)* yell
huutaminen *(n.)* shout
huuto *(n.)* yell
huutokauppa *(n.)* auction
huveta *(v.)* dwindle
huvi *(n.)* fun
huvila *(n.)* villa
huviretki *(n.)* outing
huvittaa *(v.)* amuse
huvittava *(adj.)* comical
huvittumaton *(adj.)* unamused
huvittuneisuus *(n.)* amusement
hybridi *(n.)* hybrid
hybridi- *(adj.)* hybrid
hyeena *(n.)* hyaena, hyena
hygieeninen *(adj.)* hygienic
hygienia *(n.)* hygiene
hyi *(interj.)* fie
hyinen *(adj.)* frigid
hylje *(n.)* seal
hyljeksitty *(adj.)* outcast
hyljeksiä *(v.)* spurn
hyljätä *(v.)* desert
hylkeennahka *(n.)* sealskin
hylkiä *(v.)* reject
hylkiä toisiaan *(v.)* repel
hylkiö *(n.)* outcast
hylky *(n.)* wreck
hylkäys *(n.)* rejection
hylly *(n.)* shelf
hyllyttää *(v.)* shelve
hylätty *(adj.)* abandoned
hylätä *(v.)* forsake
hymistä *(v.)* hum
hymiö *(n.)* emoticon
hymni *(n.)* anthem
hymy *(n.)* smile
hymyillä *(v.)* smile
hyperbola *(n.)* hyperbole
hypnoosi *(n.)* mesmerism

hypnotismi *(n.)* hypnotism
hypnotisoida *(v.)* hypnotize
hypnotisoida *(v.)* mesmerize
hypoteesi *(n.)* hypothesis
hypoteettinen *(adj.)* hypothetical
hyppiä *(v.)* hop
hyppy *(n.)* jump
hyppäävä *(adj.)* salient
hypätä *(v.)* jump
hyrrä *(n.)* whirligig
hyrskytä *(v.)* surge
hyräillä *(v.)* croon
hyssytellä *(v.)* hush
hyssytys *(n.)* hush
hysteerinen *(adj.)* hysterical
hysteria *(n.)* hysteria
hytkyttää *(v.)* jiggle
hytti *(n.)* cabin
hyttynen *(n.)* mosquito
hyve *(n.)* virtue
hyveellinen *(adj.)* virtuous
hyvin *(adv.)* well
hyvin ajoitettu *(adj.)* well-timed
hyvin oppinut *(adj.)* well-read
hyvin toimeentuleva *(adj.)* well-to-do
hyvinvointi *(n.)* weal
hyvinvointisuus *(n.)* wellness
hyvinvoiva *(adj.)* hale
hyvittää *(v.)* redress
hyvitys *(n.)* redress
hyvyys *(n.)* goodness
hyvä *(adj.)* good
hyvä maine *(n.)* repute
hyväillä *(v.)* caress
hyväily *(n.)* fondling
hyväksikäyttää *(v.)* molest
hyväksyminen *(n.)* approbation
hyväksymiskelvoton *(adj.)* unacceptable
hyväksymätön *(adj.)* unapproved
hyväksyntä *(n.)* approval
hyväksytty *(adj.)* accepted
hyväksyttävyys *(n.)* acceptability
hyväksyttävä *(adj.)* acceptable
hyväksyväinen *(adj.)* acceptant
hyväksyä *(v.)* accept
hyväkuntoinen *(adj.)* fit
hyväkäytöksinen *(adj.)* mannerly

hyvämuistinen *(adj.)* retentive
hyvän makuinen *(adj.)* delectable
hyvänlaatuinen *(adj.)* benign
hyvänsuopa *(adj.)* benevolent
hyvänsuopaisuus *(n.)* benevolence
hyväntahtoinen *(adj.)* complaisant
hyväntahtoisuus *(n.)* complaisance
hyväntekeväisyys *(n.)* charity
hyväntekeväisyys- *(adj.)* charitable
hyväntuulinen *(adj.)* cheerful
hyväonninen *(adj.)* lucky
hyväosainen *(adj.)* well off
hyvästely *(n.)* farewell
hyvästi *(exclam.)* adieu
hyväsydäminen *(adj.)* kind-hearted
hyvät välit *(n.)* rapport
hyvätapainen *(adj.)* courteous
hyvää matkaa *(interj.)* farewell
hyväätekevä *(adj.)* benefic
hyydyke *(n.)* jelly
hyytelö *(n.)* gelatin
hyytelöityä *(v.)* gelatinize
hyytelömäinen *(adj.)* gelatinous
hyytymä *(n.)* clot
hyytävä *(adj.)* eerie
hyödyke *(n.)* good
hyödyllinen *(adj.)* useful
hyödyllisesti *(adj.)* gainly
hyödyntää *(v.)* utilize
hyödyttää *(v.)* profit
hyökkäys *(n.)* assault
hyökkääjä *(n.)* aggressor
hyökyä *(v.)* billow
hyökätä *(v.)* attack
hyökätä kimppuun *(v.)* assail
hyökätä sivustaan *(v.)* flank
hyönteinen *(n.)* insect
hyönteismyrkky *(n.)* insecticide
hyönteistiede *(n.)* entomology
hyöty *(n.)* gain
hyötykäyttö *(n.)* utilization
hyötysuhde *(n.)* efficiency
hyötyä *(v.)* benefit
hädin tuskin *(adv.)* scarcely
häijy *(adj.)* nasty
häikkä *(n.)* glitch
häikäilemätön *(adj.)* ruthless
häikäisevä *(adj.)* dazzling

häikäisevä valo (n.) glare
häikäisevästi (adv.) dazzlingly
häikäistä (v.) glare
häikätä (v.) glitch
häilyvä (adj.) fickle
häiriintynyt (adj.) deranged
häiritä (v.) disrupt
häiriö (n.) disorder
häiriötekijä (n.) distraction
häkellyttää (v.) overwhelm
häkeltynyt (adj.) bemused
häkki (n.) cage
hälinä (n.) commotion
hälyttäjä (n.) alarmist
hälyttävä (adj.) alarming
hälytys (n.) alarm
hämmennellä (v.) stir
hämmennys (n.) perplexity
hämmentää (v.) perplex
hämmästys (n.) amazement
hämmästyttävä (adj.) marvellous
hämmästyttää (v.) amaze
hämy (n.) gloom
hämyinen (adj.) gloomy
hämyisä (adj.) tenebrous
hämähäkinverkko (n.) cobweb
hämähäkki (n.) spider
hämärtää (v.) obscure
hämäryys (n.) dimness
hämärä (n.) dusk
hämärästi (adv.) dimly
hämätä (v.) hoodwink
hämäys (n.) misrepsentation
hän (miespuolisesta) (pron.) he
hän (naisesta) (pron.) she
hänelle (miespuolisesta) (pron.) him
hänelle (naispuolisesta) (pron.) her
hänen (miespuolisesta) (pron.) his
hänen (naispuolisesta) (adj.) her
hännystelijä (n.) footman
häntä (n.) tail
häntä- (adj.) caudal
häpeilemättä (adv.) unabashedly
häpeilemätön (adj.) unabashed
häpeissään (adj.) ashamed
häpeä (n.) shame
häpeällinen (adj.) shameful
häpeämätön (adj.) shameless

häpäisevä (adj.) profane
häpäistä (v.) attaint
härkä (n.) ox
härkälintu (n.) oxbird
härkäpäinen (adj.) mulish
härkätaistelu (n.) tauromachy
härkävankkurit (n.) oxcart
härnätä (v.) tantalize
härnääminen (n.) raillery
härskiintynyt (adj.) rancid
härskiintyä (v.) rancidify
hätiköity (adj.) snap
hätkähtää (v.) recoil
hätä (n.) calamity
hätäinen (adj.) rash
hätäjarru (n.) safebraker
Hätäpoistumistie (n.) fire exit
hätäratkaisu (n.) quick fix
hätätilanne (n.) emergency
häveliäs (adj.) coy
hävetä (v.) beshame
hävikki (n.) wastage
hävittäjä (n.) eradicator
hävittäminen (n.) eradication
hävittää (v.) obliterate
hävittää maan tasalle (v.) raze
hävittää metsää (v.) deforest
hävitys (n.) destruction
hävitä (v.) disappear
hävitä määrässä (v.) outnumber
häviämätön (adj.) imperishable
häviö (n.) loss
hävyttömyys (n.) impertinence
hävytön (adj.) impertinent
häväistys (n.) disgrace
häväistä (v.) violate
hääjuhla (n.) wedding
häämatka (n.) honeymoon
häämöttää (v.) loom
häät (n.) nuptials
häätäjä (n.) evictor
häätää (v.) evict
häätö (n.) eviction
hökkeli (n.) shack
hökkelimäinen (adj.) shanty
hölmö (n.) goof
hölmöillä (v.) goof
hölynpöly (n.) nonsense

hölösuu *(n.)* windbag
hömppä *(adj.)* scatty
hömpötykset *(n.)* follies
hömpötys *(n.)* folly
höpsö *(adj.)* goofy
höpötys *(n.)* babble
hössöttää *(v.)* fuss
hössötys *(n.)* fuss
höyhen *(n.)* feather
höyhenetön *(adj.)* callow
höylä *(n.)* shave
höyry *(n.)* vapour
höyryinen *(adj.)* vaporous
höyrystää *(v.)* vaporize
höyrytä *(v.)* steam
höystää *(v.)* season

I

iankaikkinen *(adj.)* everlasting
iankaikkisesti *(adv.)* eternally
idea *(n.)* idea
ideaali *(n.)* ideal
ideaalinen *(adj.)* ideal
idealismi *(n.)* idealism
idealisoida *(v.)* idealize
idealisti *(n.)* idealist
idealistinen *(adj.)* idealistic
identifiointi *(n.)* identification
identiteetti *(n.)* identity
identtinen *(adj.)* identical
ideoida *(v.)* ideate
idiomaattinen *(adj.)* idiomatic
idiomi *(n.)* idiom
idiootti *(n.)* idiot
idioottimainen *(adj.)* idiotic
idoli *(n.)* idol
idolisoija *(n.)* idolater
idyllinen *(adj.)* quaint
idätellä *(v.)* germinate
idätys *(n.)* germination
ies *(n.)* yoke
iestää *(v.)* yoke
iglu *(n.)* igloo
ihailija *(n.)* fondler
ihailla *(v.)* admire

ihailtava *(adj.)* admirable
ihailu *(n.)* admiration
ihan okei *(adj.)* okayish
ihana *(adj.)* lovely
ihannoida *(v.)* revere
ihanuus *(n.)* bliss
ihastunut *(adj.)* fond
ihastuttava *(adj.)* delightful
ihme *(n.)* wonder
ihmeellinen *(adj.)* wondrous
ihmeenomainen *(adj.)* miraculous
ihmelapsi *(n.)* prodigy
ihmelääke *(n.)* panacea
ihmetellä *(v.)* marvel
ihmetys *(n.)* marvel
ihmetyttäminen *(n.)* astonishment
ihmetyttää *(v.)* astonish
ihmis- *(adj.)* human
ihmiset *(n.)* people
ihmiskunta *(n.)* mankind
ihmislauma *(n.)* horde
ihmismäinen *(adj.)* anthropoid
ihmisviisas *(adj.)* sapient
ihmisviisaus *(n.)* sapience
ihmisystävä *(n.)* altruist
iho *(n.)* skin
ihokarvoja poistava *(adj.)* depilatory
ihon hionta *(n.)* dermabrasion
ihonalainen mätäpaise *(n.)* cabuncle
ihonväri *(n.)* complexion
ihottuma *(n.)* rash
iilimato *(n.)* leech
ikenet *(n.)* gum
ikimuistoinen *(adj.)* immemorial
ikinä *(adv.)* never
ikionnellinen *(adj.)* overjoyed
ikivihreä *(adj.)* evergreen
ikkuna *(n.)* window
ikkunaruutu *(n.)* pane
ikoni *(n.)* icon
ikoninen *(adj.)* iconic
ikonoklastinen *(adj.)* iconoclastic
ikuinen *(adj.)* eternal
ikuisesti *(adv.)* forever
ikuistaa *(v.)* immortalize
ikuisuus *(n.)* eternity
ikä *(n.)* age
ikäsyrjintä *(n.)* ageism

ikävystyttää *(v.)* drab
ikääntyminen *(n.)* ageing
ikääntynyt *(adj.)* aged
ilahduttaa *(v.)* gladden
ilahduttava *(adj.)* joyful
ilahtunut *(adj.)* elate
iljettävä *(adj.)* gross
iljetys *(n.)* repulse
ilkeys *(n.)* malice
ilkeä *(adj.)* mean
ilkikurinen *(adj.)* mischievous
ilkivalta *(n.)* mischief
ilkkua *(v.)* jeer
illallinen *(n.)* supper
illuusio *(n.)* illusion
ilma *(n.)* air
ilma- *(n.)* aerial
ilma-alus *(n.)* aircraft
ilmaan nousu *(n.)* take-off
ilmaantua *(v.)* emerge
ilma-ase *(n.)* airgun
ilmailu *(n.)* aviation
ilmainen *(adj.)* complimentary
ilmaiseva *(adj.)* expressive
ilmaisevalla tavalla *(adv.)* effably
ilmaista *(v.)* express
ilmaistava *(adj.)* effable
ilmaisu *(n.)* expression
ilmajarru *(n.)* airbrake
ilmakehä *(n.)* atmosphere
ilmakuljetus *(n.)* airlift
ilmalento *(n.)* volley
ilman *(adv.)* without
ilman apua *(adj.)* unaided
ilmankosteus *(n.)* humidity
ilmanpainekäyrä *(n.)* isobar
ilmanraikastin *(n.)* air freshner
ilmanvaihto *(n.)* ventilation
ilmanvastus *(n.)* drag
ilmapallo *(n.)* balloon
ilmapatja *(n.)* airbed
ilmapiiri *(n.)* ambience
ilmapudotus *(n.)* airdrop
ilmassa leijuva *(n.)* airborne
ilmastaa *(v.)* aerate
ilmasto *(n.)* climate
ilmastointi *(n.)* air conditioning
ilmastointilaite *(n.)* climate control
ilmastointiputki *(n.)* duct
ilmastointiteippi *(n.)* duct tape
ilmaston lämpeneminen *(n.)* global warming
ilmastonmuutos *(n.)* climate change
ilmatie *(n.)* tracheole
ilmatila *(n.)* aerospace
ilmatorjunta- *(adj.)* anti-aircraft
ilmaus *(n.)* phrase
ilmava *(adj.)* airy
ilmavaivainen *(adj.)* flatulent
ilmavaivat *(n.)* flatulence
ilmeinen *(adj.)* apparent
ilmentymä *(adj.)* manifest
ilmentää *(v.)* typify
ilmestyä *(v.)* appear
ilmestyä uudelleen *(v.)* reappear
ilmiantaa *(v.)* denounce
ilmianto *(n.)* denunciation
ilmiselvä *(adj.)* patent
ilmituoda *(v.)* reveal
ilmiö *(n.)* phenomenon
ilmiömäinen *(adj.)* phenomenal
ilmoittaa *(v.)* herald
ilmoittaja *(n.)* announcer
ilmoittautua vapaaehtoiseksi *(v.)* volunteer
ilmoittautumislomake *(n.)* entry form
ilmoitus *(n.)* notification
ilo *(n.)* joy
iloinen *(adj.)* glad
iloisesti *(adv.)* delightedly
ilomielinen *(adj.)* alacrious
ilonaihe *(n.)* mirth
ilonpito *(n.)* jollity
ilopilleri *(n.)* joyous
ilostuttaa *(v.)* elate
ilotulitukset *(n.)* fireworks
ilta *(n.)* evening
iltahämärä *(n.)* twilight
iltapuku *(n.)* gown
iltapäivä *(n.)* afternoon
iltapäivälehti *(n.)* tabloid
imarrella *(v.)* flatter
imartelija *(n.)* sycophant
imartelu *(n.)* flattery
imettää *(v.)* suckle
imeväinen *(n.)* suckling

imeytettävissä oleva *(adj.)* absorbable
imeyttäminen *(n.)* absorption
imeytyminen *(n.)* reabsorption
imeytyä *(v.)* absorb
imeytyä takaisin *(v.)* reabsorb
imeä *(v.)* suck
imitaatio *(n.)* imitation
imitaattori *(n.)* imitator
imitoida *(v.)* imitate
immateriaalinen *(adj.)* immaterial
immunisoida *(v.)* immunize
immuniteetti *(n.)* immunity
immuuni *(adj.)* immune
imperialismi *(n.)* imperialism
imperiumi *(n.)* empire
importoida *(v.)* import
impotenssi *(n.)* impotence
impotentti *(adj.)* impotent
impulsiivinen *(adj.)* impulsive
impulssi *(n.)* impulse
imu *(n.)* suck
imukykyinen *(adj.)* absorbent
imuroida *(v.)* vacuum
inahtaa *(v.)* utter
indeksi *(n.)* index
indigonsininen *(n.)* indigo
individualismi *(n.)* individualism
induktio *(n.)* induction
indusoida *(v.)* induce
inertia *(n.)* inertia
inflaatio *(n.)* inflation
influenssa *(n.)* influenza
informatiivinen *(adj.)* informative
infuusio *(n.)* infusion
inhiboida *(v.)* inhibit
inhimillistää *(v.)* humanize
inhimillisyys *(n.)* humanity
inho *(n.)* abomination
inhota *(v.)* abominate
inhottaa *(v.)* repulse
inhottava *(adj.)* abominable
inhotus *(n.)* repugnance
injektio *(n.)* injection
injektoida *(v.)* inject
inkivääri *(n.)* ginger
inkivääriolut *(n.)* ginger ale
inkvisitio *(n.)* inquisition
innoissaan *(adj.)* agog

innokas *(adj.)* avid
innokkaasti *(adv.)* avidly
innokkuus *(n.)* keenness
innostunut *(adj.)* enthusiastic
innostus *(n.)* verve
innovaatio *(n.)* innovation
innovaattori *(n.)* innovator
innovoida *(v.)* innovate
insertio *(n.)* insertion
insinööri *(n.)* engineer
insinöörityö *(n.)* engineering
inspiraatio *(n.)* inspiration
inspiroida *(v.)* inspire
instanssi *(n.)* instance
instituutio *(n.)* institution
instituutti *(n.)* institute
instrumentaalinen *(adj.)* instrumental
instrumentalisti *(n.)* instrumentalist
integraali- *(adj.)* integral
integroida *(v.)* integrate
intellektuelli *(n.)* intellectual
intensiivinen *(adj.)* intensive
intensiteetti *(n.)* intensity
interaktiivinen *(adj.)* interactive
internet *(n.)* internet
Internet-kahvila *(n.)* cybercafé
intervalli *(n.)* interval
interventio *(n.)* intervention
intialainen *(adj.)* Indian
intiimi *(adj.)* intimate
intiimiys *(n.)* intimacy
into *(n.)* alacrity
intohimo *(n.)* passion
intohimoinen *(adj.)* passionate
intoilija *(n.)* zealot
intomielinen *(adj.)* zealous
intomielisyys *(n.)* zeal
intransitiivinen *(adj. (verb))*
  intransitive
introvertti *(n.)* introvert
intuitiivinen *(adj.)* intuitive
intuitio *(n.)* intuition
invaasio *(n.)* invasion
invalidi *(n.)* invalid
investoida *(v.)* invest
investointi *(n.)* investment
irlannin kieli *(n.)* Irish
irlantilainen *(adj.)* Irish

ironia *(n.)* irony
ironinen *(adj.)* ironic
irrallinen *(adj.)* loose
irrallisuus *(n.)* detachment
irrationaalinen *(adj.)* irrational
irrota *(v.)* ablate
irrottaa *(v.)* detach
irrottaa ruumiista *(v.)* disembody
irrottautua *(v.)* disengage
irstaileminen *(n.)* debauchery
irstailija *(n.)* debauchee
irstailu *(n.)* debauch
irstas *(adj.)* lascivious
irtaimisto *(n.)* movables
irtautua *(v.)* secede
irtautuminen *(n.)* secession
irtirepäisy *(n.)* avulsion
irtisanoa *(v.)* dismiss
irtisanominen *(n.)* dismissal
irtisanoutua *(v.)* resign
irtisanoutuminen *(n.)* resignation
irvikuva *(n.)* antic
irvistys *(n.)* sneer
irvistää *(v.)* sneer
isi *(n.)* dad (or daddy)
iskeytyä *(v.)* ram
iskeä nyrkillä *(v.)* biff
iskeä silmää *(v.)* wink
iskias *(n.)* sciatica
iskias- *(adj.)* sciatic
iskostaa *(v.)* instil
iskostua *(v.)* agglomerate
iskulause *(n.)* slogan
iskusana *(n.)* watchword
iso *(adj.)* large
isolaatio *(n.)* isolation
isoloida *(v.)* isolate
isorokko *(n.)* smallpox
istua *(v.)* sit
istua hajareisin *(v.)* bestride
istua orrella *(v.)* perch
istuin *(n.)* seat
istukka *(n.)* placenta
istuma- *(adj.)* sedentary
istunnollinen *(n.)* sessional
istunnoton *(adj.)* sessionless
istunto *(n.)* session
istunto- *(adj.)* sessional

istuttaa *(v.)* plant
istutuspuikko *(n.)* dibble
istuutua *(v.)* seat
istuvuus *(n.)* fit
isä *(n.)* father
isänmurha *(n.)* patricide
isänperintö *(n.)* patrimony
isänpuoleinen *(adj.)* paternal
isäntä/emäntä *(n.)* host
italialainen *(adj.)* Italian
italian kieli *(n.)* Italian
itara *(adj.)* stingy
itiö *(n.)* germin
itkeä *(v.)* cry
itse *(n.)* self
itseensä luottava *(adj.)* self-confident
itsehillintä *(n.)* temperance
itsejulistettu *(adj.)* self-proclaimed
itsekeskeinen *(adj.)* self-centered
itsekkyys *(n.)* egotism
itsekontrolli *(n.)* self-control
itsekäs *(adj.)* selfish
itsemurha *(n.)* suicide
itsensä hyväksikäyttö *(n.)* self-abuse
itsensä työllistävä *(adj.)* self-employed
itsenäinen *(adj.)* independent
itsenäisyys *(n.)* independence
itsepalvelu- *(adj.)* self-service
itsepintainen *(adj.)* insistent
itsepäinen *(adj.)* stubborn
itserakkaus *(n.)* conceit
itsestään selvä *(adj.)* obvious
itsetietoinen *(adj.)* self-conscious
itsetietoisuus *(n.)* self-awareness
itsetuhoinen *(adj.)* suicidal
itsetunto *(n.)* self-esteem
itsetutkiskella *(v.)* introspect
itsetutkiskelu *(n.)* introspection
itsetyytyväinen *(adj.)* complacent
itsevaltainen *(adj.)* autocratic
itsevaltias *(n.)* despot
itsevarma *(adj.)* confident
itsevarmuus *(n.)* confidence
itseäni *(pron.)* myself
itseäsi *(pr.)* yourself
itu *(n.)* sprout
itä *(n.)* east
itä- *(adj.)* east

itäinen *(adj.)* eastern
itämaalainen *(n.)* oriental
itämaat *(n.)* orient
itämainen *(adj.)* oriental
itää *(v.)* sprout
itään *(adv.)* east
iva *(n.)* mockery
ivailla *(v.)* mock
ivallinen *(adj.)* ironical
ivata *(v.)* gibe
iäkäs *(adj.)* elderly
iänikuinen *(adj.)* never-ending
iänikuistaa *(v.)* eternalize
iätön *(adj.)* ageless

ja *(conj.)* and
ja niin edelleen *(adv.)* etcetera
jaardi *(n.)* yard
jaaritella *(v.)* jabber
jade *(n.)* jade
jaella *(v.)* distribute
jahdata *(v.)* chase
jahkailu *(n.)* shilly-shally
jahtaaja *(n.)* chaser
jahti *(n.)* yacht
jahtimies *(n.)* huntsman
jakaa *(v.)* sunder
jakaa alaostastoihin *(v.)* subdivide
jakaa neljään osaan *(v.)* quarter
jakaa osuuksiin *(v.)* portion
jakaa sarjoihin *(v.)* traunch
jakamaton *(adj.)* indivisible
jakautua *(v.)* divide
jakelu *(n.)* distribution
jakkara *(n.)* stool
jakki *(n.)* yak
jako *(n.)* division
jakoavain *(n.)* wrench
jakokarmi *(n.)* mullion
jakopuomi *(n.)* sharebeam
jalanjälki *(n.)* footmark
jalanjälki *(n.)* footprint
jalankulkija *(n.)* pedestrian
jalansija *(n.)* foothold

jalka *(n.)* leg
jalkaisin *(adv.)* afoot
jalkakäytävä *(n.)* sidewalk
jalkapallo *(n.)* football
jalkapohja *(n.)* sole
jalkaterä *(n.)* foot
jalkatyö *(n.)* footwork
jalkavaimo *(n.)* concubine
jalkaväki *(n.)* infantry
jalkine *(n.)* footwear
jalohaukka *(n.)* falcon
jalokivi *(n.)* gem
jalometalli *(n.)* bullion
jalomielinen *(adj.)* magnanimous
jalomielisyys *(n.)* magnanimity
jalostaa *(v.)* breed
jalostaminen *(n.)* refinement
jalostamo *(n.)* refinery
jalostua *(v.)* refine
jalustin *(n.)* stirrup
jambinen *(adj.)* iambic
jano *(n.)* thirst
janoava *(adj.)* athirst
janoinen *(adj.)* thirsty
janota *(v.)* thirst
jargon *(n.)* jargon
jarru *(n.)* brake
jarruttaa *(v.)* brake
jasmiini *(n.)* jasmine, jessamine
jatkaa *(v.)* proceed
jatkaa ikuisuuksiin *(v.)* perpetuate
jatkaa sinnikkäästi *(v.)* persist
jatkaa uudelleen *(v.)* reassume
jatkaminen *(n.)* resumption
jatke *(n.)* prolongation
jatkokertomus *(n.)* serial
jatko-opinto- *(adj.)* postgraduate
jatko-osa *(n.)* sequel
jatkot *(n.)* after-party
jatkua *(v.)* continue
jatkuminen *(n.)* continuation
jatkumo *(n.)* continuum
jatkuva *(adj.)* ongoing
jauhaa *(v.)* grind
jauhattaa *(v.)* mill
jauhautua massaksi *(v.)* pulp
jauhin *(n.)* grinder
jauho *(n.)* flour

jauhoinen *(adj.)* mealy
jekuttaa *(v.)* trick
jengi *(n.)* gang
jeni *(n.)* Yen
jo *(adv.)* already
jockey-ratsastaja *(n.)* jockey
jodlata *(v.)* yodel
jodlaus *(n.)* yodel
jogurtti *(n.)* yoghurt
johdannainen *(adj.)* derivative
johdanto *(n.)* preface
johdatin *(n.)* conductor
johdattaa *(v.)* lead
johdin *(n.)* reconductor
johdonmukainen *(adj.)* consistent
johdossa *(n.)* incharge
johdoton *(adj.)* cordless
johdottaa *(v.)* wire
johdotus *(n.)* wiring
johtaa *(v.)* rule
johtaa harhaan *(v.)* misguide
johtaja *(n.)* leader
johtajuus *(n.)* leadership
johtaminen *(n.)* conduct
johtava *(adj.)* incharge
johto *(n.)* management
johto- *(adj.)* managerial
johtolanka *(n.)* clue
johtua *(v.)* derive
johtuminen *(n.)* conduction
joka *(adj.)* which
joka- *(adj.)* every
joka ainoa *(pron.)* everybody
joka ikinen *(pron.)* everyone
joka tapauksessa *(adv.)* anyway
joka toinen kuukausi *(adj.)* bimonthly
joka toinen viikko *(adj.)* bi-weekly
jokainen *(adj.)* each
jokapäiväinen *(adj.)* everyday
jokeltaa *(v.)* babble
jokeri *(n.)* joker
joki *(n.)* river
jokin *(pron.)* something
joku *(n.)* somebody
joku *(pron.)* somebody
joku *(pron.)* someone
jokunen *(adj.)* some
jolloin *(conj.)* whereupon

jompikumpi *(pron.)* either
jongleerata *(v.)* juggle
jonglööri *(n.)* juggler
jonka *(pron.)* whose
jonkin aikana *(prep.)* during
jonkin kautta *(prep.)* by
jonkin kustannuksella *(n.)* detriment
jonkin seurauksena *(adj.)* consequent
jonkin verran *(adv.)* somewhat
jonkun puolesta *(n.)* behalf
jonne *(adv.)* whither
jonninjoutava *(adj.)* frivolous
jono *(n.)* queue
jonottaa *(v.)* queue
jooda *(n.)* yoga
joogi *(n.)* yogi
jopa *(adv.)* even
jos *(conj.)* if
joskus *(adv.)* sometime
jossa *(adv.)* wherein
jossakin *(adv.)* somewhere
jotakin *(adv.)* something
joten *(conj.)* whereat
jotenkin *(adv.)* somehow
jottei *(conj.)* lest
jouduttaa *(v.)* expedite
joukko *(n.)* squad
joukkomurha *(n.)* massacre
joukkomurhata *(v.)* massacre
joukkorahoitus *(n.)* crowfunding
joukkue *(n.)* platoon
joukossa *(prep.)* among
joukot *(n.)* corps
joulu *(n.)* Christmas
joulu *(n.)* Xmas
joulukuu *(n.)* december
joululaulu *(n.)* carol
journalismi *(n.)* journalism
journalisti *(n.)* journalist
jousiammunta *(n.)* archery
jousiampuja *(n.)* archer
jousiampuminen *(n.)* sagittary
jousitus *(n.)* suspension
joustamaton *(adj.)* inflexible
joutilaisuus *(n.)* idleness
joutilas *(adj.)* idle
jouto- *(adj.)* waste
joutoaika *(n.)* leisure

joutomies *(n.)* idler
joutsen *(n.)* swan
joutua ahtaalle *(v.)* straiten
juhla *(n.)* party
juhla- *(adj.)* ceremonious
juhla-ateria *(n.)* feast
juhlallinen *(adj.)* festive
juhlallisuus *(n.)* festivity
juhlapuhe *(n.)* oration
juhlapyhä *(n.)* holiday
juhlava *(adj.)* convivial
juhlavuus *(n.)* solemnity
juhlia *(v.)* celebrate
juhlia voittoa *(v.)* triumph
juhlinta *(n.)* celebration
juhlistaa *(v.)* solemnize
jukeboksi *(n.)* jukebox
julistaa *(v.)* declare
julistaa laittomaksi *(v.)* outlaw
julistaa tabuksi *(v.)* taboo
julistautua *(v.)* proclaim
juliste *(n.)* placard
julistus *(n.)* declaration
julkaisija *(n.)* publisher
julkaista *(v.)* publish
julkaisu *(n.)* publication
julkea *(adj.)* immodest
julkeus *(n.)* immodesty
julkilausuma *(n.)* proclamation
julkinen *(adj.)* public
julkinen liikenne *(n.)* public transport
julkisivu *(n.)* facade
julkistaa *(v.)* publicize
julkistaminen siunatuksi *(n.)* beatification
julkisuuden henkilö *(n.)* celebrity
julkisuus *(n.)* publicity
julma *(adj.)* cruel
julmuus *(n.)* cruelty
jumala *(n.)* god
jumalallinen *(adj.)* godly
jumalallisuus *(n.)* divinity
jumalanpalvelus *(n.)* worship
jumalanpilkka *(n.)* blaspheme
jumalatar *(n.)* goddess
jumaloida *(v.)* worship
jumalolento *(n.)* deity
jumalusko *(n.)* deism

jumaluus *(n.)* godhead
jumiutua *(v.)* jam
juna *(n.)* train
juniori *(n.)* junior
juoda *(v.)* drink
juoda teetä *(v.)* tea
juoda viinaa *(v.)* booze
juokseminen *(n.)* runcation
juoksentelu *(n.)* runabout
juoksettua *(v.)* curdle
juoksija *(n.)* runner
juoksu *(n.)* run
juoksuhiekka *(n.)* quicksand
juoksukäki *(n.)* roadrunner
juoksumatto *(n.)* treadmill
juoksupyörä *(n.)* treadwheel
juoksusilmukka *(n.)* noose
juoksut *(n.)* runs
juolahtaa *(v.)* occur
juoma *(n.)* drink
juomalasi *(n.)* tumbler
juomavesi *(n.)* drinking water
juoni *(n.)* ruse
juonia *(v.)* plot
juonikas *(adj.)* crafty
juonitella *(v.)* conspire
juonitteleva *(adj.)* conniving
juontaa *(v.)* present
juoppo *(n.)* drunkard
juoru *(n.)* gossip
juoruileva *(adj.)* telltale
juorukello *(n.)* telltale
juoruta *(v.)* gossip
juosta *(v.)* run
juote *(n.)* solder
juotella *(v.)* braze
juotos *(n.)* juncture
juottaa *(v.)* solder
jupakka *(n.)* altercation
jupiter *(n.)* jupiter
juridiikka *(n.)* jurisprudence
juristi *(n.)* jurist
jutella *(v.)* talk
juttelu *(n.)* talk
juttu *(n.)* thing
juuri *(n.)* root
juuria *(v.)* uproot
juurikas *(n.)* beet

juurikerros *(n.)* sod
juurtua *(v.)* root
juusto *(n.)* cheese
juustoinen *(adj.)* cheesy
juustokakku *(n.)* cheesecake
juutalainen *(n.)* jew
juutti *(n.)* jute
juuttua *(v.)* foul
jykevä *(adj.)* robust
jymymenestys *(n.)* blockbuster
jynssätä *(v.)* scrub
jynssäys *(n.)* scrub
jyrinä *(n.)* rumble
jyrisevä *(adj.)* thunderous
jyristä *(v.)* rumble
jyrkkä *(adj.)* steep
jyrkänne *(n.)* cliff
jyrsijä *(n.)* rodent
jyskyttää *(v.)* pound
jysähdys *(v.)* crump
jysäyttää *(v.)* thump
jysäytys *(n.)* thump
jyvä *(n.)* bead
jähmettyä *(v.)* congeal
jäinen *(adj.)* iced
jäljennys *(n.)* reproduction
jäljennös *(n.)* duplicate
jäljentyä *(v.)* reproduce
jäljentää *(v.)* duplicate
jäljitellä *(v.)* mimic
jäljitettävissä *(adj.)* trackable
jäljitettävä *(adj.)* traceable
jäljitin *(n.)* tracker
jäljittelemätön *(adj.)* inimitable
jäljittelevä *(adj.)* mimic
jäljittäminen *(n.)* tracing
jäljittää *(v.)* retrace
jälkeen *(adv.)* post
jälkeenpäin *(adv.)* hereafter
jälkeiset *(n.)* afterbirth
jälkeläinen *(n.)* descendant
jälki *(n.)* trace
jälkiharkinta *(n.)* afterthought
jälkihoito *(n.)* aftercare
jälkikasvu *(n.)* offspring
jälkikirjoitus *(n.)* postscript
jälkikäteen *(adv.)* afterwards
jälkikäteistarkastelu *(n.)* retrospect

jälkilauhdutus *(n.)* recondensation
jälkimarkkinointi *(adj.)* aftersales
jälkimmäinen *(adj.)* latter
jälkipolvet *(n.)* posterity
jälkipuinti *(n.)* aftermath
jälkipyykki *(n.)* backwash
jälkiruoka *(n.)* dessert
jälkiseuraus *(n.)* repercussion
jälkivaikutus *(n.)* after-effect
jälleen *(adv.)* afresh
jälleenmyyjä *(n.)* dealer
jälleenrakentaa *(v.)* rebuild
jälleensyntyminen *(n.)* rebirth
jänis *(n.)* hare
jänne *(n.)* tendon
jännetulehdus *(n.)* tendinitis
jännite *(n.)* voltage
jännitetty *(adj.)* tensioned
jännittyneesti *(adv.)* tensely
jännittyneinen *(adj.)* tensible
jännittyneisyys *(n.)* tension
jännittynyt *(adj.)* tense
jännittyä *(v.)* tense
jännittäjä- *(adj.)* tensor
jännittää *(v.)* tension
jännitys *(n.)* suspense
järistys *(n.)* quake
järistä *(v.)* quake
järjestellä *(v.)* sort
järjestelmä *(n.)* system
järjestelmällinen *(adj.)* systematic
järjestelmällistää *(v.)* systematize
järjestely *(n.)* arrangement
järjestyksenvalvoja *(n.)* bouncer
järjestyksenvalvoja *(n.)* proctor
järjestynyt *(adj.)* orderly
järjestys *(n.)* order
järjestäytyminen *(n.)* array
järjestäytynyt *(adj.)* corporate
järjestää *(v.)* arrange
järjestää koiratappelu *(v.)* dogfight
järjestää ruokatarjoilu *(v.)* cater
järjestää telineeseen *(v.)* rack
järjestää uudelleen *(v.)* rearrange
järjettömyys *(n.)* absurdity
järjettömästi *(adv.)* absurdly
järjetön *(adj.)* nonsensical
järkeenkäypä *(adj.)* reasonable

järkeillä *(v.)* reason
järkevä *(adj.)* judicious
järkevästi *(adv.)* sanely
järki *(n.)* sanity
järkkymätön *(adj.)* steadfast
järkyttää *(v.)* shock
järkytys *(n.)* shock
järkähtämätön *(adj.)* immovable
järvenranta *(n.)* lakefront
järvi *(n.)* lake
jäsen *(n.)* member
jäsentää *(v.)* marshal
jäsentää uudelleen *(v.)* rearticulate
jäsenyys *(n.)* membership
jäte *(n.)* refuse
jätevesi *(n.)* sewage
jätkä *(n.)* dude
jättikokoinen *(adj.)* titanic
jättiläinen *(n.)* giant
jättiläismäinen *(adj.)* colossal
jättipotti *(n.)* jackpot
jättää *(v.)* leave
jättää haltuun *(v.)* consign
jättää heitteille *(v.)* abandon
jättää jälkeensä *(v.)* outshine
jättää jälkiä *(v.)* trail
jättää kesken *(n.)* dropout
jättää kyydistä *(n.)* drop-off
jättää oman onnensa nojaan *(v.)* maroon
jättää pois *(v.)* omit
jättää varjoonsa *(v.)* overshadow
jättää virka *(v.)* vacate
jättää väliin *(v.)* skip
jätös *(n.)* waste
jäykistyvä *(adj.)* erectile
jäykistää *(v.)* stiffen
jäykkä *(adj.)* rigid
jäytää *(v.)* gnaw
jää *(n.)* ice
jäädytys *(n.)* abeyance
jäädä jäljelle *(v.)* remain
jäädä jälkeen *(v.)* retard
jäädä orvoksi *(v.)* orphan
jäädä pimentoon *(v.)* benight
jäähdytin *(n.)* cooler
jäähdyttää *(v.)* ice
jäähdytysneste *(n.)* coolant

jääkaappi *(n.)* fridge
jääkaappi *(n.)* refrigerator
jääkiekko *(n.)* hockey
jääkylmä *(adj.)* ice-cold
jäälohkare *(n.)* iceblock
jäänmurtaja *(n.)* icebreaker
jäänne *(n.)* vestige
jäännökset *(n.)* relic
jäännös *(n.)* residue
jäännös- *(adj.)* residual
jäännöserä *(n.)* remainder
jäänteet *(n.)* remains
jääpeite *(n.)* icecap
jääpuikko *(n.)* icicle
jääräpäinen *(adj.)* obstinate
jääräpäisyys *(n.)* obstinacy
jäätelö *(n.)* ice cream
jäätikkö *(n.)* glacier
jäätynyt *(adj.)* frozen
jäätyä *(v.)* freeze
jäätävä *(adj.)* icy
jäävuori *(n.)* iceberg
jää-ämpäri *(n.)* ice bucket

K

kaakao *(n.)* cocoa
kaakaojuoma *(n.)* drinking chocolate
kaakattaa *(v.)* cackle
kaakatus *(n.)* gobble
kaakeli *(n.)* tile
kaali *(n.)* cabbage
kaalisalaatti *(n.)* coleslaw
kaamea *(adj.)* hideous
kaanon *(n.)* canon
kaaos *(n.)* chaos
kaapata *(v.)* capture
kaapata laiva *(v.)* seajack
kaapeli *(n.)* cable
kaapelitelevisio *(n.)* cable television
kaapia *(v.)* scrape
kaappaus *(n.)* capture
kaappi *(n.)* closet
kaapu *(n.)* robe
kaarevuus *(n.)* curvature
kaari *(n.)* arc

kaarna *(n.)* thick
kaarrella *(v.)* wheel
kaartaa *(v.)* curve
kaasu *(n.)* gas
kaasumainen *(adj.)* gasesous
kaasunaamari *(n.)* gasmask
kaasupitoinen *(adj.)* gassy
kaasupoljin *(n.)* throttle
kaasusumutin *(n.)* mace
kaasutettu *(adj.)* gasified
kaasuttaa *(v.)* throttle
kaasutus *(n.)* gasification
kaasuunnuttaa *(v.)* gasify
kaataa *(v.)* down
kaataa kumoon *(v.)* topple
kaatopaikka *(n.)* dump
kaatosade *(n.)* downpour
kaatua *(v.)* fall
kaatunut *(n.)* fallen
kaava *(n.)* formula
kaavamainen *(adj.)* schematic
kaavamaisesti *(adv.)* schematically
kaavin *(n.)* scraper
kaavio *(n.)* graph
kaavoittaa *(v.)* formulate
kabaree *(n.)* cabaret
kadehdittava *(adj.)* enviable
kadehtia *(v.)* envy
kadenssi *(n.)* cadence
kadetti *(n.)* cadet
kadmium *(n.)* cadmium
kadota *(v.)* vanish
kadottaa *(v.)* lose
kadotus *(n.)* damnation
kaduttaa *(v.)* repent
kafferi *(n.)* kaffir
kahakka *(n.)* skirmish
kahakoida *(v.)* skirmish
kahdeksan *(n.)* eight
kahdeksanjalkainen *(n.)* octopede
kahdeksankappaleinen *(n.)* octuplicate
kahdeksankertainen *(adj.)* octuple
kahdeksankertainen *(n.)* octuple
kahdeksankertaistaa *(v.)* octuple
kahdeksankulmainen *(adj.)* octangular
kahdeksankulmio *(n.)* octagon
kahdeksankymmentä *(n.)* eighty
kahdeksankymmenvuotias *(n.)* octogenarian
kahdeksankymppinen *(adj.)* octogenarian
kahdeksantoista *(n.)* eighteen
kahden kesken *(n.)* tete-a-tete
kahdennettu *(adj.)* geminate
kahdentaa *(v.)* geminate
kahdenvälinen *(adj.)* bilateral
kahdeskymmenes *(n.)* twentieth
kahdeskymmenes *(adj.)* twentieth
kahdesti *(adv.)* twice
kahdestoista *(adj.)* twelfth
kahdestoistaosa *(n.)* twelfth
kahina *(v.)* rustle
kahjo *(adj.)* wacko
kahjo *(n.)* wacko
kahlata *(v.)* wade
kahle *(n.)* fetter
kahleet *(n.)* shackle
kahlehtia *(v.)* shackle
kahlita *(v.)* fetter
kahmaista *(v.)* scrump
kahtiajako *(n.)* bifurcation
kahva *(n.)* grip
kahvakuula *(n.)* dum-bell
kahvi *(n.)* coffee
kahvila *(n.)* cafe
kahvinkeitin *(n.)* coffee maker
kahvio *(n.)* cafeteria
kahvipapu *(n.)* coffee bean
kahvitauko *(n.)* coffee break
kaide *(n.)* bannister
kaihi *(n.)* cataract
kaiho *(n.)* languor
kaihota *(v.)* long
kaikenkattava *(adj.)* inclusive
kaikki *(pron.)* everything
kaikkiaan *(adv.)* altogether
kaikkialla *(pron.)* everywhere
kaikkialla läsnäoleva *(adj.)* ubiquitous
kaikkialla läsnäolo *(n.)* ubiquity
kaikkikielinen *(adj.)* omnilingual
kaikkikielisyys *(n.)* omnilingual
kaikkinainen *(adj.)* omniform
kaikkinaisuus *(n.)* omniformity
kaikkiruokainen *(adj.)* omnivorous

kaikkisuuntainen *(adj.)* omnidirectional
kaikkisuuntaisuus *(n.)* omnidirectionality
kaikkitietävyys *(n.)* omniscience
kaikkitietävä *(adj.)* omniscient
kaikkivaltainen *(adj.)* omnicompetent
kaikkivaltaisuus *(n.)* omnicompetence
kaikkivaltias *(adj.)* almighty
kaikkivoipa *(n.)* omnibenevolence
kaikkivoipainen *(adj.)* omnibenevolent
kaiku *(n.)* echo
kaikua *(v.)* echo
kaikukäyrä *(n.)* echocardiogram
kaima *(n.)* namesake
kainalo *(n.)* armpit
kainalo- *(adj.)* axillary
kainalosauva *(n.)* crutch
kaino *(adj.)* demure
kaipaava *(adj.)* bereft
kaipuu *(n.)* longing
kaira *(n.)* auger
kaista *(n.)* lane
kaistale *(n.)* flap
kaistanleveys *(n.)* bandwidth
kaitselmuksen suoma *(adj.)* providential
kaitsija *(n.)* chaperone
kaivaa *(v.)* dig
kaivaa alta *(v.)* undermine
kaivaa esiin *(v.)* unearth
kaivaa ylös *(v.)* excavate
kaivata *(v.)* require
kaivaus *(n.)* excavation
kaivella *(v.)* delve
kaiverrus *(n.)* inscription
kaivertaa *(v.)* engrave
kaivertaa kirjoitusta *(v.)* inscribe
kaivo *(n.)* well
kaivos *(n.)* mine
kaivosmies *(n.)* pitman
kaivostyöläinen *(n.)* miner
kajota *(v.)* encroach
kakara *(n.)* brat
kaki *(n.)* kaki
kakku *(n.)* cake
kaksi *(n.)* two

kaksi- *(adj.)* dual
kaksi viikkoa *(n.)* fortnight
kaksiakselinen *(adj.)* biaxial
kaksiantenninen *(adj.)* biantennary
kaksiavioinen *(adj.)* bigamous
kaksiavioinen henkilö *(n.)* bigamist
kaksiavioisuus *(n.)* bigamy
kaksikielinen *(adj.)* bilingual
kaksikulmainen *(adj.)* biangular
kaksikymmentä *(n.)* twenty
kaksimuotoisuus *(n.)* biformity
kaksin *(adv.)* tandem
kaksinaamainen *(adj.)* bifacial
kaksinaamaisuus *(n.)* duplicity
kaksinaisuus *(n.)* duality
kaksinkertainen *(adj.)* twofold
kaksinnettu *(adj.)* geminal
kaksintaistella *(v.)* duel
kaksintaistelu *(n.)* duel
kaksipuolueinen *(adj.)* bipartisan
kaksirotuinen *(adj.)* biracial
kaksisataavuotis- *(adj.)* bicentenary
kaksisuuntainen *(adj.)* bipolar
kaksitehoinen *(adj.)* bifocal
kaksitoiminen *(adj.)* dual-purpose
kaksitoista *(n.)* twelve
kaksiulotteinen *(adj.)* bidimensional
kaksivuotinen *(adj)* biennial
kaksois- *(adj.)* twin
kaksoispiste *(n.)* colon
kaksonen *(n.)* twin
kaksoset *(n.)* Gemini
kaktus *(n.)* cactus
kala *(n.)* fish
kalastaa *(v.)* fish
kalastaja *(n.)* fisherman
kaleidoskooppi *(n.)* kaleidoscope
kalenteri *(n.)* calendar
kalibroida *(v.)* calibrate
kalibrointi *(n.)* calibration
kaliiperi *(n.)* calibre
kalistella *(v.)* rattle
kalium *(n.)* potassium
kaliumkarbonaatti *(n.)* potash
kalju *(adj.)* bald
kalkinpoisto *(n.)* decalcification
kalkita *(v.)* lime
kalkkuna *(n.)* turkey

kalleudet *(n.)* jewellery
kalligrafia *(n.)* calligraphy
kallio *(n.)* rock
kalliokiipeilijä *(n.)* rock climber
kallis *(adj.)* expensive
kallisarvoinen *(adj.)* precious
kallistaa *(v.)* tilt
kallistella *(v.)* incline
kallistua *(v.)* slope
kallistuma *(n.)* tilt
kallistus *(n.)* inclination
kalmankalpea *(adj.)* cadaverous
kalmea *(adj.)* wan
kalori *(n.)* calorie
kaloripitoinen *(adj.)* calorific
kalpea *(adj.)* pale
kalpeus *(n.)* paleness
kalsium *(n.)* calcium
kaltainen *(adj.)* like
kalteva *(adj.)* oblique
kaltevuus *(n.)* slant
kalustaa *(v.)* furnish
kalvaa *(v.)* erode
kalvakka *(adj.)* haggard
kalveta *(v.)* pale
kalvo *(n.)* membrane
kamala *(adj.)* terrible
kamana *(n.)* lintel
kamariherra *(n.)* chamberlain
kameli *(n.)* camel
kamera *(n.)* camera
kamferi *(n.)* camphor
kamikaze *(n.)* kamikaze
kammeta *(v.)* crankle
kammio *(n.)* chamber
kammo *(n.)* dread
kammoksua *(v.)* loathe
kammoksuttava *(adj.)* loathsome
kammota *(v.)* dread
kammottaa *(v.)* appal
kammottava *(adj.)* dread
kammottavasti *(adv.)* dreadfully
kammotus *(n.)* dreadful
kampa *(n.)* comb
kampalanka *(n.)* worsted
kampanja *(n.)* campaign
kampanjoida *(v.)* stump
kampaus *(n.)* coiffure

kamppailija *(n.)* combatant
kamppailu *(n.)* combat
kamppeet *(n.)* clobber
kampus *(n.)* campus
kamu *(n.)* pal
kana *(n.)* chicken
kanaali *(n.)* canal
kanarialintu *(n.)* canary
kanava *(n.)* channel
kandidaatti *(n.)* candidate
kaneli *(n.)* cinnamon
kangas *(n.)* fabric
kangaspuut *(n.)* loom
kangastus *(n.)* mirage
kangeta *(v.)* prize
kaniini *(n.)* rabbit
kaniiniyhdyskunta *(n.)* warren
kanisteri *(n.)* canister
kanjoni *(n.)* canyon
kanki *(n.)* shaft
kannabis *()* cannabis
kannas *(n.)* commissure
kannateltu *(adj.)* borne
kannattaa *(v.)* endorse
kannattaja *(n.)* adherent
kannattaminen *(n.)* advocacy
kannattava *(adj.)* remunerative
kannatus *(n.)* endorsement
kanne *(n.)* proceeding
kannettava *(adj.)* portable
kannettava tietokone *(n.)* laptop
kannibaali *(n.)* cannibal
kannibalisoida *(v.)* cannibalise
kannu *(n.)* jug
kannus *(n.)* spur
kannustaa *(v.)* spur
kannustin *(n.)* incentive
kannustus *(n.)* encouragement
kanonisoida *(v.)* canonize
kansa *(n.)* folk
kansainvälinen *(adj.)* international
kansainyhteisö *(n.)* commonwealth
kansakunta *(n.)* nation
kansalainen *(n.)* citizen
kansalais- *(adj.)* civic
kansalaisuus *(n.)* citizenship
kansallinen *(adj.)* national
kansallinen vapaapäivä *(n.)* bank

holiday
kansallistaa *(v.)* nationalize
kansallistaminen *(n.)* nationalization
kansallisuus *(n.)* nationality
kansan- *(adj.)* folk
kansanedustaja *(n.)* representative
kansankieli *(n.)* vernacular
kansankielinen *(adj.)* vernacular
kansankiihottaja *(n.)* demagogue
kansanmurha *(n.)* genocide
kansannousu *(n.)* uprising
kansanperinne *(n.)* folklore
kansanäänestys *(n.)* plebiscite
kansanäänestys *(n.)* referendum
kansi *(n.)* lid
kansio *(n.)* folder
kansleri *(n.)* chancellor
kanslia *(n.)* chancery
kansoittaa *(v.)* populate
kanssa *(prep.)* with
kanssakäyminen *(n.)* intercourse
kanta *(n.)* contention
kantaa *(v.)* carry
kantaa kaunaa *(v.)* grudge
kanta-asiakas *(n.)* patron
kantaja *(n.)* bellhop
kantama *(n.)* range
kantamus *(n.)* pack
kantapaikka *(n.)* haunt
kantapää *(n.)* heel
kantarahasto *(n.)* endowment
kantautua *(v.)* emanate
kanto *(n.)* stump
kantoni *(n.)* canton
kantopinta *(n)* aerofoil
kanvaasi *(n.)* canvas
kaoottinen *(adj.)* shambolic
kaoottisesti *(adv.)* chaotic
kapakan omistaja *(n.)* taverner
kapakanpitäjä *(n.)* tavernkeeper
kapakka *(n.)* tavern
kapea *(adj.)* narrow
kapillaari *(n.)* capillary
kapina *(n.)* mutiny
kapina- *(adj.)* mutinous
kapinaan nousu *(n.)* insurrection
kapinallinen *(n.)* insurgent
kapinallinen *(adj.)* insurgent

kapinoida *(v.)* mutiny
kapinoiva *(adj.)* rebellious
kapitalismi *(n.)* capitalism
kapitalisti *(n.)* capitalist
kappalainen *(n.)* chaplain
kappale *(n.)* paragraph
kappaleelta *(adv.)* apiece
kappeli *(n.)* chapel
kapseli *(n.)* capsule
kapselimainen *(adj.)* capsular
kapseloida *(v.)* encapsulate
kapteeni *(n.)* captain
karaatti *(n.)* carat
karaatti *(n.)* karat
karakki *(n.)* carrack
karannut *(adj.)* fugitive
karata *(v.)* elope
karbiini *(v.)* carabine
karbonaatti *(n.)* carbonate
kardemumma *(n.)* cardamom
kardiografi *(n.)* cardiograph
kardiologia *(n.)* cardiology
karhea *(adj.)* hoarse
karheapintainen *(adj.)* coarse
karhu *(n.)* bear
karikatyyri *(n.)* caricature
karisma *(n.)* charisma
karismaattinen *(adj.)* charismatic
karistaa *(v.)* shed
karitsa *(n.)* lambkin
karja *(n.)* cattle
karjaista *(v.)* grumble
karjaisu *(n.)* roar
karjanhoito *(n.)* animal husbandry
karjavaras *(n.)* abactor
karjua *(v.)* roar
karkaista *(v.)* quench
karkea *(adj.)* harsh
karkki *(n.)* candy
karkote *(n.)* repellent
karkottaa *(v.)* expel
karkottaa maasta *(v.)* deport
karkotus *(n.)* banishment
karkulainen *(n.)* fugitive
karkuri *(n.)* runaway
karmea *(adj.)* ghastly
karmiininpunainen *(n.)* crimson
karmiva *(adj.)* creepy

karnevaali *(n.)* carnival
karppi *(n.)* carp
karsas *(adj.)* averse
karsia *(v.)* declutter
karsia listaa *(v.)* shortlist
karsina *(n.)* stall
karsinoida *(v.)* pen
karsinta *(n.)* preliminary
karsittu *(adj.)* shortlisted
karski *(adj.)* stern
kartano *(n.)* manor
kartanollinen *(adj.)* manorial
kartanpiirtäjä *(n.)* cartographer
kartelli *(n.)* cartel
kartio *(n.)* taper
kartiomainen *(adj.)* conical
kartoittaa *(v.)* map
kartonki *(n.)* cardboard
kartonkipakkaus *(n.)* carton
kartta *(n.)* map
karttaa *(v.)* eschew
karttaminen *(n.)* eschewment
karttapallo *(n.)* globe
karttua *(v.)* muster
karu *(adj.)* stark
karuselli *(n.)* carousel
karusti *(adv.)* stark
karvas *(adj.)* acrid
karviainen *(n.)* gooseberry
kasa *(n.)* pile
kasaantuma *(n.)* aggradation
kasarmi *(n.)* casern
kasata *(v.)* amass
kasauma *(n.)* conglomerate
kasautua *(v.)* pile
kasetti *(n.)* cassette
kashmirvilla *(n.)* cashmere
kasino *(n.)* casino
kaskas *(n.)* cicada
kassa *(n.)* checkout
kassakaappi *(n.)* safe
kassakaappimurtaja *(n.)* safecracker
kassakone *(n.)* till
kassalipas *(n.)* coffer
kassamyyjä *(n.)* cashier
kastaa *(v.)* dip
kastanja *(n.)* chestnut
kastanjanruskea *(adj.)* auburn

kaste *(n.)* dew
kastella *(v.)* irrigate
kastella läpimäräksi *(v.)* drench
kastelu *(n.)* irrigation
kasti *(n.)* caste
kastike *(n.)* sauce
kastroida *(v.)* geld
kastroitu *(adj.)* gelded
kastua *(v.)* wet
kasvaa *(v.)* grow
kasvaa korkoa *(v.)* accrue
kasvaa ulos *(v.)* outgrow
kasvaminen *(n.)* accretion
kasvattaa *(v.)* nurture
kasvattaa yhteen *(v.)* accrete
kasvattaja *(n.)* grower
kasvatus *(n.)* nurture
kasvi *(n.)* plant
kasvihuone *(n.)* greenhouse
kasvillisuus *(n.)* vegetation
kasvis- *(adj.)* vegetable
kasvissyöjä *(n.)* vegetarian
kasvisto *(n.)* flora
kasvitiede *(n.)* botany
kasvitieteellinen *(adj.)* botanical
kasvo- *(adj.)* facial
kasvojenkohotus *(n.)* facelift
kasvonaamio *(n.)* face mask
kasvonpiirteet *(n.)* countenance
kasvot *(n.)* visage
kasvovoide *(n.)* Face cream
kasvu *(n.)* growth
katakombi *(n.)* catacomb
katala *(adj.)* heinous
katalogi *(n.)* catalogue
katalysaattori *(n.)* catalyzer
katalysoida *(v.)* catalyse
katalyytti *(n.)* catalyst
katapultti *(n.)* catapult
katarsis *(n.)* catharsis
katastrofaalinen *(adj.)* disastrous
katastrofi *(n.)* catastrophe
katastrofinen *(adj.)* catastrophic
katedraali *(n.)* cathedral
kateellinen *(adj.)* envious
kateellisuus *(n.)* jealousy
kategoria *(n.)* category
kategorinen *(adj.)* categorical

kategorioida *(v.)* categorize
kateissa *(adj.)* missing
katettu *(adj.)* tect
katkaisin *(n.)* switch
katkaista *(v.)* intercept
katkaista kaula *(v.)* behead
katkaista välit *(v.)* disown
katkaista yhteys *(v.)* disconnect
katkaisu *(n.)* interception
katkeamaton *(adj.)* uninterrupted
katkelma *(n.)* excerpt
katkera *(adj.)* acrimonious
katkeroittaa *(v.)* embitter
katkeroituminen *(n.)* rancour
katkeroitunut *(adj.)* acerbic
katkeruus *(n.)* acrimony
katketa *(v.)* snap
katkos *(n.)* outage
katoaminen *(n.)* disappearance
katolinen *(adj.)* catholic
katolisuus *(n.)* catholicism
katos *(n.)* canopy
katsaus *(n.)* review
katse *(n.)* look
katseen avaaja *(n.)* eye-opener
katseenpysäyttävä *(n.)* showstopper
katseenvangitseva *(adj.)* eye-catching
katseenvangitsija *(n.)* eyecatcher
katsella *(v.)* behold
katselmus *(n.)* muster
katsoa *(v.)* look
katsoa arvoiseksi *(v.)* dignify
katsoa läpi sormien *(v.)* overlook
kattaa *(v.)* encompass
kattava *(adj.)* comprehensive
kattavuus *(n.)* coverage
kattila *(n.)* boiler
katto *(n.)* roof
kattohaikara *(n.)* stork
kattohuoneisto *(n.)* penthouse
kattokruunu *(n.)* chandelier
katu *(n.)* street
katua *(v.)* regret
katukäytävä *(n.)* pavement
katulapsi *(n.)* urchin
katuminen *(n.)* regret
katumus *(n.)* remorse
katuva *(adj.)* repentant

katuvainen *(adj.)* rueful
kauaskatseisuus *(n.)* forethought
kauemmas *(adv.)* further
kauempi *(adj.)* further
kauha *(n.)* ladle
kauhea *(adj.)* awful
kauhistaa *(v.)* outrage
kauhistava *(adj.)* dreadful
kauhistella *(v.)* detest
kauhistua *(v.)* abhor
kauhistunut *(adj.)* aghast
kauhistuttaa *(v.)* terrify
kauhistuttava *(adj.)* abhorrent
kauhoa *(v.)* ladle
kauhu *(n.)* horror
kaukaa *(adv.)* afar
kaukainen *(adj.)* faraway
kaukana *(adv.)* far
kaukana oleva *(adj.)* far
kaukokatseinen *(adj.)* provident
kaukokatseisuus *(n.)* providence
kaukomittaus *(n.)* telemetry
kaula *(n.)* neck
kaulakoru *(n.)* necklace
kaulaliina *(n.)* scarf
kaulapanta *(n.)* collar
kaulata *(v.)* girdle
kaulus *(n.)* necklet
kauna *(n.)* grudge
kauneus *(n.)* beauty
kauneuskilpailu *(n.)* pageant
kaunis *(adj.)* beautiful
kaunismuotoinen *(adj.)* shapely
kaunistaa *(v.)* beautify
kaunisteleva *(adj.)* euphemistic
kaunistella *(v.)* glorify
kaunistelu *(n.)* glorification
kaunopuheinen *(adj.)* eloquent
kaunopuheisuus *(n.)* eloquence
kaunotar *(n.)* belle
kaupaksi menevä *(adj.)* salable
kaupaksikäyvä *(adj.)* marketable
kaupallinen *(adj.)* commercial
kaupan julkisivu *(n.)* shopfront
kaupan omistaja *(n.)* shopowner
kaupankäynti *(n.)* commerce
kaupanpitäjä *(n.)* shopkeeper
kaupantekijä *(n.)* dealmaker

kaupat *(n.)* dealings
kaupittelija *(n.)* monger
kauppa *(n.)* shop
kauppa- *(adj.)* mercantile
kauppakirja *(n.)* shopbook
kauppala *(n.)* borough
kauppalasku *(n.)* invoice
kauppamies *(n.)* tradesman
kauppapaikka *(n.)* mart
kauppasaarto *(n.)* embargo
kauppatavara *(n.)* ware
kauppatavarat *(n.)* merchandise
kauppias *(n.)* merchant
kaupunginosa *(n.)* district
kaupunki *(n.)* town
kaupunkilaisuus *(n.)* urbanity
kaupunkimainen *(adj.)* urban
kaupustelija *(n.)* hawker
kaura *(n.)* oat
kaurapuuro *(n.)* oatmeal
kaurapuuro- *(adj.)* oatmeal
kauris *(n.)* capricorn
kausaalinen *(adj.)* acausal
kausi *(n.)* period
kausijulkaisu *(n.)* periodical
kausiluonteinen *(adj.)* seasonal
kausittainen *(adj.)* periodical
kautta *(prep.)* via
kauttaaltaan *(prep.)* throughout
kauttakulku *(n.)* transit
kavahtaa *(v.)* startle
kavala *(adj.)* treacherous
kavallus *(n.)* misappropriation
kavaltaa *(v.)* misappropriate
kavaluus *(n.)* treachery
kaventaa *(v.)* narrow
kaventua *(v.)* taper
kaveri *(n.)* buddy
kaviaari *(n.)* caviar
kavio *(n.)* hoof
kavuta *(v.)* clamber
kefaloidi *(adj.)* cephaloid
kehikko *(n.)* framework
kehitellä *(v.)* develop
kehittyä *(v.)* evolve
kehittäjä *(n.)* developer
kehittäminen *(n.)* development
kehittää *(v.)* improve

kehitys *(n.)* improvement
kehitysvammaisuus *(n.)* retardation
kehno *(adj.)* tenuous
keho *(n.)* body
kehollinen *(adv.)* bodily
kehottaa *(v.)* prompt
kehrätä *(v.)* purr
kehräys *(n.)* purr
kehrääjä *(n.)* spinner
kehto *(n.)* cradle
kehu *(n.)* praise
kehua *(v.)* praise
kehuttava *(adj.)* praiseworthy
kehys *(n.)* frame
kehystää *(v.)* frame
kehä *(n.)* circle
kehäkukka *(n.)* marigold
keidas *(n.)* oasis
keihäs *(n.)* spear
keihäsmäinen *(adj.)* lancet
keihästää *(v.)* lance
keihäänheitto *(n.)* javelin
keihäänkärki *(n.)* spearhead
keiju *(n.)* fairy
keikari *(n.)* gallant
keikaroija *(n.)* dandy
keikka *(n.)* gig
keikkailla *(v.)* gig
keilaaja *(n.)* bowler
keimailija *(n.)* coquette
keino *(n.)* mean
keinokumpu *(n.)* terp
keinotekoinen *(adj.)* artificial
keinu *(n.)* swing
keinua *(v.)* swing
keinuttaa *(v.)* rock
keinutuoli *(n.)* rocker
keinuva *(adj.)* rocking
keisari *(n.)* emperor
keisari- *(adj.)* cesarean
keisarileikkaus *(n.)* cesarean
keisarillinen *(adj.)* imperial
keisarinna *(n.)* empress
keitos *(n.)* concoction
keittiö *(n.)* kitchen
keittiöväline *(n.)* utensil
keitto *(n.)* soup
keittäjä *(n.)* cook

keittäminen *(n.)* decoction
keittää *(v.)* cook
keittää kokoon *(v.)* concoct
kekseliäs *(adj.)* inventive
keksi *(n.)* biscuit
keksijä *(n.)* inventor
keksiminen *(n.)* invention
keksintö *(n.)* figment
keksiskellä *(v.)* contrive
keksiä *(v.)* invent
kela *(n.)* reel
kelata *(v.)* reel
kelauskone *(n.)* winder
kellari *(n.)* cellar
kellarikerros *(n.)* basement
kellertävä *(adj.)* yellowish
kellertää *(v.)* yellow
kellotapuli *(n.)* steeple
kellua *(v.)* float
kelluva *(adj.)* buoyant
kelmi *(n.)* crook
kelmu *(n.)* cellophane
kelpaamaton *(adj.)* inadmissible
kelpo *(adj.)* decent
kelpoinen *(adj.)* eligible
kelpoisuus *(n.)* eligibility
kelta *(n.)* yellow
keltainen *(adj.)* yellow
keltatauti *(n.)* jaundice
kelvollinen *(adj.)* admissible
kemia *(n.)* chemistry
kemiallinen *(adj.)* chemical
kemikaali *(n.)* chemical
kemisti *(n.)* chemist
kemoterapia *(n.)* chemotherapy
kenet *(pron.)* whom
kengittää *(v.)* shoe
kenguru *(n.)* kangaroo
kenkä *(n.)* shoe
kenkäistä *(v.)* foot
kennel *(n.)* kennel
kentauri *(n.)* centaur
kenties *(adv.)* perhaps
keplotella *(v.)* profiteer
keppi *(n.)* stick
keppihevonen *(n.)* hobbyhorse
kera *(adv.)* withal
keramiikka *(n.)* ceramics

kerho *(n.)* club
keritä *(v.)* fleece
keriä *(v.)* wind
kerjäläinen *(n.)* beggar
kerjätä *(v.)* beg
kerma *(n.)* cream
kerneli *(n.)* kernel
kerosiini *(n.)* kerosene
kerran *(adv.)* once
kerrata *(v.)* revise
kerroin *(n.)* factor
kerros *(n.)* layer
kerrossänky *(n.)* bunk bed
kerrostaa *(v.)* sandwich
kerrostuma *(n.)* storey
kerrostuminen *(n.)* deposition
kerrottava *(n.)* multiplicand
kersantti *(n.)* sergeant
kerskailla *(v.)* boast
kerta- *(adj.)* single
kertaa *(prep.)* into
kertailla *(v.)* rehearse
kertakaikkinen *(adj.)* utter
kertakaikkisen *(adv.)* utterly
kertaus *(n.)* rehearsal
kertoa *(v.)* tell
kertoa eteenpäin *(v.)* relay
kertoa omin sanoin *(v.)* paraphrase
kertoilla *(v.)* impart
kertoja *(n.)* narrator
kertolasku *(n.)* multiplication
kertominen *(n.)* telling
kertomus *(n.)* narration
kertosäe *(n.)* chorus
kertova *(adj.)* telling
kerttu *(n.)* warbler
keräilijä *(n.)* collector
keräsalaatti *(n.)* butterhead
kerätä *(v.)* collect
kerätä ostereita *(v.)* oyster
kerätä pähkinöitä *(v.)* nut
kerätä rahaa *(v.)* fundraise
kerääntyminen *(n.)* accumulation
kerääntyä *(v.)* flock
kesannoida *(v.)* fallow
kesanto *(n.)* fallow
kesiä *(v.)* slough
keskeinen *(adj.)* middle

keskellä *(prep.)* amid
keskeneräinen *(adj.)* incomplete
keskenmeno *(n.)* miscarriage
keskenään riippuvaiset *(adj.)* interdependent
keskeytetty *(adj.)* abrupt
keskeyttää *(v.)* interrupt
keskeytymätön *(adj.)* interminable
keskeytys *(n.)* break-off
keskeytys *(n.)* interruption
keskeytyä *(v.)* stifle
keski- *(adj.)* mid
keskiaikainen *(adj.)* medieval
keskialue *(n.)* midst
keskiarvo *(n.)* average
keskikesä *(n.)* midsummer
keskikohta *(n.)* middle
keskikokoinen *(adj.)* medium
keskiluokka *(n.)* bourgeoise
keskiluokkainen *(adj.)* bourgeois
keskimaa *(n.)* midland
keskimääräinen *(adj.)* middling
keskinen *(adj.)* centrical
keskinkertaisuus *(n.)* mediocrity
keskinäinen riippuvuus *(n.)* interdependence
keskipakoinen *(adj.)* centrifugal
keskipäivä *(n.)* midday
keskipäivä *(n.)* noon
keskitetty *(adj.)* concerted
keskitin *(n.)* hub
keskittyminen *(n.)* concentration
keskittynyt *(adj.)* focused
keskittyvä *(adj.)* focusing
keskittyä *(v.)* concentrate
keskittää *(v.)* centralze
keskiverto *(adj.)* mediocre
keskiviikko *(n.)* Wednesday
keskiyö *(n.)* midnight
keskus *(n.)* center
keskus- *(adj.)* central
keskuslukitus *(n.)* central locking
keskusta *(n.)* centre
keskusteleminen *(n.)* discourse
keskustella *(v.)* converse
keskustelu *(n.)* conversation
keskusteluohjelma *(n.)* chat show
keskustelupalsta *(n.)* talkboard

keskuudessa *(prep.)* amongst
kestit *(n.)* banquet
kesto *(n.)* duration
kestävyys *(n.)* durability
kestävä *(adj.)* durable
kestää *(v.)* withstand
kestää *(v.)* sustain
kesy *(adj.)* tame
kesyttäjä *(n.)* domesticator
kesyttää *(v.)* tame
kesyyntyä *(v.)* domesticate
kesä *(n.)* summer
ketju *(n.)* chain
keto *(n.)* lea
ketsuppi *(n.)* ketchup
ketteryys *(n.)* agility
ketterä *(adj.)* agile
ketterä *(adj.)* nimble
kettu *(n.)* fox
ketään *(pron.)* anybody
keuhko *(n.)* lung
keuhkokuume *(n.)* pneumonia
keuhkokuumeinen *(adj.)* pneumonic
keuhkokuumepotilas *(n.)* pneumoniac
keuhkoputkentulehdus *(n.)* bronchitis
keuhkoputki- *(adj.)* bronchial
keula-ankkuri *(n.)* bower
keulimmainen *(adj.)* foremost
kevennys *(n.)* lightening
keventää *(v.)* lighten
keveys *(n.)* levity
kevyesti *(adv.)* lightly
kevyt *(adj.)* light
kevytkenkäinen *(adj.)* blithe
kevytmielinen *(adj.)* facile
kevytmielisyys *(n.)* flippancy
keväinen *(adj.)* vernal
kevät *(n.)* spring
khimaira *(n.)* chimera
kidnapata *(v.)* kidnap
kiduttaa *(v.)* torture
kidutus *(n.)* torture
kiehtoa *(v.)* fascinate
kiehua *(v.)* seethe
kiehua yli *(v.)* ebulliate
kiehuttaa *(v.)* boil
kieleke *(n.)* brow
kielellinen *(adj.)* lingual

kieli *(n.)* language	**kihlata** *(v.)* betroth
kieli *(n.)* tongue	**kihlattu** *(adj.)* betrothed
kieliopintekijä *(n.)* grammarian	**kihlaus** *(n.)* betrothal
kielioppi *(n.)* grammar	**kihti** *(n.)* gout
kielitiede *(n.)* linguistics	**kiihdyttäjä** *(n.)* accelerator
kielitieteellinen *(adj.)* linguistic	**kiihdytys** *(n.)* acceleration
kielitieteilijä *(n.)* linguist	**kiihkeys** *(n.)* fervour
kielletty *(adj.)* forbidden	**kiihkeä** *(adj.)* fervent
kieltolaki *(n.)* prohibition	**kiihko** *(n.)* ardour
kieltäminen *(n.)* denial	**kiihkoileva** *(adj.)* vehement
kieltämys *(n.)* privation	**kiihkoilija** *(n.)* bigot
kieltämättä *(adv.)* admittedly	**kiihkoilu** *(n.)* vehemence
kieltävä *(adj.)* prohibitive	**kiihoke** *(n.)* goad
kieltäytyminen *(n.)* refusal	**kiihottaa** *(v.)* excite
kieltäytyä *(v.)* refuse	**kiihotus** *(n.)* agitation
kieltäytyä maksamasta *(v.)* repudiate	**kiihtyä** *(v.)* accelerate
kieltäytyä tottelemasta *(v.)* disobey	**kiikarit** *(n.)* binoculars
kieltää *(v.)* forbid	**kiila** *(n.)* wedge
kieltää laissa *(v.)* delegalize	**kiilailla** *(v.)* gib
kiemurainen *(adj.)* tortuous	**kiilata** *(v.)* wedge
kiemurrella *(v.)* snake	**kiille** *(n.)* mica
kiemurteleva *(adj.)* sinuous	**kiillottaa** *(v.)* polish
kiemurtelu *(n.)* wriggle	**kiillotus** *(n.)* polish
kiemurteluttaa *(v.)* wriggle	**kiiltely** *(n.)* gloss
kiero *(adj.)* crooked	**kiilto** *(n.)* lustre
kieroileva *(adj.)* wily	**kiiltävä** *(adj.)* glossy
kieroilija *(n.)* schemer	**kiiltävä** *(adj.)* lustrous
kieroilla *(v.)* scheme	**kiinnitin** *(n.)* fixture
kierrellä *(v.)* tour	**kiinnittyminen** *(n.)* adherence
kierros *(n.)* lap	**kiinnittyä** *(v.)* fasten
kierrättää *(v.)* recycle	**kiinnittää** *(v.)* affix
kierteinen *(adj.)* sidearm	**kiinnittää hihnalla** *(v.)* strap
kiertoilmaus *(n.)* paraphrase	**kiinnittää huomiota** *(v.)* heed
kiertokulku *(n.)* circulation	**kiinnittää neulalla** *(v.)* pin
kiertonopeus *(n.)* velocity	**kiinnittää uudelleen** *(v.)* reattach
kiertorata *(n.)* orbit	**kiinnittää vähemmän huomiota** *(v.)* destress
kiertorata- *(adj.)* orbital	
kiertue *(n.)* tour	**kiinnitysköydet** *(n.)* moorings
kiertyä *(v.)* circumvent	**kiinnostava** *(adj.)* interesting
kiertävä kappale *(n.)* orbituary	**kiinnostunut** *(adj.)* interested
kiertävä show *(n.)* roadshow	**kiinteistö** *(n.)* estate
kiertää *(v.)* circulate	**kiinteistönvälittäjä** *(n.)* realtor
kierukka *(n.)* coil	**kiinteistönvälitys** *(n.)* brokerage
kiesit *(n.)* chaise	**kiinteyttää** *(v.)* solidify
kietaista *(v.)* kilt	**kiinteytyä** *(v.)* tone
kietoutua *(v.)* convolve	**kiinteä** *(adj.)* solid
kihara *(adj.)* curly	**kiinteä aine** *(n.)* solid
kihartaa *(v.)* curl	**kiinteä omaisuus** *(n.)* realty

kiintiö *(n.)* quota
kiintoavain *(n.)* spanner
kiintymys *(n.)* affection
kiintymätön *(adj.)* unaffectionate
kiintyä *(v.)* adhere
kiipeilijä *(n.)* climber
kiirastuli *(n.)* purgatory
kiire *(n.)* hurry
kiireellinen *(adj.)* urgent
kiireellisyys *(n.)* urgency
kiirehtiä *(v.)* hurry
kiirehtää *(v.)* hasten
kiireinen *(adj.)* busy
kiista *(n.)* controversy
kiistanalainen *(adj.)* controversial
kiistaton *(adj.)* indisputable
kiistellä *(v.)* wrangle
kiistely *(n.)* wrangle
kiistäjä *(n.)* abjurer
kiistäminen *(n.)* repudiation
kiistämätön *(adj.)* irrefutable
kiistää *(v.)* gainsay
kiitellä *(v.)* commend
kiiteltävä *(adj.)* laudable
kiitettävä *(adj.)* commendable
kiitokset *(n.)* thanks
kiitolaukka *(n.)* gallop
kiitollinen *(adj.)* grateful
kiitollinen *(adj.)* thankful
kiitollisuus *(n.)* gratitude
kiitos *(n.)* commendation
kiittämättömyys *(n.)* ingratitude
kiittää *(v.)* thank
kiitää *(v.)* speed
kiivas *(adj.)* impetuous
kiivasluonteinen *(adj.)* choleric
kiivaus *(n.)* impetuosity
kiivetä *(v.)* climb
kikattaa *(v.)* giggle
kikherne *(n.)* chickpea
kikka *(n.)* gimmick
kikkailla *(v.)* gimmick
kikkailu *(n.)* gimmickry
kilahdus *(n.)* chink
kilinä *(n.)* jingle
kilistä *(v.)* jingle
kiljaisu *(n.)* scream
kiljua *(n.)* bray

kilo *(n.)* kilo
kilogramma *(n.)* kilogram
kilpa-ajo *(n.)* race
kilpailija *(n.)* contestant
kilpailla *(v.)* compete
kilpailu *(n.)* competition
kilpailuhenkinen *(adj.)* competitive
kilpailuttaa *(v.)* tender
kilpakosija *(n.)* rival
kilpi *(n.)* shell
kilpikonna *(n.)* turtle
kilta *(n.)* guild
kiltteys *(n.)* kindness
kiltti *(adj.)* kind
kilttihame *(n.)* kilt
kimallus *(n.)* gleam
kimaltaa *(v.)* gleam
kimaltava *(adj.)* gleaming
kimeä *(adj.)* shrill
kimmeltää *(v.)* glitter
kimmota *(v.)* rebound
kimpale *(n.)* chunk
kimpoaminen *(n.)* rebound
kimppakyyti *(n.)* carpool
kimppu *(n.)* bunch
kina *(n.)* quarrel
kinaava *(adj.)* quarrelsome
kinastella *(v.)* brangle
kinata *(v.)* quarrel
kineettinen *(adj.)* kinetic
kiniini *(n.)* quinine
kinnas *(n.)* mitten
kinuski *(n.)* caramel
kioski *(n.)* kiosk
kipata *(v.)* dump
kipeä *(adj.)* sore
kipeäjalkainen *(adj.)* footsore
kipinä *(n.)* spark
kipinöidä *(v.)* spark
kipittää *(v.)* scurry
kippari *(n.)* skipper
kipsata *(v.)* plaster
kipsi *(n.)* plaster
kipu *(n.)* pain
kipuilu *(n.)* hurt
kipulääke *(n.)* pain relief
kirahvi *(n.)* giraffe
kireys *(n.)* stringency

kireä *(adj.)* stringent
kireäksi *(adv.)* tautly
kiristetty *(adj.)* taut
kiristys *(n.)* blackmail
kiristäjä *(n.)* blackmailer
kirja *(n.)* book
kirjailija *(n.)* litterateur
kirjaimellinen *(adj.)* literal
kirjain *(n.)* letter
kirjakauppa *(n.)* bookshop
kirjakauppias *(n.)* bookseller
kirjakioski *(n.)* bookstall
kirjallinen asia *(n.)* bookish
kirjallisuus *(n.)* literature
kirjallisuus- *(adj.)* literary
kirjanmerkki *(n.)* bookmark
kirjanpito *(n.)* accounting
kirjanpitäjä *(n.)* book-keeper
kirjasto *(n.)* library
kirjastonhoitaja *(n.)* librarian
kirjata *(v.)* log
kirjava *(adj.)* motley
kirje *(n.)* missive
kirjeenvaihtaja *(n.)* correspondent
kirjeenvaihto *(n.)* correspondence
kirjekuori *(n.)* envelope
kirjelmä *(n.)* writ
kirjoittaa *(v.)* write
kirjoittaa isoin kirjaimin *(v.)* capitalize
kirjoittaa koneella *(v.)* type
kirjoittaa puhtaaksi *(v.)* transcribe
kirjoittaa resepti *(v.)* prescribe
kirjoittaa runomittaan *(v.)* versify
kirjoittaa uudelleen *(v.)* rewrite
kirjoittaja *(n.)* writer
kirjoittautua *(v.)* matriculate
kirjoittautuminen *(n.)* matriculation
kirjoitus *(n.)* scripture
kirjoituspöytä *(n.)* desk
kirjoitustarvikkeet *(n.)* stationery
kirjonta *(n.)* embroidery
kirkaista *(v.)* shriek
kirkaisu *(n.)* shriek
kirkas *(adj.)* clear
kirkastaa *(v.)* transfigure
kirkastua *(v.)* brighten
kirkastuminen *(n.)* transfiguration

kirkkaus *(n.)* brightness
kirkko *(n.)* church
kirkkoherra *(n.)* vicar
kirkkokansa *(n.)* worshipper
kirkkomaa *(n.)* churchyard
kirkollinen *(adj.)* ecclesiastical
kirkollisvero *(n.)* tithe
kirkonmies *(n.)* ecclesiast
kirkua *(v.)* scream
kirmailla *(v.)* cavort
kirmailu *(n.)* cavorting
kirnupiimä *(n.)* buttermilk
kirnuta *(v.)* churn
kirota *(v.)* damn
kirottava *(adj.)* damnable
kirottu *(adj.)* damned
kirous *(n.)* curse
kirpakka *(adj.)* crisp
kirpeytyä *(v.)* tang
kirpeä *(adj)* zesty
kirppu *(n.)* flea
kirpputori *(n.)* flea market
kirroosi *(n.)* cirrhosis
kirsikka *(n.)* cherry
kirurgi *(n.)* sawbones
kirurgi *(n.)* surgeon
kirurgia *(n.)* surgery
kirveltää *(v.)* smart
kirvely *(n.)* smart
kirves *(n.)* axe
kirves *(n.)* hatchet
kisa *(n.)* contest
kisailija *(n.)* competitor
kisailla *(v.)* sport
kisata *(v.)* contend
kiskoa yli *(v.)* overcharge
kiskoa ylihintaa *(v.)* rook
kiskonta *(n.)* extortion
kiskuri *(n.)* profiteer
kissa *(n.)* cat
kissakala *(n.)* catfish
kissamainen *(adj.)* feline
kissamaisuus *(n.)* felinity
kissanpentu *(n.)* kitten
kissatappelu *(n.)* catfight
kitalaki *(n.)* palate
kitara *(n.)* guitar
kiteyttää *(v.)* crystalize

kitka *(n.)* friction
kitkeryys *(n.)* bitterness
kitkerä *(adj.)* bitter
kitkeä *(v.)* weed
kitsas *(n.)* niggard
kitua *(v.)* languish
kitukasvuinen *(adj.)* scrubby
kitulias *(adj.)* scrub
kitupiikki *(n.)* scrooge
kiukutteleva *(adj.)* petulant
kiukuttelu *(n.)* petulance
kiuru *(n.)* lark
kiusa *(n.)* nuisance
kiusaaja *(n.)* bully
kiusallinen *(adj.)* awkward
kiusaus *(n.)* enticement
kiusoitella *(v.)* tease
kiusoittelevasti *(adv.)* teasingly
kiusoittelija *(n.)* tease
kiusoittelu *(n.)* teasing
kiva *(adj.)* nice
kivasti *(adv.)* nicely
kives *(n.)* testicle
kivespussi *(n.)* scrotum
kivettyä *(v.)* petrify
kivi *(n.)* stone
kivihiili *(n.)* coal
kivikala *(n.)* rockfish
kivimurska *(n.)* rubble
kivinen *(adj.)* stony
kivipaasi *(n.)* megalith
kivittää *(v.)* stone
kivivyöry *(n.)* rockfall
kivulias *(adj.)* painful
kivääri *(n.)* rifle
klaani *(n.)* clan
klarinetti *(n.)* clarinet
klassillinen *(adj.)* classical
klassinen *(adj.)* classic
klaustrofobia *(n.)* claustrophobia
klementiini *(n.)* clementine
klemmari *(n.)* clip
kliininen *(adj.)* clinical
klinikka *(n.)* clinic
klisee *(n.)* cliché
klooni *(n.)* clone
kloori *(n.)* chlorine
kloroformi *(n.)* chloroform

klusiili *(adj.)* occlusive
klyyvari *(n.)* snoot
knaapi *(n.)* cleat
koala *(n.)* koala
koboltti *(n.)* cobalt
kobra *(n.)* cobra
kodikas *(adj.)* cosy
kodinhoitaja *(n.)* matron
kodinkone *(n.)* appliance
koeaika *(n.)* probation
koe-esiintyminen *(n.)* audition
koeffisientti *(n.)* coefficient
koekappale *(n.)* specimen
koetella *(v.)* essay
koetteleminen *(n.)* tribulation
koettelemus *(n.)* ordeal
kofeiini *(n.)* caffeine
kohauttaa olkia *(v.)* shrug
kohdata *(v.)* encounter
kohdata kasvokkain *(v.)* face
kohde *(n.)* target
kohdella *(v.)* treat
kohdella huonosti *(v.)* ill-treat
kohdella kaltoin *(v.)* mistreat
kohdella töykeästi *(v.)* snub
kohdevalo *(n.)* spotlight
kohdistaa uudelleen *(v.)* reallocate
kohdistamattomuus *(n.)* non-alignment
kohdunkaula- *(adj.)* cervical
kohennus *(n.)* enhancement
kohentaa *(v.)* enhance
kohentua *(v.)* ameliorate
kohentuminen *(n.)* amelioration
kohina *(n.)* static
kohoaminen *(n.)* uplift
kohokohta *(n.)* climax
kohortti *(n.)* cohort
kohota *(v.)* raise
kohota korkealle *(v.)* tower
kohottaa *(v.)* uplift
kohottautua *(v.)* rise
kohta *(n.)* point
kohtaaminen *(n.)* encounter
kohtalo *(n.)* fate
kohtalokas *(adj.)* fatal
kohtalon määräämä *(v.)* fate
kohtalousko *(n.)* fatalism

kohtaus *(n.)* scene
kohteliaisuudenosoitus *(n.)* compliment
kohteliaisuus *(n.)* politeness
kohtelias *(adj.)* polite
kohti *(prep.)* towards
kohtisuora *(adj.)* perpendicular
kohtu *(n.)* uterus
kohtu *(n.)* womb
kohtuullinen *(adj.)* moderate
kohtuullistaa *(v.)* moderate
kohtuus *(n.)* moderation
kohtuuton *(adj.)* undue
koiperhonen *(n.)* moth
koira *(n.)* dog
koira- *(adj.)* canine
koiranhengitys *(n.)* dogbreath
koirankolo *(n.)* doghole
koirankoppi *(n.)* doghouse
koiras *(adj.)* male
koiratappelu *(n.)* dogfight
koiruoho *(n.)* wormwood
koitua *(v.)* incur
koivu *(n.)* birch
kojelauta *(n.)* dashboard
koju *(n.)* stand
kokaiini *(n.)* cocaine
kokardi *(n.)* cockade
kokea *(v.)* experience
kokea takaisku *(v.)* relapse
kokeellinen *(adj.)* tentative
kokeilu *(n.)* experiment
kokelas *(n.)* probationer
kokemattomuus *(n.)* inexperience
kokemus *(n.)* experience
kokki *(n.)* chef
kokko *(n.)* bonfire
koko *(adj.)* all
koko *(n.)* size
koko nimi *(n.)* full name
kokoelma *(n.)* collection
kokonaan *(adv.)* entirely
kokonainen *(adj.)* entire
kokonaisuus *(n.)* whole
kokonaisvaltainen *(adj.)* overall
kokoomateos *(n.)* omnibus
kokoomus *(n.)* coalition
kokoonkutsu *(n.)* convocation

kokoonkutsuja *(n.)* convener
kokoonpano *(n.)* assembly
kokoontaitettava *(adj.)* foldup
kokoontua *(v.)* convene
kokoontuminen *(n.)* convention
kokous *(n.)* meeting
koksata *(v.)* coke
kolera *(n.)* cholera
kolesteroli *(n.)* cholesterol
koliikki *(n.)* colic
kolikko *(n.)* coin
kolikonheitto *(n.)* toss
kolikot *(n.)* coinage
kolina *(n.)* clatter
kolista *(v.)* clack
kolistaa *(v.)* clatter
kolkko *(adj.)* inhospitable
kollageeni *(n.)* collagen
kollega *(n.)* colleague
kolli *(n.)* tomcat
kolmanneksi *(adv.)* thirdly
kolmannen osapuolen haltuun uskottu asiakirja *(n.)* escrow
kolmannes *(n.)* third
kolmannes *(n.)* trimester
kolmas *(n.)* tertiary
kolmas *(adj.)* third
kolmaskymmenes *(n.)* thirtieth
kolmaskymmenes *(adj.)* thirtieth
kolmastoista *(n.)* thirteenth
kolmastoista *(adj.)* thirteenth
kolme *(n.)* three
kolmekymmentä *(n.)* thirty
kolmesti *(adv.)* thrice
kolmetoista *(n.)* thirteen
kolmijalka *(n.)* tripod
kolmikko *(n.)* trio
kolmikulmainen *(adj.)* triangular
kolminaisuus *(n.)* trinity
kolminkertainen *(adj.)* triple
kolminkertaistaa *(v.)* triplicate
kolminkertaistaminen *(n.)* triplicate
kolminkertaistettu *(adj.)* triplicate
kolminkertaistua *(v.)* triple
kolminkertaistus *(n.)* triplication
kolmio *(n.)* triangle
kolmiosainen *(adj.)* tripartite
kolmipyörä *(n.)* tricycle

kolmivärinen *(adj.)* tricolour
kolo *(n.)* hole
kolpakko *(n.)* tankard
kolumnisti *(n.)* columnist
komea *(adj.)* handsome
komedia *(n.)* comedy
komeetta *(n.)* comet
komendantti *(n.)* commandant
komentaa *(v.)* command
komentaja *(n.)* commander
komero *(n.)* cabinet
komistaa *(v.)* grace
komitea *(n.)* committee
kommando *(n.)* commando
kommandopipo *(n.)* balaclava
kommellus *(n.)* mishap
kommentoida *(v.)* annotate
kommentti *(n.)* comment
kommunikea *(n.)* communique
kommunikoida *(v.)* communicate
kommunismi *(n.)* communism
kommunisti *(n.)* communist
kompa *(n.)* conundrum
kompassi *(n.)* compass
kompastella *(v.)* falter
kompastua *(v.)* trip
kompastus *(n.)* stumble
kompensaatio *(n.)* offset
kompensoida *(v.)* offset
kompensoida uudelleen *(v.)* recompense
komposti *(n.)* compost
komppania *(n.)* troop
kompressori *(n.)* compressor
kompromissi *(n.)* compromise
kompura *(adj.)* gawky
kompuroida *(v.)* stumble
kondensaatti *(n.)* condensate
kondensoida *(v.)* condense
kondiksessa *(adj.)* sound
kondorikotka *(n.)* condor
kone *(n.)* machine
kone- *(adj.)* mechanical
koneellinen *(adj.)* machine-made
koneistaja *(n.)* machinist
koneisto *(n.)* machinery
konekirjoittaja *(n.)* typist
konepelti *(n.)* bonnet

konferenssi *(n.)* conference
konfiguraatio *(n.)* configuration
konfiguroida *(v.)* configure
konfiguroida uudelleen *(v.)* reconfigurate
konflikteja välttävä *(adj.)* politic
konformisti *(n.)* conformist
konjunktio *(n.)* conjunction
konklusiivinen *(adj.)* conclusive
konkurssi *(n.)* bankruptcy
konkurssissa *(adj.)* bankrupt
konna *(n.)* rogue
konnuus *(n.)* roguery
konsertti *(n.)* concert
konservaattori *(n.)* conservator
konservatiivinen *(adj.)* conservative
konservatorio *(n.)* conservatory
konsonanssi *(n.)* consonance
konsonantti *(n.)* consonant
konstaapeli *(n.)* constable
konsti *(n.)* wile
konstikas *(adj.)* intricate
konsulaatti *(n.)* consulate
konsuli *(n.)* consul
konsulin- *(adj.)* consular
konsultaatio *(n.)* consultation
konsultoida *(v.)* consult
konsultti *(n.)* consultant
konteksti *(n.)* context
kontrasti *(n.)* contrast
konvektio *(n.)* convection
konvulsio *(n.)* convulsion
koodaus *(n.)* coding
koodi *(n.)* code
koodinpurkaja *(n.)* decoder
kookas *(adj.)* sizable
kookos *(n.)* coconut
kookoskuitu *(n.)* coir
kooma *(n.)* coma
koomikko *(n.)* comedian
koominen *(adj.)* comic
koordinaatio *(n.)* coordination
koordinoida *(v.)* coordinate
koostaa *(v.)* compile
kooste *(n.)* compilation
koostua *(v.)* consist
koostumus *(n.)* consistency
koota *(v.)* assemble

koota yhteen *(v.)* congregate
kopeloida *(v.)* grope
kopio *(n.)* copy
kopioida *(v.)* copy
kopiokone *(n.)* copier
koppava *(adj.)* haughty
koppi *(n.)* cubicle
koputtaa *(v.)* knock
koralli *(n.)* coral
koreografia *(n.)* choreography
kori *(n.)* basket
korianteri *(n.)* coriander
koripallo *(n.)* basketball
koristaa *(v.)* garnish
koristautua *(v.)* adorn
koriste *(n.)* garnish
koriste- *(adj.)* decorative
koristeellinen *(adj.)* fancy
koriste-esine *(n.)* ornament
koristeet *(n.)* decor
koristekarppi *(n.)* koi
koristeköynnös *(n.)* festoon
koristella *(v.)* decorate
koristella jalokivin *(v.)* jewel
koristella lehdillä *(v.)* foliate
koristelu *(n.)* decoration
korjaaminen *(n.)* correction
korjaava *(adj.)* remedial
korjailla *(v.)* emendate
korjata *(v.)* repair
korjata satoa *(v.)* harvest
korjata virheitä *(v.)* debug
korjattavissa oleva *(adj.)* repairable
korjaus *(n.)* repair
korjauttaa *(v.)* amend
korkea *(adj.)* high
korkeakoulutus *(n.)* higher education
korkeasuhdanne *(n.)* prosperity
korkeus *(n.)* height
korkeusmittari *(n.)* altimeter
korkittaa *(v.)* cap
korkki *(n.)* cork
kornetti *(n.)* cornet
koroke *(n.)* dais
koronkiskonta *(n.)* usury
koronkiskuri *(n.)* usurer
korostaa *(v.)* accentuate
korostus *(n.)* highlight
korottaa *(v.)* heighten
korotus *(n.)* increase
korppi *(n.)* raven
korppikotka *(n.)* vulture
korrelaatio *(n.)* correlation
korreloida *(v.)* correlate
korruptio *(n.)* corruption
korruptoituminen *(n.)* jobbery
korruptoituneisuus *(n.)* venality
korruptoitunut *(adj.)* corrupt
korruptoituva *(adj.)* venal
kortinlukija *(n.)* card reader
kortisoni *(n.)* cortisone
kortti *(n.)* card
korttikotelo *(n.)* cardholder
korukivi *(n.)* jewel
koruseppä *(n.)* jeweller
koruton *(adj.)* artless
korva *(n.)* ear
korvaamaton *(adj.)* priceless
korvakuuloke *(n.)* earbud
korvamerkitä *(v.)* designate
korva-nenä-kurkku *(n.)* orl
korvapumppu *(n.)* aurilave
korvata *(v.)* replace
korvata kustannukset *(v.)* reimburse
korvata vahinko *(v.)* compensate
korvaus *(n.)* compensation
korventaa *(v.)* sear
korventua *(v.)* parch
korviasärkevä *(adj.)* deafening
kosinta *(n.)* proposal
kosiskelija *(n.)* suitor
kosiskella *(v.)* court
kosiskelu *(n.)* courtship
koska *(conj.)* because
koska *(adv.)* when
koskaan *(adv.)* ever
koskea *(v.)* concern
koskelo *(n.)* sawbill
koskematon pyhä *(adj.)* sacrosanct
koskettaa *(v.)* touch
kosketus *(n.)* touch
koskien *(prep.)* concerning
kosmeettinen *(adj.)* cosmetic
kosmetiikka *(n.)* cosmetic
kosminen *(adj.)* cosmic
kosmopoliittinen *(adj.)* cosmopolitan

kosmos *(n.)* cosmos
kostaa *(v.)* revenge
kostautua *(v.)* backfire
kostea *(adj.)* dank
kostea *(adj.)* moist
kosteus *(n.)* moisture
kosteusvoide *(n.)* lotion
kosteuttaa *(v.)* moisten
kosto *(n.)* vengeance
kostoisku *(n.)* revenge
kostonhimoinen *(adj.)* revengeful
kostotoimi *(n.)* retaliation
kostuttaa *(v.)* dampen
kotelo *(n.)* casing
koteloida *(v.)* encase
kotelokoppa *(n.)* cocoon
koti *(n.)* home
koti- *(adj.)* domiciliary
koti-ikävä *(adj.)* homesick
kotiinjuoksu *(n.)* runback
kotilo *(n.)* snail
kotimaahan palannut *(n.)* repatriate
kotimaan *(adj.)* domestical
kotimainen *(adj.)* domestic
kotiopettajatar *(n.)* governess
kotipaikka *(n.)* domicile
kotitalous *(n.)* domestic
kotitekoinen *(adj.)* home-made
kotiutettu *(adj.)* domiciled
kotiuttaa *(v.)* demobilize
kotiutus *(n.)* repatriation
kotka *(n.)* eagle
kotkata *(v.)* clinch
koukku *(n.)* hook
koulu *(n.)* school
koulukaveri *(n.)* schoolmate
koulukoti *(n.)* reformatory
kouluopettaja *(n.)* schoolteacher
koulupiha *(n.)* schoolyard
koulutalo *(n.)* schoolhouse
koulutoveri *(n.)* schoolfellow
kouluttaa *(v.)* educate
kouluttaja *(n.)* instructor
kouluttautua *(v.)* school
koulutus *(n.)* education
koura *(n.)* grapple
kouraista *(v.)* grasp
kourallinen *(n.)* handful

kouristaa *(v.)* convulse
kouristus *(n.)* throe
kouristustauti *(n.)* eclampsia
kova *(adj.)* hard
kova kurinpitäjä *(n.)* martinet
kovakourainen *(adj.)* rough
kovakuoriainen *(n.)* beetle
kovametalli *(n.)* carbide
kovanaama *(n.)* thug
kovasti *(adv.)* hard
kovaääninen *(adj.)* tumultuous
kovera *(adj.)* concave
kovertaa *(v.)* hollow
kovettaa *(v.)* starch
kovettua *(v.)* harden
kraatteri *(n.)* crater
kramppi *(n.)* cramp
kranaatinsirpale *(n.)* shrapnel
kranaatti *(n.)* grenade
kreikan kieli *(n.)* Greek
kreikkalainen *(adj.)* Greek
kreivikunta *(n.)* shire
kreivitär *(n.)* countess
krematorio *(n.)* crematorium
kreoli *(n.)* creole
kriisi *(n.)* crisis
kriitikko *(n.)* critic
kriittinen *(adj.)* critical
kriketti *(n.)* cricket
krilli *(n.)* krill
kristalli *(n.)* crystal
kristikunta *(n.)* Christendom
kristinusko *(n.)* Christianity
kristitty *(adj.)* Christian
kristus *(n.)* Christ
kriteeri *(n.)* criterion
kritiikki *(n.)* critique
kritisoida *(v.)* criticize
kroissantti *(n.)* croissant
krokotiili *(n.)* crocodile
kromi *(n.)* chrome
kromosomi *(n.)* chromosome
kronikka *(n.)* chronicle
kronikoitsija *(n.)* annalist
kronologia *(n.)* chronology
kronologinen *(adj.)* chronological
krooninen *(adj.)* chronic
krouvi *(n.)* roadhouse

krusifiksi *(n.)* crucifix
kruunajaiset *(n.)* coronation
kruunattu *(adj.)* crowned
kruunu *(n.)* crown
kryogeniikka *(n.)* cryogenics
kryptata *(v.)* encrypt
kryptattu *(adj.)* encrypted
kryptaus *(n.)* encryption
kryptinen *(adj.)* cryptic
kryptografia *(n.)* cryptography
ksenobiologia *(n.)* xenobiology
ksenofiili *(n.)* xenophile
ksenogeneesi *(n.)* xenogenesis
ksenomorfi *(n.)* xenomorph
ksylofiilinen *(adj.)* xylophilous
ksylofoni *(n.)* xylophone
kudos *(n.)* tissue
kuhista *(v.)* teem
kuhnuri *(n.)* drone
kuihtua *(v.)* wither
kuilu *(n.)* rift
kuin *(adv.)* as
kuin ällikällä lyöty *(adj.)* dumbfounded
kuinka *(adv.)* how
kuinka tahansa *(adv.)* however
kuiskaaja *(n.)* prompter
kuiskata *(v.)* whisper
kuiskaus *(n.)* whisper
kuitata *(v.)* acknowledge
kuitenkaan *(conj.)* yet
kuitenkin *(adv.)* though
kuittaus *(n.)* acknowledgement
kuitti *(n.)* receipt
kuitu *(n.)* fibre
kuitumainen *(adj.)* fibrous
kuituoptinen *(adj.)* fibre-optic
kuiva *(adj.)* dry
kuivaaja *(n.)* dryer
kuivapestä *(v.)* dry-clean
kuivata pyyhkeellä *(v.)* towel
kuivattaa *(v.)* dry
kuivattu *(adj.)* dried
kuivua *(v.)* dehydrate
kuivuminen *(n.)* dehydration
kuivuus *(n.)* drought
kuja *(n.)* alley
kuje *(n.)* reak

kuka *(pron.)* who
kuka tahansa *(pron.)* whoever
kuka/mikä tahansa *(adj.)* any
kukaan *(pron.)* anyone
kukikas *(adj.)* flowery
kukin *(pron.)* each
kukistaa *(v.)* overthrow
kukistaa *(v.)* vanquish
kukistaminen *(n.)* overthrow
kukistua *(v.)* subvert
kukistuminen *(n.)* downfall
kukka *(n.)* flower
kukkakaali *(n.)* cauliflower
kukkakimppu *(n.)* bouquet
kukkakimppu *(n.)* nosegay
kukkaro *(n.)* purse
kukkia *(v.)* bloom
kukkija *(n.)* bloomer
kukko *(n.)* cock
kukoistaa *(v.)* flourish
kukoistus *(n.)* prime
kukoistuskausi *(n.)* heyday
kulaus *(n.)* sup
kulautella *(v.)* gulp
kulauttaa *(v.)* sup
kulautus *(n.)* gulp
kulho *(n.)* bowl
kulinaarinen *(adj.)* culinary
kulinaristi *(n.)* epicure
kulissien takana *(adv.)* backstage
kulissit *(n.)* scenery
kuljeksia *(v.)* straggle
kuljeskeleva *(adj.)* vagabond
kuljeskella *(v.)* rove
kuljetin *(n.)* conveyor
kuljettaa *(v.)* transport
kuljettaa lautalla *(v.)* ferry
kuljettaminen *(n.)* transportation
kuljetus *(n.)* transport
kuljetusalusta *(n.)* flatbed
kuljetuslaatikko *(n.)* crate
kuljetusmaksu *(n.)* fare
kuljetuspalkka *(n.)* cartage
kulkea edellä *(v.)* precede
kulkea harhaan *(v.)* stray
kulkea jonkin kautta *(v.)* transit
kulkea luvatta *(v.)* trespass
kulkea läpi *(v.)* traverse

kulkija *(n.)* saunterer
kulku- *(adj.)* stray
kulkuaukko *(n.)* manhole
kulkue *(n.)* cortege
kulkukaavio *(n.)* flow chart
kulkukelpoinen *(adj.)* practicable
kulkukelvoton *(adj.)* impassable
kulkukoira/-kissa *(n.)* stray
kulkukortti *(n.)* badge
kulkulupa *(n.)* safe-conduct
kulkuneuvo *(n.)* conveyance
kulkuoikeus *(n.)* admittance
kulkureitti *(n.)* itinerary
kulkuri *(n.)* vagabond
kulkutauti *(n.)* pestilence
kullata *(v.)* gild
kullattu *(adj.)* gilt
kulma *(n.)* angle
kulmakarva *(n.)* eyebrow
kulmikas *(adj.)* angular
kulminoitua *(v.)* culminate
kulta *(n.)* gold
kultainen *(adj.)* golden
kultaseppä *(n.)* goldsmith
kultatikka *(n.)* flicker
kultti *(n.)* cult
kulttuuri *(n.)* culture
kulttuurinen *(adj.)* cultural
kulua *(v.)* dissipate
kulua loppuun *(v.)* deplete
kulunut *(adj.)* worn
kuluttaa *(v.)* consume
kuluttaa aikaa *(v.)* while
kuluttaja *(n.)* consumer
kuluttua *(prep.)* after
kulutus *(n.)* consumption
kulutuspinta *(n.)* treadplate
kumara *(n.)* stoop
kumarrus *(n.)* obeisance
kumartua *(v.)* duck
kumauttaa *(v.)* wallop
kumiankaa *(n.)* rubber duck
kumikaula *(n.)* rubberneck
kumiluoti *(n.)* rubber bullet
kumipuu *(n.)* rubber tree
kumisaapas *(n.)* gumboot
kumma *(adj.)* strange
kummajainen *(adj.)* wack

kummallinen *(adj.)* freak
kummallisuus *(n.)* oddity
kummastuttaa *(v.)* puzzle
kumminkin *(conj.)* nevertheless
kummisetä *(n.)* godfather
kummitella *(v.)* haunt
kummitteleva *(adj.)* ghoulish
kummitus *(n.)* spectre
kumoaminen *(n.)* repeal
kumota *(v.)* overrule
kumota *(v.)* abrogate
kumota *(v.)* confute
kumota *(v.)* disprove
kumota *(v.)* undo
kumouksellinen *(adj.)* subversive
kumous *(n.)* subversion
kumoutua *(v.)* repeal
kumpi *(pron.)* which
kumpi tahansa *(pron.)* whichever
kumppani *(n.)* mate
kumpu *(n.)* hillock
kumulatiivinen *(adj.)* cumulative
kun taas *(conj.)* whereas
kuningas *(n.)* king
kuningaskunta *(n.)* kingdom
kuningatar *(n.)* queen
kuninkaallinen *(adj.)* royal
kuninkaallisuus *(n.)* royalty
kuninkaanmurha *(n.)* regicide
kunnallis- *(adj.)* municipal
kunnes *(conj.)* till
kunnia *(n.)* glory
kunnia *(n.)* honour
kunnia- *(adj.)* honorary
kunniakas *(adj.)* glorious
kunniallinen *(adj.)* honourable
kunnianarvoinen *(adj.)* reverend
kunnianarvoisa *(adj.)* stately
kunnianhimo *(n.)* ambition
kunnianhimoinen *(adj.)* ambitious
kunnianloukkaus *(n.)* libel
kunnianosoitus *(n.)* accolade
kunniattomuus *(n.)* dishonour
kunnioitettava *(adj.)* reverent
kunnioitettava *(adj.)* venerable
kunnioittaa *(v.)* honour
kunnioittaa *(v.)* respect
kunnioittaminen *(n.)* veneration

kunnioittava *(adj.)* respectful
kunnioittava *(adj.)* reverential
kunnioitus *(n.)* respect
kunnioitusta herättävä *(adj.)* imposing
kunnolla *(adv.)* properly
kunnollinen *(adj.)* proper
kunnossapito *(n.)* maintenance
kunnostaa *(v.)* overhaul
kunnostautua *(v.)* recondition
kunnostus *(n.)* overhaul
kunta *(n.)* municipality
kunta *(n.)* township
kunto *(n.)* condition
kuntoharjoittelu *(n.)* fitness training
kuntomittari *(n.)* fitness tracker
kuntotesti *(n.)* fitness test
kuntouttaa *(v.)* rehabilitate
kuntoutus *(n.)* rehabilitation
kuohita *(v.)* emasculate
kuohitseminen *(n.)* emasculation
kuokka *(n.)* mattock
kuokkia *(v.)* spade
kuola *(n)* drool
kuolain *(n.)* bit
kuolata *(v.)* drool
kuolema *(n.)* death
kuolemaa sureva *(adj.)* bereaved
kuoleman- *(adj.)* deadly
kuolemanjälkeinen *(adj.)* post-mortem
kuolemantapaus *(n.)* fatality
kuolematon *(adj.)* immortal
kuolemattomuus *(n.)* immortality
kuolettava *(adj.)* mortal
kuoleutua *(v.)* mortify
kuoleva *(adj.)* moribund
kuolevainen *(n.)* mortal
kuolevaisuus *(n.)* mortality
kuolin- *(adj.)* obituary
kuolio *(n.)* gangrene
kuolla *(v.)* die
kuolleet *(n.)* dead
kuollut *(adj.)* dead
kuollut iho *(n.)* slough
kuolon- *(adj.)* deathly
kuolonuhri *(n.)* casualty
kuoma *(n.)* chum

kuona *(n.)* scum
kuono *(n.)* snout
kuonokoppa *(n.)* muzzle
kuoppa *(n.)* pit
kuori *(n.)* crust
kuori *(n.)* peel
kuoria *(v.)* exfoliate
kuoria *(v.)* peel
kuoriutua *(v.)* hatch
kuorma *(n.)* load
kuorma-auto *(n.)* lorry
kuormata *(v.)* load
kuormittaa *(v.)* encumber
kuoro *(n.)* choir
kuorrute *(n.)* frosting
kuorruttaa *(v.)* encrust
kuorsata *(v.)* snore
kuorsaus *(n.)* snore
kuortunut *(adj.)* encrusted
kupari *(n.)* copper
kuperkeikka *(n.)* somersault
kupla *(n.)* bubble
kuplamuovi *(n.)* bubble wrap
kupoli *(n.)* dome
kuponki *(n.)* coupon
kuponki *(n.)* cupon
kuppi *(n.)* cup
kupsahdus *(n.)* tumble
kupu *(n.)* craw
kupumainen *(adj.)* bulbous
kuraattori *(n.)* curator
kurata *(v.)* soil
kuri *(n.)* discipline
kuriiri *(n.)* courier
kuristaa *(v.)* garrotte
kuristaja *(n.)* garrotter
kuristautua *(v.)* strangle
kuristua *(v.)* constrict
kuristuminen *(n.)* strangulation
kuristuslanka *(n.)* garrotte
kuriton *(adj.)* unruly
kurittaa *(v.)* castigate
kurittomuus *(n.)* indiscipline
kurja *(adj.)* despicable
kurjenpolvi *(n.)* geranium
kurjuus *(n.)* misery
kurkku *(n.)* cucumber
kurkku *(n.)* throat

kurkku- *(adj.)* guttural
kurkottaa kaulaansa *(v.)* rubberneck
kurkuma *(n.)* turmeric
kurkumiini *(n.)* curcumin
kurkunkansi *(n.)* epiglottis
kurluttaa *(v.)* gargle
kurnutus *(n.)* croak
kurpitsa *(n.)* pumpkin
kurpitsa *(n.)* squash
kursailematon *(adv.)* point blank
kursia *(v.)* tack
kursiivi *(adj.)* italic
kursiivinen *(adj.)* cursive
kursivointi *(n.)* italics
kurssi *(n.)* course
kurtisaani *(n.)* courtesan
kurtistaa *(v.)* frown
kurtistus *(n.)* frown
kurvi *(n.)* curve
kustannus *(n.)* expense
kutea *(v.)* spawn
kuten *(pron.)* such
kutiava *(adj.)* ticklish
kutina *(n.)* itch
kutista *(v.)* itch
kutistaa *(v.)* dwarf
kutistua *(v.)* shrink
kutistuminen *(n.)* shrinkage
kutittaa *(v.)* tickle
kutoa *(v.)* weave
kutoja *(n.)* weaver
kutsu *(n.)* summons
kutsua *(v.)* invite
kutsua kokoon *(v.)* convoke
kutsua koolle *(v.)* summon
kutsua väärin *(v.)* miscall
kutsuminen *(n.)* invitation
kutsumus *(n.)* vocation
kutu *(n.)* spawn
kuu *(n.)* moon
kuu- *(adj.)* lunar
kuudes *(adj.)* sixth
kuudeskymmenes *(adj.)* sixtieth
kuudestoista *(adj.)* sixteenth
kuuhulluus *(n.)* lunacy
kuukausi *(n.)* month
kuukausijulkaisu *(n.)* monthly
kuukausipalkka *(n.)* salary

kuukausittain *(adv.)* monthly
kuukausittainen *(adj.)* monthly
kuukautis- *(adj.)* menstrual
kuukautiset *(n.)* menstruation
kuukautisvuoto *(n.)* menses
kuulalaakeri *(n.)* ball bearing
kuuliainen *(adj.)* obedient
kuuliaisuus *(n.)* obedience
kuulla *(v.)* hear
kuulla vahingossa *(v.)* overhear
kuullottaa *(v.)* saute
kuulopuhe *(n.)* hearsay
kuultavissa oleva *(adj.)* audible
kuulua *(v.)* belong
kuulua johonkin *(v.)* pertain
kuuluisa *(adj.)* famous
kuuluisuus *(n.)* fame
kuulumaton *(adj.)* inaudible
kuulustella *(v.)* interrogate
kuulustelu *(n.)* interrogation
kuuluttaa *(v.)* announce
kuulutus *(n.)* announcement
kuuma *(adj.)* hot
kuumankostea *(adj.)* muggy
kuume *(n.)* fever
kuumeinen *(adj.)* feverish
kuumentaa *(v.)* heat
kuumuus *(n.)* heat
kuunari *(n.)* schooner
kuunnella *(v.)* listen
kuuntelija *(n.)* listener
kuunvalo *(n.)* moonlight
kuura *(n.)* frost
kuuro *(adj.)* deaf
kuuroittainen *(adj.)* showery
kuuroutua *(v.)* deafen
kuusi *(n.)* fir
kuusi *(n.)* six
kuusikymmentä *(n., adj.)* sixty
kuusitoista *(n., adj.)* sixteen
kuutio *(n.)* cube
kuutiomainen *(adj.)* cubical
kuva *(n.)* image
kuva *(n.)* picture
kuvaaminen *(n.)* portrayal
kuvaannollinen *(adj.)* figurative
kuvaelma *(n.)* tableau
kuvaileva *(adj.)* descriptive

kuvailla *(v.)* describe	**kylpy** *(n.)* bath
kuvakaappaus *(n.)* screenshot	**kylpytakki** *(n.)* bathrobe
kuvamateriaali *(n.)* footage	**kyltymätön** *(adj.)* insatiable
kuvankaunis *(adj.)* picturesque	**kylvää** *(v.)* sow
kuvanveistäjä *(n.)* sculpturist	**kylä** *(n.)* village
kuvastaa *(v.)* portray	**kyläläinen** *(n.)* villager
kuvasto *(n.)* imagery	**kymmenen** *(n.)* ten
kuvata *(v.)* figure	**kymmenes** *(adj.)* tenth
kuvata elokuvaa *(v.)* film	**kymmenkertainen** *(adj.)* tenfold
kuvateksti *(n.)* caption	**kymmenkertaisesti** *(adv.)* tenfold
kuvaukset *(n.)* shoot	**kymmenvuotis-** *(n.)* decennary
kuvaus *(n.)* depiction	**kynnellinen** *(adj.)* taloned
kuve *(n.)* flank	**kynsi** *(n.)* fingernail
kuvernööri *(n.)* governor	**kynsileikkuri** *(n.)* clipper
kuvio *(n.)* pattern	**kynsipatja** *(n.)* quick
kuvioida uudelleen *(v.)* retread	**kynttilä** *(n.)* candle
kuviosaha *(n.)* jigsaw	**kynttilänvalo** *(n.)* candlelight
kuvitella *(v.)* imagine	**kyntää** *(v.)* till
kuviteltu *(adj.)* imaginary	**kyntöaura** *(n.)* plough
kuvittaa *(v.)* picture	**kypsymättömyys** *(n.)* immaturity
kuvitteellinen *(adj.)* fanciful	**kypsymätön** *(adj.)* callow
kuvituskuva *(n.)* illustration	**kypsyys** *(n.)* maturity
kuvottaa *(v.)* sicken	**kypsyä** *(v.)* ripen
kuvottava *(adj.)* repellent	**kypsä** *(adj.)* ripe
kvantti *(n.)* quantum	**kypärä** *(n.)* helmet
kyber- *(adj.)* cyber	**kyseenalainen** *(adj.)* questionable
kyberrikollisuus *(n.)* cybercrime	**kyseenalaistaa** *(v.)* question
kyhäelmä *(n.)* scambling	**kyseinen** *(adj.)* respective
kykenemättömyys *(n.)* inability	**kysellä** *(v.)* query
kykenemätön *(adj.)* incapable	**kysely** *(n.)* query
kykenevyys *(n.)* capability	**kyselylomake** *(n.)* questionnaire
kykenevä *(adj.)* able	**kysta** *(n.)* cyst
kykeneväinen *(adj.)* abled	**kysymys** *(n.)* question
kyklooppi *(n.)* cyclops	**kysymyssana** *(n.)* interrogative
kyky *(n.)* ability	**kysyvä** *(adj.)* interrogative
kyljys *(n.)* cutlet	**kysyä** *(v.)* ask
kylki- *(adj.)* costal	**kyteä** *(v.)* smoulder
kylkiluu *(n.)* rib	**kytkentäkaavio** *(n.)* schematic
kylkiuinti *(n.)* sidestroke	**kytkeytyä** *(v.)* attach
kyllä *(adv.)* yes	**kytkeä** *(v.)* switch
kylläinen *(adj.)* replete	**kytkin** *(n.)* clutch
kylläisyys *(n.)* satiety	**kytkös** *(n.)* affiliation
kyllästää *(v.)* satiate	**kyttyrä** *(n.)* bump
kylmä *(adj.)* cold	**kyvetti** *(n.)* cuvette
kylmänkestävä *(adj.)* hardy	**kyvykkyys** *(n.)* prowess
kylmänkostea *(adj.)* clammy	**kyvykäs** *(adj.)* capable
kylmäsäilytys *(n.)* refrigeration	**kyvyttömyys** *(n.)* incapacity
kylpeä *(v.)* bathe	**kyvytön** *(adj.)* unable

kyydissä *(adv.)* aboard
kyyhky *(n.)* pigeon
kyyhkynen *(n.)* dove
kyykistyä *(v.)* squat
kyykkiä *(v.)* crouch
kyyläävä *(adj.)* nosey
kyynel *(n.)* tear
kyynelehtivä *(adj.)* lachrymose
kyynelehtiä *(v.)* weep
kyyneleinen *(adj.)* tearful
kyynelkaasu *(n.)* tear gas
kyynelpisara *(n.)* teardrop
kyynikko *(n.)* cynic
kyyninen *(adj.)* cynical
kyynärpää *(n.)* elbow
kyynärvarsi *(n.)* forearm
kyynärä *(n.)* cubit
kyyristyä *(v.)* cower
kyyti *(n.)* ride
kädenreikä *(n.)* armhole
kädensija *(n.)* handle
kädestäennustaja *(n.)* palmist
kädestäennustaminen *(n.)* palmistry
käheä *(adj.)* raspy
käki *(n.)* cuckoo
kämmen *(n.)* hand
kämppäkaveri *(n.)* room-mate
kännykkä *(n.)* cell phone
käpertyä *(v.)* nestle
käpälöidä *(n.)* paw
kärhi *(n.)* tendril
käristys *(n.)* fry
käristää *(v.)* fry
kärkevä *(adj.)* poignant
kärki *(n.)* cusp
kärkkyä *(v.)* vie
kärkäs *(adj.)* desirous
kärpänen *(n.)* fly
kärry *(n.)* cart
kärsimys *(n.)* affliction
kärsimättömyys *(n.)* impatience
kärsimätön *(adj.)* impatient
kärsivällinen *(adj.)* patient
kärsivällisyys *(n.)* patience
kärsiä *(v.)* suffer
kärsä *(n.)* rostrum
kärsäkäs *(n.)* weevil
kärventymä *(n.)* scorch
kärventää *(v.)* scorch
käräjöidä *(v.)* litigate
käräjöinti *(n.)* litigation
käsijarru *(n.)* handbrake
käsikirja *(n.)* handbook
käsikirjoittaja *(n.)* scenarist
käsikirjoitus *(n.)* manuscript
käsikähmä *(n.)* melee
käsimatkatavara *(n.)* hand luggage
käsimatkatavarat *(n.)* hand baggage
käsinkosketeltava *(adj.)* palpable
käsinoja *(n.)* armrest
käsinukke *(n.)* puppet
käsiohjelma *(n.)* handbill
käsipora *(n.)* wimble
käsiraudat *(n.)* handcuff
käsiraudoittaa *(v.)* handcuff
käsirysy *(n.)* ruckus
käsite *(n.)* concept
käsitellä *(v.)* handle
käsiteltävänä oleva *(adj.)* subjudice
käsiteollisuus *(n.)* handicraft
käsittämätön *(adj.)* unaccountable
käsittämätön *(adj.)* uncanny
käsittää *(v.)* comprehend
käsittää väärin *(v.)* misapprehend
käsitys *(n.)* comprehension
käsityö *(n.)* handiwork
käsityöläinen *(n.)* craftsman
käsityötaito *(n.)* craft
käsivarrellinen *(adj.)* armlet
käsivarsi *(n.)* arm
käsivoide *(n.)* hand lotion
käsky *(n.)* behest
käsky *(n.)* ruling
käskyläinen *(n.)* minion
käskynalainen *(n.)* subordinate
käskynalaisuus *(n.)* subordination
käskytys *(n.)* commandment
käteinen *(n.)* cash
käteisennosto kortilta *(n.)* cashback
kätevyys *(n.)* convenience
kätevä *(adj.)* convenient
kätevä käsistään *(adj.)* handy
kätilö *(n.)* midwife
kätkeä *(v.)* secrete
kätyri *(n.)* henchman
käveleskellä *(v.)* stroll

kävellä *(v.)* walk
kävely *(n.)* walk
kävelykeppi *(n.)* cane
kävelykykyinen *(adj.)* ambulant
kävelylenkki *(n.)* ramble
kävelyretki *(n.)* stroll
kävelytie *(n.)* footpath
käydä *(v.)* ferment
käydä kauppaa *(v.)* deal
käydä kuin tanssi *(v.)* cakewalk
käydä kävelylenkillä *(v.)* ramble
käydä laitonta kauppaa *(v.)* traffic
käydä läpi *(v.)* review
käydä naisissa *(v.)* womanise
käydä piknikillä *(v.)* picnic
käydä toteen *(v.)* pencil
käydä uudelleen *(v.)* revisit
käydä vaihtokauppaa *(v.)* trade
käyminen *(n.)* ferment
käymistila *(n.)* fermentation
käymälä *(n.)* lavatory
käynti *(n.)* gait
käyntikortti *(n.)* business card
käypä *(adj.)* doable
käyskennellä *(v.)* saunter
käyskentely *(n.)* saunter
käytellä *(v.)* wield
käytetty *(adj.)* second-hand
käytetty *(adj.)* used
käyttäminen *(n.)* use
käyttäytyä *(v.)* behave
käyttäytyä huonosti *(v.)* misbehave
käyttää *(v.)* use
käyttää alkusointua *(v.)* alliterate
käyttää hyväkseen *(v.)* exploit
käyttää lämmityslaitetta *(v.)* salamander
käyttää rahaa *(v.)* expend
käyttää templaattia *(v.)* template
käyttää uudelleen *(v.)* reuse
käyttää veto-oikeutta *(v.)* veto
käyttää väärin *(v.)* misuse
käyttö *(n.)* usage
käyttökelpoinen *(adj.)* usable
käyttökelpoisuus *(n.)* practicability
käyttötili *(n.)* current account
käytännöllinen *(adj.)* practical
käytännöllisesti *(adv.)* practically

käytännönläheinen *(adj.)* pragmatic
käytäntö *(n.)* policy
käytävä *(n.)* aisle
käytös *(n.)* behaviour
käytöstapa *(n.)* manner
käytöstavat *(n.)* decorum
käännellä *(v.)* invert
käännettävä *(adj.)* reversible
käännyttää *(v.)* dehort
käännös *(n.)* translation
käänteentekevä *(adj.)* momentous
käänteinen *(adj.)* reverse
kääntyillä *(v.)* bewind
kääntyä *(v.)* pivot
kääntyä suksilla *(v.)* telemark
kääntyä takaisin *(v.)* revert
kääntää *(v.)* turn
kääntää kieltä *(v.)* translate
kääntää nurin *(v.)* evert
kääntää pois *(v.)* divert
kääntää sivuun *(v.)* avert
kääntää ympäri *(v.)* flip
kääntöpuolella *(adv.)* overleaf
kääntöpuoli *(n.)* reverse
kääpiö *(n.)* dwarf
kääpiö *(n.)* midget
kääpiö *(n.)* pigmy
kääpiö- *(adj.)* dwarf
kääpiökana *(n.)* bantam
kääpiökasvu *(n.)* nanism
kääre *(n.)* wrap
käärepaperi *(n.)* wrapper
käärinliina *(n.)* shroud
kääriytyä *(v.)* furl
kääriä *(v.)* wrap
kääriä liinaan *(v.)* shroud
käärme *(n.)* snake
käärö *(n.)* scroll
kölninvesi *(n.)* cologne
kömmähdys *(n.)* blunder
kömpelö *(adj.)* clumsy
köngäs *(n.)* cascade
könttäsumma *(n.)* lump sum
köntys *(n.)* oaf
köyhdyttää *(v.)* impoverish
köyhtyä *(v.)* depauperate
köyhyys *(n.)* poverty
köyhä *(adj.)* poor

köynnös *(n.)* vine
köynnöskasvi *(n.)* creeper
köysi *(n.)* rope
köysirata *(n.)* cable car
köyttää *(v.)* rope

laadukas *(adj.)* sterling
laadullinen *(adj.)* qualitative
laahustaa *(v.)* shamble
laajakaista *(n.)* broadband
laajalle levinnyt *(adj.)* widespread
laajasti *(adv.)* wide
laajennus *(n.)* expansion
laajentaa *(v.)* expand
laajentua *(v.)* dilate
laajuus *(n.)* extent
laakeri *(n.)* bearing
laakeripuu *(n.)* laurel
laakso *(n.)* dale
laama *(n.)* lama
laantua *(v.)* subside
laardi *(n.)* lard
laastari *(n.)* Band-Aid
laastita *(v.)* mortar
laatia *(v.)* devise
laatia kaaviota *(v.)* chart
laatikko *(n.)* box
laatikosto *(n.)* drawer
laatoittaa *(v.)* tile
laatta *(n.)* slab
laatu *(n.)* quality
laava *(n.)* lava
laboratorio *(n.)* laboratory
labyrintti *(n.)* labyrinth
ladata *(v.)* download
ladata *(v.)* upload
laguuni *(n.)* lagoon
lahja *(n.)* gift
lahjakas *(adj.)* gifted
lahjakkuus *(n.)* talent
lahjoa *(v.)* bribe
lahjoittaa *(v.)* donate
lahjoittaja *(n.)* benefactor
lahjoitus *(n.)* donation

lahjomaton *(adj.)* incorruptible
lahko *(n.)* sect
lahkolainen *(adj.)* sectarian
laho *(adj.)* decadent
lahti *(n.)* gulf
laidun *(n.)* pasture
laiduntaa *(v.)* pasture
laihduttaa *(v.)* emaciate
laihtua *(v.)* slim
laillinen *(adj.)* legal
laillistaa *(v.)* decriminalize
laillistaminen *(n.)* decriminalization
laillisuus *(n.)* legality
laimennus *(n.)* dilution
laimentaa *(v.)* dilute
laiminlyödä *(v.)* neglect
laiminlyönti *(n.)* neglect
lain ulkopuolella *(adj.)* extrajudicial
laina *(n.)* loan
lainailla *(v.)* borrow
lainata *(v.)* lend
lainausmerkeissä *(adj.)* unquote
laine *(n.)* wave
lainehtia *(v.)* wave
laineikas *(adj.)* wavy
lainkaan *(adv.)* none
lainkäyttövalta *(n.)* jurisdiction
lainmukainen *(adj.)* lawful
lainoittaa *(v.)* loan
lainsuojaton *(n.)* outlaw
lainsäädännöllinen *(adj.)* legislative
lainsäädäntö *(n.)* legislation
lainsäädäntöelin *(n.)* legislature
lainsäätäjä *(n.)* legislator
lainvastainen *(adj.)* lawless
laiska *(adj.)* lazy
laiskiainen *(n.)* sloth
laiskimus *(n.)* dawdler
laiskotella *(v.)* laze
laiskuri *(n.)* sluggard
laiskuus *(n.)* laziness
laitakaupunki *(n.)* outskirts
laite *(n.)* device
laitella *(v.)* lay
laiton *(adj.)* illegal
laitos *(n.)* facility
laittaa *(v.)* place
laittaa jääkaappiin *(v.)* refrigerate

laittaa kuonokoppa *(v.)* muzzle	**laksatiivinen** *(adj.)* laxative
laittaa pöydälle *(v.)* table	**laktoosi** *(n.)* lactose
laittaa tarjottimelle *(v.)* tray	**lama** *(n.)* slump
laittaa taskuun *(v.)* pocket	**lamaannus** *(n.)* prostration
laittaa tuppeen *(v.)* sheath	**lamauttaa** *(v.)* discourage
laitteisto *(n.)* apparatus	**laminoida** *(v.)* laminate
laituri *(n.)* pier	**lammas** *(n.)* sheep
laiturimaksu *(n.)* wharfage	**lammasmainen** *(adj.)* sheepish
laiva *(n.)* ship	**lampaanliha** *(n.)* lamb
laivalasti *(n.)* shipload	**lampi** *(n.)* pond
laivan hylky *(n.)* shipwreck	**lamppu** *(n.)* lamp
laivan muotoinen *(adj.)* shipshape	**langata** *(v.)* floss
laivankaappaaja *(n.)* seajacker	**langaton** *(adj.)* wireless
laivankaappaus *(n.)* seajack	**langennut** *(adj.)* fallen
laivankansi *(n.)* deck	**langettaa** *(v.)* impose
laivankylki *(n.)* shipboard	**lanka** *(n.)* thread
laivankylki- *(adj.)* shipboard	**lanka** *(n.)* yarn
laivanrakentaja *(n.)* shipbuilder	**lankakerä** *(n.)* clew
laivanvarustaja *(n.)* shipowner	**lankalinja** *(n.)* landline
laivapäällikkö *(n.)* shipmaster	**lankku** *(n.)* plank
laivasto *(n.)* fleet	**lankuttaa** *(v.)* plank
laivasto- *(adj.)* naval	**lanne** *(n.)* hip
laivue *(n.)* squadron	**lannistaa** *(v.)* dishearten
laji *(n.)* species	**lannistava** *(adj.)* prohibitory
lajitella *(v.)* assort	**lannistua** *(v.)* deject
lajityyppi *(n.)* genre	**lannistumaton** *(adj.)* indomitable
lakaisija *(n.)* sweeper	**lannoite** *(n.)* fertilizer
lakaista *(v.)* sweep	**lannoittaa** *(v.)* manure
lakaisu *(n.)* sweep	**lanseerata** *(v.)* launch
lakana *(n.)* bed sheet	**lansetti** *(n.)* fingerstick
lakata *(v.)* cease	**lanta** *(n.)* dung
lakata *(v.)* varnish	**lanta** *(n.)* manure
lakeija *(n.)* lackey	**lanteet** *(n.)* loin
laki *(n.)* law	**lapaluu** *(n.)* scapula
lakikivi *(n.)* keystone	**lapaluu-** *(adj.)* scapular
lakimies *(n.)* lawyer	**lapaluun** *(n.)* scapular
lakisääteinen *(adj.)* statutory	**lapata** *(n.)* trowel
lakka *(n.)* varnish	**lapio** *(n.)* shovel
lakkaaminen *(n.)* cessation	**lapioida** *(v.)* shovel
lakkautettu *(adj.)* defunct	**lappu** *(n.)* label
lakkauttaa *(v.)* abolish	**lappukoe** *(n.)* patch test
lakkautua *(v.)* discontinue	**lapsekas** *(adj.)* puerile
lakkautus *(n.)* abolition	**lapsellinen** *(adj.)* childish
lakko *(n.)* strike	**lapsenkasvoinen** *(n.)* babyface
lakkoilija *(n.)* striker	**lapsenmurha** *(n.)* infanticide
lakkoilla *(v.)* strike	**lapsi** *(n.)* child
lakoninen *(adj.)* laconic	**lapsi** *(n.)* kid
laksatiivi *(n.)* laxative	**lapsus** *(n.)* lapse

lapsuus *(n.)* childhood
lapsuusajan *(adj.)* infantile
laputtaa *(v.)* label
lasi *(n.)* glass
lasikuitu *(n.)* fibreglass
lasimurska *(n.)* cullet
lasinalunen *(n.)* coaster
lasintekijä *(n.)* glassmaker
lasitalo *(n.)* glasshouse
lasite *(n.)* glaze
lasittaa *(v.)* glassify
lasittaja *(n.)* glazier
lasittua *(v.)* glaze
laskea *(v.)* compute
laskea hautaan *(v.)* entomb
laskea jonkun ansioksi *(v.)* attribute
laskea leikkiä *(v.)* jest
laskea liikkeelle *(v.)* issue
laskea uudelleen *(v.)* recount
laskea väärin *(v.)* miscalculate
laskea yhteen *(v.)* total
laskelma *(n.)* calculation
laskelmoida *(v.)* calculate
laskeminen *(n.)* computation
laskeskeleva *(adj.)* tally
laskeskella *(v.)* count
laskettava *(adj.)* countable
laskeuma *(n.)* fallout
laskeutua *(v.)* alight
laskeutua köydellä *(v.)* abseil
laskeutuminen *(n.)* descent
laskeva *(adj.)* downward
laskevasti *(adv.)* downward
laskija *(n.)* numerator
laskin *(n.)* calculator
laskos *(n.)* crease
lasku *(n.)* bill
laskukanava *(n.)* sluice
laskusilta *(n.)* drawbridge
laskutettava *(adj.)* billable
laskuvarjo *(n.)* parachute
laskuvarjohyppääjä *(n.)* parachutist
laskuvesi *(n.)* ebb
laskuvirhe *(n.)* miscalculation
lastata *(v.)* lade
lasten vahtiminen *(n.)* babysitting
lastenhoitaja *(n.)* nanny
lastenhoito *(n.)* childcare

lastenhuone *(n.)* nursery
lastenrattaat *(n.)* baby carriage
lastenvaunut *(n.)* perambulator
lastu *(n.)* shive
lastut *(n.)* shavings
lato *(n.)* barn
lattea *(adj.)* insipid
latteus *(n.)* insipidity
lattia *(n.)* floor
laturi *(n.)* charger
lauantai *(n.)* Saturday
laudoitus *(n.)* boarding
lauha *(adj.)* temperate
lauhduttaa *(v.)* temperate
lauhkea *(adj.)* placable
laukaisin *(n.)* trigger
laukaista *(v.)* trigger
laukaisu *(n.)* launch
laukata *(v.)* gallop
laukaus *(n.)* shot
laukeaminen *(n.)* debacle
laukka *(n.)* canter
laukku *(n.)* bag
laulaa *(v.)* sing
laulaa kaksin *(v.)* duet
laulaja *(n.)* singer
laulu *(n.)* song
laululintu *(n.)* songster
lauma *(n.)* herd
lauseke *(n.)* clause
lausua *(v.)* enunciate
lausua väärä vala *(v.)* perjure
lausuma *(n.)* dictum
lausunta *(n.)* enunciation
lausunto *(n.)* utterance
lausuva *(adj.)* enunciatory
lauta *(n.)* board
lautamies *(n.)* juror
lautanen *(n.)* plate
lautapeli *(n.)* board game
lautasliina *(n.)* napkin
lautta *(n.)* ferry
lava *(n.)* platform
lavantauti *(n.)* typhoid
lavastaa *(v.)* stage
lavea *(adj.)* broad
laventeli *(n.)* lavender
laverrella *(v.)* blab

lavertelija *(n.)* blabber
laveus *(n.)* breadth
lavuaari *(n.)* sink
legalisoida *(v.)* legalize
legenda *(n.)* legend
legendaarinen *(adj.)* legendary
legioona *(n.)* legion
legioonalainen *(n.)* legionary
legitiimi *(adj.)* legitimate
legitimiteetti *(n.)* legitimacy
lehdistö *(n.)* press
lehmä *(n.)* cow
lehtevä *(adj.)* leafy
lehti *(n.)* leaf
lehtimaja *(n.)* arbour
lehtimäinen *(adj.)* foliate
lehto *(n.)* coppice
lehtori *(n.)* preceptor
lehvistö *(n.)* foliage
lehvä *(n.)* sprig
leidi *(n.)* lady
leija *(n.)* kite
leijona *(n.)* Leo
leijona *(n.)* lion
leijonamainen *(adj.)* leonine
leikata ruohoa *(v.)* mow
leike *(n.)* cutting
leikekirja *(n.)* scrapbook
leikellä *(v.)* dissect
leikinlasku *(n.)* jest
leikkaaminen *(n.)* clipping
leikkaus *(n.)* cut
leikkauskelpoinen *(adj.)* operable
leikkausseinä *(n.)* shearwall
leikki *(n.)* play
leikkikaveri *(n.)* playdate
leikkikenttä *(n.)* playground
leikkimökki *(n.)* playhouse
leikkisä *(adj.)* playful
leikkiä ajatuksella *(v.)* toy
leikkuri *(n.)* cutter
leima *(n.)* stamp
leimata *(v.)* stamp
leimuava *(adj.)* blazing
leipoa *(v.)* bake
leipomo *(n.)* bakery
leipuri *(n.)* baker
leipä *(n.)* bread

leiri *(n.)* camp
leirintäalue *(n.)* campsite
leirinuotio *(n.)* campfire
leiriytyjä *(n.)* camper
leivitetty *(adj.)* breaded
leivos *(n.)* pastry
leivänmuru *(n.)* breadcrumb
leksikografia *(n.)* lexicography
lellitellä *(v.)* cocker
lelliä *(v.)* spoil
lelu *(n.)* toy
lelukauppa *(n.)* toystore
lelumyyjä *(n.)* toyseller
lelutalo *(n.)* toyhouse
leluvalmistaja *(n.)* toymaker
lemmenkipeä *(adj.)* amorous
lemmikki *(n.)* pet
lempeys *(n.)* clemency
lempeä *(adj.)* clement
lempinimi *(n.)* nickname
lemu *(n.)* stench
lemuava *(adj.)* rank
leninki *(n.)* frock
lenkkeillä *(v.)* jog
lennokkuus *(n.)* rapidity
lennätin *(n.)* telegraph
lennätys *(n.)* telegraphy
lento *(n.)* flight
lentobussi *(n.)* airbus
lentoemäntä *(n.)* air hostess
lentohenkilökunta *(n.)* aircrew
lentokenttä *(n.)* airfield
lentokone *(n.)* aeroplane
lentokone *(n.)* plane
lentolehtinen *(n.)* flyer
lentolipun hinta *(n.)* airfare
lentopaikka *(n.)* aerodrome
lentorahti *(n.)* air freight
lentotekniikka *(n.)* aeronautics
lentotukikohta *(n.)* airbase
lentää *(v.)* fly
leopardi *(n.)* leopard
lepakko *(n.)* bat
lepattaa *(v.)* flutter
lepatus *(n.)* flutter
lepotila *(n.)* repose
leppoisa *(adj.)* placid
leppymätön *(adj.)* relentless

leppä *(n.)* alder
lepra *(n.)* leprosy
lepuutella *(v.)* pillow
lepuuttaa *(v.)* repose
lepyttää *(v.)* placate
lerpattaa *(v.)* droop
lerputtaa *(v.)* lop
leseet *(n.)* bran
leski (mies) *(n.)* widower
leski (nainen) *(n.)* widow
leskiytyä *(v.)* widow
lesti *(n.)* last
letkeä *(adj.)* laid-back
letku *(n.)* hose
letti *(n.)* braid
leuka *(n.)* jaw
leuto *(adj.)* genial
leutous *(n.)* geniality
leventää *(v.)* widen
leveys *(n.)* width
leveysaste *(n.)* latitude
leveä *(adj.)* wide
levittyminen *(n.)* propagation
levittäytyä *(v.)* disperse
levittää *(v.)* spread
levittää geeliä *(v.)* gel
levitys *(n.)* spread
levitä *(v.)* pervade
levoton *(adj.)* apprehensive
levottomuus *(n.)* unrest
levy *(n.)* disc
levä *(n.)* seaweed
levät *(n.)* algae
levätä *(v.)* rest
libertiini *(n.)* libertine
liehittelijä *(n.)* minx
liehua *(v.)* waver
lieju *(n.)* mire
lieka *(n.)* tether
liekehtiä *(v.)* flame
liekeissä *(adv.)* aflame
liekki *(n.)* flame
liekkipuu *(n.)* flamboyant
liemi *(n.)* broth
lientyä *(v.)* alleviate
lieriö *(n.)* cylinder
lieriömäinen *(adj.)* cylindrical
liesi *(n.)* cooker

liete *(n.)* silt
lietsoa *(v.)* instigate
lietsonta *(n.)* instigation
lietsova *(adj.)* seditious
liettyä *(v.)* silt
liettää *(v.)* scum
lievennys *(n.)* mitigation
lieventyä *(v.)* relieve
lieventäminen *(n.)* alleviation
lieventää *(v.)* mitigate
lievittää *(v.)* allay
lievä rikos *(n.)* misdemeanour
liftata *(v.)* thumb
liha *(n.)* meat
lihaisa *(adj.)* beefy
lihakset *(n.)* brawn
lihaksikas *(adj.)* muscular
lihallinen *(adj.)* carnal
lihan leikkaaminen *(v.)* deflesh
lihansyöjä *(n.)* carnivore
lihas *(n.)* muscle
lihassärky *(n.)* myalgia
lihava *(adj.)* fat
liiallinen *(adj.)* superfluous
liiallisuus *(n.)* superfluity
liidellä *(v.)* soar
liiduta *(v.)* chalk
liiga *(n.)* league
liikahdus *(n.)* move
liike *(n.)* movement
liikearvo *(n.)* goodwill
liikehdintä *(n.)* motion
liikemies *(n.)* businessman
liikemäärä *(n.)* momentum
liikenne *(n.)* traffic
liikennemerkki *(n.)* traffic sign
liiketoimi *(n.)* venture
liiketoiminta *(n.)* business
liiketoimintasuunnitelma *(n.)* business plan
liikevaihto *(n.)* revenue
liikevoitto *(n.)* profit
liikkeenharjoittaja *(n.)* trader
liikkeenomistaja *(n.)* proprietor
liikkua *(v.)* move
liikkumaton *(adj.)* motionless
liikuntakyvytön *(adj.)* inert
liikuntasali *(n.)* gymnasium

liikuteltava *(adj.)* movable
liikuttaa *(v.)* propel
liila *(n.)* lilac
liima *(n.)* glue
liimaliuos *(n.)* mucilage
liimapuikko *(n.)* glue stick
liimata *(v.)* glue
liioin *(conj.)* nor
liioitella *(v.)* overdo
liirata *(v.)* skid
liirto *(n.)* skid
liiskata *(v.)* crush
liisteröidä *(v.)* paste
liite *(n.)* attachment
liiteri *(n.)* shed
liitin *(n.)* joiner
liitos *(n.)* annexation
liitto *(n.)* covenant
liittolainen *(n.)* ally
liittouma *(n.)* alliance
liittoutua *(v.)* affiliate
liittoutunut *(adj.)* allied
liittovaltio *(n.)* federation
liittovaltiollinen *(adj.)* federal
liittyä *(v.)* join
liittyä johonkin *(v.)* relate
liittyä yhteen *(v.)* conjoin
liittää *(v.)* annex
liittää eteen *(v.)* prefix
liittää perään *(v.)* suffix
liittää uudelleen *(v.)* reannex
liittää yhteen *(v.)* rejoin
liittää yhteen *(v.)* unite
liitu *(n.)* chalk
liitupöly *(n.)* chalkdust
liitutaulu *(n.)* blackboard
liivi *(n.)* vest
liivit *(n.)* waistcoat
lika *(n.)* dirt
likainen *(adj.)* dirty
likaisenruskea *(adj.)* drab
likakaivo *(n.)* cesspool
likellä *(prep.)* nigh
liki *(adv.)* nigh
likiarvoinen *(adj.)* approximate
likinäköinen *(adj.)* myopic
likinäköisyys *(n.)* myopia
likvidoida *(v.)* liquidate

likvidointi *(n.)* liquidation
lilja *(n.)* lily
lima *(n.)* mucus
lima *(n.)* slime
lima- *(adj.)* mucous
limainen *(adj.)* slimy
lime *(n.)* lime
limitetty *(adj.)* multiplex
limittyä *(v.)* overlap
limonadi *(n.)* lemonade
limppu *(n.)* loaf
linja *(n.)* line
linjata *(v.)* align
linjaus *(n.)* alignment
linkittää *(v.)* link
linkki *(n.)* link
linko *(n.)* sling
linna *(n.)* castle
linna *(n.)* chateau
linnake *(n.)* fortress
linnake *(n.)* stronghold
linnan ulkoseinämä *(n.)* bailey
linnanherra *(n.)* castellan
linnoittaa *(v.)* fortify
linnoitus *(n.)* citadel
linnoitus *(n.)* fort
linnunpoikanen *(n.)* chick
linnustaja *(n.)* fowler
linssi *(n.)* lens
linssi *(n.)* lentil
lintu *(n.)* bird
lintuliima *(n.)* birdlime
lintuparvi *(n.)* flock
lintutarha *(n.)* aviary
lintutiede *(n.)* ornithology
lintutieteilijä *(n.)* ornithologist
liottaa *(v.)* soak
liotus *(n.)* soak
lipasto *(n.)* commode
lipevä *(adj.)* flip
lipevä *(adj.)* slick
lipittäjä *(n.)* bibber
lippalakki *(n.)* cap
lippu *(n.)* flag
lipsahtaa *(v.)* slip
lipsua *(v.)* backslide
lirkutella *(v.)* wheedle
lisensoida *(v.)* license

lisenssi *(n.)* licence
lisenssinhaltija *(n.)* licensee
lisko *(n.)* lizard
lista *(n.)* list
listaennätys *(n.)* chartbuster
listata *(v.)* list
lisä- *(adj.)* extra
lisä- *(adj.)* supplementary
lisäaine *(n.)* additive
lisähinta *(n.)* premium
lisäke *(n.)* appendage
lisämaksu *(n.)* surcharge
lisämunuainen *(adj.)* adrenal
lisäravinne *(n.)* supplement
lisäsopimus *(n.)* addendum
lisätä *(v.)* add
lisätä loppuun *(v.)* append
lisävaruste *(n.)* accessory
lisävero *(n.)* supertax
lisäys *(n.)* increment
lisääntyminen *(n.)* proliferation
lisääntymis- *(adj.)* reproductive
lisääntymiskykyinen *(adj.)* potent
lisääntyä *(v.)* increase
lisääntyä nopeasti *(v.)* proliferate
litimärkä *(adj.)* soggy
litra *(n.)* litre
litteä *(adj.)* flat
liturginen *(adj.)* liturgical
liueta *(v.)* dissolve
liukas *(adj.)* slippery
liukastuminen *(n.)* slip
liukenematon *(n.)* insoluble
liukeneva *(adj.)* soluble
liukoisuus *(n.)* solubility
liuku *(n.)* glide
liukua *(v.)* glide
liukumäki *(n.)* slide
liukuportaat *(n.)* escalator
liuotin *(n.)* solvent
liuottaa pois *(v.)* desolvate
liuska *(n.)* strip
liuskekivi *(n.)* slate
live- *(adj.)* live
livenä *(adv.)* live
liverrys *(n.)* warble
livertää *(v.)* warble
livistää *(v.)* decamp

loata *(v.)* mire
logaritmi *(n.)* logarithm
logiikka *(n.)* logic
lohdutella *(v.)* condole
lohduttaa *(v.)* console
lohduttaa *(v.)* solace
lohdutus *(n.)* consolation
lohikäärme *(n.)* dragon
lohkare *(n.)* boulder
lohko *(n.)* block
lohtu *(n.)* solace
loihtia *(v.)* conjure
loikata *(v.)* leap
loikka *(n.)* leap
loikkaus *(n.)* pounce
loikoilla *(v.)* loll
loimu *(n.)* blaze
loiskahdus *(n.)* splash
loiskia *(v.)* splash
loistaa *(v.)* shine
loistava *(adj.)* resplendent
loistava *(adj.)* shiny
loiste *(n.)* shine
loisteliaisuus *(n.)* grandeur
loistelias *(adj.)* epicurean
loisto *(n.)* brilliance
loisto- *(n.)* epicurean
loistokas *(adj.)* glam
loistokkuus *(n.)* splendour
loitsu *(n.)* spell
lojaali *(adj.)* loyal
lojaalisuus *(n.)* loyalty
lojalisti *(n.)* loyalist
lokakuu *(n.)* October
lokalisoida *(v.)* localize
lokero *(n.)* compartment
lokikirja *(n.)* log
lokki *(n.)* gull
lokoisa *(adj.)* comfy
lokus *(n.)* locus
loma *(n.)* leave
lomake *(n.)* form
lomakohde *(n.)* resort
lomamatka *(n.)* vacation
lomittaa *(v.)* collate
lomittua *(v.)* interlock
lompakko *(n.)* wallet
loogikko *(n.)* logician

looginen *(adj.)* logical
lootus *(n.)* lotus
lopettaa *(v.)* quit
lopettaa (eutanasialla) *(v.)* euthanize
loppiainen *(n.)* epiphany
loppu *(n.)* end
loppua *(v.)* end
loppunäytös *(n.)* grand finale
loppusumma *(n.)* total
lopputulema *(n.)* outcome
lopputulos *(n.)* upshot
loppuunmyynti *(n.)* sell-out
lopuksi *(adv.)* ultimately
lopullinen *(adj.)* ultimate
lopulta *(adv.)* eventually
loput *(n.)* rest
loputon *(adj.)* endless
lordi *(n.)* lord
lordius *(n.)* lordship
lorottaa *(v.)* stale
lotrata *(v.)* slather
louhia *(v.)* quarry
louhos *(n.)* quarry
loukata *(v.)* infringe
loukata kunniaa *(v.)* libel
loukkaamaton *(adj.)* inviolable
loukkaaminen *(n.)* violation
loukkaantua *(v.)* offend
loukkaava *(adj.)* offensive
loukkaus *(n.)* affront
lounas *(n.)* lunch
lounastaa *(v.)* lunch
loveta *(v.)* slot
lovi *(n.)* cleft
luennoida *(v.)* lecture
luennoitsija *(n.)* lecturer
luento *(n.)* lecture
luetella *(v.)* enumerate
lueteltava *(adj.)* enumerable
luettavasti *(adv.)* legibly
luetteloiva *(adj.)* enumerative
luihu *(adj.)* deceptive
luiseva *(adj.)* gaunt
luistelija *(n.)* skater
luistella *(v.)* skate
luistin *(n.)* skate
luisua *(v.)* slide
luja *(adj.)* tough

lujahermoinen *(adj.)* mettlesome
lujittaa *(v.)* consolidate
lujittaa uudelleen *(v.)* reconsolidate
lujittua *(v.)* toughen
lujitus *(n.)* consolidation
lukea *(v.)* read
lukea huolellisesti *(v.)* peruse
lukea syyksi *(v.)* impute
lukematon *(adj.)* countless
lukematon *(adj.)* unread
lukematon määrä *(n.)* myriad
lukija *(n.)* reader
lukio *(n.)* college
lukita *(v.)* lock
lukita häkkiin *(v.)* encage
lukko *(n.)* lock
lukkokaappi *(n.)* locker
lukkopultti *(n.)* deadbolt
luksus *(n.)* luxury
luksus- *(adj.)* deluxe
luku *(n.)* chapter
lukuintoinen *(adj.)* bookish
lukuisa *(adj.)* multifarious
lukukausi *(n.)* semester
lukukausimaksu *(n.)* tuition
lukukelpoinen *(adj.)* legible
lukukelvoton *(adj.)* illegible
lukumäärä *(n.)* amount
lukutaidoton *(adj.)* illiterate
lukutaidottomuus *(n.)* illiteracy
lukutaito *(n.)* literacy
lukutaitoinen *(adj.)* literate
lukutoukka *(n.)* bookworm
lumi *(n.)* snow
lumikenttä *(n.)* glade
luminen *(adj.)* snowy
lumisade *(n.)* snowfall
lumota *(v.)* enthral
lumoutua *(v.)* bewitch
lumppu *(n.)* strumpet
lunastaa *(v.)* claim
lunastus *(n.)* redemption
lunnaat *(n.)* ransom
luntata *(v.)* cheat
lunttu *(n.)* drab
luoda *(v.)* create
luoda nahkaa *(v.)* moult
luodata *(v.)* probe

luodinkestävä *(adj.)* bulletproof
luoja *(n.)* creator
luokitella *(v.)* classify
luokiteltu *(adj.)* classified
luokittelu *(n.)* classification
luokka *(n.)* class
luokkahuone *(n.)* classroom
luokkakaveri *(n.)* classmate
luoksepääsemätön *(adj.)* unaccessible
luola *(n.)* cave
luola *(n.)* cavern
luomi *(n.)* mole
luomus *(n.)* creation
luona *(prep.)* at
luonne *(n.)* temper
luonnehtia *(v.)* depict
luonnollinen *(adj.)* natural
luonnollisesti *(adv.)* naturally
luonnollistaa *(v.)* naturalize
luonnonkaunis *(adj.)* scenic
luonnonmagneetti *(n.)* loadstone
luonnonmullistus *(n.)* cataclysm
luonnonoikku *(n.)* freak
luonnontutkija *(n.)* naturalist
luonnos *(n.)* draft
luonnostaa *(v.)* sketch
luonnosteleva *(adj.)* draftsman
luonnostella *(v.)* draft
luonnottomasti *(adv.)* abnormally
luonnottomuus *(n.)* abnormality
luontainen *(adj.)* inherent
luonteenlujuus *(n.)* mettle
luonto *(n.)* nature
luopua *(v.)* desist
luopua *(v.)* waive
luopuminen *(n.)* renunciation
luostari *(n.)* cloister
luostarikirkko *(n.)* abbey
luostarilaitos *(n.)* monasticism
luotaantyöntävä *(adj.)* repulsive
luotain *(n.)* probe
luotettava *(adj.)* trusty
luoti *(n.)* bullet
luotisade *(n.)* bullet train
luotonantaja *(n.)* creditor
luotsata *(v.)* pilot
luottaa *(v.)* trust
luottamuksellinen *(adj.)* confidential
luottamuksen arvoinen *(adj.)* trustworthy
luottamus *(n.)* trust
luottavainen *(adj.)* trustful
luotto *(n.)* credit
luottokortti *(n.)* credit card
luova *(adj.)* creative
luovuttaa *(v.)* capitulate
luovuttaja *(n.)* donor
luovutus *(n.)* abdication
lupa *(n.)* permit
lupaava *(adj.)* promising
lupaileva *(adj.)* auspicious
lupauksellinen *(adj.)* promissory
lupaus *(n.)* promise
lupsakka *(adj.)* jovial
lupsakkuus *(n.)* joviality
lurjus *(n.)* knave
lurjustelu *(n.)* knavery
lusikallinen *(n.)* spoonful
lusikka *(n.)* spoon
lusikoida *(v.)* spoon
lutka *(n.)* slut
luu *(n.)* bone
luukku *(n.)* trapdoor
luulla *(v.)* reckon
luulla väärin *(v.)* misconceive
luumu *(n.)* plum
luuranko *(n.)* skeleton
luuta *(n.)* broom
luutnantti *(n.)* lieutenant
luuton *(adj.)* boneless
luuttu *(n.)* lute
luutua *(v.)* ossify
luuydin *(n.)* marrow
luvata *(v.)* promise
luvaton *(adj.)* illicit
luvaton *(adj.)* unauthorized
lyhde *(n.)* sheaf
lyhenne *(n.)* abbreviation
lyhenne lääkäristä *(n.)* doc
lyhenne syntymäpäivästä *(n.)* dob
lyhennellä *(v.)* abridge
lyhennelmä *(n.)* abridgement
lyhennys *(n.)* shortening
lyhentyä *(v.)* shorten
lyhentämätön *(adj.)* unabridged
lyhentää *(v.)* abbreviate

lyhty *(n.)* lantern
lyhyehkö *(adj.)* shortish
lyhyesti *(adv.)* short
lyhyt *(adj.)* short
lyhytaikainen *(adj.)* short-term
lyhytaikaisuus *(n.)* brevity
lyhytsanainen *(adj.)* curt
lyiju *(n.)* lead
lyijykynä *(n.)* pencil
lykkäys *(n.)* postponement
lykkäyttää *(v.)* prorogue
lykkäytyä *(v.)* defer
lykkääminen *(n.)* adjournment
lykätä *(v.)* postpone
lynkata *(v.)* lynch
lypsy- *(adj.)* milch
lypsää *(v.)* milk
lyriikka *(n.)* lyric
lysähtää *(v.)* slump
lyyra *(n.)* lyre
lyyrikko *(n.)* lyricist
lyyrillinen *(adj.)* lyrical
lyyrinen *(adj.)* lyric
lyödä *(v.)* beat
lyödä ilmasta *(v.)* volley
lyödä korkealle *(v.)* sky
lyödä laudalta *(v.)* surpass
lyödä nyrkillä *(v.)* punch
lyödä rahaa *(v.)* mint
lyödä ritariksi *(v.)* knight
lyödä vetoa *(v.)* wager
lyödä ällikällä *(v.)* dumbfound
lyöjä *(n.)* batsman
lyömätön *(adj.)* unbeaten
lyönti *(n.)* punch
lyöttäytyä yhteen *(v.)* team
lähde *(n.)* source
lähdeluettelo *(n.)* bibliography
lähdeseuranta *(n.)* trackback
lähdeviite *(n.)* reference
läheinen *(adj.)* near
läheisyys *(n.)* vicinity
lähelle *(adv.)* near
lähellä *(prep.)* near
lähennellä *(v.)* converge
lähentyminen *(n.)* convergence
lähentyvä *(adj.)* convergent
lähentyä *(v.)* near

lähes *(adv.)* nearly
lähestyttävä *(adj.)* approachable
lähestyvä *(adj.)* forthcoming
lähestyä *(v.)* approach
lähestyä uudelleen *(v.)* reapproach
lähetetty *(adj.)* shipped
lähetin *(n.)* transmitter
lähetin-vastaanotin *(n.)* transceiver
lähetti *(n.)* envoy
lähettiläs *(n.)* emissary
lähettä *(v.)* transmit
lähettää *(v.)* send
lähettää ja vastaanottaa *(v.)* transceive
lähettää matkaan *(v.)* dispatch
lähettää mediaa *(v.)* broadcast
lähettää rahaa *(v.)* remit
lähettää TV-lähetystä *(v.)* televise
lähetys *(n.)* transmission
lähetyssaarnaaja *(n.)* missionary
lähetystöavustaja *(n.)* attache
lähi- *(adj.)* proximate
lähistö *(n.)* proximity
lähtevä *(adj.)* outbound
lähtien *(prep.)* since
lähtö *(n.)* departure
lähtölaskenta *(n.)* countdown
lähtöselvitys *(n.)* check-in
lähtötaso *(adj.)* entry-level
läikkyminen *(n.)* spill
läikyttää *(v.)* spill
läimäistä *(v.)* slam
läimäys *(n.)* slam
läiskyttää *(v.)* puddle
läksyttää *(v.)* scold
läksyttää *(v.)* berate
lämmetä *(v.)* warm
lämmin *(adj.)* warm
lämmittäjä *(n.)* stoker
lämmittää *(v.)* stoke
lämmönkestävä *(adj.)* heat-resistant
lämpö *(n.)* warmth
lämpö- *(adj.)* thermal
lämpöhalvaus *(n.)* heatstroke
lämpökäsitellä *(v.)* temper
lämpömittari *(n.)* thermometer
lämpötila *(n.)* temperature
lännen- *(adj.)* western

länsi (n.) occident
länsi (n.) west
länsi- (adj.) westerly
länsimainen (adj.) occidental
länteen (adv.) west
läntinen (adj.) west
läntisesti (adv.) westerly
läpi (prep.) through
läpi- (adj.) through
läpikotainen (adj.) thorough
läpikotaisin (adv.) throughout
läpikäydä (v.) undergo
läpikäytävä (adj.) traversable
läpinäkymättömyys (n.) opacity
läpinäkymätön (adj.) opaque
läpinäkyvä (adj.) transparent
läpitunkematon (adj.) impenetrable
läpiviedä (v.) duct
läppä (n.) clapper
läpsytellä (v.) flap
läpsäyttää (v.) slap
läpsäytys (n.) slap
läpäistä (v.) hole
läsnäolo (n.) attendance
läsähtää (v.) flop
lättäjalka (n.) flatfoot
lätäkkö (n.) puddle
lävistys (n.) piercing
lävistävä (adj.) piercing
lävistää (v.) pierce
lävitse (adv.) through
lääke (n.) medicine
lääke- (adj.) farmaceutical
lääkeaine (n.) medicament
lääkeala (n.) pharmaceutical
lääkepullo (n.) vial
lääketiede (n.) physic
lääketieteellinen (adj.) medical
lääkinnällinen (adj.) medicinal
lääkintämies (n.) medic
lääkkeellinen (adj.) pharmaceutic
lääkäri (n.) doctor
lääkäri (n.) physician
läävä (n.) sty
lörpötellä (v.) yak
löydös (n.) discovery
löyhkä (n.) stink
löyhkätä (v.) stink

löylyttää (v.) rout
löystyä (v.) slacken
löysä (adj.) slack
löysätä (v.) loosen
löytää (v.) find

maa (n.) earth
maa (n.) ground
maa-alue (n.) land
maadoittaa (v.) ground
maahan sidottu (adj.) adscript
maahanmuuttaja (n.) immigrant
maahanmuutto (n.) immigration
maahyökkäys (n.) ground attack
maailma (n.) world
maailmallinen (adj.) worldly
maailmankansalainen (n.) worldling
maailmankausi (n.) era
maailmanmatkaaja (n.) globetrotter
maailmanmestari (n.) champion
maakerros (n.) stratum
maakilpikonna (n.) tortoise
maakunnallinen (adj.) provincial
maakunta (n.) county
maakuntaisuus (n.) provincialism
maalaismainen (adj.) rural
maalari (n.) painter
maalarinkeppi (n.) maulstick
maalata (v.) paint
maalauksellinen (adj.) pictorial
maalaus (n.) painting
maali (n.) goal
maali (n.) paint
maalintekijä (n.) scorer
maalinteko (n.) goalscoring
maaliskuu (n.) March
maalitolppa (n.) goalpost
maalivahti (n.) goalkeeper
maallikko (n.) commoner
maallikko- (adj.) lay
maallinen (adj.) mundane
maamerkki (n.) landmark
maanalainen (adj.) subterranean
maanantai (n.) Monday

maanikko *(n.)* maniac
maanjäristys *(n.)* earthquake
maanosa *(n.)* continent
maanpako *(n.)* exile
maanpetos *(n.)* treason
maanpäällinen *(adj.)* earthly
maantieajo *(n.)* road race
maantiede *(n.)* geography
maantieteellinen *(adj.)* geographical
maantieteilijä *(n.)* geographer
maanviljelijä *(n.)* agriculturist
maanviljely *(n.)* husbandry
maaorja *(n.)* thrall
maaorjuus *(n.)* thralldom
maaperä *(n.)* terrestrial
maaperäinen *(adj.)* terrestrial
maarajat ylittävä *(adj.)* transborder
maaseutu *(n.)* country
maastakarkotus *(n.)* expulsion
maastamuutto *(n.)* emigration
maasto *(n.)* terrain
maastoon *(adv.)* off-road
maastopalo *(n.)* wildfire
maatalo *(n.)* farmhouse
maatalous *(n.)* agriculture
maatalous- *(adj.)* agricultural
maatalouskemikaali *(n.)* agrochemical
maatalousteollisuus *(n.)* agro-industry
maataloustiede *(n.)* agrology
maataloustuote *(n.)* agriproduct
maatila *(n.)* farm
maatila *(n.)* ranch
maatua *(v.)* decompose
maatuminen *(n.)* decomposition
maatyöläinen *(n.)* serf
maavara *(n.)* ground clearance
macaron-leivos *(n.)* macaroon
madaltaa *(v.)* lower
mafia *(n.)* mafia
magma *(n.)* magma
magneetti *(n.)* magnet
magneettinen *(adj.)* magnetic
magnetismi *(n.)* magnetism
magnitudi *(n.)* magnitude
mahdikas *(adj.)* mighty
mahdollinen *(adj.)* possible
mahdollistaa *(v.)* enable
mahdollisuus *(n.)* possibility

mahdoton *(adj.)* impossible
mahdottomuus *(n.)* impossibility
mahla *(n.)* sap
maho *(adj.)* barren
mahonki *(n.)* mahogany
mahtailla *(v.)* bluster
mahtava *(adj.)* awesome
mahtava *(adj.)* superb
mahti *(n.)* might
mahti *(n.)* pomp
mahtipontinen *(adj.)* flamboyant
mahtipontinen *(adj.)* pompous
mahtipontisuus *(n.)* pomposity
maihin *(adv.)* ashore
maihinnousu *(n.)* landing
maila *(n.)* racket
maili *(n.)* mile
mailimäärä *(n.)* mileage
maine *(n.)* reputation
maineikas *(adj.)* renowned
maineikkuus *(n.)* renown
maininki *(n.)* swell
maininta *(n.)* mention
mainio *(adj.)* great
mainio *(adj.)* splendid
mainita *(v.)* mention
mainos *(n.)* advertisement
mainosjuliste *(n.)* banner
mainosjuliste *(n.)* poster
mainoslehtinen *(n.)* leaflet
mainospala *(n.)* teaser
mainostaa *(v.)* advertise
mainostaa *(v.)* tout
mainostaulu *(n.)* billboard
mainosteksti *(n.)* blurb
mairitella *(v.)* cajole
maisema *(n.)* landscape
maissi *(n.)* corn
maissi *(n.)* maize
maistaa *(v.)* taste
maistelu *(n.)* degustation
maisterillinen *(adj.)* magisterial
maistraatti *(n.)* magistrate
maito *(n.)* milk
maito- *(adj.)* lactic
maitoinen *(adj.)* milky
maitojauhe *(n.)* milk powder
maitokiisseli *(n.)* custard

maitomittari *(n.)* lactometer
maitorauhanen *(n.)* mamma
maitotuote *(n.)* dairy product
maittava *(adj.)* palatable
maja *(n.)* hut
majakka *(n.)* beacon
majapaikka *(n.)* lodging
majatalo *(n.)* inn
majava *(n.)* beaver
majavahattu *(n.)* castor
majavannahka *(n.)* beaverskin
majesteetti *(n.)* majesty
majesteettinen *(adj.)* majestic
majoittaa *(v.)* house
majoittaa *(v.)* lodge
majuri *(n.)* major
makadamia *(n.)* macadamia
makea *(adj.)* sweet
makea herkku *(n.)* sweetmeat
makeinen *(n.)* confection
makeinen *(n.)* sweet
makeiset *(n.)* confectionery
makeus *(n.)* sweetness
makeuttaa *(v.)* sweeten
makkara *(n.)* sausage
makoisa *(adj.)* toothsome
makro *(n.)* macro
makro- *(adj.)* macro
makrobioottinen *(adj.)* macrobiotic
makrokefalia *(n.)* macrocephaly
makrokuitu *(n.)* macrofibre
makrosfääri *(n.)* macrosphere
maksa *(n.)* liver
maksaa *(v.)* cost
maksaa *(v.)* pay
maksaa ennakkoon *(v.)* front
maksaa lunnaat *(v.)* ransom
maksaa takaisin *(v.)* repay
maksella *(v.)* disburse
maksettava *(adj.)* payable
maksiimi *(n.)* maxim
maksimi *(n.)* maximum
maksimi- *(adj.)* maximum
maksimoida *(v.)* maximize
maksu *(n.)* fee
maksuerä *(n.)* instalment
maksukykinen *(adj.)* solvent
maksukyky *(n.)* solvency

maksukyvyttömyys *(n.)* insolvency
maksukyvytön *(adj.)* insolvent
maksunsaaja *(n.)* payee
maksurästit *(n.pl.)* arrears
maksusuoritus *(n.)* payment
maksuton *(adv.)* gratis
maku *(n.)* flavour
maku- *(adj.)* palatal
makuaisti *(n.)* taste
makunautinto *(n.)* relish
makunystyrä *(n.)* taste bud
makupala *(n.)* treat
makuuhaava *(n.)* bedsore
makuuhuone *(n.)* bedroom
malaria *(n.)* malaria
maligniteetti *(n.)* malignity
malja *(n.)* goblet
maljakko *(n.)* vase
maljapuhe *(n.)* toast
mallas *(n.)* malt
malli *(n.)* model
malliesimerkki *(n.)* epitome
mallintaa *(v.)* model
mallinukke *(n.)* dummy
malmi *(n.)* ore
maltti *(n.)* composure
malvasia *(n.)* malmsey
mamma *(n.)* mum
mammona *(n.)* mammon
mammutti *(n.)* mammoth
mammuttimainen *(adj.)* mammoth
manaus *(n.)* invocation
mandaatti *(n.)* mandate
maneeri *(n.)* mannerism
mangaani *(n.)* manganese
mango *(n.)* mango
mania *(n.)* mania
manifesti *(n.)* manifesto
manikyyri *(n.)* manicure
manipulaatio *(n.)* manipulation
manipuloida *(v.)* manipulate
manna *(n.)* manna
mannekiini *(n.)* mannequin
mannermainen *(adj.)* continental
Mansaaren hallintoalueet *(n.)* sheading
mansikka *(n.)* strawberry
manteli *(n.)* almond

manuaalinen *(adj.)* manual
manumissio *(n.)* manumission
manöveroida *(v.)* manoeuvre
manööveri *(n.)* manoeuvre
maratoni *(n.)* marathon
margariini *(n.)* margarine
marginaali *(n.)* margin
marginaalinen *(adj.)* marginal
marina *(n.)* quibble
marinadi *(n.)* tenderizer
marionetti *(n.)* marionette
marista *(v.)* quibble
markkina *(n.)* market
markkinaosuus *(n.)* market share
markkinat *(n.)* fair
markkinatutkimus *(n.)* market research
markkinoida *(v.)* market
marmelaadi *(n.)* marmalade
marmori *(n.)* marble
marraskuu *(n.)* November
Mars *(n.)* Mars
marsalkka *(n.)* marshal
marski *(n.)* marsh
marssi *(n.)* march
marssia *(v.)* march
marssia joukkona *(v.)* troop
marttyyri *(n.)* martyr
marttyyrius *(n.)* martyrdom
maruna *(n.)* sagebrush
masennus *(n.)* depression
masentaa *(v.)* depress
masentua *(v.)* sadden
masinoida *(v.)* machinate
masinointi *(n.)* machination
maskotti *(n.)* mascot
maskuliininen *(adj.)* masculine
massa *(n.)* pulp
massamainen *(adj.)* massy
massiivinen *(adj.)* massive
masto *(n.)* mast
masturboida *(v.)* masturbate
matadori *(n.)* matador
matala *(adj.)* low
matalalle *(adv.)* low
matalapaine *(n.)* low
matalikko *(n.)* shoal
matelija *(n.)* reptile

matemaatikko *(n.)* mathematician
matemaattinen *(adj.)* mathematical
matematiikka *(n.)* mathematics
materiaali *(n.)* material
materiaalinen *(adj.)* material
materialismi *(n.)* materialism
materialisoida *(v.)* materialize
matka *(n.)* voyage
matka-aika *(n.)* traveltime
matkaaja *(n.)* voyager
matkailija *(n.)* traveller
matkakertomus *(n.)* travelogue
matkalainen *(n.)* wayfarer
matkamittari *(n.)* odometer
matkamuisto *(n.)* souvenir
matkan varrella *(adv.)* en route
matkapahoinvoiva *(adj.)* carsick
matkata *(v.)* voyage
matkatavara *(n.)* luggage
matkatavarat *(n.)* baggage
matkia *(v.)* impersonate
matkustaa *(v.)* travel
matkustaa töihin/töistä *(v.)* commute
matkustaja *(n.)* passenger
matkustaminen *(n.)* travel
mato *(n.)* worm
matriarkka *(n.)* matriarch
matriisi *(n.)* matrix
matrisidaalinen *(adj.)* matricidal
matsi *(n.)* match
matto *(n.)* carpet
matto *(n.)* rug
maukas *(adj.)* savoury
maukas *(adj.)* tasty
maukkuus *(n.)* sapidity
mausoleumi *(n.)* mausoleum
maustaa *(v.)* spice
maustaa kastikkeella *(v.)* sauce
maustaa pippurilla *(v.)* pepper
mauste *(n.)* spice
mausteinen *(adj.)* spicy
maustekurkku *(n.)* pickle
meanderoida *(v.)* meander
medaljonki *(n.)* locket
mediaani- *(adj.)* median
meditaatio *(n.)* meditation
meditatiiivinen *(adj.)* meditative
meditoida *(v.)* meditate

megafoni *(n.)* megaphone
megaliitti- *(adj.)* megalithic
mehevä *(adj.)* lush
mehiläinen *(n.)* bee
mehiläishoitaja *(n.)* beekeeper
mehiläishoito *(n.)* apiculture
mehiläispesä *(n.)* beehive
mehiläispesä *(n.)* hive
mehiläistarha *(n.)* apiary
mehu *(n.)* juice
mehukas *(adj.)* juicy
meidän *(pron.)* our
meijeri *(n.)* dairy
meikki *(n.)* make-up
meinata *(v.)* purport
mekaanikko *(n.)* mechanic
mekaaninen *(adj.)* mechanic
mekaniikka *(n.)* mechanics
mekanismi *(n.)* mechanism
mekastus *(n.)* pandemonium
mekkala *(n.)* hubbub
mekko *(n.)* dress
mela *(n.)* paddle
melankolia *(n.)* melancholia
melankolinen *(adj.)* melancholic
melassi *(n.)* molasses
melkein *(adv.)* almost
melko *(adv.)* pretty
melkoinen *(adj.)* considerable
mellakka *(n.)* revolt
mellakoida *(v.)* revolt
meloa *(v.)* paddle
melodia *(n.)* melody
melodinen *(adj.)* melodious
melodraama *(n.)* melodrama
melodramaattinen *(adj.)* melodramatic
meloni *(n.)* melon
melske *(n.)* din
melu *(n.)* ado
meluisa *(adj.)* noisy
meluton *(adj.)* noiseless
menehtyminen *(n.)* decease
menehtynyt *(adj.)* deceased
menehtyä *(v.)* succumb
menestynyt *(adj.)* successful
menestys *(n.)* success
menestystuote *(n.)* bestseller
menestyä *(v.)* succeed
menettelytapa *(n.)* procedure
menettää *(v.)* forfeit
menettää *(v.)* miss
menettää järkensä *(n.)* freak-out
menetys *(n.)* bereavement
menneiden muistelu *(n.)* retrospection
menneisyys *(n.)* past
mennyt *(adj.)* bygone
mennä *(v.)* go
mennä kumoon *(v.)* capsize
mennä naimisiin *(v.)* marry
mennä sijoiltaan *(v.)* dislocate
mennä sivuraiteille *(v.)* sidetrack
mennä vihreäksi kateudesta *(v.)* jaundice
menopaussi *(n.)* menopause
menot *(n.)* expenditure
mentaalinen *(adj.)* mental
mentaliteetti *(n.)* mentality
mentori *(n.)* mentor
menu *(n.)* menu
merellinen *(adj.)* oceanic
merenelävät *(n.)* seafood
merenkulku- *(adj.)* maritime
merenkulullinen *(adj.)* nautic(al)
merenkävijä *(n.)* mariner
merenkävijä *(n.)* seafarer
merenneito *(n.)* mermaid
merenpohja *(n.)* seafloor
merenranta *(n.)* oceanfront
merenranta *(n.)* seabeach
merenranta- *(adj.)* oceanfront
meri *(n.)* sea
meri- *(adj.)* marine
meriahven *(n.)* sea bass
meridiaani *(n.)* meridian
merihevonen *(n.)* seahorse
merihuolto *(n.)* seakeeping
meriitti *(n.)* merit
merikaappaus *(n.)* seajacking
merikarhu *(n.)* sea dog
merikelpoinen *(adj.)* navigable
merileijona *(n.)* sealion
merilevä *(n.)* wrack
merilintu *(n.)* seabird
merilokki *(n.)* seagull

merimetso *(n.)* cormorant
merimies *(n.)* sailor
merimiessäkki *(n.)* duffel bag
merimiestoveri *(n.)* shipmate
meripihka *(n.)* amber
merirokko *(n.)* barnacle
merirosvo *(n.)* pirate
merirosvous *(n.)* piracy
merisaippua *(n.)* seak
merisiili *(n.)* echinid
meritiede *(n.)* oceanology
meritieteellinen *(adj.)* oceanographic
meritse kulkeva *(adj.)* seaborne
merivaahto *(n.)* seafoam
merivene *(n.)* sea boat
merivoimat *(n.)* navy
merkata *(v.)* mark
merkeli *(n.)* marl
merkillinen *(adj.)* odd
merkintä *(n.)* mark
merkitsevä *(adj.)* meaningful
merkittävyys *(n.)* significance
merkittävä *(adj.)* remarkable
merkityksekäs *(adj.)* significant
merkityksellinen *(adj.)* compendious
merkityksettömyys *(n.)* insignificance
merkityksetön *(adj.)* meaningless
merkitys *(n.)* signification
merkitä *(v.)* signify
merkitä *(v.)* tag
merkitä punaisella *(v.)* rubricate
merkitä samaa *(v.)* tantamount
merkki *(n.)* sign
merkki- *(adj.)* signal
merkkihenkilö *(n.)* notability
merseroida *(v.)* mercerise
messias *(n.)* messiah
messinki *(n.)* brass
messu *(n.)* mass
mestari *(n.)* master
mestarillinen *(adj.)* masterly
mestariluokka *(n.)* master class
mestariteos *(n.)* masterpiece
mestaroida *(v.)* master
mestaruus *(n.)* mastery
mestata *(v.)* decapitate
metafora *(n.)* metaphor
metafysiikka *(n.)* metaphysics

metafyysinen *(adj.)* metaphysical
metalli *(n.)* metal
metallinen *(adj.)* metallic
metalliseos *(n.)* alloy
metallurgia *(n.)* metallurgy
metamorfoosi *(n.)* metamorphosis
meteli *(n.)* clamour
meteori *(n.)* meteor
meteorinen *(adj.)* meteoric
meteorologi *(n.)* meteorologist
meteorologia *(n.)* meteorology
metku *(n.)* artifice
metodi *(n.)* method
metodinen *(adj.)* methodical
metri *(n.)* meter
metri- *(adj.)* metrical
metrinen *(adj.)* metric
metro *(n.)* metro
metropoli *(n.)* metropolis
metropoli- *(adj.)* metropolitan
metropoliitta *(n.)* metropolitan
metsittää *(v.)* afforest
metsä *(n.)* forest
metsä *(n.)* woods
metsäkato *(n.)* deforestation
metsäläinen *(n.)* forester
metsämaa *(n.)* woodland
metsän hävittäminen *(n.)* deforestation
metsänhoitaja *(n.)* sylviculturist
metsänhoito *(n.)* forestry
metsänvartija *(n.)* ranger
metsästys *(n.)* hunt
metsästysmaja *(n.)* lodge
metsästäjä *(n.)* hunter
metsästää *(v.)* hunt
miehekkyys *(n.)* manliness
miehekäs *(adj.)* manly
miehinen *(adj.)* manful
miehistö *(n.)* crew
miehisyys *(n.)* manhood
miehittäjä *(n.)* occupier
miehittämätön *(adj.)* unmanned
miehittää *(v.)* man
miehittää *(v.)* staff
miehusta *(n.)* bodice
miekka *(n.)* sword
miekkailija *(n.)* fencer

miekkailu *(n.)* fencing
miekkavalas *(n.)* orca
mieleinen *(adj.)* agreeable
mielellään *(adv.)* gladly
mielen tasapaino *(n.)* crasis
mielenilmaus *(n.)* manifestation
mielenkiinto *(n.)* interest
mielenlaatu *(n.)* mindset
mielenlujuus *(n.)* fortitude
mielenosoitus *(n.)* picket
mielenylennys *(n.)* edification
mieletön *(adj.)* mindless
mieli *(n.)* mind
mielihyvä *(n.)* pleasure
mielikuvia herättävä *(adj.)* evocative
mielikuvituksellinen *(adj.)* imaginative
mielikuvitus *(n.)* imagination
mielipaha *(n.)* resentment
mielipide *(n.)* opinion
mielipidekysely *(n.)* poll
mielipidelomake *(n.)* opinionnaire
mielipiteetön *(adj.)* opinionless
mielipuoli *(n.)* lunatic
mielipuolinen *(adj.)* lunatic
mielipuolisuus *(n.)* madness
mielisairas *(adj.)* insane
mielistellä *(v.)* adulate
mielistely *(n.)* adulation
mieliteko *(n.)* want
mielivaltainen *(adj.)* wanton
mieliä *(v.)* desire
miellyttävyys *(n.)* amenity
miellyttävä *(adj.)* pleasant
miellyttää *(v.)* please
mieltymys *(n.)* fancy
mieltymys *(n.)* liking
mieluinen *(adj.)* congenial
mieluusti *(adv.)* please
mies *(n.)* man
miesmäinen *(adj.)* manlike
miespalvelija *(n.)* valet
miespuolinen *(n.)* male
mietiskellä *(v.)* mull
mieto *(adj.)* bland
mietteliäs *(adj.)* pensive
migraatio *(n.)* migration
migreeni *(n.)* migraine
mihin tahansa *(adv.)* anywhere
miimikko *(n.)* mimic
miimikko *(n.)* mummer
miinus *(n.)* minus
miinus *(prep.)* minus
miinus- *(adj.)* minus
mikroaalto *(n.)* microwave
mikrofilmi *(n.)* microfilm
mikrofoni *(n.)* microphone
mikrologia *(n.)* micrology
mikrometri *(n.)* micrometer
mikropanimo *(n.)* microbrewery
mikroprintti *(n.)* microprint
mikroprosessori *(n.)* microprocessor
mikroskooppi *(n.)* microscope
mikroskooppinen *(adj.)* microscopic
miksi *(adv.)* why
mikä *(pron.)* what
mikä tahansa *(pron.)* whatever
mikään *(pron.)* anything
miliisi *(n.)* militia
militantti *(n.)* militant
militantti- *(adj.)* militant
miljardi *(n.)* billion
miljardööri *(n.)* billionaire
miljonääri *(n.)* millionaire
miljoona *(n.)* million
miljöö *(n.)* milieu
milloin *(conj.)* when
milloin tahansa *(adv.)* whenever
milloin vain *(adv.)* anytime
mimesis *(n.)* mimesis
mimiikka *(n.)* mimicry
minareetti *(n.)* minaret
mineraali *(n.)* mineral
mineraalinen *(adj.)* mineral
mineralogi *(n.)* mineralogist
mineralogia *(n.)* mineralogy
miniatyyri *(n.)* miniature
miniatyyri- *(adj.)* miniature
minikokoinen *(adj.)* minuscule
minimaalinen *(adj.)* minimal
minimi *(n.)* minimum
minimi- *(adj.)* minimum
minimoida *(v.)* minimize
ministeri *(n.)* minister
ministeriö *(n.)* ministry
minkki *(n.)* mink

minkälainen *(adj.)* what
minne *(adv.)* where
minne tahansa *(adv.)* wherever
minttu *(n.)* mint
minua *(pron.)* me
minun *(pron.)* mine
minun *(adj.)* my
minuutti *(n.)* minute
minä *(pron.)* I
miraakkeli *(n.)* miracle
mirha *(n.)* myrrh
misantrooppi *(n.)* misanthrope
missio *(n.)* mission
missä *(conj.)* where
missä suunnilleen *(adv.)* whereabout
missä tahansa *(pron.)* anyplace
misteli *(n.)* mistletoe
mistä *(adv.)* whence
mitali *(n.)* medal
mitalisti *(n.)* medallist
mitallinen *(adj.)* measurable
mitata *(v.)* measure
mitata syvyys *(v.)* fathom
mitaton *(adj.)* measureless
mitellä *(v.)* rival
miten tahansa *(conj.)* however
mithridaatti *(n.)* mithridate
mitta *(n.)* measure
mittaamaton *(adj.)* immeasurable
mittailla *(v.)* mete
mittain *(n.)* gauge
mittanauha *(n.)* tapeline
mittari *(n.)* metre
mittasuhde *(n.)* proportion
mittaus *(n.)* measurement
mittelö *(n.)* rivalry
mitä *(interj.)* what
mitätöidä *(v.)* invalidate
mitätöiminen *(n.)* annulment
mitätöinti *(n.)* acquittal
mitätöity *(adj.)* void
mitätöityä *(v.)* nullify
mitätön *(adj.)* paltry
mitätön määrä *(n.)* modicum
mitään *(n.)* aught
mitään *(adv.)* nothing
mitäänsanomaton *(adj.)* uninspired
mobiili- *(adj.)* mobile

mobilisoida *(v.)* mobilize
mobiliteetti *(n.)* mobility
mocktail *(n.)* mocktail
modaliteetti *(n.)* modality
moderni *(adj.)* modern
modernisaatio *(n.)* modernization
modernisoida *(v.)* modernize
modernius *(n.)* modernity
modifikaatio *(n.)* modification
modifioida *(v.)* modify
modisti *(n.)* milliner
modulaarinen *(adj.)* modular
moduloida *(v.)* modulate
moduuli *(n.)* module
moite *(n.)* reproof
moitittava *(adj.)* objectionable
moitteeton *(adj.)* impeccable
moittia *(v.)* rebuke
mokkasiini *(n.)* loafer
molaarinen *(adj.)* molar
molekulaarinen *(adj.)* molecular
molekyyli *(n.)* molecule
molemmat *(adj & pron.)* both
molemmin puolin *(prep.& adv.)* astride
molemminpuolinen *(adj.)* mutual
molempikätinen *(n.)* ambidexter
monarkia *(n.)* monarchy
monarkki *(n.)* monarch
monenlainen *(adj.)* manifold
monesti *(adv.)* oft
moni *(adj.)* many
monikerta *(n.)* multiple
monikeskinen *(adj.)* polycentric
monikeskisyys *(n.)* polycentrism
monikielinen *(adj.)* multilingual
monikielinen *(adj.)* polyglot
monikko- *(adj.)* plural
monikollisuus *(n.)* plurality
monikratia *(n.)* polycracy
monilukuinen *(adj.)* multiple
monilukuisuus *(n.)* multiplicity
monimetallinen *(adj.)* polymetallic
monimiehisyys *(n.)* polyandry
monimuotoinen *(adj.)* varied
monimuotoisuus *(n.)* multiform
monimutkainen *(adj.)* complex
monimutkaistaa *(v.)* complicate
monimutkaisuus *(n.)* complication

moninainen *(adj.)* various
moninaisuus *(n.)* variety
moninkertainen *(n.)* multiped
moninkertaistaa *(v.)* multiply
moniparinen *(adj.)* multiparous
monipuheinen *(adj.)* polyloquent
monipuolinen *(adj.)* diverse
monipuolistaa *(v.)* diversify
monipuolisuus *(n.)* versatility
monisanainen *(adj.)* verbose
monisanaisuus *(n.)* verbosity
moniselitteinen *(adj.)* equivocal
monitahoinen *(adj.)* multilateral
monitieteinen *(adj.)* multidisciplinary
monitori *(n.)* monitor
monitoroida *(v.)* monitor
monitulkintainen *(adj.)* indistinct
monitulkintaisuus *(n.)* ambiguity
monivuotinen *(adj.)* perennial
monivärinen *(adj.)* polychrome
monni *(n.)* sheat
monodia *(n.)* monody
monogamia *(n.)* monogamy
monografi *(n.)* monograph
monogrammi *(n.)* monogram
monogyyninen *(adj.)* monogynous
monokkeli *(n.)* monocle
monokromaattinen *(adj.)* monochromatic
monokulaarinen *(adj.)* monocular
monoliitti *(n.)* monolith
monologi *(n.)* monologue
monopoli *(n.)* monopoly
monopolisoida *(v.)* monopolize
monopolisti *(n.)* monopolist
monoteismi *(n.)* monotheism
monoteisti *(n.)* monotheist
monotonia *(n.)* monotony
monotoninen *(adj.)* monotonous
monsuuni *(n.)* monsoon
monumentaalinen *(adj.)* monumental
monumentti *(n.)* monument
moottori *(n.)* engine
moottori *(n.)* motor
moottorillinen *(adj.)* enginous
moottoripyöräilijä *(n.)* biker
mopata *(v.)* mop
moppi *(n.)* mop
moraali *(n.)* moral
moraalinen *(adj.)* moral
moraalisuus *(n.)* morality
moraaliton *(adj.)* immoral
moraalittomuus *(n.)* immorality
moralisoida *(v.)* moralize
moralisti *(n.)* moralist
morfi *(n.)* morph
morfia *(n.)* morphia
morfiini *(n.)* morphine
morfologia *(n.)* morphology
morsian *(n.)* bride
morsius- *(adj.)* bridal
morsiusneito *(n.)* bridesmaid
mosaiikki *(n.)* mosaic
moskeija *(n.)* mosque
moskoviitti *(n.)* muscovite
motelli *(n.)* motel
motiivi *(n.)* motive
motivaatio *(n.)* motivation
motivoida *(v.)* motivate
motoristi *(n.)* motorist
motto *(n.)* motto
moukari *(n.)* maul
moukaroida *(v.)* maul
moukka *(n.)* boor
moukka *(n.)* cad
moukkamainen *(adj.)* churlish
muhentaa *(v.)* stew
muinainen *(adj.)* ancient
muinainen arkku *(n.)* cist
muistaa *(v.)* remember
muistaminen *(n.)* remembrance
muistella *(v.)* commemorate
muistelmat *(n.pl.)* annals
muistelmateos *(n.)* memoir
muistelu *(n.)* recollection
muistettava *(adj.)* memorable
muisti *(n.)* memory
muistiinpano *(n.)* note
muistikuva *(n.)* reminiscence
muistinmenetys *(n.)* amnesia
muistio *(n.)* memorandum
muistisääntö *(n.)* mnemonic
muistitekninen *(adj.)* mnemonic
muistiteknisyys *(n.)* mnemonization
muisto *(n.)* memento
muisto- *(adj.)* memorial

muistoesine *(n.)* keepsake
muistomerkki *(n.)* memorial
muistotilaisuus *(n.)* commemoration
muistuttaa *(v.)* remind
muistuttaa jotakin *(v.)* resemble
muistuttava *(adj.)* reminiscent
muistutus *(n.)* reminder
mukaan *(adv.)* according
mukaansatempaava *(adj.)* engaging
mukaisesti *(adv.)* accordingly
mukana *(prep. &adv.)* along
mukauttaa *(v.)* conform
mukautua *(v.)* accommodate
mukautumaton *(adj.)* unaccommodating
mukautuva *(adj.)* accommodating
mukava *(adj.)* comfortable
mukavuus *(n.)* comfort
muki *(n.)* mug
mukiloida *(v.)* manhandle
mukula *(n.)* cobble
mukulakivi *(n.)* cobblestone
mulatti *(n.)* mulatto
mulkero *(n.)* prick
mullah *(n.)* mullah
mulli *(n.)* bullock
mullinmallin *(adv.)* pell-mell
mullistus *(n.)* upheaval
mulperi *(n.)* mulberry
multa *(n.)* soil
mumista *(v.)* mumble
muna *(n.)* egg
munakas *(n.)* omelette
munakoiso *(n.)* aubergine
munakoiso *(n.)* brinjal
munankeltuainen *(n.)* yolk
munasarja *(n.)* ovary
munasolu *(n.)* ovum
munasoluinen *(adj.)* oviferous
mungo *(n.)* mongoose
munia *(v.)* loiter
munkki *(n.)* monk
munkkiluostari *(n.)* monastery
munuainen *(n.)* kidney
muodikas *(adj.)* fashionable
muodollinen *(adj.)* pro forma
muodollisuus *(n.)* formality
muodonmuutos *(n.)* makeover

muodostaa *(v.)* constitute
muodostelma *(n.)* formation
muodostua *(v.)* form
muodoton *(adj.)* shapeless
muokata *(v.)* edit
muoti *(n.)* vogue
muoti-ilmiö *(n.)* fashion
muotinäytösten lava *(n.)* catwalk
muotivillitys *(n.)* fad
muoto *(n.)* shape
muotoilla *(v.)* shape
muotoilu *(n.)* format
muotokuva *(n.)* portrait
muotokuvamaalaus *(n.)* portraiture
muotti *(n.)* mould
muovailla *(v.)* mould
muovi *(n.)* plastic
muovinen *(adj.)* plastic
muraali *(n.)* mural
murahdus *(n.)* growl
murahtaa *(v.)* growl
muratti *(n.)* ivy
murea *(adj.)* tender
murehtia *(v.)* sorrow
murehtia *(v.)* aggrieve
murentua *(v.)* crumble
mureuttaa *(v.)* tenderize
murha *(n.)* homicide
murha *(n.)* murder
murhaaja *(n.)* murderer
murhaava *(adj.)* murderous
murhata *(v.)* murder
murhata huomaamattomasti *(v.)* burke
murhe *(n.)* sorrow
murhe *(n.)* woe
murheellinen *(adj.)* dolorous
murheellisuus *(n.)* woeful
murheen murtama *(adj.)* woebegone
murina *(n.)* gnarl
murista *(v.)* gnarl
murjoa *(v.)* mangle
murokakku *(n.)* shortcake
murokeksi *(n.)* shortbread
murot *(n.)* cereal
murre *(n.)* dialect
murros *(n.)* breaking
murrosikä *(n.)* adolescence

murrosikä *(n.)* puberty
murrosikäinen *(adj.)* adolescent
murskata *(v.)* brustle
murskata *(v.)* crash
murskatappio *(n.)* rout
mursu *(n.)* walrus
murtaa *(v.)* breach
murto- *(adj.)* brackish
murto-osa *(n.)* fraction
murtovaras *(n.)* burglar
murtovarkaus *(n.)* burglary
murtovesi *(n.)* estuary
murtua *(v.)* fracture
murtuma *(n.)* breakage
murtuma *(n.)* fracture
murtumakohta *(n.)* break point
muru *(n.)* morsel
murunen *(n.)* crumb
museo *(n.)* museum
musertua *(v.)* devastate
musiikki *(n.)* music
musikaalinen *(adj.)* musical
musketti *(n.)* musket
musketööri *(n.)* musketeer
muskottipähkinä *(n.)* nutmeg
musliini *(n.)* muslin
muslimi *(adj.)* muslim
musta *(adj.)* black
musta lista *(n.)* blacklist
mustamaalata *(v.)* calumniate
mustan ja valkoisen kirjava *(adj.)* pepper-and-salt
mustangi *(n.)* mustang
mustarastas *(n.)* blackbird
mustasukkainen *(adj.)* jealous
mustata *(v.)* defame
muste *(n.)* ink
mustekala *(n.)* octopus
mustekala *(n.)* octopussy
mustelma *(n.)* bruise
mustua *(v.)* blacken
muta *(n.)* mud
mutaatio *(n.)* mutation
mutatiivinen *(adj.)* mutative
mutina *(n.)* mutton
mutista *(v.)* mutter
mutkistaa *(v.)* bedevil
mutkitella *(v.)* zigzag

mutkittelevasti *(adv.)* zigzag
mutristaa *(v.)* purse
mutta *(conj.)* but
muu *(adj.)* another
muu *(adj.)* else
muu *(pron.)* other
muukalaispelko *(n.)* xenophobia
muukalaisviha *(n.)* xenomania
muukalaisvihamielinen *(n.)* xenophobe
muuli *(n.)* mule
muumio *(n.)* mummy
muumiokotelo *(n.)* chrysalis
muunnella *(v.)* deface
muunneltava *(adj.)* convertible
muunnos *(n.)* alteration
muuntaa *(v.)* convert
muuntaminen *(n.)* conversion
muuntautua *(v.)* transform
muurahainen *(n.)* ant
muurahainen *(n.)* emmet
muurari *(n.)* mason
muurata *(v.)* wall
muuraus *(n.)* masonry
muuri *(n.)* barrier
muusa *(n.)* muse
muusata *(v.)* mash
muusi *(n.)* mash
muusikko *(n.)* musician
muutama *(adj.)* few
muutamat *(pron.)* some
muuten *(conj.)* otherwise
muutettu *(adj.)* doctored
muutoin *(adv.)* else
muutos *(n.)* amendment
muuttaa *(v.)* change
muuttaa maahan *(v.)* immigrate
muuttaa maasta *(v.)* emigrate
muuttaa muotoa *(v.)* shapeshift
muuttaa muotoaan *(v.)* morph
muuttaja *(n.)* mover
muuttaminen *(n.)* change
muuttoliike *(n.)* transmigration
muuttumaton *(adj.)* constant
muuttuvainen *(adj.)* versatile
mykkä *(adj.)* mum
myllerrys *(n.)* turmoil
mylly *(n.)* mill

mylläkkä *(n.)* rummage
mylläri *(n.)* miller
myllätä *(v.)* rummage
mylvintä *(n.)* bellowing
mylviä *(v.)* bellow
myoosi *(n.)* myosis
myriadi *(adj.)* myriad
myrkky *(n.)* poison
myrkky *(n.)* venom
myrkyllinen *(adj.)* poisonous
myrkyllinen *(adj.)* venomous
myrkyttäminen *(n.)* toxification
myrkyttää *(v.)* poison
myrsky *(n.)* storm
myrskyinen *(adj.)* stormy
myrskyisä *(adj.)* tempestuous
myrskytä *(v.)* storm
myrtti *(n.)* myrtle
myski *(n.)* musk
mysteeri *(n.)* mystery
mysteerinen *(adj.)* mysterious
mystifioida *(v.)* mystify
mystiikka *(n.)* mystique
mystikko *(n.)* mystic
mystinen *(adj.)* mystic
mystisismi *(n.)* mysticism
mytologia *(n.)* mythology
mytologinen *(adj.)* mythological
myydä *(v.)* sell
myydä itseään *(v.)* prostitute
myydä puhelimitse *(v.)* telemarket
myyjä *(n.)* seller
myymälä *(n.)* store
myymälävaras *(n.)* shoplifter
myymätön *(adj.)* unsold
myyntikoju *(n.)* booth
myyntiliike *(n.)* shopkeep
myyntimies *(n.)* salesman
myyntivoima *(n.)* salesforce
myytti *(n.)* myth
myyttinen *(adj.)* mythical
myöhempi *(adj.)* subsequent
myöhentää *(v.)* post-date
myöhäinen *(adj.)* late
myöhässä olo *(n.)* tardiness
myöhästynyt *(adj.)* belated
myöhään *(adv.)* late
myönnellä *(v.)* comply

myönnytellä *(v.)* concede
myönnytys *(n.)* concession
myönteinen *(adj.)* affirmative
myöntyminen *(n.)* compliance
myöntyvä *(adj.)* amenable
myöntyväinen *(adj.)* compliant
myöntyä *(v.)* grant
myöntää *(v.)* admit
myöntää *(v.)* allot
myöntää avoimesti *(v.)* avow
myös *(adv.)* also
myöskin *(adv.)* too
myöskään *(adv.)* either
myötäjäiset *(n.)* dowery
myötäpäivään *(adv.)* clockwise
myötäsyntyinen *(adj.)* innate
myötätunto *(n.)* compassion
myötävaikuttaa *(v.)* connive
mädäntynyt *(adj.)* rotten
mädäntyä *(v.)* rot
mäiskäys *(n.)* smack
mäiskäyttää *(v.)* smack
mäjäyttää *(v.)* whack
mäki *(n.)* hill
mäkättää *(v.)* henpeck
mäntti *(n.)* scumbag
mänty *(n.)* pine
mäntä *(n.)* piston
märehdintä *(n.)* rumination
märehtijä *(n.)* ruminant
märehtivä *(adj.)* ruminant
märehtiä *(v.)* ruminate
märkiä *(v.)* fester
märkyys *(n.)* wetness
märkä *(adj.)* wet
märkävuoto *(n.)* pyorrhoea
mäti *(n.)* roe
mätä *(adj.)* carious
mätä *(n.)* pus
mätäneminen *(n.)* rot
mäyrä *(n.)* badger
määkiä *(v.)* bleat
määritellä *(v.)* define
määritellä rajat *(v.)* delimitate
määritellä termi *(v.)* term
määritelmä *(n.)* definition
määrittelemätön *(adj.)* indefinite
määrittää *(v.)* estimate

määrittää sukupuoli *(v.)* sex
määrä *(n.)* quantity
määräilevä *(adj.)* bossy
määrällinen *(adj.)* quantitative
määränpää *(n.)* destination
määräraha *(n.)* appropriation
määrätietoinen *(adj.)* assertive
määrätietoinen *(adj.)* intent
määrätty *(adj.)* definite
määrätä *(v.)* assign
määrätä *(v.)* vest
määrätä ennalta *(v.)* predetermine
määrätä sivuun *(v.)* sideline
määrätä uudelleen *(v.)* reassign
määräys *(n.)* imposition
määräys *(n.)* ordinance
määrääminen *(n.)* injunction
möhliä *(v.)* bumble
möhläys *(n.)* gaffe
mökki *(n.)* cottage
mököttää *(v.)* mope
möläyttää *(v.)* blurt
mömmö *(n.)* ooze
mönkijä *(n.)* rover
möreä *(adj.)* throaty
möyheä *(adj.)* pulpy
möykky *(n.)* blob

N

naama *(n.)* face
naamiaisasu *(n.)* costume
naamiaiset *(n.)* masquerade
naamio *(n.)* mask
naamioida *(v.)* mask
naamiointi *(n.)* camouflage
naamioitua *(v.)* disguise
naapuri *(n.)* neighbour
naapurimainen *(adj.)* neighbourly
naapurusto *(n.)* neighbourhood
naaras *(n.)* female
naaraskettu *(n.)* vixen
naarasleijona *(n.)* lioness
naaraslintu *(n.)* hen
naaraspuolinen *(adj.)* female
naarastiikeri *(n.)* tigress

naarmu *(n.)* rasure
naarmuinen *(adj.)* scratchy
naarmuttaa *(v.)* graze
naarmuttaminen *(n.)* graze
naarmuuntunut *(adj.)* scratched
nacho *(n.)* nacho
nadiiri *(n.)* nadir
naftaleeni *(n.)* naphthalene
nahista *(v.)* bicker
nahistella *(v.)* tussle
nahka *(n.)* leather
nahkanuttu *(n.)* jerkin
nahkatehdas *(n.)* tannery
nahkuri *(n.)* tanner
naida *(v.)* espouse
naiivi *(adj.)* naive
naiivius *(n.)* naivete
nailon *(n.)* nylon
naimakelpoinen *(adj.)* nubile
nainen *(n.)* woman
naisellinen *(adj.)* womanish
naiseus *(n.)* womanhood
naisjättiläinen *(n.)* giantess
naismainen *(adj.)* effeminate
naisten seksuaalinen ahdistelu *(n.)* eve-teasing
naistenmies *(n.)* womaniser
naistensatula *(n.)* side-saddle
naistensatulassa *(adv.)* side-saddle
naittaja *(n.)* matchmaker
naivius *(n.)* naivety
nakertaa *(v.)* fret
naksahdus *(n.)* click
naksauttaa *(v.)* tchick
naksautus *(n.)* tchick
nakuttaa *(v.)* nack
naljailla *(v.)* rag
nalkuttaa *(v.)* nag
nalkuttaja *(n.)* nagging
nalkuttava *(adj.)* nagging
nalkutus *(n.)* nag
naniitti *(n.)* nanite
nano *(n.)* nano
nanobiologia *(n.)* nanobiology
nanobotti *(n.)* nanobot
nanohertsi *(n.)* nanohertz
nanoinsinööri *(n.)* nanoengineer
nanokomponentti *(n.)*

nanocomponent
nanomekaniikka *(n.)* nanomechanics
nanopartikkeli *(n.)* nanoparticle
nanopiirit *(n.)* nanocircuitry
nanoplasma *(n.)* nanoplasma
nanosiru *(n.)* nanochip
nanotietokone *(n.)* nanocomputer
nanotransistori *(n.)* nanotransistor
napainen *(adj.)* polary
napakymppi *(n.)* bull's eye
napata *(v.)* snatch
napero *(n.)* bantling
nappi *(n.)* button
napsahdus *(n.)* snap
naputtaa *(v.)* tap
narikka *(n.)* cloakroom
narina *(v.)* creak
narkomaani *(n.)* drug addict
narrata *(v.)* fool
narratiivi *(n.)* narrative
narratiivinen *(adj.)* narrative
narri *(n.)* buffoon
narsismi *(n.)* narcissism
narsissi *(n.)* narcissus
narttu *(n.)* bitch
naru *(n.)* string
nasaali *(n.)* nasal
nasta *(n.)* pin
nastoittaa *(v.)* stud
natiivi *(adj.)* native
nationalismi *(n.)* nationalism
nationalisti *(n.)* nationalist
naudanliha *(n.)* beef
nauha *(n.)* ribbon
nauhasoitin *(n.)* tape player
nauhaton *(adj.)* tapeless
nauhoittaa *(v.)* record
nauhoittaa videolle *(v.)* videotape
nauhuri *(n.)* recorder
naukua *(v.)* mew
naukuminen *(n.)* mew
naula *(v.)* nail
naulata *(n.)* nail
nauraa *(v.)* laugh
naurahdus *(n.)* laugh
naurattava *(adj.)* laughable
naurettava *(adj.)* ridiculous
nauris *(n.)* turnip

nauru *(n.)* laughter
naurunalaistaa *(v.)* ridicule
nautinnollinen *(adj.)* voluptuous
nautinto *(n.)* enjoyment
nautiskelija *(n.)* sensualist
nautiskella *(v.)* relish
nautittava *(adj.)* enjoyable
nautittavuus *(n.)* enjoyability
nauttia *(v.)* enjoy
nauttija *(n.)* voluptuary
navetta *(n.)* byre
navigaattori *(n.)* navigator
navigoida *(v.)* navigate
navigointi *(n.)* navigation
neekeri *(n.)* nigger
negaatio *(n.)* negation
negatiivi *(n.)* negative
negatiivinen *(adj.)* negative
negatoida *(v.)* negate
neilikka *(n.)* clove
neiti *(n.)* lass
neito *(n.)* maiden
neitonen *(n.)* damsel
neitseellinen *(adj.)* virgin
neitsyt *(n.)* virgin
neitsyt- *(adj.)* maiden
neitsyys *(n.)* virginity
nekromantikko *(n.)* necromancer
nekropolis *(n.)* necropolis
nektari *(n.)* nectar
nelijalkainen *(n.)* quadruped
nelikulma *(n.)* quadrangle
nelikulmainen *(adj.)* quadrangular
nelikulmio *(n.)* quadrilateral
nelikulmio- *(adj.)* quadrilateral
nelinkertainen *(adj.)* quadruple
nelinkertaistaa *(v.)* quadruple
neliö *(n.)* square
neliömäinen *(adj.)* square
neljä *(n.)* four
neljäkymmentä *(n.)* forty
neljännesvuosittain *(adj.)* quarterly
neljäsosa *(n.)* quarter
neljäsosanuotti *(n.)* crotchet
neljätoista *(n.)* fourteen
nenä *(n.)* nose
nenä- *(adj.)* nasal
nenäliina *(n.)* handkerchief

neoliittinen *(adj.)* neolithic
neon *(n.)* neon
nepotismi *(n.)* nepotism
Neptunus *(n.)* Neptune
nero *(n.)* genius
neste *(n.)* liquid
neste- *(adj.)* liquid
nestemäinen *(adj.)* fluid
nesteytyä *(v.)* liquefy
netota *(v.)* net
nettikansalainen *(n.)* netizen
nettikiusaaminen *(n.)* cyberbullying
netto- *(adj.)* net
neula *(n.)* needle
neulepusero *(n.)* sweater
neuloa *(v.)* knit
neurologi *(n.)* neurologist
neurologia *(n.)* neurology
neuroosi *(n.)* neurosis
neutraali *(adj.)* neutral
neutraloida *(v.)* neutralize
neutri *(n.)* neuter
neutroni *(n.)* neutron
neuvo *(n.)* advice
neuvoa *(v.)* advise
neuvoa-antava *(adj.)* advisory
neuvoja *(n.)* councillor
neuvokas *(adj.)* astute
neuvokas *(adj.)* resourceful
neuvonantaja *(n.)* counsellor
neuvosto *(n.)* council
neuvotella *(v.)* negotiate
neuvoteltava *(adj.)* negotiable
neuvottelija *(n.)* negotiator
neuvottelu *(n.)* negotiation
nide *(n.)* tome
nidos *(n.)* binding
nielaista *(v.)* swallow
nielaista sisäänsä *(v.)* engulf
nielurisa *(n.)* tonsil
nihilismi *(n.)* nihilism
nihkeä *(adj.)* damp
niillä main *(adv.)* thereabouts
niin *(adv.)* so
niin kuin *(prep.)* like
niitata *(v.)* rivet
niitti *(n.)* rivet
niitty *(n.)* meadow

niittää *(v.)* reap
niittää viikatteella *(v.)* scythe
niitäminen *(n.)* reap
nikkaroida *(v.)* hew
nikkeli *(n.)* nickel
nikotiini *(n.)* nicotine
nilkka *(n.)* ankle
nilkkakoru *(n.)* anklet
nilviäinen *(n.)* mollusc
nilviäis- *(adj.)* molluscous
nimellinen *(adj.)* titular
nimellis- *(adj.)* nominal
nimellisarvo *(n.)* par
nimenhuuto *(n.)* roll-call
nimestä ennustaminen *(n.)* onomancy
nimetty *(adj.)* designated
nimettömyys *(n.)* anonymosity
nimetä *(v.)* name
nimetön *(adj.)* anonymous
nimeäminen *(n.)* nomination
nimi *(n.)* name
nimikirjain *(n.)* initial
nimikirjoitus *(n.)* autograph
nimikyltti *(n.)* nameplate
nimimerkki *(n.)* screen name
nimittäin *(adv.)* namely
nimittää *(v.)* appoint
nimittää uudelleen *(v.)* reappoint
nimitutkija *(n)* onomast
nimitys *(n.)* denomination
nipistys *(n.)* pinch
nipistää *(v.)* pinch
nipottaa *(v.)* cavil
nippu *(n.)* bundle
niputtaa yhteen *(v.)* lump
nirhama *(n.)* nick
niska *(n.)* nape
niskoittelija *(n.)* rebel
niskoittelu *(n.)* insubordination
niskuroida *(v.)* rebel
nisä *(n.)* teat
nisä- *(adj.)* mammary
nisäkäs *(n.)* mammal
nitoa *(v.)* staple
nitomanasta *(n.)* staple
niukasti *(adv.)* barely
niukka *(adj.)* meagre
niukka *(adj.)* scanty

niukkuus *(n.)* paucity
nivel *(n.)* joint
nivelside *(n.)* ligament
niveltulehdus *(n.)* arthritis
noeta *(v.)* soot
noin *(adv.)* approximately
noita *(n.)* witch
noita-akka *(n.)* hag
noituus *(n.)* sorcery
noituus *(n.)* witchery
nojatuoli *(n.)* armchair
nojautua *(v.)* lean
noki *(n.)* soot
nokikana *(n.)* coot
nokka *(n.)* beak
nokka *(n.)* nib
nokkela *(adj.)* shrewd
nokkela *(adj.)* witty
nokkela sanailu *(n.)* repartee
nokkeluus *(n.)* wit
nokkia *(v.)* peck
nokkonen *(n.)* nettle
nolata *(v.)* discomfit
nolata *(v.)* embarrass
nolla *(n.)* nil
nolla *(n.)* nought
nolla *(n.)* zero
nolo *(adj.)* embarrassing
nolostuminen *(n.)* embarrassment
nonparelli *(n.)* nonpareil
nopea *(adj.)* fast
nopea *(adj.)* quick
nopeasti *(adv.)* fast
nopeasti *(adv.)* quickly
nopeus *(n.)* speed
noppa *(n.)* dice
normaali *(adj.)* normal
normaalius *(n.)* normalcy
normalisoida *(v.)* normalize
normalisointi *(n.)* normalization
normi *(n.)* norm
noro *(n.)* trickle
norsu *(n.)* elephant
norsumainen *(adj.)* elephantine
norsunluu *(n.)* ivory
norsunratsastaja *(n.)* mahout
norua *(v.)* trickle
nostaa *(v.)* elevate
nostaa *(v.)* hoist
nostaa syyte *(v.)* prosecute
nostaa tunkilla *(v.)* jack
nostaa valtaistuimelle *(v.)* enthrone
nostalgia *(n.)* nostalgia
nostattaa *(v.)* rouse
nostella *(v.)* lift
nostin *(n.)* elevator
nosto *(n.)* elevation
nostolaite *(n.)* teagle
nosturi *(n.)* crane
notaari *(n.)* notary
notaatio *(n.)* notation
noteerata *(v.)* denominate
notkea *(adj.)* flexible
notkelma *(n.)* hollow
notko *(n.)* sag
notkua *(v.)* sag
notkuva *(adj.)* saggy
noudattaa ruokavaliota *(v.)* diet
nouseva *(adj.)* upward
nousta *(v.)* arise
nousta *(v.)* ascend
nousta hevosen selkään *(v.)* mount
nousta maihin *(v.)* land
nousta pintaan *(v.)* surface
nousu *(n.)* accession
nousu *(n.)* ascent
nousukas *(n.)* upstart
noutaa *(v.)* fetch
noutaa *(v.)* retrieve
nouto- *(adj.)* takeaway
nouto- *(adj.)* takeout
noutoruoka *(n.)* takeaway
noutoruoka *(n)* takeout
noviisi *(n.)* novice
nugetti *(n.)* nugget
nuhde *(n.)* admonition
nuhdella *(v.)* admonish
nuhdella *(v.)* chastise
nuhjuinen *(adj.)* shabby
nuhruinen *(adj.)* dingy
nuhtelu *(n.)* rebuke
nuija *(n.)* cudgel
nujakka *(n.)* scuffle
nujakoida *(v.)* scuffle
nujerrettu *(adj.)* prostrate
nujertaa *(v.)* subdue

nukka *(n.)* fuzz
nukkavieru *(adj.)* threadbare
nukke *(n.)* doll
nukke *(n.)* effigy
nukkua *(v.)* sleep
nukkua pommiin *(v.)* oversleep
nukkuja *(n.)* sleeper
nukkumapaikka *(n.)* roost
nukutus *(n.)* narcosis
nullifikaatio *(n.)* nullification
numeerinen *(adj.)* numerical
numeraali *(n.)* numeral
numero *(n.)* digit
numero *(n.)* number
numeroida *(v.)* number
numeroitumaton *(adj.)* innumerable
numerotaulu *(n.)* dial
numeroton *(adj.)* numberless
nummi *(n.)* moor
nunna *(n.)* nun
nunnaluostari *(n.)* convent
nunnaluostari *(n.)* nunnery
nuokkua *(v)* noddle
nuolaisu *(n.)* lick
nuoli *(n.)* arrow
nuolijuuri *(n.)* arrowroot
nuoliviini *(n.)* quiver
nuolla *(v.)* lick
nuora *(n.)* cord
nuorekas *(adj.)* youthful
nuorempi *(adj.)* junior
nuorentaa *(v.)* rejuvenate
nuorentuminen *(n.)* rejuvenation
nuori *(adj.)* young
nuori osteri *(n.)* oysterling
nuoriso *(n.)* young
nuorten- *(adj.)* juvenile
nuorukainen *(n.)* lad
nuorukainen *(n.)* youngster
nuoruus *(n.)* youth
nuppineula *(n.)* tack
nuppu *(n.)* bud
nurin perin *(adv.)* topsy turvy
nurinkurinen *(adj.)* topsy turvy
nurkka *(n.)* corner
nurmi *(n.)* grass
nurmikko *(n.)* lawn
nutritiivinen *(adj.)* nutritive

nuudeli *(n.)* noodle
nuuhkaista *(v.)* sniff
nuuhkaisu *(n.)* sniff
nuuka *(adj.)* niggardly
nuukahtaa *(v.)* pine
nuuska *(n.)* snuff
nuuskia *(v.)* nose
nyanssi *(n.)* nuance
nyhjäisy *(n.)* pluck
nyhtää *(v.)* pluck
nykivä *(adj.)* jerky
nykyaikainen *(adj.)* contemporary
nykyhetki *(n.)* present
nykyinen *(adj.)* present
nykäisy *(n.)* jerk
nylkeä *(v.)* skin
nymfetti *(n.)* nymphet
nymfi *(n.)* nymph
nymfomaani *(n.)* nymphomaniac
nymfomaaninen *(adj.)* nymphomaniac
nyrjähdys *(n.)* sprain
nyrjähtää *(v.)* sprain
nyrjäyttää *(n.)* wrick
nyrkinisku *(n.)* biff
nyrkkeilijä *(n)* boxer
nyrkkeillä *(v.)* fist
nyrkkeily *(n.)* boxing
nyrkki *(n.)* fist
nyrpistys *(n.)* scowl
nyrpistää *(v.)* scowl
nystyrä *(n.)* node
nyt *(conj.)* now
nyyhkyttää *(v.)* sob
nyyhkytys *(n.)* sob
nyysiä *(v.)* zeb
nyökkäys *(n.)* nod
nyökätä *(v.)* nod
nyörtyminen *(n.)* subservience
näennäinen *(adj.)* ostensible
näennäisesti *(adv.)* ostensibly
näennäisyys *(n.)* ostensibility
nähdä *(v.)* see
nähdä ero *(v.)* distinguish
nähdä mielessään *(v.)* envisage
näillä main *(adv.)* hereabouts
näkemiin *(interj.)* good-bye
näkemys *(n.)* notion
näkijä *(n.)* seer

näkkileipä *(n.)* cracker
näkymä *(n.)* view
näkymätön *(adj.)* invisible
näkyvyys *(n.)* visibility
näkyvä *(adj.)* visible
näköala *(n.)* vista
näköalapaikka *(n.)* belvedere
näkökanta *(n.)* standpoint
näkökenttä *(n.)* sight
näkökohta *(n.)* aspect
näkökyky *(n.)* vision
nälkä *(n.)* hunger
nälkäinen *(adj.)* hungry
nälänhätä *(n.)* famine
nänni *(n.)* nipple
näpistellä *(v.)* pilfer
näpistää *(v.)* shoplift
näppy *(n.)* spot
näppäimistö *(n.)* keyboard
näppäryys *(n.)* sleight
näppärä *(adj.)* deft
näpytön *(adj.)* spotless
närhi *(n.)* jay
närkästynyt *(adj.)* disgruntled
nätti *(adj.)* pretty
näykkiä *(v.)* nibble
näykkäisy *(n.)* nibble
näyte *(n.)* sample
näytelmä *(n.)* ostentation
näytteenotin *(n.)* sampler
näytteenotto *(n.)* sampling
näytteillepano *(n.)* ostension
näytteleminen *(n.)* acting
näyttelijä *(n.)* actor
näyttelijätär *(n.)* actress
näyttely *(n.)* exhibition
näyttelyesine *(n.)* exhibit
näyttelykappale *(n.)* showpiece
näyttelytila *(n.)* showroom
näyttämö *(n.)* stage
näyttävä *(adj.)* sightly
näyttäytyminen *(n.)* showup
näyttää *(v.)* show
näyttää joltain *(v.)* seem
näyttää toteen *(v.)* vindicate
näyttö *(n.)* screen
näyttölaite *(n.)* display
näytöllä *(adj.)* on-screen

näytönsäästäjä *(n.)* screensaver
näytös *(n.)* show
nääntyminen *(n.)* starvation
nääntyä *(v.)* starve
näärännäppy *(n.)* stye
näätä *(n.)* marten
nörtteillä *(v.)* geek
nörtti *(n.)* geek
nörttimäinen *(adj.)* geeky
nörttimäinen paikka *(n.)* geeksville
nörttimäiset varusteet *(n.)* geekwear
nöyristelevä *(adj.)* subservient
nöyryys *(n.)* humility
nöyryytetty *(adj.)* abashed
nöyryyttävä *(adj.)* degrading
nöyryyttää *(v.)* abase
nöyryyttää *(v.)* humiliate
nöyryytys *(n.)* humiliation
nöyrä *(adj.)* humble

objektiivi *(n.)* objective
objektiivinen *(adj.)* objective
observatorio *(n.)* observatory
obstetrinen *(adj.)* obstetric
obstruktiivinen *(adj.)* obstructive
obstruktio *(n.)* obstruction
odontologi *(n.)* odontologist
odotella *(v.)* await
odottaa *(v.)* expect
odottaa *(v.)* wait
odottamaton *(adj.)* unannounced
odottaminen *(n.)* wait
odotuksenmukainen *(adj.)* expedient
odotus *(n.)* expectation
odotushuone *(n.)* lounge
offensiivi *(n.)* offensive
offline- *(adj.)* offline
oftalminen *(adj.)* ophtalmic
oftalmologi *(n.)* ophtalmologist
oftalmologia *(n.)* ophtalmology
oftalmologinen *(adj.)* ophtalmologic
oftalmoskooppi *(n.)* ophtalmoscope
ohdake *(n.)* thistle
oheis- *(adj.)* incidental

ohentaa *(v.)* thin
ohi *(prep.)* past
ohikiitävä *(adj.)* ephemeric
ohilyönti *(n.)* miss
ohimenevä *(adj.)* transitory
ohimenevä ilmiö *(n.)* ephemera
ohittaa *(n.)* bypass
ohjaaja *(n.)* director
ohjaaminen *(n.)* instruction
ohjaamo *(n.)* cockpit
ohjain *(n.)* controller
ohjata *(v.)* steer
ohjata harhaan *(v.)* misdirect
ohjata peliä *(v.)* gamemaster
ohjeistaa *(v.)* instruct
ohjekirja *(n.)* manual
ohjelma *(n.)* programme
ohjelmoida *(v.)* programme
ohjenuora *(n.)* precept
ohjus *(n.)* missile
ohoi *(interj.)* ahoy
ohra *(n.)* barley
ohukainen *(n.)* crepe
ohut *(adj.)* thin
ohuus *(n.)* rarity
oieta *(v.)* right
oikaista *(v.)* rectify
oikaisu *(n.)* rectification
oikea *(n.)* right
oikea-aikainen *(adj.)* timely
oikealle *(adv.)* right
oikeamielinen *(adj.)* just
oikeanpuoleinen *(adj.)* right
oikeasti *(adv.)* really
oikein *(adv.)* aright
oikein *(adj.)* correct
oikeinkirjoitus *(n.)* spelling
oikeudellinen *(adj.)* judicial
oikeudenkäynti *(n.)* trial
oikeudenkäyntiasiamies *(n.)* solicitor
oikeudenmukainen *(adj.)* equitable
oikeudenmukaisuus *(n.)* justice
oikeudenpäätös *(n.)* verdict
oikeuslaitos *(n.)* judiciary
oikeuslääketiede *(n.)* forensic
oikeuslääketieteellinen *(adj.)* forensic
oikeustoimet *(n.)* legal action
oikeutettu *(adj.)* justified

oikeutetusti *(adv.)* justly
oikeuttaa *(v.)* entitle
oikeutus *(n.)* justification
oikku *(n.)* caprice
oikoa *(v.)* correct
oikotie *(n.)* shortcut
oikukas *(adj.)* capricious
oikutteleva *(adj.)* wayward
oinas *(n.)* aries
oire *(n.)* symptom
oireellinen *(adj.)* symptomatic
oivallus *(n.)* insight
oivaltaa *(v.)* perceive
oja *(n.)* ditch
ojennella *(v.)* lambaste
ojentaa *(v.)* hand
ojentaa *(v.)* pass
ojittaa *(v.)* trench
oka *(n.)* thorn
okainen *(adj.)* thorny
okei *(n.)* okay
okei *(adj.)* okay
okei *(adv.)* okay
okei *(int.)* okay
okkultismi *(n.)* occult
okkultistinen *(adj.)* occult
okra *(n.)* okra
oksa *(n.)* bough
oksantynkä *(n.)* snag
oksennus *(n.)* vomit
oksennuspussi *(n.)* sickbag
oksentaa *(v.)* vomit
oksia *(v.)* prune
oksidantti *(n.)* oxidant
oksidi *(n.)* oxide
oksipitaalinen *(adj.)* occipital
oktaani *(n.)* octane
oktaavi *(n.)* octave
oktonioniikka *(n.)* octonionics
oktyyni *(n.)* octyne
okulaari *(adj.)* ocular
olankohautus *(n.)* shrug
oleellinen *(adj.)* essential
oleilla *(v.)* lounge
oleilu *(n.)* stay
olemassaolo *(n.)* existence
olematon *(adj.)* negligible
olemattomuus *(n.)* nonentity

oleminen *(n.)* being
olemus *(n.)* essence
olennainen *(adj.)* constituent
olento *(n.)* creature
oleskella *(v.)* sojourn
oleskelu *(n.)* sojourn
oleskeluhuone *(n.)* parlour
oletella *(v.)* presuppose
oletettavasti *(adv.)* say
olettaa *(v.)* assume
olettaa *(v.)* suppose
olettaminen *(n.)* supposition
olettamus *(n.)* assumption
oletus *(n.)* default
oletus *(n.)* presupposition
oligarkia *(n.)* oligarchy
oligarkki *(n.)* oligarch
oligarkkinen *(adj.)* oligarchal
oliivi *(n.)* olive
olinpaikka *(n.)* ubicity
olinpaikka *(n.)* whereabout
olisi *(adj.)* would-be
olkakivi *(n.)* corbel
olkalaukku *(n.)* satchel
olkapää *(n.)* shoulder
olki *(n.)* thatch
olkihattu *(n.)* leghorn
olla *(v.)* be
olla eri mieltä *(v.)* disagree
olla haitaksi *(v.)* militate
olla huonoin *(v.)* worst
olla hyötyä *(v.)* avail
olla ilman *(v.)* forgo
olla jonkin ruumiillistuma *(v.)* embody
olla kalteva *(v.)* slant
olla kiusana *(v.)* infest
olla koukussa *(v.)* obsess
olla kärjessä *(v.)* spearhead
olla lakkovahtina *(v.)* picket
olla lapsenvahtina *(v.)* babysit
olla luottamatta *(v.)* distrust
olla merkitystä *(v.)* matter
olla mukana *(v.)* feature
olla negatiivinen *(v.)* negative
olla nopeampi *(v.)* outrun
olla OK *(v.)* okay
olla olemassa *(v.)* exist

olla osallisena *(v.)* contribute
olla painavempi *(v.)* outweigh
olla parempi *(v.)* excel
olla peräisin *(v.)* originate
olla puheenjohtajana *(v.)* preside
olla riidoissa *(v.)* feud
olla ristiriidassa *(v.)* contradict
olla salaliitossa *(v.)* collude
olla samaa mieltä *(v.)* agree
olla samaa mieltä *(v.)* concur
olla seurauksena *(v.)* ensue
olla seurauksena *(v.)* result
olla taipumus *(v.)* tend
olla tasa-arvoinen *(v.)* equal
olla tulvillaan *(v.& prep.)* abound
olla uskomatta *(v.)* disbelieve
olla vailla *(v.)* lack
olla vallassa *(v.)* reign
olla valtaistuimella *(v.)* throne
olla varaa *(v.)* afford
olla velkaa *(v.)* owe
olla vierekkäin *(v.)* adjoin
olla virassa *(v.)* tenure
olla yhteistä *(v.)* share
olla yhtäpitävä *(v.)* accord
olla ylivoimainen *(v.)* preponderate
olla yllään *(v.)* wear
olla ymmällään *(v.)* baffle
olosuhteet *(n.)* circumstance
olut *(n.)* beer
olutetikka *(n.)* alegar
olympiadi *(n.)* olympiad
oma *(adj.)* own
oma-aloitteinen *(adj.)* self-imposed
omaelämäkerta *(n.)* autobiography
omahyväinen *(adj.)* smug
omahyväinen henkilö *(n.)* bighead
omaisuus *(n.)* possession
omaksua *(v.)* assibilate
omankaltainen *(adj.)* peculiar
omantunnon tuska *(n.)* compunction
omapäinen *(adj.)* opinionated
omatekoinen *(adj.)* self-appointed
omatunto *(n.)* conscience
omavaltainen *(adj.)* arbitrary
omavastuullinen *(adj.)* vested
omega *(n.)* omega
omena *(n.)* apple

omia *(v.)* own
omiaan *(adj.)* apt
ominaisuus *(n.)* feature
omistaa *(v.)* have
omistaja *(n.)* owner
omistajuus *(n.)* ownership
omistautua *(v.)* dedicate
omistautua *(v.)* devote
omistautuminen *(n.)* dedication
omistus *(n.)* acquest
omistus- *(adj.)* proprietary
omistushaluinen *(adj.)* acquisitive
omistusoikeus *(n.)* property
omituinen *(adj.)* outlandish
omituinen *(adj.)* weird
ommella *(v.)* sew
omnipotenssi *(n.)* omnipotence
omnipotenssinen *(adj.)* omnipotent
omnipresenssi *(n.)* omnipresence
omnipresentti *(adj.)* omnipresent
omnivori *(n.)* omnivore
omofagia *(n.)* omophagia
ompelija *(n.)* dressmaker
ongelma *(n.)* issue
ongelma *(n.)* problem
ongelmallinen *(adj.)* problematic
onkalo *(n.)* cavity
onkogeeni *(n.)* oncogene
onkogeeninen *(adj.)* oncogenic
onkologi *(n.)* oncologist
onkologia *(n.)* oncology
online- *(adj.)* online
onnekas *(adj.)* fortunate
onnekas *(adj.)* serendipitous
onnekas sattuma *(n.)* serendipity
onneksi *(adv.)* luckily
onnellinen *(adj.)* happy
onnellisuus *(n.)* felicity
onnellisuus *(n.)* happiness
onneton *(adj.)* unhappy
onnettomuus *(n.)* mischance
onni *(n.)* fortune
onnistua *(v.)* manage
onnitella *(v.)* congratulate
onnitella *(v.)* felicitate
onnittelu *(n.)* congratulation
onnittelut *(int.)* felicitations
onologia *(n.)* onology

onomastinen *(adj.)* onomastic
onomatologi *(n.)* onomatologist
onomatologia *(n.)* onomatology
onomatooppi *(n.)* onomatope
onomatopoeesi *(n.)* onomatopoeia
ontogeeninen *(adj.)* ontogenic
ontologi *(n.)* ontologist
ontologia *(n.)* ontology
ontologinen *(adj.)* ontologic
ontologinen *(adj.)* ontological
ontologismi *(n.)* ontologism
ontto *(adj.)* hollow
ontua *(v.)* gimp
ontuva *(adj.)* gimp
oodi *(n.)* ode
oopiumi *(n.)* opium
ooppera *(n.)* opera
opaali *(n.)* opal
opas *(n.)* guide
opastaa *(v.)* guide
opastaa *(v.)* usher
opastus *(n.)* guidance
operaatio *(n.)* operation
operaattori *(n.)* operator
operetti *(n.)* operetta
operoida *(v.)* operate
opetettavissa *(adj.)* teacheable
opettaa *(v.)* teach
opettaja *(n.)* teacher
opettajakeskeinen *(adj.)* teacher centric
opettavainen *(adj.)* didactic
opettelukortti *(n.)* flashcard
opetus *(n.)* teaching
opetus- *(adj.)* tutorial
opetuslapsi *(n.)* disciple
opetusohjelma *(n.)* tutorial
opetusohjelma *(n.)* syllabus
opetussuunnitelma *(n.)* curriculum
opiaatti *(n.)* opiate
opiaattinen *(adj.)* opiate
opinhaluinen *(adj.)* studious
opinkappale *(n.)* tenet
opinnäytetyö *(n.)* thesis
opiskelija *(n.)* student
opiskella *(v.)* study
opiskelu *(n.)* study
opittu *(adj.)* learned

oppia *(v.)* learn
oppiaine *(n.)* subject
oppija *(n.)* learner
oppikirja *(n.)* textbook
oppikirja- *(adj.)* textbook
oppikirjamainen *(adj.)* textbookish
oppimaton *(adj.)* uneducated
oppiminen *(n.)* learning
oppinut *(n.)* savant
oppipoika *(n.)* apprentice
oppitunti *(n.)* lesson
opportunismi *(n.)* opportunism
optikko *(n.)* optician
optimaalinen *(adj.)* optimum
optimi *(n.)* optimum
optimismi *(n.)* optimism
optimisti *(n.)* optimist
optimistinen *(adj.)* optimistic
optinen *(adj.)* optic
oraakkeli *(n.)* oracle
oraakkelimainen *(adj.)* oracular
oraalinen *(adj.)* oral
oranssi *(adj.)* orange
orapihlaja *(n.)* hawthorn
orastava *(adj.)* nascent
oratorinen *(adj.)* oratorical
orava *(n.)* squirrel
orbitaali *(n.)* orbital
orgaaninen *(adj.)* organic
organisaatio *(n.)* organization
organismi *(n.)* organism
organisoida *(v.)* organize
organografia *(n.)* organography
organza *(n.)* organza
orgasmi *(n.)* orgasm
orgasminen *(adj.)* orgasmic
orgia *(n.)* orgy
ori *(n.)* stallion
orientoida *(v.)* orientate
orientoitua *(v.)* orient
orientoitunut *(adj.)* oriented
orientoituva *(adj.)* orientational
origami *(n.)* origami
originaalinen *(adj.)* original
orja *(n.)* slave
orja- *(adj.)* servile
orjallinen *(adj.)* slavish
orjamaisuus *(n.)* servility

orjuuntua *(v.)* beslaver
orjuus *(n.)* servitude
orjuus *(n.)* slavery
orjuuttaa *(v.)* enslave
orkesteri *(n.)* orchestra
orkestraalinen *(adj.)* orchestral
ornamentaalinen *(adj.)* ornamental
ornamentiikka *(n.)* ornamentation
ornamentoida *(v.)* ornament
orneerata *(v.)* orn
ornitoskopia *(n.)* ornithoscopy
orogeeni *(n.)* orogen
orogeeninen *(adj.)* orogenic
orologi *(n.)* orologist
orpo *(n.)* orphan
orpokoti *(n.)* orphanage
ortodoksinen *(adj.)* orthodox
ortodoksisuus *(n.)* orthodoxy
ortografi *(n.)* orthographer
ortografia *(n.)* orthograph
ortografinen *(adj.)* orthographic
ortopedia *(n.)* orthopaedia
ortopedia *(n.)* orthopaedics
ortopedinen *(adj.)* orthopaedical
orvokki *(n.)* violet
osa *(n.)* part
osake *(n.)* share
osakekanta *(n.)* stock
osakemarkkina *(n.)* share market
osakesato *(n.)* sharecrop
osakkeenomistaja *(n.)* shareholder
osakkeenomistajuus *(n.)* shareholding
osakkeenomistava *(adj.)* shareholding
osakkuus *(n.)* partnership
osallinen *(adj.)* component
osallistua *(v.)* attend
osallistua *(v.)* participate
osallistuja *(n.)* participant
osallistuminen *(n.)* participation
osallisuus *(n.)* complicity
osamäärä *(n.)* quotient
osasto *(n.)* department
osastointi *(n.)* departmentalization
osavaltio *(n.)* state
osavaltion laajuinen *(adj.)* statewide
oseanologi *(n.)* oceanologist
osinko *(n.)* dividend
osinkosumma *(n.)* payout

osittaa *(v.)* partition
osittainen *(adj.)* partial
ositus *(n.)* partition
oskillografi *(n.)* oscillograph
oskillometrinen *(adj.)* oscillometric
oskilloskooppi *(n.)* oscilloscope
oskulaarinen *(adj.)* oscular
oskulantti *(adj.)* osculant
oskuloida *(v.)* osculate
osmobioosi *(n.)* osmobiosis
osmobioottinen *(adj.)* osmobiotic
osmoosi *(n.)* osmosis
osoite *(n.)* address
osoitella *(v.)* point
osoitin *(n.)* cursor
osoitin *(n.)* indicator
osoittaa *(v.)* evince
osoittaa *(v.)* indicate
osoittaa suosiotaan *(v.)* acclaim
osoittaa todeksi *(v.)* substantiate
osoittaa vääräksi *(v.)* refute
osoittaja *(n.)* addresser
osoittamaton *(adj.)* pointerless
osoittava *(adj.)* indicative
osoituksellinen *(adj.)* pointful
osoitus *(n.)* indication
ostaa *(v.)* buy
ostaa *(v.)* purchase
ostaa takaisin *(v.)* redeem
ostaja *(n.)* buyer
osteri *(n.)* oyster
osteri- *(adj.)* oyster
osterinkerääjä *(n.)* oysterman
ostos *(n.)* purchase
ostoskeskus *(n.)* shopping centre
ostoskori *(n.)* shopping cart
ostoskärry *(n.)* buggy
ostoslista *(n.)* shopping list
osua *(v.)* hit
osua harhaan *(v.)* misfire
osua yhteen *(v.)* coincide
osuma *(n.)* hit
osuus *(n.)* allotment
osuus *(n.)* portion
osuva *(adj.)* pertinent
otaksua *(v.)* presume
otaksua *(v.)* surmise
otaksuma *(n.)* surmise

otaksuma/otaksua *(n. & v.)* conjecture
otaksuminen *(n.)* presumption
ote *(n.)* grasp
ote *(n.)* hold
otenauha *(n.)* fret
otettavissa *(adj.)* takeable
otollinen *(adj.)* opportune
otos *(n.)* photo
otoskooppi *(n.)* otoscope
otoskooppinen *(adj.)* otoscopis
otoskopia *(n.)* otoscopy
otsa *(n.)* forehead
otsaharja *(n.)* forelock
otsikko *(n.)* heading
otsikko *(n.)* title
otsikoida *(v.)* title
otsonaatti *(n.)* ozonate
otsoni *(n.)* ozone
otsonikerros *(n.)* ozone layer
otsonoida *(v.)* ozonate
otsonointi *(n.)* ozonation
ottaa *(v.)* take
ottaa asuntolaina *(v.)* mortgage
ottaa aurinkoa *(v.)* sun
ottaa avioero *(v.)* divorce
ottaa haltuunsa *(v.)* possess
ottaa harteilleen *(v.)* shoulder
ottaa huomioon *(v.)* regard
ottaa kiinni *(v.)* seize
ottaa käyttöön *(v.)* deploy
ottaa näyte *(v.)* sample
ottaa osaa *(v.)* commiserate
ottaa osaa *(v.)* partake
ottaa talteen *(v.)* salvage
ottaa yhteen *(v.)* clash
ottaa yhteyttä *(v.)* contact
ottaja *(n.)* taker
ottelija *(n.)* contender
ottelu *(n.)* bout
ottomaani *(n.)* ottoman
ounastaa *(v.)* portend
outo *(adj.)* bizarre
outo *(adj.)* quirky
outolintu *(n.)* wack
ouzo *(n.)* ouzo
ovela *(adj.)* canny
ovi *(n.)* door
ovikello *(n.)* doorbell

ovikiila *(n.)* gib
ovimatto *(n.)* doormat
ovinuppi *(n.)* doorknob
ovulaarinen *(adj.)* ovular
ovuloida *(v.)* ovulate

paahdettu *(adj.)* roast
paahtaa *(v.)* roast
paahtava *(adj.)* torrid
paahtua *(v.)* toast
paakku *(n.)* clod
paali *(n.)* bale
paalu *(n.)* pale
paarit *(n.)* stretcher
paarma *(n.)* gadfly
paasikammio *(n.)* dolmen
paasto *(n.)* fast
paastota *(v.)* fast
paatos *(n.)* pathos
paatunut *(adj.)* obdurate
paavi *(n.)* pope
paavillinen *(adj.)* papal
paavius *(n.)* papacy
paeta *(v.)* escape
paeta *(v.)* flee
pagodi *(n.)* pagoda
paha *(adj.)* evil
paha *(adj.)* sinister
pahaenteinen *(adj.)* inauspicious
pahaenteinen *(adj.)* nefarious
pahainen *(adj.)* wretched
pahamaineinen *(adj.)* infamous
pahamaineinen *(adj.)* notorious
pahamaineisuus *(n.)* infamy
pahamaineisuus *(n.)* notoriety
pahanilkinen *(adj.)* wicked
pahanlaatuinen *(adj.)* malign
pahanlaatuisuus *(n.)* malignancy
pahanolontunne *(n.)* malaise
pahansuopa *(adj.)* maleficent
pahansuopuus *(n.)* spite
pahantahtoinen *(adj.)* malignant
pahantahtoisuus *(n.)* animus
pahantekijä *(n.)* malefactor

pahastua *(v.)* resent
pahe *(n.)* vice
paheellinen *(adj.)* vicious
paheksua *(v.)* deprecate
paheksunta *(n.)* odium
paheksuttava *(adj.)* culpable
pahimmat haittavaikutukset *(n.)* brunt
pahis *(n.)* villain
pahoinpidellä *(v.)* abuse
pahoinpitelevä *(adj.)* abusive
pahoinpitely *(n.)* malediction
pahoinvointi *(n.)* nausea
pahoinvoipa *(adj.)* unwell
pahoitella *(v.)* rue
pahoitteleva *(adj.)* sorry
pahuus *(n.)* evil
paikallaan oleva *(adj.)* stationary
paikallaolo *(n.)* presence
paikallinen *(adj.)* local
paikantaa *(v.)* locate
paikata *(v.)* mend
paikka *(n.)* place
paikkailla *(v.)* patch
paikkansapitävä *(adj.)* tenable
paikko *(n.)* spare
paimen *(n.)* herdsman
paimen *(n.)* shepherd
paimentolainen *(n.)* nomad
paimentolais- *(adj.)* nomadic
painaa *(v.)* imprint
painaa *(v.)* press
painaa uusiksi *(v.)* reprint
painajainen *(n.)* nightmare
painauma *(n.)* droop
painauma *(n.)* imprint
painava *(adj.)* heavy
painava *(adj.)* weighty
paine *(n.)* pressure
paineenalennus *(n.)* decompression
paineilma *(n.)* pneumatic
paineistaa *(v.)* pressurize
painekattila *(n.)* steamer
painia *(v.)* wrestle
painija *(n.)* wrestler
paino *(n.)* weight
painoarvo *(n.)* value
painokas *(adj.)* emphatic

painostaa *(v.)* compel
painostava *(adj.)* oppressive
painottaa *(v.)* emphasize
painotus *(n.)* emphasis
painovirhe *(n.)* misprint
painovoima *(n.)* gravity
paise *(n.)* abscess
paiskata *(v.)* cast
paistatella *(v.)* bask
paisti *(n.)* roast
paistinlasta *(n.)* turner
paisua *(v.)* bloat
paita *(n.)* shirt
paitsi *(prep.)* except
paitsi että *(conj.)* only
paju *(n.)* willow
pakana *(n.)* pagan
pakana- *(adj.)* pagan
pakanallinen *(adj.)* paganistic
pakanuus *(n.)* paganism
pakara *(n.)* buttock
pakata *(v.)* pack
pakata lahja *(v.)* giftwrap
pakenematon *(adj.)* scapeless
pakenemiskyky *(n.)* escapability
pakeneva *(adj.)* escapable
pakenija *(n.)* escapee
paketoida *(v.)* parcel
paketti *(n.)* packet
paketti *(n.)* parcel
pakettiauto *(n.)* van
pakkaaminen *(n.)* packing
pakkasneste *(n.)* antifreeze
pakkaus *(n.)* kit
pakkaus *(n.)* package
pakko *(n.)* compulsion
pakko *(n.)* must
pakkoloma *(n.)* lay-off
pakkomielle *(n.)* obsession
pakkomielteinen *(adj.)* obsessive
pako *(n.)* escape
pako vankilasta *(n.)* breakout
pakokauhu *(n.)* stampede
pakollinen *(adj.)* compulsory
pakollinen *(adj.)* mandatory
pakosta *(adv.)* perforce
pakottaa *(v.)* coerce
pakottaa *(v.)* force

pakottava *(adj.)* imperative
paksu *(adj.)* thick
paksunahka *(n.)* pachyderm
paksunahkainen *(adj.)* pachidermatous
paksuntaa *(v.)* thicken
paksusti *(adv.)* thick
pakti *(n.)* pact
pala *(n.)* piece
palaminen *(n.)* combustion
palankiini *(n.)* palanquin
palata kotiin *(v.)* roost
palatsi *(n.)* palace
palatsimainen *(adj.)* palatial
palautella *(v.)* requite
palauttaa *(v.)* restore
palauttaa kotimaahan *(v.)* repatriate
palauttaa mieleen *(v.)* recall
palauttaa mieleensä *(v.)* recollect
palauttaa raha *(v.)* refund
palauttaa virkaan *(v.)* reinstate
palauttaminen mieleen *(n.)* recall
palautua *(v.)* recover
palautuminen *(n.)* recovery
palautus *(n.)* restoration
palava *(adj.)* ardent
palebiologi *(n.)* paleobiologist
palebiologia *(n.)* paleobiology
palebiologinen *(adj.)* paleobiological
paleoekologi *(n.)* paleoecologist
paleoekologia *(n.)* paleoecology
paleoliittinen *(adj.)* paleolithic
paleoliittinen kausi *(n.)* paleolithic
paleontologi *(n.)* paleontologist
paleontologia *(n.)* paleontology
paletti *(n.)* palette
paljas *(adj.)* bare
paljas *(adj.)* nude
paljasjalkainen *(adj.)* barefoot
paljastaa *(v.)* denude
paljastaa *(v.)* divulge
paljastua *(v.)* expose
paljastus *(n.)* revelation
paljon *(adv.)* much
paljon *(adj.)* much
palkata *(v.)* hire
palkatut taputtajat *(n.)* claque
palkeet *(n.)* bellows

palkinnon saaja *(n.)* laureate
palkinnon saava *(adj.)* laureate
palkinto *(n.)* award
palkinto *(n.)* prize
palkinto *(n.)* reward
palkintoraha *(n.)* prize money
palkita *(v.)* award
palkita *(v.)* remunerate
palkita *(v.)* reward
palkka *(n.)* emolument
palkki *(n.)* bar
palkki *(n.)* beam
palkkio *(n.)* bounty
palkkio *(n.)* honorarium
palkkio *(n.)* remuneration
palko *(n.)* pod
pallea *(n.)* midriff
pallo *(n.)* ball
pallo *(n.)* orb
pallohiiri *(n.)* trackball
pallomainen *(adj.)* spherical
pallonpuolisko *(n.)* hemisphere
palmu *(n.)* palm
paloarpi *(n.)* sear
paloasema *(n.)* fire station
paloasema *(n.)* firehouse
paloauto *(n.)* fire engine
paloauto *(n.)* firetruck
paloitella *(v.)* piece
paloitteluveitsi *(n.)* chopper
paloletku *(n.)* firehose
palomies *(n.)* firefighter
palonkestävä *(adj.)* fire-resistant
palopuku *(n.)* firesuit
palosammutin *(n.)* fire extinguisher
palsami *(n.)* balsam
palsamoida *(v.)* embalm
palsamointi *(n.)* embalming
palsta *(n.)* plot
paluu *(n.)* return
palvelija *(n.)* menial
palvelija *(n.)* servant
palvella *(v.)* serve
palvelu *(n.)* service
palvelumaksu *(n.)* gratuity
palvoa *(v.)* adore
palvoa *(v.)* deify
palvoja *(n.)* votary

pamaus *(n.)* bang
pamfletisti *(n.)* pamphleteer
pamfletti *(n.)* pamphlet
paneeli *(n.)* panel
paneloida *(v.)* panel
panetella *(v.)* slander
panetteleva *(adj.)* slanderous
panettelu *(n.)* slander
paniikki *(n.)* panic
panikoida *(v.)* panic
panimo *(n.)* brewery
pankkiiri *(n.)* banker
pankkikortti *(n.)* debit card
panna *(v.)* put
panna ehdoksi *(v.)* stipulate
panna hankalaan tilanteeseen *(v.)* queer
panna liekaan *(v.)* tether
panna merkille *(v.)* note
panna merkille *(v.)* remark
panna olutta *(v.)* brew
panna täytäntöön *(v.)* implement
panna vastakkain *(v.)* pit
panoraama *(n.)* panorama
panssari *(n.)* armour
pantata *(v.)* pledge
pantata *(v.)* withhold
panteismi *(n.)* pantheism
panteisti *(n.)* pantheist
pantomiimi *(n.)* mime
pantomiimi *(n.)* pantomime
pantteri *(n.)* panther
pantti *(n.)* collateral
pantti *(n.)* pledge
panttioikeus *(n.)* lien
panttivanki *(n.)* hostage
papattaa *(v.)* gibber
papattaja *(n.)* gibber
paperi *(n.)* paper
paperiarkki *(n.)* sheet
paperikauppias *(n.)* stationer
paperipussi *(n.)* paper bag
papillinen *(adj.)* clerical
papinkaapu *(n.)* vestment
papisto *(n.)* clergy
papisto *(n.)* priesthood
papitar *(n.)* priestess
pappi *(n.)* priest

pappisvalta *(n.)* theocracy
paprika *(n.)* capsicum
papu *(n.)* bean
papukaija *(n.)* parrot
paraati *(n.)* parade
paradoksi *(n.)* paradox
paradoksinen *(adj.)* paradoxical
parafiini *(n.)* paraffin
parakki *(n.)* barrack
parallelismi *(n.)* parallelism
parannella *(v.)* emend
parannella *(v.)* revamp
parannettavissa oleva *(adj.)* curable
parannettavuus *(n.)* sanability
parannus *(n.)* betterment
parannuskeino *(n.)* remedy
parantaa *(v.)* cure
parantaa *(v.)* heal
parantaa *(v.)* meliorate
parantaa *(v.)* physic
parantaa *(v.)* remedy
parantola *(n.)* sanatorium
parantumaton *(adj.)* incurable
paras *(adj.)* best
parasiitti *(n.)* parasite
paratiisi *(n.)* paradise
parempi *(adj.)* better
parfyymi *(n.)* perfume
parhaillaan *(adv.)* presently
pari *(n.)* couple
pari *(n.)* pair
paristo *(n.)* battery
paritalo *(n.)* duplex
pariteetti *(n.)* parity
paritella *(v.)* copulate
paritella *(v.)* mate
parittaa *(v.)* couple
parittaa *(v.)* pair
parjaaja *(n.)* detractor
parjata *(v.)* malign
parjata *(v.)* vilify
parkita *(v.)* taw
parkitseminen *(n.)* taw
parkitsija *(n.)* tawer
parkua *(v.)* bawl
parkuva *(adj.)* outcry
parlamentaarikko *(n.)* parliamentarian
parlamentaarinen *(adj.)* parliamentary
parlamentti *(n.)* parliament
parodia *(n.)* parody
parodioida *(v.)* parody
paroni *(n.)* baron
paronitar *(n.)* baroness
parranajo *(n.)* shaving
parras *(n.)* brink
parrasvalo *(n.)* limelight
parru *(n.)* baulk
parsa *(n.)* asparagus
parsakaali *(n.)* broccoli
parta *(n.)* beard
partahöylä *(n.)* razor
partavesi *(n.)* aftershave
partikkeli *(n.)* particle
partio *(n.)* patrol
partioida *(v.)* patrol
partioida *(v.)* scout
partiolainen *(n.)* scout
partisaani *(n.)* partisan
partisaani- *(adj.)* partisan
parturi *(n.)* barber
parveilla *(v.)* swarm
parveke *(n.)* balcony
parvi *(n.)* bevy
parvi *(n.)* swarm
pasianssi *(n.)* solitaire
pasifismi *(n.)* pacifism
pasifisti *(n.)* pacifist
paskan marjat *(n.)* bollocks
passi *(n.)* passport
passiivinen *(adj.)* passive
pastelli *(n.)* pastel
pastellinen *(adj.)* pastel
pastoraalinen *(adj.)* pastoral
pastoraatti *(n.)* benefice
pastori *(n.)* parson
pata *(n.)* cauldron
pata *(n.)* spade
pataljoona *(n.)* battalion
pataruoka *(n.)* stew
patentoida *(v.)* patent
patentti *(n.)* patent
patenttilääke *(n.)* nostrum
patikkaretki *(n.)* trek
patikoida *(v.)* trek

patistaa *(v.)* urge
patja *(n.)* mattress
pato *(n.)* barrage
pato *(n.)* dam
pato *(n.)* weir
patologia *(n.)* pathology
patonki *(n.)* baguette
patriootti *(n.)* patriot
patrioottinen *(adj.)* patriotic
patriotismi *(n.)* patriotism
patruuna *(n.)* cartridge
patsas *(n.)* statue
patti *(n.)* lump
pattitilanne *(n.)* stalemate
patukka *(n.)* baton
pauhata *(v.)* blare
paulat *(n. pl.)* toils
pauloittaa *(v.)* lace
paviaani *(n.)* baboon
paviljonki *(n.)* pavilion
pedagogi *(n.)* pedagogue
pedagogiikka *(n.)* pedagogy
pediatrinen *(adj.)* paediatric
pedofiili *(n.)* paedophile
pedofiilinen *(adj.)* paedophiliac
pedofiilisuus *(n.)* paedophiliac
pedofilia *(n.)* paedophilia
pedologi *(n.)* paedologist
pedologia *(n.)* paedology
pehmentää *(v.)* soften
pehmeä *(adj.)* soft
pehmitin *(n.)* softener
pehmustaa *(v.)* pad
pehmuste *(n.)* cushion
pehmuste *(n.)* pad
pehmustus *(n.)* padding
pehmytkudos *(n.)* flesh
peilata *(v.)* mirror
peili *(n.)* mirror
peilikuva *(n.)* mirror image
peite *(n.)* cover
peitetty *(adj.)* covert
peitevoide *(n.)* concealer
peitos *(n.)* obduction
peitota *(v.)* defeat
peitsi *(n.)* lance
peitsimies *(n.)* lancer
peittelemätön *(adj.)* overt

peittokatto *(n.)* tect
peittää *(v.)* cover
peittää *(v.)* mantle
peittää *(v.)* obduct
peittää *(v.)* top
peittää oljilla *(v.)* thatch
pekoni *(n.)* bacon
pelaaja *(n.)* player
pelastaa *(v.)* rescue
pelastaa *(v.)* save
pelastaminen *(n.)* salvage
pelastettavissa oleva *(adj.)* savable
pelastus *(n.)* bailout
pelastus *(n.)* rescue
pelastus *(n.)* salvation
pelastusliivi *(n.)* life jacket
pelata *(v.)* game
pelata *(v.)* play
peli *(n.)* game
pelikenttä *(n.)* playfield
pelikortti *(n.)* playcard
pelin vaihtaja *(n.)* game changer
pelinavaus *(n.)* gambit
pelinpelaaja *(n.)* gameplayer
peliohjain *(n.)* gamepad
pelipiste *(n.)* game point
pelitila *(n.)* gamespace
pelkistetty *(adj.)* plain
pelkistys *(n.)* simplification
pelkkä *(adj.)* mere
pelko *(n.)* fear
pelko *(n.)* fright
pelkuri *(n.)* coward
pelkurimainen *(adj.)* craven
pelkuruus *(n.)* cowardice
pellava *(n.)* linen
pellavansiemen *(n.)* linseed
pelle *(n.)* clown
pellitys *(n.)* coping
pellitys *(n.)* flashing
peloissaan *(adj.)* afraid
pelokas *(adj.)* fearful
pelokas *(adj.)* timorous
pelotella *(v.)* frighten
pelotella *(v.)* intimidate
pelotella *(v.)* overawe
peloton *(adj.)* dauntless
peloton *(adj.)* intrepid

pelottaa *(v.)* daunt
pelottava *(adj.)* daunting
pelottava *(adj.)* scary
pelottelu *(n.)* intimidation
pelottomuus *(n.)* intrepidity
pelto *(n.)* field
pelätä *(v.)* fear
penger *(n.)* embankment
pengertie *(n.)* causeway
pengertää *(v.)* embank
pengertää *(v.)* terrace
penikka *(n.)* whelp
penis *(n.)* penis
penkka *(n.)* mound
penkki *(n.)* bench
penkoa *(v.)* ransack
penni *(n.)* penny
pennitön *(adj.)* penniless
pensasaita *(n.)* hedge
pensassakset *(n.)* shears
pensseli *(n.)* paintbrush
pentu *(n.)* cub
pentu *(n.)* puppy
peoni *(n.)* peon
per *(prep.)* per
per kappale *(adv.)* each
perehtymätön *(adj.)* unacquainted
perehtynyt *(adj.)* conversant
perehtynyt *(adj.)* versed
perenna *(n.)* perennial
perhe *(n.)* family
perhonen *(n.)* butterfly
perhosentoukka *(n.)* caterpillar
periaate *(n.)* principle
periaatteessa *(adv.)* basically
periaatteeton *(adj.)* unprincipled
perijä *(n.)* heir
perijätär *(n.)* heiress
perikuva *(n.)* paragon
perikuva *(n.)* quintessence
perimä *(n.)* genome
perimä *(n.)* inheritance
perimätieto *(n.)* lore
perinne *(n.)* tradition
perinnöllinen *(adj.)* hereditary
perinnöllisyys *(n.)* heredity
perinteinen *(adj.)* traditional
perintö *(n.)* bequest

perintö *(n.)* heritage
perintö *(n.)* legacy
periytyvä *(adj.)* heritable
periytyä *(v.)* descend
periä *(v.)* inherit
periä lisämaksu *(v.)* surcharge
perjantai *(n.)* Friday
perkussio *(n.)* percussion
permutaatio *(n.)* permutation
perna *(n.)* spleen
pernarutto *(n.)* anthrax
perse *(n.)* ass
persikka *(n.)* peach
persilja *(n.)* parsley
personoida *(v.)* personify
personointi *(n.)* personification
persoonallisuus *(n.)* personality
persoonaton *(adj.)* impersonal
perspektiivi *(n.)* perspective
perua puheensa *(v.)* abjure
peruna *(n.)* potato
perus- *(adj.)* basic
perus- *(adj.)* rudimentary
perus- *(adj.)* staple
perusajatus *(n.)* rudiment
perusluku *(n.)* cardinal
perusta *(n.)* basis
perusta *(n.)* foundation
perustaa *(v.)* establish
perustaa *(v.)* found
perustaja *(n.)* founder
perustaja *(n.)* originator
perustaminen *(n.)* establishment
perustavanlaatuinen *(adj.)* fundamental
perusteellinen *(adj.)* profound
perusteellisuus *(n.)* profundity
perusteltavissa *(adj.)* arguable
perusteltu *(adj.)* justifiable
perustelu *(n.)* rationale
perustelut *(n.)* substantiation
perustus *(n.)* constitution
peruukki *(n.)* wig
peruutettavissa oleva *(adj.)* revocable
peruuttaa *(v.)* cancel
peruuttaa *(v.)* countermand
peruuttaa *(v.)* reverse
peruuttamaton *(adj.)* irrecoverable

peruutus *(n.)* cancellation
peruutus *(n.)* revocation
perversio *(n.)* perversion
perversiteetti *(n.)* perversity
perverssi *(adj.)* perverse
pervo *(adj.)* queer
perä *(n.)* aft
perä *(n.)* stern
peräaukko *(n.)* anus
peräkkäinen *(adj.)* consecutive
peräkkäinen *(adj.)* successive
peräkärry *(n.)* trailer
peräpukamat *(n.)* piles
peräpää *(n.)* rear
peräsin *(n.)* rudder
peräsinpylväs *(n.)* rudderpost
peräsuoli *(n.)* rectum
perätila *(n.)* breech
perätön *(adj.)* baseless
peräänantamaton *(adj.)* adamant
peräänantamattomuus *(n.)* perseverance
perääntyä *(v.)* backtrack
perääntyä *(v.)* retreat
peseytyminen *(n.)* ablution
pesiä *(v.)* nest
pessimismi *(n.)* pessimism
pessimisti *(n.)* pessimist
pessimistinen *(adj.)* pessimistic
pestä *(v.)* wash
pestä shampoolla *(v.)* shampoo
pesu *(n.)* wash
pesuaine *(n.)* detergent
pesue *(n.)* brood
pesukone *(n.)* washer
pesunkestävä *(n.)* diehard
pesunkestävä *(adj.)* washable
pesusieni *(n.)* sponge
pesä *(n.)* den
pesä *(n.)* nest
pesäkolo *(n.)* burrow
petkuttaa *(v.)* swindle
petkuttaja *(n.)* impostor
petkuttaja *(n.)* swindler
petkutus *(n.)* imposture
petkutus *(n.)* swindle
peto *(n.)* beast
petollinen *(adj.)* deceitful
petollinen *(adj.)* fraudulent
petollisuus *(n.)* perfidy
petomainen *(adj.)* ferocious
petos *(n.)* betrayal
petos *(n.)* deceit
petos *(n.)* fraud
petroli *(n.)* petroleum
petturi *(n.)* traitor
pettyä *(v.)* disappoint
pettäjä *(n.)* cheater
pettää *(v.)* betray
peuhaaminen *(n.)* romp
peuhata *(v.)* romp
peukalo *(n.)* thumb
peukaloida *(v.)* tamper
peukaloinen *(n.)* wren
peukalointi *(n.)* tamper
peukalonjälki *(n.)* thumbprint
peura *(n.)* deer
philanderinvillapussirotta *(n.)* philander
pian *(adv.)* anon
pian *(adv.)* shortly
pian *(adv.)* soon
pianisti *(n.)* pianist
piano *(n.)* piano
pidellä *(v.)* hold
pidentää *(v.)* lengthen
pidätellä *(v.)* restrain
pidättely *(n.)* holdback
pidättyminen *(n.)* abstinence
pidättyväinen *(adj.)* celibate
pidättyväinen *(adj.)* reticent
pidättyväisyys *(n.)* reticence
pidättyä *(v.)* refrain
pidättäytyä *(v.)* abstain
pidättää *(n.)* adsorb
pidättää *(v.)* apprehend
pidättää *(v.)* arrest
pidättää *(v.)* detain
pidättää virasta *(v.)* suspend
pidätys *(n.)* apprehension
pidätys *(n.)* detention
pieli *(n.)* gatepost
pieneneminen *(n.)* diminution
pienenpieni *(adj.)* minute
pienentyä *(v.)* diminish
pieni *(adj.)* little

pieni *(adj.)* small
pienoisromaani *(n.)* novelette
pienuus *(adv.)* smallness
piestä *(v.)* belabour
piestä *(v.)* scourge
piestä *(v.)* thrash
pigmentti *(n.)* pigment
pihdit *(n.)* forceps
pihdit *(n. pl.)* tongs
pihi *(adj.)* scant
pihistäminen *(n.)* scant
pihistää *(v.)* scant
piidioksidi *(n.)* silica
piika *(n.)* wench
piikikäs *(adj.)* barbed
piikitellä *(v.)* nettle
piikitellä *(v.)* taunt
piikittelevä *(adj.)* taunting
piikittelevästi *(adv.)* tauntingly
piikittelijä *(n.)* taunter
piikittely *(n.)* taunt
piikki *(n.)* spike
piikkilanka *(n.)* barbed wire
piileskellä *(v.)* abscond
piilevä *(adj.)* latent
piilo *(n.)* hide
piilolinssi *(n.)* contact lens
piilopaikka *(n.)* lair
piilottaa *(v.)* hide
piilottelu *(n.)* secretion
piiloutua *(v.)* embush
piina *(n.)* torment
piinata *(v.)* torment
piipahtaa *(v.)* dap
piipittää *(v.)* peep
piipitys *(n.)* peep
piippaus *(n.)* beep
piiri *(n.)* circuit
piirittää *(v.)* besiege
piirittää *(v.)* siege
piiritys *(n.)* siege
piirre *(n.)* trait
piirrellä *(v.)* doodle
piirros *(n.)* draw
piirtää *(v.)* draw
piirtää sapluunalla *(v.)* stencil
piirustus *(n.)* drawing
piiskanaru *(n.)* whipcord

piispa *(n.)* bishop
piittaamaton *(adj.)* irrespective
piittaamaton *(adj.)* negligent
pika- *(adj.)* express
pikajuoksu *(n.)* sprint
pikakirjoittaja *(n.)* stenographer
pikakirjoitus *(n.)* shorthand
pikakirjoitus *(n.)* stenography
pikakuljetus *(n.)* express
pikamuistio *(n.)* scratchpad
pikantti *(adj.)* piquant
pikanttius *(n.)* poignacy
pikari *(n.)* chalice
pikaruoka *(n.)* fast food
pikemminkin *(adv.)* rather
pikku- *(n.)* small
pikkuaivot *(n.)* cerebellum
pikkuinen *(adj.)* tiny
pikkujuttu *(n.)* trifle
pikkukivi *(n.)* pebble
pikkukylä *(n.)* hamlet
pikkulapsi *(n.)* infant
pikkuleipä *(n.)* cookie
pikkumainen *(adj.)* petty
pikkumaissi *(n.)* baby corn
pikkupullo *(n.)* phial
pikkuraha *(n.)* pittance
pikkuruinen *(adj.)* diminutive
pikkusarvi *(n.)* cornicle
pikkusikari *(n.)* cheroot
pikkutakki *(n.)* jacket
pikkutarkka *(n.)* pedantic
pikkutarkkuus *(n.)* pedantry
piknikki *(n.)* picnic
pikseli *(n.)* pixel
pikselöidä *(v.)* pixelate
pila *(n.)* prank
pilaantuma *(n.)* taint
pilaantuva *(adj.)* perishable
pilailu *(n.)* banter
pilari *(n.)* pillar
pilata *(v.)* ruin
pilata *(v.)* taint
pilkanteko *(n.)* ridicule
pilkata *(v.)* deride
pilkata *(v.)* lampoon
pilkata *(v.)* scoff
pilkka *(n.)* scoff

pilkkakirjoitus *(n.)* lampoon
pilkkeet *(n.)* shide
pilkkoa *(v.)* chop
pilkku *(n.)* comma
pilkku *(n.)* speckle
pilkkukuume *(n.)* typhus
pilkuttaa *(v.)* dot
pilleri *(n.)* pill
pillerinpyörittäjä *(n.)* scarab
pilli *(n.)* straw
pilotti *(n.)* pilot
pilvenpiirtäjä *(n.)* skyscraper
pilvi *(n.)* cloud
pilvinen *(adj.)* cloudy
pilvinen *(adj.)* overcast
pimennys *(n.)* eclipse
pimento *(n.)* dark
pimentää *(v.)* darkle
pimentää *(v.)* eclipse
pimeys *(n.)* darkness
pimeä *(adj.)* dark
pinaatti *(n.)* spinach
pinkaista *(v.)* scamper
pinkaista *(v.)* sprint
pinkaisu *(n.)* scamper
pinna *(n.)* spoke
pinnalla *(adv.)* afloat
pinnallinen *(adj.)* shallow
pinnallinen *(adj.)* superficial
pinnallisuus *(n.)* superficiality
pinnari *(n.)* shirker
pinnasänky *(n.)* cot
pinnata *(v.)* shirk
pinnoitettu *(adj.)* clad
pinnoitus *(n.)* cladding
pino *(n.)* heap
pinota *(v.)* heap
pinta *(n.)* surface
pinta-ala *(n.)* acreage
pintahiivaolut *(n.)* ale
pintakiilto *(n.)* tinsel
pintapuolinen *(adj.)* cursory
pinttynyt *(adj.)* ingrained
pioneeri *(n.)* pioneer
piparkakku *(n.)* gingerbread
pipi *(n.)* ouch
pippuri *(n.)* pepper
piratoida *(v.)* pirate

piristyä *(v.)* perk
piristää *(v.)* vitalize
pirstale *(n.)* splinter
pirstaleet *(n.)* debris
pirstaloida *(v.)* splinter
pirstoutua *(v.)* shatter
pirteä *(adj.)* chirpy
pirteä *(adj.)* vivid
piru *(n.)* devil
pirullisuus *(n.)* devilry
pisara *(n.)* drip
pisaroida *(v.)* drip
piste *(n.)* dot
piste *(n.)* full stop
pistekirjoitus *(n.)* braille
pistelaskutaulukko *(n.)* scorecard
pisteliäs *(adj.)* pungent
pisteliäs huomautus *(n.)* gibe
pistemäärä *(n.)* score
pistetaulu *(n.)* scorepad
pistetyö *(n.)* pointwork
pistin *(n.)* bayonet
pistohaava *(n.)* stab
pistomiekka *(n.)* rapier
pistooli *(n.)* gun
pistooli *(n.)* pistol
pistorasia *(n.)* outlet
pistorasia *(n.)* socket
pistos *(n.)* pang
pistos *(n.)* sting
pistävyys *(n.)* pungency
pistäytyvä *(adj.)* drop-in
pistää *(v.)* sting
pistää sarvilla *(v.)* gore
pitkittää *(v.)* prolong
pitkula *(n.)* oblong
pitkä *(adv.)* long
pitkä *(adj.)* tall
pitkäaikainen *(adj.)* long-term
pitkäikäisyys *(n.)* longevity
pitkäkestoinen *(adj.)* lengthy
pitkämielisyys *(n.)* forbearance
pitkänmallinen *(adj.)* oblong
pitkästyttää *(v.)* bore
pitkävartinen lyömäase *(n.)* polearm
pitkäveteinen *(adj.)* tedious
pitkäveteisyys *(n.)* tedium
pitkään *(adj.)* long

pitopalvelu *(n.)* caterer
pitsi *(n.)* lace
pitsinen *(adj.)* lacy
pituus *(n.)* length
pituusaste *(n.)* longitude
pitäisi *(v.)* ought
pitäisi *(v.)* should
pitäjä *(n.)* keeper
pitäjä *(n.)* parish
pitävä *(v.)* abide
pitävä *(adj.)* proof
pitää *(adj.)* abiding
pitää *(v.)* keep
pitää aisoissa *(v.)* curb
pitää arvossa *(v.)* value
pitää hallussaan *(v.)* obtain
pitää hyvänä *(v.)* dandle
pitää kunniassa *(v.)* venerate
pitää kurissa *(v.)* regiment
pitää kämmenellä *(v.)* palm
pitää lukua *(v.)* tally
pitää puolta *(v.)* side
pitää päämajaa *(v.)* headquarter
pitää silmällä *(v.)* supervise
pitää yllä *(v.)* uphold
pizza *(n.)* pizza
pizzeria *(n.)* pizzeria
plaanata *(v.)* plane
planeetta *(n.)* planet
planetaarinen *(adj.)* planetary
plantaasi *(n.)* plantation
plasebinen *(adj.)* placebic
plasebo *(n.)* placebo
plataani *(n.)* sycamore
platina *(n.)* platinum
platina- *(adj.)* platinum
platoninen *(adj.)* platonic
plus *(adj.)* plus
plussa *(n.)* plus
plutokraattinen *(adj.)* plutocrat
plutoninen *(adj.)* plutonic
plutonium *(n.)* plutonium
plyysi *(n.)* plush
pneudrauliikka *(n.)* pneudraulics
pneuma *(n.)* pneuma
pneumaattinen *(adj.)* pneumatic
pneumatologia *(n.)* pneumatology
pneumatologinen *(adj.)*
pneumatological
pneumogastrinen *(adj.)* pneumogastric
pneumologia *(n.)* pneumology
pneumoterapia *(n.)* pneumotherapy
podcast *(n.)* podcast
podcastaaja *(n.)* podcaster
podcastata *(v.)* podcast
podiatrinen *(adj.)* podiatric
podologi *(n.)* podiatrist
pohatta *(n.)* affluential
pohatta *(n.)* nabob
pohdinta *(n.)* contemplation
pohdiskella *(v.)* contemplate
pohdiskelu *(n.)* deliberation
pohja *(n.)* base
pohja *(n.)* bottom
pohja- *(adj.)* basal
pohjanoteeraus *(n.)* worst
pohjantähti *(n.)* loadstar
pohjavire *(n.)* undertone
pohjavirta *(n.)* undercurrent
pohjimmainen *(adj.)* quintessential
pohjoinen *(adj.)* north
pohjois *(adv.)* northerly
pohjois- *(adj.)* northern
pohjoiseen *(adv.)* north
pohjoisenpuoleinen *(adj.)* northerly
pohjoismainen *(adj.)* Nordic
pohjoispuoli *(n.)* north
pohjustaja *(n.)* primer
pohtia *(v.)* ponder
poiju *(n.)* buoy
poika *(n.)* boy
poika *(n.)* son
poikamainen *(adj.)* boyish
poikamies *(n.)* bachelor
poikamiestyttö *(n.)* bachelorette
poikatyttö *(n.)* tomboy
poiketa *(v.)* deflect
poiketa *(v.)* deviate
poikia *(v.)* litter
poikittain *(prep.)* athwart
poikkeama *(n.)* deflection
poikkeava *(adj.)* anomalous
poikkeavuus *(n.)* aberration
poikkeavuus *(n.)* anomaly
poikkeuksellinen *(adj.)* aberrant

poikkeuksellinen *(adj.)* exceptional
poikkeus *(n.)* exception
poikkipuu *(n.)* crossbar
poikkipuu *(n.)* rung
poikue *(n.)* litter
poikuus *(n.)* boyhood
poimia *(v.)* pick
poimia *(v.)* single
poimu *(n.)* crimp
poimutettu *(adj.)* corrugated
poimuttaa *(v.)* cockle
poimuttaa *(v.)* crimple
pointillismi *(n.)* pointillism
pointillisti *(n.)* pointillist
pois *(adv.)* away
pois heittäminen *(n.)* disposal
pois lukien *(prep.)* less
poisjättäjä *(n.)* omitter
poisjättö *(n.)* omission
poislukien *(prep.)* save
poismeno *(n.)* demise
poissaoleva *(adj.)* absent
poissaolija *(n.)* absentee
poissaolo *(n.)* absence
poissaolo *(n.)* omittance
poistaa *(v.)* delete
poistaa *(v.)* remove
poistaa hajua *(v.)* deodrize
poistaa kalkki *(v.)* decalcifiy
poistaa keskitys *(v.)* decentre
poistaa kosteutta *(v.)* dehumidify
poistaa käytöstä *(v.)* decommission
poistaa myrkyt *(v.)* detract
poistaa rasva *(v.)* delipidate
poistaa salaisuusluokitus *(v.)* declassify
poistaa salaperäisyys *(v.)* demystify
poistaa suola *(v.)* desalt
poistaa tukos *(v.)* decongest
poistettava *(adj.)* removable
poistettavissa oleva *(adj.)* deletable
poisto *(n.)* removal
poistua *(v.)* depart
poistua *(v.)* exit
poisvetäminen *(n.)* withdrawal
pokaali *(n.)* trophy
pokeri *(n.)* poker
poksahdus *(n.)* pop

poksahtaa *(v.)* pop
polaarinen *(adj.)* polar
polaarisuus *(n.)* polarity
polarisoida *(v.)* polarize
polarisoiva *(adj.)* polarazing
polaroidi *(n.)* polaroid
poleeminen *(adj.)* polemic
polemiikki *(n.)* polemic
polenta *(n.)* polenta
poletti *(n.)* token
poliisi *(n.)* police
poliisimies *(n.)* policeman
poliisiton *(adj.)* policeless
poliisivene *(n.)* policeboat
poliitikko *(n.)* politician
poliittinen *(adj.)* political
politekninen *(adj.)* polytechnic
politiikka *(n.)* politics
poljin *(n.)* pedal
polkaista käyntiin *(v.)* kick-start
polkea *(v.)* pedal
polkija *(n.)* treader
polku *(n.)* path
polku *(n.)* trail
polkupyörä *(n.)* bicycle
polkupyöräilijä *(n.)* cyclist
pollari *(n.)* bollard
polttaa *(v.)* burn
polttaja *(n.)* burner
polttarit *(n.)* bachelor party
polttava *(adj.)* burning
polttoaine *(n.)* fuel
polttomerkitty *(adj.)* seared
polttopiste- *(adj.)* focal
polttopuu *(n.)* wood
polttouuni *(n.)* kiln
polveutua *(v.)* stem
polvi *(n.)* knee
polvistua *(v.)* kneel
polyandria *(n.)* polyander
polyandrianismi *(n.)* polyandrianism
polyasetyleeni *(n.)* polyacetylene
polybuteeni *(n.)* polybutene
polybutyleeni *(n.)* polybutylene
polyeeni *(n.)* polyene
polyfarmakaalinen *(adj.)* polypharmacal
polyformi *(n.)* polyform

polygaaminen *(adj.)* polygamous
polygamia *(n.)* polygamy
polyglootti *(n.)* polyglot
polykarbonaatti *(n.)* polycarbonate
polymeeri *(n.)* polymer
polymeroida *(v.)* polymerize
polymetiini *(n.)* polymethine
polymetyleeni *(n.)* polymethylene
polymikrobinen *(adj.)* polymicrobial
polymioottinen *(adj.)* polymiotic
polymolekyylinen *(adj.)* polymolecular
polymorfi *(n.)* polymorph
polymorfinen *(adj.)* polymorphic
polymorfismi *(n.)* polymorphism
polymorfoosi *(n.)* polymorphosis
polynukleaatti *(adj.)* polynucleate
polypropeeni *(n.)* polypropylene
polyproteiini *(n.)* polyprotein
polysemia *(n.)* polysemia
polyteismi *(n.)* polytheism
polyteisti *(n.)* polytheist
polyteistinen *(adj.)* polytheistic
pommi *(n.)* bomb
pommittaa *(v.)* bombard
pommittaa *(v.)* shell
pommittaja *(n.)* bomber
pomo *(n.)* boss
pompottaa *(v.)* bounce
pomppu *(n.)* hop
poni *(n.)* pony
ponnahtaa *(v.)* spring
ponnistella *(v.)* breast
ponteva *(adj.)* vigorous
poolo *(n.)* polo
popliini *(n.)* poplin
poppamies *(n.)* shaman
poppeli *(n.)* poplar
pora *(n.)* drill
porata *(v.)* drill
pore *(n.)* fizz
poreileva *(adj.)* fizzy
poreilla *(v.)* fizz
porho *(n.)* magnate
porkkana *(n.)* carrot
pormestari *(n.)* mayor
porras *(n.)* stair
porrasperä *(n.)* sedan
porsaanreikä *(n.)* loop-hole

portaali *(n.)* portal
portaikko *(n.)* staircase
portfolio *(n.)* portfolio
portiikki *(n.)* portico
portin koppi *(n.)* gatehouse
portinvartija *(n.)* gatekeeper
portteri *(n.)* porter
portti *(n.)* gate
porttikäytävä *(n.)* gateway
poseerata *(v.)* pose
poseeraus *(n.)* pose
positiivinen *(adj.)* positive
poski *(n.)* cheek
poskihammas *(n.)* molar
poskiparta *(n.)* sideburn
poskipuna *(n.)* blusher
poskipusu *(n.)* peck
posliini *(n.)* china
posliini *(n.)* porcelain
posti *(n.)* mail
posti *(n.)* post
posti- *(adj.)* postal
postilaatikko *(n.)* inbox
postimaksu *(n.)* postage
postinkantaja *(n.)* postman
postitoimisto *(n.)* post-office
postitoimiston johtaja *(n.)* postmaster
postittaa *(v.)* mail
postittaa *(v.)* post
postuumi *(adj.)* posthumous
potenssi *(n.)* potency
potentiaali *(n.)* potential
potentiaalinen *(adj.)* potential
potentiaalisuus *(n.)* potentiality
potilas *(n.)* patient
potkia *(v.)* kick
potku *(n.)* kick
poukama *(n.)* bight
povata *(v.)* foretell
pragmatismi *(n.)* pragmatism
pramea esitys *(n.)* pageantry
prameus *(n.)* flamboyance
predikaatti *(n.)* predicate
preferenssi *(n.)* preference
prelaatti *(n.)* prelate
preliminaarinen *(adj.)* preliminary
preludi *(n.)* prelude
prepositio *(n.)* preposition

presidentillinen *(adj.)* presidential
presidentti *(n.)* president
prikaati *(n.)* brigade
prikaatikenraali *(n.)* brigadier
prinsessa *(n.)* princess
prinssi *(n.)* prince
priori *(n.)* prior
prioritar *(n.)* prioress
prioriteetti *(n.)* priority
profanoida *(v.)* profane
profeetallinen *(adj.)* prophetic
profeetta *(n.)* prophet
professori *(n.)* professor
profetia *(n.)* prophecy
profetoida *(v.)* prophesy
profiili *(n.)* profile
profiloida *(v.)* profile
projekti *(n.)* project
projektio *(n.)* projection
projektori *(n.)* projector
projisoida *(v.)* project
prologi *(n.)* prologue
prominenssi *(n.)* prominence
promootio *(n.)* promotion
promotoida *(v.)* promote
pronomini *(n.)* pronoun
pronssi *(n.)* bronze
proomu *(n.)* barge
proosa *(n.)* prose
proosa- *(adj.)* prosaic
propaganda *(n.)* propaganda
propagandisti *(n.)* propagandist
propagoida *(v.)* propagate
propositio *(n.)* proposition
prosentti *(adv.)* per cent
prosenttiosuus *(n.)* percentage
prosessi *(n.)* process
prosessori *(n.)* processor
prosodia *(n.)* prosody
prospekti *(n.)* prospectus
prostituoitu *(n.)* prostitute
prostituutio *(n.)* prostitution
proteiini *(n.)* protein
protesti *(n.)* protest
protestoida *(v.)* protest
protokolla *(n.)* protocol
prototyyppi *(n.)* prototype
proviisori *(n.)* pharmacist

provinssi *(n.)* province
provosoida *(v.)* provoke
provosointi *(n.)* provocation
provosoiva *(adj.)* provocative
psalmi *(n.)* psalm
pseudonyymi *(n.)* pseudonym
psykiatri *(n.)* psychiatrist
psykiatria *(n.)* psychiatry
psykologi *(n.)* psychologist
psykologia *(n.)* psychology
psykologinen *(adj.)* psychological
psykoosi *(n.)* psychosis
psykopaatti *(n.)* psychopath
psykoterapia *(n.)* psychotherapy
psyyke *(n.)* psyche
psyykkinen *(adj.)* psychic
pudota *(v.)* drop
pudotus *(n.)* drop
pudotusalue *(n.)* dropzone
pudotuslaatikko *(n.)* drop box
puhahdus *(n.)* puff
puhaltaa *(v.)* blow
puhdas *(adj.)* clean
puhdas *(adj.)* pure
puhdistaa *(v.)* cleanse
puhdistaa *(v.)* purify
puhdistaa sienellä *(v.)* sponge
puhdistaminen *(n.)* purgation
puhdistava *(adj.)* purgative
puhdistus *(n.)* purification
puhdistusaine *(n.)* purgative
puhe *(n.)* speech
puheenaihe *(n.)* topic
puheenjohtaja *(n.)* chairman
puheenjohtaja *(n.)* foreman
puheenparsi *(n.)* locution
puhekielen ilmaus *(n.)* colloquialism
puhekielinen *(adj.)* colloquial
puheliaisuus *(n.)* talkativeness
puhelias *(adj.)* talkative
puhelimen näppäimistö *(n.)* keypad
puhelin *(n.)* phone
puhelin *(n.)* telephone
puhelinmyynti *(n.)* telemarketing
puhelinpalvelukeskus *(n.)* call centre
puhelinvastaaja *(n.)* answering machine
puhetaito *(n.)* oratory

puhetapa *(n.)* parlance
puheääni *(n.)* voice
puhjeta *(n.)* blowout
puhkeaminen *(n.)* irruption
puhkeaminen *(n.)* outbreak
puhki *(adj.)* shot
puhkua *(v.)* puff
puhtaaksikirjoittaja *(n.)* transcriber
puhtaus *(n.)* cleanliness
puhtaus *(n.)* purity
puhua *(v.)* speak
puhua sekavia *(v.)* maunder
puhua vatsasta *(v.)* ventriloquize
puhua äänettömästi *(v.)* mouth
puhuja *(n.)* orator
puhuja *(n.)* speaker
puhujakoroke *(n.)* podium
puhumaton *(adj.)* mute
puhuri *(n.)* gale
puhutella *(v.)* accost
puhveli *(n.)* buffalo
puida *(v.)* thresh
puijata *(v.)* dupe
puijata *(v.)* gull
puimuri *(n.)* thresher
puinen *(adj.)* wooden
puistattaa *(v.)* shudder
puistatus *(n.)* shudder
puisto *(n.)* park
puistokatu *(n.)* avenue
pujottaa *(v.)* string
pujottaa *(v.)* thread
pukeutua *(v.)* clothe
pukeutua *(v.)* dress
pukeutua *(v.)* garb
pukeutua kaapuun *(v.)* robe
pukeutumispöytä *(n.)* dressing table
pukki *(n.)* buck
puku *(n.)* attire
puku *(n.)* garb
puku *(n.)* suit
pukukoppi *(n.)* cabana
pulisongit *(n.)* sideburns
pulkka *(n.)* tally
pulla *(n.)* bun
pullea *(adj.)* podgy
pullistuma *(n.)* bulge
pullo *(n.)* bottle

pullokurpitsa *(n.)* gourd
pullukka *(n.)* podge
pulma *(n.)* quandary
pulmapeli *(n.)* puzzle
pulputa *(v.)* well
pulputtaa *(v.)* burble
pulsaatio *(n.)* pulsation
pulska *(adj.)* chubby
pultti *(n.)* bolt
pummata *(v.)* cadge
pumpata *(v.)* pump
pumppu *(n.)* pump
puna *(n.)* red
punainen *(adj.)* red
punajuuri *(n.)* beetroot
punakka *(adj.)* ruddy
punaruskea *(adj.)* maroon
punaruskea *(n.)* maroon
punastua *(v.)* blush
punatauti *(n.)* dysentery
punatukkainen *(adj.)* ginger
punertaa *(v.)* rubify
punertava *(adj.)* reddish
punertua *(v.)* redden
punkata *(v.)* shack
punkka *(n.)* bunk
punkki *(n.)* mite
punktoida *(v.)* puncture
punnita *(v.)* weigh
punnitus *(n.)* weightage
punoa juonia *(v.)* intrigue
punos *(n.)* cordon
punos *(n.)* gimp
punta *(n.)* pound
punta *(n.)* sterling
puola *(n.)* bobbin
puoleensavetävä *(adj.)* attractive
puolelta *(adv.)* ex-parte
puoli *(n.)* side
puoli- *(adj.)* half
puolihuolimaton *(adj.)* slipshod
puolikas *(n.)* half
puolinuotti *(n.)* minim
puoliponttilauta *(n.)* shiplap
puolipäivä *(n.)* half-day
puoliso *(n.)* consort
puoliso *(n.)* partner
puoliso *(n.)* spouse

puolisuunnikas *(n.)* trapezoid
puolisydäminen *(adj.)* half-hearted
puolittaa *(v.)* bisect
puolittaa *(v.)* halve
puolivirallinen *(adj.)* semi-formal
puolivuosittain *(adv.)* biannually
puolivuosittainen *(adj.)* biannual
puoliväli *(n.)* mid-off
puoliväli *(n.)* mid-on
puoliympyrä *(n.)* demicircle
puoltaa *(v.)* second
puoltaja *(n.)* seconder
puolueellinen *(adj.)* biased
puolueellisuus *(n.)* partiality
puolueeton *(adj.)* impartial
puolueettomuus *(n.)* impartiality
puolustaa *(v.)* defend
puolustaja *(n.)* defendant
puolustamaton *(adj.)* indefensible
puolustava *(adj.)* defensive
puolustus *(n.)* defence
puolustuskyvytön *(adj.)* defenceless
puolustusvoimat *(n.)* military
puomi *(n.)* boom
puoskarointi *(n.)* quackery
pupilli *(n.)* pupil
pureskella *(v.)* chew
pureva *(adj.)* biting
puristaa *(v.)* clench
puristaa *(v.)* squeeze
puristi *(n.)* purist
puristin *(n.)* clamp
puritaani *(n.)* puritan
puritaaninen *(adj.)* puritanical
purje *(n.)* sail
purjealus *(n.)* sailcraft
purjehdus *(n.)* sailing
purjehtia *(v.)* sail
purjehtia *(v.)* yacht
purjehtiva *(adj.)* sailing
purjelauta *(n.)* sailboard
purjelautailija *(n.)* sailboarder
purjelautailla *(v.)* sailboard
purjelentokone *(n.)* glider
purjevene *(n.)* sailboat
purjeveneilijä *(n.)* sailboater
purjeveneily *(n.)* sailboating
purjo *(n.)* leek

purkaa *(v.)* decipher
purkaa *(v.)* deconstruct
purkaa *(v.)* defuse
purkaa *(v.)* revoke
purkaa *(v.)* unburden
purkaa koodaus *(v.)* decode
purkaa osiin *(v.)* dismantle
purkaa salaus *(v.)* decrypt
purkaa sopimus *(v.)* annul
purkaa sääntelyä *(v.)* deregulate
purkaus *(n.)* eruption
purkautua *(v.)* erupt
purkittaa *(v.)* pot
purkki *(n.)* jar
purku *(n.)* deconstruction
puro *(n.)* beck
puro *(n.)* brook
puro *(n.)* creek
puro *(n.)* rivulet
puro *(n.)* streamlet
purra *(v.)* bite
purskahdus *(n.)* outburst
purskahdus *(n.)* spurt
purskauttaa *(v.)* spurt
pursuta *(v.)* burst
purukumi *(n.)* bubblegum
pusero *(n.)* blouse
pusero *(n.)* pullover
puska *(n.)* bush
puskea *(v.)* butt
puskuri *(n.)* buffer
puskuri *(n.)* bumper
puskurivyöhyke *(n.)* buffer zone
puskutraktori *(n.)* bulldozer
pussi *(n.)* sachet
pussieläin *(n.)* marsupial
pussihousut *(n.)* pantaloon
pussittaa *(v.)* bag
pussukka *(n.)* pouch
putiikki *(n.)* boutique
putka *(n.)* police beat
putki *(n.)* pipe
putkiasentaja *(n.)* plumber
putkilo *(n.)* tube
putkimainen *(adj.)* tubular
putkittaa *(v.)* pipe
puu *(n.)* tree
puudutusaine *(n.)* anaesthetic

puuhastella *(v.)* dabble
puuhiili *(n.)* charcoal
puujalka *(n.)* stilt
puukontuppi *(n.)* sheath
puukottaa *(v.)* stab
puuro *(n.)* porridge
puuseppä *(n.)* carpenter
puusepäntyö *(n.)* carpentry
puuska *(n.)* gust
puuska *(n.)* spree
puuskittainen *(adj.)* fitful
puuskittainen *(adj.)* spasmodic
puuskuttaa *(v.)* pant
puuskuttava *(adj.)* panting
puuskutus *(n.)* pant
puutarha *(n.)* garden
puutarhanhoito *(n.)* horticulture
puutarhuri *(n.)* gardener
puutavara *(n.)* timber
puute *(n.)* dearth
puute *(n.)* defect
puute *(n.)* short
puuteri *(n.)* powder
puuteroida *(v.)* powder
puutteellinen *(adj.)* defective
puutteellinen *(adj.)* inadequate
puutunut *(adj.)* numb
puuvilla *(n.)* cotton
pygmi *(n.)* pygmy
pyhiinvaellus *(n.)* pilgrimage
pyhiinvaeltaja *(n.)* pilgrim
pyhimys *(n.)* saint
pyhittää *(v.)* consecrate
pyhittää *(v.)* enshrine
pyhittää *(v.)* hallow
pyhittää *(v.)* sanctify
pyhitys *(n.)* sanctification
pyhyys *(n.)* sanctity
pyhä *(adj.)* holy
pyhä *(adj.)* sacred
pyhäinhäväistys *(n.)* sacrilege
pyhäkkö *(n.)* sanctuary
pyhästi *(adj.)* saintly
pyhättö *(n.)* shrine
pyhää häpäisevä *(adj.)* sacrilegious
pykälä *(n.)* notch
pyramidi *(n.)* pyramid
pyrkijä *(n.)* aspirant

pyrkimys *(n.)* aspiration
pyrkimys *(n.)* endeavour
pyrkiä *(v.)* aspire
pyrkiä *(v.)* endeavour
pyrkiä *(v.)* strive
pyromantti *(n.)* pyromantic
pyromanttinen *(adj.)* pyromantic
pystyasennossa *(adj.)* erect
pystysuora *(n.)* perpendicular
pystysuora *(adj.)* upright
pystyttää *(v.)* erect
pysyvyys *(n.)* permanence
pysyvä *(adj.)* lasting
pysyvä *(adj.)* permanent
pysyä *(v.)* stay
pysyä yhdessä *(v.)* cohere
pysähdys *(n.)* standstill
pysähtyneisyys *(n.)* stagnation
pysäköidä *(v.)* park
pysäköintisakko *(n.)* parking ticket
pysäyttää *(v.)* stop
pysäytys *(n.)* stop
pyton *(n.)* python
pyydystää *(v.)* grapple
pyydystää *(v.)* snare
pyyhe *(n.)* towel
pyyhekumi *(n.)* eraser
pyyhekumi *(n.)* rubber
pyyhkiä *(v.)* erase
pyyhkiä *(v.)* wipe
pyyhkiä pois *(v.)* efface
pyyhkäistä *(v.)* swipe
pyykki *(n.)* laundry
pyykkäri *(n.)* laundress
pyykätä *(v.)* launder
pyyntö *(n.)* request
pyyntö *(n.)* solicitation
pyyteetön *(adj.)* altruistic
pyytää *(v.)* request
pyytää *(v.)* solicit
pyytää anteeksi *(v.)* apologize
pyytää selvitystä *(v.)* debrief
pyökki *(n.)* beech
pyöreä *(adj.)* circular
pyöreä *(adj.)* round
pyöreästi *(adv.)* round
pyörivä *(adj.)* rotary
pyöriä *(v.)* revolve

pyöriä *(v.)* rotate
pyöriä *(v.)* spin
pyöriä *(v.)* whirl
pyörre *(n.)* vortex
pyörre *(n.)* whirl
pyörteillä *(v.)* swirl
pyörtyminen *(n.)* swoon
pyörtyä *(v.)* faint
pyörtyä *(v.)* swoon
pyörä *(n.)* bike
pyörä *(n.)* wheel
pyörähdys *(n.)* rotation
pähkinä *(n.)* nut
pähkinäinen *(adj.)* nutty
päihde *(n.)* intoxicant
päihdyttää *(v.)* intoxicate
päihittää *(v.)* outdo
päihtymys *(n.)* intoxication
päinvastainen *(adj.)* backward
päinvastainen *(adj.)* reciprocal
päinvastoin *(adv.)* vice-versa
päivetys *(n.)* sunburn
päivittäinen, päivittäin *(adj. & adv.)* daily
päivittää *(v.)* upgrade
päivyri *(n.)* journal
päivä *(n.)* day
päiväkirja *(n.)* diary
päiväkoti *(n.)* kindergarten
päivällinen *(n.)* dinner
päivämäärä *(n.)* date
päivän kestävä *(adj.)* ephemeral
päivänkakkara *(n.)* daisy
päivänkoitto *(n.)* daybreak
päiväntasaaja *(n.)* equator
päiväntasaus *(n.)* equinox
päivänvalo *(n.)* daylight
päivänäytäntö *(n.)* matinee
päiväpeite *(n.)* bedcover
päiväpeite *(n.)* coverlet
päivätty *(adj.)* dated
päiväunet *(n.)* nap
pälpättää *(v.)* gabble
pälättää *(v.)* prattle
pälätys *(n.)* prattle
pänniä *(v.)* annoy
pärjätä *(v.)* fend
pässi *(n.)* ram

pätevyys *(n.)* competence
pätevyys *(n.)* qualification
pätevä *(adj.)* competent
pätevöityä *(v.)* qualify
pää *(n.)* head
pää- *(adj.)* main
pää edellä *(adv.)* headlong
pääasiallinen *(adj.)* chief
päähenkilö *(n.)* protagonist
päähuivi *(n.)* bandana
päähänpinttymä *(n.)* preoccupation
päähänpisto *(n.)* vagary
päähänpisto *(n.)* whim
pääjohto *(n.)* main
pääkallo *(n.)* skull
pääkaupunki *(n.)* capital
pääkirjoitus *(n.)* editorial
pääkopio *(n.)* master copy
päälaiva *(n.)* nave
pääleiri *(n.)* base camp
päälle *(adv.)* on
päällekarkaus *(n.)* onslaught
päällekkäisyys *(n.)* overlap
päällikkyys *(n.)* captaincy
päällikkö *(n.)* chieftain
päällys *(n.)* coating
päällystakki *(n.)* overcoat
päällystää *(v.)* pave
päällystää *(v.)* plate
päällä *(adj.)* on
päältä *(adv.)* over
pääministeri *(n.)* premier
päämäärä *(n.)* object
päämäärätön *(adj.)* aimless
päänahka *(n.)* scalp
päänsärky *(n.)* headache
pääoma *(n.)* principal
pääoma- *(adj.)* principal
pääosin *(adv.)* mainly
pääosittain *(adv.)* chiefly
pääpanta *(n.)* headband
pääpiirteet *(n.)* outline
päärynä *(n.)* pear
pääsiäinen *(n.)* easter
pääsiäislilja *(n.)* daffodil
pääskynen *(n.)* swallow
päästä ehdonalaiseen *(v.)* parole
päästä eroon *(v.)* rid

päästä yli *(v.)* surmount
päästäinen *(n.)* shrew
päästää *(v.)* emit
päästää irti *(v.)* relinquish
päästää lumouksesta *(v.)* disillusion
päästö *(n.)* emission
päästökerroin *(n.)* emittance
pääsy *(n.)* access
pääte *(n.)* suffix
päätellä *(v.)* conclude
päätellä *(v.)* deduce
päätelmä *(n.)* conclusion
päätelmä *(n.)* inference
päätepiste *(n.)* terminus
päätettävissä *(adj.)* terminable
päätie *(n.)* thoroughfare
päättämättömyys *(n.)* indecision
päättämätön *(adj.)* undecided
päättänyt *(adj.)* decided
päättävä *(adj.)* decisive
päättäväinen *(adj.)* resolute
päättäväisesti *(adv.)* decidedly
päättäväisyys *(n.)* determination
päättää *(v.)* decide
päättää *(v.)* determine
päätös *(n.)* decision
päätösvalta *(n.)* quorum
pökerryttää *(v.)* daze
pökertynyt *(adj.)* dazed
pöksyt *(n.)* slacks
pölkkypää *(n.)* blockhead
pölkkypää *(n.)* loggerhead
pöllö *(n.)* owl
pöllömäinen *(adj.)* owly
pöllötarha *(n.)* owlery
pöly *(n.)* dust
pölyhuisku *(n.)* duster
pölyttää *(v.)* dust
pönkittää *(v.)* prop
pörröinen *(adj.)* fuzzy
pörröttää *(v.)* fuzz
pötyä *(adj.)* gibberish
pöyhistellä *(v.)* parade
pöyhkeilijä *(n.)* flaunter
pöyhkeillä *(v.)* flaunt
pöyristyttävä *(adj.)* horrible
pöytä *(n.)* table

raa'asti *(adv.)* savagely
raadella *(v.)* lacerate
raadella *(v.)* savage
raahata *(v.)* drag
raahata *(v.)* tug
raahustaa *(v.)* plod
raaistaa *(v.)* brutalize
raaja *(n.)* limb
raaka *(adj.)* brutal
raaka *(adj.)* brutish
raaka *(adj.)* raw
raakalainen *(n.)* brute
raakalainen *(n.)* savage
raakalaismainen *(adj.)* savage
raakalaisuus *(n.)* barbarism
raakalaisuus *(n.)* savagery
raakkua *(v.)* caw
raakuus *(n.)* outrage
raamattu *(n.)* bible
raani *(n.)* shoreweed
raapaisu *(n.)* scratch
raapia *(v.)* scratch
raapustaa *(v.)* scribble
raapustella *(v.)* scrawl
raapustettu *(adj.)* scratch
raapustus *(n.)* scribble
raaputustaulu *(n.)* scratchboard
raastaa *(v.)* grate
raaste *(n.)* grate
raastin *(n.)* grater
raataa *(v.)* slave
raataa *(v.)* toil
raataminen *(n.)* toil
raato *(n.)* cadaver
raato *(n.)* stiff
rabbi *(n.)* rabbi
radikaali *(n.)* drastic
radikaalinen *(adj.)* radical
radio *(n.)* radio
radioaktiivinen *(adj.)* radioactive
radioelohopea *(n.)* radiomercury
radioida *(v.)* radio
radioimmunologia *(n.)*

radiommunology
radiologia *(n.)* radiology
radioni *(n.)* radion
radiopaikannin *(n.)* radiolocation
radiopuhelin *(n.)* radiophone
radiosanoma *(n.)* radiogram
radioskannaus *(n.)* radioscan
radiosähke *(n.)* radiotelegraphy
radioviestintä *(n.)* wireless
radium *(n.)* radium
rae *(n.)* hail
raemyrsky *(n.)* hailstorm
raha *(n.)* money
raha- *(adj.)* monetary
rahalahjoitus *(n.)* benefaction
rahallinen *(adj.)* financial
rahallinen *(adj.)* pecuniary
rahalähetys *(n.)* remittance
rahanahne *(adj.)* mercenary
rahanhimo *(n.)* avarice
rahanpalautus *(n.)* refund
rahanpesu *(n.)* money laundering
rahansiirto *(n.)* transaction
rahastaa *(v.)* toll
rahasto *(n.)* fund
rahastonhoitaja *(n.)* bursur
rahastonhoitaja *(n.)* treasurer
rahaton *(adj.)* broke
rahaton *(adj.)* destitute
rahka *(n.)* curd
rahoittaa *(v.)* finance
rahoittaja *(n.)* financier
rahoitus *(n.)* finance
rahti *(n.)* cargo
rahti *(n.)* freight
rahtimaksu *(n.)* portage
raide *(n.)* rail
raidoittaa *(v.)* stripe
raihnainen *(adj.)* infirm
raihnainen *(adj.)* scraggy
raihnaisuus *(n.)* infirmity
raikua *(v.)* resound
railakas *(adj.)* rollicking
railo *(n.)* crack
raiskata *(v.)* rape
raiskaus *(n.)* rape
raita *(n.)* stripe
raiteilta suistuminen *(n.)* derailment

raitiovaunu *(n.)* tram
raitis *(adj.)* sober
raittius *(n.)* sobriety
raivata *(v.)* pioneer
raivaus *(n.)* clearance
raivo *(n.)* fury
raivoisa *(adj.)* furious
raivoissaan *(adv.)* mad
raivokas *(adv.)* amuck
raivokas *(adj.)* fierce
raivopäinen *(adj.)* beserk
raivopää *(n.)* beserker
raivoraitis *(adj.)* teetotal
raivostunut *(adj.)* irate
raivostuttaa *(v.)* enrage
raivostuttaa *(v.)* incense
raivostuttaa *(v.)* infuriate
raivostuttava *(adj.)* maddening
raja *(n.)* border
raja *(n.)* boundary
raja-arvo *(n.)* limit
raja-arvo *(n.)* threshold
rajaseutu *(n.)* frontier
rajat ylittävä *(adj.)* transboundary
rajata *(v.)* delimit
rajata *(v.)* delineate
rajaton *(adj.)* limitless
rajaus *(n.)* delimitation
rajausväri *(n.)* eyeliner
rajoite *(n.)* constraint
rajoitettu *(adj.)* limited
rajoittaa *(v.)* confine
rajoittaa *(v.)* constrain
rajoittaa *(v.)* demarcate
rajoittaa *(v.)* limit
rajoittaa *(v.)* restrict
rajoittava *(adj.)* restrictive
rajoittua *(v.)* abut
rajoitus *(n.)* confinement
rajoitus *(n.)* demarcation
rajoitus *(n.)* limitation
rajoitus *(n.)* restriction
rajuilma *(n.)* tempest
rakas *(n.)* darling
rakas *(adj.)* darling
rakastaa *(v.)* love
rakastaja *(n.)* lover
rakastaja *(n.)* paramour

rakastajatar *(n.)* mistress
rakastava *(adj.)* affectionate
rakastava *(adj.)* loving
rakastettava *(adj.)* amiable
rakastettava *(adj.)* lovable
rakastettavuus *(n.)* amiability
rakastettu *(adj.)* beloved
rakastuminen *(n.)* enamourment
rakastunut *(adj.)* enamoured
rakenne *(n.)* structure
rakennus *(n.)* building
rakennus *(n.)* edifice
rakennusteline *(n.)* scaffold
rakennustyö *(n.)* construction
rakentaa *(v.)* build
rakentaa *(v.)* construct
rakentaja *(n.)* builder
rakentava *(adj.)* constructive
rakentava *(adj.)* edificant
rakenteellinen *(adj.)* structural
raketinkuljettaja *(n.)* rocketeer
raketti *(n.)* rocket
rakettimies *(n.)* rocketman
rakettitieteilijä *(n.)* rocket scientist
rakkain *(adj.)* dearest
rakkaus *(n.)* love
rakkaus- *(adj.)* amatory
rakkaussuhde *(n.)* amour
rakkula *(n.)* blister
rakkula *(n.)* wen
rako *(n.)* niche
rakuuna *(n.)* estragon
ralli *(n.)* rally
rampa *(n.)* cripple
rampa *(adj.)* lame
rampauttaa *(v.)* lame
ramppi *(n.)* slip road
rangaista *(v.)* penalize
rangaista *(v.)* punish
rangaistuksellinen *(adj.)* penal
rangaistus *(n.)* penalty
rangaistus *(n.)* punishment
ranionaalistaa *(v.)* rationalize
rankaisemattomuus *(n.)* impunity
rankaiseva *(adj.)* punitive
rankka *(adj.)* torrential
rankkasade *(n.)* cloudburst
ranne *(n.)* wrist

rannekello *(n.)* watch
rannekoru *(n.)* bracelet
rannerengas *(n.)* bangle
rannikko *(n.)* coast
rannikko *(n.)* seashore
rannikko- *(adj.)* bayside
rannikko- *(adj.)* coastal
rannikkomainen *(adj.)* littoral
rannikkovartiosto *(n.)* coasguard
ranskalainen *(adj.)* French
ranskan kieli *(n.)* French
ranta *(n.)* beach
ranta *(n.)* shore
ranta- *(adj.)* beachfront
ranta- *(adj.)* beachside
rantaan päin *(adv.)* shoreward
rantaan suuntautuva *(adj.)* shoreward
rantakallio *(n.)* seacliff
rantanäkymä *(n.)* shorefront
rantapallo *(n.)* beach ball
rantaviiva *(n.)* coastline
rantaviiva *(n.)* shoreline
raollaan *(adv.)* ajar
rapautua *(v.)* weather
rapeutua *(v.)* crispen
raportoida *(v.)* report
raportoida väärinkäytöstä *(v.)* dob
raportti *(n.)* report
rappeuttaa *(v.)* decrepitate
rappeutua *(v.)* decay
rappeutua *(v.)* degenerate
rappeutuma *(n.)* dilapidation
rappeutuminen *(n.)* decrepitation
rappio *(n.)* decay
rapu *(n.)* crab
rapu *(n.)* crayfish
rasia *(n.)* boist
rasismi *(n.)* racism
rasistinen *(adj.)* racist
rasittaa *(v.)* strain
rasittava *(adj.)* onerous
rasittava *(adj.)* strenuous
rasittava *(adj.)* trying
rasitus *(n.)* strain
raskaana oleva *(adj.)* pregnant
raskaasti *(adv.)* heavily
raskas *(adj.)* burdensome
raskaudenehkäisy *(n.)* contraception

raskaus *(n.)* pregnancy
raspata *(v.)* rasp
rasta *(n.)* dreadlock
rasta *(n.)* rasta
rasterikopio *(n.)* screenprint
rastoittaa *(v.)* dreadlock
rasva *(n.)* fat
rasvainen *(adj.)* adipose
rasvainen *(adj.)* greasy
rasvanpoisto *(n.)* delipidation
rasvoittua *(v.)* grease
rata *(n.)* track
ratamo *(n.)* plantain
ratas *(n.)* gear
ratifioida *(v.)* ratify
rationaalinen *(adj.)* rational
rationaliteetti *(n.)* rationality
ratkaiseva *(adj.)* crucial
ratkaista *(v.)* adjudicate
ratkaista *(v.)* resolve
ratkaista *(v.)* solve
ratkaisu *(n.)* resolution
ratkaisu *(n.)* solution
ratsastaa *(v.)* ride
ratsastaja *(n.)* rider
ratsata *(v.)* raid
ratsia *(n.)* raid
ratsu *(n.)* steed
ratsuväensotilas *(n.)* mount
ratsuväki *(n.)* cavalry
rattaat *(n.)* limber
rattiraivo *(n.)* road rage
rauha *(n.)* peace
rauhaarakastava *(adj.)* peaceable
rauhallinen *(adj.)* calm
rauhallinen *(adj.)* peaceful
rauhanen *(n.)* gland
rauhanomainen *(adj.)* pacific
rauhaton *(adj.)* uneasy
rauhoitella *(v.)* appease
rauhoitella *(v.)* pacify
rauhoittaa *(v.)* assuage
rauhoittamaton *(adj.)* ceaseless
rauhoittava *(adj.)* calmative
rauhoittava *(adj.)* sedative
rauhoittava lääke *(n.)* tranquillizer
rauhoituslääke *(n.)* sedative
raukka *(n.)* wretch

raunio *(n.)* ruin
rauniotyöt *(n.)* rubblework
rausku *(n.)* ray
rauta *(n.)* iron
rautatavara *(n.)* hardware
rautatie *(n.)* railway
rautias *(n.)* bay
ravata *(v.)* trot
ravi *(n.)* trot
raviini *(n.)* ravine
ravinto *(n.)* aliment
ravintoaine *(n.)* nutrient
ravintola *(n.)* restaurant
ravintolalasku *(n.)* chit
ravistaa *(v.)* shake
ravistus *(n.)* shake
ravita *(v.)* nourish
ravitseminen *(n.)* nourishment
ravitsemus *(n.)* nutrition
ravitsemusterapeutti *(n.)* dietician
ravitseva *(adj.)* nutritious
reagoida *(v.)* react
reaktiivinen *(adj.)* reactive
reaktio *(n.)* reaction
reaktionisti *(n.)* reactionist
reaktivoida *(v.)* reactivate
reaktori *(n.)* reactor
realismi *(n.)* realism
realisti *(n.)* realist
realistinen *(adj.)* realistic
reamputaatio *(n.)* reamputation
redundanssi *(n.)* redundance
referoida *(v.)* summarize
refleksi *(n.)* reflex
refleksiivinen *(adj.)* reflexive
reformaatio *(n.)* reformation
regeneroida *(v.)* regenerate
regenerointi *(n.)* regeneration
rehellinen *(adj.)* honest
rehellisyys *(n.)* honesty
rehennellä *(v.)* brag
rehentelijä *(n.)* braggart
rehevyys *(n.)* luxuriance
rehevä *(adj.)* luscious
reheväkasvuinen *(adj.)* rampant
rehottaa *(v.)* thrive
rehtori *(n.)* schoolmaster
rehu *(n.)* feed

rehu *(n.)* fodder
rehu *(n.)* forage
rehvastella *(v.)* swagger
rehvastelu *(n.)* swagger
rei'ittää *(v.)* dibble
rei'ittää *(v.)* perforate
reikä *(n.)* aperture
reilu *(adj.)* fair
reilu kauppa *(n.)* fair trade
reilu peli *(n.)* fair game
reilusti *(adv.)* fairly
reipas *(adj.)* brisk
reisi *(n.)* thigh
reisiluu *(n.)* femur
reissu *(n.)* trip
reistailla *(v.)* malfunction
reitti *(n.)* route
rekisteri *(n.)* register
rekisteritonni *(n.)* ton
rekisteriviranomainen *(n.)* registrar
rekisteröidä *(v.)* enrol
rekisteröidä *(v.)* register
rekisteröinti *(n.)* registration
rekisteröityminen *(n.)* registry
rekka *(n.)* truck
reklamaatio *(n.)* reclamation
rekrytoida *(v.)* recruit
rekvisiitta *(n.)* prop
rele *(n.)* relay
rellestelijä *(n.)* reveller
rellestys *(n.)* revelry
rellestäminen *(n.)* revel
rellestää *(v.)* revel
remontoida *(v.)* refurbish
remontoida *(v.)* renovate
remontti *(n.)* renovation
remonttikohde *(n.)* fixer-upper
remuisa *(adj.)* raucous
renderöidä *(v.)* render
renesanssi *(n.)* renaissance
rengas *(n.)* tire
rengas *(n.)* tyre
rengasniitti *(n.)* eyelet
rengasrikko *(n.)* puncture
renki *(n.)* hireling
rentoutua *(v.)* relax
rentoutuminen *(n.)* relaxation
repertuaari *(n.)* repertoire

repeämä *(n.)* tear
repiä *(v.)* rip
repiä *(v.)* tatter
replika *(n.)* replica
reppu *(n.)* backpack
reppumatkaaja *(n.)* backpacker
representaatio *(n.)* representation
republikaani *(n.)* republican
repulsio *(n.)* repulsion
repäistä *(v.)* tear
resepti *(n.)* prescription
resitaali *(n.)* recital
resitaatio *(n.)* recitation
resitoida *(v.)* recite
resonointi *(n.)* resonance
resonoiva *(adj.)* resonant
resori *(n.)* welt
resurssi *(n.)* resource
retiisi *(n.)* radish
retoriikka *(n.)* rhetoric
retorinen *(adj.)* rhetorical
retusoida *(v.)* retouch
reuma *(n.)* rheumatism
reuma- *(adj.)* rheumatic
reuna *(n.)* brim
reuna *(n.)* edge
reunaviiva *(n.)* sideline
reunus *(n.)* rim
reunustaa *(v.)* bound
reunustaa *(v.)* skirt
revalvaatio *(n.)* revaluation
revetä *(v.)* rupture
reviiri *(n.)* territory
revisio *(n.)* revision
revolveri *(n.)* revolver
revontulet *(n.)* aurora
revähdys *(n.)* rupture
rieha *(n.)* uproar
riehakas *(adj.)* boisterous
riehakas *(adj.)* uproarious
riehua *(v.)* rampage
riehuminen *(n.)* rampage
riemastuttaa *(v.)* delight
riemu *(n.)* elation
riemu *(n.)* glee
riemu *(n.)* jubilation
riemu- *(adj.)* triumphal
riemuisa *(adj.)* elated

riemuisasti *(adv.)* gleefully
riemuita *(v.)* exult
riemuita *(v.)* rejoice
riemuitseva *(adj.)* gleeful
riemukas *(adj.)* ebullient
riemukas *(adj.)* jubilant
riemunjuhla *(n.)* jubilee
riena *(n.)* blasphemy
rientää *(v.)* dash
rientää *(v.)* lapse
riepu *(n.)* rag
riepu *(n.)* tatter
riesa *(n.)* bane
rieska *(n.)* flatbread
rihlata *(v.)* rifle
riikinkukko *(n.)* peacock
riikinkukkonaaras *(n.)* peahen
riimi *(n.)* rhyme
riiminikkari *(n.)* rhymester
riimitellä *(v.)* rhyme
riimu *(n.)* rune
riippua *(v.)* depend
riippuoksa *(n.)* lop
riippuvainen *(adj.)* addicted
riippuvainen *(adj.)* dependent
riippuvaisuus *(n.)* dependence
riippuvaisuus *(n.)* reliance
riippuvuus *(n.)* addiction
riisi *(n.)* rice
riisipelto *(n.)* paddy
riisitauti *(n.)* rickets
riistää *(v.)* deprive
riisua *(v.)* strip
riisua aseista *(v.)* disarm
riita *(n.)* fray
riitti *(n.)* rite
riittämätön *(adj.)* deficient
riittämätön *(adj.)* insufficient
riittävyys *(n.)* sufficiency
riittävä *(adj.)* enough
riittävä *(adj.)* sufficient
riittävästi *(adv.)* enough
riittää *(v.)* suffice
riivinrauta *(n.)* rasp
riiviö *(n.)* fiend
rikas *(adj.)* rich
rikastaa *(v.)* enrich
rikastus *(n.)* enrichment

rike *(n.)* foul
rikkaudet *(n.)* riches
rikkaus *(adj.)* richness
rikki *(v.)* broken
rikki *(n.)* sulphur
rikkinen *(adj.)* sulphuric
rikkoa *(v.)* break
rikkoa rajat *(v.)* transgress
rikkominen *(n.)* infringement
rikkomus *(n.)* deturpation
rikkomus *(n.)* offence
rikkomus *(n.)* transgression
rikkoutuminen *(n.)* breakup
rikoksentekijä *(n.)* offender
rikollinen *(n.)* criminal
rikollinen *(adj.)* delinquent
rikollinen *(n.)* delinquent
rikollisuus *(n.)* delinquency
rikos *(n.)* crime
riksa *(n.)* rickshaw
rima *(n.)* batten
rimpuilla *(v.)* struggle
rimpuilu *(n.)* struggle
rinkeli *(n.)* bagel
rinnakkain *(adv.)* abreast
rinnakkainen *(adj.)* parallel
rinnastaa *(v.)* equate
rinnastaa *(v.)* parallel
rinne *(n.)* declivity
rinne *(n.)* slope
rinta *(n.)* breast
rintakehä *(n.)* bosom
rintakehä *(n.)* thorax
rintakoru *(n.)* preen
rintalapsi *(n.)* babe
rintaliivit *(n.)* bra
rintama *(n.)* battlefront
rintaneula *(n.)* brooch
rintaruokkia *(v.)* breastfeed
rintavako *(n.)* cleavage
ripeys *(n.)* celerity
ripeys *(n.)* haste
ripeä *(adj.)* hasty
ripeä *(adj.)* prompt
ripeä *(adj.)* rapid
ripeästi *(adv.)* apace
ripotella *(v.)* scatter
ripotella *(v.)* sprinkle

ripsi *(n.)* eyelash	**rohkaista** *(v.)* encourage
ripsi *(n.)* lash	**rohkaistua** *(v.)* embolden
ripuli *(n.)* diarrhea	**rohkea** *(adj.)* audacious
ripustaa *(v.)* hang	**rohkea** *(adj.)* bold
riskeerata *(v.)* risk	**rohkea** *(adj.)* courageous
riski *(n.)* risk	**rohkeasti** *(adv.)* boldly
riskialtis *(adj.)* dicey	**rohkeus** *(n.)* audacity
riskialtis *(adj.)* risky	**rohkeus** *(n.)* boldness
risteilijä *(n.)* cruiser	**rohkeus** *(n.)* courage
risteillä *(v.)* cruise	**roihu** *(n.)* flare
ristetä *(v.)* intersect	**roihuta** *(v.)* flare
risteys *(n.)* crossing	**roikkua kannoilla** *(v.)* rear
risteys *(n.)* intersection	**roikkuva** *(adj.)* dangling
risti *(n.)* cross	**roikottaa** *(v.)* dangle
ristiinnaulita *(v.)* crucify	**rojalisti** *(n.)* royalist
ristiinnaulittu *(adj.)* crucified	**rokko** *(n.)* measles
ristiinnaulitunkuva *(n.)* rood	**rokote** *(n.)* vaccine
ristikko *(n.)* lattice	**rokottaa** *(v.)* inoculate
ristikkäinen *(adj.)* cross	**rokottaa** *(v.)* vaccinate
ristiretkeilijä *(n.)* crusader	**rokottaja** *(n.)* vaccinator
ristiretki *(n.)* crusade	**rokottaminen** *(n.)* inoculation
ristiriita *(n.)* conflict	**rokotus** *(n.)* vaccination
ristiriita *(n.)* contradiction	**romaani** *(n.)* novel
ristiriitainen *(adj.)* ambivalent	**romaanikirjailija** *(n.)* novelist
ristiriitaisuus *(n.)* ambivalence	**romahdus** *(n.)* breakdown
ristituli *(n.)* crossfire	**romahtaa** *(v.)* collapse
ristiä *(v.)* baptize	**romantiikka** *(n.)* romance
ristiä *(v.)* cross	**romanttinen** *(adj.)* romantic
risukimppu *(n.)* faggot	**rommi** *(n.)* rum
risupuska *(n.)* scratchbush	**rommi** *(n.)* rummy
ritari *(n.)* knight	**rommi-** *(adj.)* rum
ritarillinen *(adj.)* chivalrous	**romu** *(n.)* junk
ritarillisuus *(n.)* chivalry	**romu** *(n.)* wreckage
ritinä *(n.)* crepitation	**romutella** *(v.)* scrap
ritistä *(v.)* crepitate	**romuttaa** *(v.)* belie
rituaali *(n.)* ritual	**romuttaa** *(v.)* debunk
rituaali- *(adj.)* ritual	**romuttaa** *(v.)* wreck
riuhtoa *(v.)* wrest	**romuttaja** *(n.)* wrecker
riuku *(n.)* lath	**rooli** *(n.)* role
riutunut *(adj.)* emaciated	**roolijako** *(n.)* casting
rivi *(n.)* row	**roolimalli** *(n.)* role model
rivo *(adj.)* lewd	**roskalava** *(n.)* dumpster
rivo *(adj.)* obscene	**roskalava** *(n.)* skip
rivo *(adj.)* vulgar	**roskat** *(n.)* garbage
rivous *(n.)* obscenity	**roskat** *(n.)* rubbish
rivous *(n.)* vulgarity	**roskattu** *(adj.)* trashed
robotti *(n.)* robot	**rosoinen** *(adj.)* rugged
rodullinen *(adj.)* racial	**rosvo** *(n.)* bandit

rosvo *(n.)* brigand
roteva *(adj.)* stalwart
rotko *(n.)* gorge
rotkoinen *(adj.)* gorge
rotta *(n.)* rat
rotuerottelu *(n.)* apartheid
rotuviha *(n.)* racialism
rouskuttaa *(v.)* crunch
rouskuttaa *(v.)* munch
rouva *(n.)* madam
rouva *(n.)* missis, missus
rovio *(n.)* pyre
rubiini *(n.)* rubian
rubiininpunainen *(n.)* ruby
rubikaaninen *(adj.)* rubican
rubikoni *(n.)* rubicon
rubriikki *(n.)* rubric
ruffata *(v.)* trump
ruhje *(n.)* contusion
ruhje *(n.)* sore
ruhjoa *(v.)* contuse
ruhjuinen *(adj.)* scragged
ruho *(n.)* caracass
ruhtinaallinen *(adj.)* princely
ruhtinaallinen *(adj.)* regal
ruis *(n.)* rye
ruisku *(n.)* syringe
ruiskuttaa *(v.)* syringe
rujo *(adj.)* barbarous
rukoilija *(n.)* prayer
rukoilla *(v.)* beseech
rukoilla *(v.)* pray
rukoilu *(n.)* beseeching
rukouskirja *(n.)* breviary
rukousnauha *(n.)* rosary
rulla *(n.)* roller
rullata *(v.)* roll
ruma *(adj.)* ugly
rumentaa *(v.)* uglify
rummuttaa *(v.)* drum
rummutus *(n.)* drumbeat
rumpu *(n.)* drum
rumpukala *(n.)* drumfish
rumpusetti *(n.)* drum kit
rumuus *(n.)* ugliness
runko *(n.)* chasis
runnella *(v.)* disfigure
runnoa *(v.)* ravage

runo *(n.)* poem
runoilija *(n.)* poet
runoilijatar *(n.)* poetess
runollinen *(adj.)* poetic
runollisuus *(n.)* poesy
runomitta *(n.)* versification
runonikkari *(n.)* poetaster
runous *(n.)* poetry
runousoppi *(n.)* poetics
runsaasti *(adj.)* aplenty
runsas *(adj.)* ample
runsas *(adj.)* copious
runsas *(adj.)* uberous
runsas *(adj.)* voluminous
runsaskätinen *(adj.)* munificent
runsaskätisyys *(n.)* largesse
runsaslukuinen *(adj.)* numerous
runsaus *(n.)* plenty
runtelu *(n.)* ravage
ruoan etsiminen *(n.)* foraging
ruoanetsijä *(n.)* forager
ruoansulatus *(n.)* digestion
ruoansulatushäiriö *(n.)* indigestion
ruoho *(n.)* weed
ruohotasanko *(n.)* grassland
ruoka *(n.)* food
ruokahalu *(n.)* appetite
ruokailla *(v.)* dine
ruokakauppias *(n.)* grocer
ruokakomero *(n.)* pantry
ruokakulttuuri *(n.)* cuisine
ruokala *(n.)* canteen
ruokalaji *(n.)* dish
ruokalappu *(n.)* bib
ruokanautinto *(n.)* savour
ruokapaikka *(n.)* diner
ruokaresepti *(n.)* recipe
ruokatorveen liittyvä *(adj.)* esophageal
ruokavalio *(n.)* diet
ruokkia *(v.)* feed
ruoko *(n.)* stalk
ruori *(n.)* helm
ruoska *(n.)* whip
ruoskia *(v.)* flog
ruoskia *(v.)* whip
ruoste *(n.)* rust
ruosteinen *(adj.)* rusty

ruostua *(v.)* rust
rupatella *(v.)* chatter
rupi *(n.)* scab
rupia *(n.)* rupee
rupikonna *(n.)* toad
rupla *(n.)* rouble
rusetti *(n.)* bow
rusina *(n.)* raisin
ruskea *(adj.)* brown
ruskettua *(v.)* tan
ruskettunut *(adj.)* tan
rusketus *(n.)* tan
ruskistaa *(v.)* singe
ruskistus *(n.)* singe
ruskohiili *(n.)* lignite
rustiikka *(n.)* rustication
rustiikki *(n.)* rustic
rustiikkinen *(adj.)* rustic
rustiikkisuus *(n.)* rusticity
rusto *(n.)* cartilage
rutiini *(n.)* routine
rutiininomainen *(adj.)* routine
rutiköyhä *(n.)* pauper
rutistaa *(v.)* crumple
rutto *(adj.)* plague
ruuhka *(n.)* congestion
ruuhkainen *(adj.)* congested
ruukku *(n.)* pot
ruumiillinen *(adj.)* corporal
ruumiillistaa *(v.)* incarnate
ruumiillistuma *(n.)* embodiment
ruumiillistuma *(n.)* incarnation
ruumiillistunut *(adj.)* incarnate
ruumiinaukko *(n.)* orifice
ruumiinavaus *(n.)* autopsy
ruumiinavaus *(n.)* post-mortem
ruumiinrakenne *(n.)* physique
ruumiinvamma *(n.)* impediment
ruumis *(n.)* corpse
ruumisarkku *(n.)* coffin
ruumishuone *(n.)* morgue
ruumishuone *(n.)* mortuary
ruumispaarit *(n.)* bier
ruuna *(n.)* eunuch
ruuna *(n.)* gelding
ruusu *(n.)* rose
ruusuinen *(adj.)* rosy
ruusunpunainen *(adj.)* roseate

ruuta *(n.)* rue
ruuvata *(v.)* screw
ruuvi *(n.)* screw
ryhdikkyys *(n.)* stateliness
ryhdistäytyä *(v.)* shape up
ryhmittyä *(v.)* aggregate
ryhmittää *(v.)* group
ryhmä *(n.)* group
ryhmäkuntainen *(adj.)* factious
ryhmänmuodostus *(n.)* team building
ryhti *(n.)* posture
ryhtyä *(v.)* embark
ryhtyä *(v.)* undertake
ryhtyä *(v.)* wage
ryhtyä uudelleen *(v.)* resume
rykelmä *(n.)* cluster
rykmentti *(n.)* regiment
rynnäkkö *(n.)* sally
rynnäköidä *(v.)* sally
rynnätä *(v.)* rush
rynnätä *(v.)* scramble
rynnätä pakoon *(v.)* stampede
ryntäys *(n.)* onrush
ryntäys *(n.)* rush
ryntäys *(n.)* scramble
rypeä *(v.)* wallow
rypistyä *(v.)* crinkle
rypistyä *(v.)* ruck
rypistää *(v.)* wrinkle
ryppy *(n.)* ruck
ryppy *(n.)* wrinkle
rystylyönti *(n.)* backhand
rystynen *(n.)* knuckle
rysähdys *(n.)* smash
rysäyttää *(v.)* smash
rytmi *(n.)* rhythm
rytmikapulat *(n.)* clave
rytminen *(adj.)* rhythmic
ryydittää *(v.)* zest
ryömiä *(v.)* crawl
ryöppy *(n.)* spate
ryöpyttää *(n.)* telling-off
ryöpätä *(v.)* blanch
ryöstelijä *(n.)* marauder
ryöstellä *(v.)* loot
ryöstellä *(v.)* maraud
ryöstäjä *(n.)* robber
ryöstää *(v.)* foray

ryöstää *(v.)* rob
ryöstö *(n.)* robbery
ryöstösaalis *(n.)* loot
ryöstösaalis *(n.)* plunder
ryövätä *(v.)* plunder
rähinä *(n.)* brawl
rähinä *(n.)* riot
rähinöidä *(v.)* riot
rähjäinen *(adj.)* rickety
räikeä *(adj.)* blatant
räikeä *(adj.)* flagrant
räikeä *(adj.)* gaudy
räjähde *(n.)* explosive
räjähdys *(n.)* blast
räjähdys *(n.)* explosion
räjähdysmäinen *(adj.)* blowsy
räjähtävä *(adj.)* explosive
räjähtää *(v.)* explode
räjäyttää *(v.)* detonate
räksyttää *(v.)* yap
räksytys *(n.)* yap
räme *(v.)* swamp
rämesuo *(n.)* everglade
ränni *(n.)* gutter
ränsistyä *(v.)* deteriorate
räpytellä *(v.)* flapping
räpyttelevä *(adj.)* flapping
räpyttely *(n.)* flapping
räpäyttää *(v.)* blink
rästi *(n.)* loose end
rästityöt *(n.)* backlog
rätinä *(v.)* crackle
rätti *(n.)* wipe
räyhätä *(v.)* rage
räyhääminen *(n.)* rage
räystäs *(n.)* eave
räystäänalunen *(n.)* eavesdrop
rääpäle *(n.)* weakling
räätäli *(n.)* tailor
räätälöidä *(v.)* tailor
röhkijä *(n.)* oinker
röhkiä *(v.)* grunt
röhkiä *(v.)* oink
röhkäisy *(n.)* grunt
röhkäisy *(n.)* oink
röntgenkuvata *(v.)* x-ray
röntgenkuvaus *(n.)* radiography
röntgensäteily *(n.)* x-ray

röyhelö *(n.)* frill
röyhelö *(n.)* ruffle
röyhelöittää *(v.)* ruffle
röyhkeys *(n.)* insolence
röyhkeys *(n.)* scruffiness
röyhkeä *(adj.)* brash
röyhkeä *(adj.)* insolent
röyhtäistä *(v.)* belch
röyhtäistä *(v.)* burp

saada *(v.)* get
saada aikaan *(v.)* cause
saada aikaan *(v.)* effect
saada aikaan *(v.)* occasion
saada hampaita *(v.)* teethe
saada keskenmeno *(v.)* miscarry
saada kiinni *(v.)* nab
saada lehdet putoamaan *(v.)* defoliate
saada näkyviinsä *(v.)* sight
saada pois tolaltaan *(v.)* upset
saada rakastumaan *(v.)* enamour
saada selville *(v.)* discover
saada surmansa *(v.)* perish
saada takaisin *(v.)* recoup
saaga *(n.)* saga
saakka *(prep.)* till
saalis *(n.)* booty
saalis *(n.)* prey
saalis *(n.)* spoil
saalistaa *(v.)* prey
saalistaja *(n.)* predator
saamaton *(adj.)* indolent
saapas *(n.)* boot
saapas *(n.)* wellington
saapastella *(v.)* strut
saapua *(v.)* arrive
saapuminen *(n.)* advent
saapuminen *(n.)* arrival
saapuva *(adj.)* inbound
saari *(n.)* island
saari *(n.)* isle
saaristoasema *(n.)* insularity
saarna *(n.)* sermon
saarnaaja *(n.)* preacher

saarnaava *(adj.)* pulpit
saarnata *(v.)* preach
saarnata *(v.)* sermonize
saartaa *(v.)* surround
saasta *(n.)* filth
saastainen *(adj.)* filthy
saaste *(n.)* pollution
saastuttaa *(v.)* contaminate
saastuttaa *(v.)* pollute
saatana *(n.)* satan
saatanallinen *(adj.)* satanic
saatanallisesti *(adv.)* satanically
saatavilla oleva *(adj.)* available
saatavilla oleva *(adj.)* obtainable
saattaa *(v.)* escort
saattaa ahdinkoon *(v.)* distress
saattaa epäjärjestykseen *(v.)* disarrange
saattaa huonoon valoon *(v.)* decry
saattaa hämilleen *(v.)* confound
saattaa häpeään *(v.)* shame
saattaa vaaraan *(v.)* jeopardize
saattaa ymmälle *(v.)* nonplus
saattaja *(n.)* escort
saattava *(adj.)* escorted
saattue *(n.)* convoy
saavuttaa *(v.)* accomplish
saavuttaa *(v.)* achieve
saavuttaa *(v.)* attain
saavuttaa *(v.)* gain
saavuttaja *(n.)* achiever
saavuttamaton *(adj.)* unachievable
saavutus *(n.)* accomplishment
saavutus *(n.)* achievement
saavutus *(n.)* attainment
saavutus *(n.)* feat
sabotaasi *(n.)* sabotage
sabotointi *(v.)* sabotage
sade *(n.)* rain
sade- *(adj.)* pluvial
sademittari *(n.)* pluviometer
sadetakki *(n.)* mack
sadevesisäiliö *(n.)* cistern
sadismi *(n.)* sadism
sadisti *(n.)* sadist
safari *(n.)* safari
safiiri *(n.)* sapphire
saha *(n.)* saw

sahaaja *(n.)* sawyer
sahakuoppa *(n.)* saw pit
sahalaita *(n.)* sawtooth
sahalaitos *(n.)* sawmill
sahanpuru *(n.)* sawdust
sahapenkki *(n.)* sawbench
sahapukki *(n.)* sawbuck
sahapukki *(n.)* sawhorse
saharauskukala *(n.)* sawfish
sahata *(v.)* saw
sahrami *(n.)* saffron
sahraminkeltainen *(adj.)* saffron
saippua *(n.)* soap
saippuainen *(adj.)* soapy
saippuavaahto *(n.)* lather
saippuoida *(v.)* soap
sairaala *(n.)* hospital
sairaalaosasto *(n.)* ward
sairaalloinen *(adj.)* ailing
sairaalloinen *(adj.)* morbid
sairaalloinen *(adj.)* sickly
sairaalloisuus *(n.)* morbidity
sairaanhoitaja *(n.)* nurse
sairas *(adj.)* ill
sairas *(n.)* ill
sairas *(adj.)* sick
sairaskohtaus *(n.)* seizure
sairasosasto *(n.)* sickbay
sairastaa *(v.)* ail
sairastaa dementiaa *(v.)* dement
sairastava *(adv.)* ill
sairastunut *(adj.)* sickened
sairasvuode *(n.)* sickbed
sairaus *(n.)* ailment
sairaus *(n.)* illness
sairaus *(n.)* sickness
saita *(adj.)* miserly
saituri *(n.)* miser
saivartelija *(n.)* pedant
sakaali *(n.)* jackal
sakariini *(adj.)* saccharine
sake *(n.)* sake
sakkariini *(n.)* saccharin
sakko *(n.)* fine
sakramentti *(n.)* sacrament
saksanpähkinä *(n.)* walnut
sakset *(n.)* scissors
saksofoni *(n.)* saxophone

saksofonisti *(n.)* saxophonist
salaatinkastike *(n.)* dressing
salaatti *(n.)* salad
salainen *(adj.)* arcane
salainen *(adj.)* secret
salaisuus *(n.)* secret
salajuoni *(n.)* intrigue
salakirjoitus *(n.)* cipher(or cypher)
salakirjoitus *(n.)* cypher
salakuljettaa *(v.)* smuggle
salakuljettaja *(n.)* smuggler
salakuljetus *(n.)* contraband
salakuunnella *(v.)* eavesdrop
salakähmäinen *(adj.)* clandestine
salakähmäinen *(adj.)* underhand
salaliitto *(n.)* collusion
salaliitto *(n.)* conspiracy
salaliittolainen *(n.)* conspirator
salama *(n.)* blizzard
salamahyökkäys *(n.)* blitz
salamanteri *(n.)* salamander
salamavalolamppu *(n.)* flashbulb
salametsästetty *(adj.)* poached
salametsästäjä *(n.)* poacher
salametsästää *(v.)* poach
salamurha *(n.)* assassination
salamurhaaja *(n.)* assassin
salamurhata *(v.)* assassinate
salaperäinen *(adj.)* secretive
salaperäisyys *(n.)* secrecy
salassapito *(n.)* non-disclosure
salata *(v.)* conceal
salauksen purku *(n.)* decrypt
salauksen purku *(n.)* decryption
salkku *(n.)* briefcase
sallia *(v.)* allow
sallia *(v.)* let
sallia *(v.)* permit
sallimaton *(adj.)* impermissible
salliminen *(n.)* allowance
sallittu *(adj.)* permissible
sallivuus *(n.)* lenience
salmi *(n.)* strait
salonki *(n.)* Salon
salpa *(n.)* latch
salpahaka *(n.)* morse
salskea *(n.)* lean
saluuna *(n.)* saloon

salva *(n.)* ointment
salvia *(n.)* sage
salvianvihreä *(n.)* sage-green
sama *(adj.)* same
sama kuin *(adj.)* tantamount
saman suuntainen *(n.)* coaxial
samanaikainen *(adj.)* concurrent
samanaikainen *(adj.)* cotemporal
samanaikainen *(adj.)* simultaneous
samankaltainen *(adj.)* similar
samankaltaisuus *(n.)* similarity
samankeskinen *(adj.)* concentric
samanlainen *(adj.)* alike
samarialainen *(n.)* samaritan
samba *(n.)* samba
sambata *(v.)* samba
sambuca *(n.)* sambuca
samea *(adj.)* bleary
samea *(adj.)* lacklustre
sametti *(n.)* velvet
samettinen *(adj.)* velvety
samiitti *(n.)* samite
sammakko *(n.)* frog
sammakkoeläin *(n.)* amphibian
sammal *(n.)* moss
sammallus *(n.)* lisp
sammaltaa *(v.)* lisp
sammuttaa *(v.)* extinguish
sammuttaa *(v.)* slake
sammuttaja *(n.)* deactivator
Samoan tala *(n.)* tala
samoin *(adv.)* likewise
samoin *(adv.)* samely
samovaari *(n.)* samovar
samppanja *(n.)* champagne
samsoniitti *(n.)* samsonite
samurai *(n.)* samurai
sana *(n.)* word
sanailla *(v.)* discuss
sanainen *(adj.)* wordy
sanakirja *(n.)* dictionary
sanaleikki *(n.)* acrostic
sanaleikki *(n.)* pun
sananjalka *(n.)* bracken
sananlasku *(n.)* proverb
sananlaskumainen *(adj.)* proverbial
sanansaattaja *(n.)* herald
sananvalinta *(n.)* diction

sananvalta *(n.)* say
sanasto *(n.)* lexicon
sanasto *(n.)* vocabulary
sanatarkka *(adj.)* verbatim
sandaali *(n.)* sandal
sanella *(v.)* dictate
sanelu *(n.)* dictation
saniainen *(n.)* fern
saniteetti- *(adj.)* sanitary
sankari *(n.)* hero
sankarillinen *(adj.)* heroic
sankaritar *(n.)* heroine
sankaruus *(n.)* heroism
sanko *(n.)* pail
sanko *(n.)* scuttle
sanktio *(n.)* sanction
sanktioida *(v.)* sanction
sanoa *(v.)* say
sanoinkuvaamaton *(adj.)* indescribable
sanoma *(n.)* errand
sanomalehti *(n.)* gazette
sanomalehti *(n.)* newspaper
sanonta *(n.)* adage
sanoutua irti *(v.)* disclaim
santelipuu *(n.)* sandalwood
sapatti *(n.)* sabbath
sapatti- *(adj.)* sabbatical
sapattivuosi *(n.)* sabbatical
sapeli *(n.)* sabre
sapeloida *(v.)* sabre
sapiens *(n.)* sapiens
sapluuna *(n.)* stencil
sappi *(n.)* bile
sarake *(n.)* column
sarastaa *(v.)* dawn
sardoninen *(adj.)* sardonic
sarja *(n.)* series
sarja- *(adj.)* serial
sarjaerä *(n.)* traunch
sarjakuva *(n.)* cartoon
sarjakuva *(n.)* comic
sarjakuvapiirtäjä *(n.)* cartoonist
sarjoitettu *(adj.)* traunch
sarkain *(n.)* tabulator
sarkasmi *(n.)* sarcasm
sarkastinen *(adj.)* sarcastic
sarveiskalvo *(n.)* cornea

sarvi *(n.)* horn
sarvikruunu *(n.)* antler
sarvikuono *(n.)* rhinoceros
sata *(n.)* hundred
sataa *(v.)* rain
sataa kaatamalla *(v.)* sheet
sataa lunta *(v.)* snow
sataa rakeita *(v.)* hail
satakertainen *(adj.)* centuple
satakieli *(n.)* nightingale
satama *(n.)* harbour
satama *(n.)* port
satamatyöläinen *(n.)* dockworker
satatuhatta *(n.)* lac, lakh
satavuotias *(n.)* centenarian
satavuotisjuhla *(n.)* centenary
satavuotisjuhla *(n.)* centennial
sateen aiheuttama asia *(n.)* pluvial
sateenkaari *(n.)* rainbow
sateenvarjo *(n.)* umbrella
sateinen *(adj.)* rainy
satelliitti *(n.)* satellite
satiini *(n.)* satin
satiininen *(adj.)* satin
satiiri *(n.)* satire
satiirikko *(n.)* satirist
satiirinen *(adj.)* satirical
satirisoida *(v.)* satirize
sato *(n.)* harvest
sato *(n.)* yield
satoisa *(adj.)* prolific
sattua *(v.)* hurt
sattua jotakin *(v.)* betide
sattuma *(n.)* accidence
sattuma *(n.)* coincidence
sattumanvarainen *(adj.)* random
satukirja *(n.)* talebook
satula *(n.)* saddle
satuloida *(v.)* saddle
satumainen *(adj.)* fabulous
satunnainen *(adj.)* casual
satunnainen *(adj.)* sporadic
satunnaistaa *(v.)* randomise
satunnaistoisto *(n.)* shuffle
saturoida *(v.)* saturate
satuttaa *(v.)* pain
saukko *(n.)* otter
sauma *(n.)* seam

saumata *(v.)* seam
saumaton *(adj.)* seamless
sauna *(n.)* sauna
saunoa *(v.)* sauna
sauva *(n.)* wand
sauvoa *(v.)* pole
savenvalaja *(n.)* potter
savenvalajan savi *(n.)* argil
savi *(n.)* clay
savi- *(adj.)* earthen
savitavara *(n.)* earthenware
savitiili *(n.)* adobe
savityö *(n.)* pottery
savu *(n.)* smoke
savuinen *(adj.)* smoky
savuke *(n.)* cigarette
savupiippu *(n.)* chimney
savusumu *(n.)* smog
se *(dem. pron.)* that
se *(pron.)* it
se, tuo *(rel. pron.)* that
sedimentti *(n.)* sediment
seepra *(n.)* zebra
seesami *(n.)* sesame
seesamiini *(n.)* sesamin
seesteinen *(adj.)* serene
seesteinen *(adj.)* tranquil
seesteisyys *(n.)* serenity
seesteisyys *(n.)* tranquility
segmentoida *(v.)* segment
segmentti *(n.)* segment
segregaatio *(n.)* segregation
segregoida *(v.)* segregate
seikkaileva *(adj.)* venturesome
seikkailu *(n.)* adventure
seikkailunhaluinen *(adj.)* adventurous
seikkaperäinen *(adj.)* circumstantial
seimi *(n.)* crib
seimi *(n.)* manger
seinä *(n.)* wall
seinä- *(adj.)* mural
seinäkaappi *(n.)* almirah
seinäkello *(n.)* clock
seinävaate *(n.)* tapestry
seisahtua *(v.)* halt
seisahtua *(v.)* stagnate
seisaus *(n.)* halt
seisminen *(adj.)* seismic

seismisyys *(n.)* seismicity
seismografi *(n.)* seismograph
seismografia *(n.)* seismography
seismogrammi *(n.)* seismogram
seismologi *(n.)* seismologist
seismologia *(n.)* seismology
seismoskooppi *(n.)* seismoscope
seisokki *(n.)* demurrage
seisokki *(n.)* stoppage
seisonta *(n.)* standing
seisova *(adj.)* stagnant
seistä *(v.)* stand
seitsemän *(adj.)* seven
seitsemän *(n.)* seven
seitsemänkymmentä *(n.)* seventy
seitsemäntoista *(n.)* seventeen
seitsemäs *(adj.)* seventh
seitsemäskymmenes *(adj.)* seventieth
seitsemästoista *(adj.)* seventeenth
seiväs *(n.)* stake
seivästää *(v.)* stake
sekaannus *(n.)* confusion
sekaantua *(v.)* interfere
sekalainen *(adj.)* assorted
sekalainen *(adj.)* miscellaneous
sekalainen kokoelma *(n.)* miscellany
sekamelska *(n.)* hotchpotch
sekamelska *(n.)* jumble
sekamelska *(n.)* shambles
sekamelska *(n.)* welter
sekarotuinen *(n.)* mongrel
sekasorto *(n.)* babel
sekasorto *(n.)* havoc
sekava *(adj.)* addled
sekoitin *(n.)* blender
sekoittaa *(v.)* blend
sekoittaa *(v.)* confuse
sekoittaa *(v.)* disorganize
sekoittaa *(v.)* mix
sekoittaa järjestystä *(v.)* shuffle
sekoittua *(v.)* intermingle
sekoitus *(n.)* mixture
sekopäinen *(adj.)* mad
sekopää *(n.)* nutcase
seksikkäästi *(adv.)* sexily
seksikäs *(adj.)* sexy
seksuaalinen *(adj.)* sexual
seksuaalinen hyväksikäyttö *(n.)*

molestation
seksuaalisuus *(n.)* sexuality
sektio *(n.)* section
sektori *(n.)* sector
sekularismi *(n.)* secularism
sekunti *(n.)* second
sekvenssi *(n.)* sequence
selain *(n.)* browser
selata *(v.)* browse
selata *(v.)* page
selfie *(n.)* selfie
selibaatti *(n.)* celibacy
selittämätön *(adj.)* inexplicable
selittää *(v.)* explain
selitys *(n.)* explanation
selkeys *(n.)* clarity
selkkaus *(n.)* strife
selkä *(n.)* back
selkäranka *(n.)* backbone
selkäranka *(n.)* spine
selkäranka- *(adj.)* spinal
selkäreppu *(n.)* rucksack
selkäänpuukotus *(n.)* backbiting
sellainen *(adj.)* such
selleri *(n.)* celery
sello *(n.)* cello
selluliitti *(n.)* cellulite
selluloidi *(n.)* celluloid
selostaja *(n.)* commentator
selostus *(n.)* commentary
selvennys *(n.)* clarification
selventää *(v.)* clarify
selventää *(v.)* elucidate
selventää *(v.)* spell
selvittää *(v.)* investigate
selvitys *(n.)* investigation
selviytyminen *(n.)* survival
selviytyä *(v.)* cope
selviytyä *(v.)* overcome
selviytyä *(v.)* survive
selvä *(adj.)* articulate
selvä *(adj.)* outright
selväjärkinen *(adj.)* lucid
selväjärkisyys *(n.)* lucidity
selvästi *(adv.)* clearly
selvästi *(adv.)* obviously
selänpuoleinen *(adj.)* dorsal
sementti *(n.)* cement

semifinalisti *(n.)* semi-finalist
semi-huvittava *(adj.)* semi-amusing
seminaari *(n.)* seminar
sen jälkeen *(adv.)* since
sen koommin *(adv.)* thereafter
sen lisäksi *(adv.)* moreover
sen vuoksi *(adv.)* hence
senaatin- *(adj.)* senatorial
senaatti *(n.)* senate
senaattori *(n.)* senator
seniili *(adj.)* senile
seniiliys *(n.)* senility
seniori *(n.)* senior
senkki *(n.)* sideboard
sensaatiomainen *(adj.)* sensational
sensitiivinen *(adj.)* sensitive
sensori *(n.)* censor
sensuaalinen *(adj.)* sensuous
sensurointi *(n.)* censorship
sensuurinen *(adj.)* censorious
sentti *(n.)* cent
senttimetri *(n.)* centimetre
separatisti *(n.)* secessionist
seppele *(n.)* garland
seppele *(n.)* wreath
seppelöidä *(v.)* garland
seppelöidä *(v.)* wreathe
seppä *(n.)* blacksmith
seppä *(n.)* smith
septinen *(adj.)* septic
seremonia *(n.)* ceremony
seremoniallinen *(adj.)* ceremonial
serkku *(n.)* cousin
serpentiini *(n.)* serpentine
serpentti *(n.)* serpent
serssi *(n.)* serge
sertifikaatti *(n.)* certificate
sertifioida *(v.)* certify
seteli *(n.)* banknote
setiini *(n.)* cetin
setri *(n.)* cedar
setti *(n.)* set
setviytyä *(v.)* extricate
setyyli *(adj.)* cetylic
seuloa *(v.)* screen
seuloa *(v.)* sift
seulottava *(adj.)* screenable
seura *(n.)* company

seuraaja *(n.)* follower
seuraava *(adj.)* next
seuraavaksi *(adv.)* next
seurakunta *(n.)* congregation
seurakunta *(n.)* wardship
seuralainen *(n.)* accompaniment
seuralainen *(n.)* companion
seuranta *(n.)* follow-up
seurantalista *(n.)* tracklist
seurapiirihenkilö *(n.)* socialite
seurata *(v.)* follow
seurata *(v.)* tail
seurata *(v.)* track
seurata jälkiä *(v.)* trace
seurata kuin koira *(v.)* dog
seuraus *(n.)* consequence
seurauslause *(n.)* corollary
seurue *(n.)* retinue
seurue *(n.)* troupe
seurustella *(v.)* mingle
seurusteluhuone *(n.)* drawing-room
seutu *(n.)* locality
sfääri *(n.)* sphere
shakki *(n.)* chess
shakkilauta *(n.)* chessboard
shakkimatti *(n.)* checkmate
shampoo *(n.)* shampoo
shawarma *(n.)* shawarma
shekki *(n.)* cheque
shopaholismi *(n.)* shopaholism
shoppailla *(v.)* shop
shoppailu *(n.)* shopping
shortsit *(n. pl.)* shorts
shotti *(int.)* shot
siamilainen *(adj.)* siamese
sianliha *(n.)* pork
siansaksa *(n.)* gibberish
sich *(n.)* sich
side *(n.)* bandage
sideerinen *(adj.)* sidereal
sidekalvontulehdus *(n.)* conjunctivitis
sidos *(n.)* bond
sidosaine *(n.)* adhesive
siedettävä *(adj.)* endurable
siedettävä *(adj.)* tolerable
sielu *(n.)* soul
sielunmessu *(n.)* requiem
siemailla *(v.)* sip

siemaus *(n.)* sip
siemen *(n.)* seed
siemen- *(adj.)* seminal
siemenneste *(n.)* ejaculate
siemensyöksy *(n.)* ejaculation
siemensyöksyyn liittyvä *(adj.)* ejaculatory
siementää *(v.)* seed
sieni *(n.)* fungus
sieni *(n.)* mushroom
siepata *(v.)* abduct
siepattu *(n.)* abductee
sieppaaja *(n.)* abductor
sieppaus *(n.)* abduction
sierain *(n.)* nostril
siesta *(n.)* siesta
sietokyky *(n.)* endurance
sietokyky *(n.)* tolerance
sietäminen *(n.)* toleration
sietämätön *(adj.)* insupportable
sietämätön *(adj.)* unbearable
sietävä *(adj.)* tolerant
sietää *(v.)* bear
sietää *(v.)* endure
sietää *(v.)* stomach
sietää *(v.)* tolerate
sievistelijä *(n.)* prude
sievä *(adj.)* comely
signaali *(n.)* signal
sihinä *(n.)* hiss
sihiseminen *(n.)* sibilating
sihisevä *(adj.)* sibilant
sihistä *(v.)* hiss
sihistä *(v.)* sibilate
sihteeri *(n.)* secretary
sihteeristö *(n.)* secretariat
siideri *(n.)* cider
siihen asti *(prep.)* pending
siika *(n.)* cisco
siinä määrin *(adv.)* that
siipi *(n.)* wing
siipikarja *(n.)* fowl
siipikarja *(n.)* poultry
siirappi *(n.)* syrup
siirrettävä *(adj.)* transferable
siirrännäinen *(n.)* transplant
siirto *(n.)* transfer
siirtoistuttaa *(v.)* transplant

siirtoistutus *(n.)* transplantation
siirtolainen *(n.)* migrant
siirtolava *(n.)* traverse
siirtomaa *(n.)* colony
siirtomaatyylinen *(adj.)* colonial
siirtymä *(n.)* ectopia
siirtäjä *(n.)* endorser
siirtää *(v.)* migrate
siirtää *(v.)* transfer
siirtää eläkkeelle *(v.)* pension
siirtää myöhemmäksi *(v.)* adjourn
siirtää paikaltaan *(v.)* dislodge
siirtää rahaa *(v.)* transact
siirymä *(n.)* transition
siisteys *(n.)* tidiness
siisti *(adj.)* neat
siisti *(adj.)* tidy
siistiä *(v.)* tidy
siitepöly *(n.)* pollen
siitoseläin *(n.)* stud
siittää *(v.)* beget
siittää *(v.)* father
siitä *(adv.)* thence
siitä huolimatta *(adv.)* anyhow
siitä huolimatta *(prep.)* notwithstanding
siitä lähtien *(conj.)* since
siivekäs *(adj.)* aliferous
siivilä *(n.)* riddle
siivilä *(n.)* sieve
siivilöidä *(v.)* riddle
siivilöidä *(v.)* sieve
siivooja *(n.)* cleaner
siivota *(v.)* clean
sija *(n.)* gist
sija *(n.)* lieu
sijainen *(n.)* deputy
sijainen *(n.)* substitute
sijainti *(n.)* location
sijaintipaikka *(n.)* site
sijais- *(adj.)* vicarious
sijaishoito *(n.)* foster care
sijaistaa *(v.)* substitute
sijaisuus *(n.)* substitution
sijoittaa *(v.)* insert
sijoittaa *(v.)* station
sijoittaa joukkoja *(v.)* garisson
sijoittaa taustalle *(v.)* backdrop
sijoittua *(v.)* rank
sijoitus *(n.)* placement
sijoitus *(n.)* rank
sika *(n.)* pig
sika *(n.)* swine
sikari *(n.)* cigar
sikiö *(n.)* foetus
sikiö- *(adj.)* fetal
sikotauti *(n.)* mumps
siksak *(n.)* zigzag
siksak- *(adj.)* zigzag
siksi *(adv.)* therefore
silakka *(n.)* herring
siletä *(v.)* smooth
sileä *(adj.)* sleek
sileä *(adj.)* smooth
silikeeni *(n.)* silicene
silikoni *(n.)* silicon
silinteri *(n.)* topper
silittää *(v.)* iron
silittää *(v.)* pet
silkinpehmeä *(adj.)* silky
silkka *(adj.)* arrant
silkki *(n.)* silk
silkkiasu *(n.)* camlet
silkkinen *(adj.)* silken
silloin tällöin *(adv.)* sometimes
silloinen *(adj.)* then
sillä *(conj.)* for
sillä aikaa *(conj.)* while
sillä välin *(adv.)* meanwhile
silmiinpistävä *(adj.)* conspicuous
silmiinpistävä *(adj.)* prominent
silmukka *(n.)* loop
silmä *(n.)* eye
silmähuuhde *(n.)* eyewash
silmälasi *(n.)* eyeglass
silmälasipäinen *(adj.)* bespectacled
silmälasit *(n.)* glasses
silmälläpito *(n.)* supervision
silmäluomi *(n.)* eyelid
silmälääkäri *(n.)* oculist
silmämuna *(n.)* eyeball
silmänisku *(n.)* wink
silmäside *(n.)* blindfold
silmätäplä *(n.)* eyespot
silmäänpistävä *(adj.)* outstanding
silpiä *(v.)* pod

silpoa *(v.)* mutilate
silpominen *(n.)* mutilation
silppuri *(n.)* shredder
silputa *(v.)* shred
silsa *(n.)* ringworm
silta *(n.)* bridge
siltarumpu *(n.)* culvert
silti *(adv.)* nonetheless
siluetti *(n.)* silhouette
sima *(n.)* mead
simpanssi *(n.)* chimpanzee
simpukankuori *(n.)* conch
simpukka *(n.)* clam
sinappi *(n.)* mustard
sinetöidä *(v.)* seal
sinetöity *(adj.)* sealed
sinetöitävyys *(n.)* sealability
sinfonia *(n.)* symphony
singota *(v.)* fling
singulariteetti *(n.)* singularity
sinimailanen *(n.)* lucerne
sininen *(n.)* blue
sinkki *(n.)* zinc
sinkku *(n.)* single
sinko *(n.)* bazooka
sinne *(adv.)* there
sinnikkyys *(n.)* persistence
sinnikkyys *(n.)* tenacity
sinnikäs *(adj.)* persistent
sinnitellä *(v.)* persevere
sinooperipunainen *(n.)* vermillion
sipuli *(n.)* onion
sireeni *(n.)* siren
siristys *(n.)* squint
siristää *(v.)* squint
sirkus *(n.)* circus
sirkuttaa *(v.)* chirp
siro *(adj.)* dainty
siro *(adj.)* petite
sirotella *(v.)* strew
sirpale *(n.)* fragment
sirpale *(n)* shard
sirpaloitua *(v.)* shard
sirppi *(n.)* crescent
sirppi *(n.)* sickle
siru *(n.)* chip
sisarellinen *(adj.)* sisterly
sisarus *(n.)* sibling

sisaruskunta *(n.)* sisterhood
sisimmäinen *(adj.)* innermost
sisin *(adj.)* inmost
sisko *(n.)* sister
sissi *(n.)* guerilla
sisukas *(adj.)* headstrong
sisustus *(n.)* interior
sisä- *(adj.)* indoor
sisä- *(adj.)* interior
sisäinen *(adj.)* inner
sisäinen *(adj.)* internal
sisäistäminen *(n.)* assimilation
sisäistää *(v.)* assimilate
sisäkatto *(n.)* ceiling
sisäkkö *(n.)* maid
sisälle *(adv.)* within
sisällytettävä *(adj.)* incorporate
sisällyttäminen *(n.)* incorporation
sisällyttää *(v.)* incorporate
sisällä *(prep.)* inside
sisällä *(prep.)* within
sisälmykset *(n.)* entrails
sisältäminen *(n.)* inclusion
sisältää *(v.)* comprise
sisältää *(v.)* contain
sisältää *(v.)* include
sisältää *(v.)* involve
sisämaa *(adj.)* inland
sisämaa- *(adv.)* inland
sisäoppilaitos *(n.)* boarding school
sisäpiha *(n.)* courtyard
sisäpuolella *(adv.)* inside
sisäpuoli *(n.)* inside
sisäpuolinen *(adj.)* inside
sisäsyntyinen *(adj.)* intrinsic
sisätiloissa *(adv.)* indoors
sisään sulkeminen *(n.)* envelopment
sisäänkäynti *(n.)* entrance
sisäänpäin *(adv.)* inwards
sisäänpäin suuntautunut *(adj.)* inward
sisäänpääsy *(n.)* admission
sisääntulo *(n.)* entry
sisäänvirtaus *(n.)* influx
sitaatti *(n.)* citation
sitaatti *(n.)* quotation
siteerata *(v.)* cite
siteerata *(v.)* quote

siteet *(n.pl.)* bonds
siten *(adv.)* thereby
sitkeä *(adj.)* tenacious
sitoa *(v.)* tie
sitominen *(n.)* bondage
sitoumus *(n.)* engagement
sitoutua *(v.)* commit
sitoutua *(v.)* engage
sitoutumus *(n.)* commitment
sitriini *(n.)* citrine
sitrushedelmä *(n.)* citrus
sitrushedelmän kuori *(n.)* zest
sitruuna *(n.)* lemon
sitruuna- *(adj.)* citric
sitten *(adv.)* ago
sitten *(adv.)* then
siunata *(v.)* bless
siunattu *(adj.)* blessed
siunaus *(n.)* benediction
siunaus *(n.)* blessing
siunaus *(n.)* boon
sivallus *(n.)* slash
sivaltaa *(v.)* retort
sivaltaa *(v.)* slash
sivellä *(v.)* stroke
siveys *(n.)* chastity
siveä *(adj.)* chaste
siviili *(n.)* civilian
sivilisaatio *(n.)* civilization
sivistymätön *(adj.)* uncivilized
sivistyneisyys *(n.)* sophistication
sivistynyt *(adj.)* civil
sivistynyt *(adj.)* sophisticated
sivistys *(n.)* sophisticate
sivistää *(v.)* civilize
sivu *(n.)* page
sivu- *(adj.)* flank
sivuaine *(n.)* minor
sivujoki *(n.)* tributary
sivukaista *(n.)* sideband
sivumaku *(n.)* tang
sivumaullinen *(adj.)* tanged
sivupalkki *(n.)* sidebar
sivuraide *(n.)* sidetrack
sivuruutu *(n.)* sidebox
sivuseinä *(n.)* sidewall
sivustakatsoja *(n.)* on-looker
sivustakatsoja *(n.)* spectator

sivutapahtuma *(n.)* sideshow
sivutie *(n.)* byway
sivutie *(n.)* sideway
sivuttain *(adv.)* sideway
sivuttainen *(adj.)* sideway
sivutuote *(n.)* by-product
sivutuuli *(n.)* sidewind
sivuun *(adv.)* aside
sivuuttaa *(v.)* disregard
sivuuttaa *(v.)* ignore
sivuvarsi *(n.)* sidearm
sivuvaunu *(n.)* sidecar
sivuvirta *(n.)* side-stream
sivuääni *(n.)* murmur
skaalata *(v.)* scale
skandaali *(n.)* scandal
skandaalimainen *(adj.)* scandalous
skandaalisesti *(adv.)* scandalously
skandalisoida *(v.)* scandalize
skannata *(v.)* scan
skannaus *(n.)* scan
skanneri *(n.)* scanner
skemaatti *(n.)* schematist
skenaario *(n.)* scenario
skeptikko *(n.)* sceptic
skeptinen *(adj.)* sceptical
skeptismi *(n.)* scepticism
sketsi *(n.)* skit
skisma *(n.)* schism
skitsofreenikko *(n.)* schizophreniac
skitsofreeninen *(adj.)* schizophreniac
skitsofrenia *(n.)* schizophrenia
skolastinen *(adj.)* scholastic
skootteri *(n.)* scooter
skorpioni *(n.)* scorpion
skotlantilainen *(n.)* scot
skotti *(n.)* Scot
skotti- *(adj.)* scotch
skripti *(n.)* script
slangi *(n.)* slang
slummi *(n.)* slum
smaragdi *(n.)* emerald
smoothie *(n.)* smoothie
snapsi *(n.)* dram
snobbailla *(v.)* snobbish
snobbailu *(n.)* snobbery
snobi *(n.)* snob
sodanhaluinen *(adj.)* belligerent

sodankäynti *(n.)* warfare
sodomia *(n.)* sodomy
sodomiitti *(n.)* sodomite
sofisti *(n.)* sophist
sofistia *(n.)* sophism
sohjo *(n.)* mush
sohjo *(n.)* slush
sohjoinen *(adj.)* slushy
sohva *(n.)* couch
sohva *(n.)* settee
sohva *(n.)* sofa
soida *(v.)* ring
soihtu *(n.)* torch
soikea *(adj.)* oval
soikentaa *(v.)* ellipse
soikio *(n.)* oval
soimata *(v.)* reproach
soimaus *(n.)* reproach
soinen *(adj.)* marshy
sointu *(n.)* chord
sointuvuus *(n.)* sonority
soitin *(n.)* instrument
soittaa *(v.)* call
soittaa huilua *(v.)* flute
soittaa puhelimella *(v.)* telephone
soittaa viulua *(v.)* fiddle
soittaja *(n.)* caller
soitto *(n.)* call
soittokello *(n.)* bell
soittokello *(n.)* chime
soittolista *(n.)* setlist
sokaista *(v.)* dazzle
sokea *(adj.)* blind
sokeri *(n.)* sugar
sokerimassa *(n.)* fondant
sokeroida *(v.)* sugar
sokeroitu pähkinä *(n.)* comfit
sokeus *(n.)* blindage
sokeus *(n.)* blindness
sokkelo *(n.)* maze
sola *(n.)* defile
solakka *(adj.)* slender
solidaarisuus *(n.)* solidarity
solisti *(n.)* soloist
solisti *(n.)* vocalist
solki *(n.)* buckle
solmia *(v.)* bind
solmia *(v.)* knot
solmio *(n.)* tie
solmu *(n.)* knot
solu *(n.)* cell
solu- *(adj.)* cellular
soluhengittää *(v.)* respire
soluhengitys *(n.)* respiration
soluton *(adj.)* acellular
solvaava *(adj.)* defamatory
solvata *(v.)* defame
solvata *(v.)* insult
solvaus *(n.)* defamation
solvaus *(n.)* insult
somistaa *(v.)* embellish
somistus *(n.)* garnishment
sonetti *(n.)* sonnet
sonni *(n.)* bull
sonografia *(n.)* sonography
sonta *(n.)* muck
soolo *(n.)* solo
soolo- *(adj.)* solo
sooninen *(adj.)* sonic
soperrus *(n.)* slur
sopeutua *(v.)* acclimatise
sopeutua *(v.)* adapt
sopeutumaton *(adj.)* unadapted
sopeutumattomuus *(n.)* maladjustment
sopeutuminen *(n.)* accommodation
sopeutuminen *(n.)* adaptation
sopeutuva *(adj.)* adaptable
sopia *(v.)* settle
sopia *(v.)* suit
sopia jollekin/johonkin *(v.)* befit
sopia yhteen *(v.)* match
sopimaton *(adj.)* inconvenient
sopimus *(n.)* contract
sopimus *(n.)* settlement
sopimus *(n.)* treaty
sopimusehto *(n.)* stipulation
sopimusehto *(n.)* provision
sopiva *(adj.)* adequate
sopiva *(adj.)* apposite
sopivasti *(adv.)* adequately
sopivasti *(adv.)* pat
soppi *(n.)* nook
sopu *(n.)* concord
sopusointu *(n.)* concordance
sopusointu *(n.)* unison

sorkka *(n.)* hitch
sorkkarauta *(n.)* crowbar
sormeilla *(v.)* finger
sormenjälki *(n.)* fingerprint
sormi *(n.)* finger
sormien läpi katsominen *(n.)* connivance
sormimaalaus *(n.)* fingerpaint
sormus *(n.)* ring
sormustin *(n.)* thimble
sortaa *(v.)* oppress
sortaja *(n.)* oppressor
sorto *(n.)* oppression
sortti *(n.)* kind
sortti *(n.)* sort
sorvi *(n.)* lathe
soseuttaa *(v.)* masticate
soseuttaa *(v.)* squash
sosiaalinen *(adj.)* sociable
sosiaalisuus *(n.)* sociability
sosiaalituki *(n.)* welfare
sosialismi *(n.)* socialism
sosialisti *(n.)* socialist
sosiologia *(n.)* sociology
sota *(n.)* war
sota- *(adj.)* martial
sotaisa *(adj.)* bellicose
sotaisa *(adj.)* warlike
sotajoukko *(n.)* armament
sotajuoni *(n.)* stratagem
sotamies *(n.)* trooper
sotatarvike *(n.)* munitions
sotatarvike *(n.)* ordnance
sotia *(v.)* war
sotilaallinen *(adj.)* military
sotilas *(n.)* soldier
sotilaspalvelija *(n.)* orderly
sotkea *(v.)* clutter
sotkea *(v.)* jumble
sotkea *(v.)* mess
sotkea *(v.)* muddle
sotkeentua *(v.)* meddle
sotkettu *(adj.)* scrambled
sotkeutua *(v.)* entangle
sotkeutua *(v.)* tangle
sotku *(n.)* mess
sotku *(n.)* muddle
soturi *(n.)* warrior

soutaa *(v.)* row
soutaa ja huovata *(v.)* shilly-shally
soutaja *(n.)* oarsman
soveliaisuus *(n.)* propriety
sovelias *(adj.)* seemly
sovelias *(adj.)* suitable
sovellettava *(adj.)* applicable
sovellus *(n.)* app
soveltaa *(v.)* dispense
soveltamisala *(n.)* purview
soveltava *(adj.)* applied
soveltumaton *(adj.)* inapplicable
soveltuvuus *(n.)* adequacy
soveltuvuus *(n.)* aptitude
soveltuvuus *(n.)* suitability
soveltuvuuskoe *(n.)* aptitude test
sovinismi *(n.)* chauvinism
sovinistinen/sovinisti *(adj.& n.)* chauvinist
sovinnonhieronta *(n.)* parley
sovinnonteko *(n.)* reconciliation
sovitella *(v.)* arbitrate
sovitella *(v.)* conciliate
sovitella *(v.)* mediate
sovitin *(n.)* adaptor
sovittaa *(v.)* atone
sovittaa *(v.)* fit
sovittaa uudelleen *(v.)* reappropriate
sovittaa yhteen *(v.)* reconcile
sovittamaton *(adj.)* irreconcilable
sovitteleva *(adj.)* placatory
sovittelija *(n.)* arbitrator
sovittelija *(n.)* mediator
sovittelu *(n.)* arbitration
sovittelu *(n.)* mediation
sovittu tapaaminen *(n.)* rendezvous
sovitus *(n.)* atonement
sovitushuone *(n.)* fitting room
spagaatti *(n.)* split
spanieli *(n.)* spaniel
spasmi *(n.)* spasm
spatiaalinen *(adj.)* spatial
spektaakkeli *(n.)* spectacle
spektri *(n.)* spectrum
spekukoida *(v.)* speculate
spekulaatio *(n.)* speculation
sperma *(n.)* semen
sperma *(n.)* sperm

spiraali *(n.)* spiral
spiraalimainen *(adj.)* spiral
spiritisti *(n.)* spiritualist
spiritualismi *(n.)* spiritualism
spitaali *(n.)* leper
spitaalinen *(adj.)* leprous
sponsori *(n.)* sponsor
sponsoroida *(v.)* sponsor
spontaani *(adj.)* spontaneous
spontaanisuus *(n.)* spontaneity
sputnik *(n.)* sputnik
staattinen *(adj.)* static
stadion *(n.)* stadium
stalkata *(v.)* stalk
stamina *(n.)* stamina
standardi *(n.)* standard
standardisoida *(v.)* standardize
standardisointi *(n.)* standardization
statistiikka *(n.)* statics
stereotypia *(n.)* stereotype
stereotypioida *(v.)* stereotype
stereotyyppinen *(adj.)* stereotyped
steriili *(adj.)* sterile
steriiliys *(n.)* sterility
steriloida *(v.)* sterilize
sterilointi *(n.)* sterilization
steroidi *(n.)* steroid
stetoskooppi *(n.)* stethoscope
stigma *(n.)* stigma
stimulantti *(n.)* stimulant
stimuloida *(v.)* stimulate
stimulus *(n.)* stimulus
stipendi *(n.)* grant
stipendi *(n.)* scholarship
stipendi *(n.)* stipend
stipendiaatti *(n.)* scholar
stoalainen *(n.)* stoic
strategi *(n.)* strategist
strategia *(n.)* strategy
strateginen *(adj.)* strategic
stressata *(v.)* stress
stressi *(n.)* stress
strutsi *(n.)* ostrich
studio *(n.)* studio
stuertti *(n.)* steward
stuntti *(n.)* stunt
subjektiivinen *(adj.)* subjective
sublimointi *(n.)* sublime

sublimoitua *(v.)* sublimate
substantiivi *(n.)* noun
subventoida *(v.)* subsidize
sudenkorento *(n.)* dragonfly
sudenkuoppa *(n.)* pitfall
suhahtaa *(v.)* whiz
suhde *(n.)* relation
suhdeluku *(n.)* ratio
suhteellinen *(adj.)* proportionate
suhteellinen *(adj.)* relative
suhteutettu *(adj.)* proportional
suhteuttaa *(v.)* proportion
suihke *(n.)* spray
suihku *(n.)* shower
suihkukone *(n.)* jet
suihkulähde *(n.)* fountain
suihkumoottori *(n.)* jet engine
suihkunkestävä *(adj.)* showerproof
suihkupää *(n.)* showerhead
suihkuta *(v.)* shower
suihkuton *(adj.)* showerless
suihkuttaa *(v.)* spray
suihkuttaa kaasusumuttimella *(v.)* mace
suikale *(n.)* shred
suistaa vallasta *(v.)* depose
suistua raiteilta *(v.)* derail
suitset *(n.)* bridle
suitset *(n.)* rein
suitsia *(v.)* rein
suitsuke *(n.)* incense
suitsukeastia *(n.)* censer
suitsuttaa *(v.)* cense
sujuva *(adj.)* fluent
sukellus *(n.)* dive
sukellus *(n.)* plunge
sukellusvene *(n.)* submarine
sukeltaa *(v.)* dive
sukia *(v.)* groom
sukia *(v.)* preen
sukka *(n.)* sock
sukka *(n.)* stocking
sukkahousut *(n.)* hosiery
sukkanauha *(n.)* garter
sukkeluus *(n.)* witticism
sukkula *(n.)* shuttle
sukkuloida *(v.)* shuttle
suklaa *(n.)* chocolate

suku *(n.)* kin
sukua *(adj.)* cognate
sukuelimet *(n.)* genitalia
sukujuuret *(n.)* lineage
sukujuuri *(n.)* stem
sukulainen *(adj.)* akin
sukulainen *(n.)* relative
sukulaisuussuhde *(n.)* kinship
sukunimi *(n.)* surname
sukupolvi *(n.)* generation
sukupuoleton *(adj.)* neuter
sukupuoli *(n.)* gender
sukupuoli *(n.)* sex
sukupuolineutraali *(adj.)* epicene
sukupuolirauhaset *(n.)* gonads
sukupuuttoon kuollut *(adj.)* extinct
sukutaulu *(n.)* pedigree
sula *(adj.)* molten
sulaa *(v.)* melt
sulaa *(v.)* thaw
sulake *(n.)* fuse
sulamaton *(adj.)* indigestible
sulattaa *(v.)* defrost
sulattaa *(v.)* digest
sulattaaa yhteen *(v.)* smelt
sulatus *(n.)* fusion
sulatusuuni *(n.)* furnace
sulauttaa *(v.)* amalgamate
sulauttaa *(v.)* fuse
sulauttaa *(v.)* merge
sulautuminen *(n.)* merger
sulhanen *(n.)* bridegroom
sulhanen *(n.)* fiancé
sulhanen *(n.)* groom
suljin *(n.)* shutter
sulkapallo *(n.)* badminton
sulkapallo *(n.)* shuttlecock
sulkea *(n.)* close
sulkea *(v.)* debar
sulkea *(v.)* shut
sulkea pois *(v.)* exclude
sulkea sisäänsä *(v.)* enclose
sulkea sisäänsä *(v.)* envelop
sulkea tie *(v.)* roadblock
sulkea vetoketjulla *(v.)* zip
sulkeet *(n.)* parenthesis
sulku *(n.)* closure
sulkumerkki *(n.)* bracket

sulkutila *(n.)* cut-off
sulkuverkko *(n.)* flapper
sulloa *(v.)* stuff
sumentaa *(v.)* blur
summa *(n.)* sum
summata *(v.)* sum
summeri *(n.)* buzzer
summittainen *(adj.)* sketchy
summittaisesti *(adv.)* summarily
sumu *(n.)* fog
sumuinen *(adj.)* foggy
sumuseinämä *(n.)* fogbank
sundae-jäätelö *(n.)* sundae
sunnuntai *(n.)* Sunday
suntio *(n.)* beadle
suo *(n.)* bog
suoda *(v.)* bestow
suoda *(v.)* vouchsafe
suoda anteeksi *(v.)* excuse
suodatin *(n.)* filter
suodattaa *(v.)* filter
suoja *(n.)* safeguard
suojakaide *(n.)* railing
suojakilpi *(n.)* shield
suojalasit *(n.)* goggles
suojamuuri *(n.)* bulwark
suojanpuoli *(n.)* lee
suojapaikka *(n.)* shelter
suojasää *(n.)* thaw
suojata *(v.)* safeguard
suojata *(v.)* shield
suojatie *(n.)* zebra crossing
suojattu *(adj.)* tamperproof
suojautua *(v.)* shelter
suojavalli *(n.)* rampart
suojeleva *(adj.)* protective
suojelija *(n.)* guardian
suojelija *(n.)* protector
suojella *(v.)* protect
suojella *(v.)* ward
suojelu *(n.)* protection
suojeluraha *(n.)* tribute
suola *(n.)* salt
suola- *(adj.)* saline
suolaamaton *(adj.)* unsalted
suolainen *(adj.)* salty
suolaisuus *(n.)* salinity
suolata *(v.)* salt

suolavesi *(n.)* brine
suoli *(n.)* bowel
suolistaa *(v.)* eviscerate
suolisto *(n.)* intestine
suolisto- *(adj.)* intestinal
suolistus *(n.)* evisceration
suomaa *(n.)* bogland
suomia *(v.)* lash
suomustaa *(v.)* descale
suoni *(n.)* vein
suonittua *(v.)* vein
suopea *(adj.)* gracious
suoplänttï *(n.)* boglet
suora *(adj.)* direct
suora *(adj.)* straight
suoraan *(adv.)* due
suoraan *(adv.)* outright
suoraan *(adv.)* straight
suoraan sanoen *(adv.)* frankly
suorakulmainen *(adj.)* rectangular
suorakulmio *(n.)* rectangle
suoranainen *(adj.)* downright
suorapuheinen *(adj.)* outspoken
suorastaan *(adv.)* downright
suorasukainen *(adj.)* frank
suorasukainen *(adj.)* straightforward
suorasukaisesti *(adv.)* bluntly
suoristaa *(v.)* square
suoristaa *(v.)* straighten
suorittaa mielipidekysely *(v.)* poll
suosia *(v.)* favour
suosia *(v.)* prefer
suosikki *(n.)* favourite
suosikki- *(adj.)* favourite
suosio *(n.)* favour
suosio *(n.)* popularity
suosiollinen *(adj.)* favourable
suosionhuuto *(n.)* acclamation
suosionosoitukset *(n.)* ovation
suositella *(v.)* recommend
suositeltava *(adj.)* advisable
suositeltavuus *(n.)* advisability
suositteleminen *(n.)* recommendation
suosittelija *(n.)* referee
suosittu *(adj.)* popular
suosiva *(adj.)* preferential
suostua *(v.)* accede
suostumus *(n.)* assent

suostumus *(n.)* consent
suostumus *(n.)* permission
suostutella *(v.)* dissuade
suostutella *(v.)* persuade
suostuttelu *(n.)* persuasion
suotuinen *(adj.)* salutary
suotuisa *(adj.)* beneficial
super- *(adj.)* uber
super-erityinen *(adj.)* extraspecial
superisti *(adv.)* uber
superlatiivi *(n.)* superlative
superlatiivinen *(adj.)* superlative
supernörtti *(n.)* ubergeek
superrento *(adj.)* ultracasual
superturvallinen *(adj.)* ultrasecure
supista *(v.)* murmur
supistaa *(v.)* curtail
supistaa *(v.)* retrench
supistava *(adj.)* astringent
supistus *(n.)* contraction
supistus *(n.)* retrenchment
suppea *(adj.)* brief
sureminen *(n.)* mourning
surffata *(v.)* surf
surffaus *(n.)* surf
surija *(n.)* mourner
surina *(n.)* buzz
surkastua *(v.)* atrophy
surkea *(adj.)* forlorn
surkea *(n.)* mournful
surkea *(adj.)* piteous
surkea *(adj.)* squalid
surkeus *(n.)* squalor
surkuhupaisa *(adj.)* mirthful
surkutella *(v.)* bemoan
surmata *(v.)* slay
surra *(v.)* bewail
surra *(v.)* grieve
surra kuolemaa *(v.)* mourn
suru *(n.)* grief
surullinen *(adj.)* sad
surullisuus *(n.)* sadness
surumielinen *(adj.)* solemn
surunvalittelut *(n.)* condolence
suruvirsi *(n.)* elegy
survoa *(v.)* ream
susi *(n.)* wolf
sutaista *(v.)* jot

sutkautella *(v.)* pun
suu *(n.)* mouth
suu- *(n.)* oral
suudella *(v.)* kiss
suudelma *(n.)* kiss
suukapula *(n.)* gag
suullinen *(adj.)* viva voce
suullinen esitystaito *(n.)* elocution
suullinen tentti *(n.)* viva voce
suullisesti *(adv.)* orally
suullisesti *(adv.)* viva voce
suuna päänä *(adv.)* talkatively
suunnata *(v.)* head
suunnaton *(adj.)* herculean
suunnaton *(adj.)* immense
suunnattomuus *(n.)* immensity
suunnikas *(n.)* parallelogram
suunniltaan *(adj.)* distraught
suunnitella *(v.)* plan
suunnitella koreografia *(v.)* choreograph
suunnitelma *(n.)* plan
suunnittelematon *(adj.)* unplanned
suunnitteleva *(adj.)* designing
suunnittelija *(n.)* designer
suunnittelu *(n.)* design
suunta *(n.)* direction
suuntaus *(n.)* faction
suuntautua *(v.)* gravitate
suuntaviiva *(n.)* guideline
suupala *(n.)* mouthful
suur- *(adj.)* grand
suurellinen *(adj.)* pretentious
suuren väestönosan tuhoaminen *(v.)* decimation
suurenmoinen *(adj.)* magnificent
suurennella *(v.)* exaggerate
suurennus *(n.)* augmentation
suurentaa *(v.)* augment
suurentaa *(v.)* enlarge
suurentaa *(v.)* magnify
suurentelu *(n.)* exaggeration
suuri *(adj.)* big
suuriluuloisuus *(n.)* pretension
suurin osa *(n.)* most
suurisydäminen *(adj.)* bighearted
suurkaupunki *(n.)* city
suurlähettiläs *(n.)* ambassador
suurlähetystö *(n.)* embassy
suuronnettomuus *(n.)* disaster
suuronnettomuus *(n.)* calamity
suuruudenhulluus *(n.)* otherworldliness
suussasulava *(adj.)* scrumptious
suutari *(n.)* cobbler
suutin *(n.)* nozzle
suuttumus *(n.)* annoyance
suvaita *(v.)* condone
suvaita *(v.)* deign
suvaitsematon *(adj.)* intolerable
suvaitsematon *(adj.)* intolerant
suvaitsemattomuus *(n.)* intolerance
suvaitsevaisuus *(n.)* condonation
suvereeni *(adj.)* sovereign
suvereenisuus *(n.)* sovereignty
sveitsiläinen *(adj.)* Swiss
sveitsiläinen *(n.)* Swiss
sviitti *(n.)* suite
syaani *(n.)* cyan
syanidi *(n.)* cyanide
sydämellinen *(adj.)* cordial
sydämellisesti *(adv.)* heartily
sydämenlyönti *(n.)* heartbeat
sydämenpysähdys *(n.)* cardiac arrest
sydän *(n.)* heart
sydän- *(adj.)* cardiac
sydänlanka *(n.)* wick
sydänlihas *(n.)* antecardium
sydänsuru *(n.)* heartbreak
syke *(n.)* pulse
sykkiä *(v.)* pulse
sykli *(n.)* cycle
syklinen *(adj.)* cyclic
sykloni *(n.)* cyclone
syklostyyli *(n.)* cyclostyle
sykofanssi *(n.)* sycophancy
syksy *(n.)* autumn
syksy *(n.)* fall
syleillä *(v.)* embrace
syleily *(n.)* embrace
sylfidi *(n.)* sylph
syli *(n.)* fathom
sylkeä *(v.)* spit
sylki *(n.)* saliva
sylki *(n.)* spit
sylki *(n.)* spittle

sylkykuppi *(n.)* spittoon
syllabinen *(adj.)* syllabic
symbioosi *(n.)* symbiosis
symbiootti *(n.)* symbiote
symboli *(n.)* symbol
symbolinen *(adj.)* symbolic
symbolismi *(n.)* symbolism
symbolisoida *(v.)* symbolize
symmetria *(n.)* symmetry
symmetrinen *(adj.)* symmetrical
sympaattinen *(adj.)* sympathetic
sympatia *(n.)* sympathy
sympatisoida *(v.)* sympathize
symposiumi *(n.)* symposium
synergia *(n.)* synergy
synkeä *(adj.)* grim
synkkä *(adj.)* bleak
synkkä *(adj.)* dismal
synkkä *(adj.)* sombre
synkänharmaa *(adj.)* leaden
synninpäästö *(n.)* absolution
synninpäästö *(n.)* remission
synnintekijä *(n.)* sinner
synnynnäinen *(adj.)* inborn
synnytys *(n.)* accouchement
synnytys *(n.)* childbirth
synnytyslääkäri *(n.)* accoucheur
synnytyslääkäri *(n.)* obstetrician
synnytystä edeltävä *(adj.)* antenatal
synonyymi *(n.)* synonym
synonyyminen *(adj.)* synonymous
synopsis *(n.)* synopsis
syntaksi *(n.)* syntax
synteesi *(n.)* synthesis
synteettinen *(adj.)* synthetic
synteettisyys *(n.)* synthetic
synti *(n.)* sin
syntinen *(adj.)* sinful
syntipukki *(n.)* scapegoat
syntymä *(n.)* birth
syntymä *(n.)* nativity
syntymä- *(adj.)* natal
syntymämerkki *(n.)* birthmark
syntymäpäivä *(n.)* birthdate
syntymäpäivä *(n.)* birthday
syntynyt *(adj.)* born
syntyperä *(n.)* ancestry
syntyvyys *(n.)* fertility

sypressi *(n.)* cypress
syrjintä *(n.)* discrimination
syrjiä *(v.)* discriminate
syrjähyppy *(n.)* digression
syrjäinen *(adj.)* lonely
syrjäseutu *(n.)* periphery
syrjässä *(adv.)* aloof
syrjäyttää *(v.)* displace
syrjäyttää *(v.)* oust
syrjäyttää *(v.)* supersede
syrjäytynyt *(adj.)* down and out
sysätä *(v.)* thrust
syttyminen *(n.)* ignition
syttyvä *(adj.)* combustible
syttyä *(v.)* combust
sytytin *(n.)* lighter
sytyttää *(v.)* accend
sytyttää *(v.)* ignite
sytyttää *(v.)* kindle
syvennys *(n.)* lacuna
syvennys *(n.)* recess
syventää *(v.)* deepen
syvyys *(n.)* depth
syvä *(adj.)* deep
syvällinen *(adj.)* searching
syvänne *(n.)* abyss
syvästi *(adv.)* deeply
syy *(n.)* cause
syy *(n.)* reason
syyhy *(n.)* scabies
syyllinen *(n.)* culprit
syyllinen *(adj.)* guilty
syyllistää *(v.)* incriminate
syyllisyydentunne *(n.)* guilt
syylä *(n.)* wart
syyperäinen *(adj.)* causal
syy-seuraus *(n.)* causality
syy-seuraussuhde *(n.)* causation
syyskuu *(n.)* September
syyte *(n.)* accusation
syyte *(n.)* indictment
syytetty *(n.)* accused
syytteeseenpano *(n.)* prosecution
syyttäjä *(n.)* accuser
syyttäjä *(n.)* prosecutor
syyttävä *(adj.)* accusing
syyttää *(v.)* accuse
syyttää *(v.)* blame

syyttää virkarikoksesta *(v.)* impeach
syyttömyys *(n.)* innocence
syytää *(v.)* lavish
syytön *(adj.)* guilt-free
syytön *(adj.)* innocent
syytös *(n.)* accusal
syödä *(v.)* eat
syöksy *(n.)* swoop
syöksykierre *(n.)* spin
syöksyä *(v.)* lunge
syöksyä *(v.)* swoop
syöksyä kimppuun *(v.)* pounce
syömäkelpoinen *(n.)* eatable
syömäpuikko *(n.)* chopstick
syöpä *(n.)* cancer
syöpäkasvain *(n.)* tumour
syöstä *(v.)* plunge
syöstä *(v.)* spout
syöstää vallasta *(v.)* dethrone
syötti *(n.)* bait
syöttäjä *(n.)* pitcher
syöttää *(n.)* input
syöttää *(v.)* pitch
syöttö *(n.)* pitch
syöttö *(n.)* serve
syötävä *(adj.)* eatable
syötävä *(adj.)* edible
syövyttävä *(adj.)* caustic
syövyttävä *(adj.)* corrosive
sädekehä *(n.)* nimbus
säepari *(n.)* couplet
säestäjä *(n.)* accompanist
säestää *(v.)* accompany
sähke *(n.)* telegram
sähke- *(adj.)* telegraphic
sähkö *(n.)* electricity
sähköinen *(adj.)* electric
sähköiskuun kuoleminen *(n.)* electrocution
sähköistää *(v.)* electrify
sähköjohto *(n.)* wire
sähkökatko *(n.)* blackout
sähköposti *(n.)* email
sähköttäjä *(n.)* telegraphist
sähköttää *(v.)* telegraph
sähläri *(n.)* scatterbrain
säie *(n.)* filament
säie *(n.)* strand
säihke *(n.)* sparkle
säikky *(adj.)* timid
säikkyminen *(n.)* timidity
säikkyä *(v.)* blench
säikähdys *(n.)* scare
säikähtää *(v.)* cringe
säikähtää *(v.)* freak
säikäyttää *(v.)* scare
säiliö *(n.)* bin
säiliö *(n.)* container
säilyke *(n.)* preserve
säilyttäminen *(n.)* conservation
säilyttäminen *(n.)* retention
säilyttää *(v.)* retain
säilyttää *(v.)* store
säilyttää maine *(v.)* repute
säilytyspaikka *(n.)* depository
säilytyspaikka *(n.)* repository
säilyä *(v.)* last
säilöntä *(n.)* preservation
säilöntäaine *(n.)* preservative
säilöttävä *(adj.)* preservative
säilöä *(v.)* conserve
säilöä etikkaliemessä *(v.)* pickle
säkeistö *(n.)* stanza
säkeistö *(n.)* verse
säkenöidä *(v.)* scintillate
säkenöidä *(v.)* sparkle
säkenöinti *(n.)* scintillation
säkittää *(v.)* sack
säkki *(n.)* poke
säkki *(n.)* sack
säkkipillinsoittaja *(n.)* bagpiper
sämpylä *(n.)* roll
sänki *(n.)* stubble
sänky *(n.)* bed
säntillinen *(adj.)* punctual
säntillisyys *(n.)* punctuality
säpsähtää *(v.)* wince
särkeä *(v.)* ache
särki *(n.)* roach
särky *(n.)* ache
särkyvä *(adj.)* fragile
säteilevyys *(n.)* radiance
säteilevä *(adj.)* radiant
säteillä *(v.)* radiate
säteily *(n.)* radiation
säteilyllinen *(adj.)* radious

säteilyttää *(v.)* irradiate
sätkiä *(v.)* fidget
sätkyttelijä *(n.)* fidget
sättiä *(v.)* chide
sävellys *(n.)* composition
säveltäjä *(n.)* compositor
säveltää *(v.)* compose
sävy *(n.)* accent
sävy *(n.)* tincture
sävyisä *(adj.)* meek
sävytetty *(adj.)* toned
sävyttäjä *(n.)* accentor
sävyttää *(v.)* accent
sävyttää *(v.)* tincture
sävähdys *(n.)* thrill
sävähdyttää *(v.)* thrill
säyseä *(adj.)* docile
sää *(n.)* weather
säädellä *(v.)* govern
säädin *(n.)* regulator
säädyllisyys *(n.)* decency
säädyttömyys *(n.)* indecency
säädytön *(adj.)* indecent
sääli *(n.)* pity
säälimätön *(adj.)* pitiless
säälittävä *(adj.)* pathetic
säälittävä *(adj.)* pitiful
säälivä *(adj.)* pitiable
sääliä *(v.)* pity
säämiskä *(n.)* doeskin
säännellä *(v.)* regulate
säännöllinen *(adj.)* regular
säännöllisyys *(n.)* regularity
säännön rikkominen *(n.)* rulebreaking
säännönrikkoja *(n.)* rulebreaker
säännönvastainen *(adj.)* illegitimate
säännös *(n.)* statute
säännöstellä *(n.)* ration
säännöstely *(n.)* regulation
sääntö *(n.)* bylaw, bye-law
sääntö *(n.)* rule
sääntökirja *(n.)* rulebook
sääntöön sidottu *(adj.)* rulebound
sääri *(n.)* shin
säästeliäs *(adj.)* frugal
säästäväinen *(adj.)* thrifty
säästäväisyys *(n.)* thrift
säästää *(v.)* spare

säästöpossu *(n.)* piggy bank
säätämätön *(adj.)* unadjusted
säätää *(v.)* adjust
säätää laki *(v.)* enact
säätää laki *(v.)* legislate
säätää uudelleen *(v.)* readjust
säätö *(n.)* adjustment
söpö *(adj.)* cute

T

taajuus *(n.)* airband
taajuus *(n.)* frequency
taakka *(n.)* burden
taaksepäin suuntautuva *(adj.)* retrospective
taantua *(v.)* stoop
taantuma *(n.)* recession
taantumuksellinen *(adj.)* reactionary
taapertaa *(v.)* waddle
taarnat *(n.)* sawgrass
taas *(adv.)* again
taata *(v.)* ensure
taata *(v.)* guarantee
taata *(v.)* vouch
taata *(v.)* warrant
tabletoida *(v.)* tablet
tabletti *(n.)* tablet
tabu *(adj.)* taboo
tabu *(n.)* taboo
tahallinen *(adj.)* deliberate
tahaton *(adj.)* accidental
tahdikas *(adj.)* tactful
tahdikkuus *(n.)* tact
tahditon *(adj.)* indiscreet
tahdittomuus *(n.)* indiscretion
tahma *(n.)* goo
tahmata *(v.)* goo
tahmea *(n.)* sticky
tahna *(n.)* paste
tahra *(n.)* blemish
tahra *(n.)* stain
tahrainen *(adj.)* maculate
tahrata *(v.)* besmirch
tahrata *(v.)* maculate
tahraton *(adj.)* stainless

tahrattu *(adj.)* blotted
tahriintua *(v.)* stain
tahto *(n.)* volition
tahtoa *(v.)* will
taianomainen *(adj.)* magical
taide *(n.)* art
taidokas *(adj.)* skilful
taifuuni *(n.)* typhoon
taika *(n.)* magic
taikausko *(n.)* superstition
taikauskoinen *(adj.)* superstitious
taikina *(n.)* batter
taikina *(n.)* dough
taikuri *(n.)* magician
taikuus *(n.)* witchcraft
taimi *(n.)* sapling
taipua *(v.)* submit
taipuisa *(adj.)* supple
taipumattomuus *(n.)* obduracy
taipumus *(n.)* bent
taipumus *(n.)* proclivity
taipumus *(n.)* tendency
taipuvainen *(adj.)* prone
taistelu *(n.)* battle
taisteluhansikas *(n.)* gauntlet
taistelukenttä *(n.)* battlefield
taistelunhaluinen *(adj.)* combative
taistelutahto *(n.)* morale
taitaa *(v.)* may
taitamaton *(adj.)* maladroit
taitava *(adj.)* accomplished
taitava *(adj.)* adroit
taitava *(adj.)* artful
taitavasti *(adv.)* ably
taite *(n.)* fold
taiteellinen *(adj.)* artistic
taiteen muoto *(n.)* art form
taiteen suunta *(n.)* art direction
taiteilija *(n.)* artist
taiteilla trapetsilla *(v.)* trapeze
taitella *(v.)* fold
taitettava *(adj.)* folding
taito *(n.)* skill
taitolento *(n.)* aerobatics
taitos *(n.)* folding
taivaallinen *(adj.)* celestial
taivaallinen *(adj.)* divine
taivaallinen *(adj.)* heavenly

taivaan lahja *(n.)* godsend
taivaankansi *(n.)* firmament
taivaansininen *(n.)* azure
taival *(n.)* journey
taivaltaa *(v.)* journey
taivas *(n.)* heaven
taivas *(n.)* sky
taivuttaa *(v.)* bend
taivuttaa *(v.)* conjugate
tajuaminen *(n.)* realization
tajuissaan *(adj.)* conscious
tajunnanräjäyttävä *(adj.)* mind-blowing
tajunta *(n.)* cognition
tajuta *(v.)* realize
tajuton *(adj.)* senseless
taka- *(adj.)* rear
takaaja *(n.)* warrantor
takaisin *(adv.)* aback
takaisinmaksu *(n.)* repayment
takaisku *(n.)* backlash
takaisku *(n.)* recoil
takaisku *(n.)* setback
takakontti *(n.)* trunk
takamaa *(n.)* outback
takana *(prep.& adv.)* behind
takanreunus *(n.)* mantel
takapajuinen *(adj.)* tenebrose
takapajuisuus *(n.)* tenebrosity
takapenkkiläinen *(n.)* backbencher
takaperin *(adv.)* backward
takaperin *(adv.)* rear
takaportaat *(n.)* backstairs
takaraivo *(n.)* occipital
takauksen saaja *(n.)* warrantee
takauma *(n.)* flashback
takaus *(n.)* bail
takaus *(n.)* warrant
takautuminen *(n.)* recourse
takavarikko *(n.)* forfeiture
takavarikko *(n.)* requisition
takavarikoida *(v.)* confiscate
takavarikoida *(v.)* requisition
takavarikointi *(n.)* confiscation
takellella *(v.)* stammer
takeltelu *(n.)* stammer
takertua *(v.)* cling
takertua *(v.)* clutch

takertuva *(adj.)* clingy
takiainen *(n.)* clive
takka *(n.)* hearth
takki *(n.)* coat
takku *(n.)* mat
taklata *(v.)* tackle
taklaus *(n.)* tackle
takoa *(v.)* forge
takomo *(n.)* forge
taksa *(n.)* lucre
taksi *(n.)* cab
taksi *(n.)* taxi
taksi *(n.)* taxicab
taksidermaalinen *(adj.)* taxidermal
taksiderminen *(adj.)* taxidermic
taksikuski *(n.)* cabby
taktiikka *(n.)* tactics
taktiilinen *(adj.)* tactile
taktikko *(n.)* tactician
takuu *(n.)* guarantee
takuu *(n.)* warranty
takuukelpoinen *(adj.)* bailable
talbot *(n.)* talbot
tali *(n.)* tallow
talikko *(n.)* crome
talismaani *(n.)* talisman
talkback *(n.)* talkback
talkki *(n.)* talc
tallata *(v.)* tread
tallelokero *(n.)* safe-deposit
tallettaa *(v.)* bank
tallettaa *(n.)* deposit
talli *(n.)* stable
talloa *(v.)* trample
talo *(n.)* house
talonmies *(n.)* caretaker
talonmies *(n.)* janitor
talonpoika *(n.)* peasant
talonpojat *(n.)* peasantry
taloudellinen *(adj.)* economic
talous *(n.)* economy
talous *(n.)* household
taloustiede *(n.)* economics
taltioida *(v.)* preserve
taltta *(n.)* chisel
talttua *(v.)* abate
taltuttaa *(v.)* thwart
talvehtia *(v.)* winter

talvi *(n.)* winter
talvinen *(adj.)* wintry
talvisaapas *(n.)* snow boot
tamarindi *(n.)* tamarind
tamma *(n.)* mare
tammi *(n.)* oak
tammi *(n.)* oaktree
tammikuu *(n.)* January
tamponi *(n.)* tampon
tanakka *(adj.)* stout
tandem *(n.)* tandem
tandem- *(adj.)* tandem
tandooriuuni *(n.)* tandoor
tangentti *(n.)* tangent
tango *(n.)* tango
tankata *(v.)* refuel
tankkeri *(n.)* tanker
tankki *(n.)* tank
tanko *(n.)* pole
tankotanssija *(n.)* pole dancer
tanniinikuori *(n.)* tanbark
tanssi *(n.)* dance
tanssia tangoa *(v.)* tango
tanssija *(n.)* dancer
tanssisali *(n.)* ballroom
tanssiva *(adj.)* dancing
tantra *(n.)* tantra
tantrinen *(adj.)* tantric
taonta *(n.)* forgery
taottava *(adj.)* malleable
tapa *(n.)* custom
tapa *(n.)* habit
tapa *(n.)* wont
tapaaminen *(n.)* appointment
tapaaminen *(n.)* meet
tapahtua *(v.)* befall
tapahtua *(v.)* happen
tapahtua osmoosi *(v.)* osmose
tapahtuma *(n.)* event
tapahtuma *(n.)* happening
tapahtumaköyhä *(adj.)* humdrum
tapahtumapaikka *(n.)* locale
tapahtumapaikka *(n.)* venue
tapailla *(v.)* date
tapainturmelus *(n.)* depravation
tapana *(adj.)* wont
tapaus *(n.)* case
tapaus *(n.)* incident

tapella *(v.)* fight
tapittaa *(v.)* peg
tappaa *(v.)* kill
tappava *(adj.)* lethal
tappelu *(n.)* fight
tappi *(n.)* peg
tappi *(n.)* pivot
tappio *(n.)* forfeit
tappo *(n.)* kill
taputella *(v.)* pat
taputtaa *(v.)* applaud
taputtaa *(v.)* clap
taputus *(n.)* pat
taramiitti *(n.)* taramite
tarantismi *(n.)* tarantism
tarhata *(v.)* ranch
tarina *(n.)* story
tarinankertoja *(n.)* teller
tarinoida *(v.)* narrate
tarjoaja *(n.)* bidder
tarjoilija *(n.)* waiter
tarjoilijatar *(n.)* waitress
tarjonta *(n.)* offering
tarjota *(v.)* offer
tarjota *(v.)* provide
tarjota enemmän *(v.)* outbid
tarjotin *(n.)* tray
tarjous *(n.)* bid
tarjous *(n.)* offer
tarjouskilpailu *(n.)* tender
tarkastaa *(n.)* audit
tarkastaa *(v.)* inspect
tarkastaja *(n.)* auditor
tarkastaja *(n.)* checker
tarkastaja *(n.)* inspector
tarkastella *(v.)* canvass
tarkastelu *(n.)* scrutiny
tarkasti *(adv.)* accurately
tarkastus *(n.)* inspection
tarkastusleima *(n.)* hallmark
tarkistaa *(v.)* check
tarkistus *(n.)* check
tarkistuslista *(n.)* checklist
tarkistuspiste *(n.)* checkpoint
tarkka *(adj.)* accurate
tarkkaamaton *(adj.)* inattentive
tarkka-ampuja *(n.)* marksman
tarkka-ampuja *(n.)* sniper

tarkkaavainen *(adj.)* attentive
tarkkaavainen *(adj.)* observant
tarkkaavainen *(adj.)* watchful
tarkkailla *(v.)* observe
tarkkailu *(n.)* observance
tarkkailu *(n.)* surveillance
tarkkanäköisyys *(n.)* sageness
tarkkuus *(n.)* accuracy
tarkoittaa *(v.)* mean
tarkoittaa *(v.)* purpose
tarkoituksellinen *(adj.)* intentional
tarkoituksellisesti *(adv.)* purposely
tarkoituksenmukainen *(adj.)* appropriate
tarkoitukseton *(adj.)* pointless
tarkoitus *(n.)* meaning
tarkoitus *(n.)* purpose
tarkoitusperä *(n.)* purport
tarpeellinen *(adj.)* needful
tarpeellisuus *(n.)* necessary
tarpeeton *(adj.)* inexact
tarpeeton *(adj.)* needless
tarpeeton *(adj.)* redundant
tarpeeton *(adj.)* unnecessary
tarra *(n.)* sticker
tarrailija *(n.)* stickler
tarrata *(v.)* grab
tarrautua *(v.)* clasp
tarttua *(v.)* grip
tarttua *(v.)* stick
tarttua niskasta *(v.)* scruff
tarttumakynsi *(n.)* talon
tarttumaton *(adj.)* non-stick
tarttuva *(adj.)* catching
tarttuva *(adj.)* contagious
tarttuva *(adj.)* infectious
tartunta *(n.)* contagion
tartunta *(n.)* infection
tartuttaa *(v.)* infect
taru *(n.)* fable
taru *(n.)* tale
taruilla *(v.)* talebear
taruilu *(n.)* talebearing
tarunkertoja *(n.)* talebearer
tarve *(n.)* need
tarvikkeet *(n. pl)* paraphernalia
tarvikkeet *(n.)* supply
tarvita *(v.)* need

tarvitseva *(adj.)* needy
tarvittava *(adj.)* requisite
tasaantua *(v.)* avenge
tasa-arvo *(n.)* equality
tasa-arvoinen *(adj.)* equal
tasainen *(adj.)* even
tasainen *(adj.)* plane
tasaisesti *(adv.)* evenly
tasakäynti *(v.)* amble
tasamaa *(n.)* flatland
tasanko *(n.)* plain
tasapaino *(n.)* balance
tasapaino *(n.)* poise
tasapainoilla *(v.)* poise
tasapainoinen *(adj.)* balanced
tasapainottaa *(v.)* balance
tasasivuinen *(adj.)* equilateral
tasata *(v.)* even
tasavalta *(n.)* republic
tasavaltainen *(adj.)* republican
tasavirtageneraattori *(n.)* dynamo
tase *(n.)* balance sheet
tasku *(n.)* pocket
taskulamppu *(n.)* flashlight
taskumatti *(n.)* flask
taso *(n.)* level
taso *(n.)* tier
taso- *(adj.)* flatbed
tasoittaa *(v.)* equalize
tasoittaa *(v.)* level
tasokas *(adj.)* luxurious
tasoseula *(n.)* flat screen
tassu *(v.)* paw
tatuoida *(v.)* tattoo
tatuointi *(n.)* tattoo
taudinkantaja *(n.)* carrier
tauko *(n.)* breaktime
taulukkomainen *(adj.)* tabular
taulukoida *(v.)* tabulate
taulukointi *(n.)* tabulation
tauota *(v.)* pause
tauoton *(adj.)* non-stop
tauotus *(n.)* pause
tausta *(n.)* background
tausta- *(adj.)* rearview
taustavalo *(n.)* backlight
tauti *(n.)* disease
tavallinen *(adj.)* ordinary

tavallinen *(adj.)* usual
tavallinen kansa *(n.)* populace
tavallisesti *(adv.)* ordinarily
tavallisesti *(adv.)* usually
tavanomainen *(adj.)* commonplace
tavanomainen *(adj.)* conventional
tavanomainen *(adj.)* wonted
tavara *(n.)* stuff
tavaraerä *(n.)* consignment
tavaramerkki *(n.)* brand
tavaramerkki *(n.)* trademark
tavarantoimittaja *(n.)* supplier
tavarantoimittaja *(n.)* vendor
tavarat *(n.)* belongings
tavaratalo *(n.)* megastore
tavata *(v.)* meet
tavoitella *(v.)* pursue
tavoitettavissa oleva *(adj.)* reachable
tavoittaa *(v.)* overtake
tavoittelu *(n.)* pursuit
tavu *(n.)* byte
tavu *(n.)* syllable
teatraalinen *(adj.)* theatrical
teatteri *(n.)* theatre
tee *(n.)* tea
teehuone *(n.)* teahouse
teekannu *(n.)* teapot
teekuppi *(n.)* teacup
teelaatikko *(n.)* teabox
teeleipä *(n.)* teacake
teema *(n.)* theme
teennäinen *(adj.)* affected
teennäisyys *(n.)* affectation
teepussi *(n.)* teabag
teeskennellä *(v.)* feign
teeskennellä *(v.)* pretend
teeskentelemätön *(adj.)* unaffected
teeskentely *(n.)* charade
teeskentely *(n.)* pretence
teettää *(n.)* commission
tehdas *(n.)* factory
tehdä *(v.)* do
tehdä aloite *(v.)* initiate
tehdä graffiti *(v.)* graffiti
tehdä hankintoja *(v.)* acquire
tehdä hellyttäväksi *(v.)* endear
tehdä hulluksi *(v.)* madden
tehdä johtopäätös *(v.)* infer

tehdä juoksusilmukka *(v.)* noose
tehdä kasvojenkohotus *(v.)* facelift
tehdä kohtausta *(v.)* scene
tehdä kuperkeikka *(v.)* somersault
tehdä kyselyä *(v.)* survey
tehdä levottomaksi *(n.)* disquiet
tehdä maali *(v.)* score
tehdä mahdottomaksi *(v.)* preclude
tehdä massa *(v.)* mass
tehdä mieli *(v.)* fancy
tehdä painovirhe *(v.)* misprint
tehdä pohjanoteeraus *(v.)* rock-bottom
tehdä poikkeus *(v.)* except
tehdä raakuuksia *(v.)* brutify
tehdä syntiä *(v.)* sin
tehdä tarjous *(v.)* bid
tehdä tulenkestäväksi *(v.)* fireproof
tehdä tutkimusta *(v.)* research
tehdä täpliä *(v.)* dapple
tehdä vaihtokauppa *(v.)* barter
tehdä vaikutus *(v.)* impress
tehdä vallihauta *(v.)* moat
tehdä virhe *(v.)* err
tehdä väärin *(v.)* wrong
tehdä yhteistyötä *(v.)* collaborate
tehdä yhteistyötä *(v.)* cooperate
tehdä ylitöitä *(v.)* overwork
tehdä äkkikäännös *(v.)* zig
tehohoito *(n.)* life support
tehoisku *(n.)* crackdown
tehokas *(adj.)* intense
tehokkuus *(n.)* efficacy
tehostaa *(v.)* boost
tehostaja *(n.)* booster
tehoton *(adj.)* ineffective
tehtävä *(n.)* task
tehtävälista *(n.)* bucket list
teini-ikä *(n. pl.)* teens
teini-ikäinen *(n.)* teenager
teipata *(v.)* tape
teippi *(n.)* tape
teismi *(n.)* theism
teisti *(n.)* theist
teisulku *(n.)* roadblock
tekaistu *(adj.)* fictitious
tekele *(n.)* bungle
tekijä *(n.)* author

tekijä *(n.)* doer
tekijänoikeus *(n.)* copyright
tekniikka *(n.)* technique
tekniikkanörtti *(n.)* techy
teknikko *(n.)* technician
tekninen *(adj.)* technical
teknisyys *(n.)* technicality
teknofiili *(n.)* technophile
teknofobi *(n.)* technophobe
teknologi *(n.)* technologist
teknologia *(n.)* technology
teknologinen *(adj.)* technological
teknomadi *(n.)* technomad
teknomania *(n.)* technomania
teknomusiikki *(n.)* technomusic
teko *(n.)* action
teko *(n.)* deed
teko- *(adj.)* mock
teko- *(adj.)* prosthetic
tekojärvi *(n.)* reservoir
tekonurmikko *(n.)* turf
tekopyhyys *(n.)* hypocrisy
tekopyhä *(adj.)* hypocritical
tekopyhä henkilö *(n.)* hypocrite
tekosyy *(n.)* excuse
tekoäly *(n.)* artificial intelligence
teksti *(n.)* text
tekstiili *(n.)* textile
tekstiilinen *(adj.)* textile
tekstimuotoinen *(adj.)* textual
teksti-TV *(n.)* teletext
tekstuuri *(n.)* texture
tektoninen *(adj.)* tectonic
telaketju *(n.)* tread
telakka *(n.)* dock
telakka *(n.)* shipyard
telakkapäällikkö *(n.)* dockmaster
telakoida *(v.)* dock
telejournalismi *(n.)* telejournalism
telekineesi *(n.)* telekinesis
telekineettinen *(adj.)* telekinetic
telekonferenssi *(n.)* teleconference
telekopio *(n.)* telefax
telekopiokone *(n.)* telecopier
telekurssi *(n.)* telecourse
telelaskenta *(n.)* telecomputing
telemaattinen *(adj.)* telematic
teleologi *(n.)* teleologist

teleologia *(n.)* teleology
teleologinen *(adj.)* teleologic
teleopas *(n.)* teleguide
teleoperaattori *(n.)* teleoperator
telepaatti *(n.)* telepathist
telepaattinen *(adj.)* telepathic
telepatia *(n.)* telepathy
teleportaatio *(n.)* teleportation
teleportata *(v.)* teleport
teleporttaus *(n.)* teleport
teleprintata *(v.)* teleprint
teleprintteri *(n.)* teleprinter
teleprompteri *(n.)* teleprompter
teleshoppaaja *(n.)* teleshopper
teleshoppaaminen *(n.)* teleshopping
teleskooppi *(n.)* telescope
teleskooppinen *(adj.)* telescopic
teleskopia *(n.)* telescopy
televiestintä *(n.)* telecommunications
televisio *(n.)* television
televisioida *(v.)* telecast
televisiointi *(n.)* telecast
teline *(n.)* rack
telluraalinen *(adj.)* tellural
telluuri- *(adj.)* telluric
teloittaa *(v.)* execute
teloittaa sähköiskulla *(v.)* electrocute
teloittaja *(n.)* executioner
teloitus *(n.)* execution
teltantekijä *(n.)* tentmaker
teltta *(n.)* tent
telttakeppi *(n.)* tentpole
temaattinen *(adj.)* thematic
temmata mukaansa *(v.)* engross
temmellys *(n.)* frolic
temmeltää *(v.)* frolic
tempaus *(n.)* snatch
temperamentti *(n.)* temperament
temperamenttinen *(adj.)* temperamental
templaatti *(n.)* template
temppeli *(n.)* temple
temppeli- *(n.)* templar
temppu *(n.)* trick
temppuilija *(n.)* trickster
tenhota *(v.)* enchant
tennis *(n.)* tennis
tenori *(n.)* tenor

tenori- *(adj.)* tenor
tensori *(n.)* tensor
tensoroida *(v.)* tensor
tenä *(n.)* hindrance
teollinen *(adj.)* industrial
teollisuus *(n.)* industry
teologi *(n.)* theologian
teologia *(n.)* theology
teologinen *(adj.)* theological
teoreema *(n.)* theorem
teoreetikko *(n.)* theorist
teoreettinen *(adj.)* scholarly
teoreettinen *(adj.)* theoretical
teoretisoida *(v.)* theorize
teoria *(n.)* theory
tequila *(n.)* tequila
terabitti *(n.)* terabit
teraemäs *(n.)* terabase
terajoule *(n.)* terajoule
terapeutti *(n.)* therapist
terapia *(n.)* therapy
terassi *(n.)* terrace
teratavu *(n.)* terabyte
terho *(n.)* acorn
terikkanosturi *(n.)* derrick
termi *(n.)* term
termiitti *(n.)* termite
terminaali *(n.)* terminal
terminaalinen *(adj.)* terminal
terminaatio *(n.)* termination
terminoida *(v.)* terminate
terminologia *(n.)* terminology
terminologinen *(adj.)* terminological
termisidi *(n.)* termiticide
termistö *(n.)* nomenclature
termospullo *(n.)* thermos (flask)
teroitella *(v.)* whet
teroitettu *(adj.)* pointed
teroitin *(n.)* sharpener
teroittaa *(v.)* inculcate
teroittaa *(v.)* sharpen
terraformointi *(n.)* terraforming
terrakotanvärinen *(adj.)* terracotta
terrakotta *(n.)* terracotta
terrieri *(n.)* terrier
terrori *(n.)* terror
terrorismi *(n.)* terrorism
terrorisoida *(v.)* terrorize

terroristi *(n.)* terrorist
tertiäärinen *(adj.)* tertiary
terva *(n.)* tar
tervata *(v.)* tar
terve *(adj.)* well
terveellinen *(adj.)* healthy
terveellinen *(adj.)* wholesome
tervehdys *(n.)* salute
tervehtiminen *(n.)* salutation
tervehtiä *(v.)* greet
tervehtiä *(v.)* salute
tervetullut *(adj.)* welcome
tervetulotoivotus *(n.)* welcome
terveys *(n.)* health
terveysasema *(n.)* dispensary
terä *(n.)* blade
terälehti *(n.)* petal
teräs *(n.)* steel
teräsmies *(n.)* superman
terästää *(v.)* spike
terävyys *(n)* pointedness
terävä *(n.)* acer
terävä *(adj.)* sharp
terävänäköinen *(adj.)* sagacious
teräväpäinen *(adj.)* clever
terävästi *(adv.)* pointedly
terävästi *(adv.)* sharp
terävä-älyinen *(adj.)* keen
tesserakti *(n.)* tesseract
testamentata *(v.)* bequeath
testamentti *(n.)* testament
testamentti *(n.)* will
testata *(v.)* test
testi *(n.)* test
testosteroni *(n.)* testosterone
tetra *(n.)* tetra
teurastaa *(v.)* slaughter
teurastaja *(n.)* butcher
teurastus *(n.)* slaughter
tiara *(n.)* tiara
tie *(n.)* road
tie *(n.)* way
tiede *(n.)* science
tiedekunta *(n.)* faculty
tiedonanto *(n.)* notice
tiedonhaluinen *(adj.)* exquisitive
tiedonhaluinen *(adj.)* inquisitive
tiedostaa *(v.)* apprise

tiedosto *(n.)* file
tiedot *(n.)* data
tiedoton *(adj.)* comatose
tiedottaa *(v.)* inform
tiedottaja *(n.)* informer
tiedottaja *(n.)* spokesman
tiedotustilaisuus *(n.)* briefing
tiedustella *(v.)* inquire
tiedustelu *(n.)* enquiry
tiedustelu *(n.)* inquiry
tieliittymä *(n.)* junction
tiellä *(adj.)* on-road
tienata *(v.)* earn
tienhaara *(n.)* crossroads
tieteellinen *(adj.)* scientific
tieteilijä *(n.)* scientist
tieto *(n.)* information
tietoinen *(adj.)* aware
tietoinen *(adj.)* cognitive
tietoisuus *(n.)* awareness
tietoisuus *(n.)* cognizance
tietokanta *(n.)* database
tietokilpailu *(n.)* quiz
tietokone *(n.)* computer
tietokoneistaa *(v.)* computerize
tietopankki *(n.)* databank
tietosanakirja *(n.)* encyclopedia
tietty *(adj.)* specific
tietulli *(n.)* toll
tietämys *(n.)* knowledge
tietämättään *(adv.)* unwittingly
tietämättömyys *(n.)* ignorance
tietämättömyys *(n.)* nescience
tietämätön *(adj.)* clueless
tietämätön *(adj.)* ignorant
tietämätön *(adj.)* unaware
tietäväinen *(adj.)* knowledgeable
tietää *(v.)* know
tiheikkö *(n.)* thicket
tiheys *(n.)* density
tiheä *(adj.)* dense
tihkua *(v.)* exude
tihkua *(v.)* ooze
tihkua *(v.)* seep
tihkusade *(n.)* drizzle
tihkuttaa *(v.)* drizzle
tihutyö *(n.)* misdeed
tiikeri *(n.)* tiger

tiikki *(n.)* teak
tiili *(n.)* brick
tiimalasi *(n.)* sandglass
tiimeittäin *(adv.)* teamwise
tiimi *(n.)* team
tiimiin kuuluva *(adj.)* teamed
tiimitoveri *(n.)* teammate
tiimityö *(n.)* teamwork
tiivis *(adj.)* compact
tiiviste *(n.)* gasket
tiivistelmä *(n.)* docket
tiivistelmä *(n.)* precis
tiivistelmä *(n.)* summary
tiivistetty *(adj.)* summary
tiivistysaine *(n.)* sealant
tiivistää *(v.)* compress
tiivistää uudelleen *(v.)* recondense
tikan heitto *(n.)* darting
tikapuut *(n.)* ladder
tikari *(n.)* dagger
tikata *(v.)* stitch
tiketti *(n.)* ticket
tikittää *(v.)* tick
tikitys *(n.)* tick
tikka *(n.)* dart
tikkari *(n.)* lollipop
tikkataulu *(n.)* dartboard
tikki *(n.)* stitch
tila *(n.)* mode
tilaaja *(n.)* client
tilaavievä *(adj.)* bulky
tilaisuus *(n.)* chance
tilaisuus *(n.)* occasion
tilaisuus *(n.)* opportunity
tilanne *(n.)* situation
tilanne *(n.)* status
tilannekatsaus *(n.)* snapshot
tilapäinen *(adj.)* ad hoc
tilapäinen *(adj.)* provisional
tilastollinen *(adj.)* statistical
tilastotiede *(n.)* statistics
tilastotieteilijä *(n.)* statistician
tilata *(v.)* order
tilataksi *(n.)* taxibus
tilaustyönä tehty *(adj.)* bespoke
tilava *(adj.)* capacious
tilava *(adj.)* roomy
tilavuus *(n.)* capacity

tili *(n.)* account
tilikirja *(n.)* ledger
tilinpito *(n.)* accountancy
tilintarkastaja *(n.)* accountant
tilinylitys *(n.)* overdraft
tilkka *(n.)* drib
tilkku *(n.)* patch
tilkku *(n.)* scrumble
timantti *(n.)* diamond
tina *(n.)* tin
tinata *(v.)* tin
tinkiä *(v.)* haggle
tinuri *(n.)* tinker
tippa *(n.)* dribble
tiputtaa *(v.)* dribble
tirinä *(v.)* sizzle
tirkistelijä *(n.)* voyeur
tirkistely *(n.)* voyeurism
tislaamo *(n.)* distillery
tislata *(v.)* distil
tislausastia *(n.)* retort
tiukentaa *(v.)* tighten
tiukka *(adj.)* strict
tiukka *(adj.)* tight
tiukkapipoinen *(adj.)* rigorous
tivolialue *(n.)* fairground
T-luupihvi *(n.)* T-bone
todellakin *(int.)* really
todellinen *(adj.)* veritable
todellisuus *(n.)* reality
todenmukaisuus *(n.)* veracity
todennus *(n.)* authentication
todennus *(n.)* verification
todennäköinen *(adj.)* likely
todennäköinen *(adj.)* probable
todennäköisesti *(adv.)* probably
todennäköisyys *(n.)* likelihood
todennäköisyys *(n.)* odds
todennäköisyys *(n.)* probability
todennäköisyys *(n.)* verisimilitude
todentaa *(v.)* authenticate
todentaa *(v.)* verify
todentaa henkilöllisyys *(v.)* identify
todeta *(v.)* state
todeta syylliseksi *(v.)* convict
todistaa *(v.)* attest
todistaa *(v.)* prove
todistaa *(v.)* testify

todistaa *(v.)* witness
todistaja *(n.)* deponent
todistaja *(n.)* witness
todistajanlausunto *(n.)* testimonial
todiste *(n.)* evidence
todiste *(n.)* proof
todistus *(n.)* testimony
todistustaakka *(n.)* onus
toffee *(n.)* toffee
tohtorinarvo *(n.)* doctorate
tohtoroida *(v.)* doctor
tohveli *(n.)* slipper
toimeenpaneva *(adj.)* executive
toimeenpanna *(v.)* enforce
toimeentulo *(n.)* subsistence
toimeksianto *(n.)* assignment
toimettomuus *(n.)* inaction
toimia *(v.)* act
toimia *(v.)* function
toimia mannekiinina *(v.)* dummy
toimia pappina *(v.)* minister
toimia sotilaana *(v.)* soldier
toimia vastaan *(v.)* counter
toimilupa *(n.)* franchise
toiminta *(n.)* activity
toimintakausi *(n.)* innings
toimintakelpoinen *(adj.)* actionable
toimintasäde *(n.)* radius
toiminto *(n.)* function
toimisto *(n.)* office
toimitsija *(n.)* trustee
toimittaa *(v.)* deliver
toimittaa *(v.)* officiate
toimittaa *(v.)* ship
toimittaa eteenpäin *(v.)* forward
toimittaja *(n.)* editor
toimituksellinen *(adj.)* editorial
toimitus *(n.)* delivery
toimitus *(n.)* shipment
toimitus *(n.)* shipping
toimitusjohtaja *(n.)* executive
toimiva *(adj.)* operative
toimiva *(adj.)* workable
toimivuus *(n.)* operability
toinen *(adj.)* other
toinen *(adj.)* second
toinen maailma *(n.)* otherworld
toipilasaika *(n.)* convalescence

toipua *(v.)* convalesce
toipua *(v.)* rally
toipua *(v.)* recuperate
toipuva *(adj.)* convalescent
toisarvoinen *(adj.)* secondary
toiseksi *(adv.)* secondly
toisenlainen *(adj.)* disparate
toisin *(adv.)* otherwise
toisinto *(n.)* relapse
toissijainen *(adj.)* subsidiary
toistaa *(v.)* repeat
toistaa uudelleen *(v.)* replay
toisto *(n.)* playback
toisto *(n.)* repetition
toistotarkkuus *(n.)* fidelity
toistuva *(n.)* frequent
toistuvuus *(n.)* recrudency
toitottaa *(v.)* trumpet
toive *(n.)* hope
toive *(n.)* wish
toiveikas *(adj.)* hopeful
toiveikas *(adj.)* wishful
toivoa *(v.)* hope
toivoa *(v.)* wish
toivoton *(adj.)* hopeless
toivottaa tervetulleeksi *(v.)* welcome
toivottava *(adj.)* desirable
toksemia *(n.)* toxaemia
toksiini *(n.)* toxin
toksikologi *(n.)* toxicologist
toksikologia *(n.)* toxicology
toksinen *(adj.)* toxic
toksisuus *(n.)* toxicity
tomaatti *(n.)* tomato
tomppeli *(n.)* bumpkin
tonkia *(v.)* scavenge
tonni *(n.)* tonne
tonsuuri *(n.)* tonsure
tontti *(n.)* lot
tonttu *(n.)* elf
tonttu *(n.)* gnome
tooga *(n.)* toga
toope *(n.)* gooney
topaasi *(n.)* topaz
topakka *(adj.)* saucy
topografi *(n.)* topographer
topografia *(n.)* topography
topografinen *(adj.)* topographical

toppi *(n.)* top
torahammas *(n.)* tusk
torakka *(n.)* cockroach
torjua *(v.)* abnegate
torjua *(v.)* parry
torjua tylysti *(v.)* rebuff
torjuminen *(n.)* abnegation
torjunta *(n.)* parry
torjunta *(n.)* rebuff
torkkua *(v.)* doze
torkkua *(v.)* nap
torkkua *(v.)* slumber
torkkuminen *(n.)* slumber
torkut *(n.)* doze
torkuttaa *(v.)* snooze
tornado *(n.)* tornado
torni *(n.)* rook
torni *(n.)* tower
torpedo *(n.)* torpedo
torpedoida *(v.)* torpedo
torppa *(n.)* croft
torstai *(n.)* Thursday
torua *(v.)* reprimand
toruilla *(v.)* upbraid
torut *(n.)* reprimand
torvi *(n.)* bugle
tosi *(adj.)* very
tosiaan *(adv.)* indeed
totaalinen *(adj.)* total
totaalisuus *(n.)* totality
totalitaarinen *(adj.)* totalitarian
toteamus *(n.)* statement
toteen näyttäminen *(n.)* vindication
totella *(v.)* obey
toteuttaminen *(n.)* pursuance
toteuttamiskelpoinen *(adj.)* feasible
totinen *(adj.)* earnest
totta *(adj.)* true
totunnainen *(adj.)* customary
totuttaa *(v.)* accustom
totuttaa *(v.)* habituate
totuudenmukainen *(adj.)* truthful
totuus *(n.)* truth
toukka *(n.)* maggot
toukokuu *(n.)* May
toveri *(n.)* comrade
toveri *(n.)* fellow
toveruus *(n.)* fellowship

traagikko *(n.)* tragedian
traaginen *(adj.)* tragic
tragedia *(n.)* tragedy
trakea- *(adj.)* tracheal
trakeoskopia *(n.)* tracheoscopy
traktaatti *(n.)* tract
traktori *(n.)* tractor
transformaatio *(n.)* transformation
transitiivinen *(adj.)* transitive
transkriptio *(n.)* transcription
transsendentalisoida *(v.)* transcendentalize
transsendenttinen *(adj.)* transcendent
transsendenttisesti *(adv.)* transcendentally
transsi *(n.)* trance
trapetsi *(n.)* trapeze
trapetsitaiteilija *(n.)* trapezist
trauma *(n.)* trauma
traumaattinen *(adj.)* traumatic
traumatismi *(n.)* traumatism
traumatologia *(n.)* traumatology
treenata *(v.)* train
treeni *(n.)* training
trendi *(n.)* trend
trenssi *(n.)* trench
tribaali *(adj.)* tribal
tribunaali *(n.)* tribunal
trikolori *(n.)* tricolour
trikoo *(n.)* jersey
trilleri *(n.)* thriller
trimmata *(v.)* trim
trimmattu *(adj.)* trim
trimmaus *(n.)* trim
triviaali *(adj.)* trivial
troolata *(v.)* trawl
trooli *(n.)* trawl
troolilaiva *(n.)* trawlboat
trooppinen *(adj.)* tropical
tropiikki *(n.)* tropic
trumpetti *(n.)* trumpet
tuberkuloosi *(n.)* tuberculosis
tubettaa *(v.)* You Tube
tuhahdus *(n.)* snort
tuhahtaa *(v.)* snort
tuhannes *(adj.)* thousandth
tuhat *(n.)* thousand
tuhatjalkainen *(n.)* centipede

tuhatjalkainen *(n.)* millipede
tuhka *(n.)* ash
tuhkanharmaa *(adj.)* ashen
tuhkata *(v.)* cremate
tuhkaus *(n.)* cremation
tuhlaava *(adj.)* wasteful
tuhlaavainen *(adj.)* extravagant
tuhlaavainen *(adj.)* prodigal
tuhlaavainen *(adj.)* profligate
tuhlaavaisuus *(n.)* prodigality
tuhlaavaisuus *(n.)* profligacy
tuhlari *(n.)* spendthrift
tuhlata *(v.)* waste
tuhlaus *(n.)* extravagance
tuhma *(adj.)* naughty
tuho *(n.)* demolition
tuhoaja *(n.)* destroyer
tuhoaminen *(n.)* annihilation
tuhoisa *(adj.)* pernicious
tuholainen *(n.)* pest
tuholaismyrkky *(n.)* pesticide
tuhopoltto *(n.)* arson
tuhota *(v.)* annihilate
tuhota *(v.)* demolish
tuhota *(v.)* destroy
tuhota itsensä *(v.)* self-destruct
tuhru *(n.)* speck
tuhti *(adj.)* hefty
tuijottaa *(v.)* gaze
tuijottaa *(v.)* ogle
tuijottaa *(v.)* stare
tuijottava *(adj.)* agaze
tuijotus *(n.)* gaze
tuijotus *(n.)* ogle
tuijotus *(n.)* stare
tuikata *(v.)* prick
tuike *(n.)* glimmer
tuike *(n.)* twinkle
tuikkia *(v.)* glimmer
tuikkia *(v.)* twinkle
tukahduttaa *(v.)* quell
tukahduttaa *(v.)* repress
tukahduttaminen *(n.)* repression
tukahtua *(v.)* suppress
tukahtuminen *(n.)* suppression
tukala *(adj.)* fraught
tukala tilanne *(n.)* scrape
tukea *(v.)* shore

tukea *(v.)* steady
tukea *(v.)* support
tukehduttaa *(v.)* asphyxiate
tukehduttaa *(v.)* smother
tukehtua *(v.)* choke
tukehtua *(v.)* suffocate
tukehtuminen *(n.)* suffocation
tukeva *(adj.)* firm
tukeva *(adj.)* sturdy
tukevuus *(n.)* firmness
tuki *(n.)* backing
tuki *(n.)* strut
tuki *(n.)* support
tukiainen *(n.)* subsidy
tukikohta *(n.)* cantonment
tukioppilas *(n.)* prefect
tukipilari *(n.)* mainstay
tukkeuma *(n.)* blockage
tukkia *(v.)* glut
tukkia *(v.)* occlude
tukkia tamponilla *(v.)* tampon
tukkoinen *(adj.)* stuffy
tukku *(n.)* ream
tukku- *(adj.)* wholesale
tukkukauppa *(n.)* wholesale
tukkukauppias *(n.)* jobber
tukkukauppias *(n.)* wholesaler
tukuttain *(adv.)* wholesale
tulehduksellinen *(adj.)* inflammatory
tulehdus *(n.)* inflammation
tulehduttaa *(v.)* inflame
tulenarka *(adj.)* inflammable
tulenkestävä *(adj.)* fireproof
tulessa *(adv.)* ablaze
tuleva *(adj.)* future
tuleva *(adj.)* prospective
tulevaisuudennäkymä *(n.)* prospect
tulevaisuudentutkimus *(n.)* futurology
tulevaisuus *(n.)* future
tuli *(n.)* fire
tulinen *(adj.)* fiery
tulipallo *(n.)* fireball
tulipesä *(n.)* firepit
tulipunainen *(adj.)* vermillion
tulitaistelu *(n.)* firefight
tulitauko *(n.)* ceasefire
tulittaa *(v.)* fire
tulivuori *(n.)* volcano

tulkata *(v.)* interpret
tulkinnanvarainen *(adj.)* ambiguous
tulkita *(v.)* construe
tulkita väärin *(v.)* misconstrue
tulkki *(n.)* interpreter
tulla *(v.)* come
tulla joksikin *(v.)* become
tulla riippuvaiseksi *(v.)* addict
tulla takaisin *(v.)* return
tulla toimeen *(v.)* subsist
tulla väliin *(v.)* intervene
tulla äidiksi *(v.)* mother
tullimaksu *(n.)* tariff
tullivapaa *(adv.)* duty-free
tulos *(n.)* result
tuloskirja *(n.)* scorebook
tulostaa *(v.)* print
tulostaulu *(n.)* scoreboard
tuloste *(n.)* print
tulosten kirjaaja *(n.)* scorekeeper
tulosten kirjaus *(n.)* scorekeeping
tulostin *(n.)* printer
tulostus *(n.)* printout
tulot *(n.)* proceeds
tulpata *(v.)* plug
tulppa *(n.)* plug
tulva *(n.)* deluge
tulva *(n.)* flood
tulvaportti *(n.)* flood gate
tulvia *(v.)* flood
tumake *(n.)* nucleus
tumma *(adj.)* swarthy
tummaihoinen mies *(n.)* negro
tummaihoinen nainen *(n.)* negress
tummentaa *(v.)* darken
tummua *(v.)* tarnish
tumpelo *(n.)* gawk
tunaroida *(v.)* botch
tungeksia *(v.)* mob
tungeksia *(v.)* throng
tungos *(n.)* throng
tunkeilla *(v.)* intrude
tunkeutua *(v.)* invade
tunkeutuminen *(n.)* intrusion
tunkeutuminen *(n.)* trespass
tunkkainen *(adj.)* musty
tunkki *(n.)* jack
tunne *(n.)* emotion

tunne *(n.)* feeling
tunne *(n.)* sentiment
tunneli *(n.)* tunnel
tunnelma *(n.)* mood
tunneloida *(v.)* tunnel
tunnettu *(adj.)* well-known
tunnistaa *(v.)* recognize
tunniste *(n.)* tag
tunnollinen *(adj.)* scrupulous
tunnollisesti *(adv.)* scrupulously
tunnontuska *(n.)* repentance
tunnoton *(adj.)* insensitive
tunnus *(n.)* emblem
tunnuslause *(n.)* byword
tunnusomainen *(adj.)* distinctive
tunnustaa *(v.)* confess
tunnustus *(n.)* confession
tunnustus *(n.)* due
tunnustus *(n.)* recognition
tuntea *(v.)* feel
tunteellinen *(adj.)* emotional
tunteellinen *(adj.)* sentimental
tunteellisuus *(n.)* sensitivity
tunteeton *(adj.)* callous
tunteeton *(adj.)* insensible
tunteettomuus *(n.)* insensibility
tunteileva *(adj.)* maudlin
tunteisiin vetoava *(adj.)* emotive
tuntematon *(n.)* stranger
tuntematon *(adj.)* ulterior
tuntematon *(adj.)* unknown
tunteva *(adj.)* sentient
tunti *(n.)* hour
tuntija *(n.)* connoisseur
tuntokyky *(n.)* sentience
tuntuva *(adj.)* substantial
tuntuvasti *(adv.)* substantially
tuo *(n.)* yonder
tuoda *(v.)* bring
tuoda esiin *(v.)* adduce
tuoda esille *(v.)* disclose
tuoda ilmi *(v.)* manifest
tuoda mieleen *(v.)* connote
tuohi *(n.)* bark
tuohtumus *(n.)* indignation
tuohtunut *(adj.)* indignant
tuoksahdus *(n.)* waft
tuoksahtaa *(v.)* waft

tuoksu *(n.)* odour
tuoksu *(n.)* scent
tuoksuva *(adj.)* fragrant
tuoksuva *(adj.)* odorous
tuoli *(n.)* chair
tuolla *(adv.)* yonder
tuomari *(n.)* judge
tuomari *(n.)* magistracy
tuomariboksi *(n.)* scorebox
tuomaristo *(n.)* magistrature
tuomaroida *(v.)* judge
tuomio *(n.)* condemnation
tuomio *(n.)* doom
tuomioistuin *(n.)* court
tuomiokirkko *(n.)* minster
tuomiopäivä *(adj.)* doomsday
tuomiopäivä *(n.)* doomsday
tuomiovalta *(n.)* judicature
tuomita *(v.)* adjudge
tuomita *(v.)* condemn
tuomita *(v.)* doom
tuomita *(v.)* sentence
tuomita väärin *(v.)* misjudge
tuomittu *(adj.)* doomed
tuonne *(adv.)* thither
tuonnimmainen *(adj.)* yonder
tuonpuoleinen *(n.)* hereafter
tuonpuoleinen *(adj.)* transcendental
tuontitavara *(n.)* import
tuore *(adj.)* fresh
tuotanto *(n.)* production
tuotantoerä *(n.)* batch
tuote *(n.)* product
tuottaa *(v.)* make
tuottaa *(v.)* produce
tuottaa *(v.)* yield
tuottaja *(n.)* maker
tuottava *(adj.)* productive
tuottavuus *(n.)* productivity
tuotteet *(n.)* produce
tuottelias *(adj.)* fecund
tuottoisa *(adj.)* lucrative
tuottoisa *(adj.)* profitable
tupakka *(n.)* tobacco
tupakoida *(v.)* smoke
tupakointi *(n.)* smoking
tupla *(n.)* double
tupla- *(adj.)* double

tuplata *(v.)* double
tuppi *(n.)* scabbard
tupsu *(n.)* bobble
tupsu *(n.)* tussle
turbaani *(n.)* turban
turbiini *(n.)* turbine
turbulenssi *(n.)* turbulence
turbulentti *(adj.)* turbulent
turha *(adj.)* futile
turha *(adj.)* vain
turhaan *(adv.)* vainly
turhamainen *(adj.)* vainglorious
turhamaisuus *(n.)* vainglory
turhauttaa *(v.)* frustrate
turhautuminen *(n.)* frustration
turhuus *(n.)* futility
turhuus *(n.)* vanity
turismi *(n.)* tourism
turisti *(n.)* tourist
turkki *(n.)* fur
turmella *(v.)* debauch
turmella *(v.)* deprave
turmeltua *(v.)* vitiate
turmiollinen *(adj.)* noxious
turnaus *(n.)* tournament
turruttaa *(v.)* stupefy
turska *(n.)* cod
turva *(n.)* aegis
turvallinen *(adj.)* safe
turvallisesti *(adv.)* safely
turvallisuus *(n.)* safety
turvallisuus *(n.)* security
turvapaikan hakija *(n.)* refugee
turvapaikka *(n.)* asylum
turvapaikka *(n.)* refuge
turvasatama *(n.)* haven
turvasatama *(n.)* safe harbour
turvasäilytys *(n.)* safekeeping
turvasäilö *(n.)* safebox
turvatalo *(n.)* safehouse
turvaton *(adj.)* insecure
turvatyyny *(n.)* airbag
turvautua *(v.)* invoke
turvautua johonkin *(v.)* rely
turvota *(v.)* swell
turvottaa *(v.)* engorge
tusina *(n.)* dozen
tuska *(n.)* agony

tuska *(n.)* anguish
tuskailla *(v.)* agonize
tuskallinen *(adj.)* grievous
tuskin *(adv.)* hardly
tussi *(n.)* marker
tutkailla *(v.)* explore
tutkia *(v.)* examine
tutkia tarkoin *(v.)* scrutinize
tutkielma *(n.)* treatise
tutkija *(n.)* examiner
tutkimus *(n.)* examination
tutkimusmatkailu *(n.)* exploration
tutkimusretki *(n.)* expedition
tutkimustyö *(n.)* research
tutkinta *(n.)* inquest
tutkintavankeus *(n.)* remand
tutkinto *(n.)* degree
tutkintotodistus *(n.)* diploma
tutkittava *(n.)* examinee
tuttava *(n.)* acquaintance
tutti *(n.)* pacifier
tuttu *(adj.)* familiar
tutustumistilaisuus *(n.)* social
tutustuttaa *(v.)* acquaint
tutut *(n.)* kith
tuudittaa *(v.)* lull
tuuditus *(n.)* lull
tuuhea *(adj.)* bushy
tuulahdus *(n.)* whiff
tuulenhenkäys *(n.)* zephyr
tuulenpyörre *(n.)* whirlwind
tuulenvire *(n.)* breeze
tuuletin *(n.)* fan
tuuletin *(n.)* ventilator
tuulettaa *(v.)* ventilate
tuuletusaukko *(n.)* vent
tuuli *(n.)* wind
tuuliajolla *(adj.)* adrift
tuulilasi *(n.)* windscreen
tuulimittari *(n.)* anemometer
tuulimylly *(n.)* windmill
tuulinen *(adj.)* windy
tuultaa *(v.)* winnow
tuuma *(n.)* inch
tuumailla *(v.)* wonder
tuumia *(v.)* muse
tuuppaus *(n.)* jostle
tuuppia *(v.)* jostle

tuuppia *(v.)* nudge
tuuri *(n.)* luck
tuutori *(n.)* tutor
tuutti *(n.)* cone
tuutulaulu *(n.)* lullaby
TV-työ *(n.)* screenwork
tyhjennysputki *(n.)* drainpipe
tyhjentyä *(v.)* deflate
tyhjentää *(v.)* empty
tyhjentää *(v.)* void
tyhjentää suoli *(v.)* purge
tyhjin käsin *(adj.)* empty-handed
tyhjiö *(n.)* vacuum
tyhjyys *(n.)* nothing
tyhjyys *(n.)* void
tyhjä *(adj.)* blank
tyhjä *(adj.)* empty
tyhjä *(adj.)* null
tyhmyri *(n.)* simpleton
tyhmyys *(n.)* stupidity
tyhmä *(adj.)* dumb
tyhmä *(adj.)* stupid
tyhmänrohkea *(adj.)* temeritous
tyhmänrohkeus *(n.)* temerity
tykistö *(n.)* artillery
tykistö *(n.)* bombardment
tykittää *(v.)* cannonade
tykki *(n.)* cannon
tykkimies *(n.)* bombardier
tykkäys *(n.)* like
tykyttää *(v.)* palpitate
tykyttää *(v.)* pulsate
tykyttää *(v.)* throb
tykytys *(n.)* palpitation
tykytys *(n.)* throb
tykätä *(v.)* like
tyköistuva *(n.)* snug
tylppä *(adj.)* blunt
tylppä *(adj.)* obtuse
tylsistyttää *(v.)* dull
tylsä *(adj.)* dull
tyly *(adj.)* brusque
tyly *(adj.)* dour
tynkä *(n.)* stub
tynnyri *(n.)* barrel
tynnyri *(n.)* cask
typerys *(n.)* dunce
typerys *(n.)* fool

typerä *(adj.)* dopey
typerä *(adj.)* foolish
typpi *(n.)* nitrogen
tyranni *(n.)* tyrant
tyrannia *(n.)* tyranny
tyrehdyttää *(v.)* stunt
tyrkyttää *(v.)* ply
tyrmistys *(n.)* bewilderment
tyrmistys *(n.)* consternation
tyrmistys *(n.)* dismay
tyrmistyttää *(v.)* bewilder
tyrmätä *(v.)* bash
tyrmätä *(v.)* floor
tyrmätä *(v.)* stun
tyrmäys *(n.)* bash
tyrmäys *(n.)* knockout
tyrä *(n.)* hernia
tyttö *(n.)* girl
tyttömäinen *(adj.)* girlish
tytär *(n.)* daughter
tyydytettävä *(adj.)* satiable
tyydyttäminen *(n.)* gratification
tyydyttävä *(adj.)* satisfactory
tyydyttää *(v.)* satisfy
tyydytys *(n.)* satisfaction
tyyli *(n.)* style
tyylikäs *(adj.)* chic
tyylikäs *(adj.)* stylish
tyyneys *(n.)* calmness
tyyneys *(n.)* stillness
tyyni *(adj.)* sedate
tyyni *(adj.)* still
tyyni jakso *(n.)* still
tyynnyttävä *(adj.)* placative
tyynnyttää *(v.)* becalm
tyynnyttää *(v.)* soothe
tyyntyminen *(n.)* abatement
tyyny *(n.)* pillow
tyypillinen *(adj.)* typical
tyyppi *(n.)* azote
tyyppi *(n.)* type
tyyris *(adj.)* sumptuous
tyytymättömyys *(n.)* discontent
tyytymättömyys *(n.)* displeasure
tyytymättömyys *(n.)* dissatisfaction
tyytymätön *(adj.)* malcontent
tyytymätön henkilö *(n.)* malcontent
tyytyväinen *(adj.)* content

tyytyväisyys *(n.)* contentment
tyytyä *(v.)* acquiesce
työ *(n.)* job
työ *(n.)* work
työharjoittelija *(n.)* intern
työkalu *(n.)* tool
työkalupakki *(n.)* toolkit
työkaveri *(n.)* co-worker
työllistää *(v.)* employ
työllisyys *(n.)* employment
työläinen *(n.)* labourer
työläs *(adj.)* laborious
työmies *(n.)* workman
työnantaja *(n.)* employer
työnjohtaja *(n.)* supervisor
työntekijä *(n.)* employee
työntekijä *(n.)* worker
työntekijäpuoli *(n.)* shopfloor
työntyminen *(n.)* penetration
työntyä *(v.)* penetrate
työntää *(v.)* push
työntö *(n.)* push
työntövoima *(n.)* thrust
työpaja *(n.)* workshop
työpalkka *(n.)* pay
työpöytä *(n.)* desktop
työskennellä *(v.)* work
työtakki *(n.)* smock
työtaso *(n.)* counter
työteliäs *(adj.)* hard-working
työttömyyspäiväraha *(n.)* dole
työtön *(adj.)* jobless
työura *(n.)* career
työvoima *(n.)* labour
työvuoro *(n.)* shift
tähdellinen *(adj.)* major
tähdikäs *(adj.)* starry
tähdistö *(n.)* constellation
tähdittää *(v.)* star
tähdätä *(v.)* aim
tähteet *(n.)* leftover
tähteet *(n.)* scrap
tähteys *(n.)* stardom
tähti *(n.)* star
tähti- *(adj.)* astral
tähti- *(adj.)* stellar
tähtikuvio *(n.)* asterism
tähtimerkki *(n.)* asterisk

tähtisumu *(n.)* nebula
tähtitiede *(n.)* astronomy
tähtitieteilijä *(n.)* astronomer
tähyillä *(v.)* watch
tähän *(adv.)* hither
tähän mennessä *(adv.)* hitherto
täi *(n.)* louse
täkki *(n.)* duvet
täkki *(n.)* quilt
tällöin *(adv.)* now
tämä päivä *(n.)* today
tämä yö *(n.)* tonight
tämänhetkinen *(adj.)* current
tänne *(adv.)* here
tänä yönä *(adv.)* tonight
tänään *(adv.)* today
täplä *(n.)* blip
täpläkuviointi *(n.)* mottle
täpärä *(adj.)* close
täpötäysi *(adj.)* crowded
täpötäysi *(adj.)* jam-packed
täristää *(v.)* jolt
tärkein *(adj.)* paramount
tärkein *(adj.)* premier
tärkeys *(n.)* importance
tärkeä *(adj.)* important
tärkkelys *(n.)* starch
tärpätti *(n.)* turpentine
tärskyt *(n.)* tryst
tärvellä *(v.)* mar
tärähdys *(n.)* jolt
täsmentää *(v.)* elaborate
täsmälleen *(adv.)* exactly
täsmällinen *(adj.)* elaborate
täsmällinen *(adj.)* exact
täsmällinen *(adj.)* precise
täsmällisyys *(n.)* precision
tästä lähin *(adv.)* henceforward
täten *(adv.)* thus
täti *(n.)* aunt
täydellinen *(adj.)* complete
täydellinen *(adj.)* perfect
täydellistymä *(n.)* completion
täydellisyys *(n.)* perfection
täydennys *(n.)* complement
täydennysvaali *(n.)* by-election
täydentävä *(adj.)* adscititious
täydentävä *(adj.)* complementary

täydentää *(v.)* replenish
täydentää *(v.)* supplement
täynnä *(adv.)* full
täysi *(adj.)* full
täysi *(adj.)* whole-hearted
täysijärkinen *(adj.)* sane
täysikasvuinen *(adj.)* mature
täysikuu *(n.)* full moon
täysin *(adv.)* fully
täysin *(adv.)* wholly
täyskäännös *(n.)* about-turn
täyskäännös *(n.)* reversal
täystuho *(n.)* obliteration
täytekynä *(n.)* pen
täyteläinen *(adj.)* mellow
täyteläisyys *(n.)* fullness
täyttymys *(n.)* fulfilment
täyttää *(v.)* fulfil
täytyä *(v.)* must
töherrys *(n.)* daub
töhriä *(v.)* smear
töhry *(n.)* smear
tökerö *(adj.)* ungainly
tökkiä *(v.)* poke
töksähtävä *(adj.)* terse
töksäyttelevästi *(adv.)* tersely
tökätä *(v.)* jab
tölkki *(n.)* can
töllistellä *(v.)* gawk
tömähdys *(n.)* thud
tömähtää *(v.)* thud
tönäistä *(v.)* shove
tönäisy *(n.)* shove
törkeä *(adj.)* crass
törkeä rikos *(n.)* felony
törkimys *(n.)* scruff
törkyinen *(adj.)* foul
törmätä *(v.)* collide
törmätä kylkeen *(v.)* T-bone
törmäys *(n.)* collision
töykeys *(n.)* snub
töykeä *(adj.)* rude
töykeä *(adj.)* snub
töytäisy *(n.)* put

U

uberseksuaali *(n.)* ubersexual
uberseksuaalinen *(adj.)* ubersexual
ufo *(n.)* ufo
ufotutkija *(n.)* ufologist
ufotutkimus *(n.)* ufology
uhata *(v.)* menace
uhka *(n.)* hazard
uhka *(n.)* menace
uhkailla *(v.)* threaten
uhkapelaaja *(n.)* gambler
uhkapelata *(v.)* gamble
uhkapeli *(n.)* gamble
uhkarohkea *(adj.)* reckless
uhkaus *(n.)* threat
uhkavaatimus *(n.)* ultimatum
uhma *(n.)* defiance
uhmakas *(adj.)* defiant
uhmamieli *(n.)* bravado
uhmata *(v.)* defy
uhraus *(n.)* oblation
uhraus *(n.)* sacrifice
uhrautua *(v.)* sacrifice
uhrautuva *(adj.)* sacrificial
uhri *(n.)* victim
uida *(v.)* swim
uimari *(n.)* swimmer
uinti *(n.)* swim
uiskenteleva *(adj.)* natant
ujo *(adj.)* bashful
ujo *(n.)* shy
ujostella *(v.)* shy
ukkonen *(n.)* thunder
ukkosmyrsky *(n.)* thunderstorm
ukkostaa *(v.)* thunder
ukulele *(n.)* ukelele
ukulelen soittaja *(n.)* ukeleleist
ulappa *(n.)* offing
ulina *(n.)* ululation
ulista *(v.)* ululate
uljas *(adj.)* gallant
uljuus *(n.)* gallantry
ulkoilma- *(adj.)* outdoor
ulkoinen *(adj.)* extrinsic
ulkoinen *(adj.)* outside
ulkoisesti *(adv.)* extrinsically
ulkoisesti *(adv.)* outwardly
ulkokatto *(n.)* rooftop
ulkokäymälä *(n.)* latrine
ulkoluku *(n.)* rote
ulkomaailma *(n.)* outworld
ulkomaalainen *(n.)* foreigner
ulkomailla *(adv.)* abroad
ulkomainen *(adj.)* foreign
ulkomuoto *(n.)* appearance
ulkona *(adj.)* out
ulkona *(adv.)* outside
ulkonaliikkumiskielto *(n.)* curfew
ulkonäkö *(n.)* semblance
ulkopuolella *(prep.)* out
ulkopuolella *(prep.)* outside
ulkopuoli *(n.)* outside
ulkopuolinen *(adj.)* external
ulkopuolinen *(n.)* outsider
ulkorakennus *(n.)* outhouse
ullakko *(n.)* loft
ullakko *(n.)* attic
ulompi *(adj.)* outer
ulos *(adv.)* out
uloskirjaus *(n.)* logout
uloskäynti *(n.)* exit
ulosottaa *(v.)* levy
ulosotto *(n.)* levy
ulosottomies *(n.)* bailiff
ulospäin *(adv.)* outward
ulospäin *(adv.)* outwards
ulospäin suuntautuva *(adj.)* outward
ulospääsy *(n.)* let-out
ulostaa *(v.)* defecate
uloste *(n.)* feces
uloste- *(adj.)* fecal
ulottua *(v.)* extend
ulottuvuus *(n.)* ambit
ulottuvuus *(n.)* dimension
ulottuvuus *(n.)* reach
ultra *(n.)* ultra
ultrakompakti *(adj.)* ultracompact
ultravioletti *(adj.)* ultraviolet
ultraviolettisäteily *(n.)* ultraviolet
ultraäänet *(n.)* ultrasonics
ultraääni *(n.)* ultrasound
ultraääninen *(adj.)* ultrasonic

ulvoa *(v.)* howl	**ura** *(n.)* groove
ulvoa *(v.)* wail	**urakoida** *(v.)* labour
ulvonta *(n.)* howl	**urakoitsija** *(n.)* contractor
ulvonta *(n.)* wail	**urbaani** *(adj.)* urbane
ummetus *(n.)* constipation	**urhea** *(adj.)* brave
umpikuja *(n.)* deadlock	**urheilija** *(n.)* athlete
umpikuja *(n.)* impasse	**urheilija** *(n.)* sportsman
umpilisäke *(n.)* appendix	**urheilu** *(n.)* sport
umpilisäkkeen tulehdus *(n.)* appendicitis	**urheiluauto** *(n.)* roadster
	urheilullinen *(adj.)* athletic
umpimähkäinen *(adj.)* haphazard	**urheilullinen** *(adj.)* sportive
umpimähkäinen *(adj.)* indiscriminate	**urhoollinen** *(adj.)* valiant
uneksia *(v.)* dream	**urhoollisuus** *(n.)* valour
uneksija *(n.)* dreamer	**urinaali** *(n.)* urinal
uneksivasti *(adv.)* dreamily	**urittaa** *(v.)* groove
uneliaisuus *(n.)* lethargy	**urkkia** *(v.)* pry
uneliaisuus *(n.)* somnolence	**urkkia** *(v.)* snoop
unelias *(adj.)* lethargic	**uroshanhi** *(n.)* gander
unelias *(adj.)* somnolent	**uroshirvi** *(n.)* stag
unenomainen *(adj.)* dreamy	**uroteko** *(n.)* bravery
unensieppaaja *(n.)* dreamcatcher	**urotyö** *(n.)* exploit
unessa *(adv.)* asleep	**usea** *(adj.)* several
uni *(n.)* dream	**usein** *(adv.)* often
uni *(n.)* sleep	**uskalias** *(adj.)* daring
uniikki *(adj.)* unique	**uskallus** *(n.)* daring
unilääke *(n.)* narcotic	**uskallus** *(n.)* hardihood
unimaailma *(n.)* dreamworld	**uskaltaa** *(v.)* dare
uninen *(adj.)* sleepy	**uskaltautua** *(v.)* venture
unioni *(n.)* union	**usko** *(n.)* belief
unionisti *(n.)* unionist	**usko** *(n.)* faith
unissakävelijä *(n.)* somnambulist	**uskoa** *(v.)* believe
unissakävely *(n.)* somnambulism	**uskoa haltuun** *(v.)* entrust
universaali *(adj.)* universal	**uskoa kolmannen osapuolen haltuun** *(v.)* escrow
universaalisuus *(n.)* universality	
universumi *(n.)* universe	**uskollinen** *(adj.)* faithful
unohtaa *(v.)* forget	**uskollinen kannattaja** *(n.)* stalwart
unohtavainen *(adj.)* forgetful	**uskollisuudenvala** *(n.)* homage
unssi *(n.)* ounce	**uskollisuus** *(n.)* allegiance
untuvikko *(n.)* nestling	**uskomaton** *(adj.)* incredible
upea *(adj.)* dashing	**uskomaton** *(adj.)* unbelievable
upea *(adj.)* gorgeous	**uskonkappale** *(n.)* dogma
upota *(v.)* submerge	**uskonnollinen** *(adj.)* religious
upottaa *(v.)* dunk	**uskonto** *(n.)* religion
upottaa *(v.)* scuttle	**uskontunnustus** *(n.)* creed
upotus *(n.)* immersion	**uskottava** *(adj.)* credible
uppiniskainen *(adj.)* insubordinate	**uskottomuus** *(n.)* adultery
uppoutua *(v.)* immerse	**uskottu** *(n.)* confidant
uppoutua *(n.)* swamp	**uskoutua** *(v.)* confide

uskovainen *(n.)* devotee
usva *(n.)* mist
usvainen *(adj.)* misty
utare *(n.)* udder
uteleva *(adj.)* nosy
uteliaisuus *(n.)* curiosity
utelias *(adj.)* curious
utilitaristinen *(adj.)* utilitarian
utopia *(n.)* utopia
utopistinen *(adj.)* utopian
utu *(n.)* haze
utuinen *(adj.)* hazy
utukarvoitus *(n.)* lanugo
uudelleen *(adv.)* anew
uudelleenaktivointi *(n.)* reactivation
uudelleenarviointi *(n.)* reappraisal
uudelleenhyväksyntä *(n.)* reapproval
uudelleenhyväksyä *(v.)* reaccept
uudelleenilmestyminen *(n.)* reappearance
uudelleenjärjestää *(v.)* resort
uudelleenkohdistaminen *(n.)* reallocation
uudelleenkompensointi *(n.)* recompense
uudelleenliitos *(n.)* reannexation
uudisasukas *(n.)* settler
uudistaja *(n.)* reformer
uudistua *(v.)* reform
uudistuksellinen *(adj.)* reformatory
uudistus *(n.)* reform
uuhi *(n.)* ewe
uumoilla *(v.)* suspect
uuni *(n.)* oven
uupua *(v.)* fatigue
uupua *(v.)* weary
uupumus *(n.)* fatigue
uupunut *(adj.)* weary
uurastaa *(v.)* moil
uurna *(n.)* casket
uurna *(n.)* urn
uurre *(n.)* rut
uurteinen *(adj.)* rut
uusi *(adj.)* new
uusia *(v.)* renew
uusiminen *(n.)* renewal
uusintahakemus *(n.)* reapplication
uusintapainos *(n.)* reprint

uusiorengas *(n.)* retread
uusiutua *(v.)* recur
uusiutuminen *(n.)* recurrence
uusiutuva *(adj.)* recurrent
uuskokoonpano *(n.)* reconfiguration
uute *(n.)* extract
uutisankka *(n.)* canard
uutiset *(n.)* news
uutiset *(n. pl.)* tidings
uutiskooste *(n.)* bulletin
uutisotsikko *(n.)* headline
uutistoimittaja *(n.)* reporter
uuttaa *(v.)* extract
uuttera *(adj.)* industrious
uutuudenviehätys *(n.)* novelty
uuvuttaa *(v.)* exhaust
uuvuttaa *(v.)* sap
uv-valossa hohtava *(adj.)* fluorescent

vaadin *(n.)* doe
vaahdota *(v.)* foam
vaahto *(n.)* foam
vaahtoinen *(adj.)* foamy
vaaka *(n.)* scale
vaakasuora *(adj.)* level
vaakku *(n.)* quack
vaakkua *(v.)* quack
vaaksa *(n.)* span
vaaleanpunainen *(adj.)* pink
vaaleanpunainen väri *(n.)* pink
vaaleanpunertava *(adj.)* pinkish
vaalia *(v.)* cherish
vaalia *(v.)* doating
vaalia *(v.)* treasure
vaalipiiri *(n.)* constituency
vaalit *(n.)* election
vaappua *(v.)* wabble
vaappuva *(adj.)* wabbly
vaara *(n.)* danger
vaara *(n.)* jeopardy
vaarallinen *(adj.)* dangerous
vaarantaa *(v.)* endanger
vaarantaa *(v.)* hazard
vaarantaa *(v.)* imperil

vaarantaa *(v.)* peril
vaarantunut *(adj.)* endangered
vaaratilanne *(n.)* peril
vaate *(n.)* cloth
vaatekappale *(n.)* garment
vaatekomero *(n.)* wardrobe
vaatetus *(n.)* apparel
vaatetus *(n.)* clothing
vaatia *(v.)* insist
vaatia takaisin *(v.)* reclaim
vaatija *(n.)* claimant
vaatimaton *(adj.)* modest
vaatimattomuus *(n.)* modesty
vaatimus *(n.)* demand
vaatimus *(n.)* insistence
vaativa *(adj.)* demanding
vaatteet *(n.)* clothes
vadelma *(n.)* raspberry
vadelmanpunainen *(adj.)* raspberry
vaellella *(v.)* ferret
vaellella *(v.)* wander
vaha *(n.)* wax
vahata *(v.)* wax
vahattu *(adj.)* cerated
vahingoittaa *(adj.)* damaging
vahingoittaa *(v.)* harm
vahingollinen *(adj.)* harmful
vahingollinen *(adj.)* injurious
vahingon hallinta *(n.)* damage control
vahingoniloinen *(adj.)* malicious
vahingonkorvaus *(n.)* indemnity
vahingossa *(adv.)* accidentally
vahinko *(n.)* accident
vahinko *(n.)* damage
vahtimestari *(n.)* usher
vahva *(adj.)* strong
vahvistaa *(v.)* affirm
vahvistaa *(v.)* amplify
vahvistaa *(v.)* confirm
vahvistaa *(v.)* corroborate
vahvistaa *(v.)* reinforce
vahvistaa *(v.)* strengthen
vahvistaa uudelleen *(v.)* reamplify
vahvistava *(adj.)* corroborative
vahvistin *(n.)* amplifier
vahvistukset *(n.)* reinforcement
vahvistus *(n.)* amplification
vahvistus *(n.)* confirmation

vahvuus *(n.)* forte
vaientaa *(n.)* mute
vaientaa *(v.)* silence
vaihdelaatikko *(n.)* gearbox
vaihdella *(v.)* range
vaihdella *(v.)* vary
vaihe *(n.)* phase
vaihtaa *(v.)* exchange
vaihtaa *(v.)* interchange
vaihtaa raidetta *(v.)* shunt
vaihteisto *(n.)* gearset
vaihteleva *(adj.)* shifty
vaihteleva *(adj.)* variable
vaihtelu *(n.)* variation
vaihtelu *(n.)* vicissitude
vaihto *(n.)* exchange
vaihtoehto *(n.)* option
vaihtoehtoinen *(adj.)* alternative
vaihtoehtoisesti *(adv.)* alternatively
vaihtokauppa *(n.)* trade
vaihtua *(v.)* shift
vaikea *(adj.)* difficult
vaikea *(adj.)* severe
vaikeaselkoinen *(adj.)* abstruse
vaikeaselkoisuus *(n.)* illegibility
vaikeroida *(v.)* groan
vaikerrus *(n.)* groan
vaikerrus *(n.)* lament
vaikertaa *(v.)* lament
vaikeuksissa *(adj.)* beleaguered
vaikeus *(n.)* difficulty
vaikeus *(n.)* trouble
vaikeuttaa *(v.)* aggravate
vaikka *(conj.)* although
vaikka *(conj.)* notwithstanding
vaikka *(conj.)* though
vaikkakin *(conj.)* albeit
vaikku *(n.)* cerumen
vaikutelma *(n.)* impression
vaikutin *(n.)* inducement
vaikuttaa *(v.)* affect
vaikuttaa *(v.)* influence
vaikuttaminen *(n.)* affection
vaikuttava *(adj.)* effective
vaikuttava *(adj.)* impressive
vaikuttava *(adj.)* spectacular
vaikutus *(n.)* effect
vaikutus *(n.)* impact

vaikutusvalta *(n.)* influence
vaikutusvalta *(n.)* prestige
vaikutusvaltainen *(adj.)* influential
vaikutusvaltainen *(adj.)* prestigious
vailla *(prep.)* without
vailla oleva *(adj.)* devoid
vailla siteitä *(adj.)* footloose
vaille *(prep.)* of
vaimennin *(n.)* muffler
vaimennus *(n.)* attenuance
vaimentaa *(v.)* muffle
vaimo *(n.)* wife
vain *(adv.)* only
vaino *(n.)* persecution
vainota *(v.)* persecute
vainuta *(v.)* scent
vaippa *(n.)* diaper
vaisto *(n.)* instinct
vaistomainen *(adj.)* instinctive
vaiti *(adj.)* tacit
vaiva *(n.)* botheration
vaivainen *(adj.)* miserable
vaivalloinen *(adj.)* arduous
vaivalloinen *(adj.)* painstaking
vaivalloinen *(adj.)* troublesome
vaivannäkö *(n.)* effort
vaivata *(v.)* afflict
vaivata *(v.)* plague
vaivata *(v.)* trouble
vaivaton *(adj.)* effortless
vaivautua *(v.)* bother
vajaa- *(adj.)* neap
vajaus *(n.)* deficiency
vajaus *(n.)* shortcoming
vaje *(n.)* deficit
vaje *(n.)* lack
vaje *(n.)* shortfall
vajoama *(n.)* valley
vajota *(v.)* sink
vakaa *(adj.)* stable
vakaumus *(n.)* conviction
vakaus *(n.)* stability
vakautus *(n.)* stabilization
vakava *(adj.)* serious
vakavarainen *(adj.)* prudential
vakavuus *(n.)* severity
vakiintua *(v.)* stabilize
vakinaisesti asuva *(adj.)* resident

vakio- *(adj.)* standard
vako *(n.)* furrow
vakoilla *(v.)* spy
vakomitta *(n.)* furlong
vakooja *(n.)* spy
vakosametti *(n.)* corduroy
vakuutella *(v.)* reassure
vakuuttaa *(v.)* assure
vakuuttaa *(v.)* convince
vakuuttaa *(v.)* insure
vakuuttava *(adj.)* cogent
vakuutus *(n.)* assurance
vakuutus *(n.)* insurance
vala *(n.)* oath
vala *(n.)* vow
valaa *(v.)* infuse
valaa muottiin *(v.)* remould
valaehtoinen todistus *(n.)* affidavit
valaista *(v.)* enlighten
valaista *(v.)* light
valaista valonheittimellä *(v.)* floodlight
valaisu *(n.)* illumination
valamiehistö *(n.)* jury
valamies *(n.)* juryman
valan rikkova *(adj.)* oathbreaking
valanrikkoja *(n.)* oathbreaker
valanteko *(n.)* adjuration
valas *(n.)* whale
vale *(n.)* lie
vale- *(adj.)* bogus
valehdella *(v.)* lie
valehtelija *(n.)* liar
valella *(v.)* douse
valepuku *(n.)* guise
valheellinen *(adj.)* mendacious
validoida *(v.)* validate
valikoida *(v.)* select
valikoima *(n.)* assortment
valikoima *(n.)* selection
valikoitu *(adj.)* select
valikoiva *(adj.)* choosy
valikoiva *(adj.)* selective
valimo *(n.)* foundry
valinnainen *(adj.)* optional
valinta *(n.)* choice
valita *(v.)* choose
valita *(v.)* elect

valita *(v.)* opt	**valmis-** *(adj.)* ready-made
valita sanamuoto *(v.)* word	**valmistaa** *(v.)* fabricate
valita uhrikseen *(v.)* victimize	**valmistaa** *(v.)* manufacture
valitettava *(adj.)* deplorable	**valmistaja** *(n.)* manufacturer
valitettava *(adj.)* lamentable	**valmiste** *(n.)* make
valittaa *(v.)* complain	**valmisteleva** *(adj.)* preparatory
valittaa *(v.)* deplore	**valmistella** *(v.)* prepare
valittaja *(n.)* appellant	**valmistelu** *(n.)* preparation
valitus *(n.)* complaint	**valmistevero** *(n.)* excise
valitusvirsi *(n.)* lamentation	**valmistua yliopistosta** *(v.)* graduate
valjaat *(n.)* harness	**valmistujaiset** *(n.)* graduation ceremony
valjastaa *(v.)* harness	**valmistus** *(n.)* fabrication
valkaista *(v.)* bleach	**valmistus** *(n.)* manufacture
valkaista *(v.)* whiten	**valmius** *(n.)* readiness
valkeahko *(adj.)* whitish	**valo** *(n.)* light
valkoinen *(n.)* white	**valoisa** *(adj.)* bright
valkoinen *(adj.)* white	**valokeila** *(n.)* searchlight
valkopestä *(v.)* whitewash	**valokopio** *(n.)* photocopy
valkopesu *(n.)* whitewash	**valokopio** *(n.)* xerox
valkosipuli *(n.)* garlic	**valokopioida** *(v.)* xerox
valkosipulinen *(adj.)* garlicky	**valokuva** *(n.)* photograph
valkuainen *(n.)* albumen	**valokuvaaja** *(n.)* photographer
vallankaappaus *(n.)* coup	**valokuvamainen** *(adj.)* photographic
vallankaappaus *(n.)* takeover	**valokuvata** *(v.)* photograph
vallankumouksellinen *(n.)* revolutionary	**valokuvauksellinen** *(adj.)* photogenic
vallankumous *(n.)* revolution	**valokuvaus** *(n.)* photography
vallankumous- *(adj.)* revolutionary	**valonheitin** *(n.)* floodlight
vallanperijä *(n.)* successor	**valonlähde** *(n.)* luminary
vallanperimys *(n.)* succession	**valottaa** *(v.)* illuminate
vallata *(v.)* whelm	**valovoimainen** *(adj.)* luminous
vallihauta *(n.)* moat	**valpas** *(adj.)* vigilant
vallita *(v.)* dominate	**valppaus** *(n.)* vigilance
vallita *(v.)* prevail	**valta** *(n.)* dominion
vallita kaikkialla *(v.)* transcend	**valta-asema** *(n.)* ascendancy
vallitseva *(adj.)* dominant	**valta-asema** *(n.)* domination
vallitseva *(adj.)* prevalent	**valtaisa** *(adj.)* tremendous
vallitsevuus *(n.)* prevalence	**valtaistuin** *(n.)* throne
vallittaa *(v.)* entrench	**valtakirja** *(n.)* credential
vallitus *(n.)* entrenchment	**valtakunta** *(n.)* realm
valloittaa *(v.)* captivate	**valtameri** *(n.)* ocean
valloittaa *(v.)* conquer	**valtameritutkija** *(n.)* oceanographer
valloittaa takaisin *(v.)* reconquer	**valtaoikeus** *(n.)* prerogative
valloittaja *(n.)* conquerer	**valtatie** *(n.)* highway
valloittava *(adj.)* winsome	**valtava** *(adj.)* enormous
valloitus *(n.)* conquest	**valtava** *(adj.)* huge
valmentaja *(n.)* coach	**valtikka** *(n.)* sceptre
valmis *(adj.)* ready	**valtimo** *(n.)* artery

valtioliitto *(n.)* bloc
valtioliitto *(n.)* confederation
valtiomuoto *(n.)* polity
valtionmies *(n.)* statesman
valtti *(n.)* trump
valtuuskunta *(n.)* delegacy
valtuusto *(n.)* delegation
valtuutettu *(adj.)* accredited
valtuutettu *(n.)* assignee
valtuutettu *(n.)* delegator
valtuuttaa *(v.)* authorize
valtuuttaa *(v.)* depute
valuttaa *(v.)* drain
valuutta *(n.)* currency
valuuttakurssi *(n.)* exchange rate
valuvika *(n.)* flaw
valvoa *(v.)* invigilate
valvoa *(v.)* oversee
valvoa *(v.)* police
valvoa *(v.)* superintend
valvoa järjestystä *(v.)* proctor
valvoja *(n.)* attendant
valvoja *(n.)* invigilator
valvoja *(n.)* overseer
valvominen *(n.)* superintendence
valvonta *(n.)* invigilation
valvonta *(n.)* oversight
vamma *(n.)* disability
vamma *(n.)* handicap
vammainen *(adj.)* disabled
vammauttaa *(v.)* disable
vammautua *(v.)* handicap
vana *(n.)* scape
vanata *(v.)* scape
vanavesi *(n.)* wake
vandalisoida *(v.)* vandalize
vaneri *(n.)* plywood
vanginvartija *(n.)* jailer
vanginvartija *(n.)* warder
vangita *(v.)* imprison
vangita *(v.)* jail
vangita *(v.)* remand
vangittu *(adj.)* captive
vanha *(adj.)* old
vanhanaikainen *(adj.)* antiquated
vanhanaikainen *(adj.)* outmoded
vanhapiika *(n.)* spinster
vanhemmuus *(n.)* parentage

vanhemmuus *(n.)* seniority
vanhempain- *(adj.)* parental
vanhempi *(adj.)* elder
vanhempi *(n.)* elder
vanhempi *(n.)* parent
vanhempi *(adj.)* senior
vanhempien murha *(n.)* parricide
vanhentunut *(adj.)* obsolete
vanhentunut *(adj.)* outdated
vanhoillinen *(adj.)* staid
vanhurskas *(adj.)* righteous
vanhus *(n.)* old
vanhuudenheikko *(adj.)* debile
vanhuus *(n.)* old age
vankeus *(n.)* captivity
vanki *(n.)* captive
vanki *(n.)* inmate
vanki *(n.)* prisoner
vankila *(n.)* jail
vankila *(n.)* prison
vankilanjohtaja *(n.)* warden
vankityrmä *(n.)* dungeon
vankka *(adj.)* husky
vankka *(adj.)* steady
vankkumaton *(adj.)* staunch
vankkurit *(n.)* wain
vankkuus *(n.)* steadiness
vannoa *(v.)* swear
vannoa *(v.)* vow
vannoa väärä vala *(v.)* forswear
vanukas *(n.)* pudding
vanupuikko *(n.)* swab
vapa *(n.)* rod
vapaa *(adj.)* free
vapaa *(adj.)* vacant
vapaaehtoinen *(adj.)* voluntary
vapaaehtoisesti *(adv.)* voluntarily
vapaaehtoistyöntekijä *(n.)* volunteer
vapaamielinen *(adj.)* liberal
vapaamielisyys *(n.)* liberalism
vapaatoimija *(n.)* freelancer
vapahtaa *(v.)* liberate
vapahtaa *(v.)* savour
vapahtaja *(n.)* saviour
vapaus *(n.)* freedom
vapaus *(n.)* liberty
vapautettu *(adj.)* exempt
vapauttaa *(v.)* absolve

vapauttaa *(v.)* decontrol
vapauttaa *(v.)* emancipate
vapauttaa *(v.)* free
vapauttaa *(v.)* manumit
vapauttaa syytteestä *(v.)* acquit
vapauttaa velvollisuudesta *(v.)* exempt
vapauttaja *(n.)* liberator
vapauttaminen *(n.)* liberation
vapautuminen *(n.)* emancipation
vapautuminen *(n.)* release
vapautus *(n.)* deliverance
vapautus *(v.)* release
vapina *(n.)* tremor
vapista *(v.)* shiver
vapista *(v.)* tremble
vara- *(n.)* backup
vara- *(adj.)* spare
varakas *(adj.)* affluent
varakkuus *(n.)* affluence
varakuningas *(n.)* viceroy
varallisuus *(n.)* wealth
varaosa *(n.)* replacement
varas *(n.)* thief
varashälytin *(n.)* burglar alarm
varastaa *(v.)* steal
varasto *(n.)* storage
varasto- *(adj.)* stock
varastoida *(v.)* stock
varastorakennus *(n.)* godown
varastorakennus *(n.)* warehouse
varata *(v.)* allocate
varata *(v.)* book
varata *(v.)* reserve
varata etukäteen *(v.)* bespeak
varattu *(adj.)* occupied
varattu *(adj.)* taken
varauma *(n.)* proviso
varaus *(n.)* allocation
varaus *(n.)* reservation
varhainen *(adj.)* initial
varhaisempi *(adj.)* prior
varhaislapsuus *(n.)* infancy
varhentaa *(v.)* backdate
varianssi *(n.)* variance
varikko *(n.)* depot
variottava *(adj.)* cautionary
varis *(n.)* crow

varjo *(n.)* shadow
varjoisa *(adj.)* shadowy
varjopuoli *(n.)* drawback
varjostaa *(v.)* occult
varjostaa *(v.)* shade
varjostaa *(v.)* shadow
varjostin *(n.)* shade
varkain *(adv.)* stealthily
varma *(adj.)* certain
varma *(adj.)* reliable
varma *(adj.)* secure
varma *(adj.)* sure
varmasti *(adv.)* certainly
varmasti *(adv.)* surely
varmentaa nimikirjoituksella *(v.)* countersign
varmistaa *(v.)* ascertain
varmistaa *(v.)* secure
varmuus *(n.)* certainty
varmuus *(n.)* certitude
varmuus *(n.)* surety
varoa *(v.)* beware
varoittaa *(v.)* warn
varoitus *(n.)* caution
varoitus *(n.)* warning
varoitus- *(adj.)* monitory
varomaton *(adj.)* careless
varotoimi *(n.)* precaution
varovainen *(adj.)* careful
varovainen *(adj.)* cautious
varovainen *(adj.)* wary
varpu *(n.)* shrub
varpu *(n.)* twig
varpu *(n.)* withe
varpunen *(n.)* sparrow
varrastaa *(v.)* spear
varsa *(n.)* foal
varsinainen *(adj.)* actual
varsinaisesti *(adv.)* actually
varsinkin *(adv.)* particularly
varsoa *(v.)* foal
varte *(n.)* grain
varteenotettava *(adj.)* noteworthy
varten *(prep.)* for
vartija *(n.)* guard
vartija *(n.)* sentinel
vartioida *(v.)* guard
vartiomies *(n.)* sentry

varttaa *(v.)* graft
varuillaan *(adj.)* alert
varuillaanolo *(n.)* alertness
varuskunta *(n.)* garisson
varustaa *(v.)* accoutre
varustaa *(v.)* equip
varustaa *(v.)* outfit
varustaa *(v.)* supply
varustaa alaviittein *(v.)* footnote
varustaa katolla *(v.)* roof
varustaa nimikirjaimilla *(v.)* initial
varustus *(n.)* accoutrement
varustus *(n.)* equipment
varvas *(n.)* toe
varvasluu *(n.)* phalanx
vasallin uskollisuus *(n.)* fealty
vasara *(n.)* hammer
vasaroida *(v.)* hammer
vasektomia *(n.)* vasectomy
vaseliini *(n.)* vaseline
vasemmistolainen *(n.)* leftist
vasen *(adj.)* left
vasen *(n.)* left
vasikka *(n.)* calf
vasta- *(pref.)* anti
vasta- *(pref.)* contra
vasta-aine *(n.)* antibody
vastaaja *(n.)* respondent
vasta-alkaja *(n.)* tenderfoot
vastaan *(prep.)* against
vastaanotin *(n.)* receiver
vastaanottaa *(v.)* receive
vastaanottaja *(n.)* addressee
vastaanottaja *(n.)* recipient
vastaanottavainen *(adj.)* receptive
vastaanotto *(n.)* reception
vastaava *(adj.)* equivalent
vastaehdokas *(n.)* opponent
vastahakoinen *(adj.)* disinclined
vastahakoinen *(adj.)* loath
vastahakoinen *(adj.)* reluctant
vastahakoisuus *(n.)* aversion
vastahakoisuus *(n.)* reluctance
vastaisku *(n.)* backlash
vastaisku *(n.)* counter-attack
vastakahdentaa *(v.)* redouble
vastakanta *(n.)* counterfoil
vastakappale *(n.)* counterpart

vastakkainasettelu *(n.)* juxtaposition
vastakkainen *(adj.)* contrary
vastakkaistettu *(adj.)* juxtaposed
vastakohta *(adj.)* opposite
vastalause *(n.)* demur
vastalause *(n.)* objection
vastalause *(n.)* protestation
vastalääke *(n.)* antidote
vastapäivään *(adv.)* anticlockwise
vastarinta *(n.)* opposition
vastarinta *(n.)* rebellion
vastasyntynyt *(adj.)* newborn
vastasyytös *(n.)* recrimination
vastata *(v.)* correspond
vastata *(v.)* reply
vastata *(v.)* respond
vastata kieltävästi *(v.)* decline
vastata samalla mitalla *(v.)* retaliate
vastaus *(n.)* answer
vastaus *(n.)* rejoinder
vastaus *(n.)* reply
vastaus *(n.)* response
vastedes *(adv.)* henceforth
vastenmielinen *(adj.)* disagreeable
vastenmielinen *(adj.)* obnoxious
vastenmielisyys *(n.)* disgust
vastoinkäyminen *(n.)* adversity
vastoinkäyminen *(n.)* hardship
vastoinkäyminen *(n.)* misfortune
vastustaa *(v.)* antagonize
vastustaa *(v.)* counteract
vastustaa *(v.)* object
vastustaa *(v.)* oppose
vastustaa *(v.)* resist
vastustaja *(n.)* adversary
vastustamaton *(adj.)* irresistible
vastustus *(n.)* resistance
vastustuskykyinen *(adj.)* resistant
vastuu *(n.)* responsibility
vastuualue *(n.)* remit
vastuullinen *(adj.)* accountable
vastuullinen *(adj.)* answerable
vastuullinen *(adj.)* responsible
vastuullisuus *(n.)* accountability
vastuuvapauslauseke *(n.)* waiver
vatkata *(v.)* whisk
vatsa *(n.)* abdomen
vatsa *(n.)* belly

vatsa *(n.)* stomach
vatsa- *(adj.)* gastric
vatsastapuhuja *(n.)* ventriloquist
vatsastapuhuminen *(n.)* ventriloquism
vatsastapuhuva *(adj.)* ventriloquistic
vatvoa *(v.)* dwell
vauhdikas *(adj.)* speedy
vauhdikkaasti *(adv.)* speedily
vaunu *(n.)* wagon
vaunut *(n.)* chariot
vaunut *(n.)* pram
vauras *(adj.)* opulent
vauras *(adj.)* prosperous
vauras *(adj.)* wealthy
vauraus *(n.)* opulence
vaurio *(n.)* injury
vaurioittaa *(v.)* injure
vauva *(n.)* baby
vauvamaha *(n.)* baby bump
vauvankestävä *(adj.)* babyproof
vauvanruoka *(n.)* baby food
vavista *(v.)* quiver
vedenalainen *(adj.)* submarine
vedenalainen laboratorio *(n.)* sealab
vedenkeitin *(n.)* kettle
vedenkeitin *(n.)* tea maker
vedenkestävyys *(n.)* waterproof
vedenkestävä *(adj.)* waterproof
vedonlyöjä *(n.)* bettor
vedonlyönti *(n.)* wager
vedonvälittäjä *(n.)* bookie
vedonvälittäjä *(n.)* bookmaker
vedota *(v.)* appeal
vedota *(v.)* entreat
vedota *(v.)* implore
vedota *(v.)* plead
vedättää *(v.)* mislead
vegaani *(n.)* vegan
vegaaninen *(adj.)* vegan
vegetaarinen *(adj.)* vegetarian
vehje *(n.)* gadget
vehkeillä *(v.)* beguile
vehmas *(adj.)* luxuriant
vehnä *(n.)* wheat
vehreä *(adj.)* verdant
veikata *(v.)* bet
veikkaava *(adj.)* betting
veistellä *(v.)* whittle

veistoksellinen *(adj.)* sculptural
veistos *(n.)* sculpture
veistäjä *(n.)* sculptor
veistää *(v.)* sculpt
veisu *(n.)* chant
veitikka *(n.)* wag
veitikkamainen *(adj.)* roguish
veitsi *(n.)* knife
vektori *(n.)* vector
vektori- *(adj.)* vectorial
velallinen *(n.)* debtor
velaton *(adj.)* debt-free
velho *(n.)* mage
velho *(n.)* sorcerer
velho *(n.)* wizard
veli *(n.)* brother
veljeillä *(v.)* hobnob
veljellinen *(adj.)* fraternal
veljen-/sisarenpoika *(n.)* nephew
veljen-/sisarentytär *(n.)* niece
veljenmurha *(n.)* fratricide
veljeskunta *(n.)* brotherhood
veljeys *(n.)* fraternity
velka *(n.)* debt
velkaantunut *(adj.)* indebted
velkatodistus *(n.)* debenture
veloittaa *(v.)* charge
veloitus *(n.)* charge
veloitus *(n.)* debit
veltostua *(v.)* enervate
veltto *(adj.)* droopy
veltto *(adj.)* enervated
veltto *(n.)* slothful
velvoite *(n.)* obligation
velvoittaa *(v.)* adjure
velvoittaa *(v.)* oblige
velvoittava *(adj.)* obligatory
velvollinen *(adj.)* liable
velvollisuudentuntoinen *(adj.)* dutiful
velvollisuus *(n.)* duty
velvollisuus *(n.)* liability
velvollisuutena oleva *(adj.)* incumbent
vempain *(n.)* gizmo
vene *(n.)* boat
veneilijä *(n.)* boatman
venevaja *(n.)* boathouse
venttiili *(n.)* valve
venyttää *(v.)* stretch

venytys *(n.)* stretch
venähdys *(n.)* rick
veranta *(n.)* porch
veranta *(n.)* veranda
verbaalinen *(adj.)* verbal
verbaalisesti *(adv.)* verbally
verbi *(n.)* verb
verenmyrkytys *(n.)* sepsis
verenpunainen *(adj.)* sanguine
verho *(n.)* curtain
verho *(n.)* drape
verhokauppias *(n.)* draper
verhota *(v.)* drape
verhota *(v.)* sheathe
veri *(n.)* blood
verilöyly *(n.)* bloodshed
verilöyly *(n.)* carnage
verinen *(adj.)* bloody
verkkainen *(adj.)* leisurely
verkkainen *(adj.)* tardy
verkkaisesti *(adv.)* leisurely
verkko *(n.)* mesh
verkko *(n.)* net
verkko *(n.)* web
verkkokalvo *(n.)* retina
verkkokauppa *(n.)* e-commerce
verkkokauppa *(n.)* web store
verkkokeskustelu *(n.)* cyberchat
verkkolähetys *(n.)* webcasting
verkkomainen *(adj.)* webby
verkko-ovi *(n.)* screendoor
verkkopankki *(n.)* telebanking
verkkosivu *(n.)* web page
verkkotunnus *(n.)* domain
verkosto *(n.)* network
vero *(n.)* tax
veronlisäys *(n.)* surtax
veronmaksaja *(n.)* taxpayer
veronpalautus *(n.)* tax return
verotettava *(adj.)* taxable
veroton *(adj.)* duty-free
veroton *(adj.)* scot-free
verottaa *(v.)* tax
verotus *(n.)* taxation
verovapaa *(adj.)* tax-free
verovelvollinen *(adj.)* tributary
verrannollinen *(adj.)* comparative
verrata *(v.)* compare

verrata *(v.)* liken
verraton *(adj.)* incomparable
verraton *(adj.)* matchless
verraton *(adj.)* peerless
verrattuna *(prep.)* versus
verrytellä *(v.)* limber
verryttelypuku *(n.)* tracksuit
versio *(n.)* edition
versio *(n.)* version
versoa *(v.)* burgeon
vertailu *(n.)* comparison
vertainen *(n.)* equal
vertainen *(n.)* peer
vertauksellisuus *(n.)* similitude
vertaus *(n.)* simile
vertauskuva *(n.)* allegory
vertauskuva *(n.)* parable
vertikaalinen *(adj.)* vertical
veruke *(n.)* pretext
veräjä *(n.)* wicket
vesa *(n.)* offshoot
vesakkomyrkky *(n.)* defoliant
vesi *(n.)* water
vesi- *(adj.)* aquatic
vesihana *(n.)* tap
vesihöyry *(n.)* steam
vesikauhu *(n.)* rabies
vesikello *(n.)* bleb
vesimeloni *(n.)* water-melon
vesimies *(n.)* aquarius
vesipatsas *(n.)* spout
vesiputous *(n.)* falls
vesiputous *(n.)* waterfall
vesipyörre *(n.)* whirlpool
vesitiivis *(adj.)* watertight
vesitiivistää *(v.)* waterproof
vesittää *(v.)* water
vessa *(n.)* toilet
vetehinen *(n.)* merman
vetelehtiä *(v.)* dally
vetelehtiä *(v.)* loaf
vetelä *(adj.)* flabby
veteraani *(n.)* veteran
veteraani- *(adj.)* veteran
vetinen *(adj.)* watery
veto *(n.)* pull
veto *(n.)* traction
veto- *(adj.)* tensile

vetoisa *(adj.)* drafty
vetoketju *(n.)* zipper
vetoketjullinen *(adj.)* ziplock
vetoluja *(adj.)* tensility
veto-oikeus *(n.)* veto
vetoomuksen esittäjä *(n.)* pleader
vetoomus *(n.)* entreaty
vetoomus *(n.)* plea
vetovoima *(n.)* adhesion
vetovoima *(n.)* attraction
vetreä *(adj.)* limber
veturi *(n.)* locomotive
vety *(n.)* hydrogen
vetäjä *(n.)* pacemaker
vetäytyä *(v.)* ebb
vetäytyä *(v.)* recede
vetää *(v.)* pull
vetää juurineen *(v.)* eradicate
vetää puoleensa *(v.)* attract
vetää takaisin *(v.)* withdraw
vetää tupesta *(v.)* unsheathe
viallinen *(adj.)* faulty
video *(n.)* video
videobloggari *(n.)* videoblogger
videoida *(v.)* video
videokasetti *(n.)* videocassette
videokirja *(n.)* videobook
videonauha *(n.)* videotape
videopeli *(n.)* videogaming
videopuhelin *(n.)* videotelephone
viedä maasta *(v.)* export
viedä neitsyys *(v.)* deflower
viedä talliin *(v.)* stable
viedä tilaa *(v.)* occupy
viehkeä *(adj.)* cunning
viehättävyys *(n.)* prettiness
viehättävä *(adj.)* charming
viehättää *(v.)* charm
viehätys *(n.)* fascination
viehätysvoima *(n.)* cachet
viekas *(adj.)* sly
viekoitella *(v.)* entice
viekoitteleva *(adj.)* enticing
viekoittelija *(n.)* enticer
vielä *(adv.)* still
vielä *(adv.)* yet
viemäri *(n.)* drain
viemäri *(n.)* sewer

viemäröinti *(n.)* drainage
viemäröinti *(n.)* sewerage
vieno *(adj.)* mild
vientituote *(n.)* export
vieraannuttaa *(v.)* alienate
vieraannuttaa *(v.)* estrange
vieraantunut *(adj.)* estranged
vieraanvarainen *(adj.)* hospitable
vieraanvaraisuus *(n.)* hospitality
vierailija *(n.)* visitor
vierailla *(v.)* visit
vierailu *(n.)* visit
vieras *(adj.)* alien
vieras *(n.)* guest
vierashuone *(n.)* guest room
vieraslista *(n.)* guest list
viereinen *(adj.)* adjacent
viereinen *(adj.)* contiguous
vieressä *(prep.)* alongside
vieressä *(prep.)* beside
vierittää syy *(v.)* scapegoat
vieroa *(v.)* ostracize
vieroittaa *(v.)* ablactate
vieroittua *(v.)* wean
vieroitus *(n.)* ablactation
vieroitus *(n.)* detoxication
vieroksua *(v.)* shun
vierähtää *(v.)* elapse
viesti *(n.)* message
viestinviejä *(n.)* messenger
vietellä *(v.)* mack
vietellä *(v.)* seduce
vietellä *(v.)* tempt
viettelevä *(adj.)* seductive
viettelijä *(n.)* tempter
viettely *(n.)* seduction
viettelys *(n.)* temptation
viettää *(v.)* spend
viha *(n.)* anger
viha *(n.)* hate
viha *(n.)* wrath
vihainen *(adj.)* angry
vihamielinen *(adj.)* hostile
vihamielinen *(adj.)* inimical
vihamielisyys *(n.)* animosity
vihamielisyys *(n.)* hostility
vihannes *(n.)* vegetable
vihanpito *(n.)* enmity

vihanpito *(n.)* feud
vihastuttaa *(v.)* ire
vihata *(v.)* hate
vihattava *(adj.)* odious
viheliäinen *(adj.)* vile
vihellys *(n.)* whistle
viheltää *(v.)* whistle
viheriö *(n.)* green
vihi *(n.)* inkling
vihitty *(adj.)* ordained
vihjaileva *(adj.)* allusive
vihjaileva *(adj.)* suggestive
vihjailla *(v.)* imply
vihjata *(v.)* allude
vihjata *(v.)* hint
vihjata *(v.)* implicate
vihjata *(v.)* insinuate
vihjata *(v.)* intimate
vihjaus *(n.)* allusion
vihjaus *(n.)* implication
vihjaus *(n.)* insinuation
vihjaus *(n.)* intimation
vihje *(n.)* cue
vihje *(n.)* hint
vihki- *(adj.)* matrimonial
vihkiminen *(n.)* matrimony
vihkiä *(v.)* ordain
vihko *(n.)* booklet
vihlova *(adj.)* strident
vihollinen *(n.)* enemy
vihollinen *(n.)* foe
vihreys *(n.)* greenery
vihreä *(adj.)* green
vihurirokko *(n.)* rubeola
viidakko *(n.)* jungle
viihde *(n.)* entertainment
viihdyttää *(v.)* entertain
viihtyisä *(adj.)* cozy
viikate *(n.)* scythe
viikko *(n.)* week
viikkojulkaisu *(n.)* weekly
viikoittain *(adv.)* weekly
viikoittainen *(adj.)* weekly
viikset *(n.)* mustache
viiksi *(n.)* moustache
viiksikarva *(n.)* whisker
viikuna *(n.)* fig
viilata *(v.)* file

viilentää *(n.)* chill
viileä *(adj.)* chilly
viileä *(adj.)* cool
viilto *(n.)* gash
viilto *(n.)* slit
viiltävä *(adj.)* gashing
viiltää *(v.)* gash
viiltää *(v.)* shear
viiltää *(v.)* slit
viilu *(n.)* ply
viime *(adj.)* past
viime aikoina *(adv.)* lately
viimeaikainen *(adj.)* recent
viimeinen *(adj.)* last
viimeiseksi *(adv.)* lastly
viimeisenä *(adv.)* last
viimeistellä *(v.)* finish
viimeistellä *(v.)* perfect
viimeistely *(n.)* finish
viina *(n.)* liquor
viini *(n.)* wine
viinirypäle *(n.)* grape
viipale *(n.)* slice
viipaloida *(v.)* slice
viipyillä *(v.)* linger
viipymättä *(adv.)* forthwith
viipyä *(v.)* bide
viiri *(n.)* streamer
viiriäinen *(n.)* quail
viisas *(adj.)* sage
viisas *(adj.)* wise
viisaudenhammas *(n.)* wisdom-tooth
viisaus *(n.)* sagacity
viisaus *(n.)* wisdom
viisi *(n.)* five
viisikulmainen *(adj.)* pentatonic
viisikulmio *(n.)* pentagon
viisikymmentä *(n.)* fifty
viisitoista *(n.)* fifteen
viisto *(adj.)* diagonal
viitata *(v.)* refer
viite- *(adj.)* notional
viitta *(n.)* cape
viittoa *(v.)* beckon
viittoa *(v.)* motion
viivakoodi *(n.)* barcode
viive *(n.)* delay
viivoitin *(n.)* ruler

viivoittaa *(v.)* line	vinkua *(v.)* whine
viivytellä *(v.)* dawdle	vinssi *(n.)* winch
viivytellä *(v.)* hinder	vintiö *(n.)* rascal
viivyttää *(v.)* stall	vinttikoira *(n.)* greyhound
viivytys *(v.)* lag	vintturi *(n.)* windlass
viivästyttää *(v.)* delay	violetti *(adj./n.)* purple
vika *(n.)* failure	vippaskonsti *(n.)* trickery
vika *(n.)* fault	vipu *(n.)* lever
vikistä *(v.)* whimper	vipuvoima *(n.)* leverage
vikitellä *(v.)* coax	virallinen *(adj.)* official
vikkelä *(adj.)* swift	virallisesti *(adv.)* officially
vikuri *(adj.)* restive	viranhaltija *(n.)* incumbent
vilahdus *(n.)* glimpse	viranomainen *(n.)* official
vilistä *(v.)* bustle	viranomaiset *(n.)* authority
vilja *(n.)* crop	viranpalautus *(n.)* reinstatement
viljellä *(v.)* cultivate	virassaoloaika *(n.)* tenure
viljely *(n.)* cultivation	virasto *(n.)* agency
viljelykelpoinen *(adj.)* arable	virasto *(n.)* bureau
vilkailla *(v.)* glance	vire *(n.)* tune
vilkaista *(v.)* view	vireillä *(adj.)* pending
vilkaisu *(n.)* glance	virhe *(n.)* error
vilkas *(adj.)* sprightly	virheellinen *(adj.)* erroneous
vilkku *(n.)* flasher	virheellinen *(adj.)* incorrect
villa *(n.)* wool	virheetön *(adj.)* flawless
villa- *(n.)* woollen	virhepäätelmä *(n.)* fallacy
villainen *(adj.)* woollen	viriili *(adj.)* virile
villatakki *(n.)* cardigan	viriiliys *(n.)* virility
villi *(adj.)* wild	virittää *(v.)* key
villisika *(n.)* boar	virittää *(v.)* prime
villitys *(n.)* bandwagon	virittää *(v.)* tune
villitys *(n.)* craze	virka-asu *(n.)* livery
vilpillinen *(adj.)* insincere	virkailija *(n.)* clerk
vilpillisyys *(n.)* insincerity	virkailija *(n.)* functionary
vilpittömyys *(n.)* candour	virkaintoinen *(adj.)* officious
vilpittömyys *(n.)* sincerity	virkamies *(n.)* officer
vilpitön *(adj.)* bonafide	virkasyyte *(n.)* impeachment
vilpitön *(adj.)* candid	virkavirhe *(n.)* misconduct
vilpitön *(adj.)* sincere	virke *(n.)* sentence
vilppi *(n.)* guile	virkiste *(n.)* tonic
viltti *(n.)* blanket	virkistys *(n.)* recreation
vilunkipeli *(n.)* foul play	virkistys- *(adj.)* recreational
vimma *(n.)* frenzy	virkistävä *(adj.)* bracing
vimmattu *(adj.)* frantic	virkistävä *(adj.)* recreative
vingahdus *(n.)* squeak	virkistävä *(adj.)* tonic
vingunta *(n.)* whine	virkkaus *(n.)* crochet
vinkata *(v.)* tip	virkoaminen *(n.)* revival
vinkki *(n.)* tip	virota *(v.)* revive
vinkua *(v.)* squeak	virrata *(v.)* flow

virrata *(v.)* stream
virsi *(n.)* hymn
virstanpylväs *(n.)* milestone
virta *(n.)* stream
virtaus *(n.)* current
virtaus *(n.)* flow
virtsa *(n.)* urine
virtsa- *(adj.)* urinary
virtsaaminen *(n.)* urination
virtsarakko *(n.)* bladder
virtsata *(v.)* urinate
virtuaalinen *(adj.)* virtual
virulenssi *(n.)* virulence
virulentti *(adj.)* virulent
virus *(n.)* virus
virusperäinen *(adj.)* viral
virvoittaa *(v.)* refresh
virvoitusjuoma *(n.)* beverage
virvoke *(n.)* refreshment
viserrys *(n.)* twitter
visertää *(v.)* canary
visertää *(v.)* cheep
visertää *(v.)* twitter
visioida *(v.)* envision
visionääri *(n.)* visionary
visionäärinen *(adj.)* visionary
viskata *(v.)* hurl
viskata *(v.)* toss
viski *(n.)* scotch
viski *(n.)* whisky
vispilä *(n.)* whisk
visuaalinen *(adj.)* visual
visualisoida *(v.)* visualize
vitamiini *(n.)* vitamin
vitkastelija *(n.)* laggard
vitkastella *(v.)* procrastinate
vitkastelu *(n.)* procrastination
vitriini *(n.)* showcase
vitsa *(n.)* wicker
vitsailla *(v.)* joke
vitsaus *(n.)* blight
vitsaus *(n.)* scourge
vitsi *(n.)* funny
vitsi *(n.)* joke
vitsikäs *(adj.)* jocular
viuhahdus *(n.)* zip
viulisti *(n.)* violinist
viulu *(n.)* fiddle

viulu *(n.)* violin
vivahdus *(n.)* nicety
vivahdus *(n.)* tinge
vivahtaa *(v.)* tinge
vivuta *(v.)* lever
voi *(n.)* butter
voi kauhistus *(interj.)* alas
voida *(v.)* can
voida *(v.)* could
voide *(n.)* balm
voidella *(v.)* anoint
voidella *(v.)* lubricate
voihkia *(v.)* moan
voihkinta *(n.)* moan
voikukka *(n.)* dandelion
voileipä *(n.)* sandwich
voima *(n.)* force
voima *(n.)* power
voimaannuttaa *(v.)* empower
voimakas *(adj.)* forceful
voimakas *(adj.)* powerful
voimakkuus *(n.)* strength
voimassa oleva *(adj.)* valid
voimassaolo *(n.)* validity
voimaton *(adj.)* feeble
voimavara *(n.)* asset
voimistelija *(n.)* gymnast
voimistelu *(n.)* gymnastics
voimistelu- *(adj.)* gymnastic
voimistua *(v.)* intensify
voitelu *(n.)* lubrication
voiteluaine *(n.)* lubricant
voitonhimo *(n.)* cupidity
voitonjula *(n.)* triumph
voitonriemuinen *(adj.)* exultant
voitonriemuinen *(adj.)* triumphant
voittaa *(v.)* win
voittaa helposti *(v.)* overpower
voittaja *(n.)* victor
voittaja *(n.)* winner
voittamaton *(adj.)* invincible
voittamaton *(adj.)* undefeated
voitto *(n.)* victory
voitto *(n.)* win
voittoisa *(adj.)* victorious
vokaali *(n.)* vowel
vokaalinen *(adj.)* vocal
vokotella *(v.)* woo

voltti *(n.)* flip
voltti *(n.)* volt
volyymi *(n.)* volume
vulkaaninen *(adj.)* volcanic
vuodattaa *(v.)* pour
vuodatus *(n.)* tirade
vuodenaika *(n.)* season
vuodenaikaan sopiva *(adj.)* seasonable
vuodevaatekaappi *(n.)* bedrobe
vuodevaatteet *(n.)* bedding
vuohi *(n.)* goat
vuoka *(n.)* casserole
vuokra *(n.)* lease
vuokra *(n.)* rent
vuokralainen *(n.)* lessee
vuokralainen *(n.)* tenant
vuokranantaja *(n.)* landlord
vuokranvälittäjä *(n.)* estate agent
vuokrasuhde *(n.)* tenancy
vuokrata *(v.)* lease
vuokrata *(v.)* rent
vuokrattu *(adj.)* chartered
vuokraus *(n.)* charter
vuokraus *(n.)* hire
vuolla *(v.)* carve
vuolu *(n.)* carving
vuoraus *(n.)* lining
vuori *(n.)* mountain
vuorikiipeilijä *(n.)* mountaineer
vuoristo- *(adj.)* alpine
vuoristoinen *(adj.)* mountainous
vuoro *(n.)* turn
vuoropuhelu *(n.)* dialogue
vuoropäivä *(n.)* tertian
vuoropäiväinen *(adj.)* tertian
vuorotteleva *(v.)* alternate
vuorovaikutus *(n.)* interplay
vuorovesi *(n.)* tide
vuorovesi- *(adj.)* tidal
vuosi *(n.)* year
vuosikerta *(n.)* vintage
vuosikymmen *(n.)* decade
vuosipäivä *(n.)* anniversary
vuosisata *(n.)* century
vuosittain *(adv.)* yearly
vuosittainen *(adj.)* annual
vuosittainen *(adj.)* yearly

vuosittan *(adv.)* per annum
vuosituhat *(n.)* millennium
vuotaa *(v.)* leak
vuotaa verta *(v.)* bleed
vuoteenoma *(adj.)* bedridden
vuoto *(n.)* leak
vuoto *(n.)* leakage
vyyhti *(n.)* skein
vyyhti *(n.)* tangle
vyö *(n.)* belt
vyö *(n.)* girdle
vyöhyke *(n.)* zone
vyöhyke- *(adj.)* zonal
vyöry *(n.)* avalanche
vyöry *(n.)* torrent
vyöttää *(v.)* gird
vyötärö *(n.)* waist
vyötärönauha *(n.)* waistband
väenpaljous *(n.)* concourse
väenpaljous *(n.)* multitude
väestö *(n.)* population
väestönlaskenta *(n.)* census
väestötieteellinen *(adj.)* demographic
väheksyntä *(n.)* slight
väheksyvä *(adj.)* depreciatory
väheksyä *(v.)* depreciate
väheksyä *(v.)* trifle
vähemmistö *(n.)* minority
vähemmän *(adv.)* less
vähempi *(adj.)* lesser
vähenevästi *(adv.)* decreasingly
vähennys *(n.)* decrement
vähennys *(n.)* deduction
vähennys *(n.)* reduction
vähennys *(n.)* subtraction
vähentää *(v.)* decrease
vähentää *(v.)* deduct
vähentää *(v.)* lessen
vähentää *(v.)* reduce
vähentää *(v.)* subtract
vähiten *(adv.)* least
vähittäin *(adv.)* retail
vähittäis- *(adj.)* retail
vähittäiskauppa *(n.)* retail
vähittäiskauppias *(n.)* retailer
vähyys *(n.)* scarcity
vähä *(n.)* little
vähä *(adj.)* scarce

vähäinen *(n.)* less
vähäinen *(adj.)* slight
vähäisempi *(adj.)* less
vähäisin *(adj.)* least
vähän *(adv.)* little
vähäosainen *(adj.)* underpriviledged
vähäpuheinen *(adj.)* taciturn
vähäpätöinen *(adj.)* menial
vähäpätöinen *(adj.)* puny
vähärasvainen *(adj.)* low-fat
vähätellä *(v.)* belittle
vähätellä *(v.)* slight
väijytys *(n.)* ambush
väijyä *(v.)* lurk
väijyä *(v.)* waylay
väistyä *(v.)* cede
väistämätön *(adj.)* inevitable
väistämätön *(adj.)* unavoidable
väistää *(v.)* dodge
väistää *(v.)* evade
väistö *(n.)* dodge
väite *(n.)* affirmation
väite *(n.)* allegation
väitellä *(v.)* argue
väittely *(n.)* argument
väittely *(n.)* debate
väittely *(n.)* disputation
väittää *(v.)* allege
väittää *(v.)* assert
väittää *(v.)* profess
väittää vääräksi *(v.)* deny
väkijoukko *(n.)* crowd
väkijoukko *(n.)* mob
väkinäinen *(adj.)* laboured
väkipyörä *(n.)* pulley
väkirikas *(adj.)* populous
väkivalta *(n.)* violence
väkivaltainen *(adj.)* forcible
väkivaltainen *(adj.)* violent
väkivaltaisesti *(adv.)* abusively
väkänen *(n.)* barb
väli- *(adj.)* intermediate
väliaikainen *(n.)* interim
väliaikainen *(adj.)* temporary
väliaine *(n.)* medium
välienselvittely *(n.)* showdown
välihuomautus *(n.)* interjection
väliintulo *(n.)* interference

välikerros *(n.)* mezzanine
välikäsi *(n.)* intermediary
välillinen *(adj.)* indirect
välimerkit *(n.)* punctuation
välimerkittää *(v.)* punctuate
välimies *(n.)* middleman
välimuisti *(n.)* cache
välinpitämättömyys *(n.)* indifference
välinpitämätön *(adj.)* indifferent
välinäytös *(n.)* interlude
välipala *(n.)* snack
välirauha *(n.)* truce
välirikko *(n.)* severance
välissä *(prep.)* between
välissä *(prep.)* betwixt
välitila *(n.)* espace
välittäjä *(n.)* arbiter
välittäjä *(n.)* broker
välittää *(v.)* convey
välittömästi *(adv.)* instantly
välityspalvelin *(n.)* proxy
välitön *(adj.)* immediate
välitön *(adj.)* instant
väljyys *(n.)* laxity
väljä *(adj.)* lax
väljähtänyt *(adj.)* stale
välkkyä *(v.)* flicker
vältettävyys *(n.)* evitability
välttelevä *(adj.)* elusive
välttelevä *(adj.)* evasive
välttely *(n.)* avoidance
välttely *(n.)* evasion
välttäminen *(n.)* elusion
välttämättä *(adv.)* needs
välttämättömyys *(n.)* necessity
välttämätön *(adj.)* necessary
välttää *(v.)* avoid
välttää *(v.)* elude
välähdys *(n.)* flash
välähtää *(v.)* flash
väre *(n.)* ripple
väreillä *(v.)* ripple
väri *(n.)* colour
väriaine *(n.)* dye
värikylläisyys *(n.)* saturation
värikäs *(adj.)* colourful
väriliitu *(n.)* crayon
värinä *(n.)* vibration

värisokea *(adj.)* colour-blind
väristä *(v.)* fibrillate
väristä *(v.)* vibrate
värisävy *(n.)* tint
väritahra *(n.)* blot
värjätä *(v.)* dye
värjätä *(v.)* tint
värttinä *(n.)* spindle
värväytyä *(v.)* enlist
värähdellä *(v.)* oscillate
värähtely *(n.)* oscillation
väsynyt *(adj.)* tired
väsyttävä *(adj.)* tiresome
väsyä *(v.)* tire
väylä *(n.)* pass
vääjäämätön *(adj.)* imminent
väännellä *(v.)* wring
vääntelehtiä *(v.)* writhe
vääntynyt *(adj.)* wry
vääntää *(v.)* twist
vääntää *(v.)* wrench
vääntö *(n.)* twist
väärennetty *(adj.)* counterfeit
väärennetty *(adj.)* fake
väärennös *(n.)* fake
väärentäjä *(n.)* counterfeiter
väärentäminen *(n.)* adulteration
väärentäminen *(n.)* falsification
väärentää *(v.)* adulterate
väärentää *(v.)* fake
väärin *(adj.)* amiss
väärin *(adv.)* wrong
väärin soveltaminen *(n.)* misapplication
väärinkäsitys *(n.)* misapprehension
väärinkäyttö *(n.)* misuse
väärinymmärrys *(n.)* misunderstanding
vääristellä *(v.)* falsify
vääristellä *(v.)* pervert
vääristely *(n.)* calumny
vääristymä *(n.)* deformity
vääristyä *(v.)* deform
vääristää *(v.)* distort
vääryydellinen *(adj.)* wrongful
väärä *(adj.)* wrong
väärä käsitys *(n.)* misperception
väärä vala *(n.)* perjury

vääräksi osoittaminen *(n.)* refutation
vääräuskoinen *(n.)* miscreant

watti *(n.)* watt
webinaari *(n.)* webinar
webisodi *(n.)* webisode
webkamera *(n.)* webcam
webmaster *(n.)* webmaster
wigwam *(n.)* wigwam

ydin *(n.)* core
ydin- *(adj.)* nuclear
ydinperhe *(n.)* nuclear family
yhdeksän *(n.)* nine
yhdeksänkymmentä *(n.)* ninety
yhdeksäntoista *(n.)* nineteen
yhdeksäs *(adj.)* ninth
yhdeksäskymmenes *(adj.)* ninetieth
yhdeksästoista *(adj.)* nineteenth
yhdellä kädellä *(adv.)* single-handedly
yhden jumalan palvonta *(n.)* monolatry
yhdenmukaisuus *(n.)* conformity
yhdennäköisyys *(n.)* likeness
yhdennäköisyys *(n.)* resemblance
yhdessä *(adj.)* conjunct
yhdessä *(adv.)* together
yhdistelmä *(n.)* combination
yhdistetty *(adj.)* composite
yhdistyminen *(n.)* amalgamation
yhdistys *(n.)* association
yhdistää *(v.)* associate
yhdistää *(v.)* combine
yhdistää *(v.)* connect
yhdistää sopimattomasti *(v.)* mismatch
yhdyskunta *(n.)* community
yhdyskäytävä *(n.)* corridor
yhteenlaskin *(n.)* adder
yhteenotto *(n.)* affray

yhteensopiva *(adj.)* compatible
yhteinen *(adj.)* collective
yhteinen ponnistus *(n.)* joint effort
yhteis- *(adj.)* joint
yhteiselo *(n.)* coexistence
yhteiskoulutus *(n.)* co-education
yhteiskunta *(n.)* society
yhteiskuntaoppi *(n.)* civics
yhteistyö *(n.)* collaboration
yhteistyö *(n.)* cooperation
yhteistyökykyinen *(adj.)* cooperative
yhteisvoimin *(adv.)* jointly
yhteisymmärrys *(n.)* accord
yhteisymmärrys *(n.)* consensus
yhteisö *(n.)* commune
yhteisöllinen *(adj.)* communal
yhteneväinen *(adj.)* congruent
yhtenäinen *(adj.)* coherent
yhtenäistäminen *(n.)* unification
yhtenäisyys *(n.)* cohesion
yhtenäisyys *(n.)* unity
yhteydenotto *(n.)* contact
yhteydenpito *(n.)* communication
yhteys *(n.)* connection
yhteyshenkilö *(n.)* liaison
yhtiö *(n.)* corporation
yhtye *(n.)* ensemble
yhtymäkohta *(n.)* confluence
yhtyvä *(adj.)* confluent
yhtäjaksoinen *(adj.)* continuous
yhtäkkiä *(adv.)* abruptly
yhtäkkiä *(adv.)* suddenly
yhtälö *(n.)* equation
yhtäpitävyys *(n.)* accordance
ykkönen *(n.)* first
ykseys *(n.)* oneness
yksi *(adj.)* one
yksikiimainen *(adj.)* monoestrous
yksikkö *(n.)* unit
yksilöllinen *(adj.)* individual
yksilöllisyys *(n.)* individuality
yksilönkehitys *(n.)* ontogeny
yksilöolio *(n.)* particular
yksimielinen *(adj.)* consensual
yksimielinen *(adj.)* unanimous
yksimielisyys *(n.)* agreement
yksimielisyys *(n.)* unanimity
yksin *(adj.)* alone

yksin *(adv.)* solo
yksinkertainen *(adj.)* simple
yksinkertaistaa *(v.)* simplify
yksinkertaisuus *(n.)* simplicity
yksinomainen *(adj.)* sole
yksinpuhelu *(n.)* soliloquy
yksinvaltias *(n.)* sovereign
yksinvaltius *(n.)* autocracy
yksinäinen *(adj.)* lonesome
yksinäinen *(adj.)* solitary
yksinäisyys *(n.)* loneliness
yksipuolinen *(adj.)* one-sided
yksiraiteinen *(n.)* monorail
yksiselitteinen *(adj.)* unambiguous
yksiselitteisyys *(n.)* unambivalence
yksisuuntainen *(adj.)* one-way
yksitavuinen *(adj.)* monosyllabic
yksitavuinen sana *(n.)* monosyllable
yksitoista *(n.)* eleven
yksittäin *(adv.)* singularly
yksittäinen *(adj.)* singular
yksityinen *(adj.)* private
yksityiskohta *(n.)* detail
yksityiskohtaisesti *(adv.)* minutely
yksityistää *(v.)* denationalize
yksityisyys *(n.)* privacy
yleinen *(adj.)* common
yleinen *(adj.)* general
yleisesti *(adv.)* generally
yleishyödyllinen *(adj.)* non-profit
yleiskatsaus *(n.)* conspectus
yleiskatsaus *(n.)* survey
yleiskirkollinen *(adj.)* ecumenical
yleisnero *(n.)* polymath
yleistajuistaa *(v.)* popularize
yleisö *(n.)* audience
yleisö *(n.)* public
ylellinen *(adj.)* plush
ylempi *(adj.)* upper
ylempiarvoinen *(adj.)* superior
ylempiarvoisuus *(n.)* superiority
ylenkatse *(n.)* scorn
ylenkatselmallinen *(adj.)* despiteful
ylenkatsoa *(v.)* disdain
ylenkatsoa *(v.)* scorn
ylenpalttinen *(adj.)* effusive
ylenpalttinen *(adj.)* profuse
ylenpalttisuus *(n.)* profusion

ylensyödä/-juoda *(n.)* binge
ylensyönti *(n.)* gluttony
ylensyönti *(n.)* surfeit
ylentää *(v.)* edify
ylentää *(v.)* exalt
ylettyä *(v.)* reach
ylevyys *(n.)* sublimity
ylevä *(adj.)* august
ylevä *(adj.)* lofty
ylevä *(adj.)* sublime
ylhäisesti *(adv.)* nobly
ylhäisyys *(n.)* excellency
ylhäisyys *(n.)* Highness
ylhäällä *(adv.)* aloft
ylhäällä *(adv.)* up
yli *(prep.)* over
yli laidan *(adv.)* overboard
yli
   tuolla puolen *(prep.& adj.)* beyond
yliajalla *(adv.)* overtime
yliannostella *(v.)* overdose
yliannostus *(n.)* overdose
yliarvostaa *(v.)* overrate
ylihinta *(n.)* overcharge
yli-inhimillinen *(adj.)* superhuman
ylijäämä *(n.)* excess
ylijäämä- *(n.)* surplus
ylijäämäinen *(n.)* over
ylikansoittaa *(v.)* overcrowd
ylikokoinen *(adj.)* outsize
ylikuorma *(n.)* overload
ylikuormata *(v.)* overload
ylikuormittaa *(v.)* overburden
yliluonnollinen *(adj.)* supernatural
ylimielinen *(adj.)* arrogant
ylimielisyys *(n.)* arrogance
ylimäärä *(adj.)* excess
ylimääräinen *(adj.)* additional
ylimääräiset matkatavarat *(n.)* excess baggage
ylinäytellä *(v.)* emote
ylinäytellä *(v.)* overact
yliolkainen *(adj.)* nonchalant
yliolkaisuus *(n.)* nonchalance
yliopisto *(n.)* university
ylioppilas *(n.)* graduate
ylioppilas *(n.)* undergraduate
ylioppilaskirjoitukset *(n.)*
baccalaureate
ylioptimistinen *(adj.)* bullish
ylipaino *(n.)* obesity
ylipainoinen *(adj.)* obese
ylipainoinen *(adj.)* overweight
ylirasitus *(n.)* overwork
ylistellä *(v.)* aggrandize
ylistys *(n.)* laud
ylistyspuhe *(n.)* panegyric
ylistää *(v.)* extol
ylistää *(v.)* laud
ylitarjonta *(n.)* glut
ylitarkastaja *(n.)* superintendent
ylitsepääsemätön *(adj.)* insurmountable
ylitsevuotava *(adj.)* ostentatious
ylitsevuotavuus *(n.)* ebullience
ylittää *(v.)* exceed
ylittää *(v.)* span
ylittää raja *(v.)* overrun
ylittää tili *(v.)* overdraw
ylityö *(n.)* overtime
ylivalta *(n.)* predominance
ylivalta *(n.)* supremacy
ylivertainen *(adj.)* nonpareil
ylivertainen *(adj.)* supreme
ylivoimainen *(adj.)* pre-eminent
ylivoimaisesti *(adv.)* transcendingly
ylivoimaisuus *(n.)* pre-eminence
yliääni- *(adj.)* supersonic
yllin kyllin *(adv.)* galore
yllytellä *(v.)* foment
yllyttäjä *(n.)* abettor
yllyttää *(v.)* abet
yllä *(prep. & adv.)* above
yllä *(prep.)* upon
ylläpito *(n.)* sustenance
ylläpitäjä *(n.)* administrator
ylläpitää *(v.)* maintain
yllättäen *(adv.)* unawares
yllättää *(v.)* surprise
yllätys *(n.)* surprise
yllätyshyökkäys *(n.)* foray
ylpeillä *(v.)* pride
ylpeys *(n.)* pride
ylpeä *(adj.)* proud
yltäkylläinen *(adj.)* abundant
yltäkylläinen *(adj.)* superabundant

yltäkylläisesti *(adv.)* abundantly
yltäkylläisyys *(n.)* abundance
yltäkylläisyys *(n.)* superabundance
ylväs *(adj.)* graceful
ylväys *(n.)* grace
yläleuka *(n.)* maxilla
ylämäki *(n.)* rise
yläotsake *(n.)* letterhead
ylätasankko *(n.)* plateau
ylös *(prep.)* up
ylöspäin *(adv.)* upwards
ymmärrettävä *(adj.)* intelligible
ymmärrys *(n.)* acumen
ymmärtää *(v.)* understand
ymmärtää väärin *(v.)* misunderstand
ympyrä *(n.)* round
ympyröidä *(v.)* round
ympäri *(adv.&prep.)* around
ympärileikata *(v.)* circumcise
ympärileikkaus *(n.)* circumference
ympäripyöreys *(n.)* vagueness
ympäripyöreä *(adj.)* vague
ympäristö *(n.)* environment
ympäristö *(n.)* surroundings
ympäristö- *(adj.)* environmental
ympäristönsuojelija *(n.)* environmentalist
ympäristönsuojelu *(n.)* environmentalism
ympäröidä *(v.)* encircle
ympäröidä *(v.)* englobe
ympäröivä *(adj.)* ambient
yrittäjä *(n.)* entrepreneur
yrittää *(v.)* attempt
yrittää *(v.)* try
yritys *(n.)* enterprise
yritys *(n.)* try
yrmeä *(adj.)* sullen
yrtti *(n.)* herb
yskiä *(v.)* cough
yskös *(n.)* sputum
ystävystyä *(v.)* befriend
ystävyys *(n.)* amity
ystävä *(n.)* friend
ystävällinen *(adj.)* affable
ystävällinen *(adj.)* amicable
ystävällisesti *(adv.)* kindly
ytimekäs *(adj.)* concise

yö *(n.)* night
yö- *(adj.)* nocturnal
yökoti *(n.)* night shelter
yökätä *(v.)* gag
yöllinen *(adv.)* nightly
yömekko *(n.)* chemise
yön läpi kestävä *(adj.)* overnight
yön yli *(adv.)* overnight
yöpuku *(n.)* nightie
yövartio *(n.)* vigil

Z

zeniitti *(n.)* zenith
ziljoona *(n.)* gazillion
zoomata *(v.)* zoom
zoomaus *(n.)* zoom
zoomaus *(n.)* Zorb

Ä

äidillinen *(adj.)* motherly
äidin- *(adj.)* maternal
äidin kaltainen *(adj.)* motherlike
äidinmurha *(n.)* matricide
äimistyttää *(v.)* astound
äitelä *(adj.)* mawkish
äiti *(n.)* mother
äitiys *(n.)* motherhood
äitiys- *(n.)* maternity
äkillinen *(adj.)* instantaneous
äkki- *(n.)* sudden
äkkikäännös *(n.)* zig
äkäinen *(adj.)* waspish
ällistynyt *(adj.)* flabbergasted
ällistys *(n.)* flabbergast
ällistyttävä *(adj.)* stupendous
ällistyttää *(v.)* flabbergast
äly *(n.)* intellect
äly- *(adj.)* smart
älykkyys *(n.)* intelligence
älykäs *(adj.)* intelligent
älykääpiö *(n.)* cretin
älyllinen *(adj.)* intellectual

älymystö *(n.)* intelligentsia
älyttää *(v.)* outwit
älyttömyys *(n.)* idiocy
älytön *(adj.)* witless
ämpäri *(n.)* bucket
äreä *(adj.)* morose
ärhäkkyys *(n.)* meanness
ärinä *(n.)* snarl
äristä *(v.)* snarl
ärsyke *(n.)* irritant
ärsyttäminen *(n.)* aggravation
ärsyttävä *(adj.)* annoying
ärsyttää *(v.)* irritate
ärsytys *(n.)* irritation
ärsyyntynyt *(adj.)* miffed
ärtyisä *(adj.)* irritable
ärtymys *(n.)* vexation
ärtynyt *(adj.)* irritant
ärtyä *(v.)* vex
äskettäin *(adv.)* recently
ässä *(n.)* ace
ääliö *(n.)* moron
ääliömäinen *(adj.)* oafish
ääneen *(adv.)* aloud
äänekäs *(adj.)* loud
äänensävy *(n.)* tone
äänentoistojärjestelmä *(n.)* sound system
äänenvaimennin *(n.)* silencer
äänestys *(n.)* vote
äänestyslippu *(n.)* ballot paper
äänestysprosentti *(n.)* turnout
äänestäjä *(n.)* voter
äänestäminen *(n.)* ballot
äänestää *(v.)* vote
ääneti *(adv.)* silently
äänettömyys *(n.)* silence
äänetön *(adj.)* silent
ääni *(n.)* sound

äänieristetty *(adj.)* soundproof
äänioikeus *(n.)* suffrage
äänioikeutetut *(n.)* electorate
ääniraita *(n.)* soundtrack
äännellä *(v.)* voice
äännähtää *(v.)* sound
ääntäminen *(n.)* pronunciation
ääntää *(v.)* pronounce
äärellinen *(adj.)* finite
äärettömyys *(n.)* infinity
ääretön *(adj.)* infinite
äärikonservatiivi *(n.)* ultraconservative
äärikonservatiivinen *(adj.)* ultraconservative
äärimmäinen *(adj.)* utmost
äärimmäisyys *(n.)* utmost
ääripää *(n.)* extremity
ääriraja *(n.)* verge
ääriviiva *(n.)* contour

ökytalo *(n.)* mansion
öljy *(n.)* oil
öljy- *(adj.)* oleaceous
öljyinen *(adj.)* oleaginous
öljyinen *(adj.)* oily
öljykannu *(n.)* crevet
öljykemiallinen *(n.)* oleochemical
öljynporauslautta *(n.)* oil rig
öljytä *(v.)* oil
öljyväri *(n.)* oil paint
ötökkä *(n.)* bug
öykkäri *(n.)* ruffian
öykkärimäinen *(adj.)* rowdy